Stata

统计分析商用建模与综合案例精解

杨维忠 张甜 著

清華大学出版社
北京

内 容 简 介

Stata 作为一款流行的经典统计分析软件，非常适合作为各行业进行数据建模分析的工具。本书将 Stata 建模技术应用于当下热门的商业领域，为各类有志于改善自身商业运营能力或致力于提升自身竞争力的读者提供借鉴。

本书第 1 章为 Stata 操作快速入门，第 2 章为建模技术要点介绍，第 3 章为 Stata 基本分析检验，后续各章均以实际商业应用案例的形式介绍 Stata 在商业运营实践建模中的应用。本书最大的特色和优势在于将 Stata 建模技术和商业领域应用有机结合，从使用的 Stata 建模技术来看，包括线性回归分析、Logit 回归分析、Probit 回归分析、截取回归分析、断尾回归分析、相关分析、主成分分析、因子分析、聚类分析、描述性分析、方差分析、平稳时间序列分析、非平稳时间序列分析、长面板数据分析、短面板数据分析等多种常见统计建模技术。研究应用领域全部为当下热门的商业运营领域，涉及的行业包括商超连锁、美容连锁、医药制造业、国际贸易、财险公司、酒水饮料、手机游戏、家政行业、健身行业、生产制造、影音企业等，涉及的商业运营环节包括利润分析、市场营销、客户满意度调查、连锁门店分类管理、上市公司估值等。

本书内容丰富，结构安排合理，采用由浅入深、循序渐进的讲述方法进行介绍。企业中的经营预测者与决策者，财会、市场营销、生产管理等部门的工作者，经济管理部门或政府的广大工作者都可将本书用作参考书。同时，本书还可供大专院校经济管理类专业的高年级本科生、研究生和 MBA 学员学习和参考。

图书在版编目（CIP）数据

Stata 统计分析商用建模与综合案例精解/杨维忠，张甜著.一北京：清华大学出版社，2021.8（2024.7重印）
ISBN 978-7-302-58575-6

I. ①S… II. ①杨… ②张… III. ①统计分析一应用软件一案例 IV. ①C819

中国版本图书馆 CIP 数据核字（2021）第 132854 号

责任编辑：夏毓彦
封面设计：王　翔
责任校对：闫秀华
责任印制：杨　艳

出版发行：清华大学出版社
网　　址：https://www.tup.com.cn，https://www.wqxuetang.com
地　　址：北京清华大学学研大厦A座　　**邮　　编**：100084
社 总 机：010-83470000　　**邮　　购**：010-62786544
投稿与读者服务：010-62776969，c-service@tup.tsinghua.edu.cn
质 量 反 馈：010-62772015，zhiliang@tup.tsinghua.edu.cn
印 装 者：三河市人民印务有限公司
经　　销：全国新华书店
开　　本：190mm×260mm　　**印　　张**：27.25　　**字　　数**：735千字
版　　次：2021年8月第1版　　**印　　次**：2024 年 7月第3 次印刷
定　　价：109.00元

产品编号：090099-01

前　言

近年来，得益于信息技术的持续进步，数据的存储和积累可以非常便利而低成本地实现，同时大数据时代各类企事业单位的数据治理意识得到显著提升。大到大型的商业银行、电商平台，小到大街小巷采取会员制的餐饮、商店，都积累了大量的客户交易数据、消费数据和基础数据，如何实现对这些数据的开发利用，建立恰当的模型，从数据中挖掘出客户的行为习惯，从而更好地、更有针对性和效率性的开展市场营销、产品推广、客户关系分类维护或风险控制，进而改善经营效益、效率和效果，对各类市场经济主体显得尤为重要。可以合理预期的是，大数据时代各类市场经济主体的竞争模式将会发生很大的变化，在信息不对称因素逐步得到消除、市场信息越来越透明的趋势下，工作做得越精细、越具备针对性，就越能抓住客户的需求，取得领先的市场竞争优势。所以，从这个角度来说，所有的市场主体（包括经营管理者及基层的职员）都应该学习、掌握并能够结合实际工作应用高级统计分析方法与建模应用技术，增强企业的市场竞争力，也增强自身的职场竞争力。

Stata 作为公认的应用广泛的专业数据分析软件之一，以功能丰富、效率高、操作简便而著称，主要针对经济、管理、医学、农学、教育、市场研究、社会调查等多个行业和领域，也是很容易入手学习的数据统计分析软件。本书编者致力于编写一本 Stata 统计分析与建模技术应用的教材，为各类有志于改善自身商业运营能力或致力于提升自身竞争力的读者提供借鉴。

全书共 14 章，其中第 1 章内容为 Stata 操作快速入门，第 2 章为建模技术要点介绍，第 3 章为 Stata 基本分析检验，后续各章均以实际商业应用案例的形式介绍 Stata 在商业运营实践建模中的应用。本书的特色在于所有的案例都非常真实和实用，通过这些案例读者不仅可以学会使用 Stata 进行操作，更重要的是如何使用 Stata 开展工作实践，这些案例与当前职场人士的本职工作紧密相关。我们志在通过本书的推出教会读者使用 Stata 软件来解决实际问题，以提高工作质量。本书主要面向的读者为具备一定统计学基础的职场人士以及在校大学生。

本书第 1 章为 Stata 操作快速入门，旨在告诉读者 Stata 软件的启动与关闭，Stata 16.0 变量与数据的常用操作、Stata 描述统计、Stata 制图简介等基础操作，教会读者如何使用 Stata 处理数据。第 2 章为 Stata 建模技术要点介绍，旨在告诉读者 Stata 中的各类建模技术方法、建模中的注意事项、建模中的常见误区、需要遵循的价值导向以及完整的研究方案设计要点等。

第 3 章为 Stata 基本分析检验，讲解 Stata 参数检验、Stata 非参数检验、分类变量描述统计等基本分析检验方法。第 4 章为商超连锁企业按门店特征聚类建模技术，讲解如何使用 Stata 软件的聚类分析建模技术，应用到商超连锁企业按门店特征进行分类。第 5 章为医药制造业上市公司估值建模技术，讲解如何使用 Stata 软件的相关性分析、最小二乘线性回归分析进行医药制造业上市公司估值。第 6 章为财险公司客户服务满意度调研建模技术，讲解如何使用 Stata 软件的信度分析、相关性分析、Logit 回归分析、Probit 回归分析、截取回归分析进行财险公司客户服务满意度调研。第 7 章为影音企业会员量与价值贡献分析建模技术，讲解如何使用 Stata 软件的克服自相关特征的线性回归建模技术进行影音企业会员量与价值贡献分析。第 8 章为生产制造企业利润驱动因素分析建模技术，讲解如何使用 Stata 软件基于平稳时间序列进行建模、进行生产制造企业利润驱动因素分析。第 9 章为手机游戏玩家体验评价影响因素建模分析，讲解如何使用 Stata 软件的线性回归分析模块和方差分析模块研究手机游戏玩家体验评价影响因素。第 10 章为家政行业客户满意度调研建模技术，讲解如何使用 Stata 软件信度分析、描述性分析、相关性分析、有序回归分析、主成分分析、断尾回归分析等建模技术开展家政行业客户满意度调研工作。第 11 章为国际贸易行业建模分析应用举例，讲解如何使用 Stata 软件基于非平稳时间序列进行建模，应用到国际贸易行业。第 12 章为美容连锁企业按门店特征分类分析建模技术，讲解如何使用 Stata 软件因子分析模块对美容连锁企业按门店特征分类。第 13 章为酒水饮料行业营销诊断短面板数据建模技术，讲解如何使用 Stata 软件短面板数据建模技术进行酒水饮料行业营销诊断。第 14 章为健身行业经营分析长面板数据建模技术，讲解如何使用 Stata 软件长面板数据建模技术对健身行业经营进行分析。

综上所述，本书最大的特色和优势在于将 Stata 建模技术和商业领域应用有机结合，从使用的 Stata 建模技术来看，包括线性回归分析、Logit 回归分析、Probit 回归分析、截取回归分析、断尾回归分析、相关分析、主成分分析、因子分析、聚类分析、描述性分析、方差分析、平稳时间序列分析、非平稳时间序列分析、长面板数据分析、短面板数据分析等多种常见统计建模技术。从研究应用的领域来看，全部为当下热门的商业运营领域，涉及的行业包括商超连锁、美容连锁、医药制造业、国际贸易、财险公司、酒水饮料、手机游戏、家政行业、健身行业、生产制造、影音企业等，涉及的商业运营环节包括利润分析、市场营销、客户满意度调查、连锁门店分类管理、上市公司估值等。这些案例都是编者基于自身从业经历，在大量实际调研的基础上改编的，非常贴近实际生活，也非常便于直接吸收应用。编者之所以倾心将 Stata 建模技术与当下热门商业应用领域融合，一方面，因为非常贴近生活，便于读者更好地理解这些建模技术；另一方面，也可以便于从事这些领域或者相近领域工作的读者直接应用到本职工作中，快速提升职场竞争力。

为了帮助读者更加直观地学习本书，编者将书中实例和练习题所涉及的全部操作文件都收录到本书的下载资源中，分别将素材文件和视频文件存放到 sample 文件夹和 video 文件夹中。前者包含书中涉及的所有 Stata 源文件，后者收录了书中所有实例和练习题的操作视频文件。下载资源可以通过扫描下面的二维码获取。如果下载有问题，请联系 booksaga@126.com，邮件主题为“Stata 统计分析商用建模与综合案例精解”。

本书由杨维忠和张甜共同编写，其间得到了夏非彼、卞诚君的悉心指导和大力支持。本书在编写的过程中吸收了前人的研究成果，在此一并表示感谢。

由于编者水平所限，书中的不当之处在所难免，恳请各位同行专家和广大读者批评指正，并提出宝贵的意见。

编　者
2020 年 8 月

目　录

第 1 章　Stata 操作快速入门

Stata 是一种功能全面的统计软件包，是目前非常流行的计量软件之一。它具有容易操作、运行速度快、功能强大的特点。Stata 不仅拥有一整套预先编排好的分析与数据功能，同时还允许软件使用者根据自己的需要来创建程序，从而添加更多的功能。该软件自从被引入我国后，迅速得到了广大学者的认可与厚爱，适用范围越来越广泛。Stata 16.0 是目前 Stata 的新版本。本章将介绍 Stata 16.0 操作快速入门。

1.1　Stata 16.0窗口说明

在正确安装 Stata 16.0 以后，单击 Stata 主程序的图标文件，即可打开 Stata 的主界面，如图 1.1 所示。

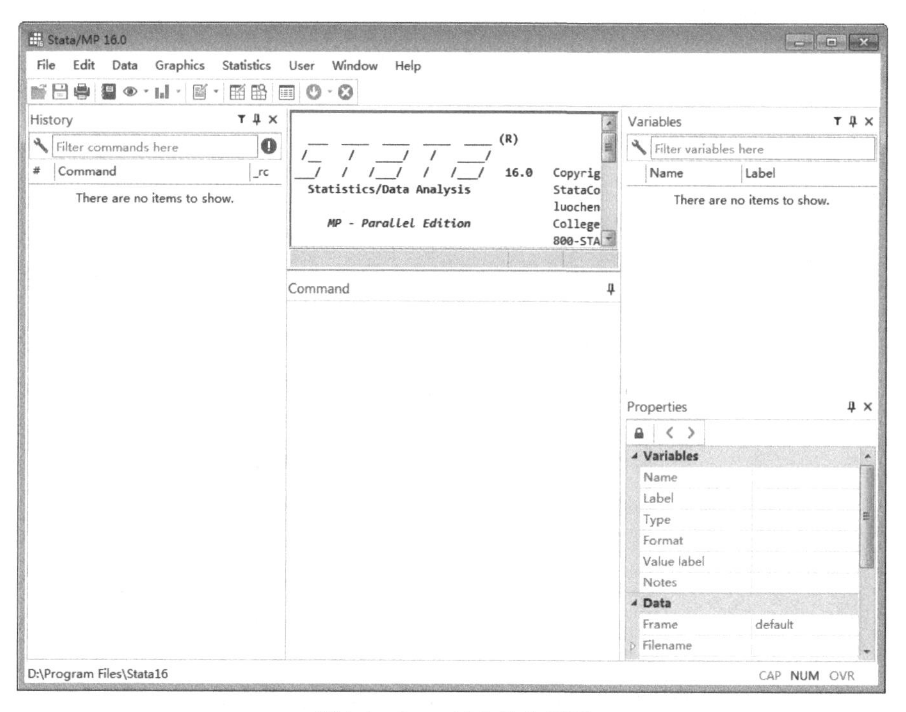

图 1.1　Stata 16.0 的主界面

与大部分的程序窗口类似，Stata 16.0 也有自己的菜单栏、工具栏，但其特色在于主界面中的 5 个区域：History、Variables、Command、Results、Properties。

- History（历史窗口）显示的是自本次启动 Stata 16.0 以来执行过的所有命令。
- Variables（变量窗口）显示的是当前 Stata 数据文件中的所有变量。

- Command（命令窗口）是重要的窗口，在本窗口内可输入准备执行的命令。
- Results（结果窗口）显示的是每次执行 Stata 命令后的执行结果，无论成功还是失败。
- Properties（性质窗口）显示的是当前数据文件中指定变量以及数据的性质。

各个窗口的大小都可以调节，读者可以用鼠标进行伸缩操作，使其符合自己的风格。

1.1.1 设定偏好的界面语言

Stata 16.0 的 MP 版本允许用户设定自己偏好的界面语言，操作方式如下：

如图 1.2 所示，单击菜单栏的 Edit | Preferences | User-interface language，即可弹出如图 1.3 所示的 Set Stata's user-interface language 对话框。

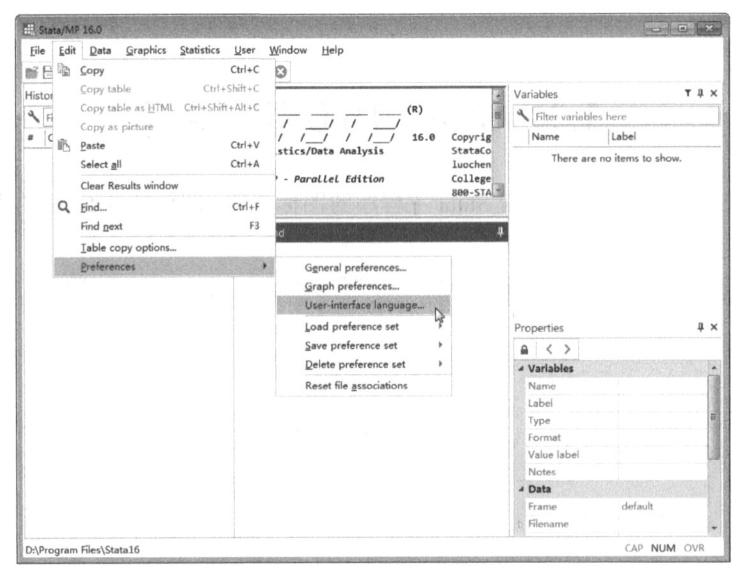

图 1.2　用于设置“偏好的界面语言”的菜单

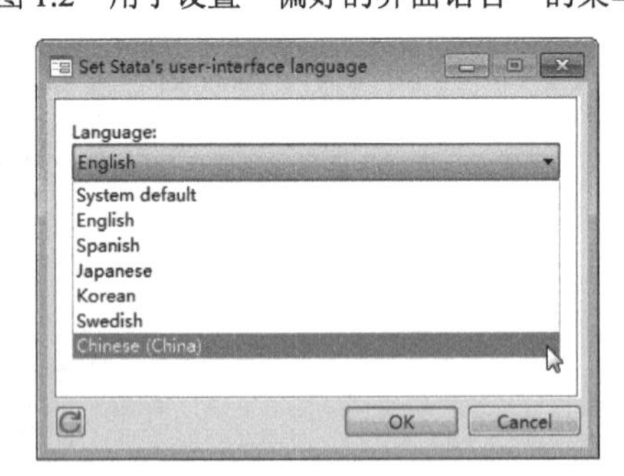

图 1.3　Set Stata's user-interface language 对话框

我们可以从 Language 下拉菜单中找出自己偏好的界面语言，具体可供选择的语言包括英语、西班牙语、日语、韩语等。通常，对于偏好窗口菜单操作的国内用户或者 Stata 新用户，可能倾向于选择“简体中文”，那么在下拉菜单中选择 Chinese（China）即可实现；而对于习惯使用命令操作、习惯 Stata 前期版本的老用户来说，可能倾向于选择“英语”，那么在下拉菜单中选择 English 即可实现。

需要说明和强调的是，用户设置偏好的语言后，系统并不会自动变成设置后的语言，而是需要先将目前的 Stata 窗口关闭，重新启动后，才会变成设置之后的语言。重新启动之后的界面如图 1.4 所示。

图 1.4　简体中文模式的 Stata 16.0 主界面

可以发现，在如图 1.4 所示的简体中文模式的 Stata 16.0 主界面中，Stata 的菜单栏和历史窗口、变量窗口、属性等窗口都变成了简体中文格式。菜单栏中的具体模块也变成了简体中文格式。以统计菜单中的“多元时间序列”|“VAR 模型诊断和检验”为例，我们只需从菜单栏中选择“统计”|“多元时间序列”|“VAR 模型诊断和检验”即可，如图 1.5 所示。

图 1.5　“统计”|“多元时间序列”|“VAR 模型诊断和检验”选择菜单

如果用户不适应简体中文界面，可以在如图 1.6 所示的 Stata 16.0 主界面中选择“编辑”|“首选项”|“用户界面语言”，即可弹出如图 1.7 所示的对话框。

在“语言”下拉菜单中选择 English，即可改回英文操作界面。

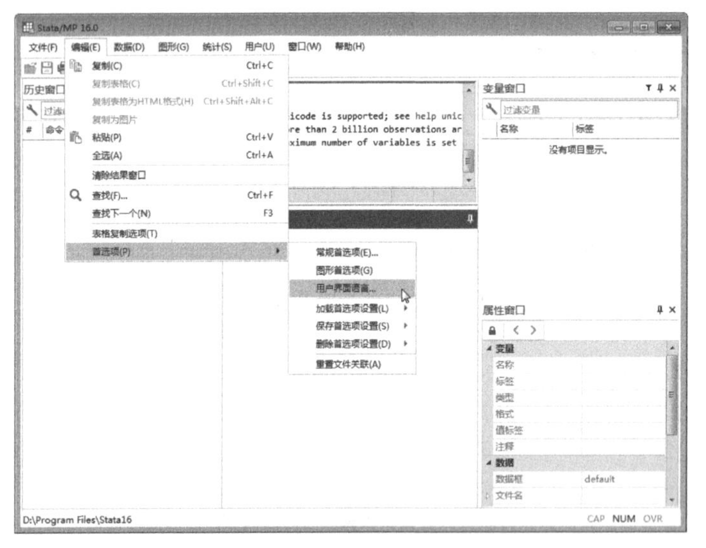

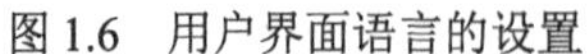
图 1.6 用户界面语言的设置

图 1.7 改回英文操作界面

1.1.2 编辑数据与变量

01 进入 Stata 16.0 主界面，如图 1.8 所示。

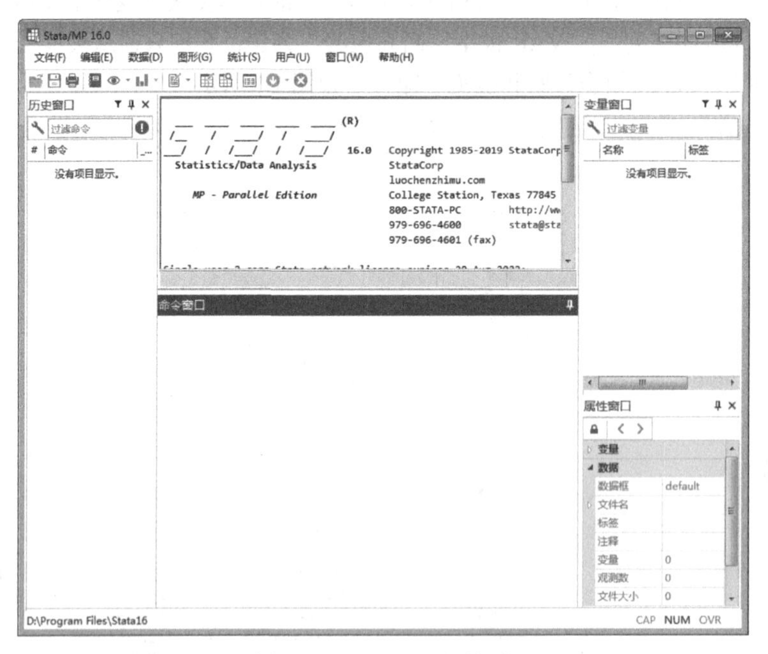

图 1.8 Stata 16.0 主界面

02 选择“数据”|“数据编辑器”|“数据编辑器（编辑）”命令，弹出如图 1.9 所示的“数据

编辑器（编辑）”对话框。

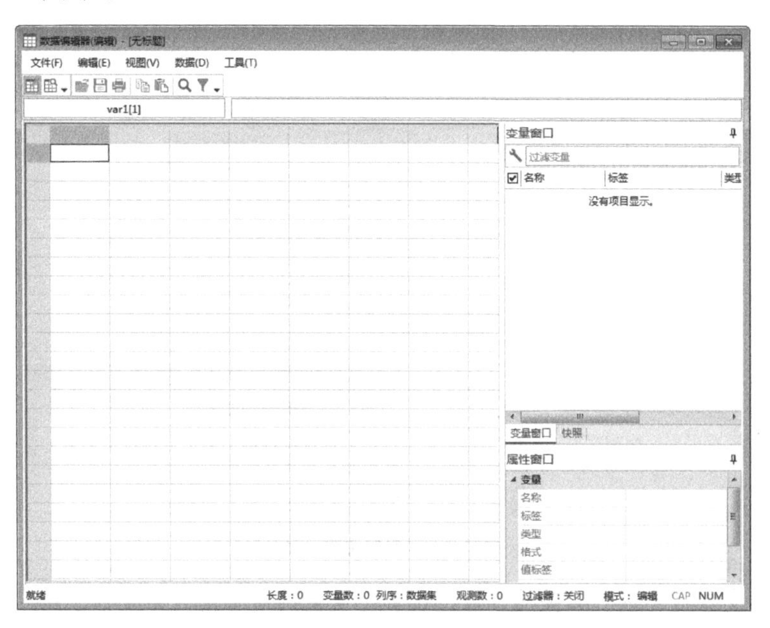

图 1.9　“数据编辑器（编辑）”对话框

03 在“数据编辑器（编辑）”对话框左上角的单元格中输入数据，比如 10000，系统即自动创建 var1 变量，如图 1.10 所示。

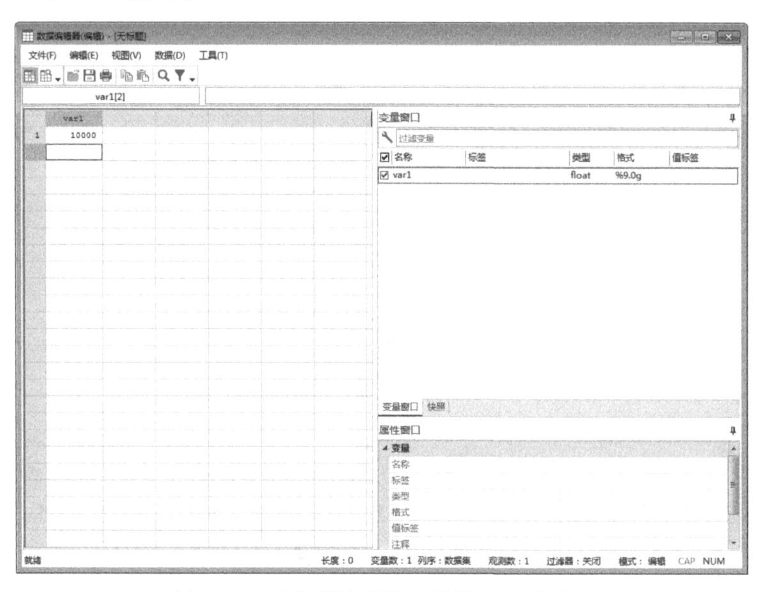

图 1.10　“数据编辑器（编辑）”对话框

04 单击右下方“属性窗口”中的“变量”，“变量”中的变量特征（包括名称、类型、长度等）即可进入可编辑状态，如图 1.11 所示。

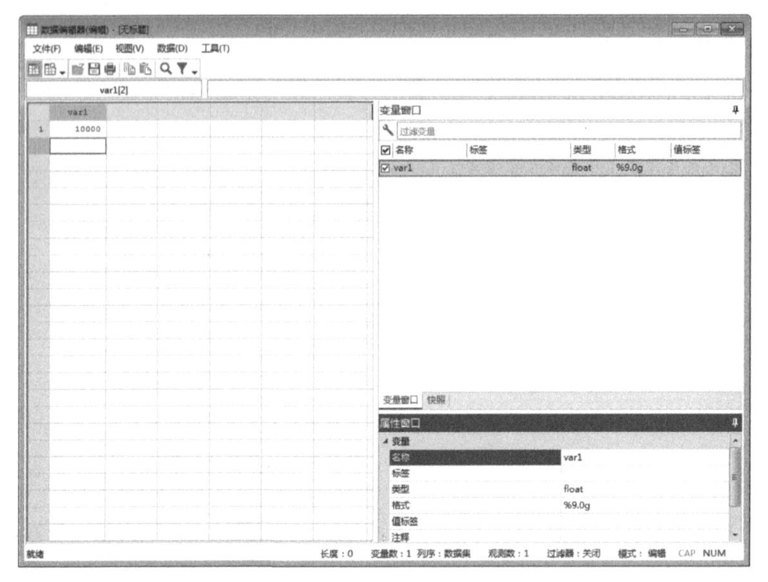

图 1.11　编辑变量特征

05 我们对变量名称进行必要的修改，比如把变量的名称定义为金额，所以把 var1 修改为 amount，其他采用系统默认的设置，修改完成后在左侧数据输入区域单击空白处，即可弹出如图 1.12 所示的对话框。

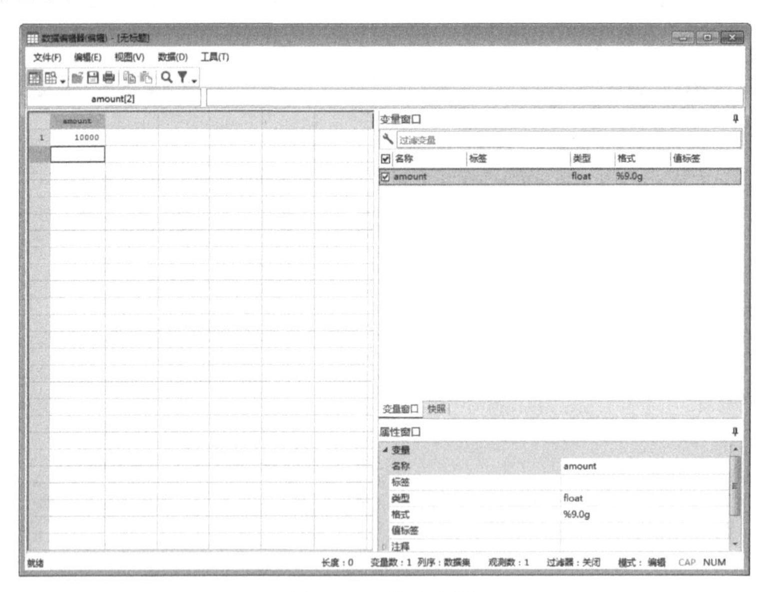

图 1.12　修改变量

关闭“数据编辑器（编辑）”对话框，在主界面的工具栏里面单击按钮，即可对编辑的变量和数据进行保存。

1.1.3　读取以前创建的 Stata 格式的数据文件

读取以前创建的 Stata 格式的数据文件比较简单，有 3 种方式：

- 直接双击该文件，即可打开数据。
- 在主界面的菜单栏里面选择“文件”|“打开”命令，找到文件后打开即可。
- 在主界面的“命令窗口”中输入命令：use filename（文件的名称）。

1.2　Stata 16.0变量与数据常用操作

1.2.1　创建和替代变量

	下载资源:\video\1.1
	下载资源:\sample\数据 1\数据 1A

前面已经介绍了创建、修改数据文件和变量的通用方式，但在有些情况下，我们需要利用现有的变量生成一个新的变量，那么如何快捷、方便地实现这种操作呢？Stata 16.0 提供了 generate 和 replace 命令供我们选择使用，其中 generate 命令是利用现有变量生成一个新的变量，并保留原来的变量不变；而 replace 命令则是利用现有变量生成一个新的变量替换原来的变量。下面我们就用实例的方式来讲解这两个重要命令的应用。

数据 1A 中有 3 个变量，分别是省市、销售量和销售总收入。我们把省市变量设定为 province，把销售量变量设定为 amount，把销售总收入变量设定为 sumincome，变量类型及长度采取系统默认方式，然后录入相关数据。相关操作我们在前面已详细讲述过了。数据录入完成后，结果如图 1.13 所示。

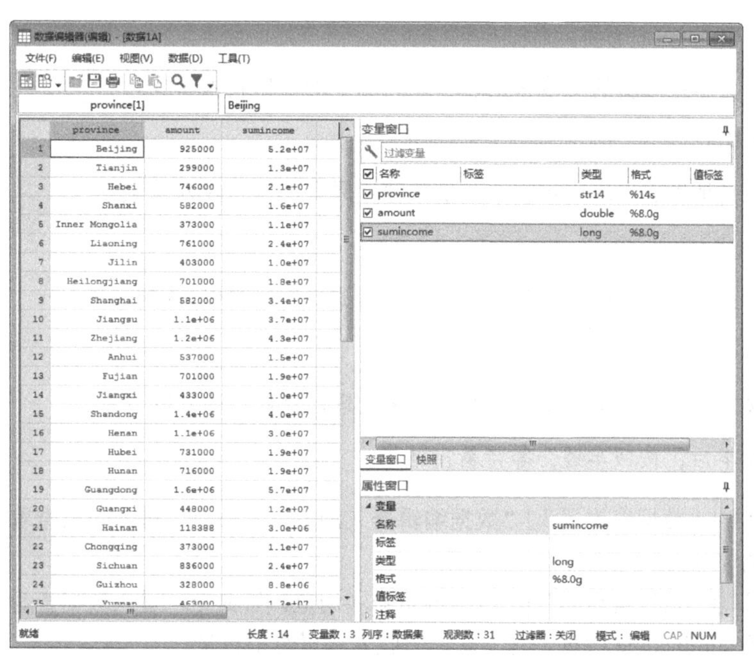

图 1.13　数据 1A

先保存数据，然后开始展开分析，步骤如下：

01 进入 Stata 16.0，打开相关数据文件，弹出如图 1.14 所示的主界面。

图 1.14 主界面

02 在主界面的“命令窗口”中输入如下操作命令并按回车键进行确认：

```
generate avincome = sumincome / amount
```

本命令的含义是生成新的变量来描述各地区的平均销售收入情况。

```
replace sumincome = sumincome / amount
```

本命令的含义是生成平均销售收入变量来替代原有的销售收入总额变量。

```
replace sumincome= sumincome / 10
```

本命令的含义是对生成的平均销售收入变量数据均进行除以 10 的处理。

```
gen lamount = ln(amount)
```

本命令的含义是对销售量变量进行对数平滑处理，从而产生新的变量。

03 设置完毕后，按回车键，等待输出结果。

选择“数据”|“数据编辑器”|“数据编辑器（浏览）”命令，进入数据查看界面，可以看到如图 1.15 所示的 avincome 数据。

选择“数据”|“数据编辑器”|“数据编辑器（浏览）”命令，进入数据查看界面，可以看到如图 1.16 所示的 sumincome 数据，等于总销售收入除以总销售量。

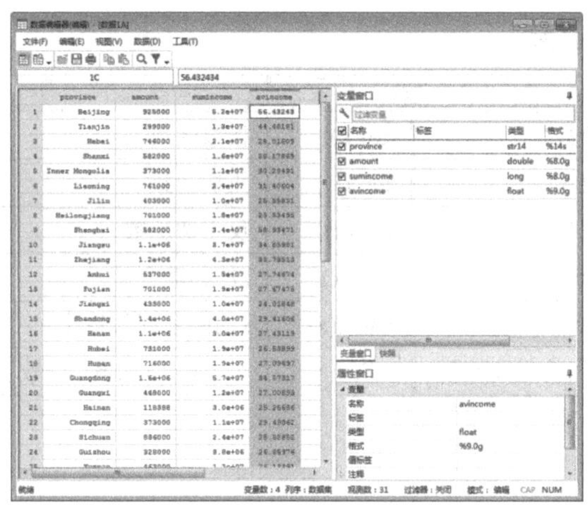

图 1.15　avincome 数据

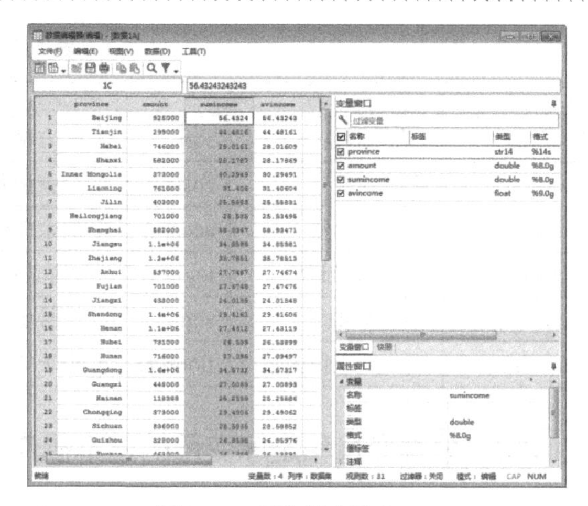

图 1.16　平均销售收入

选择“数据”|“数据编辑器”|“数据编辑器（浏览）”命令，进入数据查看界面，可以看到如图 1.17 所示的 sumincome 数据，即前面生成的平均销售收入除以 10。

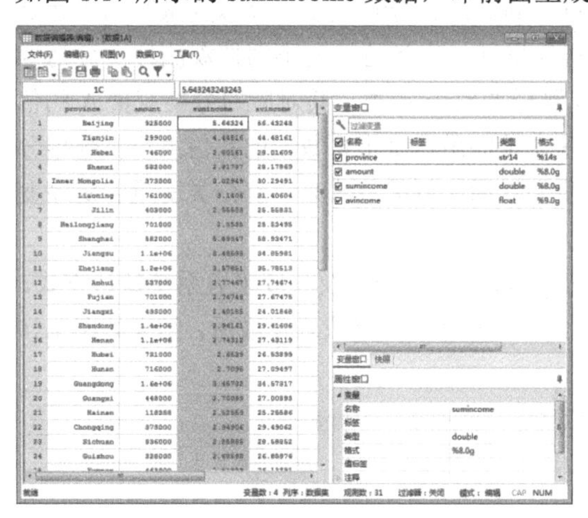

图 1.17　平均销售收入除以 10

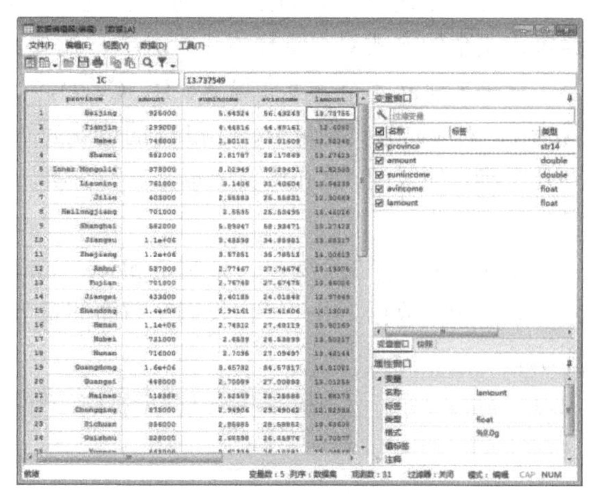

图 1.18　对销售量进行对数平滑处理

选择“数据”|“数据编辑器”|“数据编辑器（浏览）”命令，进入数据查看界面，可以看到如图 1.18 所示的 lamount 数据。它是针对 amount 数据取的对数值。

在上面的案例中，我们用到了代数运算符“/”。在 Stata 16.0 中，我们可以使用的代数运算符如表 1.1 所示。

表 1.1　代数运算符

代数运算符	含　义	代数运算符	含　义	代数运算符	含　义	代数运算符	含　义	代数运算符	含　义
+	加	−	减	*	乘	/	除	^	乘方

在上面的案例中，我们也用到了自然对数函数 ln(变量)。在 Stata 16.0 中，我们经常使用的函数如表 1.2 所示。

表 1.2 函数

函数命令	表示含义	函数命令	表示含义	函数命令	表示含义
abs(x)	x的绝对值	sqrt	平方根函数	exp(x)	指数函数
sin	正弦函数	cos(x)	余弦函数	tan(x)	正切函数
asin(x)	反正弦函数	acos(x)	反余弦函数	atan(x)	反正切函数
trunk(x)	x的整数部分	logit(x)	x的对数比率	total(x)	x的移动合计
mod(x,y)	x/y的余数	sign(x)	符号函数	round(x)	x的四舍五入整数
atanh(x)	双曲反正切函数	floor(x)	小于等于x的最大整数	ceil(x)	小于等于x的最小整数

1.2.2 分类变量和定序变量的基本操作

	下载资源:\video\1.1
	下载资源:\sample\数据 1\数据 1B

在很多情况下，我们会用到分类变量（虚拟变量）的概念。分类变量（虚拟变量）的用途是通过定义值的方式对观测样本进行分类。例如，根据数据某一变量特征的不同把观测样本分为 4 类，就需要建立 4 个分类变量 A、B、C、D，如果观测样本属于 A 类，其对应的分类变量 A 的值就为 1，对应的分类变量 B、C 和 D 的值就为 0。定序变量的用途是根据数据的数值大小将数据分到几个确定的区间，其在广义上也是一种分类。下面我们就用实例的方式来讲解分类变量和定序变量的基本操作。

数据 1B 中有 3 个变量，分别是 place、amount 和 grade，变量类型及长度采取系统默认方式，然后录入相关数据。相关操作我们在前面的章节中详细讲述过了。数据录入完成后，结果如图 1.19 所示。

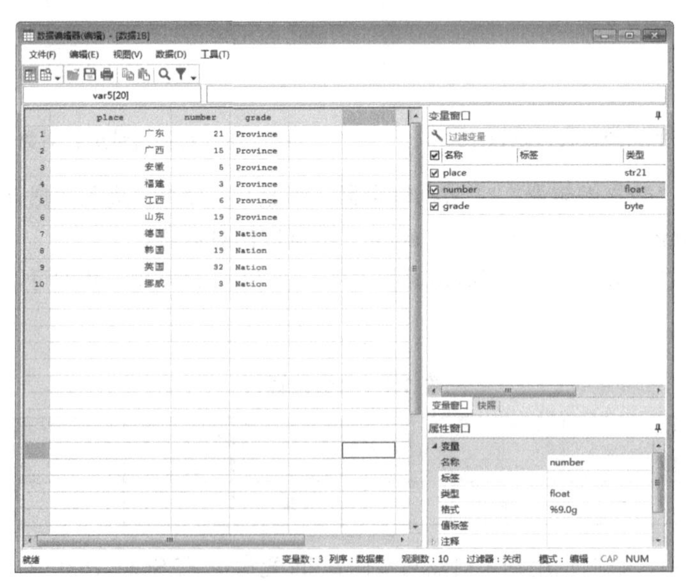

图 1.19 数据 1B

先保存数据，然后开始展开分析，步骤如下：

01 进入 Stata 16.0，打开相关数据文件，弹出如图 1.20 所示的主界面。

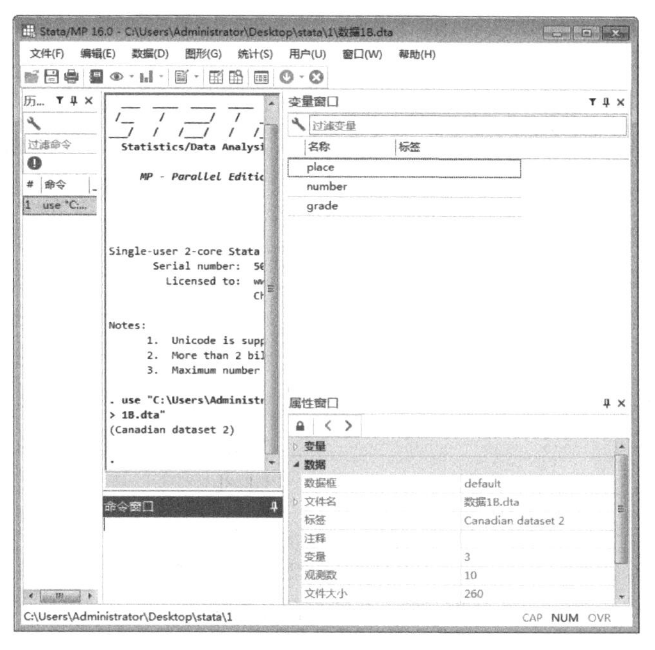

图 1.20　主界面

02 在主界面的“命令窗口”中输入操作命令并按回车键进行确认：

```
tabulate grade,generate(grade)
```

本命令的含义是生成新的分类变量。

```
generate amount1=autocode(amount,3,1,25)
```

本命令的含义是生成新的定序变量进行定序，分到 3 个标志区间。

```
sort amount
```

本命令的含义是对 amount 进行排序。

```
generate amount2=group(4)
```

本命令的含义是生成新的分类变量按数值大小进行 4 类定序。

03 设置完毕后，按回车键，等待输出结果。

图 1.21 所示是生成新的分类变量。

. tabulate grade,generate(grade)

grade	Freq.	Percent	Cum.
Province	6	60.00	60.00
Nation	4	40.00	100.00
Total	10	100.00	

图 1.21　生成新的分类变量

选择“数据”|“数据编辑器”|“数据编辑器（浏览）”命令，进入数据查看界面，可以看到

如图 1.22 所示的生成的分类数据 grade1 和 grade2。

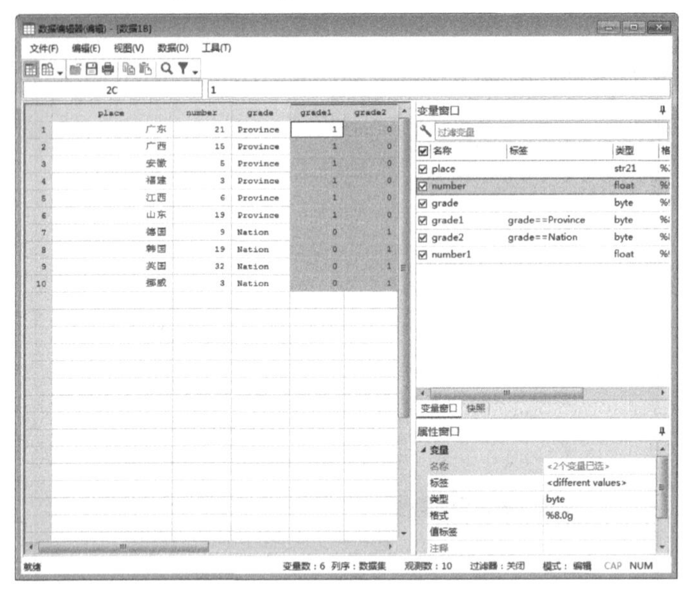

图 1.22　生成新的分类变量

选择“数据”|“数据编辑器”|“数据编辑器（浏览）”命令，进入数据查看界面，可以看到如图 1.18 所示的生成的变量 amount1 数据。该变量将 amount 的取值区间划分成等宽的 3 组。图 1.23 所示是生成新的定序变量进行定序，分到 3 个标志区间的结果。

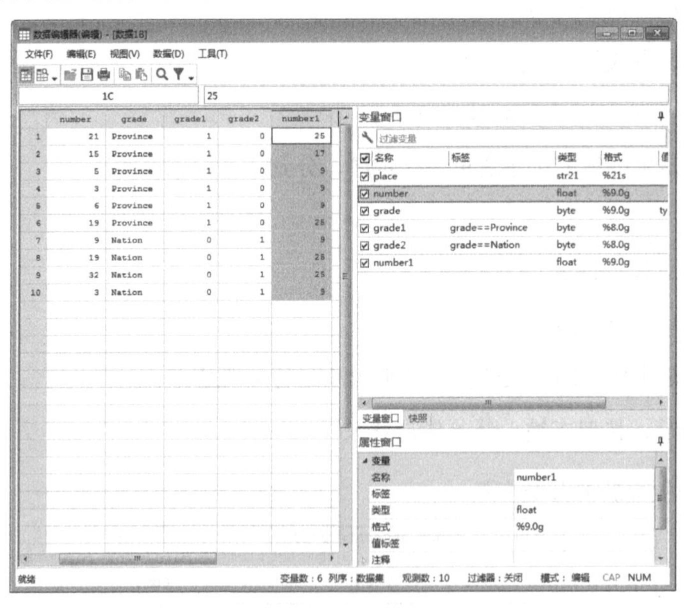

图 1.23　进行定序

如图 1.24 所示，系统生成了变量 amount2，该变量将 amount 的取值按大小分成了 4 个序列。

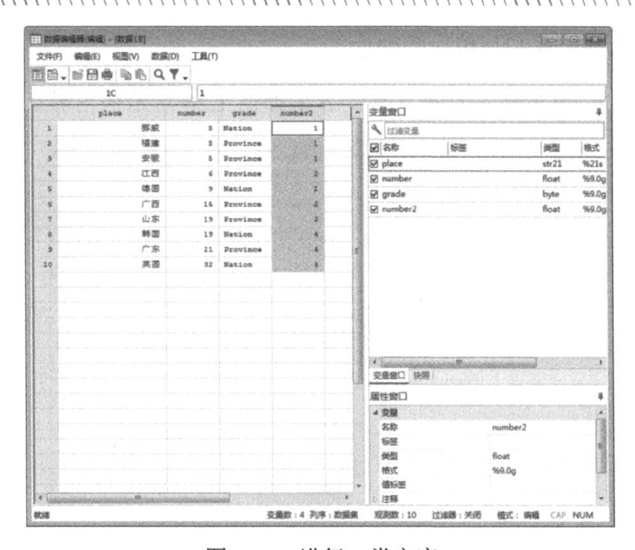

图 1.24 进行 4 类定序

1.2.3 数据的基本操作

在对数据进行分析时，可能会遇到需要针对现有的数据进行预处理的情况。在本节中，我们将用实例讲解常用的几种处理数据的操作，包括对数据进行长短变换、把字符串数据转换成数值数据、生成随机数等。

	下载资源:\video\1.1
	下载资源:\sample\数据 1\数据 1C

我们以数据 1C 为例进行讲解，在数据 1C 中设置了 4 个变量，分别是 province、amount2018、amount2019 和 amount2020。变量类型及长度采取系统默认方式，然后录入相关数据。相关操作在前面的章节中已详细讲述过了。数据录入完成后，结果如图 1.25 所示。

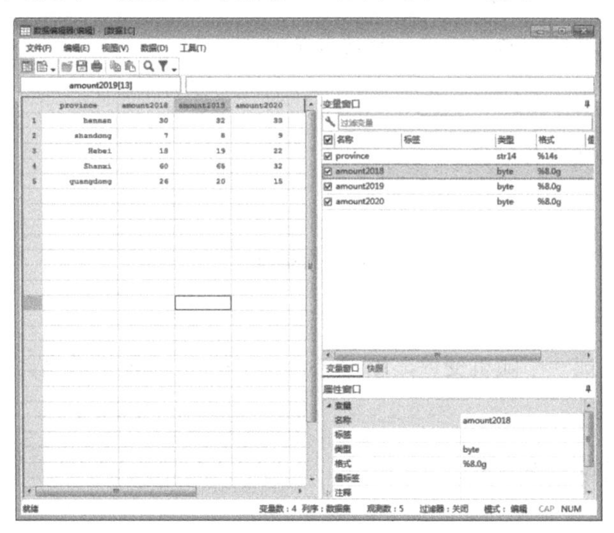

图 1.25 数据 1C

先保存数据，然后开始展开分析，步骤如下：

01 进入 Stata 16.0，打开相关数据文件，弹出如图 1.26 所示的主界面。

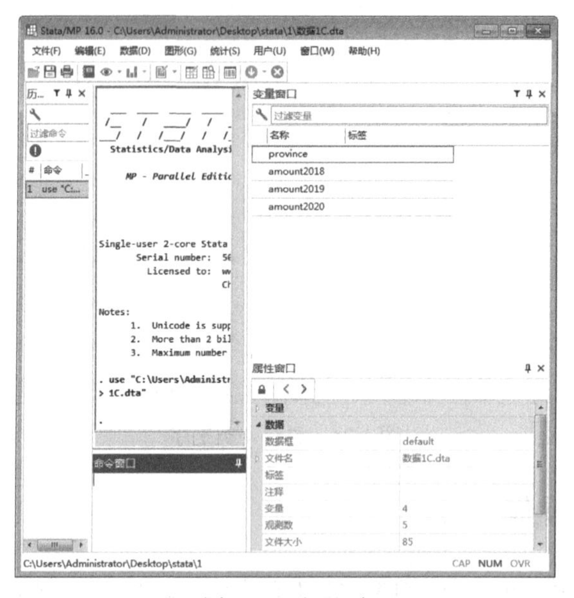

图 1.26　主界面

02 在主界面的“命令窗口”中输入操作命令并按回车键进行确认：

```
reshape long amount,i(province) j(year)
```

本命令的含义是对数据进行长短变换。

```
reshape wide amount,i(province) j(year)
```

本命令的含义是将数据变换回来。

```
encode  province,gen(regi)
```

本命令的含义是把地区字符串变量转换成数值数据。

```
clear
```

本命令的含义是清除原有数据。

```
set obs 15
```

本命令的含义是设定一个包含 15 个样本的数据集。

```
generate suiji=uniform()
```

本命令的含义是生成一个随机变量，里面包含 0~1 的 15 个随机数据。

```
clear
```

本命令的含义是清除原有数据。

```
set obs 15
```

本命令的含义是设定一个包含 15 个样本的数据集。

```
generate suiji=9+9*uniform()
```

本命令的含义是生成一个随机变量，里面包含[9,18]的 15 个随机数据。

```
clear
```

本命令的含义是清除原有数据。

```
set obs 15
```

本命令的含义是设定一个包含 15 个样本的数据集。

```
generate suiji=9+trunc(9*uniform())
```

本命令的含义是生成一个随机变量，里面包含[9,18]的 15 个随机数据，且数据为整数。

分析结果如下：

图 1.27 所示是对数据进行长短变换的结果。

```
. reshape long amount,i( province) j(year)
(note: j = 2018 2019 2020)

Data                               wide   ->   long
-----------------------------------------------------------
Number of obs.                        5   ->      15
Number of variables                   4   ->       3
j variable (3 values)                     ->   year
xij variables:
         amount2018 amount2019 amount2020 ->   amount
-----------------------------------------------------------
```

图 1.27 对数据进行长短变换的结果

选择“数据”|“数据编辑器”|“数据编辑器（浏览）”命令，进入数据查看界面，可以看到如图 1.28 所示的变换后的数据。

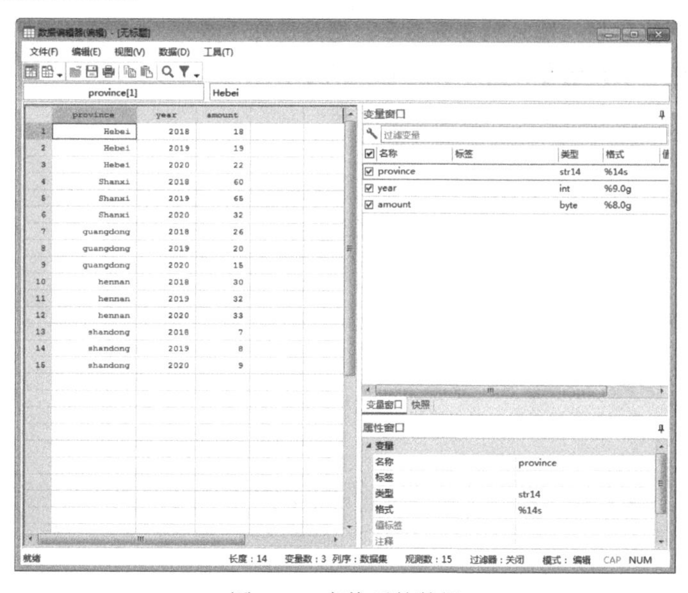

图 1.28 变换后的数据

图 1.29 所示是将数据变换回来并把地区字符串变量转换成数值数据的结果。

```
. reshape wide amount,i( province) j(year)
(note: j = 2018 2019 2020)

Data                               long   ->   wide
-----------------------------------------------------------------------------

Number of obs.                       15   ->       5
Number of variables                   3   ->       4
j variable (3 values)              year   ->   (dropped)
xij variables:
                                 amount   ->   amount2018 amount2019 amount2020
-----------------------------------------------------------------------------
```

图 1.29 转换成数值数据的结果

选择“数据”|“数据编辑器”|“数据编辑器（浏览）”命令，进入数据查看界面，可以看到如图 1.30 所示的变换后的数据。

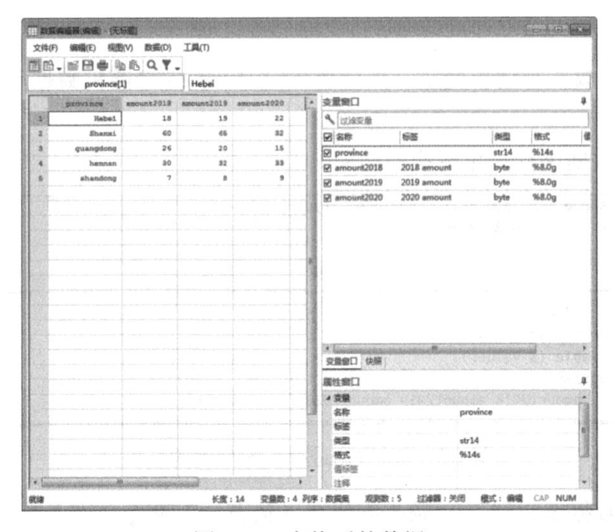

图 1.30 变换后的数据

在将数据变换回来以后，输入第 3 条命令，通过选择“数据”|“数据编辑器”|“数据编辑器（浏览）”命令，进入数据查看界面，如图 1.31 所示。

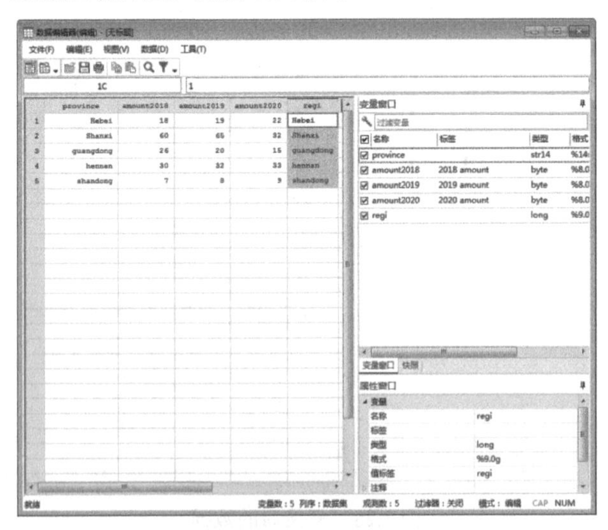

图 1.31 查看数据

输入第 4 条命令和第 5 条命令后，选择“数据”|“数据编辑器”|“数据编辑器（浏览）”命令，进入数据查看界面，可以看到如图 1.32 所示的生成后的随机数据。

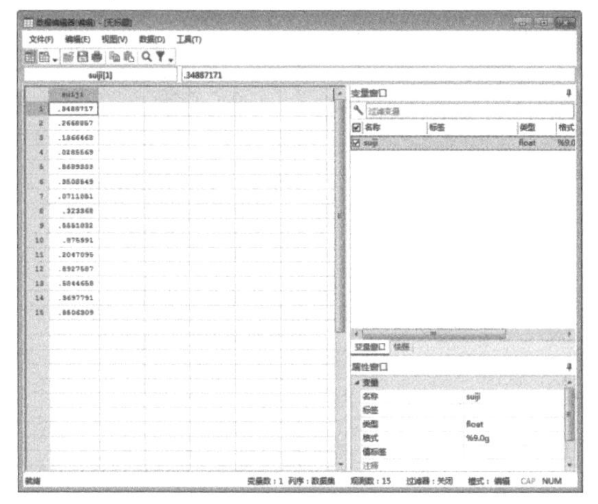

图 1.32 随机数据

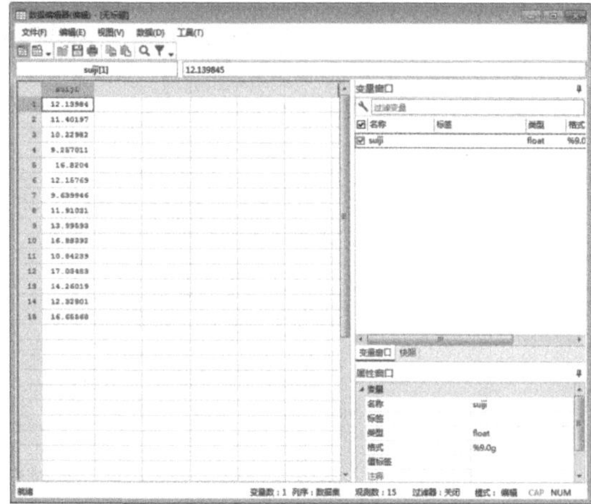

图 1.33 随机取出 15 个数据

生成一个随机变量，里面包含[9,18]的 15 个随机数据的结果如图 1.33 所示。

生成一个随机变量，里面包含[9,18]的 15 个随机数据且取值为整数的结果，如图 1.34 所示。

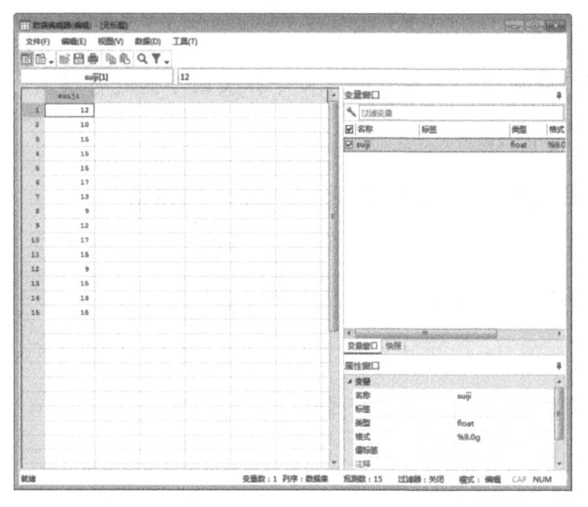

图 1.34 随机取出 15 个数据且取整

1.2.4 定义数据的子集概述

在很多情况下，现有的 Stata 数据达不到分析要求，我们需要截取出数据的一部分进行分析，或者删除不需要进入分析范围的数据，这时我们就需要用到 Stata 的定义数据子集功能。在本节中，我们将通过实例的方式讲述定义数据子集的基本操作。

下载资源:\video\1.1

下载资源:\sample\数据 1\数据 1D

分析步骤如下：

01 进入 Stata 16.0，打开相关数据文件，弹出如图 1.35 所示的主界面。

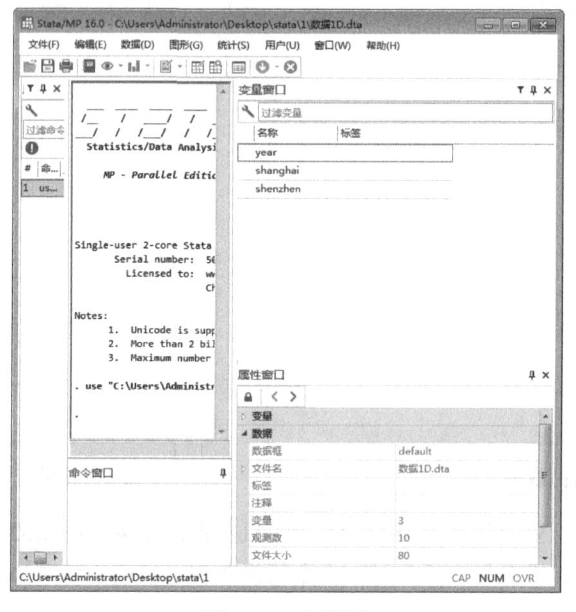

图 1.35 主界面

02 在主界面的“命令窗口”中输入操作命令并按回车键进行确认。对应的命令如下：

```
list year shanghai shenzhen
```

本命令的含义是列出变量 year、shanghai、shenzhen 的数据。

```
list in 1/3
```

本命令的含义是列出第 1~3 条数据。

```
sort shanghai
```

本命令的含义是对变量值 shanghai 进行排序。

```
list year shanghai shenzhen in 1/2
```

本命令的含义是列出变量 year、shanghai、shenzhen 中各自值最小的两条数据。

```
list if year>2015
```

本命令的含义是列出变量值 year 大于 2015 的数据。

```
list if year>2017 & shanghai>867
```

本命令的含义是列出变量值 year 大于 2017 且变量值 shanghai 大于 867 的数据。

```
drop in 3
```

本命令的含义是删除第 3 条数据。

```
drop if year==2015
```

本命令的含义是删除变量值 year 等于 2015 的数据。

```
drop if year>2015 & shanghai>867
```

本命令的含义是删除变量值 year 大于 2015 且变量值 shanghai 大于 867 的数据。

图 1.36 所示是列出第 3 条数据的结果。

图 1.37 所示是列出第 1~3 条数据的结果。

```
. list year shanghai shenzhen

     +---------------------------+
     | year   shanghai  shenzhen |
     |---------------------------|
  1. | 2010        584       528 |
  2. | 2011        658       526 |
  3. | 2012        727       521 |
  4. | 2013        792       519 |
  5. | 2014        849       552 |
     |---------------------------|
  6. | 2015        846       559 |
  7. | 2016        854       604 |
  8. | 2017        872       702 |
  9. | 2018        876       773 |
 10. | 2019        882       860 |
     +---------------------------+
```

图 1.36　定义数据子集分析结果 1

```
. list in 1/3

     +---------------------------+
     | year   shanghai  shenzhen |
     |---------------------------|
  1. | 2010        584       528 |
  2. | 2011        658       526 |
  3. | 2012        727       521 |
     +---------------------------+
```

图 1.37　定义数据子集分析结果 2

图 1.38 所示是首先对变量值进行排序，然后列出变量值中各自最小的两条数据结果。

图 1.39 所示是列出变量值 year 大于 2005 的数据结果。

```
. sort shangha

. list year shanghai shenzhen in 1/2

     +---------------------------+
     | year   shanghai  shenzhen |
     |---------------------------|
  1. | 2010        584       528 |
  2. | 2011        658       526 |
     +---------------------------+
```

图 1.38　定义数据子集分析结果 3

```
. list if year>2015

     +---------------------------+
     | year   shanghai  shenzhen |
     |---------------------------|
  7. | 2016        854       604 |
  8. | 2017        872       702 |
  9. | 2018        876       773 |
 10. | 2019        882       860 |
     +---------------------------+
```

图 1.39　定义数据子集分析结果 4

图 1.40 所示是列出变量值 year 大于 2017 且变量值 shanghai 大于 867 的数据结果。

图 1.41 所示是删除第 3 条数据的结果。

```
. list if year>2017 & shanghai>867

     +---------------------------+
     | year   shanghai  shenzhen |
     |---------------------------|
  9. | 2018        876       773 |
 10. | 2019        882       860 |
     +---------------------------+
```

图 1.40　定义数据子集分析结果 5

```
. drop in 3
(1 observation deleted)
```

图 1.41　定义数据子集分析结果 6

图 1.42 所示是删除变量值 year 等于 2015 的数据结果。

图 1.43 所示是删除变量值 year 大于 2015 且变量值 shanghai 大于 867 的数据结果。

```
. drop if year==2015
(1 observation deleted)
```

图 1.42　定义数据子集分析结果 7

```
. drop if year>2015 & shanghai>867
(3 observations deleted)
```

图 1.43　定义数据子集分析结果 8

我们在上述的 Stata 命令中用到了 Stata 中的关系运算符和逻辑运算符。Stata 16.0 中共支持 6 种关系运算符和 3 种逻辑运算符，如表 1.3 和表 1.4 所示。

表 1.3　关系运算符

关系运算符	含　义	关系运算符	含　义	关系运算符	含　义
==	等于	! =	不等于	>	大于
<	小于	>=	大于等于	<=	小于等于

表 1.4　逻辑运算符

逻辑运算符	含　义	逻辑运算符	含　义	逻辑运算符	含　义
&	与	|	或	!	非

1.3　Stata描述统计

在进行数据分析时，当研究者得到的数据量很小时，可以通过直接观察原始数据来获得所有的信息。但是，当得到的数据量很大时，就必须借助各种描述指标来完成对数据的描述工作。用少量的描述指标来概括大量的原始数据，对数据展开描述的统计分析方法被称为描述性统计分析。变量的性质不同，Stata 描述性分析处理的方式也不一样。本节将要介绍的描述统计分析方法包括定距变量的描述性统计、正态性检验和数据转换等。下面我们一一介绍这几种方法的应用。

1.3.1　定距变量的描述性统计

下载资源:\video\1.2

下载资源:\sample\数据 1\数据 1E

数据分析中的大部分变量都是定距变量，通过进行定距变量的基本描述性统计，我们可以得到数据的概要统计指标，包括平均值、最大值、最小值、标准差、百分位数、中位数、偏度系数和峰度系数等。数据分析者通过获得这些指标，可以从整体上对拟分析的数据进行宏观把握，从而为后续进行更深入的数据分析做好必要的准备。

我们在数据 1E 中设置了两个变量，分别是 province 和 amount，变量类型及长度采取系统默认方式，然后录入相关数据。相关操作我们在前面的章节已详细讲述过了。数据录入完成后，结果如图 1.44 所示。

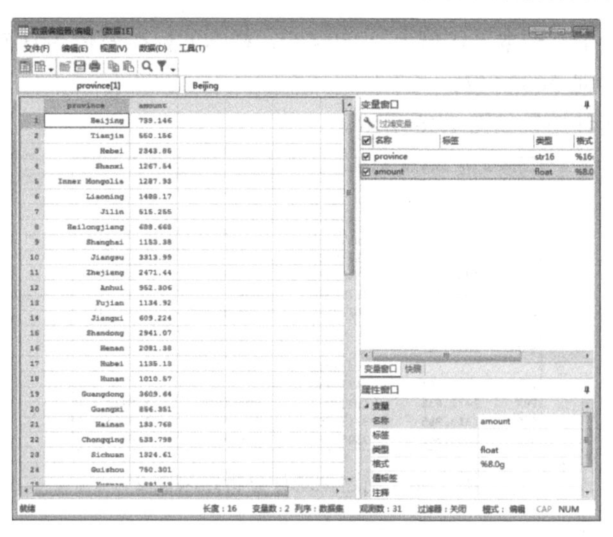

图 1.44　数据 1E

先保存数据，然后开始展开分析，步骤如下：

01 进入 Stata 16.0，打开相关数据文件，弹出主界面。

02 在主界面的“命令窗口”中输入命令：

```
summarize  amount
```

本命令旨在获取 amount 变量的主要描述性统计量。

```
summarize  amount,detail
```

本命令旨在获取 amount 变量的详细统计量。

```
tabstat  amount,stats(mean range sum var)
```

本命令旨在获取 amount 变量的平均数、极差（范围误差或全距）、总和、方差等统计指标。

```
tabstat  amount,stats(mean range sum var) by(province)
```

本命令旨在按 province 分类列出 amount 变量的概要统计指标。

```
ci means amount,level(98)
```

本命令旨在创建 amount 变量总体均值 98%置信水平的置信区间。

03 设置完毕后，按回车键，等待输出结果。

在 Stata 16.0 主界面的结果窗口中可以看到如图 1.45 所示的分析结果。

```
. summarize  amount

    Variable |        Obs        Mean    Std. Dev.       Min        Max
-------------+---------------------------------------------------------
      amount |         31    1180.489    903.5561    17.6987   3609.642
```

图 1.45　描述性统计分析结果图 1

通过观察分析结果，我们可以对 amount 变量的情况有一个整体初步的了解。从结果可以看出，有效观测样本共有 31 个，样本平均值为 1180.489，样本的标准差是 903.5561，样本的最小值是 17.6987，样本的最大值是 3609.642。

更详细的描述性统计结果如图 1.46 所示。

```
. summarize  amount,detail

                           amount
-------------------------------------------------------------
      Percentiles      Smallest
 1%     17.6987         17.6987
 5%    133.7675        133.7675
10%    462.9585        337.2368       Obs                  31
25%    550.1556        462.9585       Sum of Wgt.          31

50%    891.1902                       Mean           1180.489
                        Largest       Std. Dev.      903.5561
75%     1324.61        2471.438
90%    2471.438        2941.067       Variance       816413.7
95%    3313.986        3313.986       Skewness       1.309032
99%    3609.642        3609.642       Kurtosis       3.889152
```

图 1.46　描述性统计分析结果图 2

从上面的分析结果中可以得到更多信息：

（1）百分位数（Percentiles）

可以看出数据的第 1 个四分位数(25%)是 550.1556，数据的第 2 个四分位数(50%)是 891.1902，数据的第 3 个四分位数（75%）是 1324.61。数据的百分位数的含义是低于该数据值的样本在全体样本中的百分比。例如，本例中 25%分位数的含义是全体样本中有 25%的数据值低于 550.1556。

（2）4 个最小值（Smallest）

本例中，最小的 4 个数据值分别是 17.6987、133.7675、337.2368、462.9585。

（3）4 个最大值（Largest）

本例中，最大的 4 个数据值分别是 3609.642、3313.986、2941.067、2471.438。

（4）平均值（Mean）和标准差（Std. Dev）

与前面的分析结果一样，样本数据的平均值为 1180.489，样本数据的标准差是 903.5561。

（5）偏度（Skewness）和峰度（Kurtosis）

偏度的概念是表示不对称的方向和程度。如果偏度值大于 0，那么数据就具有正偏度（右边有尾巴）；如果偏度值小于 0，那么数据就具有负偏度（左边有尾巴）；如果偏度值等于 0，那么数据将呈对称分布。本例中，数据偏度为 1.309032，为正偏度但不大。

峰度的概念用来表示尾重，是与正态分布结合在一起进行考虑的。正态分布是一种对称分布，它的峰度值正好等于 3，如果某数据的峰度值大于 3，那么该分布将会有一个比正态分布更长的尾巴；如果某数据的峰度值小于 3，那么该分布将会有一个比正态分布更短的尾巴。本例中，数据峰度为 3.889152，有一个比正态分布更长的尾巴。

amount 变量的平均数、总和、极差、方差等统计指标结果如图 1.47 所示。

```
. tabstat  amount,stats(mean range sum var)

    variable |      mean     range       sum  variance
-------------+----------------------------------------
      amount |  1180.489  3591.944  36595.15  816413.7
------------------------------------------------------
```

图 1.47　描述性统计分析结果图 3

从上面的分析结果中可以得到更多信息，该样本数据的均值是 1180.489，极差是 3591.944，总和是 36595.15，方差是 816413.7。

统计量与其对应的命令代码如表 1.5 所示。

表 1.5 统计量与其对应的命令代码

统计量	命令代码	统计量	命令代码	统计量	命令代码
均值	mean	非缺失值总数	count	计数	N
总和	sum	最大值	max	最小值	Min
极差	range	标准差	sd	方差	Var
变异系数	cv	标准误	semean	偏度	skewness
峰度	kurtosis	中位数	median	第1个百分位数	p1
四分位距	iqr	四分位数	q		

按 province 分类列出 amount 变量的概要统计指标结果，如图 1.48 所示。

```
. tabstat  amount,stats(mean range sum var) by(province)

Summary for variables: amount
     by categories of: province

        province |      mean     range       sum  variance
-----------------+----------------------------------------
           Anhui |  952.3056         0  952.3056         .
         Beijing |  739.1465         0  739.1465         .
       Chongqing |  533.7976         0  533.7976         .
          Fujian |  1134.918         0  1134.918         .
           Gansu |  705.5127         0  705.5127         .
       Guangdong |  3609.642         0  3609.642         .
         Guangxi |  856.3511         0  856.3511         .
         Guizhou |  750.3007         0  750.3007         .
          Hainan |  133.7675         0  133.7675         .
           Hebei |  2343.847         0  2343.847         .
    Heilongjiang |   688.668         0   688.668         .
           Henan |  2081.375         0  2081.375         .
           Hubei |  1135.127         0  1135.127         .
           Hunan |   1010.57         0   1010.57         .
  Inner Mongolia |  1287.926         0  1287.926         .
         Jiangsu |  3313.986         0  3313.986         .
         Jiangxi |  609.2236         0  609.2236         .
           Jilin |  515.2545         0  515.2545         .
        Liaoning |  1488.172         0  1488.172         .
         Ningxia |  462.9585         0  462.9585         .
         Qinghai |  337.2368         0  337.2368         .
         Shaanxi |  740.1138         0  740.1138         .
        Shandong |  2941.067         0  2941.067         .
        Shanghai |  1153.379         0  1153.379         .
          Shanxi |  1267.538         0  1267.538         .
         Sichuan |   1324.61         0   1324.61         .
         Tianjin |  550.1556         0  550.1556         .
           Tibet |   17.6987         0   17.6987         .
        Xinjiang |  547.8766         0  547.8766         .
          Yunnan |  891.1902         0  891.1902         .
        Zhejiang |  2471.438         0  2471.438         .
-----------------+----------------------------------------
           Total |  1180.489  3591.944  36595.15  816413.7
----------------------------------------------------------
```

图 1.48 描述性统计分析结果图 4

创建 amount 变量均值的 98%的置信区间结果如图 1.49 所示。

```
. ci means amount,level(98)

    Variable |        Obs        Mean    Std. Err.       [98% Conf. Interval]
-------------+---------------------------------------------------------------
      amount |         31    1180.489    162.2835        781.7159    1579.262
```

图 1.49 描述性统计分析结果图 5

基于本例中的观测样本，我们可以推断出总体的 98%水平的置信区间。也就是说，我们有 98%

的信心可以认为数据总体的均值会落在[781.7159,1579.262]，或者说，数据总体的均值落在区间[781.7159,1579.262]的概率是 98%。读者可以根据具体需要通过改变命令中括号里面的数字来调整置信水平的大小。

1.3.2 正态性检验和数据转换

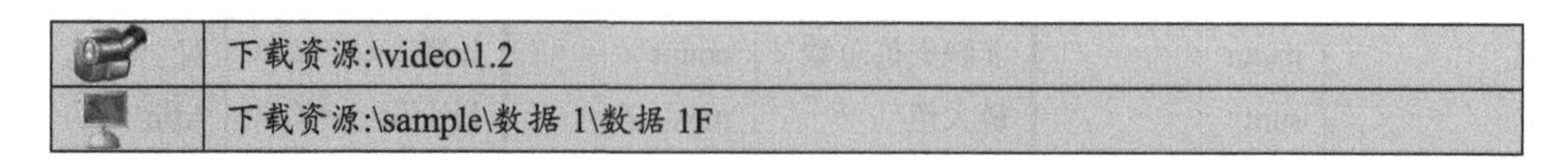

随着科技的不断发展和计算方法的不断改进，学者们探索出了很多统计分析方法和分析程序。但是有相当多的统计程序对数据的要求比较严格，它们只有在变量服从或者近似服从正态分布的时候才是有效的，所以在对整理收集的数据进行预处理的时候需要对它们进行正态检验，如果数据不满足正态分布假设，我们就要对数据进行必要的转换。数据转换分为线性转换与非线性转换两种。

我们在数据 1F 中设置了两个变量，分别是 province 和 amount，变量类型及长度采取系统默认方式，然后录入相关数据。相关操作我们在前面的章节已详细讲述过了。数据录入完成后，结果如图 1.50 所示。

图 1.50 数据 1F

先保存数据，然后开始展开分析，步骤如下：

01 进入 Stata 16.0，打开相关数据文件，弹出主界面。

02 在主界面的“命令窗口”中输入操作命令并按回车键进行确认。对应的命令分别如下：

```
sktest  amount
```

本命令的含义是对该数据进行正态分布检验。

```
generate sramount=sqrt(amount)
```

本命令的含义是对数据执行平方根变换方法，以获取新的数据。

```
sktest sramount
```

本命令的含义是获取新数据 sramount 进行正态分布检验。

```
generate lamount=ln(amount)
```

本命令的含义是对数据执行自然对数变换方法，以获取新数据。

```
sktest lamount
```

本命令的含义是对获取的新数据 lamount 进行正态分布检验。

```
ladder  amount
```

本命令的含义是对 amount 变量运行 ladder 命令，ladder 命令把幂阶梯和正态分布检验有效地结合到了一起，它尝试幂阶梯上的每一种幂并逐个反馈结果是否显著地为正态或者非正态。

```
gladder  amount
```

本命令的含义是对 amount 变量运行 gladder 命令，gladder 命令可以更直观地看出幂阶梯和正态分布检验有效结合的结果。

在 Stata 16.0 主界面的结果窗口中可以看到如图 1.51~图 1.55 所示的分析结果。

图 1.51 所示是对 amount 变量进行正态分布检验的结果。

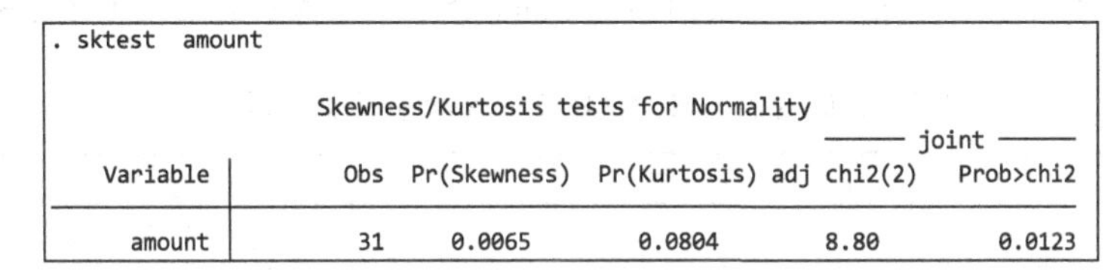

. sktest amount

Skewness/Kurtosis tests for Normality

Variable	Obs	Pr(Skewness)	Pr(Kurtosis)	joint adj chi2(2)	joint Prob>chi2
amount	31	0.0065	0.0804	8.80	0.0123

图 1.51　对 amount 变量进行正态分布检验

通过观察分析图，我们可以比较轻松地得出分析结论。本例中，sktest 命令拒绝了数据呈正态分布的原始假设。从偏度上看，Pr(Skewness)为 0.0065，小于 0.05，拒绝正态分布的原假设；从峰度上看，Pr(Kurtosis)为 0.0804，大于 0.05，接受正态分布的原假设；但是把两者结合在一起考虑，从整体上看，Prob>chi2 为 0.0123，小于 0.05，拒绝正态分布的原假设。

图 1.52 所示是对 amount 变量执行平方根变换方法，以获取新的数据并进行正态分布检验的结果。

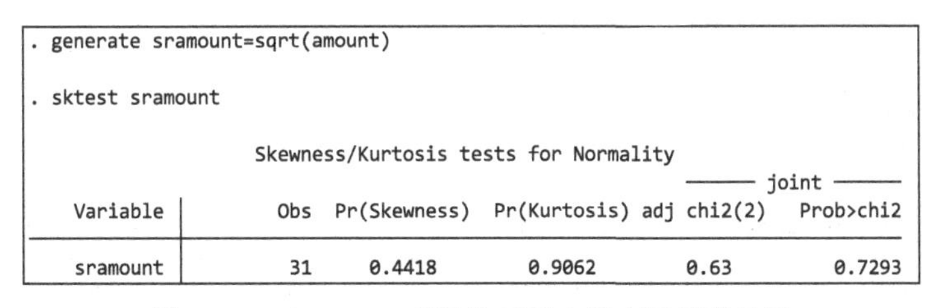

. generate sramount=sqrt(amount)

. sktest sramount

Skewness/Kurtosis tests for Normality

Variable	Obs	Pr(Skewness)	Pr(Kurtosis)	joint adj chi2(2)	joint Prob>chi2
sramount	31	0.4418	0.9062	0.63	0.7293

图 1.52　对 amount 变量执行平方根变换后的检验

通过观察分析图，我们可以比较轻松地得出分析结论。本例中，sktest 命令接受了数据呈正态分布的原始假设。从偏度上看，Pr(Skewness)为 0.4418，大于 0.05，接受正态分布的原假设；从峰度上看，Pr(Kurtosis)为 0.9062，大于 0.05，接受正态分布的原假设；把两者结合在一起考虑，从整体上看，Prob>chi2 为 0.7293，大于 0.05，接受正态分布的原假设。

图 1.53 所示是对 amount 变量执行自然对数变换方法，以获取新的数据并进行正态分布检验的结果。

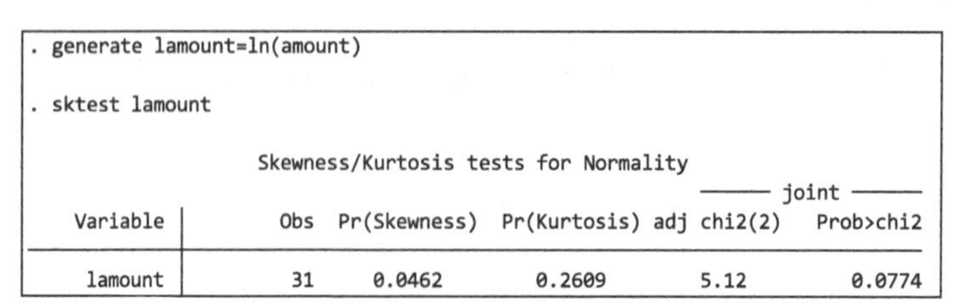

```
. generate lamount=ln(amount)

. sktest lamount

                    Skewness/Kurtosis tests for Normality
                                                          ------ joint ------
    Variable |        Obs  Pr(Skewness)  Pr(Kurtosis) adj chi2(2)   Prob>chi2
-------------+---------------------------------------------------------------
     lamount |         31      0.0462        0.2609        5.12         0.0774
```

图 1.53　对 amount 变量执行自然对数变换后的检验

通过观察分析图，我们可以比较轻松地得出分析结论。本例中，sktest 命令接受了数据呈正态分布的原始假设。从偏度上看，Pr(Skewness)为 0.0462，小于 0.05，拒绝正态分布的原假设；从峰度上看，Pr(Kurtosis)为 0.2609，大于 0.05，接受正态分布的原假设；把两者结合在一起考虑，从整体上看，Prob>chi2 为 0.0774，大于 0.05，接受正态分布的原假设。

我们在进行数据分析时，在对初始数据进行正态性检验后，可以利用前面“1.定距变量的描述性统计”讲述的相关知识得到关于数据偏度和峰度的信息，我们完全可以根据数据信息的偏态特征进行有针对性的数据变换。数据变换与其对应的 Stata 命令以及达到的效果如表 1.6 所示。

表 1.6　数据变换与其对应的 Stata 命令以及达到的效果

Stata命令	数据转换	效　果
generate y=x^3	立方	减少严重负偏态
generate y=x^2	平方	减少轻度负偏态
generate y=sqrt(x)	平方根	减少轻度正偏态
generate y=ln(x)	自然对数	减少轻度正偏态
generate y=log10(old)	以10为底的对数	减少正偏态
generate y=-(sqrt(x))	平方根负对数	减少严重正偏态
generate y=-(x^-1)	负倒数	减少非严重正偏态
generate y=-(x^-2)	平方负倒数	减少非严重正偏态
generate y=-(x^-3)	立方负倒数	减少非严重正偏态

ladder 命令的运行结果如图 1.54 所示。

```
. ladder  amount

Transformation        formula               chi2(2)      P(chi2)
-----------------------------------------------------------------
cubic                 amount^3               37.26        0.000
square                amount^2               26.32        0.000
identity              amount                  8.80        0.012
square root           sqrt(amount)            0.63        0.729
log                   log(amount)             5.12        0.077
1/(square root)       1/sqrt(amount)         20.13        0.000
inverse               1/amount               33.29        0.000
1/square              1/(amount^2)           45.24        0.000
1/cubic               1/(amount^3)           47.92        0.000
```

图 1.54　ladder 命令的运行结果

在该结果中，我们可以非常轻松地看出，在 95%的置信水平上，仅有平方根变换 square root（P(chi2)= 0.729）以及自然对数变换 log（P(chi2)= 0.077）是符合正态分布的，其他幂次的数据变换都不能使数据显著地呈现正态分布。

gladder 命令的运行结果如图 1.55 所示。

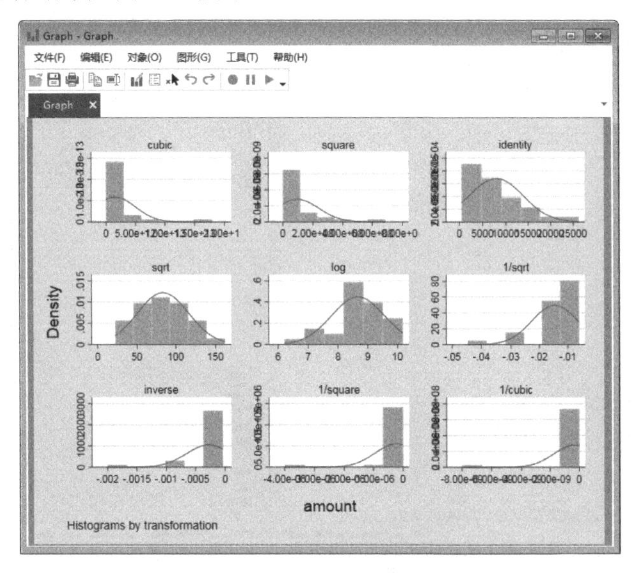

图 1.55　gladder 命令的运行结果

从结果中可以轻松地看出每种转换的直方图与正态分布曲线与 ladder 命令运行结果得出的结论是一致的。

1.4　Stata 制图简介

众所周知，图形是对数据分析结果以及其他综合分析一种很好的展示方式。制图功能一直是 Stata 的强项，也是许多软件使用者选择该软件进行数据分析的重要理由之一。经过 Stata 公司编程人员的长期不懈努力，制图功能在 Stata 16.0 版本中已经非常完善，比较以前的版本，不仅形成图形的能力得到增强，图形输出的外观和选择也得到了大大改进。限于篇幅，本节将介绍用户常用的几种绘图功能。软件使用者常绘制的图形有直方图、散点图、曲线标绘图、连线标绘图、箱图、饼图、条形图、点图等。

1.4.1　直方图

	下载资源:\video\1.2
	下载资源:\sample\数据 1\数据 1G

直方图（Histogram）又称柱状图，是一种统计报告图，由一系列高度不等的纵向条纹或线段表示数据分布的情况。一般用横轴表示数据类型，纵轴表示分布情况。通过绘制直方图可以较为直观地传递有关数据的变化信息，使数据使用者能够较好地观察数据波动的状态，使数据决策者能够

依据分析结果确定在什么地方需要集中力量改进工作。

我们在数据 1G 中设置了两个变量，分别是 province 和 amount，变量类型及长度采取系统默认方式，然后录入相关数据。相关操作我们在前面的章节已详细讲述过了。数据录入完成后，结果如图 1.56 所示。

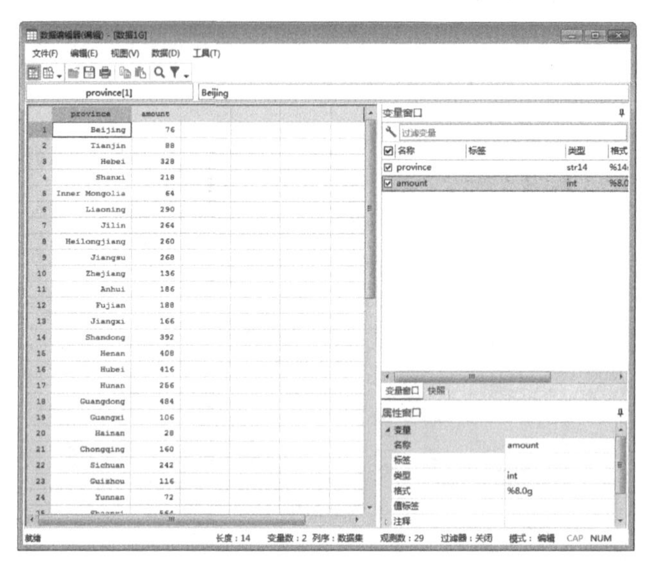

图 1.56　数据 1G

先保存数据，然后开始展开分析，步骤如下：

01 进入 Stata 16.0，打开相关数据文件，弹出主界面。

02 在主界面的“命令窗口”中输入命令：

```
histogram amount,frequency
```

本命令旨在绘制 amount 变量的直方图。

```
histogram amount,frequency title("案例结果")
```

本命令旨在绘制 amount 变量的直方图，并且给图形增加名为“案例结果”的标题。

```
histogram amount,frequency title("案例结果")xlabel(0(50)600) ylabel(0(1)10)
```

本命令旨在绘制 amount 变量的直方图，并且给图形增加名为“案例结果”的标题，还要给 X 轴添加数值标签，取值为 0~600，间距为 50，给 Y 轴添加数值标签，取值为 0~10，间距为 1。

```
histogram amount,frequency title("案例结果")xlabel(0(50)600) ylabel(0(1)10) ytick(0(0.5)10)
```

本命令旨在绘制 amount 变量的直方图，并且给图形增加名为“案例结果”的标题，还要给 X 轴添加数值标签，取值为 0~600，间距为 50，给 Y 轴添加数值标签，取值为 0~10，间距为 1，还要给 Y 轴添加刻度，取值为 0~10，间距为 0.5。

```
histogram amount,frequency title("案例结果")xlabel(0(50)600) ylabel(0(1)10)
ytick(0(0.5)10) start(10) width(25)
```

本命令旨在绘制 amount 变量的直方图，并且给图形增加名为“案例结果”的标题，还要给 X 轴添加数值标签，取值为 0~600，间距为 50，给 Y 轴添加数值标签，取值为 0~10，间距为 1，还要给 Y 轴添加刻度，取值为 0~10，间距为 0.5，然后使直方图的第 1 个直方条从 10 开始，每一个直方条的宽度为 25。

03 设置完毕后，按回车键，等待输出结果。

上述操作结束后，Stata 16.0 将弹出如图 1.57 所示的 amount 变量的直方图。

amount 变量的直方图以及给图形增加名为“案例结果”的标题后，结果如图 1.58 所示。

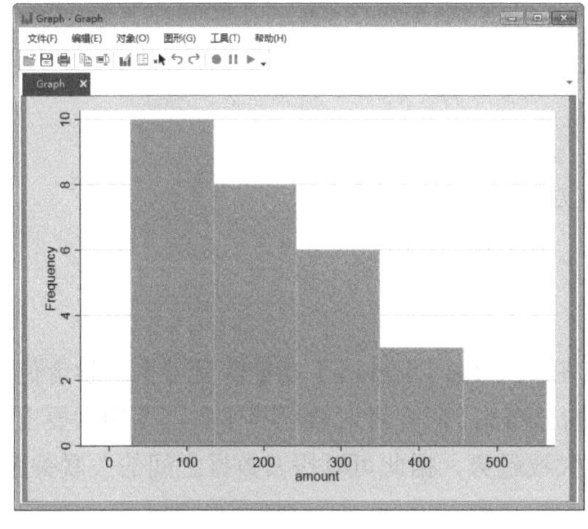

图 1.57 直方图 1

图 1.58 直方图 2

amount 变量的直方图以及给图形增加名称为“案例结果”的标题、给坐标轴增加数值标签并设定间距，结果如图 1.59 所示。

amount 变量的直方图以及给图形增加名为“案例结果”的标题、给坐标轴增加数值标签并设定间距、显示坐标轴刻度，结果如图 1.60 所示。

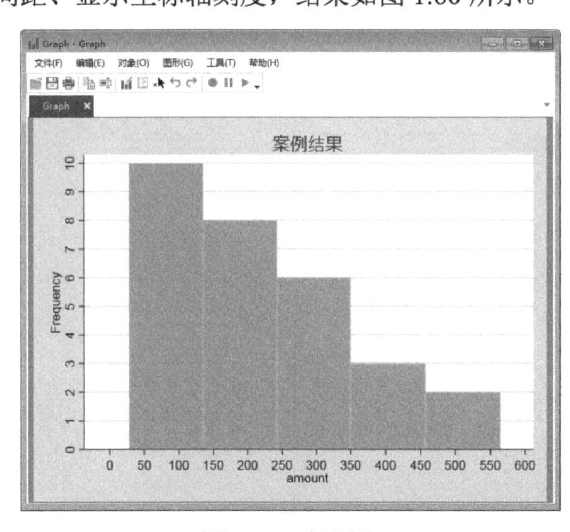

图 1.59 直方图 3

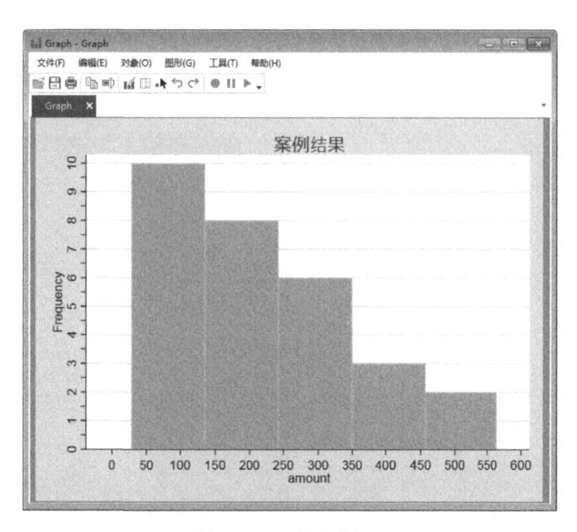

图 1.60 直方图 4

amount 变量的直方图以及给图形增加名为“案例结果”的标题、给坐标轴增加数值标签并设定间距、显示坐标轴的刻度、设定直方图的起始值以及直方条的宽度，最后的结果图如图 1.61 所示。

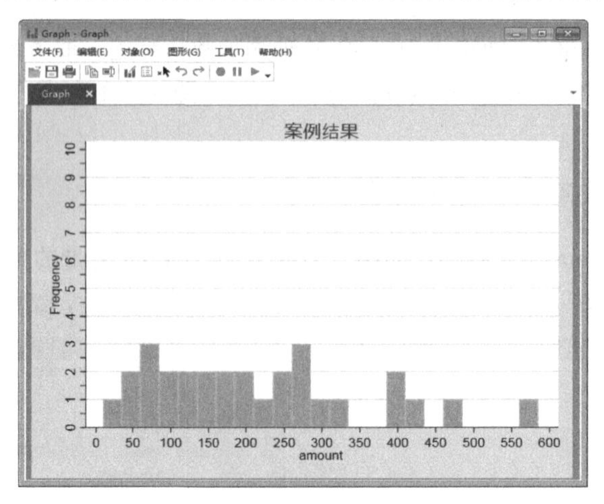

图 1.61　直方图 5

1.4.2　散点图

作为对数据进行预处理的重要工具之一，散点图（Scatter Diagram）功能深受专家、学者们的喜爱。散点图的简要定义是点在直角坐标系平面上的分布图。研究者对数据制作散点图的主要出发点是通过绘制该图来观察某变量随另一变量变化的大致趋势，据此可以探索数据之间的关联关系，甚至选择合适的函数对数据点进行拟合。

	下载资源:\video\1.2
	下载资源:\sample\数据 1\数据 1H

我们在数据 1H 中设置了两个变量，分别是 ab 和 mn，变量类型及长度采取系统默认方式，然后录入相关数据。相关操作我们在前面的章节已详细讲述过了。数据录入完成后，结果如图 1.62 所示。

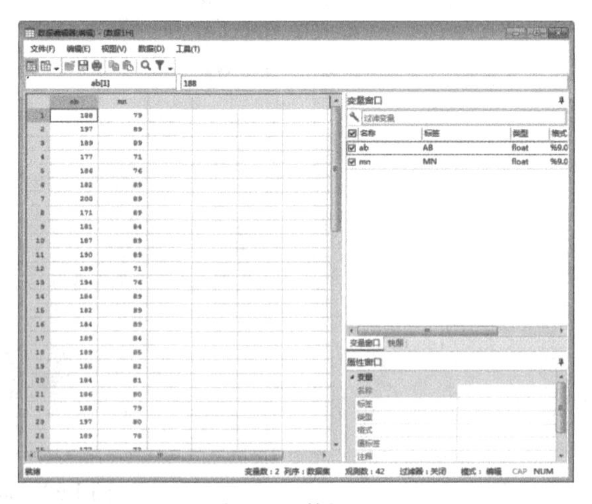

图 1.62　数据 1H

先保存数据，然后开始展开分析，步骤如下：

01 进入 Stata 16.0，打开相关的数据文件，弹出主界面。

02 在主界面的“命令窗口”中输入命令：

```
graph twoway scatter  ab mn
```

本命令旨在绘制 ab 和 mn 两个变量的散点图。

```
graph twoway scatter  ab mn,title("案例结果") xlabel(68(2)92) ylabel(150(10)200)
ytick(150(5)200)
```

本命令旨在绘制 ab 和 mn 两个变量的散点图，并且给图形增加名为“案例结果”的标题，给 X 轴添加数值标签，取值为 68~92，间距为 2，给 Y 轴添加数值标签，取值为 150~200，间距为 10，给 Y 轴添加刻度，间距为 5。

```
graph twoway scatter  ab mn,title("案例结果") xlabel(68(2)92) ylabel(150(10)200)
ytick(150(5)200) msymbol(D)
```

本命令旨在绘制 ab 和 mn 两个变量的散点图，并且给图形增加名为“案例结果”的标题，给 X 轴添加数值标签，取值为 68~92，间距为 2，给 Y 轴添加数值标签，取值为 150~200，间距为 10，给 Y 轴添加刻度，间距为 5，并且使散点图中散点标志的形状变为实心菱形。

```
graph twoway scatter  ab mn,title("案例结果") xlabel(68(2)92) ylabel(150(10)200)
ytick(150(5)200) msymbol(D) mcolor(yellow)
```

本命令旨在绘制 ab 和 mn 两个变量的散点图，并且给图形增加名为“案例结果”的标题，给 X 轴添加数值标签，取值为 68~92，间距为 2，给 Y 轴添加数值标签，取值为 150~200，间距为 10，给 Y 轴添加刻度，间距为 5，并且使散点图中散点标志的形状变为实心菱形，然后使散点标志的颜色变为黄色。

03 设置完毕后，按回车键，等待输出结果。

上述操作结束后，ab 和 mn 两个变量的散点图如图 1.63 所示。

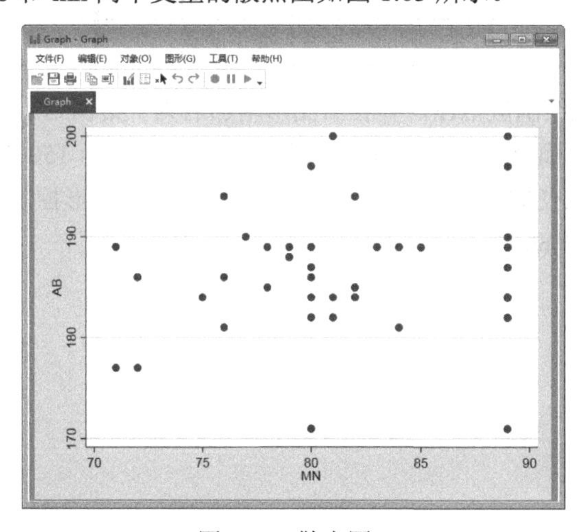

图 1.63　散点图 1

为 ab 和 mn 两个变量绘制散点图，并且给图形增加名为“案例结果”的标题，给 X 轴添加数值标签，取值为 68~92，间距为 2，给 Y 轴添加数值标签，取值为 150~200，间距为 10，给 Y 轴添加刻度，间距为 5 的散点图，结果如图 1.64 所示。

为 ab 和 mn 两个变量绘制散点图，并且给图形增加名为“案例结果”的标题，给 X 轴添加数值标签，取值为 68~92，间距为 2，给 Y 轴添加数值标签，取值为 150~200，间距为 10，给 Y 轴添加刻度，间距为 5，并且使散点图中散点标志的形状变为实心菱形控制，最后的散点图如图 1.65 所示。

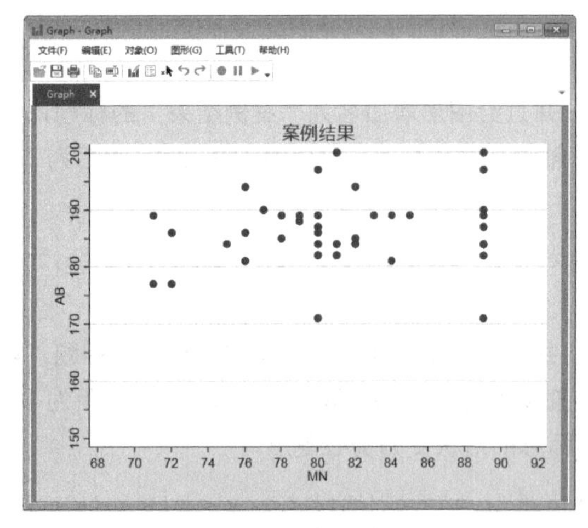

图 1.64　散点图 2

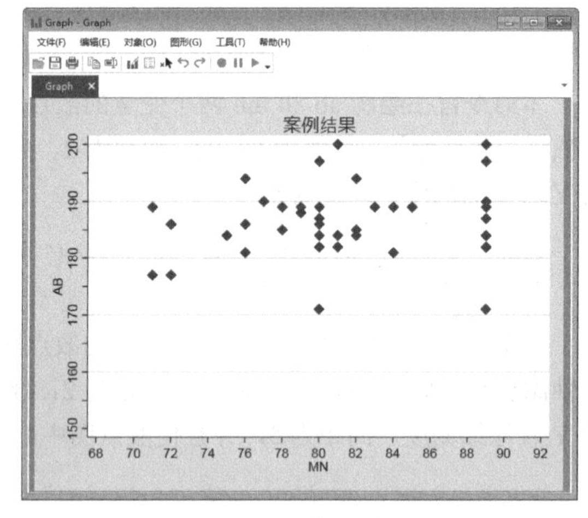

图 1.65　散点图 3

在上面的例子中，命令中的 D 代表的是实心菱形。散点标志的其他常用可选形状与对应命令缩写如表 1.7 所示。

表 1.7　形状与对应命令

缩　写	说　明	缩　写	说　明	缩　写	说　明
X	大写字母X	S	实心方形	th	空心小三角形
Th	空心三角	oh	空心小圆圈	sh	空心方形
T	实心三角	p	很小的点	dh	空心小菱形

为 ab 和 mn 两个变量绘制散点图，并且给图形增加名为“案例结果”的标题，给 X 轴添加数值标签，取值为 68~92，间距为 2，给 Y 轴添加数值标签，取值为 150~200，间距为 10，给 Y 轴添加刻度，间距为 5，并且使散点图中散点标志的形状变为实心菱形控制，使散点标志的颜色变为黄色的散点图，结果如图 1.66 所示。

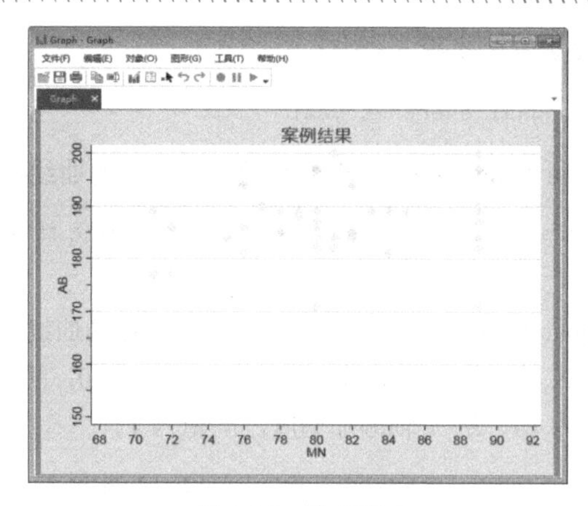

图 1.66　散点图 4

1.4.3　曲线标绘图

从形式上看，曲线标绘图与散点图的区别就是一条线来替代散点标志，这样做可以更加清晰直观地看出数据走势，但却无法观察到每个散点的准确定位。从用途上看，曲线标绘图常用于时间序列分析的数据预处理，用来观察变量随时间的变化趋势。此外，曲线标绘图可以同时反映多个变量随时间的变化情况，所以曲线标绘图的应用范围还是非常广泛的。

	下载资源:\video\1.2
	下载资源:\sample\数据 1\数据 1D

我们沿用数据 1D 文件，其中有三个变量，分别是 year、shanghai 和 shenzhen，变量类型及长度采取系统默认方式，然后录入相关数据。相关操作我们在前面的章节已详细讲述过了。数据录入完成后，结果如图 1.67 所示。

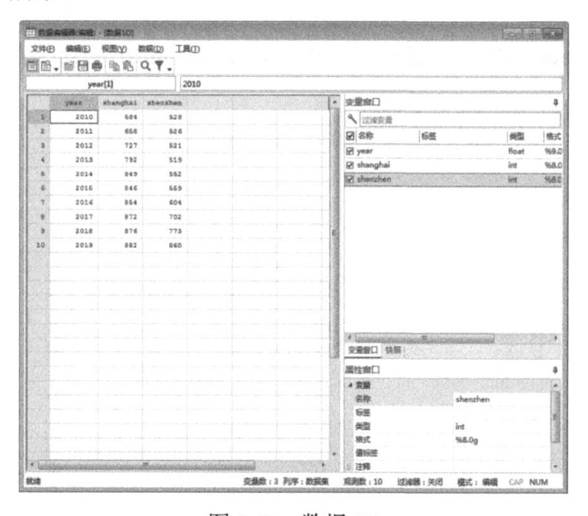

图 1.67　数据 1D

先保存数据，然后开始展开分析，步骤如下：

01 进入 Stata 16.0，打开相关数据文件，弹出主界面。

02 在主界面的“命令窗口”中输入命令：

```
graph twoway line  shanghai shenzhen year
```

本命令旨在绘制 shanghai 和 shenzhen 两个变量随年份变化的曲线标绘图。

```
graph twoway line shanghai shenzhen year,title("案例结果") xlabel(2010(2)2020) ylabel(500(50)900) xtick(2010(1)2020)
```

本命令旨在绘制 shanghai 和 shenzhen 两个变量随年份变化的曲线标绘图，并且给图形增加名为“案例结果”的标题，给 X 轴添加数值标签，取值为 2010~2020，间距为 1，给 Y 轴添加数值标签，取值为 500~900，间距为 10，给 X 轴添加刻度，间距为 1。

```
graph twoway line shanghai shenzhen year,title("案例结果") xlabel(2010(2)2020) ylabel(500(50)900) xtick(2010(1)2020) legend(label(1 "上海") label(2 "深圳"))
```

本命令旨在绘制 shanghai 和 shenzhen 两个变量随年份变化的曲线标绘图，并且给图形增加名为“案例结果”的标题，给 X 轴添加数值标签，取值为 2010~2020，间距为 1，给 Y 轴添加数值标签，取值为 500~900，间距为 10，给 X 轴添加刻度，间距为 1。同时对 shanghai 和 shenzhen 这两个变量的标签直接以中文显示，从而更加清晰直观。

```
graph twoway line shanghai shenzhen year,title("案例结果") xlabel(2010(2)2020) ylabel(500(50)900) xtick(2010(1)2020) legend(label(1 "上海") label(2 "深圳")) clpattern(solid dash)
```

本命令旨在绘制 shanghai 和 shenzhen 两个变量随年份变化的曲线标绘图，并且给图形增加名为“案例结果”的标题，给 X 轴添加数值标签，取值为 2010~2020，间距为 1，给 Y 轴添加数值标签，取值为 500~900，间距为 10，给 X 轴添加刻度，间距为 1。同时对 shanghai 和 shenzhen 这两个变量的标签直接以中文显示，从而更加清晰直观。然后让表示 shenzhen 的曲线变为虚线。

03 设置完毕后，按回车键，等待输出结果。

上述操作完成后，Stata 16.0 将弹出如图 1.68 所示的 shanghai 和 shenzhen 两个变量随年份变化的曲线标绘图。

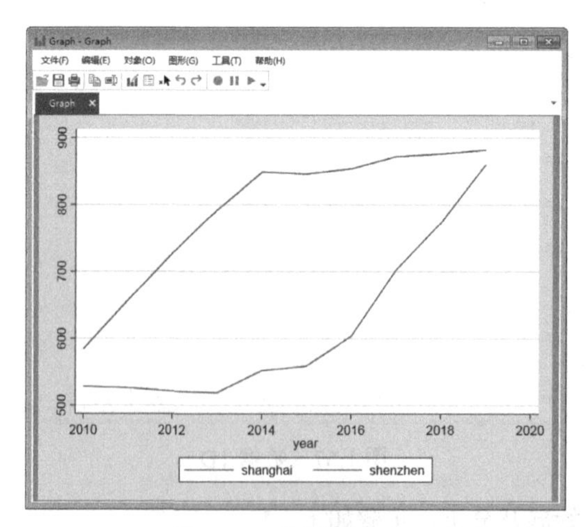

图 1.68　曲线标绘图 1

为 shanghai 和 shenzhen 两个变量绘制随年份变化的曲线标绘图，并且给图形增加名为“案例结果”的标题，给 X 轴添加数值标签，取值为 2010~2020，间距为 1，给 Y 轴添加数值标签，取值为 500~900，间距为 10，给 X 轴添加刻度，间距为 1，最后的曲线标绘图如图 1.69 所示。

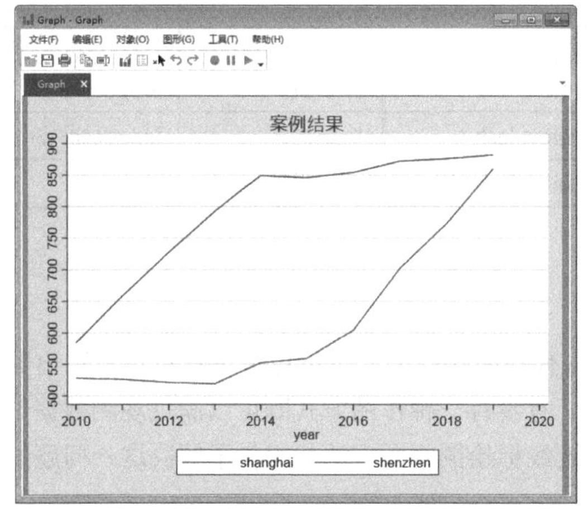

图 1.69　曲线标绘图 2

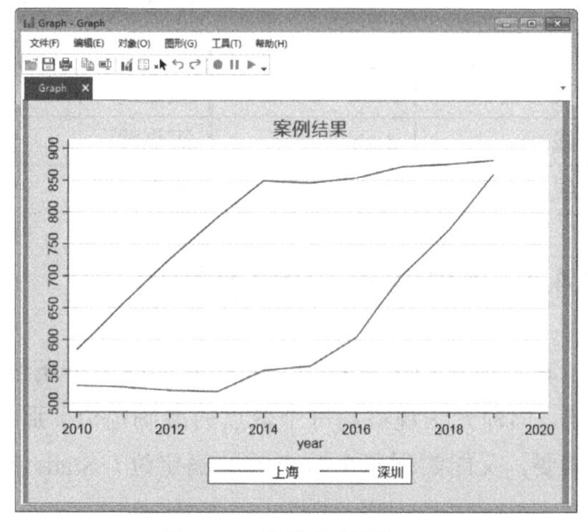

图 1.70　曲线标绘图 3

为 shanghai 和 shenzhen 两个变量绘制随年份变化的曲线标绘图，并且给图形增加名为“案例结果”的标题，给 X 轴添加数值标签，取值为 2010~2020，间距为 1，给 Y 轴添加数值标签，取值为 500~900，间距为 10，给 X 轴添加刻度，间距为 1，同时对 shanghai 和 shenzhen 这两个变量的标签直接以中文显示，最后的曲线标绘图如图 1.70 所示。

为 shanghai 和 shenzhen 两个变量绘制随年份变化的曲线标绘图，并且给图形增加名为“案例结果”的标题，给 X 轴添加数值标签，取值为 2010~2020，间距为 1，给 Y 轴添加数值标签，取值为 500~900，间距为 10，给 X 轴添加刻度，间距为 1。同时对 shanghai 和 shenzhen 这两个变量的标签直接以中文显示，从而更加清晰直观，然后让表示深圳的曲线变为虚线。最后的曲线标绘图如图 1.71 所示。

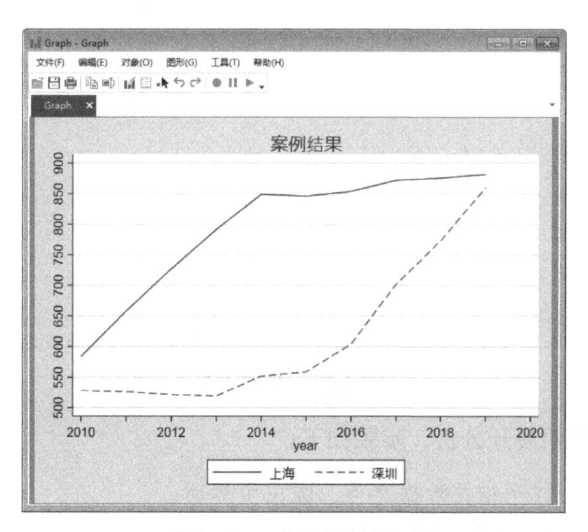

图 1.71　曲线标绘图 4

在上述命令中，solid 代表实线，对应的是第 1 个因变量上海；dash 代表虚线，对应的是第 2 个因变量深圳。线条样式与其对应的命令缩写如表 1.8 所示。

表 1.8 线条样式与命令缩写

线条样式	命令缩写	线条样式	命令缩写	线条样式	命令缩写
实线	solid	点划线	dash_dot	长划线	longdash
虚线	dash	短划线	shortdash	长划点线	longdash_dot
点线	line	短划点线	shortdash_dot	不可见的线	blank

1.4.4 实例四——连线标绘图

在前面我们可以看到，曲线标绘图用一条线来代替散点标志，可以更加清晰直观地看出数据走势，但却无法观察到每个散点的准确定位。那么，有没有一种作图方式既可以满足观测数据走势的需要，又能实现每个散点的准确定位？Stata 的连线标绘图制图方法就提供了解决这一问题的方法。

	下载资源:\video\1.2
	下载资源:\sample\数据 1\数据 1D

我们沿用数据 1D 文件，其中有三个变量，分别是 year、shanghai 和 shenzhen，变量类型及长度采取系统默认方式，然后录入相关数据。相关操作我们在前面的章节已详细讲述过了。数据录入完成后，结果如图 1.72 所示。

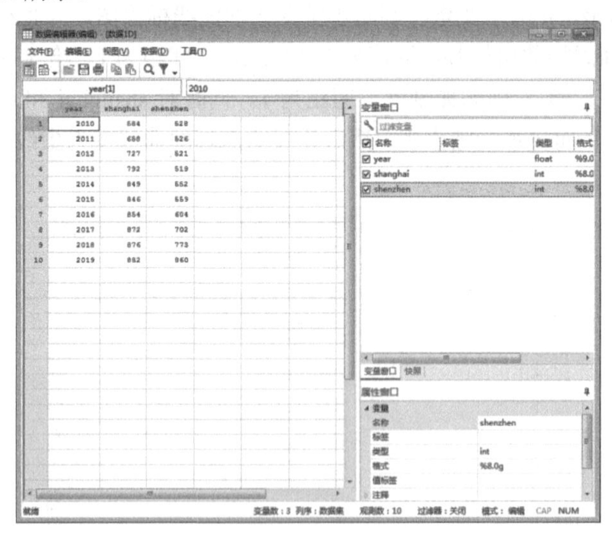

图 1.72 数据 1D

先保存数据，然后开始展开分析，步骤如下：

01 进入 Stata 16.0，打开相关数据文件，弹出主界面。

02 在主界面的“命令窗口”中输入命令：

```
graph twoway connected  shanghai shenzhen year
```

本命令旨在绘制 shanghai、shenzhen 两个变量随年份变化的连线标绘图。

```
graph twoway connected  shanghai shenzhen year,title("案例结果") xlabel(2010(1)2020)
ylabel(500(100)900) ytick(500(50)900)
```

本命令旨在绘制 shanghai、shenzhen 两个变量随年份变化的连线标绘图，并且给图形增加名为“案例结果”的标题，给 X 轴添加数值标签，取值为 2010~2020，间距为 1，给 Y 轴添加数值标签，取值为 500~900，间距为 100，给 Y 轴添加刻度，间距为 50。

```
graph twoway connected  shanghai shenzhen year,title("案例结果") xlabel(2010(1)2020)
ylabel(500(100)900) ytick(500(50)900) clpattern(dash)
```

本命令旨在绘制 shanghai、shenzhen 两个变量随年份变化的连线标绘图，并且给图形增加名为“案例结果”的标题，给 X 轴添加数值标签，取值为 2010~2020，间距为 1，给 Y 轴添加数值标签，取值为 500~900，间距为 100，给 Y 轴添加刻度，间距为 50。同时让表示上海的曲线变为虚线。

```
graph twoway connected  shanghai shenzhen year,title("案例结果") xlabel(2010(1)2020)
ylabel(500(100)900) ytick(500(50)900) clpattern(dash) msymbol(D)
```

本命令旨在绘制 shanghai、shenzhen 两个变量随年份变化的连线标绘图，并且给图形增加名为“案例结果”的标签，给 X 轴添加数值标签，取值为 2010~2020，间距为 1，给 Y 轴添加数值标签，取值为 500~900，间距为 100，给 Y 轴添加刻度，间距为 50。同时让表示上海的曲线变为虚线，使连线标绘图中散点标志的形状变为实心菱形。

03 设置完毕后，按回车键，等待输出结果。

上述操作完成后，Stata 16.0 将弹出如图 1.73 所示的 shanghai、shenzhen 两个变量随年份变化的连线标绘图。

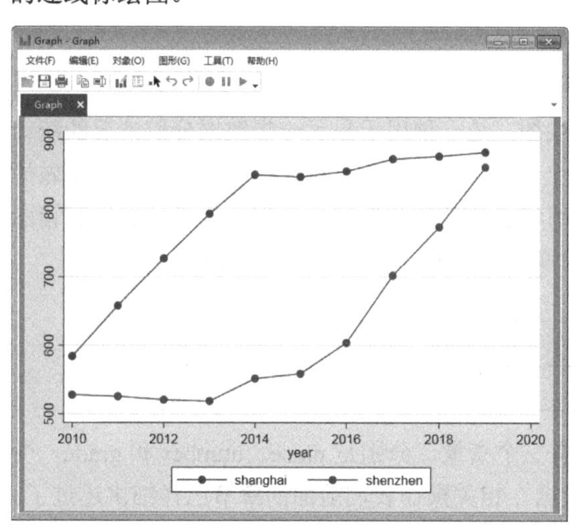

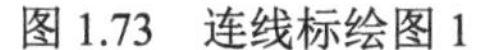
图 1.73 连线标绘图 1

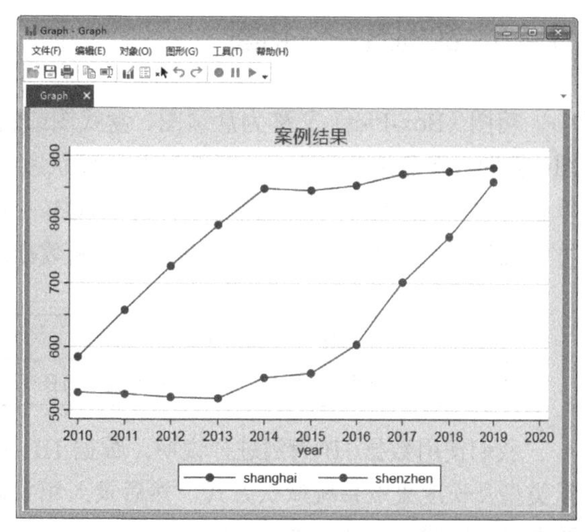

图 1.74 连线标绘图 2

为 shanghai、shenzhen 两个变量绘制随年份变化的连线标绘图，并且给图形增加名为“案例结果”的标题，给 X 轴添加数值标签，取值为 2010~2020，间距为 1，给 Y 轴添加数值标签，取值为 500~900，间距为 100，给 Y 轴添加刻度，间距为 50，最后的连线标绘图如图 1.74 所示。

为 shanghai、shenzhen 两个变量绘制随年份变化的连线标绘图，并且给图形增加标题的名称“案例结果”，给 X 轴添加数值标签，取值为 2010~2020，间距为 1，给 Y 轴添加数值标签，取值为 500~900，间距为 100，给 Y 轴添加刻度，间距为 50，同时让表示上海的曲线变为虚线，最后的连线标绘图如图 1.75 所示。

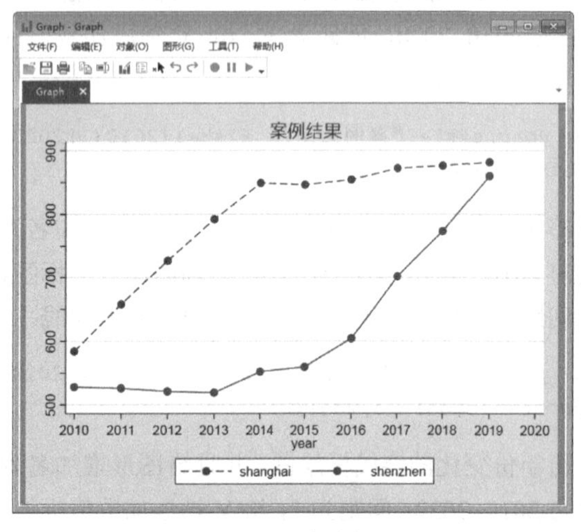

图 1.75　连线标绘图 3

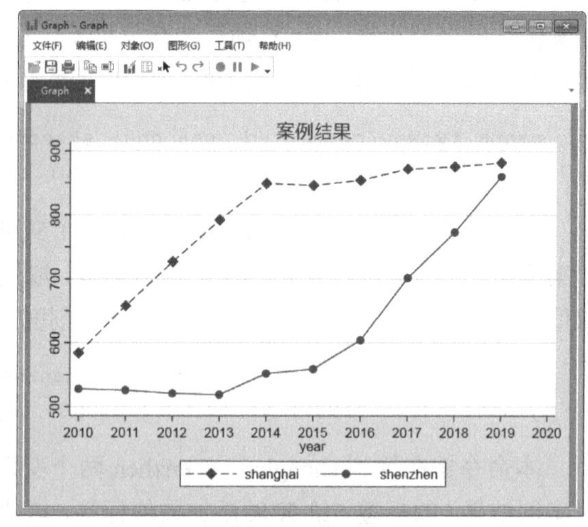

图 1.76　连线标绘图 4

为 shanghai、shenzhen 两个变量绘制随年份变化的连线标绘图，并且给图形增加名为“案例结果”的标题，给 X 轴添加数值标签，取值为 2010~2020，间距为 1，给 Y 轴添加数值标签，取值为 500~900，间距为 100，给 Y 轴添加刻度，间距为 50，同时让表示上海的曲线变为虚线，使连线标绘图中散点标志的形状变为实心菱形，最后的连线标绘图如图 1.76 所示。

1.4.5　实例五——箱图

箱图（Box-Plot）又称为盒须图、盒式图或箱线图，是一种用于显示一组数据分散情况的统计图。箱图很形象地分为中心、延伸以及分部状态的全部范围，提供了一种只用 5 个点对数据集做简单总结的方式，这 5 个点包括中点、Q1、Q3、分部状态的高位和低位。数据分析者通过绘制箱图可以直观明了地识别数据中的异常值，判断数据的偏态、尾重以及比较几批数据的形状。

	下载资源:\video\1.2
	下载资源:\sample\数据 1\数据 1B

我们使用数据 1B 为例进行说明，数据 1B 中有三个变量，分别是 place、number 和 grade，变量类型及长度采取系统默认方式，然后录入相关数据。相关操作我们前面的章节已详细讲述过了。数据录入完成后，结果如图 1.77 所示。

图 1.77　数据 1B

先保存数据，然后开始展开分析，步骤如下：

01 进入 Stata 16.0，打开相关数据文件，弹出主界面。

02 在主界面的“命令窗口”中输入命令：

```
graph box number
```

本命令旨在绘制 number 变量的箱图。

```
graph box  number,over( grade)
```

本命令旨在绘制 number 变量的箱图，但是按照 grade 变量分别列示。

03 设置完毕后，按回车键，等待输出结果。

上述操作完成后，Stata 16.0 将弹出如图 1.78 所示的箱图。

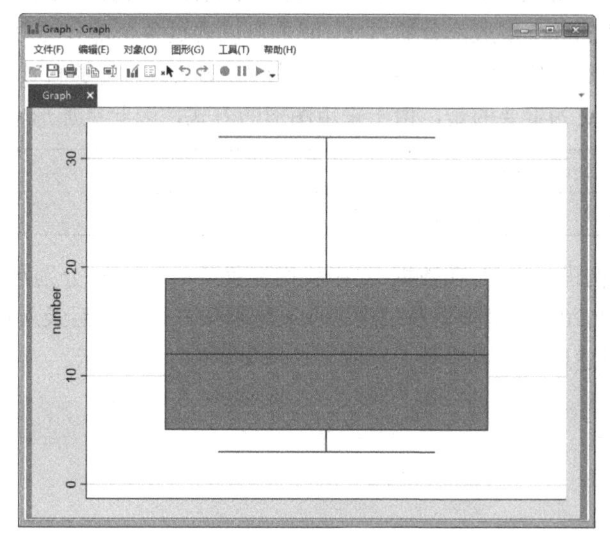

图 1.78　箱图 1

通过观察箱图可以了解到很多信息：箱图把所有的数据分成了 4 部分，第 1 部分是从顶线到箱子的上部，这部分数据值在全体数据中排名前 25%；第 2 部分是从箱子的上部到箱子中间的线，这部分数据值在全体数据中排名 25%以下、50%以上；第 3 部分是从箱子中间的线到箱子的下部，这部分数据值在全体数据中排名 50%以下、75%以上；第 4 部分是从箱子的底部到底线，这部分数据值在全体数据中排名后 25%。顶线与底线的间距在一定程度上表示了数据的离散程度，间距越大就越离散。

按照 grade 变量分别表示的 number 变量的箱图如图 1.79 所示。

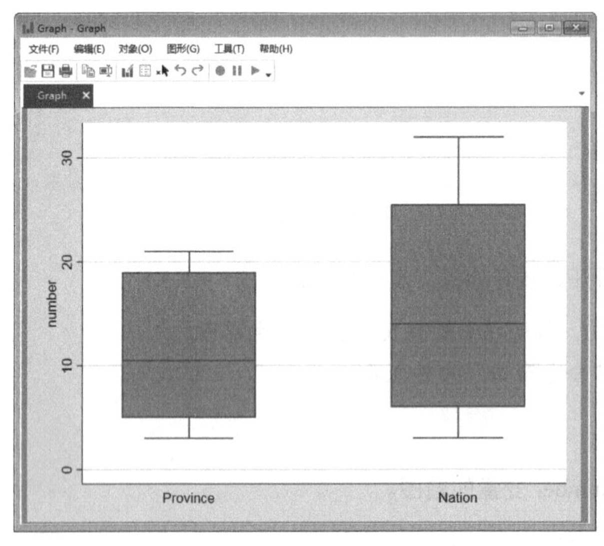

图 1.79　箱图 2

1.4.6　饼图

饼图是数据分析中常见的一种经典图形，因其外形类似于圆饼而得名。在数据分析中，很多时候需要分析数据总体的各个组成部分的占比，我们可以通过各个部分与总额相除来计算，但这种数学比例的表示方法相对抽象，Stata 16.0 提供了饼形制图工具，能够直接以图形的方式显示各个组成部分所占的比例，更为重要的是，由于采用图形的方式，因此更加形象直观。

	下载资源:\video\1.2
	下载资源:\sample\数据 1\数据 1C

我们以数据 1C 为例进行讲解，在数据 1C 中我们设置了 4 个变量，分别是 province、amount2018、amount2019 和 amount2020。变量类型及长度采取系统默认方式，然后录入相关数据。相关操作在前面的章节中已详细讲述过了。数据录入完成后，结果如图 1.80 所示。

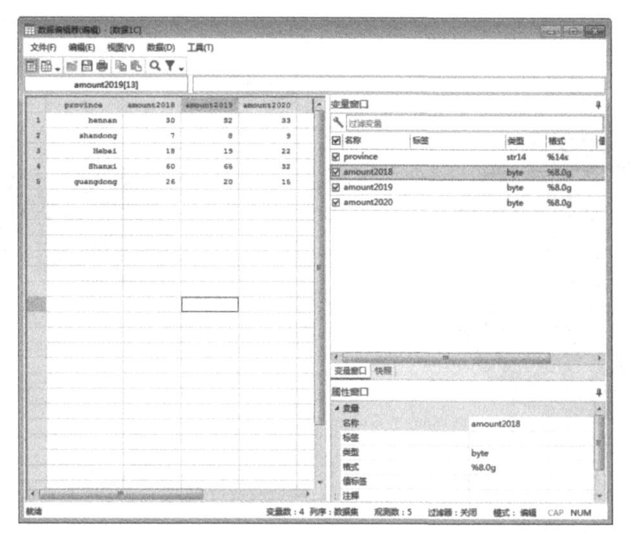

图 1.80　数据 1C

先保存数据，然后开始展开分析，步骤如下：

01 进入 Stata 16.0，打开相关数据文件，弹出主界面。

02 在主界面的“命令窗口”中输入命令：

```
graph pie amount2018 amount2019 amount2020
```

本命令旨在绘制 amount2018、amount2019、amount2020 三个变量的饼图。

```
graph pie amount2018 amount2019 amount2020,pie(1,explode) pie(2,color(yellow)) plabel(1
percent,gap(20)) plabel(2 percent,gap(20))
```

本命令旨在绘制 amount2018、amount2019、amount2020 三个变量的饼图。要突出显示 amount2018 的占比，把 amount2019 的饼颜色改为黄色，给 amount2018 和 amount2019 的饼在距中心 20 个相对半径单位的位置处加上百分比标签。

```
graph pie amount2018 amount2019 amount2020,pie(1,explode) pie(2,color(yellow)) plabel(1
percent,gap(20)) plabel(2 percent,gap(20)) by( province)
```

本命令旨在绘制 amount2018、amount2019、amount2020 三个变量的饼图。要突出显示 amount2018 的占比，把 amount2019 的饼颜色改为黄色，给 amount2018 和 amount2019 的饼在距中心 20 个相对半径单位的位置处加上百分比标签，并且按 province 变量分别表示。

03 设置完毕后，按回车键，等待输出结果。

上述操作完成后，Stata 16.0 会弹出如图 1.81 所示的饼图。

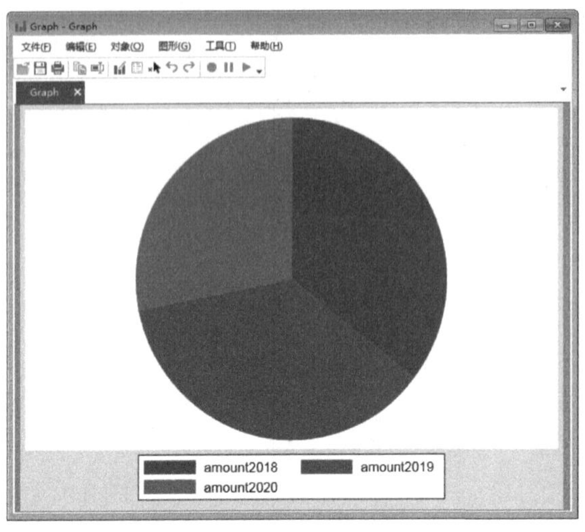

图 1.81　饼图 1

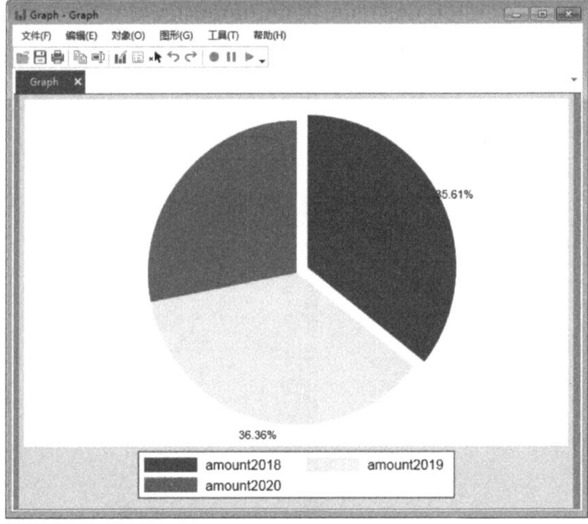

图 1.82　饼图 2

为 amount2018、amount2019、amount2020 三个变量绘制饼图，并且突出显示 amount2018 的占比，把 amount2019 的饼颜色改为黄色，给 amount2018 和 amount2019 的饼在距中心 20 个相对半径单位的位置处加上百分比标签的饼图，如图 1.82 所示。

为 amount2018、amount2019、amount2020 三个变量绘制饼图，并且突出显示 amount2018 的占比，把 amount2019 的饼颜色改为黄色，给 amount2018 和 amount2019 的饼在距中心 20 个相对半径单位的位置处加上百分比标签，并按 province 变量分别表示的饼图，如图 1.83 所示。

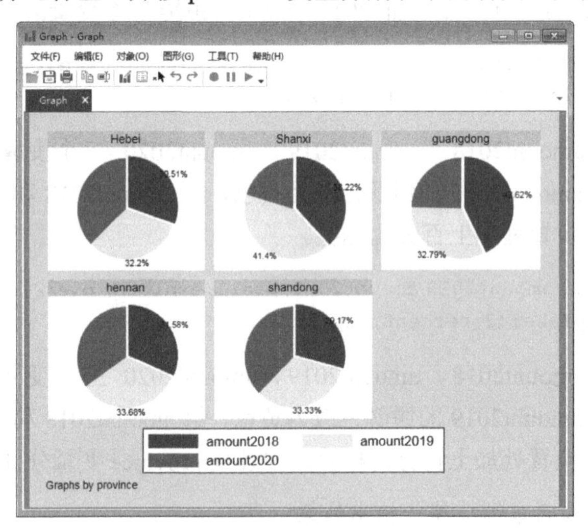

图 1.83　饼图 3

1.4.7　条形图

相对于前面提到的箱图，条形图（Bar Chart）本身所包含的信息相对较少，但是它们仍然为平均数、中位数、合计数或计数等多种概要统计提供了简单又多样化的展示，所以条形图也深受研究者的喜爱，经常出现在研究者的论文或者调查报告中。

	下载资源:\video\1.2
	下载资源:\sample\数据 1\数据 1I

我们以数据 1I 为例进行说明。在用 Stata 进行分析之前，我们要把数据录入 Stata 中。本例中有 3 个变量，分别是 group、amount 和 people，变量类型及长度采取系统默认方式，然后录入相关数据。相关操作我们在前面的章节已详细讲述过了。数据录入完成后，结果如图 1.84 所示。

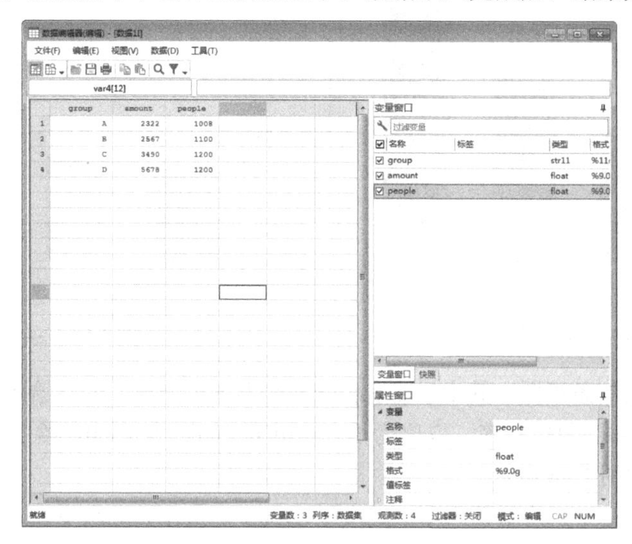

图 1.84　数据 1I

先保存数据，然后开始展开分析，步骤如下：

01 进入 Stata 16.0，打开相关数据文件，弹出主界面。

02 在主界面的“命令窗口”中输入命令：

```
graph bar amount,over(group)
```

本命令旨在绘制变量 amount 的条形图，其中以 group 变量作为分组变量。

```
graph bar amount,over(group) title("案例结果") ylabel(1000(1000)7000)
ytick(1000(500)7000)
```

本命令旨在绘制变量 amount 的条形图，其中以 group 变量作为分组变量，并且给图形增加名为“案例结果”的标题，给 Y 轴添加数值标签，取值为 1000~7000，间距为 1000，给 Y 轴添加刻度，间距为 500。

```
graph bar amount people,over(group) title("案例结果") ylabel(1000(1000)7000)
ytick(1000(500)7000)
```

本命令旨在绘制变量 amount、people 的条形图，其中以 group 变量作为分组变量，并且给图形增加名为“案例结果”的标题，给 Y 轴添加数值标签，取值为 1000~7000，间距为 1000，给 Y 轴添加刻度，间距为 500。

03 设置完毕后，按回车键，等待输出结果。

上述操作完成后，Stata 16.0 会弹出如图 1.85 所示的条形图。

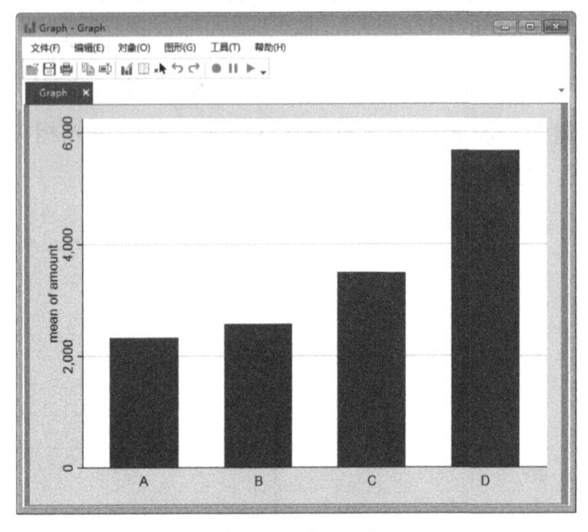

图 1.85 条形图 1

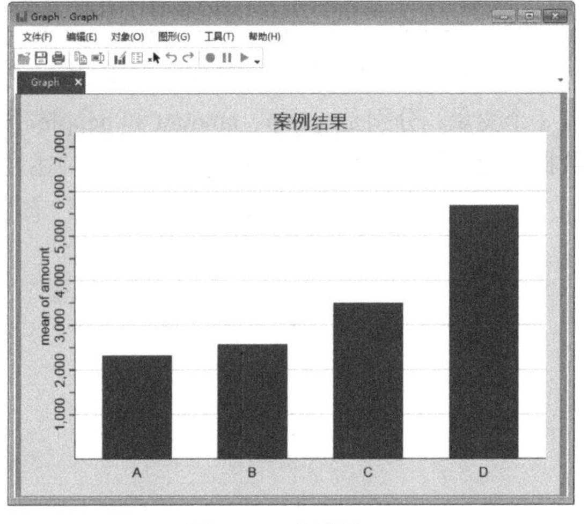

图 1.86 条形图 2

为变量 amount 绘制条形图，其中以 group 变量作为分组变量，并且给图形增加名为“案例结果”的标题，给 Y 轴添加数值标签，取值为 1000~7000，间距为 1000，给 Y 轴添加刻度，间距为 500，最后的条形图如图 1.86 所示。

为变量 amount、people 绘制条形图，其中以 group 变量作为分组变量，并且给图形增加名为“案例结果”的标题，给 Y 轴添加数值标签，取值为 1000~7000，间距为 1000，给 Y 轴添加刻度，间距为 500，最后的条形图如图 1.87 所示。

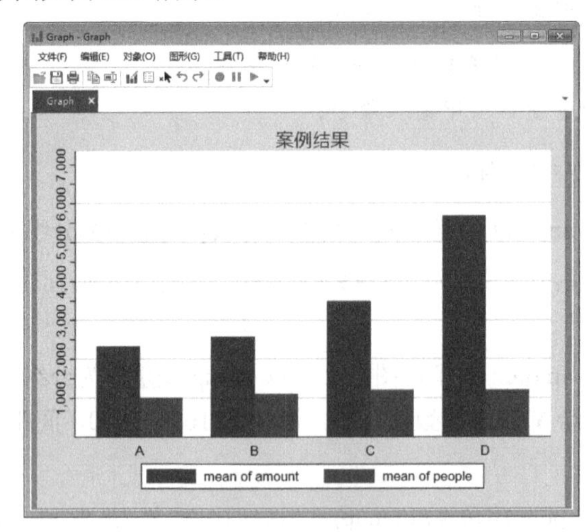

图 1.87 条形图 3

1.4.8 点图

点图（Dot Plot）的功能与作用和前面提到的条形图类似，都是用来直观地比较一个或者多个变量的概要统计情况。

	下载资源:\video\1.2
	下载资源:\sample\数据 1\数据 1I

我们以数据 1I 为例进行说明。在用 Stata 进行分析之前，我们要把数据录入 Stata 中。本例中有 3 个变量，分别是 group、amount 和 people，变量类型及长度采取系统默认方式，然后录入相关数据。相关操作我们在前面的章节已详细讲述过了。数据录入完成后，结果如图 1.88 所示。

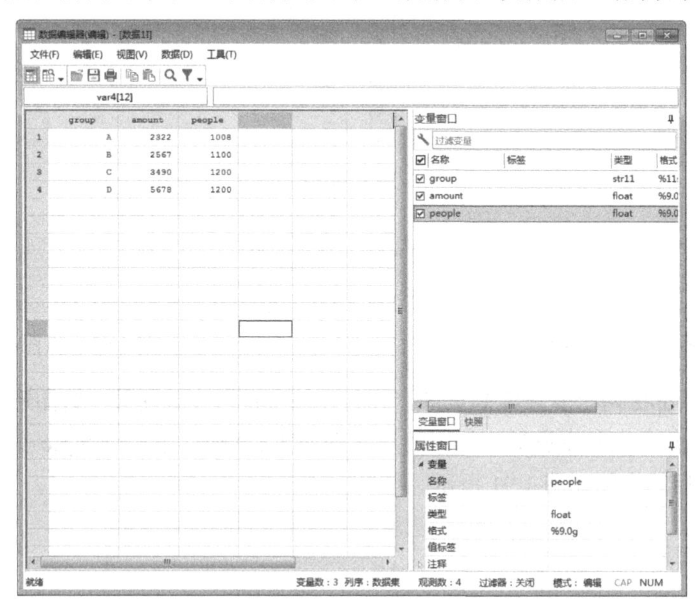

图 1.88 数据 1I

先保存数据，然后开始展开分析，步骤如下：

01 进入 Stata 16.0，打开相关数据文件，弹出主界面。

02 在主界面的“命令窗口”中输入命令：

```
graph dot amount people,over(group)
```

本命令旨在绘制 amount 和 people 两个变量的点图，并且以 group 为分组变量。

```
graph dot amount people,over(group) title("案例结果")
```

本命令旨在绘制 amount 和 people 两个变量的点图，并且以 group 为分组变量，给图形增加名为“案例结果”的标题。

```
graph dot amount people,over(group) title("案例结果") marker(1,msymbol(D))
marker(2,msymbol(T))
```

本命令旨在绘制 amount 和 people 两个变量的点图，并且以 group 为分组变量，给图形增加名为“案例结果”的标题，让图中 amount 变量散点标志的形状变为实心菱形，图中 people 变量散点标志的形状变为实心三角。

03 设置完毕后，按回车键，等待输出结果。

上述操作完成后，Stata 16.0 会弹出如图 1.89 所示的点图。

为 amount 和 people 两个变量绘制点图，并且以 group 为分组变量，给图形增加名为“案例结果”的标题，最后的点图如图 1.90 所示。

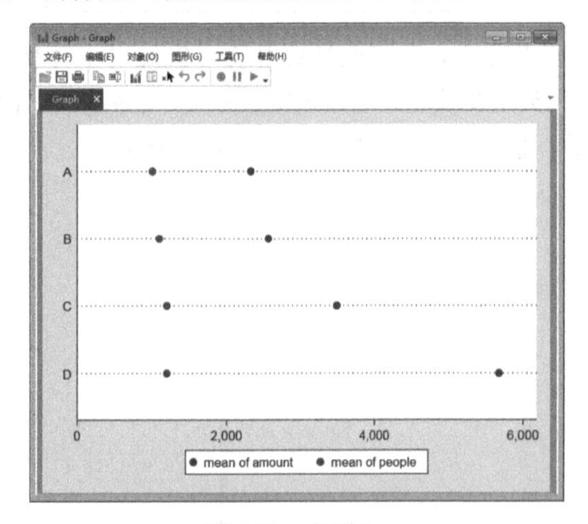

图 1.89　点图 1

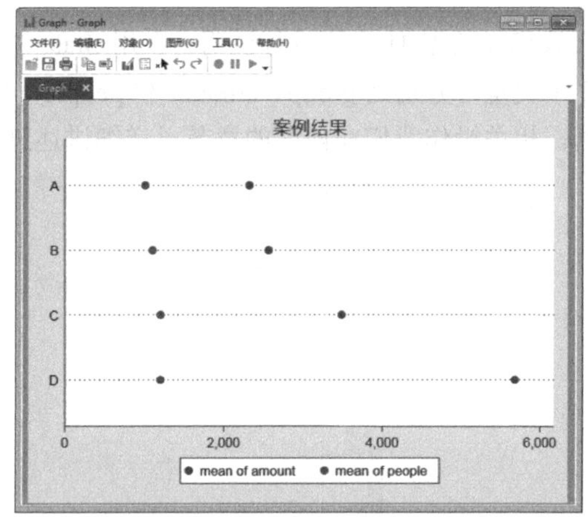

图 1.90　点图 2

为 amount 和 people 两个变量绘制点图，并且以 group 为分组变量，给图形增加名为“案例结果”的标题，让图中 amount 变量散点标志的形状变为实心菱形，图中 people 变量散点标志的形状变为实心三角，最后的点图如图 1.91 所示。

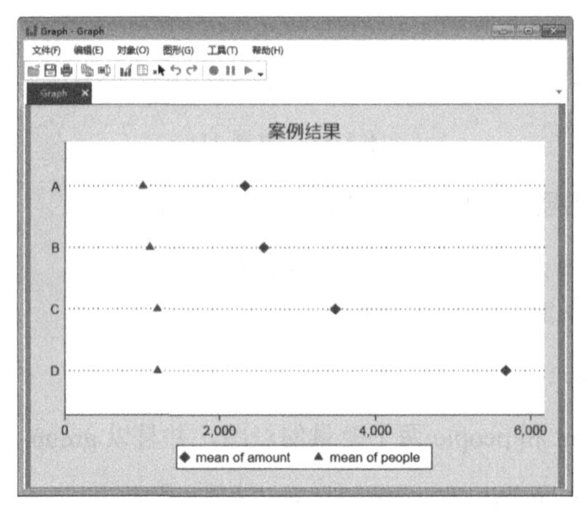

图 1.91　点图 3

第2章　Stata建模技术要点介绍

在大数据时代，数据的收集、存储变得更加高效和便利。很多行业的商业模式也发生了变革，有越来越多的商家、厂家致力于将基于大数据的定量分析有效地应用于商业实践，通过更加精细化的分析经营管理提升商业市场表现，创造更多的效益和价值。在进行定量分析时，大概率需要用到建模技术，通过基于历史数据和公开数据建立恰当的模型，对存量信息进行充分有效的拟合，在此基础上结合未来商业趋势的变化，通过模型较为准确地预测未来。从本质上讲，建模是一种工具，也是一个过程，这个过程用来解决实际遇到的问题，这个问题可以是理论学术研究，比如研究区域经济增长和产业升级、知识转移之间的影响关系，也可以是商业领域的应用，比如研究手机游戏玩家体验评价影响因素、研究客户的满意度水平。建模使用的方法可以是最小二乘线性回归分析、因子分析等经典传统分析方法，也可以是较为前沿和流行的神经网络、决策树等分析方法。在Stata中，有很多种建模技术方法，读者需要根据自己的研究需要，结合可以获得的数据情况，选取恰当的建模技术。但需要注意的是，建模并不总是轻松和顺利的，在建模的过程中，会有一些常见的误区，读者需要特别加以重视。本章将基于作者自身的学术研究经历和商业实践经历，对Stata建模技术进行讲解，以供读者参考。首先依次介绍Stata中的各类建模技术方法，对常用的建模模块进行阐述，然后讲解建模中的注意事项，针对建模中的常见误区和价值导向进行剖析，最后简要介绍完整的研究方案设计过程，以供读者参考。

2.1　Stata中的建模技术

下载资源:\video\2.1

Stata是一种功能强大的统计分析软件，也是建模非常流行和常用的软件之一。Stata集数据录入、数据编辑、数据管理、统计分析、报表制作以及图形绘制为一体，自带多种类型、多个函数。Stata 提供了从简单的统计描述到复杂的多因素统计分析方法，如数据的探索性分析、统计描述、交叉表分析、二维相关、秩相关、偏相关、方差分析、非参数检验、多元回归、生存分析、协方差分析、判别分析、因子分析、聚类分析、非线性回归、Logistic回归等。Stata的功能非常强大，可针对整体的大型统计项目提供完善的解决方案。Stata升级到16.0版本以后，其统计分析功能变得更加完整、系统和全面。下面介绍常用的建模模块。

2.1.1　汇总、表格和假设检验模块

用户在对数据进行统计分析的时候，首先要对数据进行描述性统计分析，这样就可以对变量的分布特征以及内部结构获得一个直观的认识，进而决定采用哪种分析方法，更加深入地揭示变量的统计规律。

Stata 16.0 中的汇总、表格和假设检验模块包括：摘要和描述性统计、频数表、其他表、古典假设检验、非参数假设检验、分布图和检验、多元均值、协方差和正态性检验。

1. 关于摘要和描述性统计

在进行数据分析时，当研究者得到的数据量很小时，可以通过直接观察原始数据来获得所有的信息。但是当得到的数据量很大时，就必须借助各种描述指标来完成对数据的描述工作。用少量的描述指标来概括大量的原始数据，对数据展开描述的统计分析方法被称为描述性统计分析。数据分析中的大部分变量都是定距变量，通过进行定距变量的基本描述性统计，我们可以得到数据的概要统计指标，包括平均值、最大值、最小值、标准差、百分位数、中位数、偏度系数和峰度系数等。数据分析者通过获得这些指标，可以从整体上对拟分析的数据进行宏观把握，从而为后续进行更深入的数据分析做好必要的准备。

2. 关于相关分析方法

相关分析通过计算两个变量之间的相关系数，分析变量间线性相关的程度。在多元相关分析中，由于受到其他变量的影响，两个变量之间的相关系数只是从表面上反映了两个变量的性质，往往不能真实地反映变量间的线性相关程度，甚至会给人们造成相关的假象。因此，在某些场合中，简单的两个变量的相关系数并不是刻画相关关系的本质性统计量。

当其他变量被固定时，即将它们控制起来以后，给定的任意两个变量之间的相关系数叫偏相关系数。偏相关系数也称净相关分析，它是在控制其他变量的线性影响下分析两个变量间的线性相关，所采用的工具是偏相关系数。偏相关分析通过控制一些被认为次要变量的影响得到两个变量间的实际相关系数。

Stata 16.0 的摘要和描述性统计模块如图 2.1 所示。

图 2.1　摘要和描述性统计模块

- 摘要统计。
- 均值。
- 比例。
- 比率。
- 总量。
- 均值成对比较。
- 置信区间。
- 正态均值置信区间计算器。
- 泊松均值置信区间计算器。
- 比例置信区间计算器。
- 方差置信区间计算器。
- 标准偏差置信区间计算器。
- 相关和协方差。
- 成对相关。
- 偏相关。
- 组内相关。

- 四分相关。
- 算术/几何/调和均值。
- 分类均值/中位数图。
- 百分位与置信区间。
- 创建百分位数变量。
- 创建分位数变量。

频数表模块如图 2.2 所示。

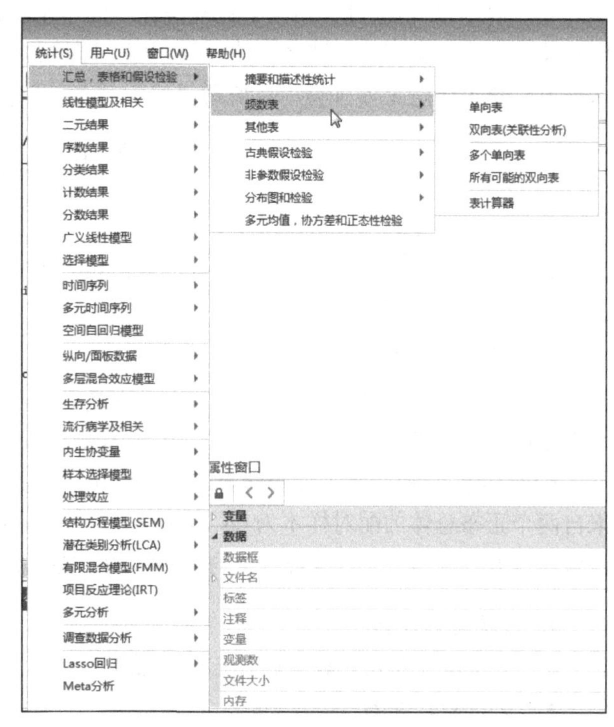

图 2.2 频数表模块

- 单向表。
- 双向表（关联性分析）。
- 多个单向表。
- 所有可能的双向表。
- 表计算器。

3. 关于参数检验

参数检验（Parameter Test）是指对参数的平均值、方差、比率等特征进行的统计检验。参数检验一般假设统计总体的具体分布为已知，但是其中的一些参数或者取值范围不确定，分析的主要目的是估计这些未知参数的取值，或者对这些参数进行假设检验。参数检验不仅能够对总体的特征参数进行推断，还能够对两个或多个总体的参数进行比较。常用的参数检验包括单一样本 T 检验、独立样本 T 检验、配对样本 T 检验、单一样本方差和双样本方差的假设检验等。

Stata 16.0 支持的古典假设检验模块如图 2.3 所示。

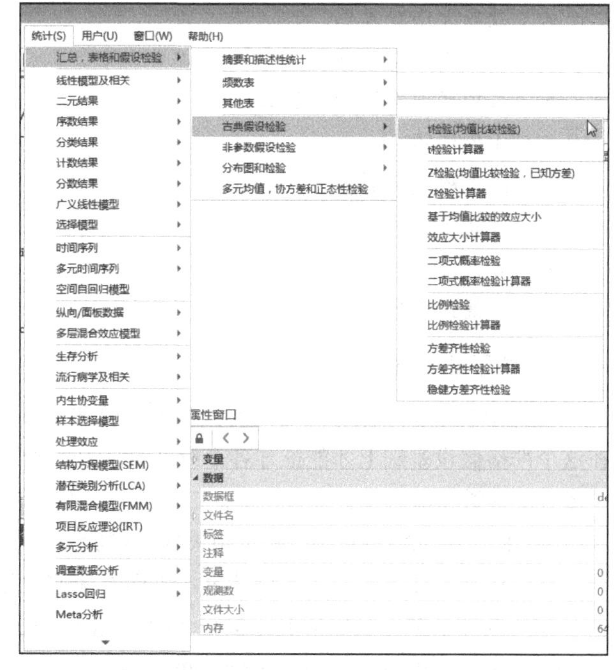

图 2.3 古典假设检验模块

t 检验包括单一样本 T 检验、独立样本 T 检验、配对样本 T 检验等。

单一样本 T 检验是假设检验中基本、常用的方法之一。与所有的假设检验一样，其依据的基本原理也是统计学中的“小概率反证法”。通过单一样本 T 检验，我们可以实现样本均值和总体均值的比较。检验的基本程序是首先提出原假设和备择假设，规定好检验的显著性水平，然后确定适当的检验统计量，并计算检验统计量的值，最后依据计算值和临界值的比较结果做出统计决策。

单一样本 T 检验过程相当于数理统计中的单个总体均值的假设检验，根据样本观测值检验抽样总体的均值与指定的常数之间的差异程度，即检验零假设 $H_0:\mu=\mu_0$。设 n 为样本容量，$\bar{X}$ 为样本均值，检验使用 T 统计量。在原假设成立的条件下，T 统计量表达式为：

$$t=\frac{\bar{X}-\mu_0}{S/\sqrt{n}}\sim t(n-1)$$

其中，$s=\sqrt{\frac{1}{n-1}\sum_{1}^{n}(X_t-\bar{X})^2}$ 为标准差。我们检验的目的是推断样本所代表的未知总体的均值与已知总体的均值有无差异。

独立样本 T 检验用于检验两个独立样本是否来自具有相同均值的总体，相当于检验两个独立正态总体的均值是否相等，即检验 $H_0:\mu_1=\mu_2$ 是否成立。

配对样本 T 检验用于检验两个相关的样本是否来自具有相同均值的正态总体，如果我们假设来自两个正态总体的配对样本为 $(X_1,Y_1),(X_2,Y_2),\ldots,(X_n,Y_n)$，令 $D_i=X_i-Y_i(i=1,2,\ldots,n)$，相当于检验样本 $D_i(i=1,2,\ldots,n)$ 是否来自均值为零的正态总体，即检验假设 $H_0:\mu=\mu_1-\mu_2=0$。

- t 检验计算器。
- Z 检验（均值比较检验，已知方差）。
- Z 检验计算器。
- 基于均值比较的效应大小。
- 效应大小计算器。
- 二项式概率检验。
- 二项式概率检验计算器。
- 比例检验。
- 比例检验计算器。
- 方差齐性检验。
- 方差齐性检验计算器。
- 稳健方差齐性检验。

4. 关于非参数检验

统计中的检验方法分为两大类：参数检验和非参数检验。参数检验需要预先假设总体的分布，在这个严格假设基础上才能推导各个统计量，从而对原假设（H_0）进行检验。Stata 软件中还提供了多种非参数检验方法：卡方检验、二项分布检验、单样本检验、两个独立样本检验、两个相关样本检验、K 个独立样本检验、K 个相关样本检验等。非参数检验方法不需要预先假设总体的分布特征，直接从样本计算所需要的统计量，进而对原假设进行检验。

常用的非参数检验包括卡方检验（Chi-Square Test）、二项检验（Binomial Test）、游程检验（Runs Test）、单样本 Kolmogorov-Smirnov 检验（One-Sample Kolmogorov-Smirnov Test）、两个或多个独立样本非参数检验（Two or More Independent Samples Nonparametric Tests）、两个或多个相关样本非参数检验（Two or More Related Samples Nonparametric Tests）等。

两个独立样本非参数检验（Two Independent Samples Test）又包括以下几种方法：Mann-Whitney U

检验（Mann-Whitney U Test）、Moses 极端反应检验（Moses Extreme Reactions Test）、Kolmogorov-Smirnov Z 检验（Kolmogorov-Smirnov Z Test）、Wald-Wolfowitz 游程检验（Wald-Wolfowitz Runs Test）。

多个独立样本非参数检验（Tests for Several Independent Samples）又包括以下几种方法：Kruskal-Wallis H 检验（Kruskal-Wallis H Test）、中位数检验（Median Test）和 Jonckheere-Terpstra 检验（Jonckheere-Terpstra Test）。

两个相关样本非参数检验（Two Related Samples Tests）又包括以下几种方法：Wilcoxon 符号秩检验（Wilcoxon Signed Ranks Test）、符号检验（Signed Test）、McNemar 检验（McNemar Test）和边际同质性检验（Marginal Homogeneity Test）。

多个相关样本非参数检验（Test for Several Related Samples）又包括以下几种方法：Friedman 检验（Friedman Test）、Kendall W 检验（Kendall's W Test）和 Cochran Q 检验（Cochran's Q Test）等。

Stata 16.0 支持的非参数假设检验模块如图 2.4 所示。

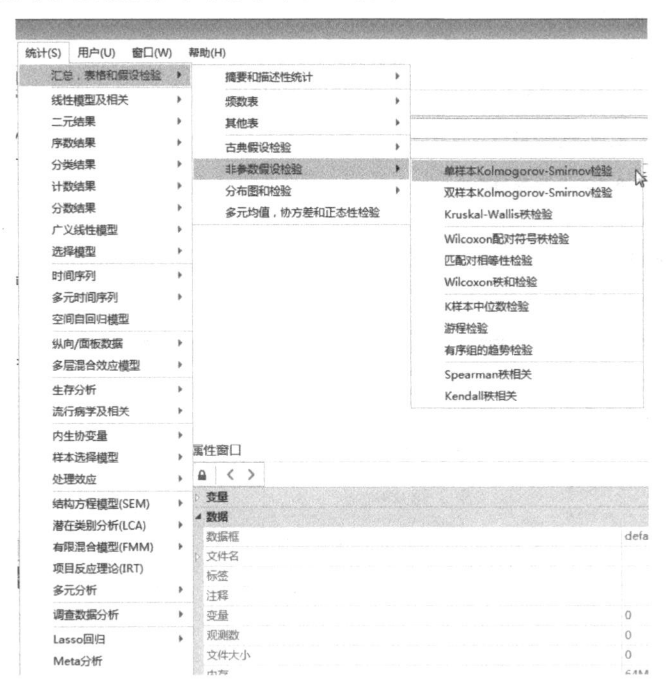

图 2.4 非参数假设检验模块

- 单样本 Kolmogorov-Smirnov 检验。
- 双样本 Kolmogorov-Smirnov 检验。
- Kruskal-Wallis 秩检验。
- Wicoxon 配对符号秩检验。
- 匹配对相等性检验。
- Wilcoxon 秩和检验。
- K 样本中位数检验。
- 游程检验。
- 有序组的趋势检验。
- Spearman 秩相关。

- Kendall 秩相关。

分布图和检验模块如图 2.5 所示。

- 对称图。
- 分位数图。
- 正态分位数图。
- 正态概率图，标准化。
- 卡方分位数图。
- 卡方概率图。
- 分位数-分位数图。
- 茎叶图。
- 字母值表示变量。
- 生成累积分布。
- 偏度和峰度正态性检验。
- Shapiro-Wilk 正态性检验。
- Shapiro-Francia 正态性检验。
- 幂阶梯。
- 幂阶梯直方图。
- 幂阶梯正态分位数图。

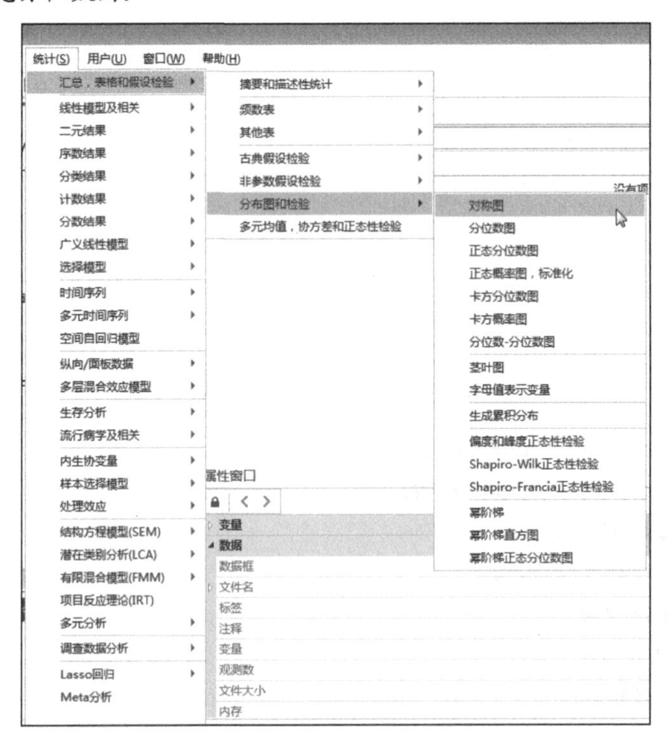

图 2.5　分布图和检验模块

2.1.2 线性模型及相关模块

回归分析是分析变量间关系的一种重要方法，其研究的变量分为因变量与自变量，因变量是被解释变量，自变量也称为解释变量，通常是可以加以控制的变量。当回归分析主要研究变量间的线性关系时，称为线性回归分析，反之称为非线性回归分析。回归分析又可以按照影响因变量的自变量的个数分为一元线性回归和多元线性回归。在实际中，相关分析与回归分析经常一起使用，用来分析和研究变量之间的关系。

1. 常用的回归分析方法

（1）线性回归（Linear Regression）：线性回归分析是基于最小二乘法原理产生的古典假设下的统计分析方法，用来研究一个或多个自变量与一个因变量之间是否存在某种线性关系。如果引入回归分析的自变量只有一个，就是简单线性回归分析，如果引入回归分析的自变量有两个以上，就是多元线性回归分析。简单线性回归是多元线性回归的特例。

（2）曲线估算（Curve Estimation）：曲线估算可以拟合许多常用的曲线关系，当变量之间存在可以使用这些曲线描述的关系时，我们便可以使用曲线回归分析进行拟合。许多情况下，变量之间的关系并非是线性关系，我们无法建立线性回归模型。但是许多模型可以通过变量转化为线性关系。统计学家发展出了曲线回归分析来拟合变量之间的关系。曲线估算的思想就是通过变量替换的方法将不满足线性关系的数据转化为符合线性回归模型的数据，再利用线性回归进行估计。

Stata 16.0 的曲线估算过程提供了线性曲线、二次项曲线、复合曲线、增长曲线、对数曲线、立方曲线、S 曲线、指数曲线、逆模型、幂函数模型、Logistic 模型等十几种曲线回归模型。同时，Stata 允许用户同时引入多个非线性模型，最后结合分析的结果选择相关的模型。

（3）二元 Logistic 回归（Binary Logistic Regression）：二元 Logistic 回归（或者说二元 Logistic 回归模型）就是为二分类的因变量（比如因变量只能取“是”或者“不是”、“有”或者“没有”）作一个回归方程出来，概率的取值为 0~1，而一般线性回归方程的因变量取值在实数集中，这样概率的取值就会出现 0~1 范围之外的不可能结果，因此对概率做一个 Logit 变换，其取值区间就变成整个实数集，不会出现上述不可能结果。

（4）多元 Logistic 回归（Multinomial Logistic Regression）：多元 Logistic 回归常用于因变量为多分变量时的回归拟合。在许多领域的分析中都会遇到因变量只能取多个单值的情形，如客户满意程度为非常满意、一般满意、不太满意、非常不满意等。对于这种问题建立回归模型，与二元 Logistic 回归的基本思想类似，通常先将取值在实数范围内的值通过 Logit 变换转化为目标概率值，然后进行回归分析，当因变量不止有两种取值的情况时，就是多元 Logistic 回归。多元 Logistic 回归参数的估计通常采用最大似然法，最大似然法的基本思想是先建立似然函数与对数似然函数，再通过使对数似然函数最大来求解相应的参数值，所得到的估计值称为参数的最大似然估计值。

（5）非线性回归（Nonlinear Regression）：非线性回归分析是寻求因变量与一组自变量之间的非线性回归模型的统计方法。线性回归限制模型估计必须是线性的，非线性回归可以估计因变量与自变量之间具有任意关系的模型。在非线性回归分析中，参数的估计是通过迭代的方法获得的。例如，某种病毒繁殖的数量随时间的变化表现为非线性的关系，便可以借助非线性回归分析寻求一个特殊的估计模型（如根据经验选择三次幂曲线模型或指数模型等）估计它们的关系，进而利用它进行分析和预测。建立非线性模型时，仅当指定一个描述变量关系的准确函数时结果才有效，在迭代中选定一个好的初始值也是非常重要的，初始值选择得不合适可能导致迭代发散（经过多次迭代迟迟不能收敛），或者可能得到一个局部的最优解而不是整体的最优解。对许多呈现非线性关系的模型，如果可以转化成线性模型，应尽量选择线性回归进行分析，如果不能确定一个恰当的模型，可以借助散点图直观地观察变量的变化，这将有助于确定一个恰当的函数关系。

（6）二阶最小二乘回归：普通最小二乘法有着非常严格近乎苛刻的假设条件，但是在实际中往往很多数据并不能满足这些假设条件。其中一个基本假设是自变量取值不受因变量的影响，或者说数据不存在内生自变量问题。然而，在很多研究中都不同程度地存在内生自变量问题，如果在存在内生自变量问题的条件下继续采用普通最小二乘法，就会严重影响回归参数的估计，使得回归模型失真甚至失效。Stata 16.0 回归分析模块的二阶最小二乘回归分析便是为了解决这一问题而设计的。其基本思路是，首先找出内生自变量，然后根据预分析结果找出可以预测该自变量取值的回归方程并得到自变量预测值，再将因变量对该自变量的预测值进行回归，以一种更加迂回的方式解决内生自变量问题。

（7）权重估算：异方差性会导致参数估计量非有效、变量的显著性检验失去意义、模型的预测失效等后果。模型存在异方差性则可用加权最小二乘法（WLS）进行估计，加权最小二乘法是对原模型加权，使之变成一个新的不存在异方差性的模型，然后采用 OLS 估计其参数。

（8）概率回归：概率单位（Probability Unit，Probit）回归分析适用于对响应比例与刺激作用之间的关系的分析。与 Logistic 回归一样，Probit 回归同样要求将取值在实数范围内的值通过累计概率函数变换转化为目标概率值，然后进行回归分析。常见的累积概率分布函数有 Logit 概率函数和标准正态累积概率函数。

（9）有序回归：如果因变量是有序的分类变量，那么需要使用有序回归分析方法，也被称为 Ordinal 回归。在实际生活中，很多情况下我们会遇到有序因变量的情况，如成绩的等级为优、良、中、差；在银行信贷资产的分类中，按照监管部门的规定要求将贷款的违约情况划分为正常、关注、次级、可疑、损失等。我们也会遇到很多取值多元的案例，比如在客户满意度调查中调查客户对于本公司服务的满意程度，有很满意、基本满意、不太满意、很不满意等；再比如在债券发行市场对债券发行主体进行信用评级，评级为 AAA、AA、A、BBB、……、D 等。有序因变量和离散因变量不同，在这些离散值之间存在着内在的等级关系。如果直接使用 OLS 估计法，将会因失去因变量序数方面的信息而导致估计的偏差。因此，需要使用有序回归分析方法进行估计。在 Stata 中，我们可以非常方便地实现有序回归分析的操作。

（10）最优尺度回归：我们经常会遇到自变量为分类变量的情况，如收入级别、学历等，通常的做法是直接将各个类别定义取值为等距连续整数，如将收入级别的高、中、低分别定义为 1、2、3，但是这意味着这三档之间的差距是相等的，或者说它们对因变量的数值影响程度是均匀的。显然这种假设有些草率，基于此分析有时会得出很不合理的结论。Stata 的最优尺度回归便应运而生，成为解决这个问题的分析方法。

2. Stata 的线性模型及相关模块

Stata 的线性模型及相关模块如图 2.6 所示。

- 线性回归。
- 回归诊断：包括模型检定、添加变量图、分量和残差图、增强的分量和残差图、杠杆对残差平方图、残差对拟合值图、残差对预测值图、DFBETA 等，如图 2.7 所示。

- ANOVA/MANOVA：包括方差和协方差分析、ANOVA 后的线性假设检验、ANOVA 后的设定检验、单因素方差分析、单因素方差分析（多水平）、多元方差分析、MANOVA 后的多元检验、MANOVA 后的 Wald 检验等，如图 2.8 所示。

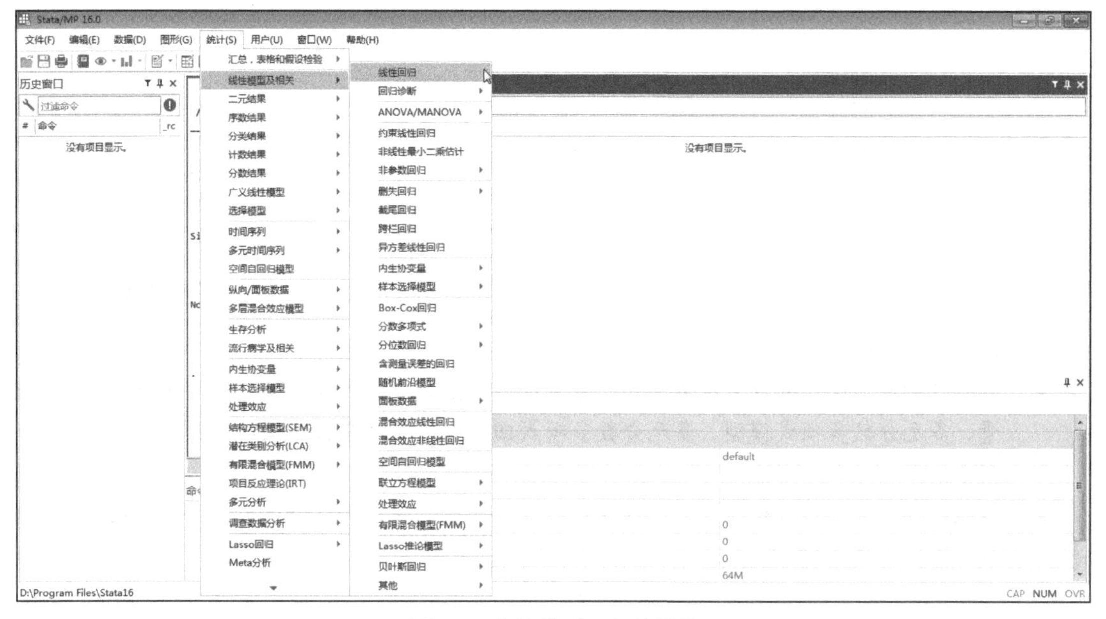

图 2.6　线性模型及相关模块

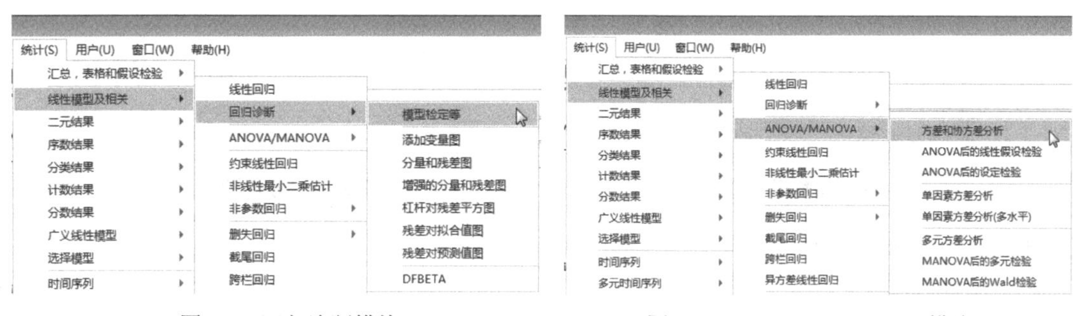

图 2.7　回归诊断模块　　　　图 2.8　ANOVA/MANOVA 模块

- 约束线性回归。
- 非线性最小二乘估计。
- 非参数回归：包括核回归、级数回归等。
- 删失回归：包括 Tobit 回归、区间回归、含内生协变量的 Tobit 模型、含内生协变量的区间回归、多层 Tobit 回归、多层次区间回归、贝叶斯回归等，如图 2.9 所示。
- 截尾回归。
- 跨栏回归。
- 异方差线性回归。
- 内生协变量。
- 样本选择模型：包括 Heckman 选择模型、含样本选择的区间回归、含内生协变量和处理的模型、贝叶斯 Heckman 选择模型等，如图 2.10 所示。

图 2.9　删失回归模块

图 2.10　样本选择模型模块

- Box-Cox 回归。
- 分数多项式：包括分数多项式回归、分量和残差图、分数多项式预测、创建分数多项式变量、多元分数多项式模型、多元分数多项式回归图、多元分数多项回归预测等，如图 2.11 所示。
- 分位数回归：包括分位数回归、四分位数间距回归、同时分位数回归、分位数回归（自助法）等，如图 2.12 所示。

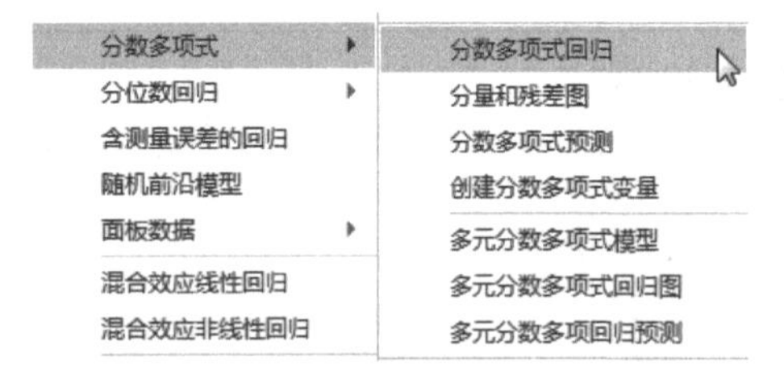

图 2.11　分数多项式模块

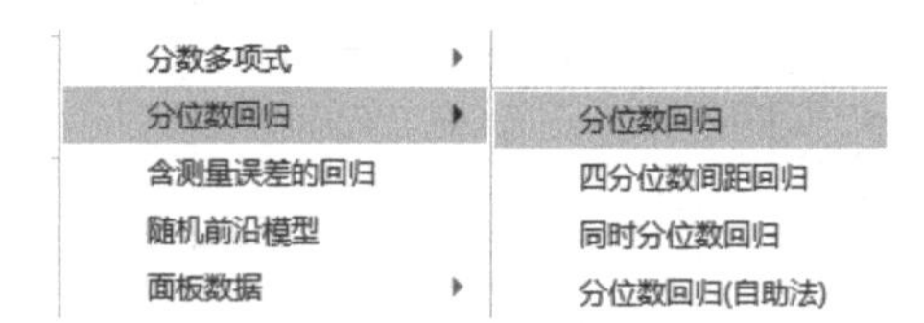

图 2.12　分位数回归模块

- 含测量误差的回归。
- 随机前沿模型。
- 面板数据：包括线性回归（FE、RE、PA、BE），随机效应的拉格朗日乘子检验，带 AR（1）干扰项的线性回归（FE、RE），随机系数广义最小二乘回归，样本选择模型（RE），动态面板数据（DPD），删失结果，含内生协变量、样本选择和处理的模型，同期相关，随机前沿模型，如图 2.13 所示。
- 混合效应线性回归。
- 混合效应非线性回归。
- 空间自回归模型。
- 联立方程模型：包括多元回归、看似不相关回归、三阶段最小二乘法、非线性看似不相关回归、贝叶斯多元回归等，如图 2.14 所示。

图 2.13 面板数据模块

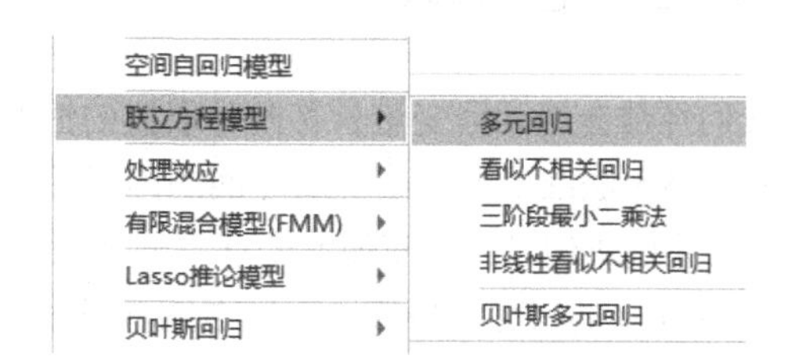

图 2.14 建立方程模型模块

- 处理效应：包括回归调整，逆概率加权（IPW），带逆概率加权的回归调整，增强的逆概率加权，倾向得分匹配，近邻匹配，含内生协变量和样本选择的模型，内生处理、极大似然估计，内生处理、控制函数等，如图 2.15 所示。

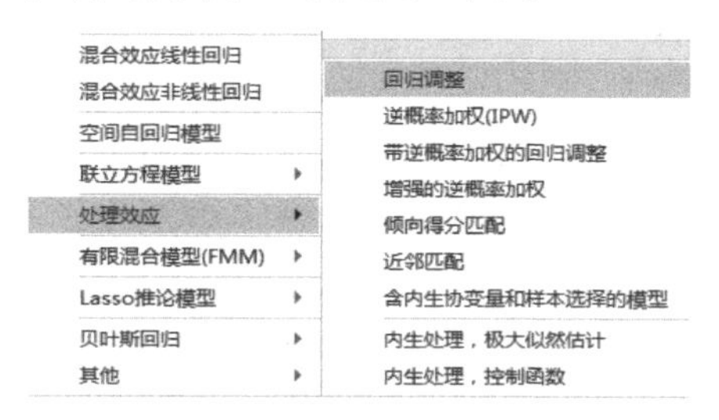

图 2.15 处理效应模块

- 有限混合模型（FMM）：包括线性回归、Tobit 回归、区间回归、截尾回归等，如图 2.16 所示。

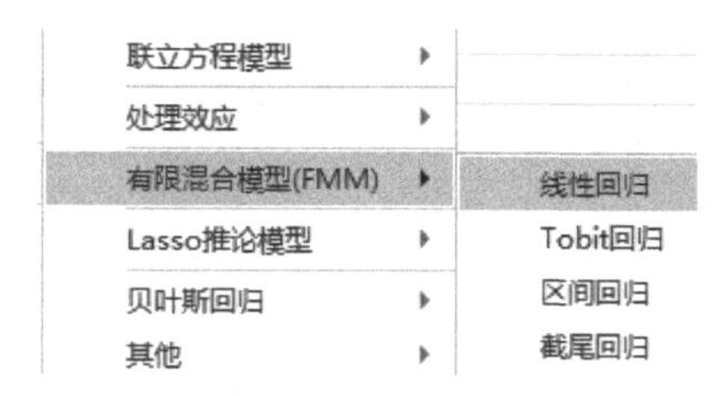

图 2.16 有限混合模型（FMM）模块

- Lasso 推论模型：包括双重筛选模型、去控制因子模型、交叉拟合去控制因子模型、去控制因子工具变量模型、交叉拟合去控制因子工具变量模型，如图 2.17 所示。

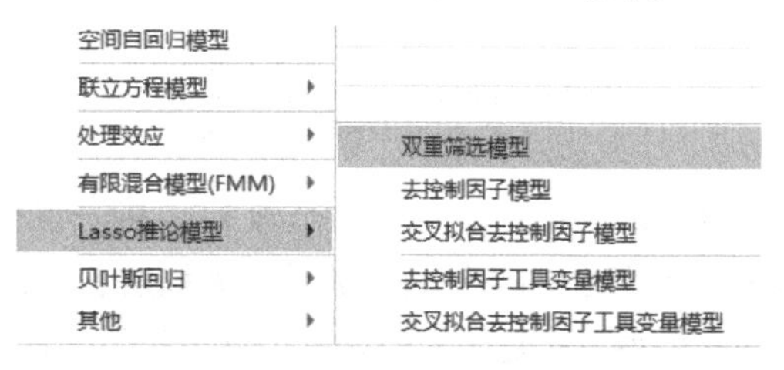

图 2.17 Lasso 推论模型模块

- 贝叶斯回归。
- 其他。

2.1.3 二元结果模块

我们经常会遇到因变量只有两种取值的情况，例如是否患病、是否下雨等，这时一般的线性回归分析将无法准确地刻画变量之间的因果关系，需要用其他的回归分析方法来拟合模型。Stata的二元结果模块便是一种简便的处理二分类因变量问题的分析方法。

Stata 16.0 的二元结果模块如图 2.18 所示。

图 2.18 二元结果模块

- Logistic 回归。

二元 Logistic 回归的一般模型如下：

$$\text{Prob(event)} = \frac{e^z}{1+e^z} = \frac{1}{1+e^{-z}}$$

其中，$z=b_0+b_1x_1+b_2x_2+\ldots+b_px_p$（p 为自变量的个数）。某一事件不发生的概率为 Prob(no event)=1-Prob(event)。Logistic 回归模型的估计使用的是极大似然法和迭代方法。所谓二元 Logistic 模型，或者说二元 Logistic 回归模型，就是人们想为两个分类的因变量作一个回归方程出来，不过概率的取值为 0~1，而回归方程的因变量取值在实数集中，这样概率的取值就会出现 0~1 范围之外的不可能结果，因此对概率做一个 Logit 变换，其取值区间就变成了整个实数集。

- Probit 回归。
- 互补重对数回归。
- 条件 Logistic 回归。
- 精确 Logistic 回归。
- 偏斜 Logistic 回归。
- 含内生协变量的 Probit 模型。
- 含样本选择的 Probit 模型。
- 异方差 Probit 回归。
- 含内生协变量、样本选择和处理的 Probit 模型。
- 二项式族广义线性模型。
- 二元 Probit 回归。
- 看似不相关二元 Probit 回归。
- 面板回归。
- 多层混合效应回归。
- 有限混合模型（FMM）。
- 非参数回归。
- 处理效应。
- Lasso 推论模型。
- 贝叶斯回归。
- 后验估计。

2.1.4　序数结果模块

Stata 16.0 的序数结果模块如图 2.19 所示。

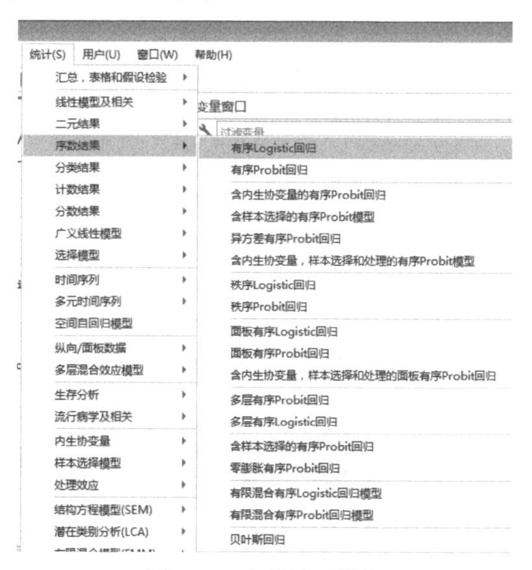

图 2.19　序数结果模块

- 有序 Logistic 回归。
- 有序 Probit 回归。
- 含内生协变量的有序 Probit 回归。
- 含样本选择的有序 Probit 模型。
- 异方差有序 Probit 回归。
- 含内生协变量、样本选择和处理的有序 Probit 模型。
- 秩序 Logistic 回归。
- 秩序 Probit 回归。
- 面板有序 Logistic 回归。
- 面板有序 Probit 回归。
- 含内生协变量、样本选择和处理的面板有序 Probit 回归。
- 多层有序 Logistic 回归。
- 多层有序 Probit 回归。
- 含样本选择的有序 Probit 回归。
- 零膨胀有序 Probit 回归。
- 有限混合有序 Logistic 回归模型。
- 有限混合有序 Probit 回归模型。
- 贝叶斯回归。

2.1.5 分类结果模块

在许多领域的分析中，我们都会遇到因变量只能取多个单值的情形，如教师职称、医师级别等。Stata 16.0 的分类结果模块用于因变量为多分变量时的回归拟合。

Stata 16.0 的分类结果模块如图 2.20 所示。

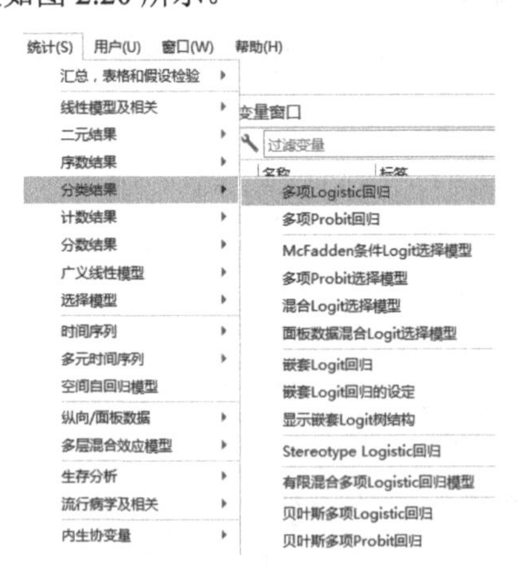

图 2.20 分类结果模块

- 多项 Logistic 回归。

多项 Logistic 回归的数学表达如下：

$$\ln\frac{p}{1-p}=a+X\beta_{+\varepsilon}$$

其中，P 为事件发生的概率，$a=\begin{pmatrix}a_1\\a_2\\\vdots\\a_n\end{pmatrix}$为模型的截距项，$\beta=\begin{pmatrix}\beta_1\\\beta_2\\\vdots\\\beta_n\end{pmatrix}$为待估计参数，$X=\begin{pmatrix}x_{11}&x_{12}&\cdots&x_{1k}\\x_{21}&x_{22}&\cdots&x_{2k}\\\vdots&\vdots&\ddots&\vdots\\x_{n1}&x_{n2}&\cdots&x_{nk}\end{pmatrix}$为解释变量，$\varepsilon=\begin{pmatrix}\varepsilon_1\\\varepsilon_2\\\vdots\\\varepsilon_n\end{pmatrix}$为误差项。通过公式可以看出，多项 Logistic 回归建立了事件发生的概率和解释变量之间的关系。

- 多项 Probit 回归。
- McFadden 条件 Logit 选择模型。
- 多项 Probit 选择模型。
- 混合 Logit 选择模型。
- 面板数据混合 Logit 选择模型。
- 嵌套 Logit 回归。
- 嵌套 Logit 回归的设定。
- 显示嵌套 Logit 树结构。
- Stereotype Logistic 回归模型。
- 有限混合多项 Logistic 回归模型。
- 贝叶斯多项 Logistic 回归。
- 贝叶斯多项 Probit 回归。

2.1.6 多元分析模块

Stata 16.0 的多元分析模块如图 2.21 所示。

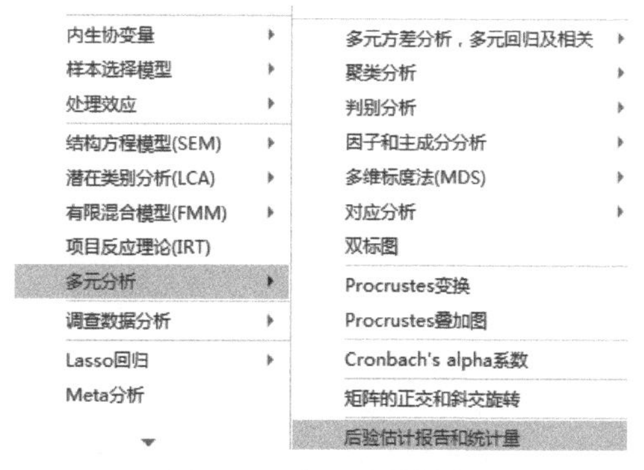

图 2.21 多元分析模块

- 多元方差分析、多元回归及相关。
- 聚类分析。
- 判别分析。
- 因子和主成分分析。
- 多维标度法（MDS）。
- 对应分析。
- 双标图。
- Procrustes 变换。
- Procrustes 叠加图。
- Cronbach's alpha 系数。
- 矩阵的正交和斜交旋转。
- 后验估计报告和统计量。

1. 关于聚类分析

聚类分析也称群分析，它是研究样本观测值（或指标、变量）分类问题的一种多元统计分析方法。聚类分析用于解决事先不知道应将样本观测值或指标、变量分为几类，需要根据样本观测值或指标、变量的相似程度进行归组合并同类。在实际问题中存在大量的分类问题，随着生产力和科学技术的发展，分类不断细化，以往仅凭经验和专业知识进行定性分类的方法已经不能满足实际的需要，也不能做出准确的分类，必须将定性和定量分析结合起来进行分类。例如，在市场营销中，根据客户行为特征对划分为不同类别的客户群进行针对性的营销；在连锁酒店管理中，根据酒店的销售收入、客户群体、员工人数划分为不同等级，分为旗舰店、一般店、迷你店等；在社会经济领域中，根据各地区的经济指标进行分类，对各地经济发展状况做出综合评价等。聚类分析作为分类的数学工具越来越受到人们的重视，在许多领域都得到广泛应用。

Stata 聚类分析模块包括聚类数据、聚类相异度矩阵、聚类分析后三个子模块，如图 2.22 所示。而聚类数据子模块又包括：

- K 均值法。
- K 中位数法。
- 最短距离法。
- 类平均法。
- 最长距离法。
- 加权类平均法。
- 中间距离法。
- 重心聚类法。
- 离差平方和法。

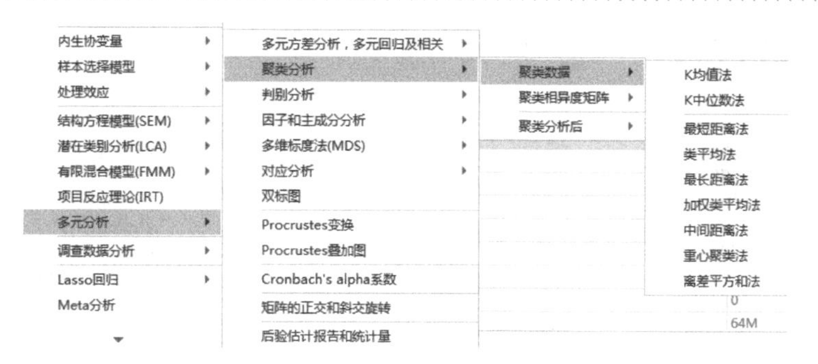

图 2.22 聚类数据子模块

聚类相异度矩阵子模块又包括（见图 2.23）：

- 最短距离法。
- 类平均法。
- 最长距离法。
- 加权类平均法。
- 中间距离法。
- 重心聚类法。
- 离差平方和法。

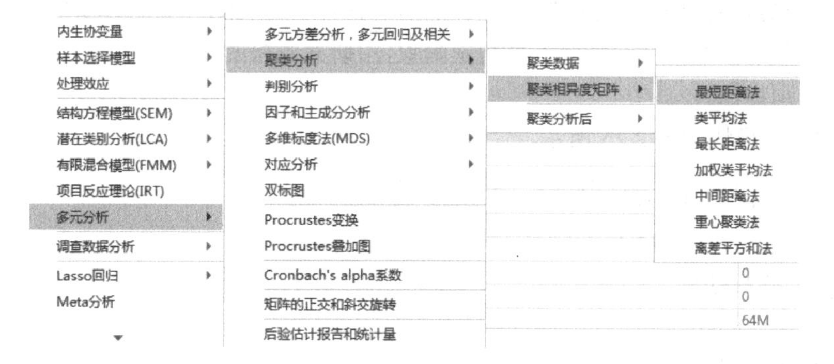

图 2.23 聚类相异度矩阵子模块

聚类分析后子模块又包括（见图 2.24）：

- 树状图。
- 聚类分析停止准则。
- 生成聚类分析分组变量。
- 显示聚类分析注释。
- 聚类详细信息列表。
- 删除聚类分析。
- 聚类或聚类变量重命名。

图 2.24　聚类分析后子模块

2. 关于判别分析

判别分析是一种处理分类问题的统计方法。在生产活动、经济管理、科学实验甚至日常生活中，人们常常需要判定所研究的现象或事物的归属问题。例如，兽医对动物病情进行诊断时，需要根据观察到的病症（如体温、血常规等）判断动物患了哪种病；在市场调研中，根据一个国家或地区的若干经济指标判断该国家或地区经济发展的程度和状态；在市场预测中，根据某厂反映产品销售状况的若干指标判断该厂的产品销量属于开发期、发展期还是饱和期；在地质勘查中，根据采集的矿石样品判断勘测地是否有矿，贫矿还是富矿。与聚类分析不同，判别分析是在分组已知的情况下，根据已经确定分类的对象的某些观测指标和所属类别来判断未知对象所属类别的一种统计方法。判别分析首先需要对研究的对象进行分类，然后选择若干对观测对象能够较全面地描述的变量，接着按照一定的判别标准建立一个或多个判别函数，用研究对象的大量资料确定判别函数中的待定系数，以计算判别指标。

Stata 判别分析模块如图 2.25 所示。

- 线性判别分析（LDA）。
- 二次判别分析（QDA）。
- Logistic 判别分析。
- K 近邻法（KNN）。
- 典型线性判别分析。

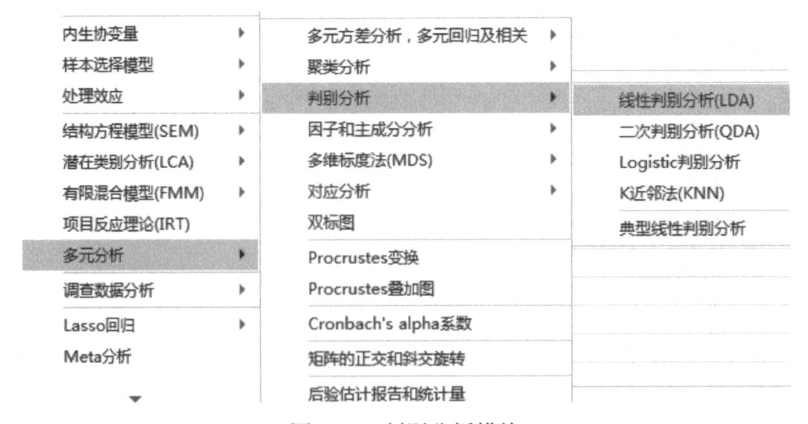

图 2.25　判别分析模块

3. 关于因子和主成分分析

人们在对现象进行观测时，往往会得到大量指标（变量）的观测数据，这些数据在带来现象有关信息的同时，也给数据的分析带来了一定困难；另一方面，这众多的变量之间可能存在着相关性，实际观测到的数据包含的信息有一部分可能是重复的。因子分析和主成分分析就是在尽可能不损失信息或者少损失信息的情况下，将多个变量减少为少数几个潜在的因子或主成分，这几个因子或主成分可以高度地概括大量数据中的信息，这样既减少了变量的个数，又能再现变量之间的内在联系。例如，做衣服需要掌握人身体各部位的尺寸或指标（衣长、裤长、脚围、臀围、臂长等），这些指标因人而异，都是一些随机变量，但这些随机变量之间又存在明显的联系，服装厂批量生产服装时，不可能真正做到“量体裁衣”，他们需要从这些指标中概括出少数几个关键性指标，然后根据这些指标进行加工，这样生产出来的服装就能适合大多数人的体型。而少数几个指标虽然不能反映人的体型的全部信息，但却高度地概括和集中了其中绝大部分的信息。又如，在进行多元回归时，可能因为自变量之间存在多重共线性，而使得建立的回归模型并不能很好地刻画因变量与自变量之间的关系，根据因子分析和主成分分析的思想，事先通过因子分析或主成分分析从具有共线性的多个变量中筛选出少数几个变量，它们概括了原始变量观测值中绝大部分的信息，使用这些变量建立的回归方程能够再现原始变量之间的关系。

Stata 因子和主成分分析模块如图 2.26 所示。

- 因子分析。
- 相关矩阵的因子分析。
- 主成分分析（PCA）。
- 相关或协方差矩阵的主成分分析。
- 后验估计：包括载荷旋转、载荷图、得分图、碎石图。

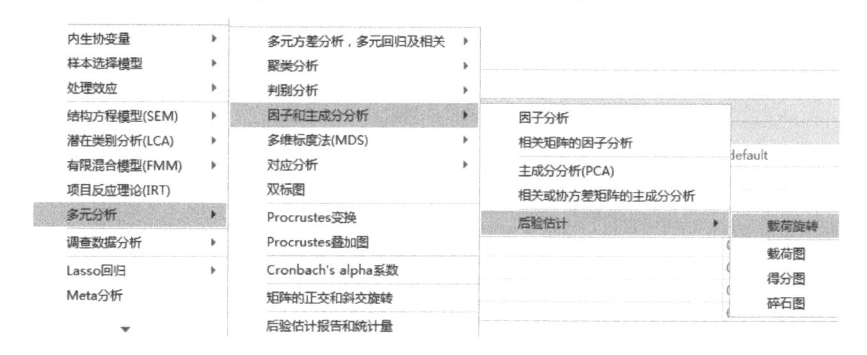

图 2.26　因子和主成分分析模块

4. 关于信度分析

信度分析是指测验的可信程度，它主要表现测验结果的一贯性、一致性、再现性和稳定性。一个好的测量工具，对同一事物反复多次测量时，其结果应该始终保持不变才可信。比如，我们用同一把尺子测量一批物品，如果今天测量的结果与明天测量的结果不同，我们就会对这把尺子的可信性产生怀疑。可靠性分析是检验测量工作可靠性和稳定性的主要方法，一般在心理学中应用得较多，另外在学生考试试卷、社会问卷调查的有效性分析中也会涉及。信度只受随机误差影响，随机误差越大，测验的信度就越低。

在 Stata 中，信度分析通过 Cronbach's alpha 系数来实现。

5. 关于多维标度分析

多维标度分析尝试寻找对象或个案间一组距离测量的结构。该任务是通过将观察值分配到概念空间（通常为二维或三维）中的特定位置实现的，这样使空间中的点之间的距离尽可能与给定的非相似性相匹配。在很多情况下，这个概念空间的维度可以解释并可以用来进一步进行数据分析。多维标度分析是市场调查、分析数据的统计方法之一，通过多维标度分析可以将消费者对商品相似性的判断生成一张能够看出这些商品间相关性的图形。例如，有若干个百货商场，让消费者排列出这些百货商场两两间的相似程度，根据这些数据，使用多维标度分析，可以判断消费者认为哪些商场是相似的，从而可以判断竞争对手。

在 Stata 中，多维标度分析通过多维标度法（MDS）来实现。

2.1.7 时间序列模块

时间序列是指依时间顺序取得的观察资料的集合。在一个时间序列中，离散样本序列可以按相等时间间隔或不相等时间间隔获取，更多的是采用前者来实现。时间序列的特点是数据资料的先后顺序不能随意地改变，逐次的观测值通常是不独立的，而且分析时必须考虑观测资料的时间顺序。

Stata 时间序列模块如图 2.27 所示。

图 2.27 时间序列模块

- 模型设定和实用工具。

模型设定和实用工具子模块如图 2.28 所示。

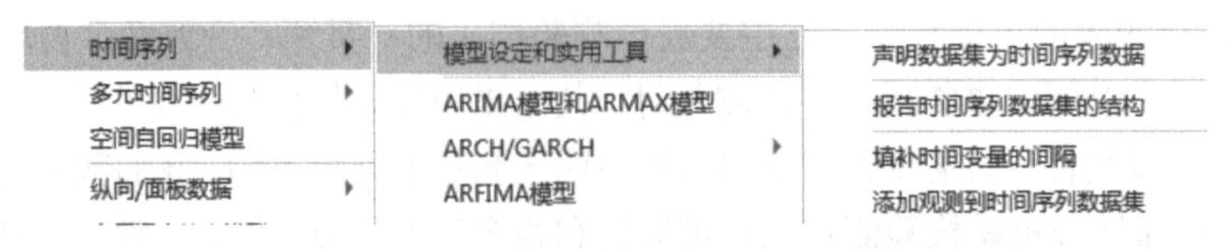

图 2.28 模型设定和实用工具子模块

➢ 声明数据集为时间序列数据。

  - ➢ 报告时间序列数据集的结构。
  - ➢ 填补时间变量的间隔。
  - ➢ 添加观测到时间序列数据集。
- ARIMA 模型和 ARMAX 模型。
- ARCH/GARCH。

ARCH/GARCH 子模块如图 2.29 所示。

图 2.29 ARCH/GARCH

  - ➢ ARCH 模型和 GARCH 模型。
  - ➢ 纳尔逊指数 GARCH 模型。
  - ➢ 门限 ARCH 模型。
  - ➢ 门限 ARCH 模型（GJR）。
  - ➢ 简单非对称 ARCH 模型。
  - ➢ 幂 ARCH 模型。
  - ➢ 非线性 ARCH 模型。
  - ➢ 含一个移位的非线性 ARCH 模型。
  - ➢ 非对称幂 ARCH 模型。
  - ➢ 非线性幂 ARCH 模型。
- ARFIMA 模型。
- 不可观测成分模型。
- 马尔科夫转换模型。
- 门限回归模型。
- Prais-Winsten 回归。
- 含 Newey-West 标准差的回归。
- 状态空间模型。
- 预测。
- 后验估计。
- 滚动窗口和递归估计。
- 平滑法/单变量预测。
- 平滑法/单变量预测子模块如图 2.30 所示。

- ➢ 单指数平滑。
- ➢ 双指数平滑。
- ➢ Holt-Winters 非季节平滑。
- ➢ Holt-Winters 季节平滑。
- ➢ 非线性滤波器。
- ➢ 移动平均滤波器。

图 2.30　平滑法/单变量预测子模块

- 周期成分滤波器。
- 检验。

检验子模块如图 2.31 所示。

图 2.31　检验子模块

对于一个时间序列数据而言，数据的平稳性对于模型的构建是非常重要的。如果时间序列数据是不平稳的，可能会导致自回归系数的估计值向左偏向于 0，使传统的 T 检验失效，也有可能会使得两个相互独立的变量出现假相关关系或者回归关系，造成模型结果失真。在时间序列数据不平稳的情况下，目前公认的能够有效解决假相关或者假回归，构建出合理模型的方法有两种：一种是先对变量进行差分直到数据平稳，再把得到的数据进行回归；另一种是进行协整检验并构建合理模型。那么如何判断数据是否平稳呢？绘制时间序列图的方法可以作为初步推测或者辅助检验的一种方式。另一种更精确的检验方式是：如果数据没有单位根，我们就认为它是平稳的，这时就需要用到单位根检验。单位根检验包括 ADF 单位根检验、DF-GLS 单位根检验、Phillips-Perron 单位根检验等。

- ADF 单位根检验。
- DF-GLS 单位根检验。
- Phillips-Perron 单位根检验。
- Bartlett 基于周期图的白噪声检验。
- Portmanteau Q 白噪声检验。
- 回归后的时间序列设定检验。

- 图形。

图形子模块如图 2.32 所示。

图 2.32 图形子模块

- 折线图。
- 自相关和偏自相关。

对于时间序列$\{x_t\}$，其 k 阶自相关系数被定义为：

$$\rho_k \equiv \mathrm{Corr}(x_t,x_{t+k}) = \frac{\mathrm{Cov}(x_t,x_{t+k})}{\mathrm{Var}(x_t)} = \frac{E[(x_t-\mu)(x_{t+k}-\mu)]}{\mathrm{Var}(x_t)}$$

其中，$\mu \equiv E(x_t)$。自相关系数刻画了序列邻近数据之间存在多大程度的相关性。对于平稳时间序列而言，ρ_k 和时间无关，仅仅是滞后阶数 k 的函数。

然而，x_t 与 x_{t+k} 的相关可能由其之间的$\{x_{t+1},\ldots,x_{t+k-1}\}$引起，而并非二者真正相关。为了控制中间变量的影响，我们引入了 k 阶偏自相关系数。其定义为：在给定中间变量的条件下，x_t 与 x_{t+k} 的偏自相关系数如下：

$$\rho_k^* \equiv \text{Corr}(x_t, x_{t+k} \mid x_{t+1}, \ldots, x_{t+k-1})$$

- 自相关图（ac）。
- 偏自相关图（pac）。
- 周期图。
- 累积谱分布。
- 双变量时间序列的交叉相关图。

2.1.8 多元时间序列模块

多元时间序列模块如图 2.33 所示。

图 2.33 多元时间序列模块

- 模型设定和实用工具。

模型设定和实用工具子模块包括以下选项：

- 声明数据集为时间序列数据。
- 报告时间序列数据集的结构。
- 填补时间变量的间隔。
- 添加观测到时间序列数据集。

- 向量自回归（VAR）。

向量自回归（Vector Auto Regression，VAR）模型是指把系统中每一个内生变量作为系统中所有内生变量的滞后值的函数来构造模型。

对于一个 k 变量的 VAR(p)系统，模型可写为：

$$y_t = A_0 + A_1 y_{t-1} + \ldots + A_p y_{t-p} + \varepsilon_t$$

其中，$y_t \equiv \begin{pmatrix} y_{1t} \\ \vdots \\ y_{kt} \end{pmatrix}$，$\varepsilon_t \equiv \begin{pmatrix} \varepsilon_{1t} \\ \vdots \\ \varepsilon_{kt} \end{pmatrix}$，$\{\varepsilon_{1t}\}\ldots\{\varepsilon_{kt}\}$都是白噪声过程，且 $E(\varepsilon_{it}\varepsilon_{js})=0$，$\forall i,j,t\neq s$，但扰动项

之间允许存在同期相关性。

此外，我们还可以在模型中加入外生变量 x_t，并将模型写为：

$$y_t = A_0 + A_1 y_{t-1} + \ldots + A_p y_{t-p} + Bx_t + \varepsilon_t$$

- 简单 VAR 模型。
- 结构向量自回归（SVAR）。
- 矢量误差校正模型（VECM）。
- 矢量误差校正模型的协整秩。
- 动态因子模型。
- 多元 GARCH 模型。
- 状态空间模型。
- 动态随机一般均衡（DSGE）模型。
- VAR 模型诊断和检验。
- VAR 模型诊断和检验子模块如图 2.34 所示。

图 2.34　VAR 模型诊断和检验子模块

  - 滞后阶选择统计量（估计前）。
  - 滞后阶选择统计量（估计后）。
  - Granger 因果关系检验。
  - 残差自相关的 LM 检验。
  - 残差正态性检验。
  - VAR 模型估计的平稳性检验。
  - Wald 滞后排除检验统计量。
- VEC 模型诊断和检验。

VEC 模型诊断和检验子模块如图 2.35 所示。

图 2.35　VEC 模型诊断和检验子模块

- ➢ 滞后阶选择统计量（估计前）。
- ➢ 滞后阶选择统计量（估计后）。
- ➢ 残差自相关的 LM 检验。
- ➢ 残差正态性检验。
- ➢ VEC 模型估计的平稳性检验。
- VEC/VAR 模型预测。
- 脉冲响应和方差分解分析。

脉冲响应和方差分解分析子模块如图 2.36 所示。

图 2.36　脉冲响应和方差分解分析子模块

- ➢ 创建包含脉冲响应、动态乘子函数和方差分解的脉冲响应文件。
- ➢ 脉冲响应图。
- ➢ 叠加图。
- ➢ 合并图。
- ➢ 脉冲响应表。
- ➢ 组合表。

- 管理脉冲响应结果和文件。

管理脉冲响应结果和文件子模块如图 2.37 所示。

图 2.37　管理脉冲响应结果和文件

  - 设置活动脉冲响应文件。
  - 描述脉冲响应文件。
  - 添加脉冲响应结果。
  - 重命名脉冲响应结果。
  - 删除脉冲响应结果。
- 预测。

2.1.9　纵向/面板数据模块

纵向/面板数据模块如图 2.38 所示。

- 模型设定和实用工具。

模型设定和实用工具子模块包括以下选项：

  - 声明数据集为面板数据。
  - 描述面板数据的模式。
  - 面板数据汇总。
  - 面板数据制表。
  - 报告转移概率。
  - 面板数据转换。
  - 近似积分的灵敏度检查。
- 线性模型。

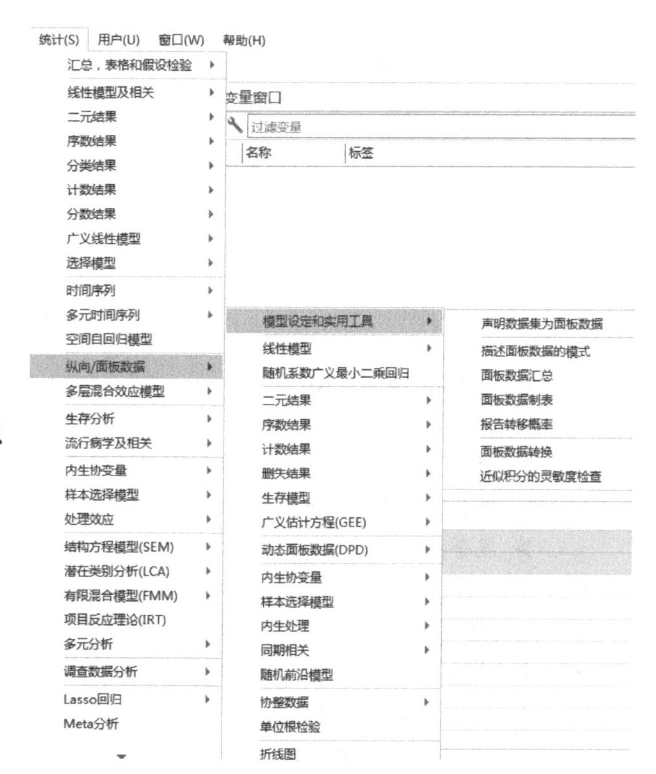

图 2.38　纵向/面板数据模块

- 随机系数广义最小二乘回归。
- 二元结果。

二元结果子模块如图 2.39 所示。

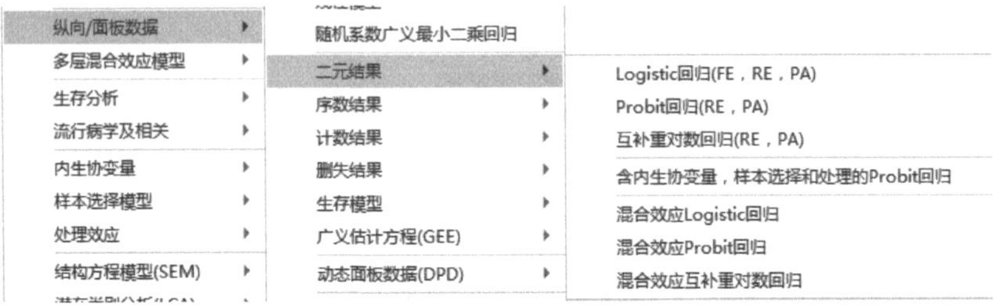

图 2.39　二元结果子模块

  - Logistic 回归（FE、RE、PA）。
  - Probit 回归（RE、PA）。
  - 互补重对数回归（RE、PA）。
  - 含内生协变量、样本选择和处理的 Probit 回归。
  - 混合效应 Logistic 回归。
  - 混合效应 Probit 回归。
  - 混合效应互补重对数回归。
- 序数结果。

序数结果子模块如图 2.40 所示。

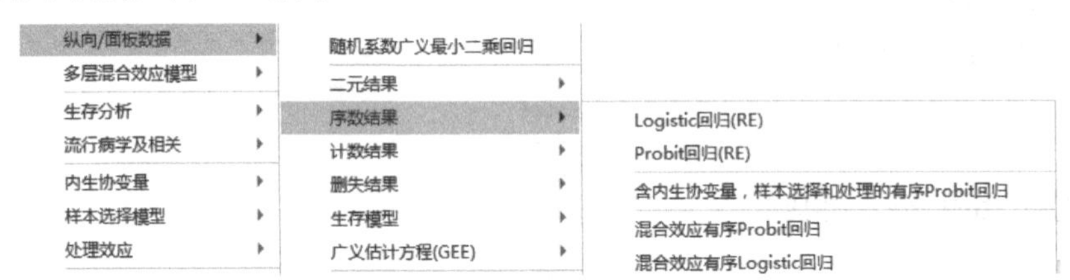

图 2.40　序数结果子模块

  - Logistic 回归（RE）。
  - Probit 回归（RE）。
  - 含内生协变量、样本选择和处理的有序 Probit 回归。
  - 混合效应有序 Probit 回归。
  - 混合效应有序 Logistic 回归。
- 计数结果。
- 删失结果。
- 生存模型。
- 广义估计方差（GEE）。
- 动态面板数据（DPD）。
- 内生协变量。

- 样本选择模型。
- 内生处理。
- 同期相关。
- 随机前沿模型。
- 协整数据。
- 单位根检验。
- 折线图。

2.1.10　生存分析模块

生存分析就是处理、分析生存数据。常见的生存分析方法包括寿命表（Life Tables）、Kaplan-Meier 法、Cox 回归（Cox Regression）和含依时协变量的 Cox 回归（Time-Dependent Cox Regression）等。

1. 寿命表（Life Tables）分析

在很多情形下，用户可能会研究两个事件之间的时间分布，比如住院时长（病人从进入医院到离开医院的时间）。但是，这类数据通常包含没有记录其第二次事件的个案（例如，在调查结束后仍然留在医院的病人）。出现这种情况有多种原因：对于某些个案，事件在研究结束前没有发生；而对于另一些个案，在研究结束前的某段时间未能跟踪其状态；还有一些个案，可能因一些与研究无关的原因无法继续。这些个案总称为已审查的个案，它们使得此类研究不适合 t 检验或线性回归等传统方法。用于此类数据的统计方法称为寿命表。寿命表的基本思路是将整个观测时间划分为很多小的时间段，对于每个时间段，计算所有活到某时间段起点的病例在该时间段内死亡（出现结局）的概率，然后使用从每个时间段估计的概率估计在不同时间点发生该事件的整体概率。

2. Kaplan-Meier 法分析

Kaplan-Meier 法是已审查的个案出现时估计时间事件模型的一种方法。Kaplan-Meier 法用于样本含量较小并且不能给出特定时间点的生存率的情况，因此不用担心每个时间段内只有很少的几个观测值的情况。将生存时间由小到大依次排列，在每个死亡点上计算其最初人数、死亡人数、死亡概率、生存概率和生存率。前面介绍的寿命表方法是将生命时间分成许多小的时间段，计算该段内生存率的变化情况，分析的重点是研究总体的生存规律，而 Kaplan-Meier 法则是计算每个“结果”事件发生时点的生存率，分析的重点除了研究总体生存规律外，往往更加热心于寻找相关影响因素。Kaplan-Meier 法使用的检验方法包括 Log Rank 法、Breslow 法、Tarone-Ware 法等。

3. Cox 回归分析

Cox 回归为时间事件数据建立预测模块。该模块生成生存函数，用于为预测变量的给定值预测被观察事件在给定时间内发生的概率。从观察主体中估计预测的生存函数的形状与回归系数。该方法可应用于具有预测变量测量的新个案。需要注意的是，在构建模型的过程中，已检查主体中的信息（未在观察时间内经历被观察事件的信息）对于模型估计起了很大作用。

4. 含依时协变量的 Cox 回归分析

在很多情形下，用户可能想要计算“Cox 回归”模型，但并不符合比例风险假设。也就是说，风险比率随时间变化，在不同的时间点一个（或多个）协变量的值会有所不同。在这种情况下，用户需要使用扩展的“Cox 回归”模型，也就是含依时协变量的 Cox 回归分析，该模型允许用户指定依时协变量。需要注意的是，要想分析这样的模型，用户必须首先定义依时协变量。用户使用命令语法可以指定多个依时协变量，使用表示时间的系统变量可以简化此过程。

Stata 16.0 的生存分析模块如图 2.41 所示。

图 2.41　生存分析模块

- 模型设定和实用工具。

模型设定和实用工具子模块包括以下选项：

> ➢ 声明数据集为生存时间数据。
> ➢ 转换时间点数据为时间跨度数据。
> ➢ 报告变量随时间变化的状况。
> ➢ 前值填充协变量的缺失值。
> ➢ 拆分时间跨度记录。
> ➢ 连接时间跨度记录。
> ➢ 创建基准数据集。
> ➢ 生成反映整个历史记录的变量。
> ➢ 转换生存时间数据为病例对照数据。
> ➢ 声明数据集为计数时间数据。
> ➢ 转换计数时间数据为生存时间数据。

- 回归模型。

回归模型子模块如图 2.42 所示。

图 2.42　回归模型子模块

- ➢ Cox 比例风险模型。
- ➢ 比例风险假设检验。
- ➢ 比例风险假设的图形评估。
- ➢ Kaplan-Meier 生存曲线与 Cox 预测曲线。
- ➢ 竞争风险回归。
- ➢ 参数生存模型。
- ➢ 区间删失参数生存模型。
- ➢ 面板数据参数回归。
- ➢ 多层参数回归。
- ➢ 有限混合参数回归模型。
- ➢ 贝叶斯参数生存模型。
- ➢ 贝叶斯多层参数生存模型。
- ➢ 绘制生存、风险、累积风险或累积发生函数图。

- 摘要统计、检验和表格。

摘要统计、检验和表格子模块如图 2.43 所示。

图 2.43　摘要统计、检验和表格子模块

- ➢ 生存时间数据汇总。
- ➢ 描述生存时间数据。
- ➢ 报告发病率及差异。
- ➢ Mantel-Haensze 速率比制表。
- ➢ Mantel-Cox 速率比制表。
- ➢ 人时、发生率和标准化死亡率比。
- ➢ 失效率和率比制表。
- ➢ 创建包含生存函数、风险函数和其他函数的变量。
- ➢ 列表显示生存和累积风险函数。
- ➢ 生存函数相等性检验。
- ➢ 生存数据的寿命表。
- ➢ 生存时间的均值和分位数的置信区间。

- 图形。

图形子模块如图 2.44 所示。

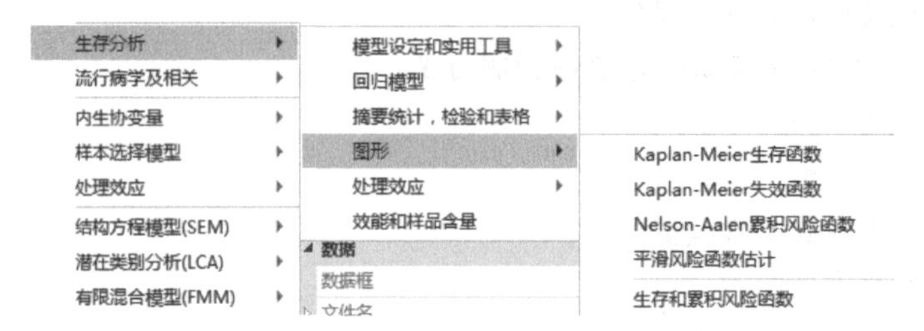

图 2.44　图形子模块

- ➢ Kaplan-Meier 生存函数。
- ➢ Kaplan-Meier 失效函数。
- ➢ Nelson-Aalen 累积风险函数。
- ➢ 平滑风险函数估计。
- ➢ 生存和累积风险函数。

- 处理效应。

处理效应子模块如图 2.45 所示。

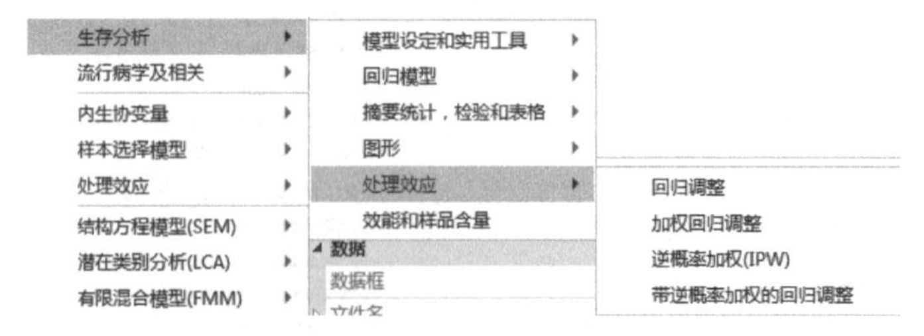

图 2.45　处理效应子模块

- ➢ 回归调整。
- ➢ 加权回归调整。

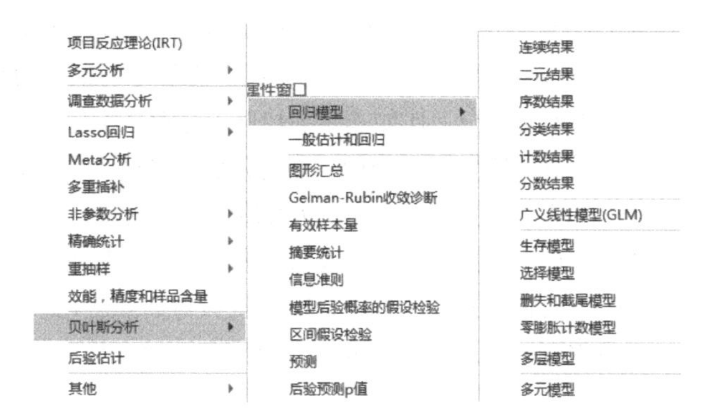

图 2.46　贝叶斯分析模块

- ➢ 逆概率加权（IPW）。
- ➢ 带逆概率加权的回归调整。
- 效能和样品含量。

2.1.11　贝叶斯分析模块

贝叶斯分析模块如图 2.46 所示。

- 回归模型。

回归模型子模块包括以下选项：

- ➢ 连续结果。
- ➢ 二元结果。
- ➢ 序数结果。
- ➢ 分类结果。
- ➢ 计数结果。
- ➢ 分数结果。
- ➢ 广义线性模型（GLM）。
- ➢ 生存模型。
- ➢ 选择模型。
- ➢ 删失和截尾模型。
- ➢ 零膨胀计数模型。
- ➢ 多层模型。
- ➢ 多元模型。

- 一般估计和回归。
- 图形汇总。
- Gelman-Rubin 收敛诊断。
- 有效样本量。
- 摘要统计。
- 信息准则。
- 模型后验概率的假设检验。
- 区间假设检验。
- 预测。
- 后验预测 P 值。

2.1.12　本书写作思路

本书的写作重点放在如何使用 Stata 开展工作实践建模上，定位是教会用户使用 Stata 软件来建模解决实际问题，并真正用于工作实践或者提高工作质量，而非介绍 Stata 各分析模块的具体操作，所以关于 Stata 建模分析各模块更为详细的介绍和具体操作细节就不一一展开了。用户可参阅

Stata 类似教材或 Stata 帮助文档和资料进行学习。在接下来的章节中，将结合案例的形式介绍如何使用 Stata 软件建模来解决实际问题。需要特别说明的是，Stata 中有很多分析方法在实际工作中可能使用频率非常低，比如非参数检验、生存分析等，同时又有很多分析方法在实际工作中可能使用频率非常高，比如回归分析、方差分析、描述性分析、相关分析、信度分析、聚类分析、因子分析等。所以基于以实践为导向、从实战出发的考虑，我们在后续的案例中将不会以介绍数据挖掘分析方法为导向，而是以切实解决问题为导向，针对所需解决的问题选择恰当的数据挖掘分析方法。虽然作者尽力使用不同的建模方法解决具体商业应用问题，但不可避免地会造成个别分析方法在案例中被多次应用，同时会出现有的分析方法没有被应用的情况，需要读者注意。

2.2 建模注意事项

下载资源:\video\2.2

新手在建模时需要认真学习建模注意事项，避免常见的误区，从而有效提高建模质量。作者结合自身的学术研究经验和商业运营经验整理了建模中需要注意的事项，供读者参考使用。

2.2.1 注意事项一：建模是为了解决具体的问题

建模是为了解决具体的问题。这个问题既可以是理论学术研究，又可以是具体的商业应用。大到研究商业银行的经营效率与股权集中度之间的关系，小到研究美容行业小型企业对目标客户的选择与营销策略的制定，进行建模、开展定量分析的目的都是为了研究并解决企业生产经营过程中遇到的市场营销、产品调研、客户选择与维护策略制度等方方面面的问题，进而据此提高经营的效率和效果。

所以，虽然我们提到的概念是建模技术，但是从解决问题的角度来说，建模并不仅仅是一种技术，而是一个过程，一个面向具体业务目标解决问题的过程，我们在选择并应用建模的过程中必须坚持这一点，要以解决实际问题为导向选择恰当的建模技术，合适的模型并不一定是复杂的，而是能够解释、预测相关问题的，所以一定不能以模型统计分析方法的复杂性来评判模型的优劣，而是要以模型解决问题的能力来评判。比如我们在预测客户违约行为时，可以选择神经网络、决策树等更为前沿和流行的分析建模技术，也可以选择 Logistic 回归、聚类分析等传统的分析建模技术，但是不能笼统地说神经网络、决策树等前沿技术就一定比 Logistic 回归、聚类分析等传统技术好，而是要看它们解决问题的效率和效果，如果我们使用 Logistic 回归建立的模型预测的准确性更高，那么显然 Logistic 回归在解决这个具体问题时更加优秀，要优于其他建模技术。

2.2.2 注意事项二：有效建模的前提是具备问题领域的专业知识

有效建模的前提是具备问题领域的专业知识。建模的本质是用一系列数据挖掘算法来创建模型，同时解释模型和业务目标的特点。我们在建模时有时考虑的是因果关系，比如研究客户行为特征对其产生购买行为的影响，我们把因变量（又称为被解释变量、目标变量）设定为客户的购买行为，把自变量（又称为解释变量、预测变量）设定为客户的性别、年龄、学历、年收入水平、可支配收入、边际消费倾向等。之所以这么设置，选取这些自变量，是基于我们在问题领域的专业知识，或者说，是基于经济学理论或者商业运营经验，可以相对比较清晰地知道哪些因素可能会影响消费者的购买行为，所以才能够顺利地建立一个这样的模型。我们在建模的时候有时考虑的是相关关系，比如某商业银行发现做完住房按揭贷款的客户在业务办理后半年到一年时间里大概率会有办理小额消费贷款的需求，那么就要考虑做完住房按揭贷款和办理小额消费贷款需求之间有没有因果关系，如果有因果关系是怎么具体传导的，比如有的银行客户经理解释为客户做完住房按揭贷款之后通常有装修的需求，有的解释为客户有购买家电、家具的需求，有的解释为住房按揭贷款的按月还款会在一定程度上使得消费者原来的收入无法支持现有消费，需要借助银行消费贷款来维持，那么究竟哪种解释、哪种传导机制是真实的、正确的？这时我们通常很难而且没有必要去深入分析研究，只需要知道做完住房按揭贷款和办理小额消费贷款需求之间具有强烈的相关关系就可以了。我们可以据此制定针对性的营销策略，开展相应的客户营销，精准地满足客户需求。在这个过程中，我们依据的就是商业运营经验，通过数据的积累和经营的分析找到这两者之间的关联关系，从而可以针对性地进行建模。所以，数据和实践之间是有差距的，数据只是实践的一部分反映，关于实践的更多信息则需要我们通过问题领域的专业知识来弥补，只有将数据和专业知识充分融合才能够更加全面完整地解释商业历史行为，更加准确有效地预测商业未来的表现。

2.2.3　注意事项三：建模之前必须进行数据的准备

建模之前必须进行数据的准备。获得足够的、高质量的数据是模型建立的根本前提。如果没有数据，就不可能完成建模过程；如果数据的质量不高或者样本量明显不足，那么大概率形成不了真正有效的能够解释和指导商业实践行为的模型。数据准备包括搜集数据、整理数据、设定变量。

（1）搜集数据。为了达到研究目的，必须收集相应的数据信息，或者说是有价值的研究结论，这些必须建立在真实丰富的数据事实基础之上。有些企业可能已经拥有了研究所需要的数据信息，可以直接使用，但是在很多情况下，企业仍需要通过社会调查或者统计整理等方式去获取所需要的数据信息。

（2）整理数据。在搜集完数据后，这些数据可能是没法直接使用的，或者说是相对粗糙的，尤其是当搜集到的数据集包含成百上千的字段时，浏览分析这些数据将是一件非常耗时的事情。在这时，我们非常有必要选择一个具有好的界面和功能强大的工具软件，使用合适的统计分析软件（如Stata 软件）对获取的数据信息进行必要的整理，使得粗糙的数据信息转化为标准化的数据信息，使得数据分析软件能够有效识别、存储和运行这些数据。

（3）设定变量。在数据挖掘的过程中，最终研究结论的形成往往是通过设定模型、求解模型、分析预测来实现的，而所有的模型都是通过变量来实现的，或者说模型本身就是变量之间关系的反映。而从数据端出发，由于数据信息是纷繁芜杂的，为了提炼出共同性的、系统性的、规律性的信息，数据信息必须通过变量来进行承载。设定变量的常见操作包括直接选择变量、创建全新变量、对变量进行计算转换等。

2.2.4 注意事项四：最终模型的生成在多数情况下并不是一步到位的

最终模型的生成在多数情况下并不是一步到位的。在构建的最终模型中，我们需要确定目标变量、预测变量以及所使用的数据集。但是在实践中，我们很难在研究的一开始就非常精准地确定所有合适的目标变量和预测变量，也无法保证搜集整理的数据都是正确、完整、充分的。事实上，如果我们一开始就很完美地确定好这些内容，那么从另一个角度来讲，也就局限住了思路，放弃了通过模型过程可能获得的新认知。需要说明和强调的是，虽然我们在前面提出数据建模要服务于业务目标，但是此处所提及的业务目标是一个很大的概念，更加具体和精细的业务目标也有可能是在建模过程中增加或完善的，比如一开始定的业务目标可能是研究客户满意度，研究发现具有部分客户行为特征的客户满意度往往比较低，但是从对企业价值贡献的角度，这些客户的价值贡献是否也相对较低，甚至没有贡献？如果是这样，我们的业务目标是不是研究高价值贡献客户的满意度更为合适？也许我们要修改一些业务目标，然后重新建立恰当的模型，重新界定数据收集整理的范围，重新开展分析研究。

在具体建模方法的选择上，我们很多时候需要进行对比和优化，比如针对同一个商业问题，可能有多种建模解决方案，构建神经网络径向基函数模型或者决策树模型可能都能达到目的，但是究竟哪种质量更好、效率更高，需要进行多种尝试，并且将基于不同建模技术得到的结果进行比较，然后得出最优选择，找到最为合适的解决方案。

针对具体的预测变量，我们在模型中也是需要持续完善优化的。比如有的预测变量在模型中的显著性水平非常低，说明预测变量与目标变量之间的关联程度可能不高，对于解释和预测目标变量的贡献是比较低的，我们可以考虑去掉这些预测变量。再比如模型整体的拟合优度可决系数偏低，或者说模型的解释能力不够，可能是因为遗漏了对于目标变量有重要影响的关键预测变量，需要根据实际情况选择加入完善。

此外，我们在很多时候还要根据数据的变化对模型进行优化，比如对某集团公司的客户满意度影响因素进行调研，发现不同区域的客户或者不同类型的客户在评价满意度方面考虑的变量是不一样的，普通客户可能对产品价格考虑更多，VIP 客户可能对增值服务考虑更多，那么最好建立独立的模型，针对不同区域、不同类型的客户分别建立模型，进行拟合和预测。

2.2.5 注意事项五：模型要能够用来预测，但预测并不仅含直接预测

模型要能够用来预测，但预测并不等价于直接预测。我们建立的各种模型（包括神经网络径向基函数、神经网络多层感知器、决策树、时间序列预测、回归分析预测等）都能在一定程度上对生产经营行为进行预测，比如预测贷款申请客户的违约概率，预测具有什么行为特征的客户群体能够大概率发生购买行为，预测特定市场明年的销售量，等等，这些都是直接预测。还有一些建模技术虽然并不能直接预测，但是其能够帮助用户更加深刻地理解市场需求和客户行为特征，从而可以为下一步的生产经营管理提供重要的智力成果和决策参考，有助于未来商业价值的提升，这些模型事实上也具有广义上的预测价值。比如我们通过回归分析研究手机游戏玩家体验的重要关注因素，通过方差分析研究不同学历、不同收入水平的网购消费者对于网购的整体信任度是否不同，通过结合分析进行新产品上市之前的调查研究，通过聚类分析把具有相似行为特征的样本进行归类，通过

因子分析归纳绩效考核的关键影响因子，等等，都可以通过数据建模来实现数据挖掘，进而获得有价值的信息用于商业实践。此外，还有一类预测是以打分的方式实现的，比如银行与通信公司进行业务合作为客户提供信用贷款，通信公司基于对客户信息隐私保护的考虑，不可能直接为银行提供客户的具体个人信息，但是可以出具一个对于客户综合信用评价的打分，提供给商业银行进行参考，这个打分其实也是一种广义上的预测，银行可以据此设定相应的准入门槛，比如针对 50 分以下的客户不予准入，针对 60 分以下的客户贷款额度不得超过 10 万元，等等。此外，需要特别提示和强调的是，预测仅仅是一种概率，而且这种概率有可能是基于不完全信息产生的结果，所以预测大概率产生违约的客户最后也有可能不产生违约，预测小概率产生违约的客户最后也有可能产生违约。在实际商业经营实践中，通常采用“模型+人工”组合的方式进行决策，针对模型通过或者不通过的情形，再增加一道必要的人工复核环节，减少犯两类错误的风险（H0 为真但判别为拒绝，此类错误为“弃真”错误，即将真的当成假的，也称为第一类错误；H0 为假并被接受，此类错误称为“取伪”错误，即将假的当成真的，也称为第二类错误）。

2.2.6 注意事项六：对模型的评价方面要坚持结果导向和价值导向

对建立模型的评价方面要坚持结果导向和价值导向。传统意义上对于模型质量的评价通常基于模型的准确性和稳定性。准确性是指模型对于历史数据的拟合效果，以及对未来数据的预测情况，如果模型能够尽可能地拟合历史数据信息，拟合优度很高，损失的信息量很小，而且对于未来的预测很接近真实的实际发生值，那么模型一般被认为是质量较高的。稳定性是指模型的敏感度，当创建模型的数据发生改变时，用于同一口径的预测数据，其预测结果与现实的差距有多大，比如一个集团公司基于 A 分公司建立的客户分级营销策略模型是否能够稳定无偏地用于 B 分公司，而不会导致基于 A 分公司建立的模型对 B 公司应用的预测结果与 B 公司的实际结果之间有着较大的差距。但是，上述传统的认知是存在不足的。举一个简单的例子，比如我们基于客户行为画像建立一个客户流失度模型，该模型的预测准确性比较高，如果我们的业务目标导向是要尽可能留住老客户，那么模型质量还是不错的，通过预测可以做出前瞻性的安排，比如提供优惠政策、提供增值服务等。但是如果我们的业务目标是要获取更多的利润，而这些流失的客户在很大程度上对于公司的利润贡献是很低的，甚至是负值（获取的收入不能弥补维系成本），那么我们构建的模型可能是价值比较低的，更应该构建一个包括客户流失度和客户利润贡献度的双目标变量的预测模型。

所以，从商业经营实践的维度去看，我们更应该关注模型的价值增值导向，要紧密围绕业务目标、改善商业表现去关注模型的准确度和稳定性，或者说，我们要通过建模过程来达成业务目标，进一步优化商业行为，进一步提升经营效率和效果，而不应该仅停留在对目前经营现状的解释和因循守旧、固步自封地制定计划。

具体来说，模型的价值增值有两个渠道：一是引用模型的预测结果，针对预测结果做出前瞻部署，做出针对性的安排，体现出未雨绸缪的远见卓识；二是通过模型获得新知识，改变传统的认知，比如在小额快贷的大数据审批过程中，在模型中引入的预测变量通常包括客户的收入状况、信用状况、学历状况、家庭情况等传统认识中与客户履约情况具有强相关关系的变量，但是如果在预测变量中加入一个用户申请贷款时间的变量，那么可能会发现它与客户的履约情况是一种强相关关系，比如深夜凌晨申请贷款的违约率要显著高于正常白天工作时间申请贷款的违约率，我们就要在下一步的审批策略和产品开发中予以高度关注，这个信息就是我们通过模型学到的新知识，也是我们建模的重要价值。

2.2.7 注意事项七：建立的模型应该是持续动态优化完善的，而非一成不变的

建立的模型应该是持续动态优化完善的，而非一成不变的。我们建立的模型都是基于历史数据和对当前商业模式、经营方式的考虑，但是一个令人不容忽视的事实是，外面的世界一直在发展变化，包括客户消费习惯的变化、市场容量和特征的变化、竞争对手行为的变化以及整个经济形势的变化等，创新层出不穷，技术的进步、商业模式的变革都会对现有商业模式形成冲击甚至颠覆性的改变，如果我们一直基于历史和当前的信息去预测未来的世界，而不是根据形势变化做出应有的改变，那么几乎可以确定的是，我们建立的模型大概率不能适应新商业模式的要求，所有预测得到的结论都可能跟现实之间有着较大的差距。比如，一个住宅小区的订奶量一直保持较为匀速的合理增长，牛奶生产销售配送商对小区的订单量进行了合理预测并且做出了针对性的生产、销售、配送安排，但是在某一年该小区突然进驻了多家其他牛奶经营商，而且奶的质量更高、价格更便宜、折扣力度更大、配套服务更到位，显然会对该牛奶生产销售配送商的经营形成巨大冲击，原先建立的模型、依据模型建立的预测很可能就不再适用了。再比如，商业银行作为一个经营风险较高的行业，通常都会采取措施监控员工的异常行为，监控方式往往是建立相应的模型，观察员工账户的资金流出，比如是否与供应商发生不合理的资金往来、与授信客户发生不恰当的资金往来、参与民间借贷、实施银行卡大额套现等，但是当模型执行一段时间后，银行内部员工往往就会掌握或者猜测出模型规则，然后在行为中针对这些规则开展一定的规避，从而导致模型不再如先前一样有效，不再能够有效监控员工的异常行为。所以，只要我们的商业模式是持续的，建立的模型就应该随着商业环境的不断变化而定期进行更新，才能保持模型的长期有效性。

2.3 研究方案设计

下载资源:\video\2.3

模型的建立离不开数据的收集整理与加工，而数据的收集整理离不开调查研究。任何调查研究都需要一套明确的方案，尤其是在进行较为复杂的研究的时候更是如此，都需要开展研究方案的设计，比如一家商业银行研究其对公授信客户资产质量与企业财务报表上关键财务指标之间的关系，又比如一家淘宝电商研究其主打产品的销售量与顾客行为特征之间的关系，再比如一家学校的老师研究其授课风格与学生学习成绩之间的内在关系，等等。从开始确定研究目的和制定研究计划到搜集相关资料，以及对资料进行科学的分析直至得出研究结论，都离不开科学的指导方法和工具。可以说，设计清晰而系统的研究方案是进行调查研究工作的首要任务，也是调查研究工作赖以进行的基础，所以研究方案设计在社会科学调查研究中有着极为重要的地位。那么应该如何设计出一套有效而可行的研究方案呢？

接下来，笔者根据自己多年以来的学术研究经验和工作实践经验，将设计研究方案的心得体会分享给读者参考借鉴。

2.3.1 要有明确的研究目的，在此基础上制定可行的研究计划

明确研究的目的是设计研究方案的基础。如本节前面所举的例子，一家商业银行要研究其对公授信客户资产质量与企业财务报表上关键财务指标之间的关系，为什么要开展该项研究呢？肯定要有研究目的。在实务中，该项研究的目的通常是为了通过挖掘对公授信客户资产质量与企业财务报表上关键财务指标之间的关系，进而在营销拓展客户或者对存量客户制定增、持、减、退的授信策略时有所参考，能够服务商业银行的经营实践。只有当这个研究目的明确了，在该商业银行内部达成一致意见，相关部门的人员都能发自内心的接受、支持与配合，才能更好地保障研究的效果。如果不明确研究目的，大家不知道应该朝着什么方向去努力，工作就没法进行。如果没有研究计划，大家就不能做到统筹安排，很可能造成一种有的工作没人做，有的工作在重复做的局面。根据笔者的研究经验，对明确研究目的来说，一定要坚持全面、彻底、及时的原则，意思就是研究目的一定要及时、清晰、准确地传达给团队内执行相关任务的所有人。

在明确研究目的之后，要在此基础上制定出可行的研究计划。如何才算是可行的研究计划？一是要确定项目的执行期限，就是要在多长时间内完成该项目，还可以根据实际情况明确阶段性子项目的执行期限；二是要建立合适的项目预算，这里的项目预算不仅仅是财务预算，还包括人力、财务、物力，比如需要多少人参与、需要花多少钱、需要使用什么物品、怎么去争取这些资源等；三是要明确各个阶段的任务，就是确定了项目之后，要制定出相应的项目执行计划，明确各个阶段的具体任务及预期效果；四是要确定数据的搜集方法与处理方式，比如前面所提的一家商业银行要研究其对公授信客户资产质量与企业财务报表上关键财务指标之间的关系，对公授信客户资产质量的数据从哪里获取，企业财务报表的数据从哪里获取；五是要确定数据的研究方法与分析方法，使用时间序列分析、最小二乘回归分析、方差分析还是二元或多元 Logistic 分析更为合适。

2.3.2 根据已制定的研究计划搜集研究所需要的资料

在明确了研究目的，制定好研究计划之后，就要开始搜集研究所需要的资料了。资料有很多种，包括文字资料、图表资料、影像资料、数据资料等。对于数据挖掘分析而言，数据资料很重要，也很方便，当然文字资料、图表资料、影像资料等其他类型的资料也可以整理成数据资料。数据资料的获取方式主要有两种：第一种是利用现成可用的数据资料，如万得资讯、各级政府统计部门直接发布的资料、一些中介服务机构发布的资料、前人已经搜集好的资料等；第二种是研究者自己通过各种渠道搜集并整理的资料，如通过调查问卷、实地采访搜集的资料等。

在搜集资料的过程中注意四点：第一点是搜集的资料必须要与我们所研究课题相关，能够对我们的研究有所帮助，这一点是根本前提；第二点是要明白一个事实，就是我们不可能搜集到全部与研究课题相关的资料，所以在搜集的过程中要有所侧重，应该首先搜集更有效、更相关的资料；第三点是注意搜集资料的费用要在项目预算范围之内；第四点是注意使用的数据资料要满足法律法规的要求，比如要搜集客户信息，一定要注意是否得到客户的授权、是否符合消费者权益保护的要求，而且一定不能侵犯个人隐私信息。

2.3.3 运用数据统计分析软件对搜集到的资料进行整理

搜集好数据资料之后，因为不同数据的来源各异、格式各异，需要对数据进行适当的整理，以便用相应的统计软件进行分析。

对搜集到的资料进行整理包括三个要点：

一是注意保证数据的准确性、完整性，在数据录入和编辑的过程中要做好备份，不要丢失数据信息，也不要录错关键的数据信息。在前面的章节中我们讲述了变量的缺失值属性，以及缺失值的处理方式，虽然在数据统计分析时，Stata 针对缺失值或者极端异常值给出了相对合理的解决策略，但较好的解决方法其实就是预防，在数据整理阶段就要保证数据的高质量，为后面的数据分析打好基础。

二是注意数据的量纲和单位，比如收集了客户的总资产数据，那么一定要明确单位是万元还是亿元。如果不明确数据的量纲和单位，对于熟悉客户资料的项目组成员，可能凭从业经验能够较好地推断出来，但是对于其他大部分成员来说，可能就会产生误解。

三是注意变量名称要与实际情况相统一，比如收集了客户的总资产数据，把总资产标记为 profit 显然是不够恰当的，标记为 total asset 更为合适，如果变量名称与实际情况不统一，那么一方面其他的用户或项目组成员使用起来容易产生误会，另一方面时间久了，数据整理者自己可能也会忘记其真实含义。

2.3.4 使用合适的分析方法和工具对资料进行各种分析

根据研究目的和数据特点的不同，我们可以灵活选择不同的分析方法（比如描述性分析、回归分析、聚类分析、因子分析等）对数据进行分析。

本书所有的案例都是采用 Stata 对数据进行分析的。Stata 不仅具有强大的数据准备功能，还具有强大的数据分析功能。其中囊括了各种几乎已经成熟的统计方法和统计模型，如相关分析、回归分析、方差分析、时间序列分析、主成分分析、因子分析、聚类分析、判别分析等，而且包括自由灵活的表格功能和图形绘制功能。所以，使用 Stata 对社会科学调查数据进行分析是可以实现研究目的的。

2.3.5 分析研究结果，得出研究结论

在进行数据分析之后，就可以分析研究结果了，如果对研究结果不满意，可以尝试使用别的分析方法，或者重新收集样本数据，改变样本容量重新进行分析，直至得出满意的结果，最后写出最终的研究结论。一般情况下，最终的研究结论都要经过不断地修正、改进才能成型。

第 3 章　Stata 基本分析检验

3.1　Stata参数检验

参数检验（Parameter Test）是指对参数的平均值、方差、比率等特征进行的统计检验。参数检验一般假设统计总体的具体分布为已知，但是其中的一些参数或者取值范围不确定，分析的主要目的是估计这些未知参数的取值，或者对这些参数进行假设检验。参数检验不仅能够对总体的特征参数进行推断，还能够对两个或多个总体的参数进行比较。常用的参数检验包括单一样本 T 检验、独立样本 T 检验、配对样本 T 检验、单一样本方差和双样本方差的假设检验等。下面通过实例一一介绍这几种方法在 Stata 16.0 中的具体操作。

3.1.1　单一样本 T 检验

	下载资源:\video\3.1
	下载资源:\sample\数据 3\数据 3A

本例使用的数据集是数据 3A。在用 Stata 进行分析之前，我们要把数据录入 Stata 中。本例中有一个变量：amount，变量类型及长度采取系统默认方式。相关操作在前面的章节中已详细讲述过了。数据录入完成后，结果如图 3.1 所示。

先保存数据，然后开始展开分析，步骤如下：

01 进入 Stata 16.0，打开相关数据文件，弹出主界面。

02 在主界面的“命令窗口”中输入命令：

```
ttest  amount=135
```

本命令的含义是对 amount 变量样本数据执行单一样本 T 检验，检验其是否显著等于 135。

```
ttest  amount=135,level(99)
```

本命令的含义是对 amount 变量样本数据执行单一样本 T 检验，检验其是否显著等于 135，并且把显著性水平设定为 0.01。

03 设置完毕后，按回车键，等待输出结果。

在 Stata 16.0 主界面的结果窗口可以看到如图 3.2 所示的单一样本 T 检验分析结果。

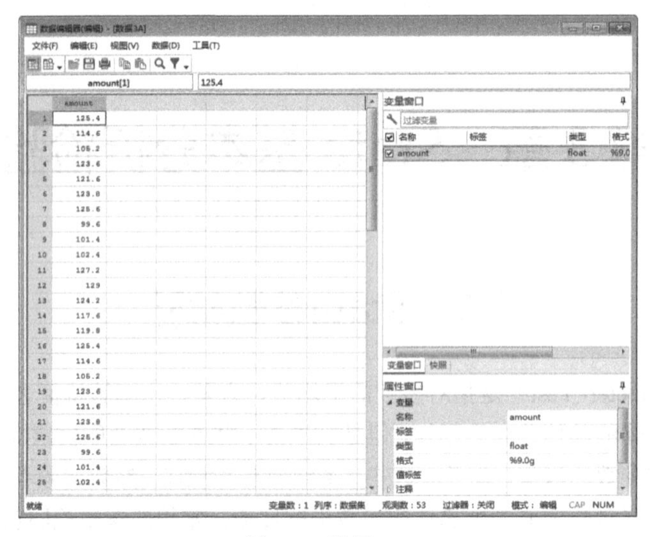

图 3.1　数据 3A

```
. ttest  amount=135

One-sample t test
------------------------------------------------------------------------------
Variable |     Obs        Mean    Std. Err.   Std. Dev.   [95% Conf. Interval]
---------+--------------------------------------------------------------------
  amount |      53    117.2377    1.418978    10.33032    114.3903    120.0851
------------------------------------------------------------------------------
    mean = mean(amount)                                           t = -12.5176
Ho: mean = 135                                   degrees of freedom =       52

   Ha: mean < 135               Ha: mean != 135               Ha: mean > 135
 Pr(T < t) = 0.0000         Pr(|T| > |t|) = 0.0000          Pr(T > t) = 1.0000
```

图 3.2　分析结果图

通过观察分析结果可以看出共有 53 个有效样本参与了假设检验，样本的均值是 117.2377，标准误是 1.418978，标准差是 10.33032，95%的置信区间是[114.3903, 120.0851]，样本的 t 值为 −12.5176，自由度为 52，Pr(|T| > |t|) = 0.0000，远小于 0.05，需要拒绝原假设，也就是说，对 amount 变量样本数据执行单一样本 T 检验的结果是显著不等于 135。

对 amount 变量样本数据执行单一样本 T 检验，检验其是否显著等于 135，并且把显著性水平设定为 0.01 的结果如图 3.3 所示。

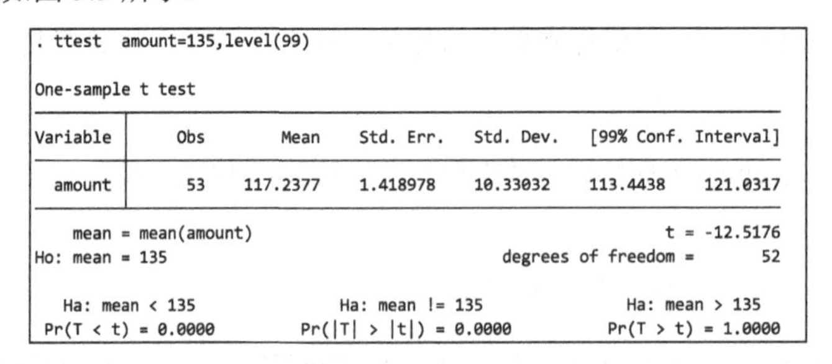

```
. ttest  amount=135,level(99)

One-sample t test
------------------------------------------------------------------------------
Variable |     Obs        Mean    Std. Err.   Std. Dev.   [99% Conf. Interval]
---------+--------------------------------------------------------------------
  amount |      53    117.2377    1.418978    10.33032    113.4438    121.0317
------------------------------------------------------------------------------
    mean = mean(amount)                                           t = -12.5176
Ho: mean = 135                                   degrees of freedom =       52

   Ha: mean < 135               Ha: mean != 135               Ha: mean > 135
 Pr(T < t) = 0.0000         Pr(|T| > |t|) = 0.0000          Pr(T > t) = 1.0000
```

图 3.3　分析结果图

从上面的分析结果可以看出与 95%的置信水平不同的地方在于置信区间得到了进一步的放大，这是正常的结果，因为这是要取得更高置信水平必须付出的代价。

3.1.2　独立样本 T 检验

Stata 的独立样本 T 检验是假设检验中很基本、很常用的方法之一。与所有的假设检验一样，其依据的基本原理也是统计学中的“小概率反证法”。通过独立样本 T 检验，我们可以实现两个独立样本的均值比较。独立样本 T 检验过程的基本程序也是首先提出原假设和备择假设，规定好检验的显著性水平，然后确定适当的检验统计量，并计算检验统计量的值，最后依据计算值和临界值的比较结果做出统计决策。

	下载资源:\video\3.1
	下载资源:\sample\数据 3\数据 3B

本例中使用的数据集是数据 3B。在用 Stata 进行分析之前，我们要把数据录入 Stata 中。本例中有两个变量，分别是 amounta 和 amountb，变量类型及长度采取系统默认方式。相关操作在前面的章节已详细讲述过了。数据录入完成后，结果如图 3.4 所示。

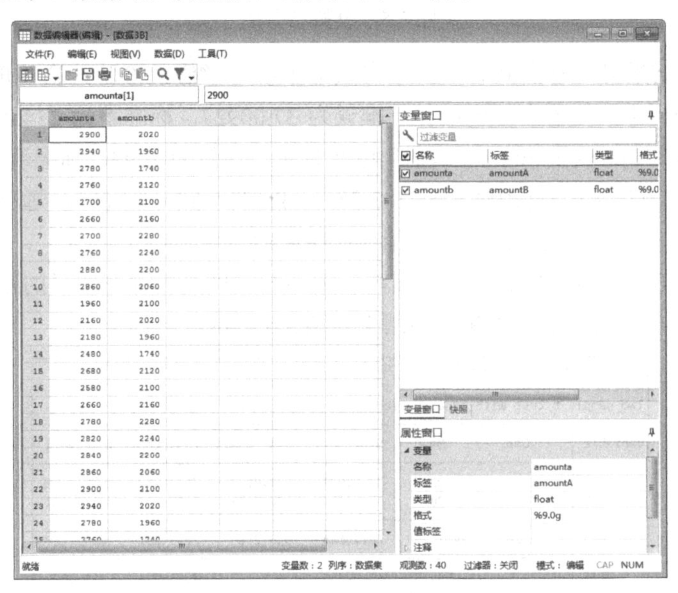

图 3.4　数据 3B

先保存数据，然后开始展开分析，步骤如下：

01 进入 Stata 16.0，打开相关数据文件，弹出主界面。

02 在主界面的“命令窗口”中输入操作命令，并按回车键进行确认。本例中对应的命令如下：

```
ttest amounta = amountb, unpaired
```

本命令的含义是使用独立样本 T 检验过程检验 amounta 与 amountb 之间是否存在明显的差别。

```
ttest amounta = amountb, unpaired level(99)
```

本命令的含义是使用独立样本 T 检验过程检验 amounta 与 amountb 之间是否存在明显的差别，同时把显著性水平调到 1%，也就是说置信水平为 99%。

```
ttest  amounta=amountb,unpaired level(99) unequal
```

本命令的含义是使用独立样本 T 检验过程检验 amounta 与 amountb 之间是否存在明显的差别，同时把显著性水平调到 1%，也就是说置信水平为 99%，并且在异方差假定条件下进行假设检验。

在 Stata 16.0 主界面的结果窗口可以看到如图 3.5 所示的分析结果。

```
. ttest amounta = amountb, unpaired

Two-sample t test with equal variances
------------------------------------------------------------------------------
Variable |     Obs        Mean    Std. Err.   Std. Dev.   [95% Conf. Interval]
---------+--------------------------------------------------------------------
 amounta |      40      2703.5    37.00927    234.0672    2628.642    2778.358
 amountb |      40        2099     21.9434    138.7822    2054.615    2143.385
---------+--------------------------------------------------------------------
combined |      80     2401.25    40.16634    359.2586    2321.301    2481.199
---------+--------------------------------------------------------------------
    diff |               604.5    43.02556                518.8427    690.1573
------------------------------------------------------------------------------
    diff = mean(amounta) - mean(amountb)                          t =  14.0498
Ho: diff = 0                                     degrees of freedom =       78

    Ha: diff < 0                 Ha: diff != 0                 Ha: diff > 0
 Pr(T < t) = 1.0000         Pr(|T| > |t|) = 0.0000          Pr(T > t) = 0.0000
```

图 3.5　分析结果图

通过观察分析结果可以看出共有 80 个有效样本参与了假设检验，自由度为 78，其中变量 amounta 包括 40 个样本，均值为 2703.5，标准误为 37.00927，标准差为 234.0672，95%的置信区间是[2628.642,2778.358]；变量 amountb 包括 40 个样本，均值为 2099，标准误为 21.9434，标准差为 138.7822，95%的置信区间是[2054.615,2143.385]。Pr(|T| > |t|) = 0.0000，远小于 0.05，需要拒绝原假设，也就是说，amounta 与 amountb 之间存在明显的差别。

使用独立样本 T 检验过程检验 amounta 与 amountb 之间是否存在明显的差别，同时把显著性水平调到 1%，也就是说置信水平为 99%的结果如图 3.6 所示。

```
. ttest amounta = amountb, unpaired level(99)

Two-sample t test with equal variances
------------------------------------------------------------------------------
Variable |     Obs        Mean    Std. Err.   Std. Dev.   [99% Conf. Interval]
---------+--------------------------------------------------------------------
 amounta |      40      2703.5    37.00927    234.0672    2603.282    2803.718
 amountb |      40        2099     21.9434    138.7822    2039.579    2158.421
---------+--------------------------------------------------------------------
combined |      80     2401.25    40.16634    359.2586    2295.231    2507.269
---------+--------------------------------------------------------------------
    diff |               604.5    43.02556                490.8979    718.1021
------------------------------------------------------------------------------
    diff = mean(amounta) - mean(amountb)                          t =  14.0498
Ho: diff = 0                                     degrees of freedom =       78

    Ha: diff < 0                 Ha: diff != 0                 Ha: diff > 0
 Pr(T < t) = 1.0000         Pr(|T| > |t|) = 0.0000          Pr(T > t) = 0.0000
```

图 3.6　分析结果图

从上面的分析结果可以看出与 95%的置信水平不同的地方在于置信区间得到了进一步的放大，这是正常的结果，因为这是要取得更高置信水平必须付出的代价。

使用独立样本 T 检验过程检验 amounta 与 amountb 之间是否存在明显的差别，同时把显著性水平调到 1%，也就是说置信水平为 99%，并且在异方差假定条件下进行假设检验的结果如图 3.7 所示。

```
. ttest  amounta=amountb,unpaired level(99) unequal

Two-sample t test with unequal variances

Variable |     Obs        Mean    Std. Err.   Std. Dev.   [99% Conf. Interval]
---------+--------------------------------------------------------------------
 amounta |      40      2703.5    37.00927    234.0672    2603.282    2803.718
 amountb |      40        2099     21.9434    138.7822    2039.579    2158.421
---------+--------------------------------------------------------------------
combined |      80     2401.25    40.16634    359.2586    2295.231    2507.269
---------+--------------------------------------------------------------------
    diff |              604.5    43.02556                490.2406    718.7594
------------------------------------------------------------------------------
    diff = mean(amounta) - mean(amountb)                          t =  14.0498
Ho: diff = 0                     Satterthwaite's degrees of freedom =  63.4048

    Ha: diff < 0                 Ha: diff != 0                 Ha: diff > 0
 Pr(T < t) = 1.0000         Pr(|T| > |t|) = 0.0000          Pr(T > t) = 0.0000
```

图 3.7 分析结果图

可以看出在本例中同方差假定和异方差假定之间的结果没有差别。

3.1.3 配对样本 T 检验

Stata 的配对样本 T 检验也是假设检验中的方法之一。与所有的假设检验一样，其依据的基本原理也是统计学中的“小概率反证法”。通过配对样本 T 检验，我们可以实现对成对数据的样本均值比较。其与独立样本 T 检验的区别是：两个样本来自同一个总体，而且数据的顺序不能调换。配对样本 T 检验过程的基本程序也是首先提出原假设和备择假设，规定好检验的显著性水平，然后确定适当的检验统计量，并计算检验统计量的值，最后依据计算值和临界值的比较结果做出统计决策。

	下载资源:\video\3.1
	下载资源:\sample\数据 3\数据 3B

本例中使用的数据集是数据 3B。在用 Stata 进行分析之前，我们要把数据录入 Stata 中。本例中有两个变量，分别是 amounta 和 amountb，变量类型及长度采取系统默认方式。相关操作在前面的章节已详细讲述过了。数据录入完成后，结果如图 3.8 所示。

图 3.8 数据 3B

先保存数据，然后开始展开分析，步骤如下：

01 进入 Stata 16.0，打开相关数据文件，弹出主界面。

02 在主界面的“命令窗口”中输入命令：

```
ttest amounta = amountb
```

本命令的含义是使用配对样本 T 检验过程检验 amounta 与 amountb 之间是否存在明显的差别。

```
ttest amounta = amountb, level(99)
```

本命令的含义是使用配对样本 T 检验过程检验 amounta 与 amountb 之间是否存在明显的差别，同时把显著性水平调到 1%，也就是说置信水平为 99%。

03 设置完毕后，按回车键，等待输出结果。

使用配对样本 T 检验过程检验 amounta 与 amountb 之间是否存在明显的差别的分析结果如图 3.9 所示。

通过观察分析结果可以看出共有 40 对有效样本参与了假设检验，自由度为 39，其中变量 amounta 包括 40 个样本，均值为 2703.5，标准误为 37.00927，标准差为 234.0672，95%的置信区间是[2628.642,2778.358]；变量 amountb 包括 40 个样本，均值为 2099，标准误为 21.9434，标准差为 138.7822，95%的置信区间是[2054.615,2143.385]。Pr(|T| > |t|)=0.0000，远小于 0.05，所以需要拒绝原假设，也就是说，使用配对样本 T 检验过程检验 amounta 与 amountb 之间存在明显的差别。

```
. ttest amounta = amountb

Paired t test
------------------------------------------------------------------------------
Variable |     Obs        Mean    Std. Err.   Std. Dev.   [95% Conf. Interval]
---------+--------------------------------------------------------------------
 amounta |      40      2703.5    37.00927    234.0672    2628.642    2778.358
 amountb |      40        2099     21.9434    138.7822    2054.615    2143.385
---------+--------------------------------------------------------------------
    diff |      40       604.5    41.32726    261.3765    520.9077    688.0923
------------------------------------------------------------------------------
     mean(diff) = mean(amounta - amountb)                         t =  14.6271
 Ho: mean(diff) = 0                              degrees of freedom =       39

 Ha: mean(diff) < 0           Ha: mean(diff) != 0           Ha: mean(diff) > 0
 Pr(T < t) = 1.0000         Pr(|T| > |t|) = 0.0000          Pr(T > t) = 0.0000
```

图 3.9 分析结果图

使用配对样本 T 检验过程检验 amounta 与 amountb 之间是否存在明显的差别，同时把显著性水平调到 1%，也就是说置信水平为 99%的结果如图 3.10 所示。

```
. ttest amounta = amountb, level(99)

Paired t test
------------------------------------------------------------------------------
Variable |     Obs        Mean    Std. Err.   Std. Dev.   [99% Conf. Interval]
---------+--------------------------------------------------------------------
 amounta |      40      2703.5    37.00927    234.0672    2603.282    2803.718
 amountb |      40        2099     21.9434    138.7822    2039.579    2158.421
---------+--------------------------------------------------------------------
    diff |      40       604.5    41.32726    261.3765    492.5894    716.4106
------------------------------------------------------------------------------
     mean(diff) = mean(amounta - amountb)                         t =  14.6271
 Ho: mean(diff) = 0                              degrees of freedom =       39

 Ha: mean(diff) < 0           Ha: mean(diff) != 0           Ha: mean(diff) > 0
 Pr(T < t) = 1.0000         Pr(|T| > |t|) = 0.0000          Pr(T > t) = 0.0000
```

图 3.10 分析结果图

从上面的分析结果中可以看出，与 95%的置信水平不同的地方在于置信区间得到了进一步的放大，这是正常的结果，因为这是要取得更高置信水平必须付出的代价。

3.1.4　单一样本方差的假设检验

方差的概念用来反映波动情况，常用于质量控制与市场波动等情形。单一样本方差的假设检验的基本程序也是首先提出原假设和备择假设，规定好检验的显著性水平，然后确定适当的检验统计量，并计算检验统计量的值，最后依据计算值和临界值的比较结果做出统计决策。

	下载资源:\video\3.1
	下载资源:\sample\\数据 3\数据 3A

本例中使用的数据集是数据 3A。在用 Stata 进行分析之前，我们要把数据录入 Stata 中。本例中有一个变量：amount，变量类型及长度采取系统默认方式。相关操作在前面的章节已详细讲述过了。数据录入完成后，结果如图 3.11 所示。

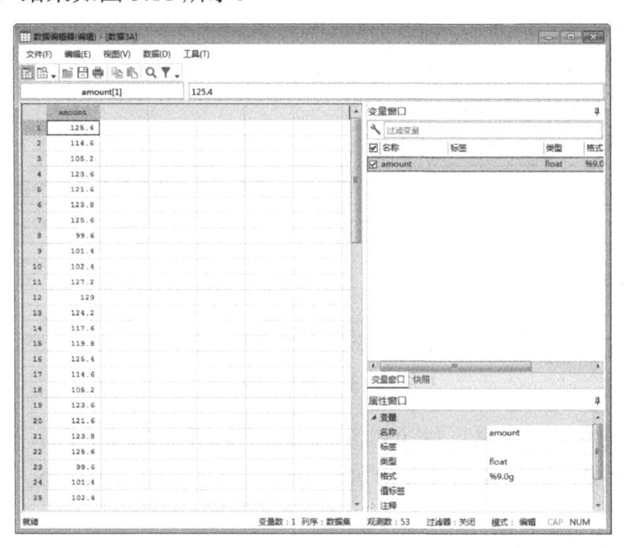

图 3.11　数据 3A

先保存数据，然后开始展开分析，步骤如下：

01 进入 Stata 16.0，打开相关数据文件，弹出主界面。

02 在主界面的“命令窗口”中输入命令：

```
sdtest  amount=100
```

本命令的含义是对 amount 变量执行单一样本方差的假设检验，检验其方差是否等于 100。

```
sdtest  amount=100,level(99)
```

本命令的含义是对 amount 变量执行单一样本方差的假设检验，检验其方差是否等于 100，同时把显著性水平调到 1%，也就是说置信水平为 99%。

03 设置完毕后，按回车键，等待输出结果。

对 amount 变量执行单一样本方差的假设检验，检验其方差是否等于 100 的分析结果如图 3.12 所示。

```
. sdtest  amount=100

One-sample test of variance
------------------------------------------------------------------------------
Variable |     Obs        Mean    Std. Err.   Std. Dev.   [95% Conf. Interval]
---------+--------------------------------------------------------------------
  amount |      53    117.2377    1.418978    10.33032    114.3903    120.0851
------------------------------------------------------------------------------
    sd = sd(amount)                                           c = chi2 =   0.5549
Ho: sd = 100                                      degrees of freedom =       52

    Ha: sd < 100                 Ha: sd != 100                 Ha: sd > 100
  Pr(C < c) = 0.0000         2*Pr(C < c) = 0.0000           Pr(C > c) = 1.0000
```

图 3.12　分析结果图

通过观察分析结果可以看出共有 53 个有效样本参与了假设检验，自由度为 52，均值为 117.2377，标准误为 1.418978，标准差为 10.33032，95%的置信区间是[114.3903,120.0851]。2*Pr(C < c) = 0.0000，远小于 0.05，所以需要拒绝原假设，也就是说，amount 变量的方差不显著等于 100。

对 amount 变量执行单一样本方差的假设检验，检验其方差是否等于 100，同时把显著性水平调到 1%，也就是说置信水平为 99%的结果如图 3.13 所示。

```
. sdtest  amount=100,level(99)

One-sample test of variance
------------------------------------------------------------------------------
Variable |     Obs        Mean    Std. Err.   Std. Dev.   [99% Conf. Interval]
---------+--------------------------------------------------------------------
  amount |      53    117.2377    1.418978    10.33032    113.4438    121.0317
------------------------------------------------------------------------------
    sd = sd(amount)                                           c = chi2 =   0.5549
Ho: sd = 100                                      degrees of freedom =       52

    Ha: sd < 100                 Ha: sd != 100                 Ha: sd > 100
  Pr(C < c) = 0.0000         2*Pr(C < c) = 0.0000           Pr(C > c) = 1.0000
```

图 3.13　分析结果图

从上面的分析结果中可以看出，与 95%的置信水平不同的地方在于：置信区间得到了进一步的放大，这是正常的结果，因为这是要取得更高置信水平必须付出的代价。

3.1.5　双样本方差的假设检验

双样本方差的假设检验用来判断两个样本的波动情况是否相同。它的基本程序也是首先提出原假设和备择假设，规定好检验的显著性水平，然后确定适当的检验统计量，并计算检验统计量的值，最后依据计算值和临界值的比较结果做出统计决策。

	下载资源:\video\3.1
	下载资源:\sample\数据 3\数据 3B

本例中使用的数据集是数据 3B。在用 Stata 进行分析之前，我们要把数据录入 Stata 中。本例中有两个变量，分别是 amounta 和 amountb，变量类型及长度采取系统默认方式。相关操作在前面的章节已详细讲述过了。数据录入完成后，结果如图 3.14 所示。

图 3.14　数据 3B

先保存数据，然后开始展开分析，步骤如下：

01 进入 Stata 16.0，打开相关数据文件，弹出主界面。

02 在主界面的“命令窗口”中输入命令：

```
sdtest  amounta= amountb
```

本命令的含义是通过双样本方差的假设检验判断 amounta 和 amountb 两个变量样本的波动情况是否相同。

```
sdtest  amounta= amountb,level(99)
```

本命令的含义是通过双样本方差的假设检验判断 amounta 和 amountb 两个变量样本的波动情况是否相同，并且把显著性水平调到 1%，也就是说置信水平为 99%。

03 设置完毕后，按回车键，等待输出结果。

通过双样本方差的假设检验判断 amounta 和 amountb 两个变量样本的波动情况是否相同，分析结果如图 3.15 所示。

```
. sdtest  amounta= amountb

Variance ratio test
------------------------------------------------------------------------------
Variable |     Obs        Mean    Std. Err.   Std. Dev.   [95% Conf. Interval]
---------+--------------------------------------------------------------------
 amounta |      40      2703.5    37.00927    234.0672    2628.642    2778.358
 amountb |      40        2099     21.9434    138.7822    2054.615    2143.385
---------+--------------------------------------------------------------------
combined |      80     2401.25    40.16634    359.2586    2321.301    2481.199
------------------------------------------------------------------------------
    ratio = sd(amounta) / sd(amountb)                             f =   2.8445
Ho: ratio = 1                                    degrees of freedom =   39, 39

    Ha: ratio < 1               Ha: ratio != 1                 Ha: ratio > 1
  Pr(F < f) = 0.9992         2*Pr(F > f) = 0.0015           Pr(F > f) = 0.0008
```

图 3.15　分析结果图

通过观察分析结果可以看出共有 40 对有效样本参与了假设检验，自由度为 39，其中变量 amounta 包括 40 个样本，均值为 2703.5，标准误为 37.00927，标准差为 234.0672，95%的置信区间是[2628.642,2778.358]；变量 amountb 包括 40 个样本，均值为 2099，标准误为 21.9434，标准差为 138.7822，95%的置信区间是[2054.615,2143.385]。2*Pr(F<f)=0.0015，远大于 0.05，所以需要接受原假设，也就是说，amounta 和 amountb 两个变量样本的波动情况存在显著不同。

通过双样本方差的假设检验判断 amounta 和 amountb 两个变量样本的波动情况是否相同，并且把显著性水平调到 1%，也就是说置信水平为 99%的结果如图 3.16 所示。

```
. sdtest  amounta= amountb,level(99)

Variance ratio test
------------------------------------------------------------------------------
Variable |     Obs        Mean    Std. Err.   Std. Dev.   [99% Conf. Interval]
---------+--------------------------------------------------------------------
 amounta |      40      2703.5    37.00927    234.0672    2603.282    2803.718
 amountb |      40        2099     21.9434    138.7822    2039.579    2158.421
---------+--------------------------------------------------------------------
combined |      80     2401.25    40.16634    359.2586    2295.231    2507.269
------------------------------------------------------------------------------
    ratio = sd(amounta) / sd(amountb)                             f =   2.8445
Ho: ratio = 1                                    degrees of freedom =   39, 39

    Ha: ratio < 1               Ha: ratio != 1                 Ha: ratio > 1
  Pr(F < f) = 0.9992         2*Pr(F > f) = 0.0015           Pr(F > f) = 0.0008
```

图 3.16　分析结果图

从上面的分析结果可以看出，与 95%的置信水平不同的地方在于置信区间得到了进一步的放大，这是正常的结果，因为这是要取得更高置信水平必须付出的代价。

3.2　Stata非参数检验

一般情况下，参数检验方法假设统计总体的具体分布为已知，但是我们往往会遇到一些总体分布不能用有限个实参来描述或者不考虑被研究的对象为哪种分布，以及无法合理假设总体分布形式的情形，这时就需要放弃对总体分布参数的依赖，从而去寻求更多来自样本的信息，基于这种思路的统计检验方法被称为非参数检验。常用的非参数检验包括单样本正态分布检验、两独立样本检验、两相关样本检验、多独立样本检验、游程检验等。下面将一一介绍这些方法在实例中的应用。

1. 单样本正态分布检验

单样本正态分布检验本质上属于一种拟合优度检验，基本功能是通过检验样本特征来探索总体是否服从正态分布。Stata 的单样本正态分布检验有很多种，常用的包括偏度-峰度检验、Wilks-Shapiro 检验两种。

	下载资源:\video\3.2
	下载资源:\sample\数据 3\数据 3A

本例中使用的数据集是数据 3A。在用 Stata 进行分析之前，我们要把数据录入 Stata 中。本例中有一个变量：amount，变量类型及长度采取系统默认方式。相关操作在前面的章节已详细讲述过了。数据录入完成后，结果如图 3.17 所示。

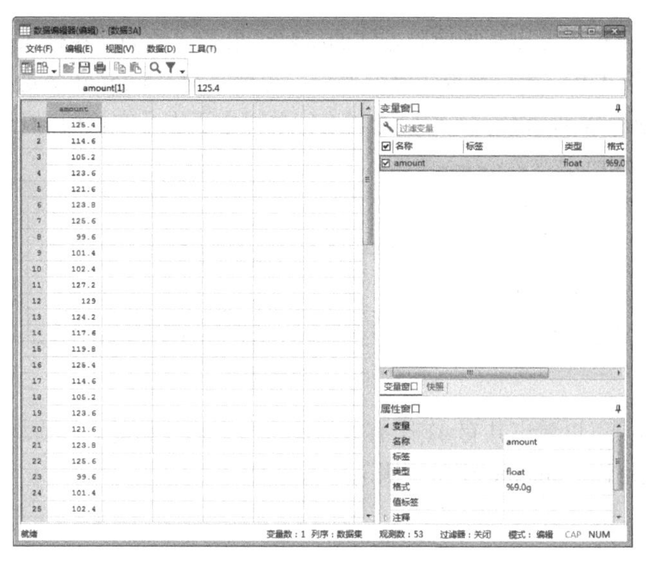

图 3.17　数据 3A

先保存数据，然后开始展开分析，步骤如下：

01 进入 Stata 16.0，打开相关数据文件，弹出主界面。

02 Wilks-Shapiro 检验、偏度-峰度检验两种检验方式在主界面的“命令窗口”中输入的命令格式分别如下：

```
swilk amount
```

本命令的含义是对 amount 变量使用 Wilks-Shapiro 检验方式进行单样本正态分布检验。

```
sktest amount
```

本命令的含义是对 amount 变量使用偏度-峰度检验方式进行单样本正态分布检验。

```
swilk  amount if amount>105
```

本命令的含义是对 amount 变量使用 Wilks-Shapiro 检验方式进行单样本正态分布检验，但是只选择 amount>105 的样本。

03 设置完毕后，按回车键，等待输出结果。

对 amount 变量使用 Wilks-Shapiro 检验方式进行单样本正态分布检验的结果如图 3.18 所示。

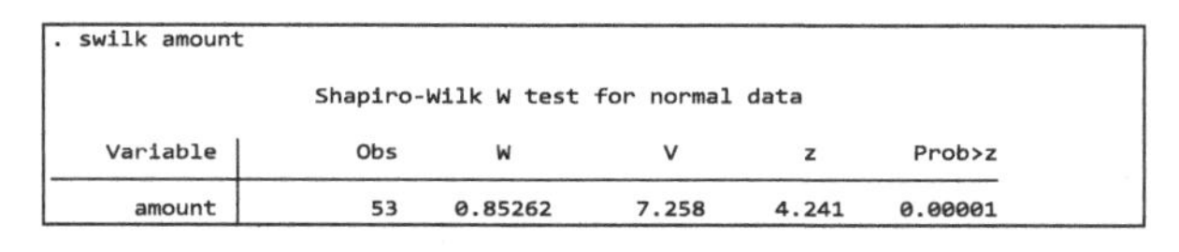

. swilk amount

Shapiro-Wilk W test for normal data

Variable	Obs	W	V	z	Prob>z
amount	53	0.85262	7.258	4.241	0.00001

图 3.18　分析结果图

对 amount 变量使用偏度-峰度检验方式进行单样本正态分布检验的结果如图 3.19 所示。

. sktest amount

Skewness/Kurtosis tests for Normality

Variable	Obs	Pr(Skewness)	Pr(Kurtosis)	joint adj chi2(2)	joint Prob>chi2
amount	53	0.0368	0.0008	12.51	0.0019

图 3.19　分析结果图

通过观察分析结果可以看出两种检验方法的检验结果是一致的，共有 53 个有效样本参与了假设检验，P 值均远小于 0.05，所以需要拒绝原假设，也就是说，amount 变量不服从正态分布。

对 amount 变量使用 Wilks-Shapiro 检验方式进行单样本正态分布检验，但是只选择 amount>105 的样本结果，如图 3.20 所示。

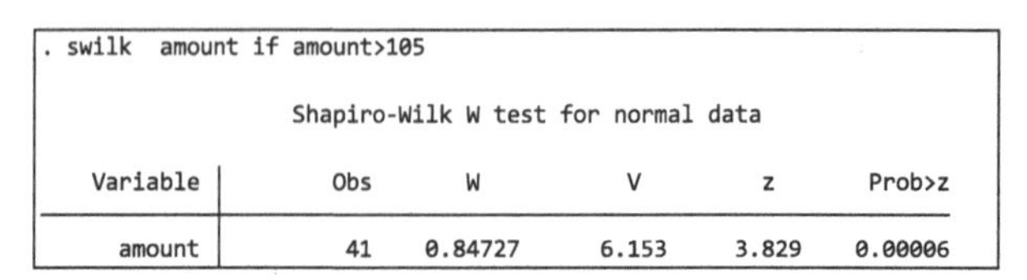

```
. swilk  amount if amount>105

                   Shapiro-Wilk W test for normal data

    Variable |        Obs       W           V         z       Prob>z
-------------+------------------------------------------------------
      amount |         41    0.84727      6.153     3.829    0.00006
```

图 3.20　分析结果图

通过观察分析结果可以看出共有 41 个有效样本参与了假设检验，P 值均远小于 0.05，所以需要拒绝原假设，也就是说，amount 变量不服从正态分布。

2. 两独立样本检验

与前面的检验方法一样，Stata 的两独立样本检验也是非参数检验方法的一种，其基本功能是判断两个独立样本是否来自相同分布的总体。这种检验过程是通过分析两个独立样本的均数、中位数、离散趋势、偏度等描述性统计量之间的差异来实现的。

	下载资源:\video\3.2
	下载资源:\sample\数据 3\数据 3C

本例中使用的数据集是数据 3C。在用 Stata 进行分析之前，我们要把数据录入 Stata 中。本例中有三个变量：month、region 和 amount，变量类型及长度采取系统默认方式。相关操作在前面的章节已详细讲述过了。数据录入完成后，结果如图 3.21 所示。

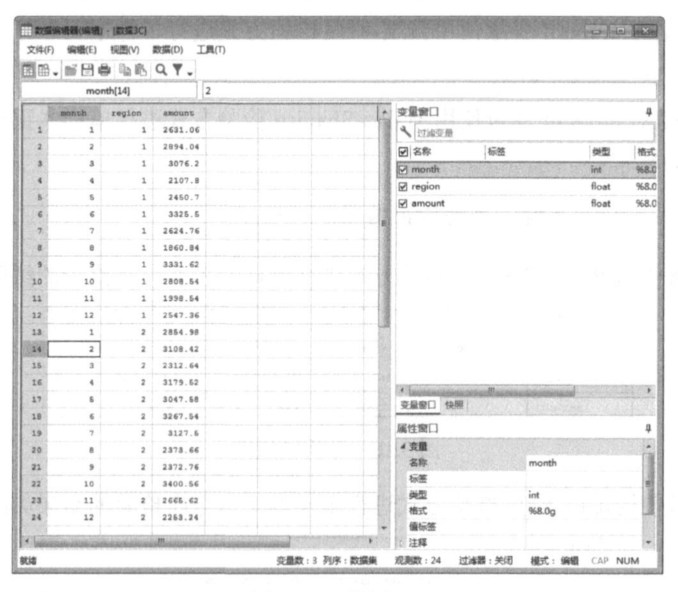

	month	region	amount
1	1	1	2631.06
2	2	1	2894.04
3	3	1	3076.2
4	4	1	2107.8
5	5	1	2450.7
6	6	1	3325.5
7	7	1	2624.76
8	8	1	1860.84
9	9	1	3331.62
10	10	1	2808.54
11	11	1	1998.54
12	12	1	2547.36
13	1	2	2854.98
14	2	2	3108.42
15	3	2	2312.64
16	4	2	3179.52
17	5	2	3047.58
18	6	2	3267.54
19	7	2	3127.6
20	8	2	2378.66
21	9	2	2372.76
22	10	2	3400.56
23	11	2	2665.62
24	12	2	2263.24

图 3.21　数据 3C

先保存数据，然后开始展开分析，步骤如下：

01 进入 Stata 16.0，打开相关数据文件，弹出主界面。

02 在主界面的“命令窗口”中输入如下命令：

```
ranksum amount,by(region)
```

本命令的含义是用两独立样本检验方法判断两个 region 的 amount 值是否存在显著差异。

```
ranksum amount if month>6,by(region)
```

本命令的含义是用两独立样本检验方法只针对 month 变量大于 6 的观测样本进行检验，判断两个 region 的 amount 值是否存在显著差异。

03 设置完毕后，按回车键，等待输出结果。

使用两独立样本检验方法判断两个 region 的 amount 值是否存在显著差异的分析结果如图 3.22 所示。

```
. ranksum amount ,by(region)

Two-sample Wilcoxon rank-sum (Mann-Whitney) test

      region |      obs    rank sum    expected
-------------+---------------------------------
           1 |       12         134         150
           2 |       12         166         150
-------------+---------------------------------
    combined |       24         300         300

unadjusted variance      300.00
adjustment for ties        0.00
                       ----------
adjusted variance        300.00

Ho: amount(region==1) = amount(region==2)
             z =  -0.924
    Prob > |z| =   0.3556
    Exact Prob =   0.3777
```

图 3.22　两独立样本检验结果

通过观察分析结果可以看出共有 24 个有效样本参与了假设检验，Prob > |z|=0.3556，远大于 0.05，所以需要接受原假设，也就是说，两个 region 的 amount 值不存在显著差异。

用两独立样本检验方法只针对 month 变量大于 6 的观测样本进行检验，判断两个 region 的 amount 值是否存在显著差异的分析结果如图 3.23 所示。

```
. ranksum amount if month>6,by(region)

Two-sample Wilcoxon rank-sum (Mann-Whitney) test

      region |      obs    rank sum    expected
-------------+---------------------------------
           1 |        6          36          39
           2 |        6          42          39
-------------+---------------------------------
    combined |       12          78          78

unadjusted variance       39.00
adjustment for ties        0.00
                       ----------
adjusted variance         39.00

Ho: amount(region==1) = amount(region==2)
             z =  -0.480
    Prob > |z| =   0.6310
    Exact Prob =   0.6991
```

图 3.23　分析结果图

通过观察分析结果可以看出共有 12 个有效样本参与了假设检验，Prob > |z|=0.6310，远大于 0.05，所以需要接受原假设，也就是说，两个 region 的 amount 值不存在显著差异。

3. 两相关样本检验

两相关样本检验的基本功能是判断两个相关的样本是否来自相同分布的总体。

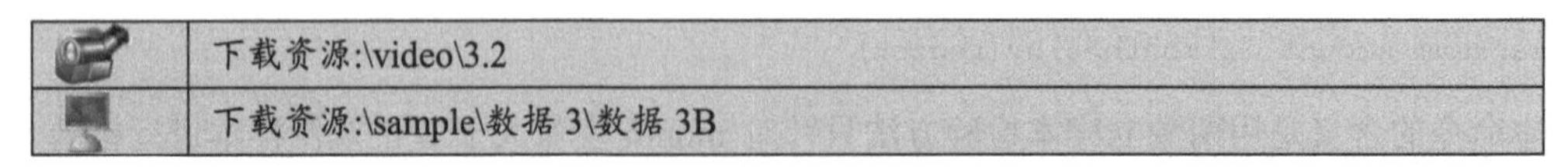

本例中使用的数据集是数据 3B。在用 Stata 进行分析之前，我们要把数据录入 Stata 中。本例中有两个变量，分别是 amounta 和 amountb，变量类型及长度采取系统默认方式。相关操作在前面章节已详细讲述过了。数据录入完成后，结果如图 3.24 所示。

图 3.24　数据 3B

先保存数据，然后开始展开分析，步骤如下：

01 进入 Stata 16.0，打开相关数据文件，弹出主界面。

02 在主界面的“命令窗口”中输入如下命令：

```
signtest  amounta=amountb
```

本命令的含义是用两相关样本检验方法判断 amounta 和 amountb 是否来自相同分布的总体。

```
signtest  amounta=amountb if amounta>2500
```

本命令的含义是用两相关样本检验方法只针对 amounta 变量大于 2500 的观测样本进行检验，判断 amounta 和 amountb 是否来自相同分布的总体。

03 设置完毕后，按回车键，等待输出结果。

使用两相关样本检验方法判断 amounta 和 amountb 是否来自相同分布的分析结果如图 3.25 所示。

```
. signtest  amounta=amountb

Sign test

        sign |    observed    expected
-------------+------------------------
    positive |          38          20
    negative |           2          20
        zero |           0           0
-------------+------------------------
         all |          40          40

One-sided tests:
  Ho: median of amounta - amountb = 0 vs.
  Ha: median of amounta - amountb > 0
      Pr(#positive >= 38) =
         Binomial(n = 40, x >= 38, p = 0.5) =  0.0000

  Ho: median of amounta - amountb = 0 vs.
  Ha: median of amounta - amountb < 0
      Pr(#negative >= 2) =
         Binomial(n = 40, x >= 2, p = 0.5) =  1.0000

Two-sided test:
  Ho: median of amounta - amountb = 0 vs.
  Ha: median of amounta - amountb != 0
      Pr(#positive >= 38 or #negative >= 38) =
         min(1, 2*Binomial(n = 40, x >= 38, p = 0.5)) =  0.0000
```

图 3.25　分析结果图

可以看出本结论与通过检验均值得出的结论是一致的。本检验结果包括符号检验、单侧检验和双侧检验三部分。符号检验的原理是通过用配对的两组数据做差，原假设是两组数据不存在显著差别，所以两组数据做差的结果应该是正数、负数大体相当。在本例中，期望值有 20 个正数、20 个负数，然而实际的观察值却是 38 个正数，所以两组数据存在显著差异。也就是说，amounta 和 amountb 不是来自相同分布的总体。单侧检验和双侧检验的结果解读在前面的章节多有涉及，这里不再赘述。

用两相关样本检验方法只针对 amounta 变量大于 2500 的观测样本进行检验，判断 amounta 和 amountb 是否来自相同分布总体的分析结果如图 3.26 所示。

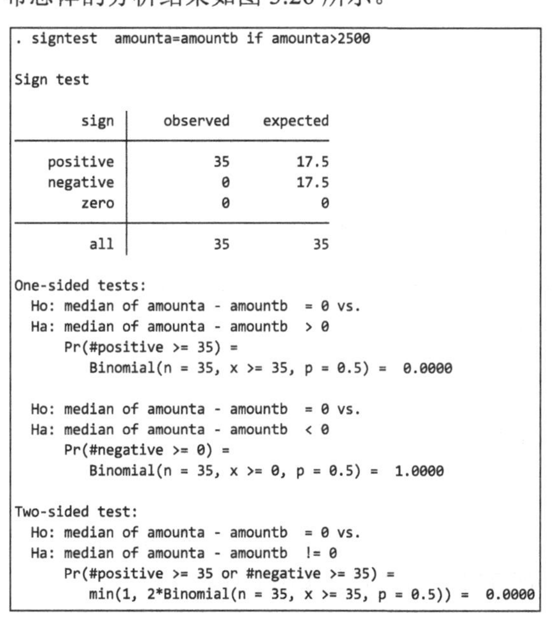

```
. signtest  amounta=amountb if amounta>2500

Sign test

        sign |    observed    expected
-------------+------------------------
    positive |          35        17.5
    negative |           0        17.5
        zero |           0           0
-------------+------------------------
         all |          35          35

One-sided tests:
  Ho: median of amounta - amountb  = 0 vs.
  Ha: median of amounta - amountb  > 0
      Pr(#positive >= 35) =
         Binomial(n = 35, x >= 35, p = 0.5) =  0.0000

  Ho: median of amounta - amountb  = 0 vs.
  Ha: median of amounta - amountb  < 0
      Pr(#negative >= 0) =
         Binomial(n = 35, x >= 0, p = 0.5) =  1.0000

Two-sided test:
  Ho: median of amounta - amountb  = 0 vs.
  Ha: median of amounta - amountb  != 0
      Pr(#positive >= 35 or #negative >= 35) =
         min(1, 2*Binomial(n = 35, x >= 35, p = 0.5)) =  0.0000
```

图 3.26　分析结果图

通过观察分析结果可以看出期望值有 17.5 个正数、17.5 个负数，然而实际的观察值却是 35 个正数，所以两组数据存在显著差异，也就是说只针对 amounta 变量大于 2500 的观测样本进行检验，

amounta 和 amountb 不是来自相同分布总体。

4. 多独立样本检验

顾名思义，多独立样本检验用于判断多个独立的样本是否来自相同分布的总体。

	下载资源:\video\3.2
	下载资源:\sample\数据 3\数据 3D

本例中使用的数据集是数据 3D。在用 Stata 进行分析之前，我们要把数据录入 Stata 中。本例中有两个变量，分别是 region 和 amount，变量类型及长度采取系统默认方式。相关操作在前面的章节已详细讲述过了。数据录入完成后，结果如图 3.27 所示。

图 3.27　数据 3D

先保存数据，然后开始展开分析，步骤如下：

01 进入 Stata 16.0，打开相关数据文件，弹出主界面。

02 在主界面的“命令窗口”中输入如下命令：

```
kwallis  amount,by( region)
```

本命令旨在用多独立样本检验方法分析不同 region 的 amount 变量值是否有显著的差异。

```
kwallis  amount if amount>500,by( region)
```

本命令旨在用多独立样本检验方法分析不同 region 的 amount 变量值是否有显著的差异，但是只针对 amount 变量大于 500 的观测样本进行多独立样本检验。

03 设置完毕后，按回车键，等待输出结果。

用多独立样本检验方法分析不同 region 的 amount 变量值是否有显著差异的分析结果如图 3.28 所示。

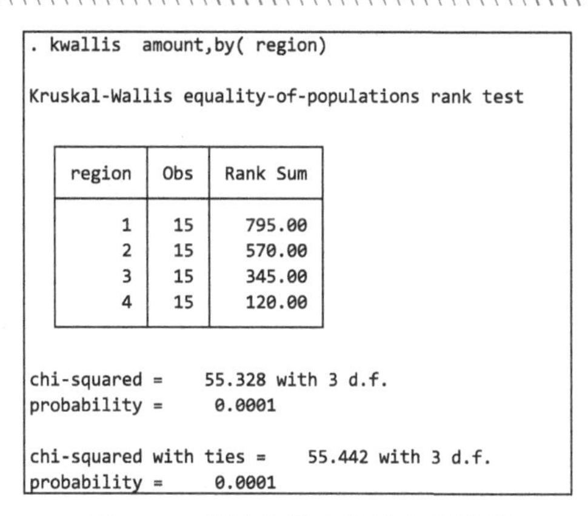

```
. kwallis  amount,by( region)

Kruskal-Wallis equality-of-populations rank test
```

region	Obs	Rank Sum
1	15	795.00
2	15	570.00
3	15	345.00
4	15	120.00

```
chi-squared =     55.328 with 3 d.f.
probability =      0.0001

chi-squared with ties =     55.442 with 3 d.f.
probability =      0.0001
```

图 3.28 多独立样本检验分析结果

用多独立样本检验方法分析不同 region 的 amount 变量值是否有显著的差异，但是只针对 amount 变量大于 500 的观测样本进行多独立样本检验的分析结果如图 3.29 所示。

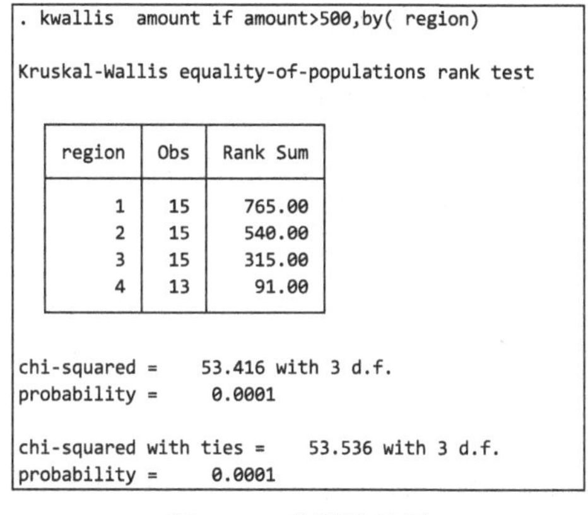

```
. kwallis  amount if amount>500,by( region)

Kruskal-Wallis equality-of-populations rank test
```

region	Obs	Rank Sum
1	15	765.00
2	15	540.00
3	15	315.00
4	13	91.00

```
chi-squared =     53.416 with 3 d.f.
probability =      0.0001

chi-squared with ties =     53.536 with 3 d.f.
probability =      0.0001
```

图 3.29 分析结果图

通过观察分析结果可以看出参与分析的样本仍为 4 组，共有 58 个有效样本参与了假设检验，p 值远小于 0.05，所以需要拒绝原假设。

5. 游程检验

Stata 的游程检验是非参数检验方法的一种，其基本功能是判断样本序列是否为随机序列。这种检验过程是通过分析游程的总个数来实现的。

	下载资源:\video\3.2
	下载资源:\sample\数据 3\数据 3A

本例中使用的数据集是数据 3A。在用 Stata 进行分析之前，我们要把数据录入 Stata 中。本例中有一个变量：amount，变量类型及长度采取系统默认方式。相关操作在前面的章节已详细讲述过了。数据录入完成后，结果如图 3.30 所示。

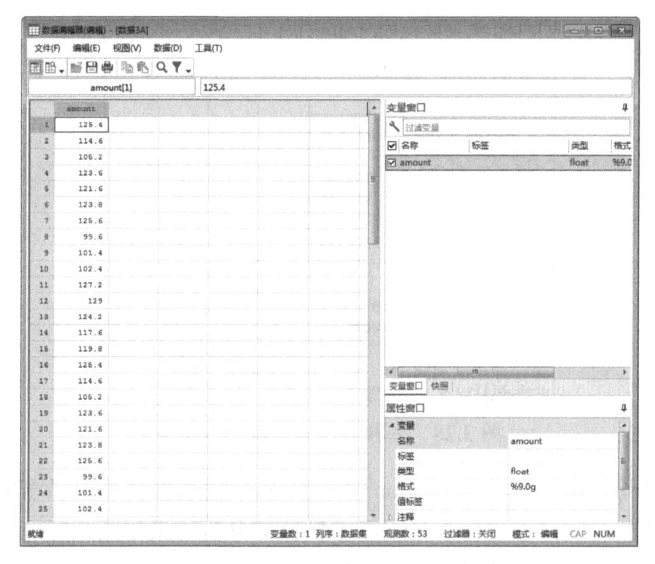

图 3.30　数据 3A

先保存数据，然后开始展开分析，步骤如下：

01 进入 Stata 16.0，打开相关数据文件，弹出主界面。

02 在主界面的“命令窗口”中输入如下命令：

```
runtest  amount
```

本命令的含义是判断 amount 变量是否为随机，使用默认的中位数作为参考值。

```
runtest  amount,mean
```

本命令的含义是判断 amount 变量是否为随机，但是使用设定的均值作为参考值。

03 设置完毕后，按回车键，等待输出结果。

判断 amount 变量是否为随机，使用默认的中位数作为参考值的分析结果，如图 3.31 所示。

```
. runtest  amount
 N(amount <= 121.5999984741211) = 28
 N(amount >  121.5999984741211) = 25
                obs = 53
            N(runs) = 27
                  z  = -.12
          Prob>|z| = .91
```

图 3.31　分析结果图

通过观察分析结果可以看出 Prob>|z| = 0.91，远大于 0.05，所以需要接受原假设，也就是说，数据的产生是随机的，不存在自相关现象。

判断 amount 变量是否为随机，但是使用设定的均值作为参考值的分析结果如图 3.32 所示。

```
. runtest  amount,mean
 N(amount <= 117.2377353884139) = 18
 N(amount >  117.2377353884139) = 35
                    obs = 53
                N(runs) = 15
                     z  = -3.03
             Prob>|z|  = 0
```

图 3.32　分析结果图

通过观察分析结果可以看出 Prob>|z| = 0，远小于 0.05，所以需要拒绝原假设，也就是说，数据的产生不是随机的，存在自相关现象。

3.3　分类变量描述统计

1. 单个分类变量的汇总

与前面提到的定距变量不同，分类变量的数值只代表观测值所属的类别，不代表其他任何含义。因此，对分类变量的描述统计方法是观察其不同类别的频数或者百分数。本节将介绍单个分类变量的汇总在实例中的应用。

	下载资源:\video\3.3
	下载资源:\sample\数据 3\数据 3E

本例中使用的数据集是数据 3E。在用 Stata 进行分析之前，我们要把数据录入 Stata 中。本例中有两个变量，分别为 gender 和 pass，变量类型及长度采取系统默认方式。相关操作在前面的章节已详细讲述过了。数据录入完成后，结果如图 3.33 所示。

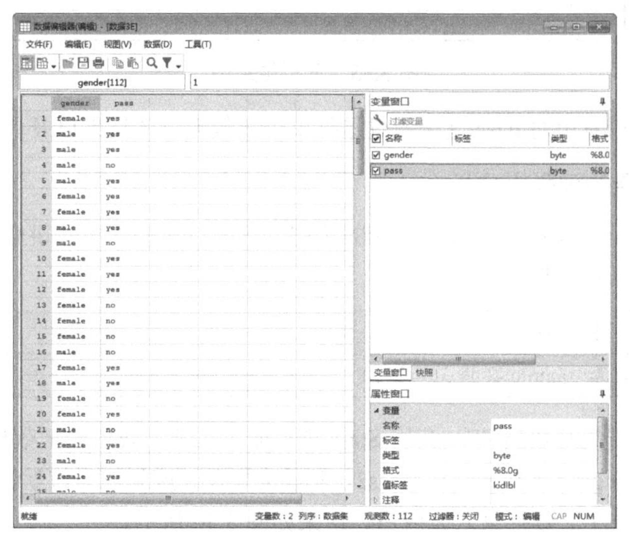

图 3.33　数据 3E

先保存数据，然后开始展开分析，步骤如下：

01 进入 Stata 16.0，打开相关数据文件，弹出主界面。

02 在主界面的“命令窗口”中输入命令：

```
tabulate pass
```

本命令旨在对 pass 变量进行单个分类变量的汇总。

```
tabulate pass,plot
```

本命令旨在对 pass 变量进行单个分类变量的汇总，并附有星点图。

03 设置完毕后，按回车键，等待输出结果。

对 pass 变量进行单个分类变量的汇总的分析结果如图 3.34 所示。

```
. tabulate pass

       pass |      Freq.     Percent        Cum.
------------+-----------------------------------
         no |         44       39.29       39.29
        yes |         68       60.71      100.00
------------+-----------------------------------
      Total |        112      100.00
```

图 3.34　曲线标绘图 1

共有 112 个样本参与了分析，其中处于 no 状态的有 44 个，占比 39.29%，处于 yes 状态的有 68 个，占比 60.71%。此外，结果分析表中 Cum.一栏表示的是累计百分比。

对 pass 变量进行单个分类变量的汇总，并附有星点图的分析结果如图 3.35 所示。

```
. tabulate pass,plot

       pass |      Freq.
------------+------------+-----------------------------------------------------
         no |         44 |********************************************
        yes |         68 |********************************************************************
------------+------------+-----------------------------------------------------
      Total |        112
```

图 3.35　分析结果图

从分析结果中可以看出对 pass 这一变量进行单个变量汇总的结果以及星点图的情况。

2. 两个分类变量的列联表分析

前面讲述了单个分类变量进行概要统计的实例，下面以实例的方式讲解两个分类变量是如何进行概要统计的，即二维列联表。

	下载资源:\video\3.3
	下载资源:\sample\数据 3\数据 3F

本例中使用的数据集是数据 3F。在用 Stata 进行分析之前，我们要把数据录入 Stata 中。本例中有三个变量，分别为 gender 和 pass1、pass2，变量类型及长度采取系统默认方式。相关操作在前面的章节已详细讲述过了。数据录入完成后，结果如图 3.36 所示。

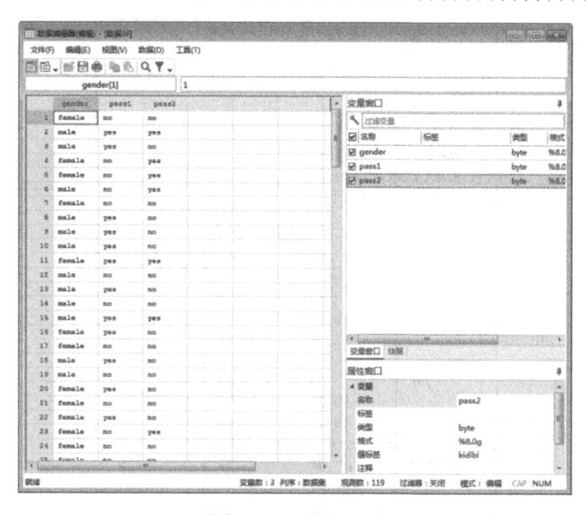

图 3.36　数据 3F

先保存数据，然后开始展开分析，步骤如下：

01 进入 Stata 16.0，打开相关数据文件，弹出主界面。

02 在主界面的“命令窗口”中输入命令：

```
tabulate  pass1 pass2
```

本命令的含义是针对 pass1、pass2 两个变量进行两个分类变量的列联表分析。

```
tabulate  pass1 pass2,column row
```

本命令的含义是针对 pass1、pass2 两个变量进行两个分类变量的列联表分析，还要显示每个单元格的列百分比与行百分比。

03 设置完毕后，按回车键，等待输出结果。

针对 pass1、pass2 两个变量进行两个分类变量的列联表分析的结果如图 3.37 所示。

```
. tabulate  pass1 pass2

           |         pass2
     pass1 |        no        yes |     Total
-----------+----------------------+----------
        no |        42         10 |        52
       yes |        39         28 |        67
-----------+----------------------+----------
     Total |        81         38 |       119
```

图 3.37　分析结果图

从分析结果中可以看出本次所获得的信息：发现共有 119 个样本参与了分析，其中有 42 人 pass1 为 no，pass2 为 no；有 10 人 pass1 为 no，pass2 为 yes；有 39 人 pass1 为 yes，pass2 为 no；有 28 人 pass1 为 yes，pass2 为 yes。

针对 pass1、pass2 两个变量进行两个分类变量的列联表分析，还要显示每个单元格的列百分比与行百分比的结果，如图 3.38 所示。

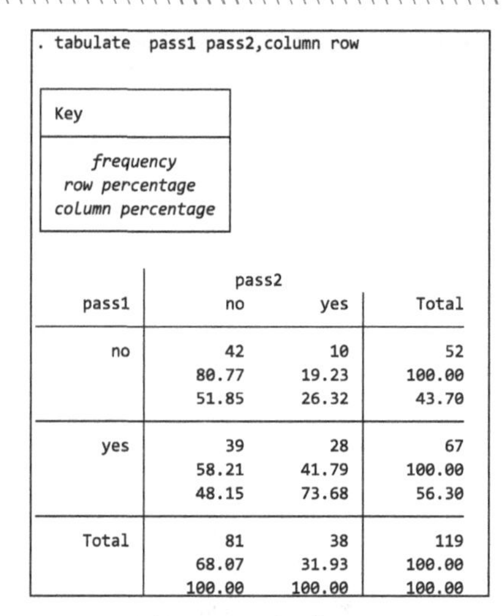
. tabulate pass1 pass2,column row

Key: frequency / row percentage / column percentage

pass1	pass2 no	pass2 yes	Total
no	42 80.77 51.85	10 19.23 26.32	52 100.00 43.70
yes	39 58.21 48.15	28 41.79 73.68	67 100.00 56.30
Total	81 68.07 100.00	38 31.93 100.00	119 100.00 100.00

图 3.38 分析结果图

分析结果表中的单元格包括三部分信息，其中第一行表示的是频数，第二行表示的是行百分比，第三行表示的是列百分比。例如，左上角的单元格的意义是：pass1 为 no、pass2 为 no 的样本个数为 42，这部分样本在所有 pass1 为 no 的样本中占比为 80.77%，在所有 pass2 为 no 的样本中占比为 51.85%。

3. 多表和多维列联表分析

对于一些大型数据集，我们经常需要许多不同变量的频数分布。那么如何快速简单地实现这一目的呢？这就需要用到 Stata 的多表和多维列联表分析功能。下面就以实例的方式来介绍这一强大功能。

	下载资源:\video\3.3
	下载资源:\sample\数据 3\数据 3G

本例中使用的数据集是数据 3G。在用 Stata 进行分析之前，我们要把数据录入 Stata 中。本例中有 4 个变量，分别为 gender、pass1、pass2 和 pass3，变量类型及长度采取系统默认方式。相关操作在前面的章节已详细讲述过了。数据录入完成后，结果如图 3.39 所示。

先做一下数据保存，然后开始展开分析，步骤如下：

01 进入 Stata 16.0，打开相关数据文件，弹出主界面。

02 在主界面的“命令窗口”中输入操作命令并按回车键进行确认。对应的命令分别如下：

```
tab1 pass1 pass2 pass3
```

本命令的含义是对数据中的分类变量 pass1、pass2、pass3 进行单个变量汇总统计。

```
tab2 pass1 pass2 pass3
```

本命令的含义是对数据中的分类变量 pass1、pass2、pass3 进行二维列联表分析。

```
by pass1,sort:tabulate pass2 pass3
```

本命令的含义是以 pass1 为主分类变量，制作 pass1、pass2、pass3 三个分类变量的三维列联表。

图 3.39　数据 3G

```
table pass1 pass2 pass3,contents(freq)
```

本命令的含义是对数据中的分类变量 pass1、pass2、pass3 实现带有数据频数特征的列联分析。

对数据中的分类变量 pass1、pass2、pass3 进行单个变量汇总统计的结果如图 3.40 所示。

从分析结果中可以看出本次所获得的信息：发现共有 94 个样本参与了分析，其中针对 pass1 变量为 no 的样本一共有 38 个，占比为 40.43%，为 yes 的样本一共有 56 个，占比为 59.57%；针对 pass2 变量为 no 的样本一共有 73 个，占比为 77.66%，为 yes 的样本一共有 21 个，占比为 22.34%；针对 pass3 变量为 no 的样本一共有 70 个，占比为 74.47%，为 yes 的样本一共有 24 个，占比为 25.53%。此外，结果分析表中 Cum.一栏表示的是累计百分比。

图 3.41 所示是对数据中的所有分类变量进行二维列联表分析的结果。

```
. tab1 pass1 pass2 pass3

-> tabulation of pass1

      pass1 |      Freq.     Percent        Cum.
------------+-----------------------------------
         no |         38       40.43       40.43
        yes |         56       59.57      100.00
------------+-----------------------------------
      Total |         94      100.00

-> tabulation of pass2

      pass2 |      Freq.     Percent        Cum.
------------+-----------------------------------
         no |         73       77.66       77.66
        yes |         21       22.34      100.00
------------+-----------------------------------
      Total |         94      100.00

-> tabulation of pass3

      pass3 |      Freq.     Percent        Cum.
------------+-----------------------------------
         no |         70       74.47       74.47
        yes |         24       25.53      100.00
------------+-----------------------------------
      Total |         94      100.00
```

图 3.40　分析结果图

```
-> tabulation of pass1 by pass2

           |        pass2
     pass1 |        no        yes |     Total
-----------+----------------------+----------
        no |        31          7 |        38
       yes |        42         14 |        56
-----------+----------------------+----------
     Total |        73         21 |        94

-> tabulation of pass1 by pass3

           |        pass3
     pass1 |        no        yes |     Total
-----------+----------------------+----------
        no |        30          8 |        38
       yes |        40         16 |        56
-----------+----------------------+----------
     Total |        70         24 |        94

-> tabulation of pass2 by pass3

           |        pass3
     pass2 |        no        yes |     Total
-----------+----------------------+----------
        no |        59         14 |        73
       yes |        11         10 |        21
-----------+----------------------+----------
     Total |        70         24 |        94
```

图 3.41　分析结果图

从分析结果中可以看出本次调查所获得的信息：分析结果中包括 3 张二维列联表，第 1 张是变量 pass2 与变量 pass1 的二维列联分析，第 2 张是变量 pass3 与变量 pass1 的二维列联分析，第 3 张是变量 pass2 与变量 pass3 的二维列联分析。关于二维列联表的解读，前面已经讲述过了，此处不再赘述。

图 3.42 所示是以 pass1 为主分类变量，制作 pass1、pass2、pass3 三个分类变量的三维列联表的结果。

该分析结果是一张三维列联表，包括两部分：上半部分描述的是当 pass1 变量取值为 no 的时候，变量 pass2 与变量 pass3 的二维列联分析；下半部分描述的是当 pass1 变量取值为 yes 的时候，变量 pass2 与变量 pass3 的二维列联分析。

对数据中的分类变量 pass1、pass2、pass3 实现带有数据频数特征的列联分析结果如图 3.43 所示。

```
. by pass1,sort:tabulate  pass2 pass3

-------------------------------------------------
-> pass1 = no

           |        pass3
     pass2 |        no        yes |     Total
-----------+----------------------+----------
        no |        26          5 |        31
       yes |         4          3 |         7
-----------+----------------------+----------
     Total |        30          8 |        38

-------------------------------------------------
-> pass1 = yes

           |        pass3
     pass2 |        no        yes |     Total
-----------+----------------------+----------
        no |        33          9 |        42
       yes |         7          7 |        14
-----------+----------------------+----------
     Total |        40         16 |        56
```

图 3.42　分析结果图

```
. table pass1 pass2 pass3,contents(freq)

----------------------------------
          |     pass3 and pass2
          |  --- no ---  --- yes ---
    pass1 |   no   yes     no   yes
----------+-----------------------
       no |   26     4      5     3
      yes |   33     7      9     7
----------------------------------
```

图 3.43　分析结果图

本结果分析图的解读方式与前面类似，这里不再赘述。

前面的命令：

```
table pass1 pass2 pass3,contents(freq)
```

其中，contents 括号内的内容表示的是频数，该括号内支持的内容与命令符号的对应关系如表 3.1 所示。

表 3.1　contents 括号内支持的内容与命令符号的对应关系

命令符号	括号内支持的内容	命令符号	括号内支持的内容
freq	频数	min x	x的最小值
sd x	x的标准差	median x	x的中位数
count x	x非缺失观测值的计数	mean x	x的平均数
n x	x非缺失观测值的计数	rawsum x	忽略任意规定权数的总和
max x	x的最大值	iqr x	x的四分位距
sum x	x的总和	p1 x	x的第一个百分位数

第 4 章　商超连锁企业按门店特征聚类建模技术

在实际生活中，我们会发现有很多大型连锁商场超市，比如大润发、沃尔玛、家乐福、华联等，连锁商场超市在市场竞争方面有着独特的优势，相对于门店单独经营模式，连锁商场超市经营通过统一品牌形象、统一广告宣传、统一集中采购、统一会计核算、统一售后服务、统一经营管理等方式实现了更大范围的规模经济和范围经济，进而推进了企业经营效率和效益的提升。但是，连锁经营模式毕竟不是绝对统一的经营模式，商超连锁企业的销售收入包括粮油销售收入、水果销售收入、衣服销售收入、鞋帽销售收入、饮料销售收入、生鲜销售收入、零食销售收入、日用品销售收入、家纺销售收入、熟食销售收入、烟酒销售收入等，各个门店会根据自己所在地域的周边环境（包括是否处于热门商圈、所在地域客流量、消费群体消费水平、消费风格等因素）因地制宜、因时制宜地开展特色化、差异化经营。对商超连锁企业的总部管理机构来讲，准确判断各个门店的实际特征，并且有针对性地按照关键因素对所辖的门店进行有效分类，然后在充分调研的基础上实现资源的差异化配置，就会在整体上进一步提升经营效益。Stata 作为一种功能强大的统计分析软件，完全可以用来完成相关的分析目标。本章将以某商超连锁企业具体的经营实践为例，力求以深入浅出的方式讲解 Stata 在商超连锁企业按门店特征分类分析建模技术中的应用。需要提示和强调的是，本章虽然以商超连锁企业为例，但是其中体现的研究方法、研究思路和建模技术也可以有效地应用于其他连锁经营的服务型企业，读者可以结合自身研究需要加以参考借鉴。

4.1　建模技术

聚类分析也称为群分析，它是研究样本间或者变量间分类问题的一种多元统计分析方法。在实际问题中存在大量的分类问题，随着生产力和科学技术的发展，分类不断细化，以往仅凭经验和专业知识进行定性分类的方法已经不能满足实际的需要，也不能做出准确的分类，必须将定性和定量分析结合起来去分类。聚类分析的适用场景是，用于解决事先不知道应将样本或者变量分为几类，需根据样本或变量的相似程度进行归组合并同类。

Stata 中可以使用 K 平均值聚类分析、K 中位数聚类分析等划分聚类分析方法或最短联结法聚类分析（Single-Linkage Cluster Analysis）、最长联结法聚类分析（Complete-Linkage Cluster Analysis）、平均联结法聚类分析（Average-Linkage Cluster Analysis）、加权平均联结法聚类分析（Weighted-Average Linkage Cluster Analysis）、中位数联结法聚类分析（Median-Linkage Cluster Analysis）、重心联结法聚类分析（Centroid-Linkage Cluster Analysis）、Ward 联结法聚类分析（Ward's Linkage Cluster Analysis）等层次聚类分析方法来执行聚类分析，每个过程使用不同的算法来创建聚类，并且每个过程所具有的选项在其他过程中不可用。

1. 划分聚类分析方法

划分聚类分析方法的基本思想是将观测到的样本划分到一系列事先设定好的不重合的分组中。划分聚类分析方法在计算上相比层次聚类分析方法相对简单，而且计算速度更快一些，但是它也有自己的缺点,它要求事先指定样本聚类的精确数目,这与聚类分析探索性的本质是不相适应的。划分聚类分析方法包括两种：一种是 K 个平均数的聚类分析方法，此方法的操作流程是通过迭代过程将观测案例分配到具有最接近的平均数的组，然后找出这些聚类；另一种是 K 个中位数的聚类分析方法，此方法的操作流程是通过迭代过程将观测案例分配到具有最接近的中位数的组，然后找出这些聚类。下面我们就以实例的方式介绍这两种划分聚类分析方法。

（1）K 平均值聚类分析：K 平均值聚类分析可以分析小数据文件，也可以分析大数据文件，但只限于连续数据，要求预先指定聚类数目。K 平均值聚类分析方法的基本思路是：开始按照一定方法选取一批初始聚类中心，让样品向最近的聚心凝聚，形成初始分类，然后按照最近距离原则不断修改不合理的分类，直至合理为止。如果选择了 n 个数值型变量参与聚类分析，最后要求聚类数为 k，那么可以由系统首先选择 k 个观测量（也可以由用户指定）作为聚类的种子，n 个变量组成 n 维空间。每个观测量在 n 维空间中是一个点，k 个事先选定的观测量就是 k 个聚类中心点，也称为初始类中心。开始的时候按照距这 k 个初始类中心的距离最小原则把观测量分派到各类中心所在的类中，构成第一次迭代形成的 k 类。然后根据组成每一类的观测量计算各变量的均值，每一类中的 n 个均值在 n 维空间中又形成 k 个点，这就是第二次迭代的类中心。按照这种方法依次迭代下去，直到达到指定的迭代次数或达到终止迭代的收敛条件时迭代停止，聚类过程结束。

（2）K 中位数聚类分析：K 中位数聚类分析的原理与 K 平均值聚类分析一致，可以分析小数据文件，也可以分析大数据文件，但只限于连续数据，要求预先指定聚类数目。K 中位数聚类分析方法的基本思路是：开始按照一定方法选取一批初始聚类中心，让样品向最近的聚心凝聚，形成初始分类，然后按最近距离原则不断修改不合理的分类，直至合理为止。如果选择了 n 个数值型变量参与聚类分析，最后要求聚类数为 k，那么可以由系统首先选择 k 个观测量（也可以由用户指定）作为聚类的种子，n 个变量组成 n 维空间。每个观测量在 n 维空间中是一个点，k 个事先选定的观测量就是 k 个聚类中心点，也称为初始类中心。开始的时候按照距这 k 个初始类中心的距离最小原则把观测量分派到各类中心所在的类中，构成第一次迭代形成的 k 类。然后根据组成每一类的观测量计算各变量的中位数，每一类中的 n 个中位数在 n 维空间中又形成 k 个点，这就是第二次迭代的类中心。按照这种方法依次迭代下去，直到达到指定的迭代次数或达到终止迭代的收敛条件时迭代停止，聚类过程结束。

2. 层次聚类分析方法

层次聚类分析只限于较小的数据文件，一般来说适合聚类的对象只有数百个的情形。层次聚类分析过程的特色化功能包括：一是能够对个案或变量进行聚类；二是能够计算可能解的范围，并为其中的每一个解保存聚类成员；三是有多种方法可用于聚类形成、变量转换以及度量各聚类之间的非相似性。只要所有变量的类型相同，层次聚类分析过程就可以分析连续、计数或二值变量。

层次聚类分析开始将样品或指标各视为一类，根据类与类之间的距离或相似程度将最近的类加以合并，再计算新类与其他类之间的相似程度，并选择最相似的加以合并，这样每合并一次就减少一类，不断继续这一过程，直到所有样品（或指标）合并为一类为止。

层次聚类分析根据聚类过程不同又分为分解法和凝聚法：分解法指的是聚类开始时把所有个体（观测量或变量）都视为一大类，然后根据距离和相似性逐层分解，直到参与聚类的每个个体自成一类为止。凝聚法是聚类开始时把参与聚类的每个个体（观测量或变量）视为一类，根据 2 类之间的距离或相似性逐步合并，直到合并为一个大类为止。无论哪种方法，其聚类原则都是相近的聚为一类，即距离最近或最相似的聚为一类。

层次聚类分析方法有很多种，Stata 16.0 也支持多种，包括最短联结法聚类分析、最长联结法聚类分析、平均联结法聚类分析、加权平均联结法聚类分析、中位数联结法聚类分析、重心联结法聚类分析、Ward 联结法聚类分析等。

4.2 建模思路

本章使用的案例数据是来自 XX 商超连锁企业（虚拟名，如有雷同纯属巧合）在北京、天津、石家庄、太原、呼和浩特、沈阳、大连、长春、哈尔滨、上海、南京、杭州、宁波、合肥、福州、厦门、南昌、济南、青岛、郑州、武汉、长沙、广州、深圳、南宁、海口、重庆、成都、贵阳、昆明、拉萨、西安、兰州、西宁、银川、乌鲁木齐共 36 个城市的各个连锁店的销售收入。销售收入是分产品项的，包括粮油销售收入、水果销售收入、衣服销售收入、鞋帽销售收入、饮料销售收入、生鲜销售收入、零食销售收入、日用品销售收入、家纺销售收入、熟食销售收入、烟酒销售收入 11 种。由于销售收入数据涉及商业机密，因此在本章介绍时进行了适当的脱密处理，对于其中的部分数据也进行了必要的调整。

本章使用的建模分析方法是 Stata 中的聚类分析功能。运用聚类分析方法，通过销售收入产品分项的 11 个变量，对 36 个城市进行聚类，分析每类门店的具体特征。通过聚类，如果呈现门店规模差异，就划分门店等级；如果呈现产品分项差异，就提出差异化经营策略。

4.3 数据准备

	下载资源:\video\4.1
	下载资源:\sample\数据 4

本节我们对 XX 商超连锁企业 36 个城市的各个连锁店的销售收入数据进行准备。这些数据都是完整的，我们将其整理入 Stata 中。

如图 4.1 所示，在 Stata 格式文件中共有 12 个变量，分别是“城市”“粮油销售收入”“水果销售收入”“衣服销售收入”“鞋帽销售收入”“饮料销售收入”“生鲜销售收入”“零食销售收入”“日用品销售收入”“家纺销售收入”“熟食销售收入”“烟酒销售收入”。

图 4.1　数据 4 变量视图

其中，“城市”为字符串变量，“粮油销售收入”“水果销售收入”“衣服销售收入”“鞋帽销售收入”“饮料销售收入”“生鲜销售收入”“零食销售收入”“日用品销售收入”“家纺销售收入”“熟食销售收入”“烟酒销售收入”11 个变量均为数值型变量。

数据视图如图 4.2 所示，包括 36 个城市的样本观测值。

	城市	粮油销售收入	水果销售收入	衣服销售收入	鞋帽销售收入	饮料销售收入	生鲜销售收入	零食销售~入	日用品销~入	家纺销售收入	熟食销售
1	北京	637.76	1816.88	2228.63	1373.97	3681.28	3228.12	1593.43	35265.56	30664.89	2843
2	天津	421.67	1500.49	1567.58	1275.64	2454.38	1899.5	1615.57	26942	24292.6	2434
3	石家庄	294.61	507.75	1192.27	830.53	1335.98	1029.94	1402.45	19605.18	18289.95	1320
4	太原	336.05	631.01	1234.19	1283.33	2079.8	1583.33	1171.82	18712.09	17257.67	1582
5	呼和浩特	330.59	1324.89	2077.55	1569.26	2477.74	1951.7	1729.92	26407.11	24630.17	2243
6	沈阳	355.61	1475.19	2139.66	1447.89	2428.25	2359.29	1364.94	23960.48	20541.23	2267
7	大连	426.69	1223.65	1676.02	1128.17	2519.59	1741.83	1741.57	25222.88	21292.56	2487
8	长春	216.11	889.39	1817.99	1309.88	1631.96	1793.02	1628.67	19709.91	17921.86	183
9	哈尔滨	269.58	861.84	2058.88	1221.65	1848.01	1505.42	1252.31	19297.48	17556.83	1832
10	上海	615.42	1925.24	1794.06	1005.54	4076.46	3363.25	2166.22	35738.51	31838.08	3257
11	南京	443.79	1508.28	1571.73	1369.71	1949.63	3262.8	1518.4	31314.26	28311.63	2383
12	杭州	459.2	2033.42	2061.36	994.16	3909.61	2088.77	1853.18	33810.11	30034.99	2995
13	宁波	482.09	1410.66	2067.24	712.36	3091.11	3089.24	1629.11	34324.25	30166.36	2751
14	合肥	430.44	1024.9	1631.29	750.3	1859.22	2043.47	1483	21126.1	19050.5	1950
15	福州	402.09	1072.8	1453.08	681.64	2497.13	2191.04	1538.51	25737.6	23245.98	2237
16	厦门	433.66	1701.45	1596.88	656.74	4074.86	2403.26	2063.63	33865.69	29253.14	302
17	南昌	299.94	575.55	1524.29	758.5	2327.81	1362.77	1355.03	19820.14	18276.1	1705
18	济南	348.53	1453.48	1882.44	1182.77	2645.78	1898.05	1666.28	27723.78	25321.06	2110
19	青岛	456.83	958.66	2188.08	1048.76	2584.23	1748.14	1639.71	27283.48	24998.13	2292
20	郑州	264.22	689.83	1886.4	1013.67	1591.47	1243.83	984.21	20929.96	19375.81	152
21	武汉	261.91	675.7	1731.35	903.61	1694.28	1480.81	1581.09	23168.61	20806.32	1935
22	长沙	212.51	1037.89	1365.57	954.32	2608.76	2011.44	1610.22	23637.52	22284.4	1941
23	广州	499.31	2922.02	1882.97	1358.61	3981.72	4611.35	1971.17	36295.59	30658.49	3462
24	深圳	504.25	2138.69	1749.87	997.64	4506.65	2653.23	2561.43	35523.75	32380.86	2989
25	南宁	251.05	804.79	928.75	745.62	2575.17	1504.66	1177.11	20316.62	17740.72	1734

图 4.2　数据 4 数据视图

4.4　聚类分析

	下载资源:\video\4.2
	下载资源:\sample\数据 4

在聚类分析部分，我们准备通过聚类分析过程对销售收入产品分项的 11 个变量（包括“粮油销售收入”“水果销售收入”“衣服销售收入”“鞋帽销售收入”“饮料销售收入”“生鲜销售收入”“零食销售收入”“日用品销售收入”“家纺销售收入”“熟食销售收入”“烟酒销售收入”）及 36 个城市门店进行聚类，分析每类门店的具体特征，通过聚类分析，如果发现各类门店呈现规

模差异，就划分门店等级；如果呈现产品分项差异，就提出差异化经营策略。

4.4.1　划分聚类分析过程

分析步骤如下：

01 进入 Stata 16.0，打开相关数据文件，弹出主界面。

02 在主界面的“命令窗口”中分别输入如下命令并按回车键进行确认：

```
egen z粮油销售收入=std(粮油销售收入)
```

本命令旨在对粮油销售收入变量进行标准化处理。

然后将上述命令中的变量“粮油销售收入”分别换成“水果销售收入”“衣服销售收入”“鞋帽销售收入”“饮料销售收入”“生鲜销售收入”“零食销售收入”“日用品销售收入”“家纺销售收入”“熟食销售收入”“烟酒销售收入”，完成其他变量的标准化处理。

```
sum z粮油销售收入 z水果销售收入 z衣服销售收入 z鞋帽销售收入 z饮料销售收入 z生鲜销售收入 z零食销售收入 z日用品销售收入 z家纺销售收入 z熟食销售收入 z烟酒销售收入
```

本命令旨在对各类销售收入变量进行描述性统计分析。

```
cluster kmeans z粮油销售收入 z水果销售收入 z衣服销售收入 z鞋帽销售收入 z饮料销售收入 z生鲜销售收入 z零食销售收入 z日用品销售收入 z家纺销售收入 z熟食销售收入 z烟酒销售收入,k(2)
```

本命令旨在对各类销售收入变量进行 K 个平均数的聚类分析，把样本分为 2 类。

然后将上述命令中的 k(2)分别换成 k(3)、k(4)，即可得到将样本分为 3 类、4 类的结果。

```
cluster kmedians z粮油销售收入 z水果销售收入 z衣服销售收入 z鞋帽销售收入 z饮料销售收入 z生鲜销售收入 z零食销售收入 z日用品销售收入 z家纺销售收入 z熟食销售收入 z烟酒销售收入,k(2)
```

本命令旨在对各类销售收入变量进行 K 个中位数的聚类分析，并把样本分为 2 类。

然后将上述命令中的 k(2)分别换成 k(3)、k(4)，即可得到将样本分为 3 类、4 类的结果。

03 设置完毕后，按回车键，等待输出结果。

4.4.2　划分聚类结果分析

在 Stata 16.0 主界面的结果窗口可以看到分析结果。

1. 数据标准化处理

在分析过程中，前面的多条 Stata 命令旨在对数据进行标准化处理，选择的标准化处理方式是使变量的平均数为 0 且标准差为 1。之所以这样做是因为我们进行聚类分析的变量都是以不可比的单位进行测度的，它们具有极为不同的方差，我们对数据进行标准化处理可以避免使结果受到具有最大方差变量的影响。在输入前面的几条 Stata 命令并且分别按回车键进行确认后，选择“数据”|“数据编辑器”|“数据编辑器（浏览）”命令，进入数据查看界面，可以看到如图 4.3 所示的变换后的数据。

	城市	z粮油销售收入	z水果销售收入	z衣服销售收入	z鞋帽销售收入	z饮料销售收入	z生鲜销售收入	z零食销售收入	z日用品销售
1	北京	2.516597	1.076013	1.668602	1.391878	1.450177	1.611913	.3581066	1.
2	天津	.5325275	.4531825	-.166842	1.032883	.0820046	-.0428634	.4136437	.428
3	石家庄	-.6340973	-1.501078	-1.208912	-.5921797	-1.165174	-1.125887	-.1209604	-.709
4	太原	-.2536084	-1.258434	-1.092519	1.060958	-.3357064	-.4366484	-.6994878	-.848
5	呼和浩特	-.3037403	.1075049	1.24912	2.104867	.1080545	.0221509	.700487	.34
6	沈阳	-.0740147	.4033781	1.421572	1.661754	.0528659	.5297983	-.215053	-.034
7	大连	.5786195	-.0917913	.1342482	.4944813	.1547234	-.2392391	.7297104	.161
8	长春	-1.354859	-.7497996	.5284362	1.15789	-.8351132	-.1754826	.4465049	-.693
9	哈尔滨	-.8639148	-.8040332	1.197281	.8357695	-.594186	-.5336841	-.4975812	-.757
10	上海	2.311478	1.289325	.4619933	.0467683	1.89086	1.780215	1.79493	1.79
11	南京	.7356263	.4685177	-.1553192	1.376325	-.4808649	1.655106	.1698963	1.10
12	杭州	.877116	1.502283	1.204168	.0052207	1.704798	.1928696	1.009681	1.49
13	宁波	1.087285	.2763476	1.220494	-1.02361	.7920514	1.43894	.4476085	1.57
14	合肥	.6130508	-.4830411	-.2676031	-.8850935	-.5816853	.1364491	.0810966	-.473
15	福州	.35275	-.3887474	-.484758	-1.135766	.129677	.3202454	.2203416	.241
16	厦门	.6426158	.8487827	-.0854887	-1.226674	1.889076	.5845622	1.537587	1.50
17	南昌	-.5851588	-1.36761	-.287039	-.8551559	-.0591392	-.7113525	-.2399116	-.676
18	济南	-.1390209	.3606409	.7073853	.6938216	.2954436	-.0446693	.5408483	.54
19	青岛	.8553552	-.6134381	1.556013	.2045613	.2268063	-.23138	.4741981	.481
20	郑州	-.9131285	-1.142644	.7183807	.0764503	-.8802655	-.8594906	-1.170101	-.504
21	武汉	-.9343382	-1.17046	.2878751	-.3253704	-.7656173	-.5643355	.3271519	-.156
22	长沙	-1.387913	-.4574696	-.7277347	-.140232	.2541609	.0965562	.4002235	-.084
23	广州	1.245393	3.251539	.7088569	1.3358	1.785211	3.334705	1.305654	1.87
24	深圳	1.290751	1.709512	.339297	.0179261	2.370584	.8958961	2.786301	1.75
25	南宁	-1.034051	-.9163392	-1.940591	-.9021798	.216703	-.5346307	-.6862179	-.599

图 4.3　标准化变换后的数据

我们还可以看到如图 4.4 所示的标准化变量的相应统计量。

通过观察分析结果可以看出，有效观测样本共有 36 个。

z 粮油销售收入、z 水果销售收入、z 衣服销售收入、z 鞋帽销售收入、z 饮料销售收入、z 生鲜销售收入、z 零食销售收入、z 日用品销售收入、z 家纺销售收入、z 熟食销售收入、z 烟酒销售收入变量的平均值都为 0（e-09 表示非常接近 0），标准差都为 1。

```
. sum z粮油销售收入 z水果销售收入 z衣服销售收入 z鞋帽销售收入 z饮料销售收入 z生鲜销售
> 收入 z零食销售收入 z日用品销售收入 z家纺销售收入 z熟食销售收入 z烟酒销售收入

    Variable |        Obs        Mean    Std. Dev.       Min        Max
-------------+---------------------------------------------------------
z粮油销售~入 |         36   -6.21e-09           1  -1.449706   2.516597
z水果销售~入 |         36    1.03e-09           1  -1.501078   3.251539
z衣服销售~入 |         36   -4.76e-09           1  -2.657665   1.668602
z鞋帽销售~入 |         36    1.90e-09           1  -1.845432   2.104867
z饮料销售~入 |         36   -6.11e-09           1  -1.469386   2.370584
-------------+---------------------------------------------------------
z生鲜销售~入 |         36   -1.91e-09           1  -1.621902   3.334705
z零食销售~入 |         36    1.45e-09           1  -1.944088   2.786301
z日用品销~入 |         36   -3.21e-09           1  -1.388648   1.879435
z家纺销售~入 |         36   -3.10e-09           1  -1.387435   1.930549
z熟食销售~入 |         36    3.52e-09           1  -1.350435   2.387201
-------------+---------------------------------------------------------
z烟酒销售~入 |         36    3.57e-09           1  -1.626622   2.497982
```

图 4.4　标准化变量的相应统计量

2. K 个平均数的聚类分析

（1）设定聚类数为 2

图 4.5 展示的是设定聚类数为 2，然后使用“K 个平均数的聚类分析”方法进行分析的结果。

在输入 Stata 命令并且按回车键进行确认后，我们可以看到系统产生了一个新的变量，即聚类变量_clus_1（cluster name: _clus_1）。

```
. cluster kmeans z粮油销售收入 z水果销售收入 z衣服销售收入 z鞋帽销售收入 z饮料销售收入
> z生鲜销售收入 z零食销售收入 z日用品销售收入 z家纺销售收入 z熟食销售收入 z烟酒销售收
> 入,k(2)
cluster name: _clus_1
```

图 4.5　设定聚类数为 2，使用“K 个平均数的聚类分析”方法进行分析的结果

选择“数据”|“数据编辑器”|“数据编辑器（浏览）”命令，进入数据查看界面，可以看到如图 4.6 所示的_clus_1 数据。

	z饮料销售收入	z生鲜销售收入	z零食销售收入	z日用品销售收入	z家纺销售收入	z熟食销售收入	z烟酒销售收入	_clus_1
1	1.450177	1.611913	.3581066	1.7181	1.619748	1.307673	1.511145	2
2	.0820046	-.0428634	.4136437	.4284617	.4655842	.593267	.2625412	2
3	-1.165174	-1.125887	-.1209604	-.7096605	-.6216299	-1.350435	-1.323006	1
4	-.3357064	-.4366484	-.6994878	-.8482008	-.8085987	-.8942961	-.9163468	1
5	.1080545	.0221509	.700487	.345487	.5267257	.2594728	.3525243	2
6	.0528659	.5297983	-.215053	-.0340457	-.2138726	.3023336	.3682756	2
7	.1547234	-.2392391	.7297104	.1617838	-.0777899	.6848863	.2672846	2
8	-.8351132	-.1754826	.4465049	-.6934142	-.6882992	-.4526828	-.3092582	1
9	-.594186	-.5336841	-.4975812	-.7573922	-.7544141	-.4582073	-.4311861	1
10	1.89086	1.780215	1.79493	1.793018	1.832239	2.029783	2.018819	2
11	-.4808649	1.655106	.1698963	1.106707	1.193521	.5043201	.6843916	2
12	1.704798	.1928696	1.009681	1.493875	1.505659	1.572574	1.230072	2
13	.7920514	1.43894	.4476085	1.573631	1.529453	1.146574	1.018733	2
14	-.5816853	.1364491	.0810966	-.4738833	-.4838772	-.2509965	-.4120667	1
15	.129677	.3202454	.2203416	.2416295	.2760181	.2485829	.1994425	1
16	1.889076	.5845622	1.537587	1.502497	1.364049	1.626461	1.161735	2
17	-.0591392	-.7113525	-.2399116	-.6763147	-.6241384	-.6790227	-.4418714	1
18	.2954436	-.0446693	.5408483	.549735	.6518614	.027382	.1068645	2
19	.2268063	-.23138	.4741981	.4814338	.5933716	.3460773	.5189687	2
20	-.8802655	-.8594906	-1.170101	-.5041541	-.4249561	-.99698	-.7887999	1
21	-.7656173	-.5643355	.3271519	-.1568844	-.1658589	-.2785893	-.2855356	1
22	.2541609	.0965562	.4002235	-.0841449	.1018545	-.2665137	.052943	1
23	1.785211	3.334705	1.305654	1.879435	1.618589	2.387201	2.497982	2
24	2.370584	.8958961	2.786301	1.759703	1.930549	1.561314	1.914622	2
25	.216703	-.5346307	-.6862179	-.5992986	-.7211074	-.6289759	-.7150183	1

图 4.6 _clus_1 数据

在图 4.6 中，我们可以看到所有的观测样本被分为 2 类。其中，石家庄、太原、长春、哈尔滨、合肥、福州、南昌、郑州、武汉、长沙、南宁、海口、重庆、成都、贵阳、昆明、拉萨、西安、兰州、西宁、银川、乌鲁木齐被分到第 1 类，其他的城市被分到第 2 类。

我们可以看到第 1 类的特征是各类销售收入都相对较高，第 2 类的特征是各类销售收入都相对较低。我们可以把第 1 类称为高销售收入城市，把第 2 类称为低销售收入城市。

（2）设定聚类数为 3

图 4.7 展示的是设定聚类数为 3，然后使用“K 个平均数的聚类分析”方法进行分析的结果。在输入 Stata 命令并且按回车键进行确认后，我们可以看到系统产生了一个新的变量，即聚类变量_clus_2（cluster name: _clus_2）。

```
. cluster kmeans z粮油销售收入 z水果销售收入 z衣服销售收入 z鞋帽销售收入 z饮料销售收入
> z生鲜销售收入 z零食销售收入 z日用品销售收入 z家纺销售收入 z熟食销售收入 z烟酒销售收
> 入,k(3)
cluster name: _clus_2
```

图 4.7 设定聚类数为 3，使用“K 个平均数的聚类分析”方法进行分析的结果

选择“数据”|“数据编辑器”|“数据编辑器（浏览）”命令，进入数据查看界面，可以看到如图 4.8 所示的_clus_2 数据。

	z生鲜销售收入	z零食销售收入	z日用品销售收入	z家纺销售收入	z熟食销售收入	z烟酒销售收入	_clus_1	_clus_2
1	1.611913	.3581066	1.7181	1.619748	1.307673	1.511145	2	3
2	-.0428634	.4136437	.4284617	.4655842	.593267	.2625412	2	2
3	-1.125887	-.1209604	-.7096605	-.6216299	-1.350435	-1.323006	1	1
4	-.4366484	-.6994878	-.8482008	-.8085987	-.8942961	-.9163468	1	1
5	.0221509	.700487	.345487	.5267257	.2594728	.3525243	2	2
6	.5297983	-.215053	-.0340457	-.2138726	.3023336	.3682756	2	2
7	-.2392391	.7297104	.1617838	-.0777899	.6848863	.2672846	2	2
8	-.1754826	.4465049	-.6934142	-.6882992	-.4526828	-.3092582	1	2
9	-.5336841	-.4975812	-.7573922	-.7544141	-.4582073	-.4311861	1	2
10	1.780215	1.79493	1.793018	1.832239	2.029783	2.018819	2	3
11	1.655106	.1698963	1.106707	1.193521	.5043201	.6843916	2	2
12	.1928696	1.009681	1.493875	1.505659	1.572574	1.230072	2	3
13	1.43894	.4476085	1.573631	1.529453	1.146574	1.018733	2	3
14	.1364491	.0810966	-.4738833	-.4838772	-.2509965	-.4120667	1	1
15	.3202454	.2203416	.2416295	.2760181	.2485829	.1994425	1	2
16	.5845622	1.537587	1.502497	1.364049	1.626461	1.161735	2	3
17	-.7113525	-.2399116	-.6763147	-.6241384	-.6790227	-.4418714	1	1
18	-.0446693	.5408483	.549735	.6518614	.027382	.1068645	2	2
19	-.23138	.4741981	.4814338	.5933716	.3460773	.5189687	2	2
20	-.8594906	-1.170101	-.5041541	-.4249561	-.99698	-.7887999	1	1
21	-.5643355	.3271519	-.1568844	-.1658589	-.2785893	-.2855356	1	1
22	.0965562	.4002235	-.0841449	.1018545	-.2665137	.052943	1	2
23	3.334705	1.305654	1.879435	1.618589	2.387201	2.497982	2	3
24	.8958961	2.786301	1.759703	1.930549	1.561314	1.914622	2	3
25	-.5346307	-.6862179	-.5992986	-.7211074	-.6289759	-.7150183	1	1

图 4.8　_clus_2 数据

在图 4.8 中，我们可以看到所有的观测样本被分为 3 类。其中，石家庄、太原、合肥、南昌、郑州、武汉、南宁、海口、贵阳、昆明、拉萨、兰州、西宁、银川、乌鲁木齐被分到第 1 类，长春、哈尔滨、福州、长沙、重庆、成都、西安、天津、呼和浩特、沈阳、大连、南京、济南、青岛被分到第 2 类，北京、上海、杭州、宁波、厦门、广州、深圳被分到第 3 类。

我们可以看到第 1 类的特征是各类销售收入都较低。第 2 类的特征是各类销售收入都处于中间。第 3 类的特征是各类销售收入都较高。我们可以把第 3 类称为高销售收入城市，把第 2 类称为中销售收入城市，把第 1 类称为低销售收入城市。

（3）设定聚类数为 4

图 4.9 展示的是设定聚类数为 4，然后使用“K 个平均数的聚类分析”方法进行分析的结果。

在输入 Stata 命令并且按回车键进行确认后，我们可以看到系统产生了一个新的变量，即聚类变量_clus_3（cluster name: _clus_3）。

```
. cluster kmeans z粮油销售收入 z水果销售收入 z衣服销售收入 z鞋帽销售收入 z饮料销售收入
>  z生鲜销售收入 z零食销售收入 z日用品销售收入 z家纺销售收入 z熟食销售收入 z烟酒销售收
> 入,k(4)
cluster name: _clus_3
```

图 4.9　设定聚类数为 4，使用“K 个平均数的聚类分析”方法进行分析的结果

选择“数据”|“数据编辑器”|“数据编辑器（浏览）”命令，进入数据查看界面，可以看到如图 4.10 所示的_clus_3 数据。

	z零食销售收入	z日用品销售收入	z家纺销售收入	z熟食销售收入	z烟酒销售收入	_clus_1	_clus_2	_clus_3
1	.3581066	1.7181	1.619748	1.307673	1.511145	2	3	3
2	.4136437	.4284617	.4655842	.593267	.2625412	2	2	4
3	-.1209604	-.7096605	-.6216299	-1.350435	-1.323006	1	1	1
4	-.6994878	-.8482008	-.8085987	-.8942961	-.9163468	1	1	1
5	.700487	.345487	.5267257	.2594728	.3525243	2	2	4
6	-.215053	-.0340457	-.2138726	.3023336	.3682756	2	2	4
7	.7297104	.1617838	-.0777899	.6848863	.2672846	2	2	4
8	.4465049	-.6934142	-.6882992	-.4526828	-.3092582	1	2	4
9	-.4975812	-.7573922	-.7544141	-.4582073	-.4311861	1	2	4
10	1.79493	1.793018	1.832239	2.029783	2.018819	2	3	3
11	.1698963	1.106707	1.193521	.5043201	.6843916	2	2	4
12	1.009681	1.493875	1.505659	1.572574	1.230072	2	3	3
13	.4476085	1.573631	1.529453	1.146574	1.018733	2	3	3
14	.0810966	-.4738833	-.4838772	-.2509965	-.4120667	1	1	2
15	.2203416	.2416295	.2760181	.2485829	.1994425	1	2	2
16	1.537587	1.502497	1.364049	1.626461	1.161735	2	3	3
17	-.2399116	-.6763147	-.6241384	-.6790227	-.4418714	1	1	1
18	.5408483	.549735	.6518614	.027382	.1068645	2	2	4
19	.4741981	.4814338	.5933716	.3460773	.5189687	2	2	4
20	-1.170101	-.5041541	-.4249561	-.99698	-.7887999	1	1	1
21	.3271519	-.1568844	-.1658589	-.2785893	-.2855356	1	1	2
22	.4002235	-.0841449	.1018545	-.2665137	.052943	1	2	2
23	1.305654	1.879435	1.618589	2.387201	2.497982	2	3	3
24	2.786301	1.759703	1.930549	1.561314	1.914622	2	3	3
25	-.6862179	-.5992986	-.7211074	-.6289759	-.7150183	1	1	1

图 4.10　分析结果图

在图 4.10 中，可以看到所有的观测样本被分为 4 类。其中，石家庄、太原、南昌、郑州、南宁、海口、贵阳、昆明、拉萨、兰州、西宁、乌鲁木齐被分到第 1 类，合肥、武汉、银川、福州、长沙、成都、西安被分到第 2 类，北京、上海、杭州、宁波、厦门、广州、深圳被分到第 3 类，长春、哈尔滨、重庆、天津、呼和浩特、沈阳、大连、南京、济南、青岛被分到第 4 类。

从图 4.10 中很难看出各个类别的特征，我们可以对数据进行排序操作，在主界面的“命令窗口”中输入操作命令：

```
sort _clus_3
```

并按回车键进行确认，然后选择“数据”|“数据编辑器”|“数据编辑器（浏览）”命令，进入数据查看界面，可以看到如图 4.11 所示的整理后的数据。

	z零食销售收入	z日用品销售收入	z家纺销售收入	z熟食销售收入	z烟酒销售收入	_clus_1	_clus_2	_clus_3
1	-.1209604	-.7096605	-.6216299	-1.350435	-1.323006	1	1	1
2	-1.29876	-1.388648	-1.387435	-1.306892	-1.227264	1	1	1
3	-.1428341	-.9469237	-.906028	-.8859107	-.8381975	1	1	1
4	-.6994878	-.8482008	-.8085987	-.8942961	-.9163468	1	1	1
5	-1.944088	-1.190972	-1.325873	-1.080867	-1.410214	1	1	1
6	-.6862179	-.5992986	-.7211074	-.6289759	-.7150183	1	1	1
7	-1.507891	-1.357841	-1.383197	-1.322788	-1.626622	1	1	1
8	-1.056342	-.941924	-.9282102	-.5364978	-.6956663	1	1	1
9	-1.841968	-.8365495	-.9336294	-1.067208	-1.027044	1	1	1
10	-1.170101	-.5041541	-.4249561	-.99698	-.7887999	1	1	1
11	-.6503718	-.730486	-.6817133	-.8147416	-.5904186	1	1	1
12	-.2399116	-.6763147	-.6241384	-.6790227	-.4418714	1	1	1
13	.4002235	-.0841449	.1018545	-.2665137	.052943	1	2	2
14	-.2965781	-.7235287	-.842025	-.303705	-.5239176	1	1	2
15	.3271519	-.1568844	-.1658589	-.2785893	-.2855356	1	1	2
16	.0810966	-.4738833	-.4838772	-.2509965	-.4120667	1	1	2
17	.2203416	.2416295	.2760181	.2485829	.1994425	1	2	2
18	-.8466091	-.1913097	-.1606028	-.0568592	-.0154681	1	2	2
19	-.2231804	-.6694396	-.601007	-.5836455	-.3729258	1	2	2
20	1.79493	1.793018	1.832239	2.029783	2.018819	2	3	3
21	1.537587	1.502497	1.364049	1.626461	1.161735	2	3	3
22	2.786301	1.759703	1.930549	1.561314	1.914622	2	3	3
23	.4476085	1.573631	1.529453	1.146574	1.018733	2	3	3
24	1.305654	1.879435	1.618589	2.387201	2.497982	2	3	3
25	1.009681	1.493875	1.505659	1.572574	1.230072	2	3	3

图 4.11　_clus_3 数据

从图 4.11 中可以看出，第 1 类的各类销售收入都最低，我们称之为低销售收入城市。第 2 类的各类销售收入都较低，我们称之为较低销售收入城市。第 3 类的各类销售收入都最高，我们称之为高销售收入城市。第 4 类的各类销售收入都较高，我们称之为较高销售收入城市。

划分聚类分析的特点是事先制定拟分类的数量。究竟分成多少类是合理的，这是没有定论的。用户需要根据自己的研究、需要以及数据的实际特点加入自己的判断。在上面的分析中，我们尝试着把这 30 个样本分别分为 2、3、4 类进行了研究，可以看出把数据分成 2 类是过于粗糙的，而且 2 个类别所包含的样本数量差别也是比较大的，而把数据分成 3 类或者 4 类都是比较合适的。读者可以再把数据分成 5 类、6 类或者其他数量的类别进行研究，观察分类情况，取出自己认为是最优的分类。

综上所述，基于 K 个平均值的聚类分析的结论是：石家庄、太原、南昌、郑州、南宁、海口、贵阳、昆明、拉萨、兰州、西宁、乌鲁木齐为第 1 类，各类销售收入都是最低的，我们称之为低销售收入城市；合肥、武汉、银川、福州、长沙、成都、西安为第 2 类，各类销售收入都是较低的，我们称之为较低销售收入城市；北京、上海、杭州、宁波、厦门、广州、深圳为第 3 类，各类销售收入都是最高的，我们称之为高销售收入城市；长春、哈尔滨、重庆、天津、呼和浩特、沈阳、大连、南京、济南、青岛为第 4 类，各类销售收入都是较高的，我们称之为较高销售收入城市。

3. K 个中位数的聚类分析

（1）设定聚类数为 2

图 4.12 展示的是设定聚类数为 2，然后使用“K 个中位数的聚类分析”方法进行分析的结果。在输入 Stata 命令并且按回车键进行确认后，我们可以看到系统产生了一个新的变量，即聚类变量 _clus_4（cluster name: _clus_4）。

```
. cluster kmedians z粮油销售收入 z水果销售收入 z衣服销售收入 z鞋帽销售收入 z饮料销售收
> 入 z生鲜销售收入 z零食销售收入 z日用品销售收入 z家纺销售收入 z熟食销售收入 z烟酒销售
> 收入,k(2)
cluster name: _clus_4
```

图 4.12　设定聚类数为 2，使用“K 个中位数的聚类分析”方法进行分析的结果

选择“数据”|“数据编辑器”|“数据编辑器（浏览）”命令，进入数据查看界面，可以看到如图 4.13 所示的_clus_4 数据。

	z零食销售收入	z日用品销售收入	z家纺销售收入	z熟食销售收入	z烟酒销售收入	_clus_1	_clus_2	_clus_3	_clus_4
1	.3581066	1.7181	1.619748	1.307673	1.511145	2	3	3	1
2	.4136437	.4284617	.4655842	.593267	.2625412	2	2	4	2
3	-.1209604	-.7096605	-.6216299	-1.350435	-1.323006	1	1	1	2
4	-.6994878	-.8482008	-.8085987	-.8942961	-.9163468	1	1	1	2
5	.700487	.345487	.5267257	.2594728	.3525243	2	2	4	2
6	-.215053	-.0340457	-.2138726	.3023336	.3682756	2	2	4	2
7	.7297104	.1617838	-.0777899	.6848863	.2672846	2	2	4	2
8	.4465049	-.6934142	-.6882992	-.4526828	-.3092582	1	2	4	2
9	-.4975812	-.7573922	-.7544141	-.4582073	-.4311861	1	2	4	2
10	1.79493	1.793018	1.832239	2.029783	2.018819	2	3	3	1
11	.1698963	1.106707	1.193521	.5043201	.6843916	2	2	4	1
12	1.009681	1.493875	1.505659	1.572574	1.230072	2	3	3	1
13	.4476085	1.573631	1.529453	1.146574	1.018733	2	3	3	1
14	.0810966	-.4738833	-.4838772	-.2509965	-.4120667	1	1	2	2
15	.2203416	.2416295	.2760181	.2485829	.1994425	1	2	2	2
16	1.537587	1.502497	1.364049	1.626461	1.161735	2	3	3	1
17	-.2399116	-.6763147	-.6241384	-.6790227	-.4418714	1	1	1	2
18	.5408483	.549735	.6518614	.027382	.1068645	2	2	4	2
19	.4741981	.4814338	.5933716	.3460773	.5189687	2	2	4	2
20	-1.170101	-.5041541	-.4249561	-.99698	-.7887999	1	1	1	2
21	.3271519	-.1568844	-.1658589	-.2785893	-.2855356	1	1	2	2
22	.4002235	-.0841449	.1018545	-.2665137	.052943	1	2	2	2
23	1.305654	1.879435	1.618589	2.387201	2.497982	2	3	3	1
24	2.786301	1.759703	1.930549	1.561314	1.914622	2	3	3	1
25	-.6862179	-.5992986	-.7211074	-.6289759	-.7150183	1	1	1	2

图 4.13　_clus_4 数据

在图 4.13 中，我们可以看到所有的观测样本被分为 2 类。其中，北京、上海、杭州、宁波、厦门、广州、深圳、南京被分到第 1 类；石家庄、太原、南昌、郑州、南宁、海口、贵阳、昆明、拉萨、兰州、西宁、乌鲁木齐、合肥、武汉、银川、福州、长沙、成都、西安、长春、哈尔滨、重庆、天津、呼和浩特、沈阳、大连、济南、青岛被分到第 2 类。根据聚类特征，我们可以把第 1 类称为高销售收入城市，把第 2 类称为低销售收入城市。

（2）设定聚类数为 3

图 4.14 展示的是设定聚类数为 3，然后使用“K 个中位数的聚类分析”方法进行分析的结果。在输入 Stata 命令并且按回车键进行确认后，我们可以看到系统产生了一个新的变量，即聚类变量_clus_5（cluster name: _clus_5）。

```
. cluster kmedians z粮油销售收入 z水果销售收入 z衣服销售收入 z鞋帽销售收入 z饮料销售收
> 入 z生鲜销售收入 z零食销售收入 z日用品销售收入 z家纺销售收入 z熟食销售收入 z烟酒销售
> 收入,k(3)
cluster name: _clus_5
```

图 4.14　设定聚类数为 3，使用“K 个中位数的聚类分析”方法进行分析的结果

选择“数据”|“数据编辑器”|“数据编辑器（浏览）”命令，进入数据查看界面，可以看到如图 4.15 所示的_clus_5 数据。

	z日用品销售收入	z家纺销售收入	z熟食销售收入	z烟酒销售收入	_clus_1	_clus_2	_clus_3	_clus_4	_clus_5
1	1.7181	1.619748	1.307673	1.511145	2	3	3	1	1
2	.4284617	.4655842	.593267	.2625412	2	2	4	2	3
3	-.7096605	-.6216299	-1.350435	-1.323006	1	1	1	2	2
4	-.8482008	-.8085987	-.8942961	-.9163468	1	1	1	2	2
5	.345487	.5267257	.2594728	.3525243	2	2	4	2	3
6	-.0340457	-.2138726	.3023336	.3682756	2	2	4	2	3
7	.1617838	-.0777899	.6848863	.2672846	2	2	4	2	3
8	-.6934142	-.6882992	-.4526828	-.3092582	1	2	4	2	2
9	-.7573922	-.7544141	-.4582073	-.4311861	1	2	4	2	2
10	1.793018	1.832239	2.029783	2.018819	2	3	3	1	1
11	1.106707	1.193521	.5043201	.6843916	2	2	4	1	3
12	1.493875	1.505659	1.572574	1.230072	2	3	3	1	1
13	1.573631	1.529453	1.146574	1.018733	2	3	3	1	1
14	-.4738833	-.4838772	-.2509965	-.4120667	1	1	2	2	2
15	.2416295	.2760181	.2485829	.1994425	1	2	2	2	3
16	1.502497	1.364049	1.626461	1.161735	2	3	3	1	1
17	-.6763147	-.6241384	-.6790227	-.4418714	1	1	1	2	2
18	.549735	.6518614	.027382	.1068645	2	2	4	2	3
19	.4814338	.5933716	.3460773	.5189687	2	2	4	2	3
20	-.5041541	-.4249561	-.99698	-.7887999	1	1	1	2	2
21	-.1568844	-.1658589	-.2785893	-.2855356	1	1	2	2	2
22	-.0841449	.1018545	-.2665137	.052943	1	2	2	2	2
23	1.879435	1.618589	2.387201	2.497982	2	3	3	1	1
24	1.759703	1.930549	1.561314	1.914622	2	3	3	1	1
25	-.5992986	-.7211074	-.6289759	-.7150183	1	1	1	2	2

图 4.15　_clus_5 数据

在图 4.15 中，我们可以看到所有的观测样本被分为 3 类。其中，北京、上海、杭州、宁波、厦门、广州、深圳被分到第 1 类；石家庄、太原、南昌、郑州、南宁、海口、贵阳、昆明、拉萨、兰州、西宁、乌鲁木齐、合肥、武汉、银川、长沙、长春、哈尔滨被分到第 2 类；南京、福州、成都、西安、重庆、天津、呼和浩特、沈阳、大连、济南、青岛被分到第 3 类。

我们可以看到第 1 类的特征是各类销售收入都相对非常高；第 2 类的特征是各类销售收入都相对非常低；第 3 类的特征是各类销售收入都处于中等水平。我们可以把第 1 类称为高销售收入城市，把第 2 类称为低销售收入城市，把第 3 类称为中等销售收入城市。

（3）设定聚类数为 4

图 4.16 展示的是设定聚类数为 4，然后使用“K 个中位数的聚类分析”方法进行分析的结果。在输入 Stata 命令并且按回车键进行确认后，我们可以看到系统产生了一个新的变量，即聚类变量 _clus_6（cluster name: _clus_6）。

```
. cluster kmedians z粮油销售收入 z水果销售收入 z衣服销售收入 z鞋帽销售收入 z饮料销售收
> 入 z生鲜销售收入 z零食销售收入 z日用品销售收入 z家纺销售收入 z熟食销售收入 z烟酒销售
> 收入,k(4)
cluster name: _clus_6
```

图 4.16　设定聚类数为 4，使用“K 个中位数的聚类分析”方法进行分析的结果

选择“数据”|“数据编辑器”|“数据编辑器（浏览）”命令，进入数据查看界面，可以看到如图 4.17 所示的_clus_6 数据。

	z家纺销售收入	z熟食销售收入	z烟酒销售收入	_clus_1	_clus_2	_clus_3	_clus_4	_clus_5	_clus_6
1	1.619748	1.307673	1.511145	2	3	3	1	1	3
2	.4655842	.593267	.2625412	2	2	4	2	3	1
3	-.6216299	-1.350435	-1.323006	1	1	1	2	2	4
4	-.8085987	-.8942961	-.9163468	1	1	1	2	2	2
5	.5267257	.2594728	.3525243	2	2	4	2	3	1
6	-.2138726	.3023336	.3682756	2	2	4	2	3	1
7	-.0777899	.6848863	.2672846	2	2	4	2	3	1
8	-.6882992	-.4526828	-.3092582	1	2	4	2	2	2
9	-.7544141	-.4582073	-.4311861	1	2	4	2	2	2
10	1.832239	2.029783	2.018819	2	3	3	1	1	3
11	1.193521	.5043201	.6843916	2	2	4	1	3	1
12	1.505659	1.572574	1.230072	2	3	3	1	1	3
13	1.529453	1.146574	1.018733	2	3	3	1	1	3
14	-.4838772	-.2509965	-.4120667	1	1	2	2	2	2
15	.2760181	.2485829	.1994425	1	2	2	2	3	1
16	1.364049	1.626461	1.161735	2	3	3	1	1	3
17	-.6241384	-.6790227	-.4418714	1	1	1	2	2	2
18	.6518614	.027382	.1068645	2	2	4	2	3	1
19	.5933716	.3460773	.5189687	2	2	4	2	3	1
20	-.4249561	-.99698	-.7887999	1	1	1	2	2	2
21	-.1658589	-.2785893	-.2855356	1	1	2	2	2	2
22	.1018545	-.2665137	.052943	1	2	2	2	2	2
23	1.618589	2.387201	2.497982	2	3	3	1	1	3
24	1.930549	1.561314	1.914622	2	3	3	1	1	3
25	-.7211074	-.6289759	-.7150183	1	1	1	2	2	4

图 4.17 _clus_6 数据

在图 4.17 中，我们可以看到所有的观测样本被分为 4 类。其中，南京、福州、成都、天津、呼和浩特、沈阳、大连、济南、青岛为第 1 类；太原、南昌、郑州、合肥、武汉、银川、长沙、长春、哈尔滨、西安、重庆被分到第 2 类；北京、上海、杭州、宁波、厦门、广州、深圳被分到第 3 类；石家庄、南宁、海口、贵阳、昆明、拉萨、兰州、西宁、乌鲁木齐被分到第 4 类。从图 4.17 中很难看出各个类别的特征，我们可以对数据进行排序操作，在主界面的“命令窗口”中输入操作命令：

```
sort _clus_6
```

并按回车键进行确认，然后选择“数据”|“数据编辑器”|“数据编辑器（浏览）”命令，进入数据查看界面，可以看到如图 4.18 所示的整理后的数据。

从图 4.18 中可以看出，第 1 类的各类销售收入都较高，我们称之为较高销售收入城市。第 2 类的各类销售收入都较低，我们称之为较低销售收入城市。第 3 类的各类销售收入都最高，我们称之为高销售收入城市。第 4 类的各类销售收入都最低，我们称之为低销售收入城市。

可以发现 K 个平均数的聚类分析和 K 个中位数的聚类分析得出的结论并不完全一致。关于两种方法孰优孰劣的问题，目前还没有定论，只是 K 个平均数的聚类分析方法应用更多一些。在实践过程中，用户可以根据研究的需要和自己的偏好进行选择，当然也可以将两种方法结合在一起进行综合判断。

	z家纺销售收入	z熟食销售收入	z烟酒销售收入	_clus_1	_clus_2	_clus_3	_clus_4	_clus_5	_clus_6
1	-.1606028	-.0568592	-.0154681	1	2	2	2	3	1
2	-.2138726	.3023336	.3682756	2	2	4	2	3	1
3	1.193521	.5043201	.6843916	2	2	4	1	3	1
4	.6518614	.027382	.1068645	2	2	4	2	3	1
5	-.0777899	.6848863	.2672846	2	2	4	2	3	1
6	.2760181	.2485829	.1994425	1	2	2	2	3	1
7	.5267257	.2594728	.3525243	2	2	4	2	3	1
8	.4655842	.593267	.2625412	2	2	4	2	3	1
9	.5933716	.3460773	.5189687	2	2	4	2	3	1
10	-.4249561	-.99698	-.7887999	1	1	1	2	2	2
11	-.4749604	-.3820882	-.215516	1	2	4	2	3	2
12	.1018545	-.2665137	.052943	1	2	2	2	2	2
13	-.8085987	-.8942961	-.9163468	1	1	1	2	2	2
14	-.6241384	-.6790227	-.4418714	1	1	1	2	2	2
15	-.7544141	-.4582073	-.4311861	1	2	4	2	2	2
16	-.1658589	-.2785893	-.2855356	1	1	2	2	2	2
17	-.6882992	-.4526828	-.3092582	1	2	4	2	2	2
18	-.842025	-.303705	-.5239176	1	1	2	2	2	2
19	-.601007	-.5836455	-.3729258	1	2	2	2	3	2
20	-.4838772	-.2509965	-.4120667	1	1	2	2	2	2
21	1.529453	1.146574	1.018733	2	3	3	1	1	3
22	1.619748	1.307673	1.511145	2	3	3	1	1	3
23	1.618589	2.387201	2.497982	2	3	3	1	1	3
24	1.364049	1.626461	1.161735	2	3	3	1	1	3
25	1.505659	1.572574	1.230072	2	3	3	1	1	3

图 4.18 排序后_clus_6 数据

综上所述，基于 K 个中位数的聚类分析的结论是：南京、福州、成都、天津、呼和浩特、沈阳、大连、济南、青岛为第 1 类，各类销售收入都较高，我们称之为较高销售收入城市；太原、南昌、郑州、合肥、武汉、银川、长沙、长春、哈尔滨、西安、重庆为第 2 类，各类销售收入都较低，我们称之为较低销售收入城市；北京、上海、杭州、宁波、厦门、广州、深圳为第 3 类，各类销售收入都最高，我们称之为高销售收入城市；石家庄、南宁、海口、贵阳、昆明、拉萨、兰州、西宁、乌鲁木齐为第 4 类，各类销售收入都应该是最低的，我们称之为低销售收入城市。

上述的 Stata 命令比较简洁，分析过程及结果已达到解决实际问题的目的。Stata 16.0 的强大之处在于，它提供了更加复杂的命令格式以满足用户更加个性化的需求，包括采用其他相异性指标、设置聚类变量的名称、设置观测样本为初始聚类中心、排除作为初始聚类中心的观测样本等。现分别介绍如下：

1. 采用其他相异性指标

在上面的实例中，聚类分析使用的相异性指标是系统的默认选项，也就是欧氏距离（Euclidean Distance）。除此之外，还有其他基于连续变量观测量的相异性指标可以使用，包括欧氏距离的平方（Squared Euclidean Distance）、绝对值距离（Absolute-Value Distance）、最大值距离（Maximum-Value Distance）、相关系数相似性度量（Correlation Coefficient Similarity Measure）等。例如，设定聚类数为 3，然后使用“K 个平均数的聚类分析”方法，采用欧氏距离的平方这一相异性指标，操作命令应该相应地修改为：

```
cluster kmeans z粮油销售收入 z水果销售收入 z衣服销售收入 z鞋帽销售收入 z饮料销售收入 z生鲜销售收入 z零食销售收入 z日用品销售收入 z家纺销售收入 z熟食销售收入 z烟酒销售收入,k(3) measure(L2squared)
```

在命令窗口中输入命令并按回车键进行确认，结果如图 4.19 和图 4.20 所示。

可以看到系统产生了一个新的变量，即聚类变量_clus_7（cluster name: _clus_7）。

```
. cluster kmeans z粮油销售收入 z水果销售收入 z衣服销售收入 z鞋帽销售收入 z饮料销售收入
> z生鲜销售收入 z零食销售收入 z日用品销售收入 z家纺销售收入 z熟食销售收入 z烟酒销售收
> 入,k(3) measure(L2squared)
cluster name: _clus_7
```

图 4.19　采用其他相异性指标分析结果图

选择“数据”|“数据编辑器”|“数据编辑器（浏览）”命令，进入数据查看界面，可以看到如图 4.20 所示的_clus_7 数据。

	z熟食销售收入	z烟酒销售收入	_clus_1	_clus_2	_clus_3	_clus_4	_clus_5	_clus_6	_clus_7
1	-.0568592	-.0154681	1	2	2	2	3	1	3
2	.3023336	.3682756	2	2	4	2	3	1	3
3	.5043201	.6843916	2	2	4	1	3	1	3
4	.027382	.1068645	2	2	4	2	3	1	3
5	.6848863	.2672846	2	2	4	2	3	1	3
6	.2485829	.1994425	1	2	2	2	3	1	3
7	.2594728	.3525243	2	2	4	2	3	1	3
8	.593267	.2625412	2	2	4	2	3	1	3
9	.3460773	.5189687	2	2	4	2	3	1	3
10	-.99698	-.7887999	1	1	1	2	2	2	2
11	-.3820882	-.215516	1	2	4	2	3	2	3
12	-.2665137	.052943	1	2	2	2	2	2	3
13	-.8942961	-.9163468	1	1	1	2	2	2	2
14	-.6790227	-.4418714	1	1	1	2	2	2	2
15	-.4582073	-.4311861	1	2	4	2	2	2	3
16	-.2785893	-.2855356	1	1	2	2	2	2	3
17	-.4526828	-.3092582	1	2	4	2	2	2	3
18	-.303705	-.5239176	1	1	2	2	2	2	3
19	-.5836455	-.3729258	1	2	2	2	3	2	3
20	-.2509965	-.4120667	1	1	2	2	2	2	3
21	1.146574	1.018733	2	3	3	1	1	3	1
22	1.307673	1.511145	2	3	3	1	1	3	1
23	2.387201	2.497982	2	3	3	1	1	3	1
24	1.626461	1.161735	2	3	3	1	1	3	1
25	1.572574	1.230072	2	3	3	1	1	3	1

图 4.20　采用其他相异性指标的_clus_7 数据

结果的解读方式与前面类似，限于篇幅，这里不再赘述。可以发现这两种测量方法下的聚类分析结果差别很大。基于连续变量观测量的相异性指标与其对应的 Stata 16.0 命令如表 4.1 所示。

表 4.1　基于连续变量观测量的相异性指标与其对应的 Stata 命令

基于连续变量观测量的相异性指标	对应的Stata命令
欧氏距离	L2
欧氏距离的平方	L2 squared
绝对值距离	L1
最大值距离	Linfinity
相关系数相似性度量	Correlation

2. 设置聚类变量的名称

在上面的实例中，聚类分析产生的聚类变量是系统默认生成的，例如_clus_1。事实上，我们可以个性化地设置聚类变量的名称。

例如，设定聚类数为 3，然后使用“K 个平均数的聚类分析”方法，采用绝对值距离的相异性指标，把产生的聚类变量取名为 abs，那么操作命令应该相应地修改为：

```
cluster kmeans z粮油销售收入 z水果销售收入 z衣服销售收入 z鞋帽销售收入 z饮料销售收入 z生鲜销售收入 z零食销售收入 z日用品销售收入 z家纺销售收入 z熟食销售收入 z烟酒销售收入,k(3) measure(L1) name(abs)
```

在命令窗口输入命令并按回车键进行确认，然后选择“数据”|“数据编辑器”|“数据编辑器（浏览）”命令，进入数据查看界面，可以看到如图 4.21 所示的 abs 数据。

	z熟食销售收入	z烟酒销售收入	_clus_1	_clus_2	_clus_3	_clus_4	_clus_5	_clus_6	abs
1	-.0568592	-.0154681	1	2	2	2	3	1	3
2	.3023336	.3682756	2	2	4	2	3	1	3
3	.5043201	.6843916	2	2	4	1	3	1	3
4	.027382	.1068645	2	2	4	2	3	1	3
5	.6848863	.2672846	2	2	4	2	3	1	3
6	.2485829	.1994425	1	2	2	2	3	1	3
7	.2594728	.3525243	2	2	4	2	3	1	3
8	.593267	.2625412	2	2	4	2	3	1	3
9	.3460773	.5189687	2	2	4	2	3	1	3
10	-.99698	-.7887999	1	1	1	2	2	2	2
11	-.3820882	-.215516	1	2	4	2	3	2	3
12	-.2665137	.052943	1	2	2	2	2	2	3
13	-.8942961	-.9163468	1	1	1	2	2	2	2
14	-.6790227	-.4418714	1	1	1	2	2	2	2
15	-.4582073	-.4311861	1	2	4	2	2	2	2
16	-.2785893	-.2855356	1	1	2	2	2	2	2
17	-.4526828	-.3092582	1	2	4	2	2	2	2
18	-.303705	-.5239176	1	1	2	2	2	2	2
19	-.5836455	-.3729258	1	2	2	2	3	2	2
20	-.2509965	-.4120667	1	1	2	2	2	2	2
21	1.146574	1.018733	2	3	3	1	1	3	1
22	1.307673	1.511145	2	3	3	1	1	3	1
23	2.387201	2.497982	2	3	3	1	1	3	1
24	1.626461	1.161735	2	3	3	1	1	3	1
25	1.572574	1.230072	2	3	3	1	1	3	1

图 4.21　abs 数据

结果的解读方式与前面类似，限于篇幅，这里不再赘述。

3. 设置观测样本为初始聚类中心

可以根据拟聚类数设置前几个观测样本为初始聚类中心进行聚类。

例如，设定聚类数为 3，然后使用“K 个平均数的聚类分析”方法，采用绝对值距离的相异性指标，把产生的聚类变量取名为 abcd，设置前几个观测样本为初始聚类中心进行聚类。那么操作命令应该相应地修改为：

```
cluster kmeans z粮油销售收入 z水果销售收入 z衣服销售收入 z鞋帽销售收入 z饮料销售收入 z生鲜销售收入 z零食销售收入 z日用品销售收入 z家纺销售收入 z熟食销售收入 z烟酒销售收入,k(3) measure(L1) name(abcd) start(firstk)
```

在命令窗口输入命令并按回车键进行确认，然后选择“数据”|“数据编辑器”|“数据编辑器（浏览）”命令，进入数据查看界面，可以看到如图 4.22 所示的 abcd 数据。

结果的解读方式与前面类似，限于篇幅，这里不再赘述。

	z熟食销售收入	z烟酒销售收入	_clus_1	_clus_2	_clus_3	_clus_4	_clus_5	_clus_6	abs	abcd
1	-.0568592	-.0154681	1	2	2	2	3	1	3	2
2	.3023336	.3682756	2	2	4	2	3	1	3	2
3	.5043201	.6843916	2	2	4	1	3	1	3	2
4	.027382	.1068645	2	2	4	2	3	1	3	2
5	.6848863	.2672846	2	2	4	2	3	1	3	2
6	.2485829	.1994425	1	2	2	2	3	1	3	2
7	.2594728	.3525243	2	2	4	2	3	1	3	2
8	.593267	.2625412	2	2	4	2	3	1	3	2
9	.3460773	.5189687	2	2	4	2	3	1	3	2
10	-.99698	-.7887999	1	1	1	2	2	2	2	1
11	-.3820882	-.215516	1	2	4	2	3	2	3	2
12	-.2665137	.052943	1	2	2	2	2	2	3	2
13	-.8942961	-.9163468	1	1	1	2	2	2	2	1
14	-.6790227	-.4418714	1	1	1	2	2	2	2	1
15	-.4582073	-.4311861	1	2	4	2	2	2	2	1
16	-.2785893	-.2855356	1	1	2	2	2	2	2	1
17	-.4526828	-.3092582	1	2	4	2	2	2	2	1
18	-.303705	-.5239176	1	1	2	2	2	2	2	1
19	-.5836455	-.3729258	1	2	2	2	3	2	2	2
20	-.2509965	-.4120667	1	1	2	2	2	2	2	1
21	1.146574	1.018733	2	3	3	1	1	3	1	3
22	1.307673	1.511145	2	3	3	1	1	3	1	3
23	2.387201	2.497982	2	3	3	1	1	3	1	3
24	1.626461	1.161735	2	3	3	1	1	3	1	3
25	1.572574	1.230072	2	3	3	1	1	3	1	3

图 4.22 abcd 数据

4. 排除作为初始聚类中心的观测样本

在上面的实例中，我们可以根据拟聚类数设置前几个观测样本为初始聚类中心进行聚类，但是在聚类分析时需要把作为初始聚类中心的观测样本排除。

例如，设定聚类数为 3，然后使用“K 个平均数的聚类分析”方法，采用绝对值距离的相异性指标，把产生的聚类变量取名为 abcde，设置前几个观测样本为初始聚类中心进行聚类，但是在聚类分析时需要把作为初始聚类中心的观测样本排除，那么操作命令应该相应地修改为：

```
cluster kmeans z粮油销售收入 z水果销售收入 z衣服销售收入 z鞋帽销售收入 z饮料销售收入 z生鲜销售收入 z零食销售收入 z日用品销售收入 z家纺销售收入 z熟食销售收入 z烟酒销售收入,k(3) measure(L1) name(abcde) start(firstk, exclude)
```

在命令窗口输入命令并按回车键进行确认，然后选择“数据”|“数据编辑器”|“数据编辑器（浏览）”命令，进入数据查看界面，可以看到如图 4.23 所示的 abcde 数据。

	z烟酒销售收入	_clus_1	_clus_2	_clus_3	_clus_4	_clus_5	_clus_6	abs	abcd	abcde
1	-.0154681	1	2	2	2	3	1	3	2	.
2	.3682756	2	2	4	2	3	1	3	2	.
3	.6843916	2	2	4	1	3	1	3	2	.
4	.1068645	2	2	4	2	3	1	3	2	2
5	.2672846	2	2	4	2	3	1	3	2	2
6	.1994425	1	2	2	2	3	1	3	2	2
7	.3525243	2	2	4	2	3	1	3	2	2
8	.2625412	2	2	4	2	3	1	3	2	2
9	.5189687	2	2	4	2	3	1	3	2	2
10	-.7887999	1	1	1	2	2	2	2	1	1
11	-.215516	1	2	4	2	3	2	3	2	2
12	.052943	1	2	2	2	2	2	3	2	2
13	-.9163468	1	1	1	2	2	2	2	1	1
14	-.4418714	1	1	1	2	2	2	2	1	1
15	-.4311861	1	2	4	2	2	2	2	1	1
16	-.2855356	1	1	2	2	2	2	2	1	1
17	-.3092582	1	2	4	2	2	2	2	1	2
18	-.5239176	1	1	2	2	2	2	2	1	1
19	-.3729258	1	2	2	2	3	2	2	2	1
20	-.4120667	1	1	2	2	2	2	2	1	1
21	1.018733	2	3	3	1	1	3	1	3	3
22	1.511145	2	3	3	1	1	3	1	3	3
23	2.497982	2	3	3	1	1	3	1	3	3
24	1.161735	2	3	3	1	1	3	1	3	3
25	1.230072	2	3	3	1	1	3	1	3	3

图 4.23　abcde 数据

结果的解读方式与前面类似，限于篇幅，这里不再赘述。

4.4.3　层次聚类分析过程

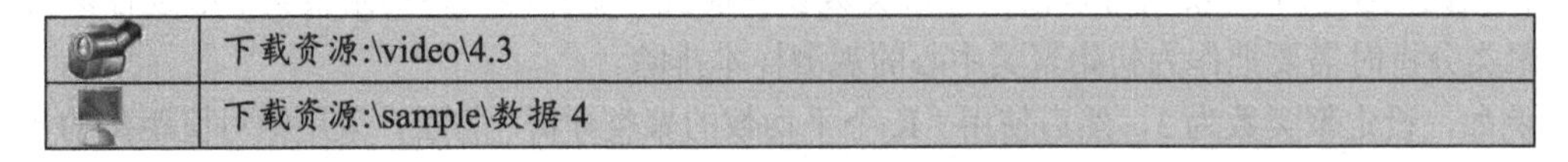

	下载资源:\video\4.3
	下载资源:\sample\数据 4

层次聚类分析方法有很多种，Stata 16.0 支持 7 种，包括最短联结法聚类分析、最长联结法聚类分析、平均联结法聚类分析、加权平均联结法聚类分析、中位数联结法聚类分析、重心联结法聚类分析、Ward 联结法聚类分析等。我们先保存数据，然后开始展开分析。

1. 最短联结法聚类分析

操作步骤如下：

01 进入 Stata 16.0，打开相关数据文件，弹出主界面。

02 在主界面的“命令窗口”中分别输入如下命令并按回车键进行确认：

```
cluster singlelinkage  z粮油销售收入 z水果销售收入 z衣服销售收入 z鞋帽销售收入 z饮料销售收入 z生鲜销售收入 z零食销售收入 z日用品销售收入 z家纺销售收入 z熟食销售收入 z烟酒销售收入,name(a)
```

本命令旨在使用最短联结法对各类销售收入变量进行层次聚类分析。

```
cluster dendrogram
```

本命令旨在产生聚类分析树状图来描述层次聚类分析的结果。

03 设置完毕后，等待输出结果。

2. 最长联结法聚类分析

操作步骤如下：

01 进入 Stata 16.0，打开相关数据文件，弹出主界面。
02 在主界面的“命令窗口”中分别输入如下命令并按回车键进行确认：

```
cluster completelinkage z粮油销售收入 z水果销售收入 z衣服销售收入 z鞋帽销售收入 z饮料销售收入 z生鲜销售收入 z零食销售收入 z日用品销售收入 z家纺销售收入 z熟食销售收入 z烟酒销售收入,name(b)
```

本命令旨在使用最长联结法对各类销售收入变量进行层次聚类分析。

```
cluster dendrogram
```

本命令旨在产生聚类分析树状图来描述层次聚类分析的结果。

03 设置完毕后，等待输出结果。

3. 平均联结法聚类分析

操作步骤如下：

01 进入 Stata 16.0，打开相关数据文件，弹出主界面。
02 在主界面的“命令窗口”中分别输入如下命令并按回车键进行确认：

```
cluster averagelinkage z粮油销售收入 z水果销售收入 z衣服销售收入 z鞋帽销售收入 z饮料销售收入 z生鲜销售收入 z零食销售收入 z日用品销售收入 z家纺销售收入 z熟食销售收入 z烟酒销售收入,name(c)
```

本命令旨在使用平均联结法对各类销售收入变量进行层次聚类分析。

```
cluster dendrogram
```

本命令旨在产生聚类分析树状图来描述层次聚类分析的结果。

03 设置完毕后，等待输出结果。

4. 加权平均联结法聚类分析

操作步骤如下：

01 进入 Stata 16.0，打开相关数据文件，弹出主界面。
02 在主界面的“命令窗口”中分别输入如下命令并按回车键进行确认：

```
cluster waveragelinkage z粮油销售收入 z水果销售收入 z衣服销售收入 z鞋帽销售收入 z饮料销售收入 z生鲜销售收入 z零食销售收入 z日用品销售收入 z家纺销售收入 z熟食销售收入 z烟酒销售收入,name(d)
```

本命令旨在使用加权平均联结法对各类销售收入变量进行层次聚类分析。

```
cluster dendrogram
```

本命令旨在产生聚类分析树状图来描述层次聚类分析的结果。

03 设置完毕后，等待输出结果。

5. 中位数联结法聚类分析

操作步骤如下：

01 进入 Stata 16.0，打开相关数据文件，弹出主界面。

02 在主界面的“命令窗口”中分别输入如下命令并按回车键进行确认：

cluster medianlinkage z粮油销售收入 z水果销售收入 z衣服销售收入 z鞋帽销售收入 z饮料销售收入 z生鲜销售收入 z零食销售收入 z日用品销售收入 z家纺销售收入 z熟食销售收入 z烟酒销售收入,name(e)

本命令旨在使用中位数联结法对各类销售收入变量进行层次聚类分析。

03 设置完毕后，等待输出结果。

6. 重心联结法聚类分析

操作步骤如下：

01 进入 Stata 16.0，打开相关数据文件，弹出主界面。

02 在主界面的“命令窗口”中分别输入如下命令并按回车键进行确认：

```
cluster centroidlinkage z粮油销售收入 z水果销售收入 z衣服销售收入 z鞋帽销售收入 z饮料销售收入
z生鲜销售收入 z零食销售收入 z日用品销售收入 z家纺销售收入 z熟食销售收入 z烟酒销售收入,name(f)
```

本命令旨在使用重心联结法对各类销售收入变量进行层次聚类分析。

03 设置完毕后，等待输出结果。

7. Ward 联结法聚类分析

操作步骤如下：

01 进入 Stata 16.0，打开相关数据文件，弹出主界面。

02 在主界面的“命令窗口”中分别输入如下命令并按回车键进行确认：

```
cluster wardslinkage z粮油销售收入 z水果销售收入 z衣服销售收入 z鞋帽销售收入 z饮料销售收入 z
生鲜销售收入 z零食销售收入 z日用品销售收入 z家纺销售收入 z熟食销售收入 z烟酒销售收入,name(g)
```

本命令旨在使用 Ward 联结法对各类销售收入变量进行层次聚类分析。

```
cluster dendrogram
```

本命令旨在产生聚类分析树状图来描述层次聚类分析的结果。

03 设置完毕后，等待输出结果。

4.4.4 层次聚类结果分析

在 Stata 16.0 主界面的结果窗口可以看到如图 4.24~图 4.49 所示的分析结果。

1. 最短联结法聚类分析

选择“数据”|“数据编辑器”|“数据编辑器（浏览）”命令，进入数据查看界面，可以看到如图 4.24 所示的 a 数据。

	z零食销售收入	z日用品销售收入	z家纺销售收入	z熟食销售收入	z烟酒销售收入	a_id	a_ord	a_hgt
7	.700487	.345487	.5267257	.2594728	.3525243	7	27	2.9217064
8	.4136437	.4284617	.4655842	.593267	.2625412	8	3	2.1435213
9	.4741981	.4814338	.5933716	.3460773	.5189687	9	2	1.4696885
10	-1.170101	-.5041541	-.4249561	-.99698	-.7887999	10	7	1.6162895
11	-.3060347	-.5204828	-.4749604	-.3820882	-.215516	11	4	1.3395466
12	.4002235	-.0841449	.1018545	-.2665137	.052943	12	5	1.0946193
13	-.6994878	-.8482008	-.8085987	-.8942961	-.9163468	13	8	1.7946184
14	-.2399116	-.6763147	-.6241384	-.6790227	-.4418714	14	9	2.0198266
15	-.4975812	-.7573922	-.7544141	-.4582073	-.4311861	15	30	1.835568
16	.3271519	-.1568844	-.1658589	-.2785893	-.2855356	16	28	1.0694755
17	.4465049	-.6934142	-.6882992	-.4526828	-.3092582	17	32	1.313794
18	-.2965781	-.7235287	-.842025	-.303705	-.5239176	18	33	1.8367184
19	-.2231804	-.6694396	-.601007	-.5836455	-.3729258	19	34	1.8912505
20	.0810966	-.4738833	-.4838772	-.2509965	-.4120667	20	29	1.878013
21	.4476085	1.573631	1.529453	1.146574	1.018733	21	12	1.8583768
22	.3581066	1.7181	1.619748	1.307673	1.511145	22	13	1.8538899
23	1.305654	1.879435	1.618589	2.387201	2.497982	23	14	1.5096011
24	1.537587	1.502497	1.364049	1.626461	1.161735	24	16	1.8299387
25	1.009681	1.493875	1.505659	1.572574	1.230072	25	1	1.5509594
26	2.786301	1.759703	1.930549	1.561314	1.914622	26	6	1.5680464
27	1.79493	1.793018	1.832239	2.029783	2.018819	27	20	1.8081363
28	-1.29876	-1.388648	-1.387435	-1.306892	-1.227264	28	10	1.4676853
29	-1.056342	-.941924	-.9282102	-.5364978	-.6956663	29	15	1.3769884
30	-1.841968	-.8365495	-.9336294	-1.067208	-1.027044	30	17	1.5980104
31	-.6862179	-.5992986	-.7211074	-.6289759	-.7150183	31	11	1.2957221

图 4.24　a 数据

在图 4.24 中，可以看到层次聚类分析方法产生的聚类变量与划分聚类分析方法是不同的，它包括 3 个组成部分：a_id、a_ord 和 a_hgt。

其中，a_id 表示的是系统对该观测样本的初始编号；a_ord 表示的是系统对该观测样本进行聚类分析处理后的编号；a_hgt 表示的是系统对该观测样本进行聚类计算后的值。

为了使聚类分析的结果可视化，我们需要绘制如图 4.25 所示的聚类分析树状图。在输入 Stata 命令并且按回车键进行确认后，可以看到系统产生了聚类分析树状图。

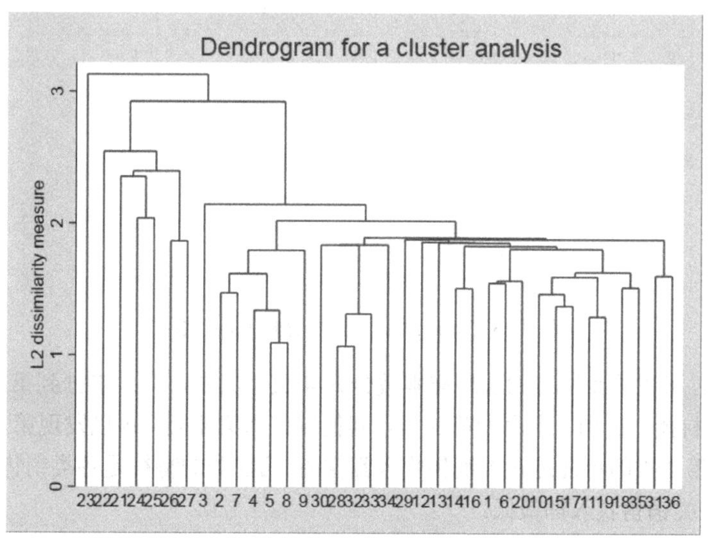

图 4.25　聚类分析树状图

观察图 4.25，可以直观地看到具体的聚类情况：28 号样本跟 32 号样本首先聚合在一起，进入数据查看界面查看 a_id 变量，28 号样本代表的是兰州，32 号样本代表的是西宁。28 号样本与 32 号样本聚合后又与 33 号样本（乌鲁木齐）聚合，以此类推，最后 23 号样本（广州）与所有样本聚合为一类。那么，到底分成了多少类呢？答案是不确定的，因为这取决于研究的需要和实际的情况，需要用户加入自己的判断。例如，可分成 2 类，即 23 号样本（广州）单独一类，其他的样本属于一类。

在以上层次聚类分析方法中，如果样本比较多，可能图中就显得比较乱，可以使用产生聚类变量的方法对样本进行有明确分类数量的聚类。例如，分别把所有观测样本分为 4 类和 2 类。

操作命令为：

```
cluster generate type1=group(4)
```

本命令的含义是产生聚类变量 type1，使用层次聚类分析方法把样本分为 4 类。

```
cluster generate type2=group(2)
```

本命令的含义是产生聚类变量 type2，使用层次聚类分析方法把样本分为 2 类。

（1）图 4.26 展示的是设定聚类数为 4，然后进行分析的结果。在输入第 1 条 Stata 命令并且分别按回车键进行确认后，选择“数据”|“数据编辑器”|“数据编辑器（浏览）”命令，进入数据查看界面，可以看到如图 4.26 所示的 type1 数据。

	城市	z家纺销售收入	z熟食销售收入	z烟酒销售收入	a_id	a_ord	a_hgt	type1
1	成都	-.1606028	-.0568592	-.0154681	1	23	3.1283883	4
2	沈阳	-.2138726	.3023336	.3682756	2	22	2.5435669	4
3	南京	1.193521	.5043201	.6843916	3	21	2.3538557	4
4	济南	.6518614	.027382	.1068645	4	24	2.0387739	4
5	大连	-.0777899	.6848863	.2672846	5	25	2.3951268	4
6	福州	.2760181	.2485829	.1994425	6	26	1.8628997	4
7	呼和浩特	.5267257	.2594728	.3525243	7	27	2.9217064	4
8	天津	.4655842	.593267	.2625412	8	3	2.1435213	4
9	青岛	.5933716	.3460773	.5189687	9	2	1.4696885	4
10	郑州	-.4249561	-.99698	-.7887999	10	7	1.6162895	4
11	重庆	-.4749604	-.3820882	-.215516	11	4	1.3395466	4
12	长沙	.1018545	-.2665137	.052943	12	5	1.0946193	4
13	太原	-.8085987	-.8942961	-.9163468	13	8	1.7946184	4
14	南昌	-.6241384	-.6790227	-.4418714	14	9	2.0198266	4
15	哈尔滨	-.7544141	-.4582073	-.4311861	15	30	1.835568	4
16	武汉	-.1658589	-.2785893	-.2855356	16	28	1.0694755	4
17	长春	-.6882992	-.4526828	-.3092582	17	32	1.313794	4
18	银川	-.842025	-.303705	-.5239176	18	33	1.8367184	4
19	西安	-.601007	-.5836455	-.3729258	19	34	1.8912505	4
20	合肥	-.4838772	-.2509965	-.4120667	20	29	1.878013	4
21	宁波	1.529453	1.146574	1.018733	21	12	1.8583768	3
22	北京	1.619748	1.307673	1.511145	22	13	1.8538899	2
23	广州	1.618589	2.387201	2.497982	23	14	1.5096011	1
24	厦门	1.364049	1.626461	1.161735	24	16	1.8299387	3
25	杭州	1.505659	1.572574	1.230072	25	1	1.5509594	3

图 4.26　最短联结法聚类分析 type1 数据

在图 4.26 中，可以看到所有的观测样本被分为 4 类。其中，广州被分到第 1 类，北京为第 2 类，宁波、厦门、杭州、深圳、上海为第 3 类，其他城市为第 4 类。可以发现第 1 类的特征是各类销售收入都最高。第 2 类的特征是各类销售收入都次高。第 3 类的特征是各类销售收入都介于中值。第 4 类的特征是各类销售收入都最低。

（2）图 4.27 展示的是设定聚类数为 2，然后进行分析的结果。在输入第 2 条 Stata 命令并且

按回车键进行确认后，选择“数据”|“数据编辑器”|“数据编辑器（浏览）”命令，进入数据查看界面，可以看到如图 4.27 所示的 type2 数据。

	城市	z家纺销售收入	z熟食销售收入	z烟酒销售收入	a_id	a_ord	a_hgt	type1	type2
10	郑州	-.4249561	-.99698	-.7887999	10	7	1.6162895	4	2
11	重庆	-.4749604	-.3820882	-.215516	11	4	1.3395466	4	2
12	长沙	.1018545	-.2665137	.052943	12	5	1.0946193	4	2
13	太原	-.8085987	-.8942961	-.9163468	13	8	1.7946184	4	2
14	南昌	-.6241384	-.6790227	-.4418714	14	9	2.0198266	4	2
15	哈尔滨	-.7544141	-.4582073	-.4311861	15	30	1.835568	4	2
16	武汉	-.1658589	-.2785893	-.2855356	16	28	1.0694755	4	2
17	长春	-.6882992	-.4526828	-.3092582	17	32	1.313794	4	2
18	银川	-.842025	-.303705	-.5239176	18	33	1.8367184	4	2
19	西安	-.601007	-.5836455	-.3729258	19	34	1.8912505	4	2
20	合肥	-.4838772	-.2509965	-.4120667	20	29	1.878013	4	2
21	宁波	1.529453	1.146574	1.018733	21	12	1.8583768	3	2
22	北京	1.619748	1.307673	1.511145	22	13	1.8538899	2	2
23	广州	1.618589	2.387201	2.497982	23	14	1.5096011	1	1
24	厦门	1.364049	1.626461	1.161735	24	16	1.8299387	3	2
25	杭州	1.505659	1.572574	1.230072	25	1	1.5509594	3	2
26	深圳	1.930549	1.561314	1.914622	26	6	1.5680464	3	2
27	上海	1.832239	2.029783	2.018819	27	20	1.8081363	3	2
28	兰州	-1.387435	-1.306892	-1.227264	28	10	1.4676853	4	2
29	贵阳	-.9282102	-.5364978	-.6956663	29	15	1.3769884	4	2
30	拉萨	-.9336294	-1.067208	-1.027044	30	17	1.5980104	4	2
31	南宁	-.7211074	-.6289759	-.7150183	31	11	1.2957221	4	2
32	西宁	-1.383197	-1.322788	-1.626622	32	19	1.633171	4	2
33	乌鲁木齐	-1.325873	-1.080867	-1.410214	33	18	1.5177414	4	2
34	石家庄	-.6216299	-1.350435	-1.323006	34	35	1.8816356	4	2

图 4.27　最短联结法聚类分析 type2 数据

在图 4.27 中，可以看到所有的观测样本被分为 2 类。其中，广州被分到第 1 类，其他城市为第 2 类。第 1 类的特征是各类销售收入都最高。第 2 类的特征是各类烟酒销售收入都比第 1 类要低。

2. 最长联结法聚类分析

选择“数据”|“数据编辑器”|“数据编辑器（浏览）”命令，进入数据查看界面，可以看到如图 4.28 所示的 b 数据。

	z家纺销售收入	z熟食销售收入	z烟酒销售收入	a_id	a_ord	a_hgt	b_id	b_ord	b_hgt
7	.5267257	.2594728	.3525243	7	27	2.9217064	7	14	1.5096011
8	.4655842	.593267	.2625412	8	3	2.1435213	8	16	2.6693011
9	.5933716	.3460773	.5189687	9	2	1.4696885	9	15	1.3769884
10	-.4249561	-.99698	-.7887999	10	7	1.6162895	10	17	3.032491
11	-.4749604	-.3820882	-.215516	11	4	1.3395466	11	12	2.2893498
12	.1018545	-.2665137	.052943	12	5	1.0946193	12	18	1.5177414
13	-.8085987	-.8942961	-.9163468	13	8	1.7946184	13	35	3.2859386
14	-.6241384	-.6790227	-.4418714	14	9	2.0198266	14	13	2.2080324
15	-.7544141	-.4582073	-.4311861	15	30	1.835568	15	34	4.7583199
16	-.1658589	-.2785893	-.2855356	16	28	1.0694755	16	28	1.0694756
17	-.6882992	-.4526828	-.3092582	17	32	1.313794	17	32	1.410967
18	-.842025	-.303705	-.5239176	18	33	1.8367184	18	33	2.8028573
19	-.601007	-.5836455	-.3729258	19	34	1.8912505	19	29	2.1660196
20	-.4838772	-.2509965	-.4120667	20	29	1.878013	20	30	3.3131896
21	1.529453	1.146574	1.018733	21	12	1.8583768	21	31	1.6074252
22	1.619748	1.307673	1.511145	22	13	1.8538899	22	36	11.102368
23	1.618589	2.387201	2.497982	23	14	1.5096011	23	2	1.4696885
24	1.364049	1.626461	1.161735	24	16	1.8299387	24	7	2.4628903
25	1.505659	1.572574	1.230072	25	1	1.5509594	25	4	1.5238758
26	1.930549	1.561314	1.914622	26	6	1.5680464	26	5	1.0946193
27	1.832239	2.029783	2.018819	27	20	1.8081363	27	8	2.2588515
28	-1.387435	-1.306892	-1.227264	28	10	1.4676853	28	9	3.2314753
29	-.9282102	-.5364978	-.6956663	29	15	1.3769884	29	3	6.6342004
30	-.9336294	-1.067208	-1.027044	30	17	1.5980104	30	21	2.3826189
31	-.7211074	-.6289759	-.7150183	31	11	1.2957221	31	24	2.0387739

图 4.28　b 数据

为了使聚类分析的结果可视化，我们需要绘制如图4.29所示的聚类分析树状图。在输入Stata命令cluster dendrogram并且按回车键进行确认后，可以看到系统产生了聚类分析树状图。

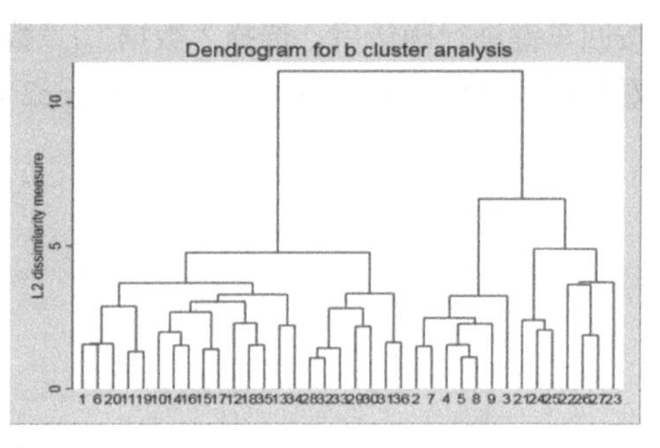

图4.29　聚类分析树状图

观察图4.29，可以直观地看到具体的聚类情况：5号样本与8号样本首先聚合在一起，进入数据查看界面查看b_id变量，5号样本代表的是大连，8号样本代表的是天津。5号样本与8号样本聚合后又与4号样本（济南）聚合，以此类推，最后所有样本聚合为一类。

在以上层次聚类分析方法中，如果样本比较多，可能图中就显得比较乱，可以使用产生聚类变量的方法对样本进行有拟分类数的聚类。例如，分别把所有观测样本分为4类和2类。

操作命令为：

```
cluster generate type1=group(4)
```

本命令的含义是产生聚类变量type1，使用层次聚类分析方法把样本分为4类。

```
cluster generate type2=group(2)
```

本命令的含义是产生聚类变量type2，使用层次聚类分析方法把样本分为2类。

（1）图4.30展示的是设定聚类数为4，然后进行分析的结果。在输入第1条Stata命令并且按回车键进行确认后，选择“数据”|“数据编辑器”|“数据编辑器（浏览）”命令，进入数据查看界面，可以看到如图4.30所示的type1数据。

	城市	a_id	a_ord	a_hgt	b_id	b_ord	b_hgt	type1
1	成都	1	23	3.1283883	1	1	1.5509594	1
2	沈阳	2	22	2.5435669	2	6	1.5774856	2
3	南京	3	21	2.3538557	3	20	2.8795216	2
4	济南	4	24	2.0387739	4	11	1.2957221	2
5	大连	5	25	2.3951268	5	19	3.674356	2
6	福州	6	26	1.8628997	6	10	1.972092	1
7	呼和浩特	7	27	2.9217064	7	14	1.5096011	2
8	天津	8	3	2.1435213	8	16	2.6693011	2
9	青岛	9	2	1.4696885	9	15	1.3769884	2
10	郑州	10	7	1.6162895	10	17	3.032491	1
11	重庆	11	4	1.3395466	11	12	2.2893498	1
12	长沙	12	5	1.0946193	12	18	1.5177414	1
13	太原	13	8	1.7946184	13	35	3.2859385	1
14	南昌	14	9	2.0198266	14	13	2.2080324	1
15	哈尔滨	15	30	1.835568	15	34	4.7583199	1
16	武汉	16	28	1.0694755	16	28	1.0694755	1
17	长春	17	32	1.313794	17	32	1.410967	1
18	银川	18	33	1.8367184	18	33	2.8028573	1
19	西安	19	34	1.8912505	19	29	2.1660195	1
20	合肥	20	29	1.878013	20	30	3.3131896	1
21	宁波	21	12	1.8583768	21	31	1.6074252	3
22	北京	22	13	1.8538899	22	36	11.102368	4
23	广州	23	14	1.5096011	23	2	1.4696885	4
24	厦门	24	16	1.8299387	24	7	2.4628903	3
25	杭州	25	1	1.5509594	25	4	1.5238758	3

图4.30　最长联结法聚类分析type1数据

在图4.30中，可以看到所有的观测样本被分为4类。

其中，成都、福州、郑州、重庆、长沙、太原、南昌、哈尔滨、武汉、长春、银川、西安、合肥、兰州、贵阳、拉萨、南宁、西宁、乌鲁木齐、石家庄、昆明、海口被分到第1类，沈阳、南京、济南、大连、呼和浩特、天津、青岛为第2类，宁波、厦门、杭州为第3类，北京、广州、深圳、上海为第4类。可以发现第第1类的特征是各类销售收入都最低。第2类的特征是各类销售收入都介于中值。第 3 类的特征是各类销售收入都次高。4 类的特征是各类销售收入都最高。

（2）图 4.31 展示的是设定聚类数为 2，然后进行分析的结果。在输入第 2 条 Stata 命令并且按回车键进行确认后，选择“数据”|“数据编辑器”|“数据编辑器（浏览）”命令，进入数据查看界面，可以看到如图 4.31 所示的 type2 数据。

	城市	a_id	a_ord	a_hgt	b_id	b_ord	b_hgt	type1	type2
1	成都	1	23	3.1283883	1	1	1.5509594	1	1
2	沈阳	2	22	2.5435669	2	6	1.5774856	2	2
3	南京	3	21	2.3538557	3	20	2.8795216	2	2
4	济南	4	24	2.0387739	4	11	1.2957221	2	2
5	大连	5	25	2.3951268	5	19	3.674356	2	2
6	福州	6	26	1.8628997	6	10	1.972092	1	1
7	呼和浩特	7	27	2.9217064	7	14	1.5096011	2	2
8	天津	8	3	2.1435213	8	16	2.6693011	2	2
9	青岛	9	2	1.4696885	9	15	1.3769884	2	2
10	郑州	10	7	1.6162895	10	17	3.032491	1	1
11	重庆	11	4	1.3395466	11	12	2.2893498	1	1
12	长沙	12	5	1.0946193	12	18	1.5177414	1	1
13	太原	13	8	1.7946184	13	35	3.2859385	1	1
14	南昌	14	9	2.0198266	14	13	2.2080324	1	1
15	哈尔滨	15	30	1.835568	15	34	4.7583199	1	1
16	武汉	16	28	1.0694755	16	28	1.0694755	1	1
17	长春	17	32	1.313794	17	32	1.410967	1	1
18	银川	18	33	1.8367184	18	33	2.8028573	1	1
19	西安	19	34	1.8912505	19	29	2.1660195	1	1
20	合肥	20	29	1.878013	20	30	3.3131896	1	1
21	宁波	21	12	1.8583768	21	31	1.6074252	3	2
22	北京	22	13	1.8538899	22	36	11.102368	4	2
23	广州	23	14	1.5096011	23	2	1.4696885	4	2
24	厦门	24	16	1.8299387	24	7	2.4628903	3	2
25	杭州	25	1	1.5509594	25	4	1.5238758	3	2

图 4.31　最长联结法聚类分析 type2 数据

在图 4.31 中，可以看到所有的观测样本被分为 2 类。其中，成都、福州、郑州、重庆、长沙、太原、南昌、哈尔滨、武汉、长春、银川、西安、合肥、兰州、贵阳、拉萨、南宁、西宁、乌鲁木齐、石家庄、昆明、海口被分到第 2 类，其他城市为第 1 类。

第 1 类的特征是各类销售收入都偏低。处理结果与最短联结法聚类分析是一致的。

第 2 类的特征是各类销售收入都偏高。

3. 平均联结法聚类分析

选择“数据”|“数据编辑器”|“数据编辑器（浏览）”命令，进入数据查看界面，可以看到如图 4.32 所示的 c 数据。

	z烟酒销售收入	a_id	a_ord	a_hgt	b_id	b_ord	b_hgt	c_id	c_ord	c_hgt
1	-.0154681	1	23	3.1283883	1	1	1.5509594	1	1	1.5509594
2	.3682756	2	22	2.5435669	2	6	1.5774856	2	6	1.572766
3	.6843916	3	21	2.3538557	3	20	2.8795216	3	20	2.3145359
4	.1068646	4	24	2.0387739	4	11	1.2957221	4	11	1.2957221
5	.2672846	5	25	2.3951268	5	19	3.674356	5	19	2.6812764
6	.1994425	6	26	1.8628997	6	10	1.972092	6	10	1.8816398
7	.3525243	7	27	2.9217064	7	14	1.5096011	7	15	1.3769884
8	.2625412	8	3	2.1435213	8	16	2.6693011	8	17	2.263223
9	5189607	9	2	1.4696885	9	15	1.3769884	9	12	2.0062322
10	-.7887999	10	7	1.6162895	10	17	3.032491	10	14	1.5096011
11	-.215516	11	4	1.3395466	11	12	2.2893498	11	16	2.0768647
12	.052943	12	5	1.0946193	12	18	1.5177414	12	18	1.5177414
13	-.9163468	13	8	1.7946184	13	35	3.2859385	13	35	2.4872492
14	-.4418714	14	9	2.0198266	14	13	2.2080324	14	13	3.2185831
15	-.4311861	15	30	1.835568	15	34	4.7583199	15	28	1.0694755
16	-.2855356	16	28	1.0694755	16	28	1.0694755	16	32	1.3623805
17	-.3092582	17	32	1.313794	17	32	1.410967	17	33	2.0207892
18	-.5239176	18	33	1.8367184	18	33	2.8028573	18	34	2.5751571
19	-.3729258	19	34	1.8912505	19	29	2.1660195	19	29	2.1341194
20	-.4120667	20	29	1.878013	20	30	3.3131896	20	31	1.6074252
21	1.018733	21	12	1.8583768	21	31	1.6074252	21	36	2.7694087
22	1.511145	22	13	1.8538899	22	36	11.102368	22	30	3.9766577
23	2.497982	23	14	1.5096011	23	2	1.4696885	23	2	1.4696885
24	1.161736	24	16	1.8299387	24	7	2.4628903	24	7	2.1563934
25	1.230072	25	1	1.5509594	25	4	1.5238758	25	4	1.4317112

图 4.32　c 数据

为了使聚类分析的结果可视化，需要绘制如图 4.33 所示的聚类分析树状图。在输入 Stata 命令 cluster dendrogram 并且按回车键进行确认后，可以看到系统产生了聚类分析树状图。

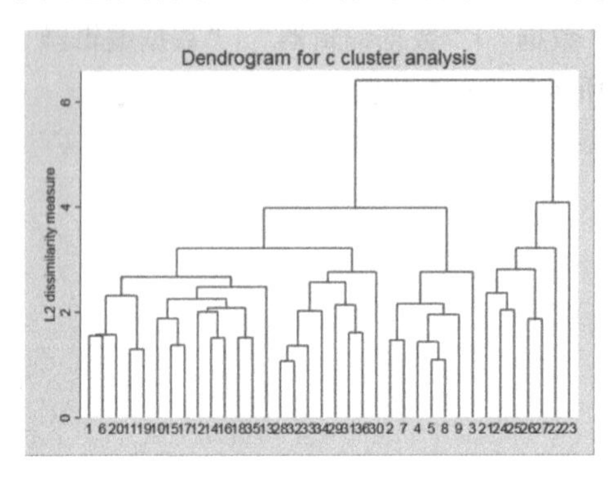

图 4.33　聚类分析树状图

观察图 4.33，可以直观地看到具体的聚类情况：28 号样本跟 32 号样本首先聚合在一起，进入数据查看界面查看 a_id 变量，28 号样本代表的是兰州，32 号样本代表的是西宁。28 号样本与 32 号样本聚合后又与 33 号样本（乌鲁木齐）聚合，以此类推，最后 23 号样本（广州）与所有样本聚合为一类。

在以上层次聚类分析方法中，如果样本比较多，可能图中就显得比较乱，可以使用产生聚类变量的方法对样本进行有拟分类数的聚类。例如，分别把所有观测样本分为 4 类和 2 类。

操作命令为：

```
cluster generate type1=group(4)
```

本命令的含义是产生聚类变量 type1，使用层次聚类分析方法把样本分为 4 类。

```
cluster generate type2=group(2)
```

本命令的含义是产生聚类变量 type2，使用层次聚类分析方法把样本分为 2 类。

（1）图 4.34 展示的是设定聚类数为 4，然后进行分析的结果。在输入第 1 条 Stata 命令并且按回车键进行确认后，选择“数据”|“数据编辑器”|“数据编辑器（浏览）”命令，进入数据查看界面，可以看到如图 4.34 所示的 type1 数据。

在图 4.34 中，可以看到所有的观测样本被分为 4 类：其中，成都、福州、郑州、重庆、长沙、太原、南昌、哈尔滨、武汉、长春、银川、西安、合肥、兰州、贵阳、拉萨、南宁、西宁、乌鲁木齐、石家庄、昆明、海口被分到第 1 类，沈阳、南京、济南、大连、呼和浩特、天津、青岛为第 2 类，宁波、北京、厦门、杭州、深圳、上海为第 3 类，广州为第 4 类。可以发现第 1 类的特征是各类销售收入都最低。第 2 类的特征是各类销售收入都介于中值。第 3 类的特征是各类销售收入都次高。第 4 类的特征是各类销售收入都最高。

	a_id	a_ord	a_hgt	b_id	b_ord	b_hgt	c_id	c_ord	c_hgt	type1
1	1	23	3.1283883	1	1	1.5509594	1	1	1.5509594	1
2	2	22	2.5435669	2	6	1.5774856	2	6	1.572766	2
3	3	21	2.3538557	3	20	2.8795216	3	20	2.3145359	2
4	4	24	2.0387739	4	11	1.2957221	4	11	1.2957221	2
5	5	25	2.3951268	5	19	3.674356	5	19	2.6812764	2
6	6	26	1.8628997	6	10	1.972092	6	10	1.8816398	1
7	7	27	2.9217064	7	14	1.5096011	7	15	1.3769884	2
8	8	3	2.1435213	8	16	2.6693011	8	17	2.253223	2
9	9	2	1.4696885	9	15	1.3769884	9	12	2.0052322	2
10	10	7	1.6162895	10	17	3.032491	10	14	1.5096011	1
11	11	4	1.3395466	11	12	2.2893498	11	16	2.0768647	1
12	12	5	1.0946193	12	18	1.5177414	12	18	1.5177414	1
13	13	8	1.7946184	13	35	3.2859385	13	35	2.4872492	1
14	14	9	2.0198266	14	13	2.2080324	14	13	3.2185831	1
15	15	30	1.835568	15	34	4.7583199	15	28	1.0694755	1
16	16	28	1.0694755	16	28	1.0694755	16	32	1.3623805	1
17	17	32	1.313794	17	32	1.410967	17	33	2.0207892	1
18	18	33	1.8367184	18	33	2.8028573	18	34	2.5751571	1
19	19	34	1.8912505	19	29	2.1660195	19	29	2.1341194	1
20	20	29	1.878013	20	30	3.3131896	20	31	1.6074252	1
21	21	12	1.8583768	21	31	1.6074252	21	36	2.7694087	3
22	22	13	1.8538899	22	36	11.102368	22	30	3.9766577	3
23	23	14	1.5096011	23	2	1.4696885	23	2	1.4696885	4
24	24	16	1.8299387	24	7	2.4628903	24	7	2.1563934	3
25	25	1	1.5509594	25	4	1.5238758	25	4	1.4317112	3

图 4.34 平均联结法聚类分析 type1 数据

（2）图 4.35 展示的是设定聚类数为 2，然后进行分析的结果。在输入第 2 条 Stata 命令并且按回车键进行确认后，选择“数据”|“数据编辑器”|“数据编辑器（浏览）”命令，进入数据查看界面，可以看到如图 4.35 所示的 type2 数据。

	a_id	a_ord	a_hgt	b_id	b_ord	b_hgt	c_id	c_ord	c_hgt	type1	type2
1	1	23	3.1283883	1	1	1.5509594	1	1	1.5509594	1	1
2	2	22	2.5435669	2	6	1.5774856	2	6	1.572766	2	1
3	3	21	2.3538557	3	20	2.8795216	3	20	2.3145359	2	1
4	4	24	2.0387739	4	11	1.2957221	4	11	1.2957221	2	1
5	5	25	2.3951268	5	19	3.674356	5	19	2.6812764	2	1
6	6	26	1.8628997	6	10	1.972092	6	10	1.8816398	1	1
7	7	27	2.9217064	7	14	1.5096011	7	15	1.3769884	2	1
8	8	3	2.1435213	8	16	2.6693011	8	17	2.253223	2	1
9	9	2	1.4696885	9	15	1.3769884	9	12	2.0052322	2	1
10	10	7	1.6162895	10	17	3.032491	10	14	1.5096011	1	1
11	11	4	1.3395466	11	12	2.2893498	11	16	2.0768647	1	1
12	12	5	1.0946193	12	18	1.5177414	12	18	1.5177414	1	1
13	13	8	1.7946184	13	35	3.2859385	13	35	2.4872492	1	1
14	14	9	2.0198266	14	13	2.2080324	14	13	3.2185831	1	1
15	15	30	1.835568	15	34	4.7583199	15	28	1.0694755	1	1
16	16	28	1.0694755	16	28	1.0694755	16	32	1.3623805	1	1
17	17	32	1.313794	17	32	1.410967	17	33	2.0207892	1	1
18	18	33	1.8367184	18	33	2.8028573	18	34	2.5751571	1	1
19	19	34	1.8912505	19	29	2.1660195	19	29	2.1341194	1	1
20	20	29	1.878013	20	30	3.3131896	20	31	1.6074252	1	1
21	21	12	1.8583768	21	31	1.6074252	21	36	2.7694087	3	2
22	22	13	1.8538899	22	36	11.102368	22	30	3.9766577	3	2
23	23	14	1.5096011	23	2	1.4696885	23	2	1.4696885	4	2
24	24	16	1.8299387	24	7	2.4628903	24	7	2.1563934	3	2
25	25	1	1.5509594	25	4	1.5238758	25	4	1.4317112	3	2

图 4.35 平均联结法聚类分析 type2 数据

在图 4.35 中，可以看到所有的观测样本被分为 2 类，其中成都、沈阳、南京、济南、大连、福州、呼和浩特、天津、青岛、郑州、重庆、长沙、太原、南昌、哈尔滨、武汉、长春、银川、西安、合肥、兰州、贵阳、拉萨、南宁、西宁、乌鲁木齐、石家庄、昆明、海口被分到第 1 类，宁波、北京、广州、厦门、杭州、深圳、上海为第 2 类。第 1 类的特征是各类销售收入都偏低。第 2 类的特征是各类销售收入都偏高。处理结果与最短联结法聚类分析基本一致。

4. 加权平均联结法聚类分析

选择“数据”|“数据编辑器”|“数据编辑器（浏览）”命令，进入数据查看界面，可以看到如图 4.36 所示的 d 数据。

为了使聚类分析的结果可视化，需要绘制如图 4.37 所示的聚类分析树状图。在输入 Stata 命令 cluster dendrogram 并且按回车键进行确认后，可以看到系统产生了聚类分析树状图。

	a_ord	a_hgt	b_id	b_ord	b_hgt	c_id	c_ord	c_hgt	d_id	d_ord	d_hgt
1	23	3.1283883	1	1	1.5509594	1	1	1.5509594	1	1	1.5509594
2	22	2.5435669	2	6	1.5774856	2	6	1.572766	2	6	1.572766
3	21	2.3538557	3	20	2.8795216	3	20	2.3145359	3	20	2.1331173
4	24	2.0387739	4	11	1.2957221	4	11	1.2957221	4	29	2.6318027
5	25	2.3951268	5	19	3.674356	5	19	2.6812764	5	10	1.8816398
6	26	1.8628997	6	10	1.972092	6	10	1.8816398	6	15	1.3769884
7	27	2.9217064	7	14	1.5096011	7	15	1.3769884	7	17	2.2910822
8	3	2.1435213	8	16	2.6693011	8	17	2.253223	8	12	2.0052322
9	2	1.4696885	9	15	1.3769884	9	12	2.0052322	9	14	1.5096011
10	7	1.6162895	10	17	3.032491	10	14	1.5096011	10	16	2.083684
11	4	1.3395466	11	12	2.2893498	11	16	2.0768647	11	18	1.5177414
12	5	1.0946193	12	18	1.5177414	12	18	1.5177414	12	35	2.4228643
13	8	1.7946184	13	35	3.2859385	13	35	2.4872492	13	11	1.2957221
14	9	2.0198266	14	13	2.2080324	14	13	3.2185831	14	19	3.0102659
15	30	1.835568	15	34	4.7583199	15	28	1.0694755	15	13	2.4737978
16	28	1.0694755	16	28	1.0694755	16	32	1.3623805	16	28	1.0694755
17	32	1.313794	17	32	1.410967	17	33	2.0207892	17	32	1.3623805
18	33	1.8367184	18	33	2.8028573	18	34	2.5751571	18	33	2.1096286
19	34	1.8912505	19	29	2.1660195	19	29	2.1341194	19	34	2.7348181
20	29	1.878013	20	30	3.3131896	20	31	1.6074252	20	31	1.6074252
21	12	1.8583768	21	31	1.6074252	21	36	2.7694087	21	36	3.3073654
22	13	1.8538899	22	36	11.102368	22	30	3.9766577	22	30	6.8833688
23	14	1.5096011	23	2	1.4696885	23	2	1.4696885	23	2	1.4696885
24	16	1.8299387	24	7	2.4628903	24	7	2.1563934	24	7	2.2102279
25	1	1.5509594	25	4	1.5238758	25	4	1.4317112	25	4	1.4317112

图 4.36　d 数据

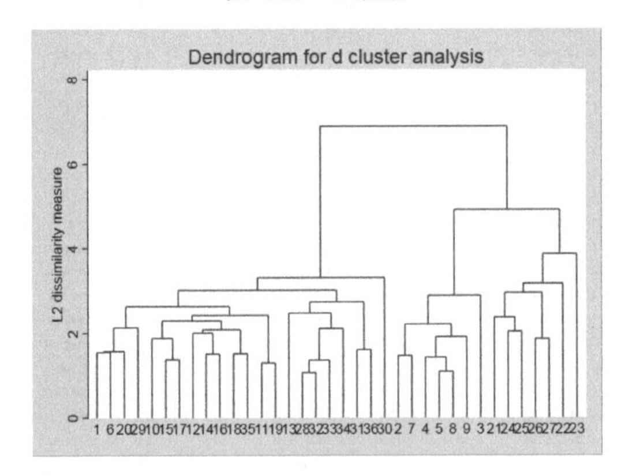

图 4.37　聚类分析树状图

观察图 4.37，可以直观地看到具体的聚类情况：28 号样本跟 32 号样本首先聚合在一起，进入数据查看界面查看 a_id 变量，28 号样本代表的是兰州，32 号样本代表的是西宁。28 号样本与 32 号样本聚合后又与 33 号样本（乌鲁木齐）聚合，以此类推，最后 23 号样本（广州）与所有样本聚合为一类。

在以上层次聚类分析方法中，如果样本比较多，可能图中就显得比较乱，可以使用产生聚类变量的方法对样本进行有拟分类数的聚类。例如，分别把所有观测样本分为 4 类和 2 类。

操作命令为：

```
cluster generate type1=group(4)
```

本命令的含义是产生聚类变量 type1，使用层次聚类分析方法把样本分为 4 类。

```
cluster generate type2=group(2)
```

本命令的含义是产生聚类变量 type2，使用层次聚类分析方法把样本分为 2 类。

（1）图 4.38 展示的是设定聚类数为 4，然后进行分析的结果。在输入第 1 条 Stata 命令并且按回车键进行确认后，选择“数据”|“数据编辑器”|“数据编辑器（浏览）”命令，进入数据查看界面，可以看到如图 4.38 所示的 type1 数据。

	a_hgt	b_id	b_ord	b_hgt	c_id	c_ord	c_hgt	d_id	d_ord	d_hgt	type1
1	3.1283883	1	1	1.5509594	1	1	1.5509594	1	1	1.5509594	1
2	2.5435669	2	6	1.5774856	2	6	1.572766	2	6	1.572766	2
3	2.3538557	3	20	2.8795216	3	20	2.3145359	3	20	2.1331173	2
4	2.0387739	4	11	1.2957221	4	11	1.2957221	4	29	2.6318027	2
5	2.3951268	5	19	3.674356	5	19	2.6812764	5	10	1.8816398	2
6	1.8628997	6	10	1.972092	6	10	1.8816398	6	15	1.3769884	1
7	2.9217064	7	14	1.5096011	7	15	1.3769884	7	17	2.2910822	2
8	2.1435213	8	16	2.6693011	8	17	2.253223	8	12	2.0052322	2
9	1.4696885	9	15	1.3769884	9	12	2.0052322	9	14	1.5096011	2
10	1.6162895	10	17	3.032491	10	14	1.5096011	10	16	2.083684	1
11	1.3395466	11	12	2.2893498	11	16	2.0768647	11	18	1.5177414	1
12	1.0946193	12	18	1.5177414	12	18	1.5177414	12	35	2.4228643	1
13	1.7946184	13	35	3.2859385	13	35	2.4872492	13	11	1.2957221	1
14	2.0198266	14	13	2.2080324	14	13	3.2185831	14	19	3.0102659	1
15	1.835568	15	34	4.7583199	15	28	1.0694755	15	13	2.4737978	1
16	1.0694755	16	28	1.0694755	16	32	1.3623805	16	28	1.0694755	1
17	1.313794	17	32	1.410967	17	33	2.0207892	17	32	1.3623805	1
18	1.8367184	18	33	2.8028573	18	34	2.5751571	18	33	2.1096286	1
19	1.8912605	19	29	2.1660195	19	29	2.1341194	19	34	2.7348181	1
20	1.878013	20	30	3.3131896	20	31	1.6074252	20	31	1.6074252	1
21	1.8583768	21	31	1.6074252	21	36	2.7694087	21	36	3.3073554	3
22	1.8538899	22	36	11.102368	22	30	3.9766577	22	30	6.8833688	3
23	1.5096011	23	2	1.4696885	23	2	1.4696885	23	2	1.4696885	4
24	1.8299387	24	7	2.4628903	24	7	2.1563934	24	7	2.2102279	3
25	1.5509594	25	4	1.5238758	25	4	1.4317112	25	4	1.4317112	3

图 4.38　加权平均联结法 type1 数据

在图 4.38 中，可以看到所有的观测样本被分为 4 类：其中，成都、福州、郑州、重庆、长沙、太原、南昌、哈尔滨、武汉、长春、银川、西安、合肥、兰州、贵阳、拉萨、南宁、西宁、乌鲁木齐、石家庄、昆明、海口被分到第 1 类，沈阳、南京、济南、大连、呼和浩特、天津、青岛为第 2 类，宁波、北京、厦门、杭州、深圳、上海为第 3 类，广州为第 4 类。可以发现第 1 类的特征是各类销售收入都最低。第 2 类的特征是各类销售收入都介于中值。第 3 类的特征是各类销售收入都次高。第 4 类的特征是各类销售收入都最高。处理结果与最短联结法聚类分析是一致的。

（2）图 4.39 展示的是设定聚类数为 2，然后进行分析的结果。在输入第 2 条 Stata 命令并且按回车键进行确认后，选择“数据”|“数据编辑器”|“数据编辑器（浏览）”命令，进入数据查看界面，可以看到如图 4.39 所示的 type2 数据。

在图 4.39 中，可以看到所有的观测样本被分为 2 类：其中，成都、福州、郑州、重庆、长沙、太原、南昌、哈尔滨、武汉、长春、银川、西安、合肥、兰州、贵阳、拉萨、南宁、西宁、乌鲁木齐、石家庄、昆明、海口被分到第 1 类，沈阳、南京、济南、大连、呼和浩特、天津、青岛、宁波、北京、广州、厦门、杭州、深圳、上海为第 2 类。

第 1 类的特征是各类销售收入都偏低。第 2 类的特征是各类销售收入都偏高。处理结果与最短联结法聚类分析是一致的。

	b_id	b_ord	b_hgt	c_id	c_ord	c_hgt	d_id	d_ord	d_hgt	type1	type2
1	1	1	1.5509594	1	1	1.5509594	1	1	1.5509594	1	1
2	2	6	1.5774856	2	6	1.572766	2	6	1.572766	2	2
3	3	20	2.8795216	3	20	2.3145359	3	20	2.1331173	2	2
4	4	11	1.2957221	4	11	1.2957221	4	29	2.6318027	2	2
5	5	19	3.674356	5	19	2.6812764	5	10	1.8816398	2	2
6	6	10	1.972092	6	10	1.8816398	6	15	1.3769884	1	1
7	7	14	1.5096011	7	15	1.3769884	7	17	2.2910822	2	2
8	8	16	2.6693011	8	17	2.253223	8	12	2.0052322	2	2
9	9	15	1.3769884	9	12	2.0052322	9	14	1.5096011	2	2
10	10	17	3.032491	10	14	1.5096011	10	16	2.083684	1	1
11	11	12	2.2893498	11	16	2.0768647	11	18	1.5177414	1	1
12	12	18	1.5177414	12	18	1.5177414	12	35	2.4228643	1	1
13	13	35	3.2859385	13	35	2.4872492	13	11	1.2957221	1	1
14	14	13	2.2080324	14	13	3.2185831	14	19	3.0102659	1	1
15	15	34	4.7583199	15	28	1.0694755	15	13	2.4737978	1	1
16	16	28	1.0694755	16	32	1.3623805	16	28	1.0694755	1	1
17	17	32	1.410967	17	33	2.0207892	17	32	1.3623805	1	1
18	18	33	2.8028573	18	34	2.5751571	18	33	2.1096286	1	1
19	19	29	2.1660195	19	29	2.1341194	19	34	2.7348181	1	1
20	20	30	3.3131896	20	31	1.6074252	20	31	1.6074252	1	1
21	21	31	1.6074252	21	36	2.7694087	21	36	3.3073554	3	2
22	22	36	11.102368	22	30	3.9766577	22	30	6.8833688	3	2
23	23	2	1.4696885	23	2	1.4696885	23	2	1.4696885	4	2
24	24	7	2.4628903	24	7	2.1563934	24	7	2.2102279	3	2
25	25	4	1.5238758	25	4	1.4317112	25	4	1.4317112	3	2

图 4.39　加权平均联结法 type2 数据

5. 中位数联结法聚类分析

图 4.40 展示的是使用中位数联结法聚类分析方法进行分析的结果。在输入第 6 条 Stata 命令并且按回车键进行确认后，可以看到系统产生了一个新的变量，即聚类变量 e（cluster name: e）。

选择“数据”|“数据编辑器”|“数据编辑器（浏览）”命令，进入数据查看界面，可以看到如图 4.40 所示的 e 数据。

	b_hgt	c_id	c_ord	c_hgt	d_id	d_ord	d_hgt	e_id	e_ord	e_pht	e_hgt
1	1.5509594	1	1	1.5509594	1	1	1.5509594	1	1	10	2.4054751
2	1.5774856	2	6	1.572766	2	6	1.572766	2	6	11	1.8722464
3	2.8795216	3	20	2.3145359	3	20	2.1331173	3	20	19	3.8776852
4	1.2957221	4	11	1.2957221	4	29	2.6318027	4	11	4	1.6788958
5	3.674356	5	19	2.6812764	5	10	1.8816398	5	19	27	4.5928076
6	1.972092	6	10	1.8816398	6	15	1.3769884	6	10	14	2.4213578
7	1.5096011	7	15	1.3769884	7	17	2.2910822	7	14	9	2.2788956
8	2.6693011	8	17	2.253223	8	12	2.0052322	8	16	13	2.8866191
9	1.3769884	9	12	2.0052322	9	14	1.5096011	9	15	6	1.8960971
10	3.032491	10	14	1.5096011	10	16	2.083684	10	17	8	2.2018331
11	2.2893498	11	16	2.0768647	11	18	1.5177414	11	18	18	3.6567332
12	1.5177414	12	18	1.5177414	12	35	2.4228643	12	35	23	3.5155077
13	3.2859385	13	35	2.4872492	13	11	1.2957221	13	28	1	1.1437779
14	2.2080324	14	13	3.2185831	14	19	3.0102659	14	32	3	1.5724968
15	4.7583199	15	28	1.0694755	15	13	2.4737978	15	33	21	3.9854885
16	1.0694755	16	32	1.3623805	16	28	1.0694755	16	34	22	3.7015053
17	1.410967	17	33	2.0207892	17	32	1.3623805	17	29	20	3.9607185
18	2.8028573	18	34	2.5751571	18	33	2.1096286	18	31	12	2.5838157
19	2.1660195	19	29	2.1341194	19	34	2.7348181	19	36	25	4.2437462
20	3.3131896	20	31	1.6074252	20	31	1.6074252	20	13	28	4.5606931
21	1.6074252	21	36	2.7694087	21	36	3.3073554	21	12	32	9.0599165
22	11.102368	22	30	3.9766577	22	30	6.8833688	22	2	7	2.1599844
23	1.4696885	23	2	1.4696885	23	2	1.4696885	23	7	15	2.8963373
24	2.4628903	24	7	2.1563934	24	7	2.2102279	24	4	5	1.7587434
25	1.5238758	25	4	1.4317112	25	4	1.4317112	25	5	2	1.1981914

图 4.40　e 数据

与其他的层次聚类分析方法不同的是，中位数联结法聚类分析无法绘制树状图。

在以上层次聚类分析方法中，如果样本比较多，可能图中就显得比较乱，可以使用产生聚类变量的方法对样本进行有拟分类数的聚类。例如，分别把所有观测样本分为 4 类和 2 类。

操作命令为：

```
cluster generate type1=group(4)
```

本命令的含义是产生聚类变量 type1，使用层次聚类分析方法把样本分为 4 类。

```
cluster generate type2=group(2)
```

本命令的含义是产生聚类变量 type2，使用层次聚类分析方法把样本分为 2 类。

（1）图 4.41 展示的是设定聚类数为 4，然后进行分析的结果。在输入第 1 条 Stata 命令并且按回车键进行确认后，选择“数据”|“数据编辑器”|“数据编辑器（浏览）”命令，进入数据查看界面，可以看到如图 4.41 所示的 type1 数据。

	c_id	c_ord	c_hgt	d_id	d_ord	d_hgt	e_id	e_ord	e_pht	e_hgt	type1
1	1	1	1.5509594	1	1	1.5509594	1	1	10	2.4054751	1
2	2	6	1.572766	2	6	1.572766	2	6	11	1.8722464	1
3	3	20	2.3145359	3	20	2.1331173	3	20	19	3.8776852	1
4	4	11	1.2957221	4	29	2.6318027	4	11	4	1.6788958	1
5	5	19	2.6812764	5	10	1.8816398	5	19	27	4.5928076	1
6	6	10	1.8816398	6	15	1.3769884	6	10	14	2.4213578	1
7	7	15	1.3769884	7	17	2.2910822	7	14	9	2.2788956	1
8	8	17	2.253223	8	12	2.0052322	8	16	13	2.8866191	1
9	9	12	2.0052322	9	14	1.5096011	9	15	6	1.8960971	1
10	10	14	1.5096011	10	16	2.083684	10	17	8	2.2018331	1
11	11	16	2.0768647	11	18	1.5177414	11	18	18	3.6567332	1
12	12	18	1.5177414	12	35	2.4228643	12	35	23	3.5155077	1
13	13	35	2.4872492	13	11	1.2957221	13	28	1	1.1437779	1
14	14	13	3.2185831	14	19	3.0102659	14	32	3	1.5724968	1
15	15	28	1.0694755	15	13	2.4737978	15	33	21	3.9854885	1
16	16	32	1.3623805	16	28	1.0694755	16	34	22	3.7015053	1
17	17	33	2.0207892	17	32	1.3623805	17	29	20	3.9607185	1
18	18	34	2.5751571	18	33	2.1096286	18	31	12	2.5838157	1
19	19	29	2.1341194	19	34	2.7348181	19	36	25	4.2437462	1
20	20	31	1.6074252	20	31	1.6074252	20	13	28	4.5606931	1
21	21	36	2.7694087	21	36	3.3073554	21	12	32	9.0599165	3
22	22	30	3.9766577	22	30	6.8833688	22	2	7	2.1599844	3
23	23	2	1.4696885	23	2	1.4696885	23	7	15	2.8963373	4
24	24	7	2.1563934	24	7	2.2102279	24	4	5	1.7587434	3
25	25	4	1.4317112	25	4	1.4317112	25	5	2	1.1981914	3

图 4.41　中位数联结法 type1 数据

在图 4.41 中，可以看到所有的观测样本被分为 4 类：其中，成都、福州、郑州、重庆、长沙、太原、南昌、哈尔滨、武汉、长春、银川、西安、合肥、兰州、贵阳、南宁、西宁、乌鲁木齐、石家庄、昆明、海口、沈阳、南京、济南、大连、呼和浩特、天津、青岛被分到第 1 类，拉萨为第 2 类，宁波、北京、厦门、杭州、深圳、上海为第 3 类，广州为第 4 类。可以发现第 1 类的特征是各类销售收入都介于中值。第 2 类的特征是各类销售收入都最低。第 3 类的特征是各类销售收入都次高。第 4 类的特征是各类销售收入都最高。处理结果与最短联结法聚类分析基本一致。

（2）图 4.42 展示的是设定聚类数为 2，然后进行分析的结果。在输入第 2 条 Stata 命令并且按回车键进行确认后，选择“数据”|“数据编辑器”|“数据编辑器（浏览）”命令，进入数据查看界面，可以看到如图 4.42 所示的 type2 数据。

	c_ord	c_hgt	d_id	d_ord	d_hgt	e_id	e_ord	e_pht	e_hgt	type1	type2
2	6	1.572766	2	6	1.572766	2	6	11	1.8722464	1	1
3	20	2.3145359	3	20	2.1331173	3	20	19	3.8776852	1	1
4	11	1.2957221	4	29	2.6318027	4	11	4	1.6788958	1	1
5	19	2.6812764	5	10	1.8816398	5	19	27	4.5928076	1	1
6	10	1.8816398	6	15	1.3769884	6	10	14	2.4213578	1	1
7	15	1.3769884	7	17	2.2910822	7	14	9	2.2788956	1	1
8	17	2.253223	8	12	2.0052322	8	16	13	2.8866191	1	1
9	12	2.0052322	9	14	1.5096011	9	15	6	1.8960971	1	1
10	14	1.5096011	10	16	2.083684	10	17	8	2.2018331	1	1
11	16	2.0768647	11	18	1.5177414	11	18	18	3.6567332	1	1
12	18	1.5177414	12	35	2.4228643	12	35	23	3.5155077	1	1
13	35	2.4872492	13	11	1.2957221	13	28	1	1.1437779	1	1
14	13	3.2185831	14	19	3.0102659	14	32	3	1.5724968	1	1
15	28	1.0694755	15	13	2.4737978	15	33	21	3.9854885	1	1
16	32	1.3623805	16	28	1.0694755	16	34	22	3.7015053	1	1
17	33	2.0207892	17	32	1.3623805	17	29	20	3.9607185	1	1
18	34	2.5751571	18	33	2.1096286	18	31	12	2.5838157	1	1
19	29	2.1341194	19	34	2.7348181	19	36	25	4.2437462	1	1
20	31	1.6074252	20	31	1.6074252	20	13	28	4.5606931	1	1
21	36	2.7694087	21	36	3.3073554	21	12	32	9.0599165	3	2
22	30	3.9766577	22	30	6.8833688	22	2	7	2.1599844	3	2
23	2	1.4696885	23	2	1.4696885	23	7	15	2.8963373	4	2
24	7	2.1563934	24	7	2.2102279	24	4	5	1.7587434	3	2
25	4	1.4317112	25	4	1.4317112	25	5	2	1.1981914	3	2
26	5	1.0946193	26	5	1.0946193	26	8	17	3.5166254	3	2

图 4.42　中位数联结法 type2 数据

在图 4.42 中，可以看到所有的观测样本被分为 2 类：其中，成都、福州、郑州、重庆、长沙、太原、南昌、哈尔滨、武汉、长春、银川、西安、合肥、兰州、贵阳、拉萨、南宁、西宁、乌鲁木齐、石家庄、昆明、海口、沈阳、南京、济南、大连、呼和浩特、天津、青岛被分到第 1 类，宁波、北京、广州、厦门、杭州、深圳、上海为第 2 类。第 1 类的特征是各类销售收入都偏低。第 2 类的特征是各类销售收入都偏高。处理结果与最短联结法聚类分析基本一致。

6. 重心联结法聚类分析

选择“数据”|“数据编辑器”|“数据编辑器（浏览）”命令，进入数据查看界面，可以看到如图 4.43 所示的 f 数据。

	d_id	d_ord	d_hgt	e_id	e_ord	e_pht	e_hgt	f_id	f_ord	f_pht	f_hgt
1	1	1	1.5509594	1	1	10	2.4054751	1	1	10	2.4054751
2	2	6	1.572766	2	6	11	1.8722464	2	6	11	1.8722464
3	3	20	2.1331173	3	20	19	3.8776852	3	20	26	4.5355591
4	4	29	2.6318027	4	11	4	1.6788958	4	10	13	3.0153829
5	5	10	1.8816398	5	19	27	4.5928076	5	15	6	1.8960971
6	6	15	1.3769884	6	10	14	2.4213578	6	17	8	2.2018331
7	7	17	2.2910822	7	14	9	2.2788956	7	18	14	2.5872714
8	8	12	2.0052322	8	16	13	2.8866191	8	14	9	2.2788956
9	9	14	1.5096011	9	15	6	1.8960971	9	16	19	3.627955
10	10	16	2.083684	10	17	8	2.2018331	10	35	20	3.5822802
11	11	18	1.5177414	11	18	18	3.6567332	11	11	4	1.6788958
12	12	35	2.4228643	12	35	23	3.5155077	12	19	23	4.174518
13	13	11	1.2957221	13	28	1	1.1437779	13	13	24	4.2906398
14	14	19	3.0102659	14	32	3	1.5724968	14	12	28	5.3594869
15	15	13	2.4737978	15	33	21	3.9854885	15	28	1	1.1437779
16	16	28	1.0694755	16	34	22	3.7015053	16	32	3	1.5724968
17	17	32	1.3623805	17	29	20	3.9607185	17	33	18	3.6066824
18	18	33	2.1096286	18	31	12	2.5838157	18	34	25	4.3473283
19	19	34	2.7348181	19	36	25	4.2437462	19	29	21	3.9607185
20	20	31	1.6074252	20	13	28	4.5606931	20	31	12	2.5838157
21	21	36	3.3073554	21	12	32	9.0599165	21	36	31	7.821551
22	22	30	6.8833688	22	2	7	2.1599844	22	30	33	10.988385
23	23	2	1.4696885	23	7	15	2.8963373	23	2	7	2.1599844
24	24	7	2.2102279	24	4	5	1.7587434	24	7	15	3.1938855
25	25	4	1.4317112	25	5	2	1.1981914	25	4	5	1.7587434

图 4.43　f 数据

与其他的层次聚类分析方法不同的是，重心联结法聚类分析无法绘制树状图。

在以上层次聚类分析方法中，如果样本比较多，可能图中就显得比较乱，可以使用产生聚类变量的方法对样本进行有拟分类数的聚类。例如，分别把所有观测样本分为 4 类和 2 类。

操作命令为：

```
cluster generate type1=group(4)
```

本命令的含义是产生聚类变量 type1，使用层次聚类分析方法把样本分为 4 类。

```
cluster generate type2=group(2)
```

本命令的含义是产生聚类变量 type2，使用层次聚类分析方法把样本分为 2 类。

（1）图 4.44 展示的是设定聚类数为 4，然后进行分析的结果。在输入 Stata 命令 cluster generate type1=group(4)并且按回车键进行确认后，选择“数据”|“数据编辑器”|“数据编辑器（浏览）”命令，进入数据查看界面，可以看到如图 4.44 所示的 type1 数据。

在图 4.44 中，可以看到所有的观测样本被分为 4 类：其中，成都、福州、郑州、重庆、长沙、太原、南昌、哈尔滨、武汉、长春、银川、西安、合肥、兰州、贵阳、南宁、西宁、乌鲁木齐、石家庄、昆明、海口、拉萨被分到第 1 类，沈阳、南京、济南、大连、呼和浩特、天津、青岛为第 2 类，宁波、北京、厦门、杭州、深圳、上海为第 3 类，广州为第 4 类。可以发现第 1 类的特征是各类销售收入都最低。第 2 类的特征是各类销售收入都介于中值。第 3 类的特征是各类销售收入都次高。第 4 类的特征是各类销售收入都最高。处理结果与最短联结法聚类分析基本一致。

	d_ord	d_hgt	e_id	e_ord	e_pht	e_hgt	f_id	f_ord	f_pht	f_hgt	type1
2	6	1.572766	2	6	11	1.8722464	2	6	11	1.8722464	2
3	20	2.1331173	3	20	19	3.8776852	3	20	26	4.5355591	2
4	29	2.6318027	4	11	4	1.6788958	4	10	13	3.0153829	2
5	10	1.8816398	5	19	27	4.5928076	5	15	6	1.8960971	2
6	15	1.3769884	6	10	14	2.4213578	6	17	8	2.2018331	1
7	17	2.2910822	7	14	9	2.2788956	7	18	14	2.5872714	2
8	12	2.0052322	8	16	13	2.8866191	8	14	9	2.2788956	2
9	14	1.5096011	9	15	6	1.8960971	9	16	19	3.627955	2
10	16	2.083684	10	17	8	2.2018331	10	35	20	3.5822802	1
11	18	1.5177414	11	18	18	3.6567332	11	11	4	1.6788958	1
12	35	2.4228643	12	35	23	3.5155077	12	19	23	4.174518	1
13	11	1.2957221	13	28	1	1.1437779	13	13	24	4.2906398	1
14	19	3.0102659	14	32	3	1.5724968	14	12	28	5.3594869	1
15	13	2.4737978	15	33	21	3.9854885	15	28	1	1.1437779	1
16	28	1.0694755	16	34	22	3.7015053	16	32	3	1.5724968	1
17	32	1.3623805	17	29	20	3.9607185	17	33	18	3.6066824	1
18	33	2.1096286	18	31	12	2.5838157	18	34	25	4.3473283	1
19	34	2.7348181	19	36	25	4.2437462	19	29	21	3.9607185	1
20	31	1.6074252	20	13	28	4.5606931	20	31	12	2.5838157	1
21	36	3.3073554	21	12	32	9.0599165	21	36	31	7.821551	3
22	30	6.8833688	22	2	7	2.1599844	22	30	33	10.988385	3
23	2	1.4696885	23	7	15	2.8963373	23	2	7	2.1599844	4
24	7	2.2102279	24	4	5	1.7587434	24	7	15	3.1938855	3
25	4	1.4317112	25	5	2	1.1981914	25	4	5	1.7587434	3
26	5	1.0946193	26	8	17	3.5166254	26	5	2	1.1981914	3

图 4.44　重心联结法聚类分析 type1 数据

（2）图 4.45 展示的是设定聚类数为 2，然后进行分析的结果。在输入 Stata 命令 cluster generate type2=group(2)并且按回车键进行确认后，选择“数据”|“数据编辑器”|“数据编辑器（浏览）”命令，进入数据查看界面，可以看到如图 4.45 所示的 type2 数据。

	d_hgt	e_id	e_ord	e_pht	e_hgt	f_id	f_ord	f_pht	f_hgt	type1	type2
1	1.5509594	1	1	10	2.4054751	1	1	10	2.4054751	1	1
2	1.572766	2	6	11	1.8722464	2	6	11	1.8722464	2	1
3	2.1331173	3	20	19	3.8776852	3	20	26	4.5355591	2	1
4	2.6318027	4	11	4	1.6788958	4	10	13	3.0153829	2	1
5	1.8816398	5	19	27	4.5928076	5	15	6	1.8960971	2	1
6	1.3769884	6	10	14	2.4213578	6	17	8	2.2018331	1	1
7	2.2910822	7	14	9	2.2788956	7	18	14	2.5872714	2	1
8	2.0052322	8	16	13	2.8866191	8	14	9	2.2788956	2	1
9	1.5096011	9	15	6	1.8960971	9	16	19	3.627955	2	1
10	2.083684	10	17	8	2.2018331	10	35	20	3.5822802	1	1
11	1.5177414	11	18	18	3.6567332	11	11	4	1.6788958	1	1
12	2.4228643	12	35	23	3.5155077	12	19	23	4.174518	1	1
13	1.2957221	13	28	1	1.1437779	13	13	24	4.2906398	1	1
14	3.0102659	14	32	3	1.5724968	14	12	28	5.3594869	1	1
15	2.4737978	15	33	21	3.9854885	15	28	1	1.1437779	1	1
16	1.0694755	16	34	22	3.7015053	16	32	3	1.5724968	1	1
17	1.3623805	17	29	20	3.9607185	17	33	18	3.6066824	1	1
18	2.1096286	18	31	12	2.5838157	18	34	25	4.3473283	1	1
19	2.7348181	19	36	25	4.2437462	19	29	21	3.9607185	1	1
20	1.6074252	20	13	28	4.5606931	20	31	12	2.5838157	1	1
21	3.3073554	21	12	32	9.0599165	21	36	31	7.821551	3	2
22	6.8833688	22	2	7	2.1599844	22	30	33	10.988385	3	2
23	1.4696885	23	7	15	2.8963373	23	2	7	2.1599844	4	2
24	2.2102279	24	4	5	1.7587434	24	7	15	3.1938855	3	2
25	1.4317112	25	5	2	1.1981914	25	4	5	1.7587434	3	2

图 4.45　重心联结法聚类分析 type2 数据

在图 4.45 中，可以看到所有的观测样本被分为 2 类：其中，成都、福州、郑州、重庆、长沙、太原、南昌、哈尔滨、武汉、长春、银川、西安、合肥、兰州、贵阳、拉萨、南宁、西宁、乌鲁木齐、石家庄、昆明、海口、沈阳、南京、济南、大连、呼和浩特、天津、青岛被分到第 1 类，宁波、北京、广州、厦门、杭州、深圳、上海为第 2 类。第 1 类的特征是各类销售收入都偏低。第 2 类的特征是各类销售收入都偏高。处理结果与最短联结法聚类分析基本一致。

7. Ward 联结法聚类分析

选择“数据”|“数据编辑器”|“数据编辑器（浏览）”命令，进入数据查看界面，可以看到如图 4.46 所示的 g 数据。

	e_id	e_ord	e_pht	e_hgt	f_id	f_ord	f_pht	f_hgt	g_id	g_ord	g_hgt
1	1	1	10	2.4054751	1	1	10	2.4054751	1	1	2.4054751
2	2	6	11	1.8722464	2	6	11	1.8722464	2	6	2.4963286
3	3	20	19	3.8776852	3	20	26	4.5355591	3	20	10.249394
4	4	11	4	1.6788958	4	10	13	3.0153829	4	11	1.6788958
5	5	19	27	4.5928076	5	15	6	1.8960971	5	19	22.172663
6	6	10	14	2.4213578	6	17	8	2.2018331	6	10	4.2645544
7	7	14	9	2.2788956	7	18	14	2.5872714	7	14	2.2788956
8	8	16	13	2.8866191	8	14	9	2.2788956	8	16	7.2940053
9	9	15	6	1.8960971	9	16	19	3.627955	9	15	1.8960971
10	10	17	8	2.2018331	10	35	20	3.5822802	10	17	8.5432295
11	11	18	18	3.6567332	11	11	4	1.6788958	11	12	5.1811066
12	12	35	23	3.5155077	12	19	23	4.174518	12	18	2.3035389
13	13	28	1	1.1437779	13	13	24	4.2906398	13	35	52.908495
14	14	32	3	1.5724968	14	12	28	5.3594869	14	13	4.8754069
15	15	33	21	3.9854885	15	28	1	1.1437779	15	34	9.3153841
16	16	34	22	3.7015053	16	32	3	1.5724968	16	28	1.1437779
17	17	29	20	3.9607185	17	33	18	3.6066824	17	32	2.0966623
18	18	31	12	2.5838157	18	34	25	4.3473283	18	33	15.262717
19	19	36	25	4.2437462	19	29	21	3.9607185	19	29	4.6916404
20	20	13	28	4.5606931	20	31	12	2.5838157	20	30	11.907685
21	21	12	32	9.0599165	21	36	31	7.821551	21	31	2.5838157
22	22	2	7	2.1599844	22	30	33	10.988385	22	36	397.11537
23	23	7	15	2.8963373	23	2	7	2.1599844	23	2	2.1599844
24	24	4	5	1.7587434	24	7	15	3.1938855	24	7	8.3339975
25	25	5	2	1.1981914	25	4	5	1.7587434	25	4	2.3449913

图 4.46　g 数据

在图4.46中，可以看到层次聚类分析方法产生的聚类变量的3个组成部分：g_id、g_ord和g_hgt。其中，g_id表示的是系统对该观测样本的初始编号，g_ord表示的是系统对该观测样本进行聚类分析处理后的编号，g_hgt表示的是系统对该观测样本进行聚类分析计算后的值。

为了使聚类分析的结果可视化，需要绘制如图4.47所示的聚类分析树状图。在输入最下面的Stata命令并且按回车键进行确认后，可以看到系统产生了聚类分析树状图。

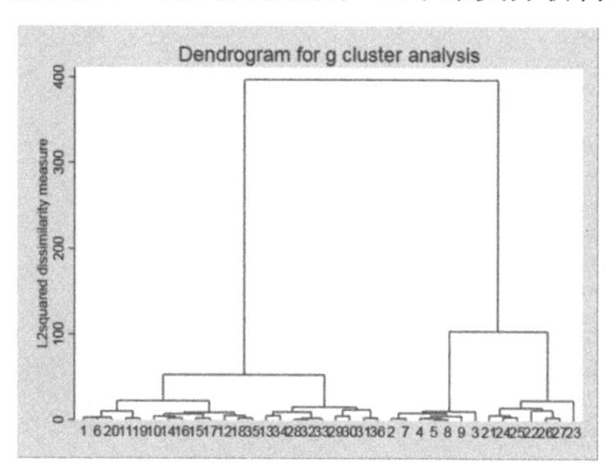

图4.47　聚类分析树状图

观察图4.47，可以直观地看到具体的聚类情况：28号样本跟32号样本首先聚合在一起，进入数据查看界面查看a_id变量，28号样本代表的是兰州，32号样本代表的是西宁。28号样本与32号样本聚合后又与33号样本（乌鲁木齐）聚合，以此类推，最后23号样本（广州）与所有样本聚合为一类。

在以上层次聚类分析方法中，如果样本比较多，可能图中就显得比较乱，可以使用产生聚类变量的方法对样本进行有拟分类数的聚类。例如，分别把所有观测样本分为4类和2类。

操作命令为：

```
cluster generate type1=group(4)
```

本命令的含义是产生聚类变量type1，使用层次聚类分析方法把样本分为4类。

```
cluster generate type2=group(2)
```

本命令的含义是产生聚类变量type2，使用层次聚类分析方法把样本分为2类。

（1）图4.48展示的是设定聚类数为4，然后进行分析的结果。在输入第1条Stata命令并且按回车键进行确认后，选择“数据”|“数据编辑器”|“数据编辑器（浏览）”命令，进入数据查看界面，可以看到如图4.48所示的type1数据。

	e_ord	e_pht	e_hgt	f_id	f_ord	f_pht	f_hgt	g_id	g_ord	g_hgt	type1
1	1	10	2.4054751	1	1	10	2.4054751	1	1	2.4054751	1
2	6	11	1.8722464	2	6	11	1.8722464	2	6	2.4963286	3
3	20	19	3.8776852	3	20	26	4.5355591	3	20	10.249394	3
4	11	4	1.6788958	4	10	13	3.0153829	4	11	1.6788958	3
5	19	27	4.5928076	5	15	6	1.8960971	5	19	22.172663	3
6	10	14	2.4213578	6	17	8	2.2018331	6	10	4.2645544	1
7	14	9	2.2788956	7	18	14	2.5872714	7	14	2.2788956	3
8	16	13	2.8866191	8	14	9	2.2788956	8	16	7.2940053	3
9	15	6	1.8960971	9	16	19	3.627955	9	15	1.8960971	3
10	17	8	2.2018331	10	35	20	3.5822802	10	17	8.5432295	1
11	18	18	3.6567332	11	11	4	1.6788958	11	12	5.1811066	1
12	35	23	3.5155077	12	19	23	4.174518	12	18	2.3035389	1
13	28	1	1.1437779	13	13	24	4.2906398	13	35	52.908495	2
14	32	3	1.5724968	14	12	28	5.3594869	14	13	4.8754069	1
15	33	21	3.9854885	15	28	1	1.1437779	15	34	9.3153841	1
16	34	22	3.7015053	16	32	3	1.5724968	16	28	1.1437779	1
17	29	20	3.9607185	17	33	18	3.6066824	17	32	2.0966623	1
18	31	12	2.5838157	18	34	25	4.3473283	18	33	15.262717	1
19	36	25	4.2437462	19	29	21	3.9607185	19	29	4.6916404	1
20	13	28	4.5606931	20	31	12	2.5838157	20	30	11.907585	1
21	12	32	9.0599165	21	36	31	7.821551	21	31	2.5838157	4
22	2	7	2.1599844	22	30	33	10.988385	22	36	397.11537	4
23	7	15	2.8963373	23	2	7	2.1599844	23	2	2.1599844	4
24	4	5	1.7587434	24	7	15	3.1938855	24	7	8.3339975	4
25	5	2	1.1981914	25	4	5	1.7587434	25	4	2.3449913	4

图 4.48　Ward 联结法聚类分析 type1 数据

在图 4.48 中，可以看到所有的观测样本被分为 4 类：其中，成都、福州、郑州、重庆、长沙、南昌、哈尔滨、武汉、长春、银川、西安、合肥、昆明被分到第 1 类，太原、兰州、贵阳、拉萨、南宁、西宁、乌鲁木齐、石家庄、海口为第 2 类，沈阳、南京、济南、大连、呼和浩特、天津、青岛为第 3 类，宁波、北京、广州、厦门、杭州、深圳、上海为第 4 类。可以发现第 1 类的特征是各类销售收入都介于中值。第 2 类的特征是各类销售收入都最低。第 3 类的特征是各类销售收入都次高。第 4 类的特征是各类销售收入都最高。处理结果与最短联结法聚类分析基本一致。

（2）图 4.49 展示的是设定聚类数为 2，然后进行分析的结果。在输入第 2 条 Stata 命令并且按回车键进行确认后，选择“数据”|“数据编辑器”|“数据编辑器（浏览）”命令，进入数据查看界面，可以看到如图 4.49 所示的 type2 数据。

	e_pht	e_hgt	f_id	f_ord	f_pht	f_hgt	g_id	g_ord	g_hgt	type1	type2
1	10	2.4054751	1	1	10	2.4054751	1	1	2.4054751	1	1
2	11	1.8722464	2	6	11	1.8722464	2	6	2.4963286	3	2
3	19	3.8776852	3	20	26	4.5355591	3	20	10.249394	3	2
4	4	1.6788958	4	10	13	3.0153829	4	11	1.6788958	3	2
5	27	4.5928076	5	15	6	1.8960971	5	19	22.172663	3	2
6	14	2.4213578	6	17	8	2.2018331	6	10	4.2645544	1	1
7	9	2.2788956	7	18	14	2.5872714	7	14	2.2788956	3	2
8	13	2.8866191	8	14	9	2.2788956	8	16	7.2940053	3	2
9	6	1.8960971	9	16	19	3.627955	9	15	1.8960971	3	2
10	8	2.2018331	10	35	20	3.5822802	10	17	8.5432295	1	1
11	18	3.6567332	11	11	4	1.6788958	11	12	5.1811066	1	1
12	23	3.5155077	12	19	23	4.174518	12	18	2.3035389	1	1
13	1	1.1437779	13	13	24	4.2906398	13	35	52.908495	2	1
14	3	1.5724968	14	12	28	5.3594869	14	13	4.8754069	1	1
15	21	3.9854885	15	28	1	1.1437779	15	34	9.3153841	1	1
16	22	3.7015053	16	32	3	1.5724968	16	28	1.1437779	1	1
17	20	3.9607185	17	33	18	3.6066824	17	32	2.0966623	1	1
18	12	2.5838157	18	34	25	4.3473283	18	33	15.262717	1	1
19	25	4.2437462	19	29	21	3.9607185	19	29	4.6916404	1	1
20	28	4.5606931	20	31	12	2.5838157	20	30	11.907585	1	1
21	32	9.0599165	21	36	31	7.821551	21	31	2.5838157	4	2
22	7	2.1599844	22	30	33	10.988385	22	36	397.11537	4	2
23	15	2.8963373	23	2	7	2.1599844	23	2	2.1599844	4	2
24	5	1.7587434	24	7	15	3.1938855	24	7	8.3339975	4	2
25	2	1.1981914	25	4	5	1.7587434	25	4	2.3449913	4	2

图 4.49　Ward 联结法聚类分析 type2 数据

在图 4.49 中，可以看到所有的观测样本被分为 2 类：其中，成都、福州、郑州、重庆、长沙、太原、南昌、哈尔滨、武汉、长春、银川、西安、合肥、兰州、贵阳、拉萨、南宁、西宁、乌鲁木齐、石家庄、昆明、海口被分到第 1 类，沈阳、南京、济南、大连、呼和浩特、天津、青岛、宁波、北京、广州、厦门、杭州、深圳、上海为第 2 类。第 1 类的特征是各类销售收入都偏低。第 2 类的特征是各类销售收入都偏高。处理结果与最短联结法聚类分析基本一致。

4.5　研究结论

1. 划分聚类分析

（1）基于 K 个平均值的聚类分析的结论是：

石家庄、太原、南昌、郑州、南宁、海口、贵阳、昆明、拉萨、兰州、西宁、乌鲁木齐为第 1 类，各类销售收入都应该是最低的，我们称之为低销售收入城市；合肥、武汉、银川、福州、长沙、成都、西安为第 2 类，各类销售收入都应该是较低的，我们称之为较低销售收入城市；北京、上海、杭州、宁波、厦门、广州、深圳为第 3 类，各类销售收入都应该是最高的，我们称之为高销售收入城市；长春、哈尔滨、重庆、天津、呼和浩特、沈阳、大连、南京、济南、青岛为第 4 类，各类销售收入都应该是较高的，我们称之为较高销售收入城市。

（2）基于 K 个中位数的聚类分析的结论是：

南京、福州、成都、天津、呼和浩特、沈阳、大连、济南、青岛为第 1 类，各类都应该是较高的，我们称之为较高销售收入城市；太原、南昌、郑州、合肥、武汉、银川、长沙、长春、哈尔滨、西安、重庆为第 2 类，各类销售收入都应该是较低的，我们称之为较低销售收入城市；北京、上海、杭州、宁波、厦门、广州、深圳为第 3 类，各类销售收入都应该是最高的，我们称之为高销售收入城市；石家庄、南宁、海口、贵阳、昆明、拉萨、兰州、西宁、乌鲁木齐为第 4 类，各类销售收入都应该是最低的，我们称之为低销售收入城市。

2. 层次聚类分析

（1）最短联结法聚类分析的结论是：广州被分到第 1 类，各类销售收入都最高；北京为第 2 类，各类销售收入都次高；宁波、厦门、杭州、深圳、上海为第 3 类，各类销售收入都介于中值；其他城市为第 4 类，各类销售收入都最低。

（2）最长联结法聚类分析的结论是：成都、福州、郑州、重庆、长沙、太原、南昌、哈尔滨、武汉、长春、银川、西安、合肥、兰州、贵阳、拉萨、南宁、西宁、乌鲁木齐、石家庄、昆明、海口被分到第 1 类，各类销售收入都最低；沈阳、南京、济南、大连、呼和浩特、天津、青岛为第 2 类，各类销售收入都介于中值；宁波、厦门、杭州为第 3 类，各类销售收入都次高；北京、广州、深圳、上海为第 4 类，各类销售收入都最高。

（3）平均联结法聚类分析的结论是：成都、福州、郑州、重庆、长沙、太原、南昌、哈尔滨、武汉、长春、银川、西安、合肥、兰州、贵阳、拉萨、南宁、西宁、乌鲁木齐、石家庄、昆明、海口被分到第 1 类，各类销售收入都最低；沈阳、南京、济南、大连、呼和浩特、天津、青岛为第 2 类，各类销售收入都介于中值；宁波、北京、厦门、杭州、深圳、上海为第 3 类，各类销售收入都次高；广州为第 4 类，各类销售收入都最高。

（4）加权平均联结法聚类分析的结论是：成都、福州、郑州、重庆、长沙、太原、南昌、哈尔滨、武汉、长春、银川、西安、合肥、兰州、贵阳、拉萨、南宁、西宁、乌鲁木齐、石家庄、昆明、海口被分到第 1 类，各类销售收入都最低；沈阳、南京、济南、大连、呼和浩特、天津、青岛为第 2 类，各类销售收入都介于中值；宁波、北京、厦门、杭州、深圳、上海为第 3 类，各类销售收入都次高；广州为第 4 类，各类销售收入都最高。

（5）中位数联结法聚类分析的结论是：成都、福州、郑州、重庆、长沙、太原、南昌、哈尔滨、武汉、长春、银川、西安、合肥、兰州、贵阳、南宁、西宁、乌鲁木齐、石家庄、昆明、海口、沈阳、南京、济南、大连、呼和浩特、天津、青岛被分到第 1 类，各类销售收入都介于中值；拉萨为第 2 类，各类销售收入都最低；宁波、北京、厦门、杭州、深圳、上海为第 3 类，各类销售收入都次高；广州为第 4 类，各类销售收入都最高。

（6）重心联结法聚类分析的结论是：成都、福州、郑州、重庆、长沙、太原、南昌、哈尔滨、武汉、长春、银川、西安、合肥、兰州、贵阳、南宁、西宁、乌鲁木齐、石家庄、昆明、海口、拉萨被分到第 1 类，各类销售收入都最低；沈阳、南京、济南、大连、呼和浩特、天津、青岛为第 2 类，各类销售收入都介于中值；宁波、北京、厦门、杭州、深圳、上海为第 3 类，各类销售收入都次高；广州为第 4 类，各类销售收入都最高。

（7）Ward 联结法聚类分析的结论是：成都、福州、郑州、重庆、长沙、南昌、哈尔滨、武汉、长春、银川、西安、合肥、昆明被分到第 1 类，各类销售收入都介于中值；太原、兰州、贵阳、拉萨、南宁、西宁、乌鲁木齐、石家庄、海口为第 2 类，各类销售收入都最低；沈阳、南京、济南、大连、呼和浩特、天津、青岛为第 3 类，各类销售收入都次高；宁波、北京、广州、厦门、杭州、深圳、上海为第 4 类，各类都最高。

7 种分析方法的分析结论基本一致，XX 商超连锁企业可以根据上述分析结果在资源配置、政策倾斜、帮助指导等方面做出针对性的安排。

第 5 章　医药制造业上市公司估值建模技术

经典财务管理理论认为，公司估值是指着眼于公司本身，对公司的内在价值进行评估。公司内在价值取决于公司的资产及其获利能力。对于上市公司的估值来说，在很大程度上反映了投资者对于公司的认可程度，无论这种认可程度是基于上市公司在生产经营、财务管理、资本运作等基本面的表现，还是基于其股价在一定时期内的变化预期。反映上市公司的估值指标有很多，其中常用的包括市盈率和市净率。根据搜狗百科上的解释，市盈率[1]（Price Earnings Ratio，即 P/E Ratio）也称“本益比”“股价收益比率”或“市价盈利比率（简称市盈率）”。市盈率是常用来评估股价水平是否合理的指标之一，由股价除以年度每股盈余（Earning Per Share，EPS）得出。计算时，股价通常取最新收盘价，而 EPS 方面，若按已公布的上年度 EPS 计算，则称为历史市盈率。计算预估市盈率所用的 EPS 预估值一般采用市场平均预估，即追踪公司业绩的机构收集多位分析师的预测所得到的预估平均值或中值。市净率[2]指的是每股股价与每股净资产的比率。市净率可用于投资分析，一般来说市净率较低的股票投资价值较高，相反则投资价值较低。市净率能够较好地反映“所有付出，即有回报”，它能够帮助投资者寻求哪个上市公司能以较少的投入得到较高的产出，对于大的投资机构，它能够帮助其辨别投资风险。本案例旨在研究医药制造业上市公司估值与业绩表现的影响因素，一方面研究医药制造业上市公司的投资价值，另一方面为医药制造业上市公司做好自身的市值管理提供有益的参考借鉴。

5.1　建模数据来源与研究思路

	下载资源:\video\5.1
	下载资源:\sample\数据 5

数据来源于万得资讯发布的依据证监会行业分类的 CSRC 医药制造业上市公司 2017 年年末财务指标横截面数据。为了更大程度地得出相对合理的结论，我们在本案例的研究中剔除了 ST 类公司数据，因为一方面 ST 类公司的财务数据可能严重失真，另一方面投资者对于 ST 类公司的估值判断与正常类公司有着非常显著的差异，在研究样本中加入 ST 类公司可能会影响整体的研究结论。

研究使用的横截面数据包括艾德生物、安迪苏等 194 家上市公司，数据指标包括序号、证券简称、市盈率 PE（TTM）、市净率 PB（LF）、总资产报酬率（ROA）、净资产收益率 ROE（平均）、资产负债率、总资产周转率、研发费用同比增长、投入资本回报率（ROIC）、人力投入回报率（ROP）、经营活动净收益/利润总额、EBITDA/利息费用、营业收入（同比增长率）、净利润（同比增长率）、经营活动产生的现金流量净额（同比增长率）16 项。数据均为真实数据，来

[1] https://baike.sogou.com/v39169.htm?fromTitle=%E5%B8%82%E7%9B%88%E7%8E%87

[2] https://baike.sogou.com/v65666.htm?fromTitle=%E5%B8%82%E5%87%80%E7%8E%87

源于公司经审计的年度财务报告，数据时点为 2017 年 12 月 31 日。部分数据如表 5.1 所示。

表 5.1 证监会行业分类的 CSRC 医药制造业上市公司 2017 年年末财务指标数据

序号	证券简称	市盈率PE(TTM)	市净率PB(LF)	总资产报酬率(ROA)	净资产收益率ROE(平均)	资产负债率	总资产周转率	研发费用同比增长	投入资本回报率(ROIC)	人力投入回报率(ROP)	经营活动净收益/利润总额	EBITDA/利息费用	营业收入(同比增长率)	净利润(同比增长率)	经营活动产生的现金流量净额(同比)
1	艾德生物	88.02	11.64	20.21	19.66	6.57	0.63	3.07	19.23	157.33	85.01	-122.53	30.59	43.69	185.51
2	安迪苏	22.01	2.12	11.20	10.49	19.09	0.50	22.78	9.71	152.71	95.92	-41.68	-2.72	-27.64	-17.71
3	安科生物	74.29	11.72	15.69	18.29	21.90	0.52	35.52	17.18	192.94	91.22	227.60	29.09	42.41	8.77
4	安图生物	53.41	14.47	25.72	26.96	22.76	0.70	39.80	26.69	191.71	93.21	1300.94	42.84	28.57	15.85
5	奥翔药业	49.21	5.00	10.10	13.12	23.82	0.40	27.07	12.14	153.04	96.00	-419.60	20.79	-7.53	-49.81
6	白云山	26.97	2.84	8.42	11.39	31.97	0.77	12.99	10.48	68.82	80.71	-11.98	4.58	35.93	-27.94
7	北大医药	191.94	4.42	2.00	2.96	43.58	1.04	46.93	2.65	42.79	114.57	31.51	3.65	196.76	77.48
8	北陆药业	117.36	4.39	13.33	12.06	6.28	0.50	-40.84	11.99	197.81	83.45	-201.22	4.75	666.31	90.27
9	贝达药业	96.18	12.38	11.77	12.96	25.48	0.42	25.67	11.62	126.99	78.99	15793.48	-0.84	-31.83	-31.64
10	博腾股份	46.59	4.19	5.67	8.08	49.12	0.41	20.33	5.54	66.98	84.27	5.89	-10.74	-41.83	1.45
11	博雅生物	38.02	5.25	13.84	15.78	32.30	0.48	-18.58	13.82	198.73	95.84	-50.61	54.29	31.48	-111.98

完整的数据文件参见本书附带的“数据 5.dta”。需要特别提示的是，本案例所使用的变量数据均为横截面数据，所以本案例的研究思路也紧密结合横截面数据的基本特征展开，具体操作步骤包括 5 个方面的内容，分别是：

（1）对市盈率 PE（TTM）、市净率 PB（LF）、总资产报酬率（ROA）、净资产收益率（ROE（平均））、资产负债率、总资产周转率、研发费用同比增长、投入资本回报率（ROIC）、人力投入回报率（ROP）、经营活动净收益/利润总额、EBITDA/利息费用、营业收入（同比增长率）、净利润（同比增长率）、经营活动产生的现金流量净额（同比增长率）等变量进行描述性分析，观察变量数据的基本特征。

（2）对市盈率 PE（TTM）、市净率 PB（LF）、总资产报酬率（ROA）、净资产收益率（ROE（平均））、资产负债率、总资产周转率、研发费用同比增长、投入资本回报率（ROIC）、人力投入回报率（ROP）、经营活动净收益/利润总额、EBITDA/利息费用、营业收入（同比增长率）、净利润（同比增长率）、经营活动产生的现金流量净额（同比增长率）等变量进行相关性分析，研究变量之间的相关关系。

（3）以市盈率 PE（TTM）为因变量，以总资产报酬率（ROA）、净资产收益率（ROE（平均））、资产负债率（debt）、总资产周转率（assetturnover）、研发费用同比增长（R&Dgrow）、投入资本回报率（ROIC）、人力投入回报率（ROP）、经营活动净收益/利润总额（netincome/profit）、EBITDA/利息费用（EBITDA/interest）、营业收入（同比增长率）（incomegrow）、净利润（同比增长率）（netprofitgrow）、经营活动产生的现金流量净额（同比增长率）（cashflowgrow）变量为自变量，进行最小二乘线性回归。

（4）以市净率 PB（LF）为因变量，以总资产报酬率（ROA）、净资产收益率（ROE（平均））、资产负债率（debt）、总资产周转率（assetturnover）、研发费用同比增长（R&Dgrow）、投入资本回报率（ROIC）、人力投入回报率（ROP）、经营活动净收益/利润总额（netincome/profit）、EBITDA/利息费用（EBITDA/interest）、营业收入（同比增长率）（incomegrow）、净利润（同比增长率）（netprofitgrow）、经营活动产生的现金流量净额（同比增长率）（cashflowgrow）变量为自变量，进行最小二乘线性回归。

（5）得到研究结论。

5.2　描述性分析

	下载资源:\video\5.1
	下载资源:\sample\数据 5

在进行描述性分析之前，首先需要确认数据变量的类型。本案例的数据变量都是定距变量，我们可以通过进行定距变量的基本描述性统计得到数据的概要统计指标，包括平均值、最大值、最小值、标准差、百分位数、中位数、偏度系数和峰度系数等。我们通过获得这些基本的描述性分析统计指标可以从整体上对拟分析的数据进行宏观的把握，观察数据的基本特征，从而为后续进行更精深的数据分析做好必要准备。

5.2.1　Stata 分析过程

在 Stata 格式文件中共有 16 个变量，分别是 code、name、PE、PB、ROA、ROE、debt、assetturnover、R&Dgrow、ROIC、ROP、netincome/profit、EBITDA/interest、incomegrow、netprofitgrow、cashflowgrow。

其中，变量 code 代表上市公司序号，变量 name 代表上市公司名称，变量 PE 代表市盈率 PE(TTM)，变量 PB 代表市净率 PB(LF)，变量 ROA 代表总资产报酬率 ROA，变量 ROE 代表净资产收益率 ROE（平均），变量 debt 代表资产负债率，变量 assetturnover 代表总资产周转率，变量 R&Dgrow 代表研发费用同比增长，变量 ROIC 代表投入资本回报率 ROIC，变量 ROIC 代表人力投入回报率，变量 netincome/profit 代表经营活动净收益/利润总额，变量 EBITDA/interest 代表 EBITDA/利息费用，变量 incomegrow 代表营业收入（同比增长率），变量 netprofitgrow 代表净利润（同比增长率），变量 cashflowgrow 代表经营活动产生的现金流量净额（同比增长率）。变量类型及长度采取系统默认方式，数据如图 5.1 所示。

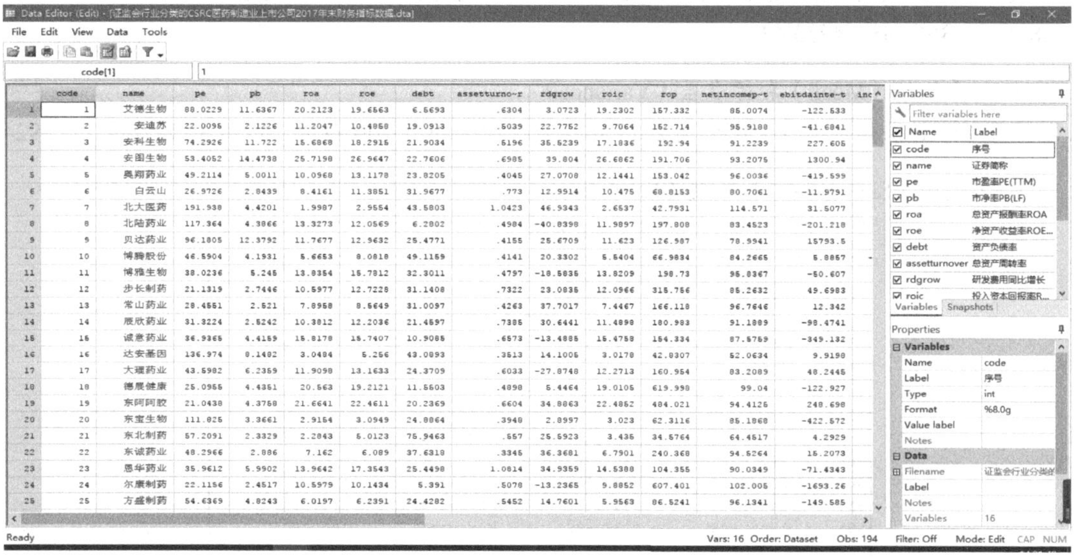

图 5.1　数据 5

先保存数据，然后开始展开分析，步骤如下：

01 进入 Stata 16.0，打开相关数据文件，弹出主界面。

02 在主界面的“命令窗口”中输入命令：

```
summarize pe pb roa roe debt assetturnover rdgrow roic rop netincomeprofit ebitdainterest
incomegrow netprofitgrow cashflowgrow,detail
```

03 设置完毕后，按回车键，等待输出结果。

5.2.2 结果分析

从 Stata 16.0 主界面的结果窗口可以看到如图 5.2~图 5.15 所示的分析结果。需要说明的是，在本案例中，描述性分析不仅仅是辅助分析的范畴，也是整体分析的重要组成部分。通过分析该结果，我们不仅可以得到数据的基本特征，更可以对证监会行业分类的 CSRC 医药制造业上市公司 2017 年年末财务指标进行简要统计分析，挖掘其中的规律。

图 5.2 展示了 CSRC 医药制造业上市公司 2017 年年末市盈率数据的描述性分析结果，我们可以得到很多信息，包括：

（1）百分位数（Percentiles）

变量 CSRC 医药制造业上市公司 2017 年年末市盈率的第一个四分位数（25%）是 27.6867，第二个四分位数（50%）是 39.8706，第三个四分位数（75%）是 60.0527。

（2）4 个最小值（Smallest）

变量 CSRC 医药制造业上市公司 2017 年年末市盈率最小的 4 个数据值分别是-680.4625、-14.7365、8.3251、8.3735。

（3）4 个最大值（Largest）

变量 CSRC 医药制造业上市公司 2017 年年末市盈率最大的 4 个数据值分别是 496.1065、655.8156、1366.698、4733.422。

（4）平均值（Mean）和标准差（Variance）

变量 CSRC 医药制造业上市公司 2017 年年末市盈率的平均值为 86.26856，标准差是 359.5924。

（5）偏度（Skewness）和峰度（Kurtosis）

```
                         市盈率PE(TTM)
-------------------------------------------------------------
      Percentiles      Smallest
 1%     -14.7365      -680.4625
 5%      17.7155       -14.7365
10%      21.1319         8.3251       Obs                 194
25%      27.6867         8.3735       Sum of Wgt.         194

50%      39.8706                      Mean           86.26856
                        Largest       Std. Dev.      359.5924
75%      60.0527       496.1065
90%     111.8254       655.8156       Variance       129306.7
95%     149.9714       1366.698       Skewness       11.42823
99%     1366.698       4733.422       Kurtosis       146.2675
```

图 5.2　分析结果 1

变量 CSRC 医药制造业上市公司 2017 年年末市盈率的偏度为 11.42823，说明数据存在较大的正偏度。变量 CSRC 医药制造业上市公司 2017 年年末市盈率的峰度为 146.2675，有一个比正态分布长很多的尾巴。

从上述分析结果中可以看出，一是 CSRC 医药制造业上市公司 2017 年年末市盈率分布比较分散，投资者对于医药制造业上市公司的估值没有什么清晰而固定的特点，反映在市盈率的跨度比较大，或者说极值（最大值-最小值）比较大，投资分化比较明显；二是 CSRC 医药制造业上市公司 2017 年年末市盈率相对于整体市场来说偏高，反映在市盈率的平均值为 86.26856，接近 90 倍的市盈率，若不考虑公司的成长性，则可以简单理解成投资者投资该行业股票可能需要 90 年的时间才能收回投资本金。当然，这也从另一个角度说明投资者对于 CSRC 医药制造业还是比较认可的，或者说看好该行业的成长性并愿意付出一定的风险溢价。

图 5.3 展示了 CSRC 医药制造业上市公司 2017 年年末市净率数据的描述性分析结果，我们可以得到很多信息，包括：

（1）百分位数（Percentiles）

变量 CSRC 医药制造业上市公司 2017 年年末市净率的第一个四分位数（25%）是 2.6118，第二个四分位数（50%）是 3.56875，第三个四分位数（75%）是 5.245。

（2）4 个最小值（Smallest）

变量 CSRC 医药制造业上市公司 2017 年年末市净率最小的 4 个数据值分别是 1.2439、1.305、1.3076、1.3503。

（3）4 个最大值（Largest）

变量 CSRC 医药制造业上市公司 2017 年年末市净率最大的 4 个数据值分别是 14.4738、16.0947、16.2876、20.0158。

（4）平均值（Mean）和标准差（Variance）

变量 CSRC 医药制造业上市公司 2017 年年末市净率的平均值为 4.598793，标准差是 3.119374。

（5）偏度（Skewness）和峰度（Kurtosis）

市净率PB(LF)

	Percentiles	Smallest		
1%	1.305	1.2439		
5%	1.718	1.305		
10%	1.9953	1.3076	Obs	194
25%	2.6118	1.3503	Sum of Wgt.	194
50%	3.56875		Mean	4.598793
		Largest	Std. Dev.	3.119374
75%	5.245	14.4738		
90%	8.142	16.0947	Variance	9.730493
95%	12.3792	16.2876	Skewness	2.083278
99%	16.2876	20.0158	Kurtosis	7.999716

图 5.3　分析结果 2

变量 CSRC 医药制造业上市公司 2017 年年末市净率的偏度为 2.083278，说明数据存在一定程度的正偏度。

变量 CSRC 医药制造业上市公司 2017 年年末市净率的峰度为 7.999716，有一个比正态分布长很多的尾巴。

从上述分析结果中可以看出，一是CSRC医药制造业上市公司2017年年末市净率分布比较分散，投资者对于医药制造业上市公司的估值没有什么清晰而固定的特点，反映在市净率的跨度比较大，或者说极值（最大值-最小值）比较大，最小的市净率只有1.2439，公司股价基本上接近公司的每股所有者权益，而最大的市净率则达到了20.0158，公司股价为每股公司所有者权益的20倍以上；二是CSRC医药制造业上市公司2017年年末市净率相对于整体市场来说具有较好的吸引力，反映在市净率的平均值为4.598793，仅4倍左右的市净率。

图5.4展示了CSRC医药制造业上市公司2017年年末总资产报酬率数据的描述性分析结果，我们可以得到很多信息，包括：

（1）百分位数（Percentiles）

变量CSRC医药制造业上市公司2017年年末总资产报酬率的第一个四分位数(25%)是5.9686，第二个四分位数（50%）是9.17665，第三个四分位数（75%）是13.8354。

（2）4个最小值（Smallest）

变量CSRC医药制造业上市公司2017年年末总资产报酬率最小的四个数据值分别是0.0309、1.5275、1.9987、2.2459。

（3）4个最大值（Largest）

变量CSRC医药制造业上市公司2017年年末总资产报酬率最大的四个数据值分别是27.8379、29.2653、31.3281、42.7585。

（4）平均值（Mean）和标准差（Variance）

变量CSRC医药制造业上市公司2017年年末总资产报酬率的平均值为10.46397，标准差是6.386434。

（5）偏度（Skewness）和峰度（Kurtosis）

```
                      总资产报酬率ROA
-------------------------------------------------------------
      Percentiles      Smallest
 1%       1.5275          .0309
 5%       2.5765         1.5275
10%       3.3233         1.9987       Obs                 194
25%       5.9686         2.2459       Sum of Wgt.         194

50%      9.17665                      Mean           10.46397
                        Largest       Std. Dev.      6.386434
75%      13.8354        27.8379
90%      19.1449        29.2653       Variance       40.78654
95%      22.0321        31.3281       Skewness       1.379555
99%      31.3281        42.7585       Kurtosis       6.212721
```

图5.4 分析结果3

变量CSRC医药制造业上市公司2017年年末总资产报酬率的偏度为1.379555，说明数据存在较小程度的正偏度。

变量CSRC医药制造业上市公司2017年年末总资产报酬率的峰度为6.212721，有一个比正态分布长很多的尾巴。

从上述分析结果中可以看出，一是CSRC医药制造业上市公司2017年年末总资产报酬率分布比较分散，反映在总资产报酬率的跨度比较大，或者说极值（最大值-最小值）比较大，最小的总资产报酬率只有 0.0309，公司基本上是不盈利的，而最大的总资产报酬率则达到了 42.7585，公司盈利水平接近公司总资产的一半，堪称暴利；二是 CSRC 医药制造业上市公司 2017 年年末总资产报酬率相对于整体市场来说具有较好的吸引力，反映在总资产报酬率的平均值为 10.46397，超过10%，好于很多其他行业。

图 5.5 展示了 CSRC 医药制造业上市公司 2017 年年末净资产收益率数据的描述性分析结果，我们可以得到很多信息，包括：

（1）百分位数（Percentiles）

变量 CSRC 医药制造业上市公司 2017 年年末净资产收益率的第一个四分位数（25%）是 6.4716，第二个四分位数（50%）是 10.94065，第三个四分位数（75%）是 15.7708。

（2）4 个最小值（Smallest）

变量 CSRC 医药制造业上市公司 2017 年年末净资产收益率最小的 4 个数据值分别是 0.3447、1.1035、1.1524、1.6849。

（3）4 个最大值（Largest）

变量 CSRC 医药制造业上市公司 2017 年年末净资产收益率最大的 4 个数据值分别是 30.3621、33.4122、45.0839、51.2617。

（4）平均值（Mean）和标准差（Variance）

变量 CSRC 医药制造业上市公司 2017 年年末净资产收益率的平均值为 11.73741，标准差是 7.304233。

（5）偏度（Skewness）和峰度（Kurtosis）

```
                        净资产收益率ROE(平均)
-------------------------------------------------------------
      Percentiles      Smallest
 1%      1.1035          .3447
 5%      2.6561         1.1035
10%      3.8333         1.1524       Obs                 194
25%      6.4716         1.6849       Sum of Wgt.         194

50%    10.94065                      Mean           11.73741
                        Largest      Std. Dev.      7.304233
75%     15.7708        30.3621
90%     19.9803        33.4122       Variance       53.35182
95%     23.7766        45.0839       Skewness       1.639746
99%     45.0839        51.2617       Kurtosis       8.441761
```

图 5.5　分析结果 4

变量 CSRC 医药制造业上市公司 2017 年年末净资产收益率的偏度为 1.639746，说明数据存在较小程度的正偏度。

变量 CSRC 医药制造业上市公司 2017 年年末净资产收益率的峰度为 8.441761，有一个比正态分布长很多的尾巴。

从上述分析结果中可以看出，一是 CSRC 医药制造业上市公司 2017 年年末净资产收益率分布比较分散，反映在净资产收益率的跨度比较大，或者说极值（最大值-最小值）比较大，最小的净资产收益率只有 0.3447，公司基本上是不盈利的，而最大的净资产收益率则达到了 51.2617，公司盈利水平超过了公司所有者权益的一半，堪称暴利；二是 CSRC 医药制造业上市公司 2017 年年末净资产收益率相对于整体市场来说具有较好的吸引力，反映在净资产收益率的平均值为 11.73741，超过 10%，好于很多其他行业。

图 5.6 展示了 CSRC 医药制造业上市公司 2017 年年末资产负债率数据的描述性分析结果，我们可以得到很多信息，包括：

（1）百分位数（Percentiles）

变量 CSRC 医药制造业上市公司 2017 年年末资产负债率的第一个四分位数(25%)是 16.6758，第二个四分位数（50%）是 24.50495，第三个四分位数（75%）是 38.226。

（2）4 个最小值（Smallest）

变量 CSRC 医药制造业上市公司 2017 年年末资产负债率最小的 4 个数据值分别是 4.2033、4.5299、5.391、5.4582。

（3）4 个最大值（Largest）

变量 CSRC 医药制造业上市公司 2017 年年末资产负债率最大的 4 个数据值分别是 59.6531、63.7198、75.9463、88.5828。

（4）平均值（Mean）和标准差（Variance）

变量 CSRC 医药制造业上市公司 2017 年年末资产负债率的平均值为 28.16471，标准差是 15.7013。

（5）偏度（Skewness）和峰度（Kurtosis）

```
                        资产负债率
-------------------------------------------------------------
      Percentiles      Smallest
 1%       4.5299         4.2033
 5%       6.5693         4.5299
10%       10.283          5.391       Obs                 194
25%      16.6758         5.4582       Sum of Wgt.         194

50%     24.50495                      Mean           28.16471
                        Largest       Std. Dev.       15.7013
75%       38.226        59.6531
90%      52.0474        63.7198       Variance       246.5308
95%      57.1874        75.9463       Skewness       .7783387
99%      75.9463        88.5828       Kurtosis       3.326942
```

图 5.6　分析结果 5

变量 CSRC 医药制造业上市公司 2017 年年末资产负债率的偏度为 0.7783387，说明数据存在较小程度的正偏度。

变量 CSRC 医药制造业上市公司 2017 年年末资产负债率的峰度为 3.326942，有一个比正态分布略长的尾巴。

从上述分析结果中可以看出，一是 CSRC 医药制造业上市公司 2017 年年末资产负债率分布比较分散，反映在资产负债率的跨度比较大，或者说极值（最大值-最小值）比较大，最小的资产负债率只有 4.2033，公司基本上是不举债的，而最大的资产负债率则达到了 88.5828，公司负债水平接近公司总资产，公司所有者权益不足 15%，堪称高杠杆经营；二是 CSRC 医药制造业上市公司

2017 年年末资产负债率相对于整体市场来说具有较好的吸引力，反映在资产负债率的平均值只有 28.16471，不足 30%，好于很多其他行业。

图 5.7 展示了 CSRC 医药制造业上市公司 2017 年年末总资产周转率数据的描述性分析结果，我们可以得到很多信息，包括：

（1）百分位数（Percentiles）

变量 CSRC 医药制造业上市公司 2017 年年末总资产周转率的第一个四分位数（25%）是 0.3977，第二个四分位数（50%）是 0.5176，第三个四分位数（75%）是 0.6272。

（2）4 个最小值（Smallest）

变量 CSRC 医药制造业上市公司 2017 年年末总资产周转率最小的 4 个数据值分别是 0.1194、0.128、0.1362、0.1393。

（3）4 个最大值（Largest）

变量 CSRC 医药制造业上市公司 2017 年年末总资产周转率最大的 4 个数据值分别是 1.0401、1.0423、1.0814、1.4789。

（4）平均值（Mean）和标准差（Variance）

变量 CSRC 医药制造业上市公司 2017 年年末总资产周转率的平均值为 0.5297067，标准差是 0.2063017。

（5）偏度（Skewness）和峰度（Kurtosis）

总资产周转率

	Percentiles	Smallest		
1%	.128	.1194		
5%	.1941	.128		
10%	.2866	.1362	Obs	194
25%	.3977	.1393	Sum of Wgt.	194
50%	.5176		Mean	.5297067
		Largest	Std. Dev.	.2063017
75%	.6272	1.0401		
90%	.8274	1.0423	Variance	.0425604
95%	.93	1.0814	Skewness	.8289731
99%	1.0814	1.4789	Kurtosis	4.991739

图 5.7　分析结果 6

变量 CSRC 医药制造业上市公司 2017 年年末总资产周转率的偏度为 0.8289731，说明数据存在较小程度的正偏度。

变量 CSRC 医药制造业上市公司 2017 年年末总资产周转率的峰度为 4.991739，有一个比正态分布更长的尾巴。

从上述分析结果中可以看出，一是 CSRC 医药制造业上市公司 2017 年年末总资产周转率分布比较集中，反映在总资产周转率的跨度不是很大，或者说极值（最大值-最小值）不够大，最小的总资产周转率只有 0.1194，说明公司总资产的周转速度非常慢，10 年的销售收入才能周转一次总资产，而最大的总资产周转率也只不过是 1.4789，相对于其他行业不算高；二是 CSRC 医药制造业上市公司 2017 年年末总资产周转率相对于整体市场来说不具有较好的吸引力，反映在总资产周转率的平均值只有 0.5297067，两年的销售收入才能周转一次总资产。

图 5.8 展示了 CSRC 医药制造业上市公司 2017 年年末研发费用同比增长数据的描述性分析结果，我们可以得到很多信息，包括：

（1）百分位数（Percentiles）

变量 CSRC 医药制造业上市公司 2017 年年末研发费用同比增长的第一个四分位数（25%）是-3.18，第二个四分位数（50%）是 19.1022，第三个四分位数（75%）是 39.804。

（2）4 个最小值（Smallest）

变量 CSRC 医药制造业上市公司 2017 年年末研发费用同比增长最小的 4 个数据值分别是-56.1016、-55.294、-50.4698、-48.9387。

（3）4 个最大值（Largest）

变量 CSRC 医药制造业上市公司 2017 年年末研发费用同比增长最大的 4 个数据值分别是155.2584、170.0875、745.9991、1523.834。

（4）平均值（Mean）和标准差（Variance）

变量 CSRC 医药制造业上市公司 2017 年年末研发费用同比增长的平均值为 32.7903，标准差是 124.7524。

（5）偏度（Skewness）和峰度（Kurtosis）

研发费用同比增长

	Percentiles	Smallest		
1%	-55.294	-56.1016		
5%	-27.8748	-55.294		
10%	-15.6275	-50.4698	Obs	194
25%	-3.18	-48.9387	Sum of Wgt.	194
50%	19.1022		Mean	32.7903
		Largest	Std. Dev.	124.7524
75%	39.804	155.2584		
90%	62.7602	170.0875	Variance	15563.17
95%	90.0511	745.9991	Skewness	9.842246
99%	745.9991	1523.834	Kurtosis	111.8787

图 5.8　分析结果 7

变量 CSRC 医药制造业上市公司 2017 年年末研发费用同比增长的偏度为 9.842246，说明数据存在较大程度的正偏度。

变量 CSRC 医药制造业上市公司 2017 年年末研发费用同比增长的峰度为 111.8787，有一个比正态分布长很多的尾巴。

从上述分析结果中可以看出，一是 CSRC 医药制造业上市公司 2017 年年末研发费用同比增长分布比较分散，反映在研发费用同比增长的跨度比较大，或者说极值（最大值-最小值）比较大，最小的研发费用同比增长只有-56.1016，公司的研发费用支出是相对下降的，而最大的研发费用同比增长则达到了 1523.834，公司研发费用的增长速度远远超出普通水平；二是 CSRC 医药制造业上市公司 2017 年年末研发费用同比增长相对于整体市场来说具有较好的吸引力，反映在研发费用同比增长的平均值高达 32.7903，超过 30%，好于很多其他行业，也在很大程度上说明医药制造业是一种典型的研发驱动型行业，高质量的研发是形成核心竞争力的关键。

图 5.9 展示了 CSRC 医药制造业上市公司 2017 年年末投入资本回报率数据的描述性分析结果，

我们可以得到很多信息，包括：

（1）百分位数（Percentiles）

变量 CSRC 医药制造业上市公司 2017 年年末投入资本回报率的第一个四分位数（25%）是 5.5971，第二个四分位数（50%）是 9.446，第三个四分位数（75%）是 14.5252。

（2）4 个最小值（Smallest）

变量 CSRC 医药制造业上市公司 2017 年年末投入资本回报率最小的 4 个数据值分别是 0.0331、0.7725、1.8398、2.0402。

（3）4 个最大值（Largest）

变量 CSRC 医药制造业上市公司 2017 年年末投入资本回报率最大的 4 个数据值分别是 27.66、30.9425、32.6625、47.3885。

（4）平均值（Mean）和标准差（Variance）

变量 CSRC 医药制造业上市公司 2017 年年末投入资本回报率的平均值为 10.60117，标准差是 6.699877。

（5）偏度（Skewness）和峰度（Kurtosis）

投入资本回报率ROIC

	Percentiles	Smallest		
1%	.7725	.0331		
5%	2.4802	.7725		
10%	3.3194	1.8398	Obs	194
25%	5.5971	2.0402	Sum of Wgt.	194
50%	9.446		Mean	10.60117
		Largest	Std. Dev.	6.699877
75%	14.5252	27.66		
90%	19.0105	30.9425	Variance	44.88835
95%	22.3223	32.6625	Skewness	1.486766
99%	32.6625	47.3885	Kurtosis	7.322364

图 5.9　分析结果 8

变量 CSRC 医药制造业上市公司 2017 年年末投入资本回报率的偏度为 1.486766，说明数据存在较小程度的正偏度。

变量 CSRC 医药制造业上市公司 2017 年年末投入资本回报率的峰度为 7.322364，有一个比正态分布长很多的尾巴。

从上述分析结果中可以看出，一是 CSRC 医药制造业上市公司 2017 年年末投入资本回报率分布比较分散，反映在投入资本回报率的跨度比较大，或者说极值（最大值-最小值）比较大，最小的投入资本回报率只有 0.0331，说明公司的投入产出非常低下，投资效率不佳，而最大的投入资本回报率则达到了 47.3885，公司的投入回报接近 50%，或者说公司当前的每一分投入用两年的时间即可翻倍；二是 CSRC 医药制造业上市公司 2017 年年末投入资本回报率相对于整体市场来说具有较好的吸引力，反映在投入资本回报率的平均值高达 10.60117，超过 10%，好于很多其他行业，也在很大程度上说明医药制造业是一种典型的暴利型行业。

关于变量人力投入回报率、经营活动净收益/利润总额、EBITDA/利息费用、营业收入（同比增长率）、净利润（同比增长率）、经营活动产生的现金流量净额（同比增长率）的描述性分析结果分别如图 5.10~图 5.15 所示，限于篇幅不再对结果一一进行解读，只进行简要点评，读者可按照前面类似的解读方法自行展开深入分析。

图 5.10 展示了 CSRC 医药制造业上市公司 2017 年年末人力投入回报率数据的描述性分析结果，人力投入回报率还是比较高的，平均值接近 200，每增加一单位的人力资源投入能够获取接近两单位的产出，这在很大程度上说明在医药制造行业，人力资源的作用非常突出，也是可依赖、很具潜力、很需培育的资源，志存高远的优秀企业都应该加强人力资源管理。

```
                     人力投入回报率 (ROP)
-------------------------------------------------------------
      Percentiles      Smallest
 1%            0              0
 5%      34.5764              0
10%      51.8475              0       Obs                 194
25%      84.3297         16.097       Sum of Wgt.         194

50%     138.7815                      Mean           194.4284
                        Largest       Std. Dev.      164.6946
75%     255.0843       734.2592
90%     388.4974       739.3507       Variance       27124.31
95%     607.4005       800.4996       Skewness       1.757329
99%     800.4996       863.6869       Kurtosis       6.092614
```

图 5.10　分析结果 9

图 5.11 展示了 CSRC 医药制造业上市公司 2017 年年末经营活动净收益/利润总额数据的描述性分析结果，经营活动净收益/利润总额用于评价公司通过经营主业获取的盈利水平，在很大程度上反映的是上市公司的收益质量。一般情况下，经营活动净收益/利润总额越高，说明公司通过经营主业获取的盈利水平越高，医药制造行业上市公司的收益质量就越好。与之相对应的，经营活动净收益/利润总额越低，说明公司通过经营主业获取的盈利水平越低，医药制造行业上市公司的收益质量就越差。从上面的描述性分析中可以发现医药制造行业上市公司的经营活动净收益/利润总额均值接近 70%，说明众多公司还是专注主业发展的，医药制造行业上市公司的整体收益质量比较高。

```
                 经营活动净收益/利润总额
-------------------------------------------------------------
      Percentiles      Smallest
 1%     -97.1069      -1801.741
 5%      17.3665       -97.1069
10%      38.3862       -63.6792       Obs                 194
25%      77.4222       -63.6792       Sum of Wgt.         194

50%     88.76985                      Mean           69.68364
                        Largest       Std. Dev.      139.5698
75%      94.9065       113.5032
90%      97.4166       114.5713       Variance       19479.74
95%        99.04       176.0729       Skewness      -12.52381
99%     176.0729       287.2103       Kurtosis       168.4067
```

图 5.11　分析结果 10

图 5.12 展示了 CSRC 医药制造业上市公司 2017 年年末 EBITDA/利息费用数据的描述性分析结果，EBITDA/利息费用用于评价公司的偿债能力，EBITDA 是公司的息税前收益，利息费用是公司的有息负债产生的融资费用、利息等财务费用，EBITDA/利息费用越大，说明公司的利息费用支出越能得到保障，公司的偿债能力就越强，越能让公司的债权人感到放心；与之相对应的，EBITDA/利息费用越小，说明公司的利息费用支出越不能得到保障，公司的偿债能力就越弱，越能让公司的债权人感到不放心。从上面的描述性分析中可以发现医药制造行业上市公司的 EBITDA/利息费用超过了 70 倍，说明整个行业的偿债能力很强，从经营可持续性的方面来讲，行业内的上市公司普遍较为优质。

EBITDA/利息费用				
	Percentiles	Smallest		
1%	-655.6583	-1693.262		
5%	-304.9087	-655.6583		
10%	-182.1721	-638.0272	Obs	194
25%	-55.7408	-624.1804	Sum of Wgt.	194
50%	5.7527		Mean	70.06446
		Largest	Std. Dev.	1163.466
75%	27.6835	1300.943		
90%	104.2532	1364.248	Variance	1353654
95%	227.6048	1392.174	Skewness	12.81819
99%	1392.174	15793.48	Kurtosis	173.7787

图 5.12　分析结果 11

图 5.13 展示了 CSRC 医药制造业上市公司 2017 年年末营业收入（同比增长率）数据的描述性分析结果。图 5.14 展示了 CSRC 医药制造业上市公司 2017 年年末净利润（同比增长率）数据的描述性分析结果。营业收入（同比增长率）、净利润（同比增长率）反映的是上市公司的成长能力。一般情况下，营业收入（同比增长率）、净利润（同比增长率）越大，说明上市公司的成长能力越好，就越具有良好的发展预期，越能得到投资者的认可；营业收入（同比增长率）、净利润（同比增长率）越小，说明上市公司的成长能力越差，就越不具有良好的发展预期，越不能得到投资者的认可。

营业收入(同比增长率)				
	Percentiles	Smallest		
1%	-23.8695	-51.8178		
5%	-10.8097	-23.8695		
10%	-5.3566	-17.4547	Obs	194
25%	4.5111	-17.1307	Sum of Wgt.	194
50%	15.1597		Mean	21.05754
		Largest	Std. Dev.	35.25428
75%	28.431	110.0092		
90%	47.1253	110.3804	Variance	1242.864
95%	70.0266	201.06	Skewness	4.606559
99%	201.06	333.4664	Kurtosis	36.8365

图 5.13　分析结果 12

净利润(同比增长率)				
	Percentiles	Smallest		
1%	-85.1642	-88.7997		
5%	-49.5911	-85.1642		
10%	-41.3168	-80.2309	Obs	194
25%	-7.5296	-69.3905	Sum of Wgt.	194
50%	12.85465		Mean	58.78225
		Largest	Std. Dev.	287.0661
75%	37.0343	638.962		
90%	110.9614	666.3076	Variance	82406.93
95%	320.6566	1229.247	Skewness	10.03257
99%	1229.247	3575.69	Kurtosis	119.0172

图 5.14　分析结果 13

从上面的描述性统计分析结果中可以看出，CSRC 医药制造业上市公司之间的成长能力分化非常明显，很多表现不佳的上市公司出现了营业收入（同比增长率）、净利润（同比增长率）的大幅下降，同时又有很多表现优秀的上市公司出现了营业收入（同比增长率）、净利润（同比增长率）的大幅上升。但是从整体上看，CSRC 医药制造业上市公司的成长能力还是非常不错的，反映在营业收入（同比增长率）的均值大于 20%、净利润（同比增长率）的均值大于 50%。在 2017 年，我国宏观经济由高速增长阶段转入中高速增长的高质量发展阶段，经济发展出现新常态的背景下，

CSRC 医药制造业上市公司能有这么好的业绩成长表现是非常难得的，这也在很大程度上说明了医药制造行业弱周期的特征，不易受到宏观环境的影响与冲击。

图 5.15 展示了 CSRC 医药制造业上市公司 2017 年年末经营活动产生的现金流量净额(同比增长率）数据的描述性分析结果，经营活动产生的现金流量净额（同比增长率）也是反映上市公司收益质量的指标。经营活动产生的现金流量净额财务指标取自现金流量表，而现金流量表是按照收付实现制的原则编制的。经典财务管理理论认为，公司的经营利润只有转化为切切实实的现金流入，才算是真正实现了“惊险的跳跃”。所以在很多情况下，经营活动产生的现金流量净额相对于经营利润更能衡量公司的真实盈利能力，不容易被操纵或隐蔽。

经营活动产生的现金流量净额(同比增长率)

	Percentiles	Smallest		
1%	-469.4772	-5332.759		
5%	-157.471	-469.4772		
10%	-92.7504	-220.8094	Obs	194
25%	-49.5612	-217.6393	Sum of Wgt.	194
50%	1.5217		Mean	154.5764
		Largest	Std. Dev.	1325.36
75%	42.317	3069.597		
90%	166.0497	5291.232	Variance	1756580
95%	435.3519	11643.65	Skewness	6.763534
99%	11643.65	11643.65	Kurtosis	61.65765

图 5.15 分析结果 14

从上面的描述性统计分析结果中可以看出，CSRC 医药制造业上市公司之间的以现金流量衡量的生产经营质量分化非常明显，很多表现不佳的上市公司出现了经营活动产生的现金流量净额（同比增长率）的大幅下降，同时又有很多表现优秀的上市公司出现了经营活动产生的现金流量净额(同比增长率）的大幅上升。但是从整体上看，CSRC 医药制造业上市公司的以现金流量衡量的生产经营质量还是非常不错的，反映在经营活动产生的现金流量净额（同比增长率）的均值大于 150%。

5.3 相关性分析

	下载资源:\video\5.2
	下载资源:\sample\数据 5

相关分析是不考虑变量之间的因果关系而只研究分析变量之间的相关关系的一种统计分析方法。相关性的元素之间需要存在一定的联系才可以进行相关性分析。通过分析方法可以判断出变量之间的相关性，从而考虑是否有必要进行后续分析或者增加替换新的变量等。

5.3.1 Stata 分析过程

相关性分析的步骤如下：

01 进入 Stata 16.0，打开相关数据文件，弹出主界面。

02 在主界面的“命令窗口”中输入命令：

```
correlate pe pb roa roe debt assetturnover rdgrow roic rop netincomeprofit ebitdainterest
```

```
incomegrow netprofitgrow cashflowgrow, covariance
```

本命令旨在针对 PE~cashflowgrow 变量进行相关性分析，求变量之间的方差-协方差矩阵。

```
correlate pe pb roa roe debt assetturnover rdgrow roic rop netincomeprofit ebitdainterest
incomegrow netprofitgrow cashflowgrow
```

本命令旨在针对市盈率 PE~cashflowgrow 变量进行相关性分析，求变量之间的相关系数矩阵。

```
pwcorr pe pb roa roe debt assetturnover rdgrow roic rop netincomeprofit ebitdainterest
incomegrow netprofitgrow cashflowgrow,sidak sig star(99)
```

本命令旨在针对 PE~cashflowgrow 变量进行相关性分析，针对变量之间的相关系数矩阵进行显著性检验，并且设定显著性水平为 0.99。

03 设置完毕，按回车键，等待输出结果。

5.3.2 结果分析

在 Stata 16.0 主界面的结果窗口可以看到如图 5.16~图 5.18 所示的分析结果。图 5.16 展示的是变量 PE~cashflowgrow 的方差-协方差矩阵。

```
. correlate pe pb roa roe debt assetturnover rdgrow roic rop netincom
> eprofit ebitdainterest incomegrow netprofitgrow cashflowgrow ,covar
> iance
(obs=194)

             |       pe       pb      roa      roe     debt assett~r
-------------+------------------------------------------------------
          pe |   129307
          pb |   47.675  9.73049
         roa | -187.091  7.55452  40.7865
         roe | -165.178  9.20841  44.0221  53.3518
        debt |  1670.65 -3.08903 -34.2498 -21.0855  246.531
assetturno~r |   9.1147  .053624  .387146  .469851  .356667   .04256
      rdgrow |  9558.71  2.16593  96.5202  42.1694  140.062  4.54322
        roic | -197.827  7.94873  41.9006   47.368 -28.4071  .485493
         rop |    -4571  28.8731  585.257      662 -527.445 -5.15919
netincomep~t |  272.791  11.0894  110.328  120.175 -196.011  5.01741
ebitdainte~t |  684.391  742.768  268.026  302.809  71.1387 -6.45371
  incomegrow | -205.431  20.0328  26.8567  27.6918  9.42094   .13722
netprofitg~w |   1898.1   21.536  36.6264  62.2734  234.005 -1.54924
cashflowgrow | -10547.2 -440.299 -824.851 -1053.61 -1134.06 -5.05327

             |   rdgrow     roic      rop netinc~t ebitda~t income~w
-------------+------------------------------------------------------
      rdgrow |  15563.2
        roic |   103.45  44.8883
         rop |  1474.76  604.102  27124.3
netincomep~t |  1127.93  115.996  1243.12  19479.7
ebitdainte~t | -513.897  253.692 -8485.78  298.694  1.4e+06
  incomegrow |  390.539  28.4239  449.931 -259.859 -1875.99  1242.86
netprofitg~w | -67.5114  64.1279  1361.84  -1466.7 -7627.64  2074.39
cashflowgrow |     3185 -870.222 -8168.49  3428.58 -10594.3 -1737.15

             | netpro~w cashfl~w
-------------+------------------
netprofitg~w |  82406.9
cashflowgrow | -8864.14  1.8e+06
```

图 5.16　分析结果 15

在上述分析结果中，我们可以看到各个变量之间的方差与协方差值，可以看到各个值之间的差距很大，且有正有负。需要特别关注的是市盈率 PE（TTM）、市净率 PB（LF）、总资产报酬率（ROA）、净资产收益率（ROE（平均））4 个变量与其他变量之间的相关关系，其中市盈率 PE（TTM）、市净率 PB（LF）代表着上市公司的市场估值，总资产报酬率（ROA）、净资产收益率（ROE（平均））代表着上市公司的业绩表现。

可以发现市盈率 PE（TTM）与资产负债率（debt）、总资产周转率（assetturnover）、研发费用同比增长（R&Dgrow）、经营活动净收益/利润总额（netincome/profit）、EBITDA/利息费用（EBITDA/interest）、净利润（同比增长率）（netprofitgrow）正相关，与投入资本回报率（ROIC）、人力投入回报率（ROP）、营业收入（同比增长率）（incomegrow）、经营活动产生的现金流量净额（同比增长率）（cashflowgrow）负相关。

市净率 PB（LF）与资产负债率（debt）、经营活动产生的现金流量净额（同比增长率）（cashflowgrow）负相关，在一定程度上说明资产负债率越高、经营活动产生的现金流量净额（同比增长率）越高，市净率 PB（LF）就越低。与总资产周转率（assetturnover）、研发费用同比增长（R&Dgrow）、经营活动净收益/利润总额（netincome/profit）、EBITDA/利息费用（EBITDA/interest）、净利润（同比增长率）（netprofitgrow）、投入资本回报率（ROIC）、人力投入回报率（ROP）、营业收入（同比增长率）（incomegrow）变量均为正相关。

总资产报酬率（ROA）与资产负债率（debt）、经营活动产生的现金流量净额（同比增长率）（cashflowgrow）负相关，在一定程度上说明资产负债率越高、经营活动产生的现金流量净额（同比增长率）越高，总资产报酬率（ROA）就越低。与总资产周转率（assetturnover）、研发费用同比增长（R&Dgrow）、经营活动净收益/利润总额（netincome/profit）、EBITDA/利息费用（EBITDA/interest）、净利润（同比增长率）（netprofitgrow）、投入资本回报率（ROIC）、人力投入回报率（ROP）、营业收入（同比增长率）（incomegrow）等变量均为正相关。

净资产收益率（ROE（平均））与资产负债率（debt）、经营活动产生的现金流量净额（同比增长率)（cashflowgrow）负相关，在一定程度上说明资产负债率越高、经营活动产生的现金流量净额（同比增长率）越高，净资产收益率（ROE（平均））就越低。与总资产周转率（assetturnover）、研发费用同比增长（R&Dgrow）、经营活动净收益/利润总额（netincome/profit）、EBITDA/利息费用（EBITDA/interest）、净利润（同比增长率）（netprofitgrow）、投入资本回报率（ROIC）、人力投入回报率（ROP）、营业收入（同比增长率）（incomegrow）等变量均为正相关。

```
. correlate pe pb roa roe debt assetturnover rdgrow roic rop n
> etincomeprofit ebitdainterest incomegrow netprofitgrow cashf
> lowgrow
(obs=194)

             |       pe       pb      roa      roe     debt
-------------+---------------------------------------------
          pe |   1.0000
          pb |   0.0425   1.0000
         roa |  -0.0815   0.3792   1.0000
         roe |  -0.0629   0.4041   0.9437   1.0000
        debt |   0.2959  -0.0631  -0.3416  -0.1839   1.0000
assetturno~r |   0.1229   0.0833   0.2938   0.3118   0.1101
      rdgrow |   0.2131   0.0056   0.1211   0.0463   0.0715
        roic |  -0.0821   0.3803   0.9793   0.9679  -0.2700
         rop |  -0.0772   0.0562   0.5564   0.5503  -0.2040
netincomep~t |   0.0054   0.0255   0.1238   0.1179  -0.0894
ebitdainte~t |   0.0016   0.2047   0.0361   0.0356   0.0039
  incomegrow |  -0.0162   0.1822   0.1193   0.1075   0.0170
netprofitg~w |   0.0184   0.0241   0.0200   0.0297   0.0519
cashflowgrow |  -0.0221  -0.1065  -0.0975  -0.1088  -0.0545

             | assett~r   rdgrow     roic      rop netinc~t
-------------+---------------------------------------------
assetturno~r |   1.0000
      rdgrow |   0.1765   1.0000
        roic |   0.3512   0.1238   1.0000
         rop |  -0.1518   0.0718   0.5475   1.0000
netincomep~t |   0.1743   0.0648   0.1240   0.0541   1.0000
ebitdainte~t |  -0.0269  -0.0035   0.0325  -0.0443   0.0018
  incomegrow |   0.0189   0.0888   0.1203   0.0775  -0.0528
netprofitg~w |  -0.0262  -0.0019   0.0333   0.0288  -0.0366
cashflowgrow |  -0.0185   0.0193  -0.0980  -0.0374   0.0185

             | ebitda~t income~w netpro~w cashfl~w
-------------+------------------------------------
ebitdainte~t |   1.0000
  incomegrow |  -0.0457   1.0000
netprofitg~w |  -0.0228   0.2050   1.0000
cashflowgrow |  -0.0069  -0.0372  -0.0233   1.0000
```

图 5.17　分析结果 16

图 5.17 展示的是变量 PE~cashflowgrow 的相关系数矩阵。

在上述分析结果中，我们可以看到各个变量之间的相关系数情况，可以看到各个值之间的差距很大，且有正有负。需要特别关注的是市盈率 PE（TTM）、市净率 PB（LF）、总资产报酬率（ROA）、净资产收益率（ROE（平均））4 个变量与其他变量之间的相关关系，其中市盈率 PE（TTM）、市净率 PB（LF）代表着上市公司的市场估值，总资产报酬率（ROA）、净资产收益率（ROE（平均））代表着上市公司的业绩表现。

可以发现市盈率 PE（TTM）与各个变量之间的相关系数绝对值都不大，在很大程度上说明我国资本市场的投资者在进行投资决策时，或者说对于标的股票的价值评估、对于上市公司基本面的考虑不是很多。具体来说，市盈率 PE（TTM）与资产负债率（debt）、总资产周转率（assetturnover）、研发费用同比增长（R&Dgrow）、经营活动净收益/利润总额（netincome/profit）、EBITDA/利息费用（EBITDA/interest）、净利润（同比增长率）（netprofitgrow）正相关，与投入资本回报率（ROIC）、人力投入回报率（ROP）、营业收入（同比增长率）（incomegrow）、经营活动产生的现金流量净额（同比增长率）（cashflowgrow）负相关，相关系数绝对值都没有超过 0.3。

市净率 PB（LF）同样与各个变量之间的相关系数绝对值都不大，体现在相关系数绝对值都没有超过 0.41，同样在很大程度上说明我国资本市场的投资者在进行投资决策时，或者说对于标的股票的价值评估、对于上市公司基本面的考虑不是很多。具体来说，市盈率 PE（TTM）与资产负债率（debt）、经营活动产生的现金流量净额（同比增长率）（cashflowgrow）负相关，在一定程度上说明资产负债率越高、经营活动产生的现金流量净额（同比增长率）越高、市净率 PB（LF）就越低。与总资产周转率（assetturnover）、研发费用同比增长（R&Dgrow）、经营活动净收益/利润总额（netincome/profit）、EBITDA/利息费用（EBITDA/interest）、净利润（同比增长率）（netprofitgrow）、投入资本回报率（ROIC）、人力投入回报率（ROP）、营业收入（同比增长率）（incomegrow）变量均为正相关，与方差-协方差分析得到的结论一致。

总资产报酬率（ROA）与投入资本回报率（ROIC）的相关系数很大，几乎接近于 1，说明上市公司投入资本回报率（ROIC）越高，那么其总资产报酬率（ROA）就越高，与其他各个变量之间的相关系数绝对值都不大，体现在相关系数绝对值都没有超过 0.6，在很大程度上说明上市公司总资产报酬率（ROA）与公司的资本结构、研发投入、盈利质量、营运能力、偿债能力、成长能力等财务表现关联度不高。具体来说，总资产报酬率（ROA）与资产负债率（debt）、经营活动产生的现金流量净额（同比增长率）（cashflowgrow）负相关，在一定程度上说明资产负债率越高、经营活动产生的现金流量净额（同比增长率）越高、总资产报酬率（ROA）就越低。与总资产周转率（assetturnover）、研发费用同比增长（R&Dgrow）、经营活动净收益/利润总额（netincome/profit）、EBITDA/利息费用（EBITDA/interest）、净利润（同比增长率）（netprofitgrow）、投入资本回报率（ROIC）、人力投入回报率（ROP）、营业收入（同比增长率）（incomegrow）变量均为正相关。

净资产收益率（ROE（平均））同样与投入资本回报率（ROIC）的相关系数很大，几乎接近于 1，说明上市公司投入资本回报率（ROIC）越高，那么其总资产报酬率（ROA）就越高，与其他各个变量之间的相关系数绝对值都不大，体现在相关系数绝对值都没有超过 0.6，在很大程度上说明上市公司净资产收益率（ROE（平均））与公司的资本结构、研发投入、盈利质量、营运能力、偿债能力、成长能力等财务表现关联度不高。具体来说，净资产收益率（ROE（平均））与资产负债率（debt）、经营活动产生的现金流量净额（同比增长率）（cashflowgrow）负相关，在一定程度上说明资产负债率越高、经营活动产生的现金流量净额（同比增长率）越高、净资产收益率（ROE（平均））就越低。与总资产周转率（assetturnover）、研发费用同比增长（R&Dgrow）、经营活动净收益/利润总额（netincome/profit）、EBITDA/利息费用（EBITDA/interest）、净利润（同比增长率）（netprofitgrow）、投入资本回报率（ROIC）、人力投入回报率（ROP）、营业收入（同比增长率）（incomegrow）变量均为正相关。

图 5.18 展示的是变量 PE~cashflowgrow 的相关系数矩阵的显著性检验，设定置信水平为 99%。

```
. pwcorr pe pb roa roe debt assetturnover rdgrow roic rop netincomeprofit ebitd
> ainterest incomegrow netprofitgrow cashflowgrow,sidak sig star(99)

             |       pe       pb      roa      roe     debt assett~r   rdgrow
-------------+---------------------------------------------------------------
          pe |   1.0000
             |
             |
          pb |   0.0425   1.0000
             |   1.0000
             |
         roa |  -0.0815   0.3792*  1.0000
             |   1.0000   0.0000
             |
         roe |  -0.0629   0.4041*  0.9437*  1.0000
             |   1.0000   0.0000   0.0000
             |
        debt |   0.2959* -0.0631  -0.3416* -0.1839*  1.0000
             |   0.0025   1.0000   0.0001   0.6096
             |
assetturno~r |   0.1229   0.0833   0.2938*  0.3118*  0.1101   1.0000
             |   0.9998   1.0000   0.0029   0.0009   1.0000
             |
      rdgrow |   0.2131*  0.0056   0.1211   0.0463   0.0715   0.1765*  1.0000
             |   0.2290   1.0000   0.9999   1.0000   1.0000   0.7178
             |
        roic |  -0.0821   0.3803*  0.9793*  0.9679* -0.2700*  0.3512*  0.1238
             |   1.0000   0.0000   0.0000   0.0000   0.0127   0.0000   0.9997
             |
         rop |  -0.0772   0.0562   0.5564*  0.5503* -0.2040* -0.1518*  0.0718
             |   1.0000   1.0000   0.0000   0.0000   0.3266   0.9592   1.0000
             |
netincomep~t |   0.0054   0.0255   0.1238   0.1179  -0.0894   0.1743*  0.0648
             |   1.0000   1.0000   0.9997   0.9999   1.0000   0.7495   1.0000
             |
ebitdainte~t |   0.0016   0.2047*  0.0361   0.0356   0.0039  -0.0269  -0.0035
             |   1.0000   0.3184   1.0000   1.0000   1.0000   1.0000   1.0000
             |
  incomegrow |  -0.0162   0.1822*  0.1193   0.1075   0.0170   0.0189   0.0888
             |   1.0000   0.6351   0.9999   1.0000   1.0000   1.0000   1.0000
             |
netprofitg~w |   0.0184   0.0241   0.0200   0.0297   0.0519  -0.0262  -0.0019
             |   1.0000   1.0000   1.0000   1.0000   1.0000   1.0000   1.0000
             |
cashflowgrow |  -0.0221  -0.1065  -0.0975  -0.1088  -0.0545  -0.0185   0.0193
             |   1.0000   1.0000   1.0000   1.0000   1.0000   1.0000   1.0000
             |

             |     roic      rop netinc~t ebitda~t income~w netpro~w cashfl~w
-------------+---------------------------------------------------------------
        roic |   1.0000
             |
             |
         rop |   0.5475*  1.0000
             |   0.0000
             |
netincomep~t |   0.1240   0.0541   1.0000
             |   0.9997   1.0000
             |
ebitdainte~t |   0.0325  -0.0443   0.0018   1.0000
             |   1.0000   1.0000   1.0000
             |
  incomegrow |   0.1203   0.0775  -0.0528  -0.0457   1.0000
             |   0.9999   1.0000   1.0000   1.0000
             |
netprofitg~w |   0.0333   0.0288  -0.0366  -0.0228   0.2050*  1.0000
             |   1.0000   1.0000   1.0000   1.0000   0.3147
             |
cashflowgrow |  -0.0980  -0.0374   0.0185  -0.0069  -0.0372  -0.0233   1.0000
             |   1.0000   1.0000   1.0000   1.0000   1.0000   1.0000
             |
```

图 5.18　分析结果 17

在上述分析结果中，我们可以看到变量市盈率 PE（TTM）与资产负债率（debt）、研发费用同比增长（R&Dgrow）的相关系数的显著性检验通过。市净率 PB（LF）与总资产报酬率（ROA）、净资产收益率（ROE（平均））、投入资本回报率（ROIC）、EBITDA/利息费用（EBITDA/interest）、营业收入（同比增长率）（incomegrow）的相关系数的显著性检验通过。总资产报酬率（ROA）与净资产收益率（ROE（平均））、资产负债率（debt）、总资产周转率（assetturnover）、投入资本回报率（ROIC）、人力投入回报率（ROP）的相关系数的显著性检验通过。净资产收益率（ROE（平均））与资产负债率（debt）、总资产周转率（assetturnover）、投入资本回报率（ROIC）、人力投入回报率（ROP）的相关系数的显著性检验通过。

5.4 建立模型

在经过了对数据进行描述性分析观察数据基本特征、相关性分析检验变量之间的关联关系之后，本节我们来进行最后的步骤，就是根据前面得出的一系列结论建立相应的数据模型。

5.4.1 市盈率口径估值与业绩表现研究

	下载资源:\video\5.3
	下载资源:\sample\数据 5

以市盈率 PE（TTM）为因变量，以总资产报酬率（ROA）、净资产收益率（ROE（平均））、资产负债率（debt）、总资产周转率（assetturnover）、研发费用同比增长（R&Dgrow）、投入资本回报率（ROIC）、人力投入回报率（ROP）、经营活动净收益/利润总额（netincome/profit）、EBITDA/利息费用（EBITDA/interest）、营业收入（同比增长率）（incomegrow）、净利润（同比增长率）（netprofitgrow）、经营活动产生的现金流量净额（同比增长率）（cashflowgrow）变量为自变量，进行最小二乘线性回归。分析步骤及结果如下：

01 进入 Stata 16.0，打开相关数据文件，弹出主界面。

02 在主界面的“命令窗口”中输入命令：

```
reg pe roa roe debt assetturnover rdgrow roic rop netincomeprofit ebitdainterest
incomegrow netprofitgrow cashflowgrow
```

本命令旨在以市盈率 PE（TTM）为因变量，以 roa~cashflowgrow 变量为自变量，进行最小二乘线性回归，探索自变量对因变量的影响情况。

```
test roa roe debt assetturnover rdgrow roic rop netincomeprofit ebitdainterest incomegrow
netprofitgrow cashflowgrow
```

本命令旨在检验回归分析中 roa~cashflowgrow 等各个自变量系数的显著性。

```
predict yhat
```

本命令旨在获得因变量的拟合值。

```
predict e,resid
```

本命令旨在获得回归模型的估计残差。

```
rvfplot
```

本命令旨在绘制残差与回归得到的拟合值的散点图，探索数据是否存在异方差。

```
rvpplot roa
```

本命令旨在绘制残差与解释变量 V2 的散点图，探索数据是否存在异方差。

```
estat imtest,white
```

本命令为怀特检验，旨在检验数据是否存在异方差。

```
estat hettest,iid
```

本命令为 BP 检验，旨在使用得到的拟合值来检验数据是否存在异方差。

```
estat hettest,rhs iid
```

本命令为 BP 检验，旨在使用方程右边的解释数据来检验变量是否存在异方差。

```
regress  pe roa roe debt assetturnover rdgrow roic rop netincomeprofit ebitdainterest
incomegrow netprofitgrow cashflowgrow,robust
```

本命令为采用稳健的标准差，以市盈率 PE（TTM）为因变量，以 roa~cashflowgrow 变量为自变量，对数据进行回归分析，克服数据的异方差性对最小二乘回归分析造成的不利影响。

```
sw regress  pe roa roe debt assetturnover rdgrow roic rop netincomeprofit ebitdainterest
incomegrow netprofitgrow cashflowgrow,robust pr(0.05)
```

本命令为采用稳健的标准差，运用逐步回归分析方法，以市盈率 PE（TTM）为因变量，以 roa~cashflowgrow 变量为自变量，对数据进行最小二乘回归分析，设定的逐步回归显著性水平为 0.05，同时，克服数据的异方差性对最小二乘回归分析造成的不利影响。

03 设置完毕后，按回车键进行确认。

在 Stata 16.0 主界面的结果窗口可以看到如图 5.19~图 5.29 所示的分析结果。

（1）图 5.19 所示是对数据进行回归分析的结果。

```
. reg pe roa roe debt assetturnover rdgrow roic rop netincomeprofit ebitdainterest incomegrow netprof
> itgrow cashflowgrow

      Source |       SS           df       MS      Number of obs   =       194
-------------+----------------------------------   F(12, 181)      =      2.71
       Model |  3796168.37        12  316347.364   Prob > F        =    0.0022
    Residual |  21160016.7       181   116906.17   R-squared       =    0.1521
-------------+----------------------------------   Adj R-squared   =    0.0959
       Total |  24956185.1       193  129306.658   Root MSE        =    341.92

------------------------------------------------------------------------------
          pe |      Coef.   Std. Err.      t    P>|t|     [95% Conf. Interval]
-------------+----------------------------------------------------------------
         roa |   38.64458   21.24382     1.82   0.071    -3.272804    80.56197
         roe |   11.98658   15.46516     0.78   0.439    -18.52862    42.50177
        debt |    6.43029   1.976587     3.25   0.001     2.530172    10.33041
assetturnover|    224.951   153.3937     1.47   0.144    -77.71878    527.6209
      rdgrow |   .5785955   .2163559     2.67   0.008     .1516913      1.0055
        roic |  -53.09075   26.07232    -2.04   0.043    -104.5355   -1.645956
         rop |   .0274188   .2013576     0.14   0.892    -.3698915     .424729
netincomeprofit| .0068994   .1813845     0.04   0.970    -.3510007    .3647994
ebitdainterest|  .0008881   .0213429     0.04   0.967    -.0412249     .043001
  incomegrow |  -.3761821   .7240552    -0.52   0.604    -1.804857    1.052492
netprofitgrow|   .0334232    .088099     0.38   0.705    -.1404101    .2072564
cashflowgrow |  -.0033041   .0187877    -0.18   0.861    -.0403751    .0337669
       _cons |  -214.6182   103.8863    -2.07   0.040    -419.6023   -9.634235
------------------------------------------------------------------------------
```

图 5.19　回归分析结果图 18

在上述分析结果中，我们可以得到很多信息：可以看出共有 194 个样本参与了分析，模型的 F 值(12,181)=2.71，P 值(Prob>F)=0.0022，说明模型整体上是非常显著的。模型的可决系数(R-squared)=0.1521，模型修正的可决系数（Adj R-squared）=0.0959，说明模型的解释能力非常有限。这说明我们在构建的模型中可能遗漏了重要的解释变量，事实上这也是与现实情况相符合的，我国资本市场上的投资者对于医药制造行业上市公司的基于市盈率口径的估值评价，很多时候更加关注股票价格表现的技术面而非基本面，关注上市公司未来可能的发展预期而非历史业绩表现，甚至公司的总市值盘子是大还是小、是否便于股价拉升等其他因素。

变量总资产报酬率（ROA）的系数标准误是21.24382，t值为1.82，P值为0.071，系数在10%的显著性水平上是显著的，但是在5%的显著性水平上不够显著，95%的置信区间为[-3.272804, 80.56197]。说明我国资本市场上的投资者在对于医药制造行业上市公司进行基于市盈率口径的估值评价时，会在一定程度上考虑企业的总资产报酬率（ROA），但是并非关键因素。此外，变量总资产报酬率（ROA）的系数为正，说明上市公司的总资产报酬率（ROA）越高，那么公司的市盈率就越高，投资者就越对上市公司认可，越愿意为上市公司付出适当的风险溢价。

变量净资产收益率（ROE（平均））的系数标准误是15.46516，t值为0.78，P值为0.439，系数即使是在10%的显著性水平上也不是显著的，95%的置信区间为[-18.52862, 42.50177]。说明我国资本市场上的投资者在对于医药制造行业上市公司进行基于市盈率口径的估值评价时，基本上不会考虑企业的净资产收益率（ROE（平均）），这也在很大程度上说明我国医药制造行业上市公司的基于市盈率口径的估值高低与其所有者权益的盈利能力关系不大。

变量资产负债率（debt）的系数标准误是1.976587，t值为3.25，P值为0.001，系数显著性水平很高，即使是在1%的显著性水平上也是非常显著的，95%的置信区间为[2.530172, 10.33041]。说明我国资本市场上的投资者在对于医药制造行业上市公司进行基于市盈率口径的估值评价时，会在很大程度上考虑企业的资产负债率（debt），作为基于市盈率口径的估值的关键因素来分析。此外，变量资产负债率（debt）的系数为正，说明上市公司的资产负债率（debt）越高，那么公司的市盈率就越高，投资者就越对上市公司认可，越愿意为上市公司付出适当的风险溢价。结合前述描述性分析的结果，对于这一结果的解释是我国医药制造行业中的上市公司的负债率相对比较低、偿债能力比较强，而同时盈利能力又比较好，尤其是投入资本回报率（ROIC）显著高于债务利息费用，在这种情况下，是鼓励上市公司加入更高的财务杠杆进一步做大企业规模的。

变量总资产周转率（assetturnover）的系数标准误是153.3937，t值为1.47，P值为0.144，系数显著性水平很低，即使是在10%的显著性水平上也是不够显著的，95%的置信区间为[-77.71878, 527.6209]。说明我国资本市场上的投资者在对于医药制造行业上市公司进行基于市盈率口径的估值评价时，基本上不会考虑企业的总资产周转率（assetturnover），这也在很大程度上说明我国医药制造行业上市公司的基于市盈率口径的估值高低与其总资产的周转能力或者说公司的营运能力关系不大。

变量研发费用同比增长（R&Dgrow）的系数标准误是0.2163559，t值为2.67，P值为0.008，系数显著性水平很高，即使是在1%的显著性水平上也是非常显著的，95%的置信区间为[0.1516913, 1.0055]。说明我国资本市场上的投资者在对于医药制造行业上市公司进行基于市盈率口径的估值评价时，会在很大程度上考虑企业的研发费用同比增长（R&Dgrow），作为基于市盈率口径的估值的关键因素来分析。此外，变量研发费用同比增长（R&Dgrow）的系数为正，说明上市公司的研发费用同比增长（R&Dgrow）越高，那么公司的市盈率就越高，投资者就越对上市公司认可，越愿意为上市公司付出适当的风险溢价。这一结论也是与现实情况相符合的，众所周知，医药制造行业是典型的研究开发驱动型行业，研究开发新型药品、掌握更多的专利技术是企业取得持续竞争优势、打造核心竞争力的关键，上市公司的研发费用同比增长越快，在一定程度上说明越容易出研究成果。

变量投入资本回报率（ROIC）的系数标准误是26.07232，t值为-2.04，P值为0.043，系数显著性水平尚可，因为在5%的显著性水平上是显著的，95%的置信区间为[-104.5355, -1.645956]。说明我国资本市场上的投资者在对于医药制造行业上市公司进行基于市盈率口径的估值评价时，会在很大程度上考虑企业的投入资本回报率（ROIC），作为基于市盈率口径的估值的关键因素来分析。此外，变量投入资本回报率（ROIC）的系数为负，说明上市公司的投入资本回报率（ROIC）越低，那么公司的市盈率就越高，投资者就越对上市公司认可，越愿意为上市公司付出适当的风险溢价。这一点不太符合基本的理论逻辑，很有可能是投资者更加关注别的因素，在对别的因素给予更多权重考虑的同时，对该因素的选择判断与常识相比产生了一定的偏差。

变量人力投入回报率（ROP）的系数标准误是0.2013576，t值为0.14，P值为0.892，系数显著性水平很低，即使是在10%的显著性水平上也是不够显著的，95%的置信区间为[-0.3698915,0.424729]。说明我国资本市场上的投资者在对于医药制造行业上市公司进行基于市盈率口径的估值评价时，基本上不会考虑企业的人力投入回报率（ROP），这也在很大程度上说明我国医药制造行业上市公司基于市盈率口径的估值高低与其人力投入回报率（ROP）或者说公司的人力资本管理能力关系不大。

变量经营活动净收益/利润总额（netincome/profit）的系数标准误是0.1813845，t值为0.04，P值为0.970，系数显著性水平很低，即使是在10%的显著性水平上也是不够显著的，95%的置信区间为[-0.3510007,0.3647994]。说明我国资本市场上的投资者在对于医药制造行业上市公司进行基于市盈率口径的估值评价时，基本上不会考虑企业的经营活动净收益/利润总额（netincome/profit），这也在很大程度上说明我国医药制造行业上市公司基于市盈率口径的估值高低与其经营活动净收益/利润总额（netincome/profit）或者说公司的经营活动获取的收益质量关系不大。

变量EBITDA/利息费用（EBITDA/interest）的系数标准误是0.0213429，t值为0.04，P值为0.967，系数显著性水平很低，即使是在10%的显著性水平上也是不够显著的，95%的置信区间为[-0.0412249,0.043001]。说明我国资本市场上的投资者在对于医药制造行业上市公司进行基于市盈率口径的估值评价时，基本上不会考虑企业的EBITDA/利息费用（EBITDA/interest），这也在很大程度上说明我国医药制造行业上市公司基于市盈率口径的估值高低与其EBITDA/利息费用（EBITDA/interest）或者说公司的利息保障倍数关系不大。

变量营业收入（同比增长率）（incomegrow）的系数标准误是0.7240552，t值为-0.52，P值为0.604，系数显著性水平很低，即使是在10%的显著性水平上也是不够显著的，95%的置信区间为[-1.804857, 1.052492]。说明我国资本市场上的投资者在对于医药制造行业上市公司进行基于市盈率口径的估值评价时，基本上不会考虑企业的营业收入（同比增长率）（incomegrow），这也在很大程度上说明我国医药制造行业上市公司基于市盈率口径的估值高低与其营业收入（同比增长率）（incomegrow）或者说公司的营收成长能力关系不大。

变量净利润（同比增长率）（netprofitgrow）的系数标准误是0.088099，t值为0.38，P值为0.705，系数显著性水平很低，即使是在10%的显著性水平上也是不够显著的，95%的置信区间为[-0.1404101,0.2072564]。说明我国资本市场上的投资者在对于医药制造行业上市公司进行基于市盈率口径的估值评价时，基本上不会考虑企业的净利润（同比增长率）（netprofitgrow），这也在很大程度上说明我国医药制造行业上市公司的基于市盈率口径的估值高低与其净利润（同比增长率）（netprofitgrow）或者说公司的净利成长能力关系不大。

变量经营活动产生的现金流量净额（同比增长率）（cashflowgrow）的系数标准误是0.0187877，t值为-0.18，P值为0.861，系数显著性水平很低，即使是在10%的显著性水平上也是不够显著的，

95%的置信区间为[-0.0403751,0.0337669]。说明我国资本市场上的投资者在对于医药制造行业上市公司进行基于市盈率口径的估值评价时，基本上不会考虑企业的经营活动产生的现金流量净额（同比增长率）（cashflowgrow），这也在很大程度上说明我国医药制造行业上市公司基于市盈率口径的估值高低与其经营活动产生的现金流量净额（同比增长率）（cashflowgrow）或者说公司通过经营活动获取现金的能力关系不大。

常数项的系数标准误是 103.8863，t 值为-2.07，P 值为 0.040，系数显著性水平尚可，因为在5%的显著性水平上是显著的，95%的置信区间为[-419.6023, -9.634235]。

（2）图 5.20 所示是对变量系数的假设检验结果。

```
. test roa roe debt assetturnover rdgrow roic rop netincomeprofit ebitdainterest incomegrow netprofit
> grow cashflowgrow

 ( 1)  roa = 0
 ( 2)  roe = 0
 ( 3)  debt = 0
 ( 4)  assetturnover = 0
 ( 5)  rdgrow = 0
 ( 6)  roic = 0
 ( 7)  rop = 0
 ( 8)  netincomeprofit = 0
 ( 9)  ebitdainterest = 0
 (10)  incomegrow = 0
 (11)  netprofitgrow = 0
 (12)  cashflowgrow = 0

       F( 12,   181) =    2.71
            Prob > F =    0.0022
```

图 5.20 回归分析结果图 19

从图 5.20 中可以看出，模型在整体上还是非常显著的，各个变量系数的联合检验值在 5%的显著性水平上通过。

（3）图 5.21 所示是对因变量的拟合值的预测。

	roe	debt	assetturno~r	rdgrow	roic	rop	netincomep~t	ebitdainte~t	incomegrow	netprofitg~w	cashflowgrow	yhat
1	19.6563	6.5693	.6304	3.0723	19.2302	157.332	85.0074	-122.533	30.5883	43.6888	185.507	-38.89501
2	10.4858	19.0913	.5039	22.7752	9.7064	152.714	95.9188	-41.6841	-2.7174	-27.6358	-17.7096	83.01366
3	18.2915	21.9034	.5196	35.5239	17.1836	192.94	91.2239	227.605	29.0917	42.4059	8.7672	-26.69605
4	26.9647	22.7606	.6985	39.804	26.6862	191.706	93.2075	1300.94	42.8391	28.5709	15.852	4.094877
5	13.1178	23.8205	.4045	27.0708	12.1441	153.042	96.0036	-419.599	20.7936	-7.5296	-49.8058	-55.52835
6	11.3851	31.9677	.773	12.9914	10.475	68.8153	80.7061	-11.9791	4.5845	35.9332	-27.94	79.92841
7	2.9554	43.5803	1.0423	46.9343	2.6537	42.7931	114.571	31.5077	3.6544	196.761	77.4772	305.9528
8	12.0569	6.2802	.4984	-40.8398	11.9897	197.808	83.4523	-201.218	4.7463	666.308	90.2721	-36.73502
9	12.9632	25.4771	.4155	25.6709	11.623	126.987	78.9941	15793.5	-.8407	-31.8285	-31.641	68.00523
10	8.0818	49.1159	.4141	20.3302	5.5404	66.9834	84.2665	5.8857	-10.7449	-41.8284	1.4466	232.8511
11	15.7812	32.3011	.4797	-18.5835	13.8209	198.73	95.8367	-50.607	54.292	31.4808	-111.983	67.37149
12	12.7228	31.1408	.7322	23.0835	12.0966	315.756	85.2632	49.6983	12.5237	-7.4	17.5692	87.79376
13	8.5649	31.0097	.4263	37.7017	7.4467	166.118	96.7646	12.342	26.9799	13.4577	-5.6316	110.489
14	12.2036	21.4597	.7385	30.6441	11.4898	180.983	91.1889	-98.4741	15.5067	49.4815	50.5649	45.84259
15	15.7407	10.9085	.6573	-13.4885	15.4758	154.334	87.5759	-349.132	6.1232	1.5685	-29.7947	-23.71666
16	5.256	43.0893	.3513	14.1005	3.0178	42.8307	52.0634	9.9198	-4.3491	-29.2776	42.317	172.2906
17	13.1633	24.3709	.6033	-27.8748	12.2713	160.954	83.2089	48.2445	-1.0972	-28.4935	-69.6483	32.93869
18	19.2121	11.5503	.4898	5.4464	19.0105	619.998	99.04	-122.927	53.8667	20.6481	46.6086	-13.51383
19	22.4611	20.2369	.6604	34.8863	22.4852	484.021	94.4125	248.698	16.7039	10.1801	181.375	4.53007
20	3.0949	24.8864	.3948	2.8997	3.023	62.3116	85.1868	-422.572	12.5241	16.5896	-107.689	23.28521
21	5.0123	75.9463	.557	25.5923	3.435	34.5764	64.4517	4.2929	17.9036	249.429	-178.332	383.4207
22	6.089	37.6318	.3345	36.3681	6.7901	240.368	94.5264	15.2073	37.7358	32.1568	6.447	107.0352
23	17.3543	25.4498	1.0814	34.9359	14.5388	104.355	90.0349	-71.4343	12.4559	24.385	63.2195	187.6302
24	10.1434	5.391	.5078	-13.2365	9.8852	607.401	102.005	-1693.26	4.5111	-34.1396	41.2574	-54.17771
25	6.2391	24.4282	.5452	14.7601	5.9563	86.5241	96.1341	-149.585	34.9106	-11.999	-86.5185	54.49032

图 5.21 回归分析结果图 20

因变量预测拟合值是根据自变量的值和得到的回归方程计算出来的，主要用于预测未来。在图 5.21 中，我们可以看到 yhat 的值与 PE 的值不太相近，所以我们拟合的回归模型的解释能力偏弱。

（4）图 5.22 所示是回归分析得到的残差序列。

	debt	assetturno~r	rdgrow	roic	rop	netincomep~t	ebitdainte~t	incomegrow	netprofitg~w	cashflowgrow	yhat	e
1	6.5693	.6304	3.0723	19.2302	157.332	85.0074	-122.533	30.5883	43.6888	185.507	-38.89501	126.9179
2	19.0913	.5039	22.7752	9.7064	152.714	95.9188	-41.6841	-2.7174	-27.6358	-17.7096	83.01366	-61.00416
3	21.9034	.5196	35.5239	17.1836	192.94	91.2239	227.605	29.0917	42.4059	8.7672	-26.59605	100.8886
4	22.7606	.6985	39.804	26.6862	191.706	93.2075	1300.94	42.8391	28.5709	15.852	4.094877	49.31033
5	23.8205	.4045	27.0708	12.1441	153.042	96.0036	-419.599	20.7936	-7.5296	-49.8058	-55.52835	104.7397
6	31.9677	.773	12.9914	10.475	68.8153	80.7061	-11.9791	4.5845	35.9332	-27.94	79.92841	-52.95581
7	43.5803	1.0423	46.9343	2.6537	42.7931	114.571	31.5077	3.6544	196.761	77.4772	305.9528	-114.0149
8	6.2802	.4984	-40.8398	11.9897	197.808	83.4523	-201.218	4.7463	666.308	90.2721	-36.73502	154.0987
9	25.4771	.4155	25.6709	11.623	126.987	78.9941	15793.5	-.8407	-31.8285	-31.641	68.00523	28.17527
10	49.1159	.4141	20.3302	5.5404	66.9834	84.2665	5.8857	-10.7449	-41.8284	1.4466	232.8511	-186.2607
11	32.3011	.4797	-18.5835	13.8209	198.73	95.8367	-50.607	54.292	31.4808	-111.983	67.37149	-29.34789
12	31.1408	.7322	23.0835	12.0966	315.756	85.2632	49.6983	12.5237	-7.4	17.5692	87.79376	-66.66187
13	31.0097	.4263	37.7017	7.4467	166.118	96.7646	12.342	26.9799	13.4577	-5.6316	110.489	-82.03392
14	21.4597	.7385	30.6441	11.4898	180.983	91.1889	-98.4741	15.5067	49.4815	50.5649	45.84259	-14.52019
15	10.9085	.6573	-13.4885	15.4758	154.334	87.5759	-349.132	6.1232	1.5685	-29.7947	-23.71666	60.65316
16	43.0893	.3513	14.1005	3.0178	42.8307	52.0634	9.9198	-4.3491	-29.2776	42.317	172.2906	-35.3168
17	24.3709	.6033	-27.8748	12.2713	160.954	83.2089	48.2445	-1.0972	-28.4935	-69.6483	32.93869	10.65951
18	11.5503	.4898	5.4464	19.0105	619.998	99.04	-122.927	53.8667	20.6481	46.6086	-13.51383	38.60933
19	20.2369	.6604	34.8863	22.4852	484.021	94.4125	248.698	16.7039	10.1801	181.375	4.53007	16.51373
20	24.8864	.3948	2.8997	3.023	62.3116	85.1868	-422.572	12.5241	16.5896	-107.689	23.28521	88.54019
21	75.9463	.557	25.5923	3.435	34.5764	64.4517	4.2929	17.9036	249.429	-178.332	383.4207	-326.2116
22	37.6318	.3345	36.3681	6.7901	240.368	94.5264	15.2073	37.7358	32.1568	6.447	107.0352	-58.73859
23	25.4498	1.0814	34.9359	14.5388	104.355	90.0349	-71.4343	12.4559	24.385	63.2195	187.6302	-151.669
24	5.391	.5078	-13.2365	9.8852	607.401	102.005	-1693.26	4.5111	-34.1396	41.2574	-54.17771	76.29331
25	24.4282	.5452	14.7601	5.9563	86.5241	96.1341	-149.585	34.9106	-11.999	-86.5185	54.49032	.146585

图 5.22　回归分析结果图 21

（5）图 5.23 所示是上面两步得到的残差与得到的拟合值的散点图。

从图 5.23 中可以看出，残差随着拟合值的大小的不同而不同，甚至隐约呈现一定的线性趋势。所以数据是存在异方差的。

（6）图 5.24 所示是残差与自变量 V22 的散点图。

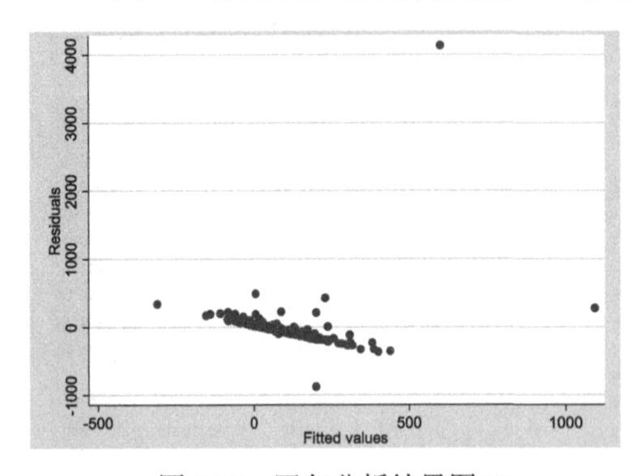

图 5.23　回归分析结果图 22

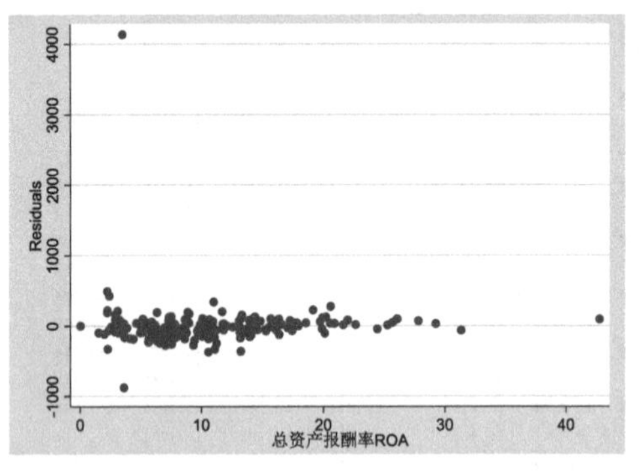

图 5.24　回归分析结果图 23

从图 5.24 中可以看出，残差随着自变量总资产报酬率（ROA）值的大小围绕 0 显现上下波动状态。

（7）图 5.25 所示是怀特检验的检验结果。

```
. estat imtest,white

White's test for Ho: homoskedasticity
         against Ha: unrestricted heteroskedasticity

         chi2(90)      =    169.41
         Prob > chi2   =    0.0000

Cameron & Trivedi's decomposition of IM-test

---------------------------------------------------
              Source |       chi2     df      p
---------------------+-----------------------------
  Heteroskedasticity |     169.41     90    0.0000
            Skewness |      24.14     12    0.0194
            Kurtosis |       1.04      1    0.3087
---------------------+-----------------------------
               Total |     194.59    103    0.0000
---------------------------------------------------
```

图 5.25 回归分析结果图 24

怀特检验的原假设是数据为同方差。从图 5.25 中可以看出，P 值为 0.0000，非常显著地拒绝了同方差的原假设，认为存在异方差。

（8）图 5.26 与图 5.27 所示是 BP 检验的检验结果。其中，图 5.26 是使用得到的拟合值对数据进行异方差检验的结果，图 5.27 所示是使用方程右边的解释变量对数据进行异方差检验的结果。

```
. estat hettest,iid

Breusch-Pagan / Cook-Weisberg test for heteroskedasticity
         Ho: Constant variance
         Variables: fitted values of pe

         chi2(1)      =    14.75
         Prob > chi2  =   0.0001
```

图 5.26 回归分析结果图 25

```
. estat hettest,rhs iid

Breusch-Pagan / Cook-Weisberg test for heteroskedasticity
         Ho: Constant variance
         Variables: roa roe debt assetturnover rdgrow roic rop netincomeprofit ebitdainterest
                    incomegrow netprofitgrow cashflowgrow

         chi2(12)     =    23.74
         Prob > chi2  =   0.0221
```

图 5.27 回归分析结果图 26

BP 检验的原假设是数据为同方差。从图 5.26 与图 5.27 中可以看出，P 值均小于 0.05，非常显著地拒绝了同方差的原假设，认为存在异方差。

（9）图 5.28 所示是使用稳健的标准差对数据进行回归分析的结果。

```
. regress  pe roa roe debt assetturnover rdgrow roic rop netincomeprofit ebitdainterest incomegrow ne
> tprofitgrow cashflowgrow,robust

Linear regression                               Number of obs     =        194
                                                F(12, 181)        =       3.16
                                                Prob > F          =     0.0004
                                                R-squared         =     0.1521
                                                Root MSE          =     341.92

------------------------------------------------------------------------------
             |               Robust
          pe |      Coef.   Std. Err.      t    P>|t|     [95% Conf. Interval]
-------------+----------------------------------------------------------------
         roa |   38.64458   36.63507     1.05   0.293    -33.64217    110.9313
         roe |   11.98658   16.65452     0.72   0.473     -20.8754    44.84855
        debt |    6.43029   5.698044     1.13   0.261    -4.812846    17.67343
assetturnover |   224.951   263.0478     0.86   0.394    -294.0836    743.9857
      rdgrow |   .5785955   .2093624     2.76   0.006     .1654907    .9917003
        roic |  -53.09075   52.27967    -1.02   0.311    -156.2467    50.06525
         rop |   .0274188   .1053929     0.26   0.795     -.180538    .2353756
netincomeprofit | .0068994  .0593265     0.12   0.908    -.1101611    .1239599
ebitdainterest |  .0008881     .00245     0.36   0.717    -.0039461    .0057223
  incomegrow |  -.3761821   .3470415    -1.08   0.280     -1.06095    .3085853
netprofitgrow |  .0334232   .0395029     0.85   0.399    -.0445222    .1113685
cashflowgrow |  -.0033041   .0052155    -0.63   0.527    -.0135952    .0069869
       _cons |  -214.6182   271.7432    -0.79   0.431    -750.8103    321.5738
------------------------------------------------------------------------------
```

图 5.28　回归分析结果图 27

上述分析结果与没有使用稳健标准差时的结果发生了很大变化，体现在除了研发费用同比增长（R&Dgrow）的系数显著为正之外，总资产报酬率（ROA）、净资产收益率（ROE（平均））、资产负债率（debt）、总资产周转率（assetturnover）、投入资本回报率（ROIC）、人力投入回报率（ROP）、经营活动净收益/利润总额（netincome/profit）、EBITDA/利息费用（EBITDA/interest）、营业收入（同比增长率）（incomegrow）、净利润（同比增长率）（netprofitgrow）、经营活动产生的现金流量净额（同比增长率）（cashflowgrow）变量的系数都一致变得不再显著。

（10）图 5.29 所示是使用逐步最小二乘回归分析方法进行回归分析的结果。

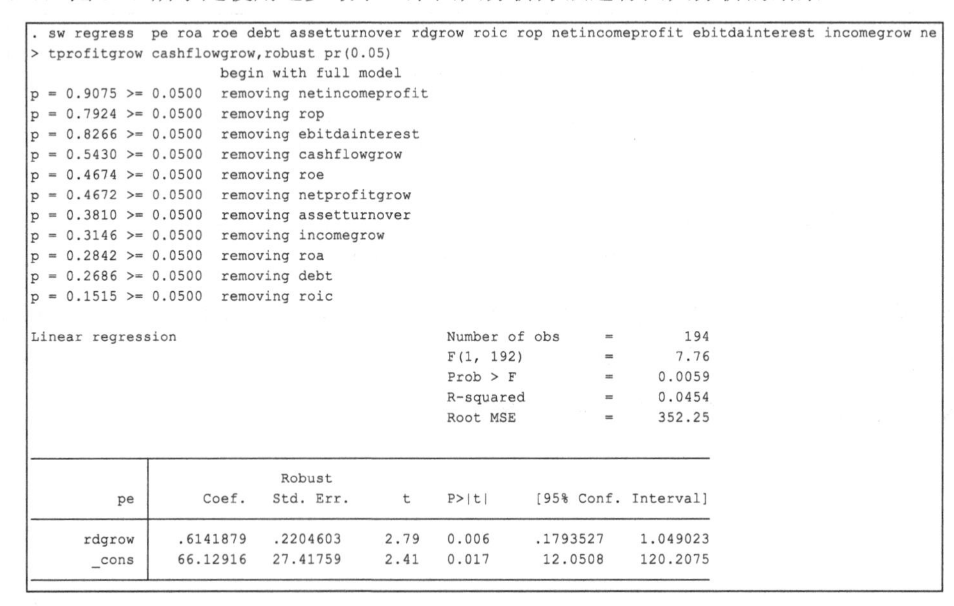

```
. sw regress  pe roa roe debt assetturnover rdgrow roic rop netincomeprofit ebitdainterest incomegrow ne
> tprofitgrow cashflowgrow,robust pr(0.05)
                      begin with full model
p = 0.9075 >= 0.0500  removing netincomeprofit
p = 0.7924 >= 0.0500  removing rop
p = 0.8266 >= 0.0500  removing ebitdainterest
p = 0.5430 >= 0.0500  removing cashflowgrow
p = 0.4674 >= 0.0500  removing roe
p = 0.4672 >= 0.0500  removing netprofitgrow
p = 0.3810 >= 0.0500  removing assetturnover
p = 0.3146 >= 0.0500  removing incomegrow
p = 0.2842 >= 0.0500  removing roa
p = 0.2686 >= 0.0500  removing debt
p = 0.1515 >= 0.0500  removing roic

Linear regression                               Number of obs     =        194
                                                F(1, 192)         =       7.76
                                                Prob > F          =     0.0059
                                                R-squared         =     0.0454
                                                Root MSE          =     352.25

------------------------------------------------------------------------------
             |               Robust
          pe |      Coef.   Std. Err.      t    P>|t|     [95% Conf. Interval]
-------------+----------------------------------------------------------------
      rdgrow |   .6141879   .2204603     2.79   0.006     .1793527    1.049023
       _cons |   66.12916   27.41759     2.41   0.017      12.0508    120.2075
------------------------------------------------------------------------------
```

图 5.29　回归分析结果图 28

从上述结果可以看出，在采用稳健的标准差，运用逐步回归分析方法对数据进行分析后，只有除了研发费用同比增长(R&Dgrow)这一变量进入了最终的回归分析方程，总资产报酬率(ROA)、净资产收益率（ROE（平均））、资产负债率（debt）、总资产周转率（assetturnover）、投入资本回报率（ROIC）、人力投入回报率（ROP）、经营活动净收益/利润总额（netincome/profit）、EBITDA/利息费用（EBITDA/interest）、营业收入（同比增长率）（incomegrow）、净利润（同比增长率）（netprofitgrow）、经营活动产生的现金流量净额（同比增长率）（cashflowgrow）变量都被剔除掉了。

最终的模型回归方程是：

$$pe = 0.6141879 * rdgrow + 66.12916$$

从最终的模型回归方程来看，医药制造业上市公司基于市盈率口径的估值仅与研发费用同比增长（R&Dgrow）正向显著相关。这一点也是符合现实情况的，具体理由如下：

①医药制造行业是典型的研究开发驱动型行业，研究开发新型药品、掌握更多的专利技术是企业取得持续竞争优势、打造核心竞争力的关键，上市公司的研发费用同比增长越快，在一定程度上说明越容易出研究成果，那么公司的市盈率就越高，投资者就越对上市公司认可，越愿意为上市公司付出适当的风险溢价。

②我国资本市场上的投资者对于医药制造行业上市公司的估值评价，很多时候更加关注股票价格表现的技术面而非基本面，关注上市公司未来可能的发展预期而非历史业绩表现，甚至公司的总市值盘子是大还是小、是否便于股价拉升等其他因素。对于公司的资本结构、研发投入、盈利质量、营运能力、偿债能力、成长能力等财务表现关注力度不高。

5.4.2 市净率口径估值与业绩表现研究

	下载资源:\video\5.4
	下载资源:\sample\数据 5

以市净率 PB（LF）为因变量，以总资产报酬率（ROA）、净资产收益率（ROE（平均））、资产负债率（debt）、总资产周转率（assetturnover）、研发费用同比增长（R&Dgrow）、投入资本回报率（ROIC）、人力投入回报率（ROP）、经营活动净收益/利润总额（netincome/profit）、EBITDA/利息费用（EBITDA/interest）、营业收入（同比增长率）（incomegrow）、净利润（同比增长率）（netprofitgrow）、经营活动产生的现金流量净额（同比增长率）（cashflowgrow）变量为自变量，进行最小二乘线性回归。分析步骤及结果如下：

01 进入 Stata 16.0，打开相关数据文件，弹出主界面。

02 在主界面的“命令窗口”中输入命令：

```
reg pb roa roe debt assetturnover rdgrow roic rop netincomeprofit ebitdainterest
incomegrow netprofitgrow cashflowgrow
```

本命令旨在以市净率 PB（LF）为因变量，以 roa~cashflowgrow 变量为自变量，进行最小二乘线性回归，探索自变量对因变量的影响情况。

```
test roa roe debt assetturnover rdgrow roic rop netincomeprofit ebitdainterest incomegrow
netprofitgrow cashflowgrow
```

本命令旨在检验回归分析中 roa~cashflowgrow 各个自变量系数的显著性。

```
predict yhat
```

本命令旨在获得因变量的拟合值。

```
predict e,resid
```

本命令旨在获得回归模型的估计残差。

```
rvfplot
```

本命令旨在绘制残差与回归得到的拟合值的散点图，探索数据是否存在异方差。

```
rvpplot roa
```

本命令旨在绘制残差与解释变量 V2 的散点图，探索数据是否存在异方差。

```
estat imtest,white
```

本命令为怀特检验，旨在检验数据是否存在异方差。

```
estat hettest,iid
```

本命令为 BP 检验，旨在使用得到的拟合值来检验数据是否存在异方差。

```
estat hettest,rhs iid
```

本命令为 BP 检验，旨在使用方程右边的解释数据来检验变量是否存在异方差。

```
regress pb roa roe debt assetturnover rdgrow roic rop netincomeprofit ebitdainterest
incomegrow netprofitgrow cashflowgrow,robust
```

本命令为采用稳健的标准差，以市净率 PB（LF）为因变量，以 roa~cashflowgrow 变量为自变量，对数据进行回归分析，克服数据的异方差性对最小二乘回归分析造成的不利影响。

```
sw regress  pb roa roe debt assetturnover rdgrow roic rop netincomeprofit ebitdainterest
incomegrow netprofitgrow cashflowgrow,robust pr(0.05)
```

本命令为采用稳健的标准差，运用逐步回归分析方法，以市净率 PB（LF）为因变量，以 roa~cashflowgrow 变量为自变量，对数据进行最小二乘回归分析，设定的逐步回归显著性水平为 0.05，同时，克服数据的异方差性对最小二乘回归分析造成的不利影响。

03 设置完毕后，按回车键进行确认。

在 Stata 16.0 主界面的结果窗口可以看到如图 5.30~图 5.40 所示的分析结果。

（1）图 5.30 所示是对数据进行回归分析的结果。

```
. reg pb roa roe debt assetturnover rdgrow roic rop netincomeprofit ebitdainterest incomegrow netprofitg
> row cashflowgrow

      Source |       SS           df       MS      Number of obs   =       194
-------------+----------------------------------   F(12, 181)      =      5.77
       Model |  519.302666        12  43.2752221   Prob > F        =    0.0000
    Residual |  1358.68251       181   7.5065332   R-squared       =    0.2765
-------------+----------------------------------   Adj R-squared   =    0.2286
       Total |  1877.98517       193  9.73049313   Root MSE        =    2.7398

------------------------------------------------------------------------------
              pb |      Coef.   Std. Err.      t    P>|t|     [95% Conf. Interval]
-----------------+----------------------------------------------------------------
             roa |   .0901145    .170229     0.53   0.597    -.2457741     .426003
             roe |   .2703447    .123924     2.18   0.030     .0258232    .5148662
            debt |   .0002391   .0158386     0.02   0.988    -.0310129    .0314912
   assetturnover |  -1.996359    1.22916    -1.62   0.106    -4.421685    .4289667
          rdgrow |    .000379   .0017337     0.22   0.827    -.0030418    .0037999
            roic |  -.1106396   .2089203    -0.53   0.597    -.5228723     .301593
             rop |  -.0055211   .0016135    -3.42   0.001    -.0087048   -.0023374
  netincomeprofit|   .0000801   .0014535     0.06   0.956    -.0027878     .002948
  ebitdainterest |   .0004642    .000171     2.71   0.007     .0001267    .0008016
      incomegrow |   .0135857   .0058019     2.34   0.020     .0021376    .0250338
  netprofitgrow  |  -.0001538   .0007059    -0.22   0.828    -.0015468    .0012391
    cashflowgrow |  -.0001176   .0001505    -0.78   0.436    -.0004147    .0001794
           _cons |   3.470417   .8324522     4.17   0.000     1.827858    5.112976
------------------------------------------------------------------------------
```

图 5.30 回归分析结果图 29

在上述分析结果中，我们可以得到很多信息：可以看出共有 194 个样本参与了分析，模型的 F 值(12, 181)=5.77，P 值（Prob>F）=0.0000，说明模型整体上是非常显著的。模型的可决系数（R-squared）=0.2765，模型修正的可决系数（Adj R-squared）=0.2286，说明模型的解释能力较被解释变量为 PE 时有了较大程度的提升。但是在构建的模型中仍有可能遗漏了重要的解释变量，事实上这也是与现实情况相符合的，我国资本市场上的投资者对于医药制造行业上市公司基于市净率口径的估值评价，很多时候更加关注股票价格表现的技术面而非基本面，关注上市公司未来可能的发展预期而非历史业绩表现，甚至公司的总市值盘子是大还是小、是否便于股价拉升等其他因素。

变量总资产报酬率（ROA）的系数标准误是 0.170229，t 值为 0.53，P 值为 0.597，系数不够显著，95%的置信区间为[-0.2457741,0.426003]。说明我国资本市场上的投资者在对于医药制造行业上市公司进行市净率口径的估值评价时，不会过多考虑企业的总资产报酬率（ROA）。

变量净资产收益率（ROE（平均））的系数标准误是 0.123924，t 值为 2.18，P 值为 0.030，系数在 5%的显著性水平上非常显著，95%的置信区间为[0.0258232,0.5148662]。说明我国资本市场上的投资者在对于医药制造行业上市公司进行市净率口径的估值评价时，会考虑企业的净资产收益率（ROE（平均）），这也在很大程度上说明通过市净率口径反映的我国医药制造行业上市公司的估值高低与其所有者权益的盈利能力关系较大。此外，观察到净资产收益率（ROE（平均））的系数为正值，说明我国医药制造行业上市公司的净资产收益率（ROE（平均））越大，那么能够在资本市场上被认可的程度就越大，在净资产上的风险溢价就越大。

变量资产负债率（debt）的系数标准误是 0.0158386，t 值为 0.02，P 值为 0.988，系数显著性水平很低，95%的置信区间为[-0.0310129,0.0314912]。说明我国资本市场上的投资者在对于医药制造行业上市公司进行市净率口径的估值评价时，不会考虑企业的资产负债率（debt），作为估值的关键因素来分析。

变量总资产周转率（assetturnover）的系数标准误是 1.22916，t 值为-1.62，P 值为 0.106，系数显著性水平很低，即使是在 10%的显著性水平上也是不够显著的，95%的置信区间为[-4.421685,0.4289667]。说明我国资本市场上的投资者在对于医药制造行业上市公司进行市净率口径的估值评价时，基本上不会考虑企业的总资产周转率（assetturnover），这也在很大程度上说明我国医药制造行业上市公司的估值高低与其总资产的周转能力或者说公司的营运能力关系不大。

变量研发费用同比增长（R&Dgrow）的系数标准误是 0.0017337，t 值为 0.22，P 值为 0.827，系数显著性水平很低，即使是在 1%的显著性水平上也是非常显著的，95%的置信区间为[-0.0030418,0.0037999]。说明我国资本市场上的投资者在对于医药制造行业上市公司进行市净率口径的估值评价时，不会考虑企业的研发费用同比增长（R&Dgrow），作为估值的关键因素来分析。

变量投入资本回报率（ROIC）的系数标准误是 0.2089203，t 值为-0.53，P 值为 0.597，系数显著性水平很差， 95%的置信区间为[-0.5228723,0.301593]。说明我国资本市场上的投资者在对于医药制造行业上市公司进行市净率口径的估值评价时，不会考虑企业的投入资本回报率（ROIC），作为估值的关键因素来分析。

变量人力投入回报率（ROP）的系数标准误是 0.0016135，t 值为-3.42，P 值为 0.001，系数显著性水平很高，95%的置信区间为[-0.0087048,0.0023374]。

变量经营活动净收益/利润总额（netincome/profit）的系数标准误是 0.0014535，t 值为 0.06，P 值为 0.956，系数显著性水平很低，即使是在 10%的显著性水平上也是不够显著的，95%的置信区间为[-0.0027878,0.002948]。说明我国资本市场上的投资者在对于医药制造行业上市公司进行市净率口径的估值评价时，基本上不会考虑企业的经营活动净收益/利润总额（netincome/profit），这也在很大程度上说明我国医药制造行业上市公司的估值高低与其经营活动净收益/利润总额（netincome/profit）或者说公司的经营活动获取的收益质量关系不大。

变量 EBITDA/利息费用（EBITDA/interest）的系数标准误是 0.000171，t 值为 2.71，P 值为 0.007，系数显著性水平很高，95%的置信区间为[0.0001267,0.0008016]。

变量营业收入（同比增长率）（incomegrow）的系数标准误是 0.0058019，t 值为 2.34，P 值为 0.020，系数显著性水平很高，95%的置信区间为[0.0021376,0.0250338]。

变量净利润（同比增长率）（netprofitgrow）的系数标准误是 0.0007059，t 值为-0.22，P 值为 0.828，系数显著性水平很低，即使是在 10%的显著性水平上也是不够显著的，95%的置信区间为[-0.0015468,0.0012391]。说明我国资本市场上的投资者在对于医药制造行业上市公司进行市净率口径的估值评价时，基本上不会考虑企业的净利润（同比增长率）（netprofitgrow），这也在很大程度上说明我国医药制造行业上市公司的估值高低与其净利润（同比增长率）（netprofitgrow）或者说公司的净利成长能力关系不大。

变量经营活动产生的现金流量净额（同比增长率）（cashflowgrow）的系数标准误是 0.0001505，t 值为-0.78，P 值为 0.436，系数显著性水平很低，即使是在 10%的显著性水平上也是不够显著的，95%的置信区间为[-0.0004147,0.0001794]。说明我国资本市场上的投资者在对于医药制造行业上市公司进行市净率口径的估值评价时，基本上不会考虑企业的经营活动产生的现金流量净额（同比增长率）（cashflowgrow），这也在很大程度上说明我国医药制造行业上市公司的估值高低与其经营活动产生的现金流量净额（同比增长率）（cashflowgrow）或者说公司通过经营活动获取现金的能力关系不大。

常数项的系数标准误是 0.8324522，t 值为 4.17，P 值为 0.000，系数显著性水平尚可，因为在 5%的显著性水平上是显著的，95%的置信区间为[1.827858, 5.112976]。

（2）图 5.31 所示是对变量系数的假设检验结果。

```
. test roa roe debt assetturnover rdgrow roic rop netincomeprofit ebitdainterest incomegrow netprofitgro
> w cashflowgrow

 ( 1)  roa = 0
 ( 2)  roe = 0
 ( 3)  debt = 0
 ( 4)  assetturnover = 0
 ( 5)  rdgrow = 0
 ( 6)  roic = 0
 ( 7)  rop = 0
 ( 8)  netincomeprofit = 0
 ( 9)  ebitdainterest = 0
 (10)  incomegrow = 0
 (11)  netprofitgrow = 0
 (12)  cashflowgrow = 0

       F( 12,    181) =    5.77
            Prob > F =    0.0000
```

图 5.31　回归分析结果图 30

从图 5.31 中可以看出，模型在整体上还是非常显著的，各个变量系数的联合检验值在 5%的显著性水平上通过。

（3）图 5.32 所示是对因变量的拟合值的预测。

	roe	debt	assetturno~r	rdgrow	roic	rop	netincomep~t	ebitdainte~t	incomegrow	netprofitg~w	cashflowgrow	yhat
1	19.6563	6.5693	.6304	3.0723	19.2302	157.332	85.0074	-122.533	30.5883	43.6888	185.507	6.690739
2	10.4858	19.0913	.5039	22.7752	9.7064	152.714	95.9188	-41.6841	-2.7174	-27.6358	-17.7096	4.362832
3	18.2915	21.9034	.5196	35.5239	17.1836	192.94	91.2239	227.605	29.0917	42.4059	8.7672	6.344638
4	26.9647	22.7606	.6985	39.804	26.6862	191.706	93.2075	1300.94	42.8391	28.5709	15.852	8.880058
5	13.1178	23.8205	.4045	27.0708	12.1441	153.042	96.0036	-419.599	20.7936	-7.5296	-49.8058	5.048917
6	11.3851	31.9677	.773	12.9914	10.475	68.8153	80.7061	-11.9791	4.5845	35.9332	-27.94	4.29818
7	2.9554	43.5803	1.0423	46.9343	2.6537	42.7931	114.571	31.5077	3.6544	196.761	77.4772	1.901114
8	12.0569	6.2802	.4984	-40.8398	11.9897	197.808	83.4523	-201.218	4.7463	666.308	90.2721	4.367969
9	12.9632	25.4771	.4155	25.6709	11.623	126.987	78.9941	15793.5	-.8407	-31.8285	-31.641	12.56883
10	8.0818	49.1159	.4141	20.3302	5.5404	66.9834	84.2665	5.8857	-10.7449	-41.8284	1.4466	4.245536
11	15.7812	32.3011	.4797	-18.5835	13.8209	198.73	95.8367	-50.607	54.292	31.4808	-111.983	6.130357
12	12.7228	31.1408	.7322	23.0835	12.0966	315.756	85.2632	49.6983	12.5237	-7.4	17.5692	3.53687
13	8.5649	31.0097	.4263	37.7017	7.4467	166.118	96.7646	12.342	26.9799	13.4577	-5.6316	4.305642
14	12.2036	21.4597	.7385	30.6441	11.4898	180.983	91.1889	-98.4741	15.5067	49.4815	50.5649	4.135792
15	15.7407	10.9085	.6573	-13.4885	15.4758	154.334	87.5759	-349.132	6.1232	1.5685	-29.7947	5.203629
16	5.256	43.0893	.3513	14.1005	3.0178	42.8307	52.0634	9.9198	-4.3491	-29.2776	42.317	3.859237
17	13.1633	24.3709	.6033	-27.8748	12.2713	160.954	83.2089	48.2445	-1.0972	-28.4935	-69.6483	4.67355
18	19.2121	11.5503	.4898	5.4464	19.0105	619.998	99.04	-122.927	53.8667	20.6481	46.6086	4.692012
19	22.4611	20.2369	.6604	34.8863	22.4852	484.021	94.4125	248.698	16.7039	10.1801	181.375	5.361539
20	3.0949	24.8864	.3948	2.8997	3.023	62.3116	85.1868	-422.572	12.5241	16.5896	-107.689	3.101177
21	5.0123	75.9463	.557	25.5923	3.435	34.5764	64.4517	4.2929	17.9036	249.429	-178.332	3.609259
22	6.089	37.6318	.3345	36.3681	6.7901	240.368	94.5264	15.2073	37.7358	32.1568	6.447	3.560204
23	17.3543	25.4498	1.0814	34.9359	14.5388	104.355	90.0349	-71.4343	12.4559	24.385	63.2195	5.228274
24	10.1434	5.391	.5078	-13.2365	9.8852	607.401	102.005	-1693.26	4.5111	-34.1396	41.2574	.9869051
25	6.2391	24.4282	.5452	14.7601	5.9563	86.5241	96.1341	-149.585	34.9106	-11.999	-86.5185	3.910482

图 5.32　回归分析结果图 31

因变量预测拟合值是根据自变量的值和得到的回归方程计算出来的，主要用于预测未来。在图 5.32 中，我们可以看到 yhat 的值与 PB 的值不太相近，所以我们拟合的回归模型的解释能力偏弱。

（4）图 5.33 所示是回归分析得到的残差序列。

	debt	assetturno~r	rdgrow	roic	rop	netincomep~t	ebitdainte~t	incomegrow	netprofitg~w	cashflowgrow	yhat	e
1	6.5693	.6304	3.0723	19.2302	157.332	85.0074	-122.533	30.5883	43.6888	185.507	6.690739	4.945961
2	19.0913	.5039	22.7752	9.7064	152.714	95.9188	-41.6841	-2.7174	-27.6358	-17.7096	4.362832	-2.240232
3	21.9034	.5196	35.5239	17.1836	192.94	91.2239	227.605	29.0917	42.4059	8.7672	6.344638	5.377362
4	22.7606	.6985	39.804	26.6862	191.706	93.2075	1300.94	42.8391	28.5709	15.852	8.880058	5.593741
5	23.8205	.4045	27.0708	12.1441	153.042	96.0036	-419.599	20.7936	-7.5296	-49.8058	5.048917	-.0478173
6	31.9677	.773	12.9914	10.475	68.8153	80.7061	-11.9791	4.5845	35.9332	-27.94	4.29818	-1.46428
7	43.5803	1.0423	46.9343	2.6537	42.7931	114.571	31.5077	3.6544	196.761	77.4772	1.901114	2.518986
8	6.2802	.4984	-40.8398	11.9897	197.808	83.4523	-201.218	4.7463	666.308	90.2721	4.367969	.0186308
9	25.4771	.4155	25.6709	11.623	126.987	78.9941	15793.5	-.8407	-31.8285	-31.641	12.56883	-.1896264
10	49.1159	.4141	20.3302	5.5404	66.9834	84.2665	5.8857	-10.7449	-41.8284	1.4466	4.245536	-.0524365
11	32.3011	.4797	-18.5835	13.8209	198.73	95.8367	-50.607	54.292	31.4808	-111.983	6.130357	-.8853576
12	31.1408	.7322	23.0835	12.0966	315.756	85.2632	49.6983	12.5237	-7.4	17.5692	3.53687	-.7922702
13	31.0097	.4263	37.7017	7.4467	166.118	96.7646	12.342	26.9799	13.4577	-5.6316	4.305642	-1.784642
14	21.4597	.7385	30.6441	11.4898	180.983	91.1889	-98.4741	15.5067	49.4815	50.5649	4.135792	-1.611592
15	10.9085	.6573	-13.4885	15.4758	154.334	87.5759	-349.132	6.1232	1.5685	-29.7947	5.203629	-.7877292
16	43.0893	.3513	14.1005	3.0178	42.8307	52.0634	9.9198	-4.3491	-29.2776	42.317	3.859237	4.288962
17	24.3709	.6033	-27.8748	12.2713	160.954	83.2089	48.2445	-1.0972	-28.4935	-69.6483	4.67355	1.562351
18	11.5503	.4898	5.4464	19.0105	619.998	99.04	-122.927	53.8667	20.6481	46.6086	4.692012	-.2569124
19	20.2369	.6604	34.8863	22.4852	484.021	94.4125	248.698	16.7039	10.1801	181.375	5.361539	-.9857392
20	24.8864	.3948	2.8997	3.023	62.3116	85.1868	-422.572	12.5241	16.5896	-107.689	3.101177	.2649226
21	75.9463	.557	25.5923	3.435	34.5764	64.4517	4.2929	17.9036	249.429	-178.332	3.609259	-1.276359
22	37.6318	.3345	36.3681	6.7901	240.368	94.5264	15.2073	37.7358	32.1568	6.447	3.560204	-.6742036
23	25.4498	1.0814	34.9359	14.5388	104.355	90.0349	-71.4343	12.4559	24.385	63.2195	5.228274	.7619261
24	5.391	.5078	-13.2365	9.8852	607.401	102.005	-1693.26	4.5111	-34.1396	41.2574	.9869051	1.464795
25	24.4282	.5452	14.7601	5.9563	86.5241	96.1341	-149.585	34.9106	-11.999	-86.5185	3.910482	.9138177

图 5.33　回归分析结果图 32

（5）图 5.34 所示是上面两步得到的残差与得到的拟合值的散点图。

从图 5.34 中可以看出，残差随着拟合值的大小的不同而不同，甚至隐约呈现一定的线性趋势。所以，数据是存在异方差的。

（6）图 5.35 所示是残差与自变量 V22 的散点图。

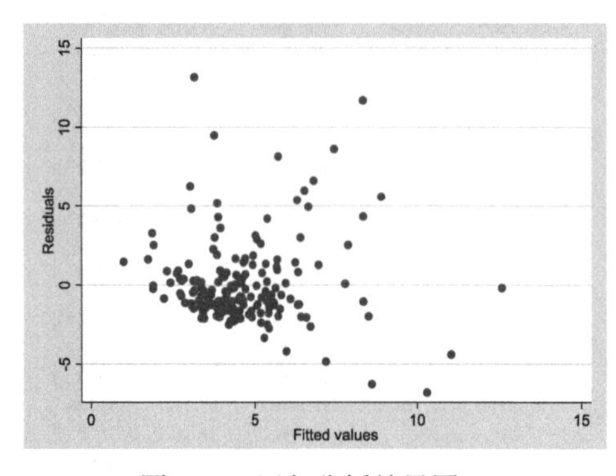

图 5.34　回归分析结果图 33

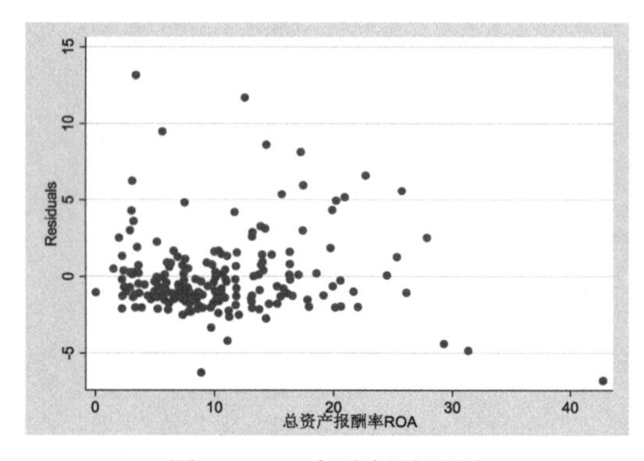

图 5.35　回归分析结果图 34

从图 5.35 中可以看出，残差随着自变量总资产报酬率（ROA）值的大小围绕 0 显现上下波动状态。

（7）图 5.36 所示是怀特检验的检验结果。

怀特检验的原假设是数据为同方差。从图 5.36 中可以看出，P 值为 0.0000，非常显著地拒绝了同方差的原假设，认为存在异方差。

（8）图 5.37 和图 5.38 所示是 BP 检验的检验结果。其中，图 5.37 所示是使用得到的拟合值对数据进行异方差检验的结果，图 5.38 所示是使用方程右边的解释变量对数据进行异方差检验的结果。

```
. estat imtest,white

White's test for Ho: homoskedasticity
         against Ha: unrestricted heteroskedasticity

         chi2(90)      =    172.27
         Prob > chi2   =    0.0000

Cameron & Trivedi's decomposition of IM-test

---------------------------------------------------
              Source |       chi2     df      p
---------------------+-----------------------------
  Heteroskedasticity |     172.27     90    0.0000
            Skewness |      16.59     12    0.1655
            Kurtosis |       4.06      1    0.0439
---------------------+-----------------------------
               Total |     192.92    103    0.0000
---------------------------------------------------
```

图 5.36 回归分析结果图 35

```
. estat hettest,iid

Breusch-Pagan / Cook-Weisberg test for heteroskedasticity
         Ho: Constant variance
         Variables: fitted values of pb

         chi2(1)      =    10.54
         Prob > chi2  =   0.0012
```

图 5.37 回归分析结果图 36

```
. estat hettest,rhs iid

Breusch-Pagan / Cook-Weisberg test for heteroskedasticity
         Ho: Constant variance
         Variables: roa roe debt assetturnover rdgrow roic rop netincomeprofit ebitdainterest incomegrow
                    netprofitgrow cashflowgrow

         chi2(12)      =    19.18
         Prob > chi2   =   0.0843
```

图 5.38 回归分析结果图 37

BP 检验的原假设是数据为同方差。从图 5.37 和图 5.38 中可以看出，P 值均小于 0.1，在一定程度上显著地拒绝了同方差的原假设，认为存在异方差。

（9）图 5.39 所示是使用稳健的标准差对数据进行回归分析的结果。

```
. regress  pb roa roe debt assetturnover rdgrow roic rop netincomeprofit ebitdainterest incomegrow netpr
> ofitgrow cashflowgrow,robust

Linear regression                               Number of obs     =        194
                                                F(12, 181)        =      20.72
                                                Prob > F          =     0.0000
                                                R-squared         =     0.2765
                                                Root MSE          =     2.7398

---------------------------------------------------------------------------------
                |               Robust
             pb |      Coef.   Std. Err.      t    P>|t|     [95% Conf. Interval]
----------------+----------------------------------------------------------------
            roa |   .0901145   .2434325     0.37   0.712    -.3902161     .570445
            roe |   .2703447    .191313     1.41   0.159    -.1071458    .6478352
           debt |   .0002391   .0181391     0.01   0.989    -.0355522    .0360304
  assetturnover |  -1.996359   1.139491    -1.75   0.081    -4.244754    .2520352
         rdgrow |    .000379   .0017474     0.22   0.829    -.0030688    .0038268
           roic |  -.1106396   .2561212    -0.43   0.666    -.6160071    .3947278
            rop |  -.0055211   .0015629    -3.53   0.001     -.008605   -.0024371
netincomeprofit |   .0000801   .0008779     0.09   0.927    -.0016521    .0018124
 ebitdainterest |   .0004642   .0000432    10.75   0.000     .0003789    .0005494
     incomegrow |   .0135857   .0127572     1.06   0.288    -.0115862    .0387576
  netprofitgrow |  -.0001538   .0005849    -0.26   0.793     -.001308    .0010003
   cashflowgrow |  -.0001176   .0000614    -1.92   0.057    -.0002388    3.47e-06
          _cons |   3.470417   .8105655     4.28   0.000     1.871044    5.069791
---------------------------------------------------------------------------------
```

图 5.39 回归分析结果图 38

上述分析结果与没有使用稳健标准差时的结果发生了很大变化，体现在除了系数人力投入回报率（ROP）、EBITDA/利息费用（EBITDA/interest）显著之外，研发费用同比增长（R&Dgrow）、总资产报酬率（ROA）、净资产收益率（ROE（平均））、资产负债率（debt）、总资产周转率（assetturnover）、投入资本回报率（ROIC）、经营活动净收益/利润总额（netincome/profit）、营业收入（同比增长率）（incomegrow）、净利润（同比增长率）（netprofitgrow）、经营活动产生的现金流量净额（同比增长率）（cashflowgrow）变量的系数都一致变得不再显著。

（10）图5.40所示是使用逐步最小二乘回归分析方法进行回归分析的结果。

```
. sw regress  pb roa roe debt assetturnover rdgrow roic rop netincomeprofit ebitdainterest incomegrow ne
> tprofitgrow cashflowgrow,robust pr(0.05)
                      begin with full model
p = 0.9895 >= 0.0500  removing debt
p = 0.9247 >= 0.0500  removing netincomeprofit
p = 0.8074 >= 0.0500  removing rdgrow
p = 0.7889 >= 0.0500  removing netprofitgrow
p = 0.6736 >= 0.0500  removing roic
p = 0.8564 >= 0.0500  removing roa
p = 0.2859 >= 0.0500  removing incomegrow

Linear regression                               Number of obs     =        194
                                                F(5, 188)         =      48.90
                                                Prob > F          =     0.0000
                                                R-squared         =     0.2522
                                                Root MSE          =      2.733

------------------------------------------------------------------------------
               |               Robust
            pb |      Coef.   Std. Err.      t    P>|t|     [95% Conf. Interval]
---------------+----------------------------------------------------------------
           rop |   -.005444   .0015968    -3.41   0.001     -.008594    -.002294
           roe |   .2540562   .0575352     4.42   0.000     .1405587    .3675537
  cashflowgrow |  -.0001271   .0000482    -2.64   0.009    -.0002221   -.0000321
 assetturnover |  -2.152049   .8803018    -2.44   0.015    -3.888588   -.4155111
ebitdainterest |   .0004465   .0000418    10.68   0.000      .000364     .000529
         _cons |   3.803612   .5129826     7.41   0.000      2.79167    4.815553
------------------------------------------------------------------------------
```

图5.40　回归分析结果图39

从上述结果可以看出，在采用稳健的标准差，运用逐步回归分析方法对数据进行分析后，变量净资产收益率（ROE（平均））、人力投入回报率（ROP）、总资产周转率（assetturnover）、EBITDA/利息费用（EBITDA/interest）、经营活动产生的现流量净额（同比增长率）（cashflowgrow）进入了最终的回归分析方程，总资产报酬率（ROA）、研发费用同比增长（R&Dgrow）、资产负债率（debt）、投入资本回报率（ROIC）、经营活动净收益/利润总额（netincome/profit）、营业收入（同比增长率）（incomegrow）、净利润（同比增长率）（netprofitgrow）都被剔除掉了。

最终的模型回归方程是：

pb=−0.005444*rop+0.2540562*roe−0.0001271*cashflowgrow−2.152049*assetturnover+0.0004465*ebitdainterest+3.803612

医药制造业上市公司基于市净率口径的估值与净资产收益率（ROE（平均））、人力投入回报率（ROP）、总资产周转率（assetturnover）、EBITDA/利息费用（EBITDA/interest）、经营活动产生的现流量净额（同比增长率）（cashflowgrow）因素紧密相关，对各解释变量的影响方向合理解释如下：

①净资产收益率（ROE（平均））对公司基于市净率口径的估值产生正向影响，或者说是净资产收益率（ROE（平均））越高，公司基于市净率口径的估值就越高，是符合理论逻辑的，毕竟盈利能力突出的公司更能得到众多投资者的认可和青睐，更值得投资者为之付出更多的风险溢价。

② 人力投入回报率（ROP）对公司基于市净率口径的估值产生负向影响，或者说是净资产收益率（ROE（平均））越高，公司基于市净率口径的估值就越低，虽然从表面上可能较难理解，但这一问题有着科学而合理的深层次原因。众所周知，资源的投入回报率往往呈现边际递减趋势，或者说每增加一单位的投入带来的产出的增加会越来越少，对于医药制造业来说，目前市场远远未饱和，如果一家公司人力投入回报率（ROP）很高，往往说明其招聘的人才还不够充分，从而投资者认为公司还有更多可以改进和提高的空间，反而不如那些人力投入回报率（ROP）偏低的公司具有吸引力。

③ 经营活动产生的现流量净额（同比增长率）对公司基于市净率口径的估值产生负向影响，或者说经营活动产生的现流量净额（同比增长率）越高，公司基于市净率口径的估值就越低，虽然从表面上可能较难理解，但这一问题同样有着科学而合理的深层次原因。经营活动产生的现流量净额反映的是公司通过经营活动获取的现金流量，对于医药制造业来说，现金的回收往往普遍比较快，如果公司经营活动产生的现流量净额相对比较高的话，往往说明公司在销售策略方面过于保守，没有充分利用好各种赊销政策以扩大自身盈利水平，从而吸引力相对偏弱。

④ 总资产周转率（assetturnover）对公司基于市净率口径的估值产生负向影响，或者说总资产周转率越高，公司基于市净率口径的估值就越低，虽然从表面上可能较难理解，但这一问题同样有着科学而合理的深层次原因。对于医药制造行业来说，资产质量普遍较为优质，总资产周转率偏低，往往不是说明营运效率低下，而是反映在公司的固定资产、无形资产偏多，而这些固定资产、无形资产，尤其是具有发明专利权和商标权的无形资产往往代表着公司的核心竞争力，更容易得到投资者的认可。

⑤ EBITDA/利息费用（EBITDA/interest）对公司基于市净率口径的估值产生正向影响，或者说净资产收益率（ROE（平均））越高，公司基于市净率口径的估值就越高，是符合理论逻辑的，毕竟偿债能力突出的公司更能得到众多投资者的认可和青睐，更值得投资者为之付出更多的风险溢价。

5.5 研究结论

结合前述计量统计分析，我们可以非常明确地得到如下研究结论：

1. 医药制造业上市公司基于市净率口径的估值仅与研发费用同比增长（R&Dgrow）正向显著相关

（1）医药制造行业是典型的研究开发驱动型行业，研究开发新型药品、掌握更多的专利技术是企业取得持续竞争优势、打造核心竞争力的关键，上市公司的研发费用同比增长越快，在一定程度上说明越容易出研究成果，那么公司的市盈率就越高，投资者就越对上市公司认可，越愿意为上市公司付出适当的风险溢价。

（2）我国资本市场上的投资者对于医药制造行业上市公司的估值评价，很多时候更加关注股票价格表现的技术面而非基本面，关注上市公司未来可能的发展预期而非历史业绩表现，甚至公司的总市值盘子是大还是小、是否便于股价拉升等其他因素。对于公司的资本结构、研发投入、盈利质量、营运能力、偿债能力、成长能力等财务表现关注力度不高。

2. 医药制造业上市公司基于市净率口径的估值与净资产收益率（ROE（平均））、人力投入回报率（ROP）、总资产周转率（assetturnover）、EBITDA/利息费用（EBITDA/interest）、经营活动产生的现流量净额（同比增长率）（cashflowgrow）多种因素紧密相关

（1）净资产收益率（ROE（平均））产生正向影响，盈利能力突出的公司更能得到众多投资者的认可和青睐，更值得投资者为之付出更多的风险溢价。

（2）人力投入回报率（ROP）产生负向影响，对于医药制造业来说，目前市场远远未饱和，如果一家公司人力投入回报率（ROP）很高，往往说明其招聘的人才还不够充分，不如那些人力投入回报率（ROP）偏低的公司具有吸引力。

（3）经营活动产生的现流量净额（同比增长率）产生负向影响，对于医药制造业来说，现金的回收往往普遍比较快，如果公司经营活动产生的现流量净额相对比较高的话，往往说明公司在销售策略方面过于保守，吸引力相对偏弱。

（4）总资产周转率（assetturnover）产生负向影响，对于医药制造行业来说，总资产周转率偏低往往反映在公司的固定资产、无形资产偏多，而这些资产往往代表着公司的核心竞争力。

（5）EBITDA/利息费用（EBITDA/interest）产生正向影响，偿债能力突出的公司更能得到众多投资者的认可和青睐，更值得投资者为之付出更多的风险溢价。

第6章　财险公司客户服务满意度调研建模技术[1]

近年来，我国财产保险行业的经营环境发生了深刻而重大的变化。一是小排量汽车购置税优惠政策消失，国家正式启动第三次商车费改，均在一定程度上冲击了财产保险公司的盈利水平，也使得财产保险行业的竞争更加激烈，对财产保险公司的客户服务水平提出了更高的要求；二是移动互联、大数据、云计算等信息与数据处理技术的普及，深刻改变了保险公司的经营模式，同时也催生了更多的保险业态，一方面大大提高了客户服务效能，另一方面也加剧了行业竞争；三是财产保险行业监管升级，行业供给侧改革兴起，保监会通过一系列政策文件规范财产保险行业合规经营、稳健发展，财产保险公司亟需把工作重心从跑马圈地力求保费规模扩张，转移到为客户提供满意的保险服务上来。本案例的研究成果可以为财险公司做好客户服务优化工作提供充分的智力支持，为其在新形势下做好客户服务工作的改革、转型与创新提供有益的参考借鉴。

6.1　建模背景与理论基础

	下载资源:\video\6.1
	下载资源:\sample\数据 6

从本质上讲，客户服务满意度是一个系统的概念，影响因素也是多种多样的，没有统一的定论，与客户所在的宏观环境、行业环境以及自身状况紧密相关。在已有的文献中，学者们往往结合某一公司的具体情况构建恰当的指标体系或者建立合适的模型进行定量分析或实证研究。经典模型方面，瑞典顾客满意指数模型（SCSB）是最早的系统地研究顾客满意指数的模型，如图 6.1 所示。该模型包括 5 个组成部分：顾客期望、感知价值、顾客满意度、顾客抱怨和顾客忠诚。其中，顾客期望是指顾客在实际消费某种物品之前对其价值的合理预计，感知价值是顾客在实际消费某种物品之后对其价值的合理评判，顾客满意度是指顾客感知价值与顾客期望之间的比较，或者说顾客感知价值与顾客期望之间的差距构成了顾客满意度。顾客满意度又会产生两种行为：顾客抱怨和顾客忠诚。顾客抱怨通常是指客户的投诉行为或其他反馈等，顾客忠诚指的是顾客的再次购买行为或者推荐购买行为。

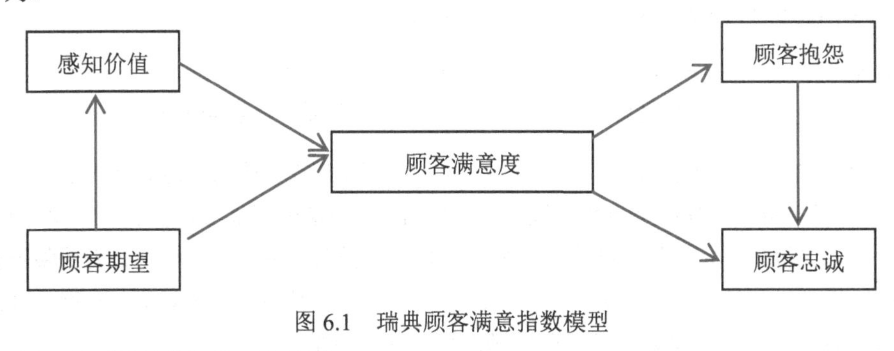

图 6.1　瑞典顾客满意指数模型

[1] 改编自《财产保险公司客户服务优化研究——以人保财险LY分公司为例》刘蒙著，山东大学。

Fornell 等学者在瑞典顾客满意指数模型的基础上优化创建了美国顾客满意指数模型（ACSI），如图 6.2 所示。主要变化是将感知质量从感知价值中分离出来，对理论体系进行了进一步的完善。其中，感知质量是顾客在实际消费某种物品之前对其质量的合理评判，而感知价值是顾客对所消费物品是否物有所值的理性评判。感知价值包括两种含义，一方面是在既定价格条件下的质量感知评价，另一方面是在既定价值条件下的价格感知评价。与之相对应的，美国顾客满意指数模型的顾客满意度也包括两方面内容，一方面是顾客感知价值与顾客期望之间的比较是否让顾客感到满意，另一方面是顾客感知价值与理想价格之间的比较是否让顾客感到满意。

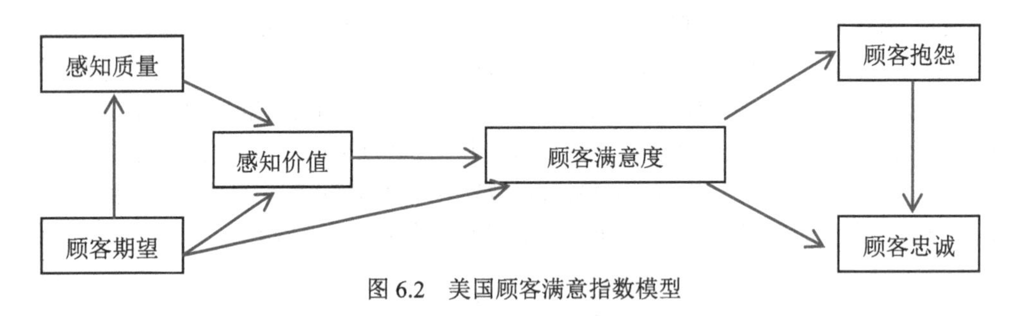

图 6.2　美国顾客满意指数模型

基于上述理论，并充分考虑财产保险行业的实际情况，本案例设定服务渠道得分、理赔便利得分、保费价格得分、服务流程得分、交易保障得分、服务态度得分、增值服务得分等对感知价值进行衡量，在模型中体现为解释变量，设定客户满意度对顾客满意度进行衡量，设定客户再次购买行为、客户推荐购买行为对顾客忠诚进行衡量，客户满意度、客户再次购买行为、客户推荐购买行为三个变量在模型中均体现为被解释变量，分别进行回归分析。具体来说，本案例主要设定如下三个回归模型来对财产保险公司客户服务满意度影响因素进行实证研究：

（1）$Y1=\beta_0+\beta_1X1+\beta_2X2+\beta_3X3+\beta_4X4+\beta_5X5+\beta_6X6+\beta_7X7+\varepsilon$

其中，Y1 表示客户满意度，X1 表示服务渠道得分，X2 表示理赔便利得分，X3 表示保费价格得分，X4 表示服务流程得分，X5 表示交易保障得分，X6 表示服务态度得分，X7 表示增值服务得分，ε 是随机误差项。

（2）$Y2=\beta_0+\beta_1X1+\beta_2X2+\beta_3X3+\beta_4X4+\beta_5X5+\beta_6X6+\beta_7X7+\varepsilon$

其中，Y2 表示客户再次购买行为，X1~X7 以及 ε 含义与前述相同。

（3）$Y3=\beta_0+\beta_1X1+\beta_2X2+\beta_3X3+\beta_4X4+\beta_5X5+\beta_6X6+\beta_7X7+\varepsilon$

其中，Y3 表示客户推荐购买行为，X1~X7 以及 ε 含义与前述相同。

针对各解释变量的理论含义以及对客户满意度的影响关系，本案例解释如下：

服务渠道：当前我国已全面步入“互联网+”时代，随着各类移动智能终端设备的广泛普及和无线网络传输、大数据、云等信息与数据技术的不断进步，保险公司能够提供服务的渠道越来越多。从理论上分析，保险公司搭建的服务渠道越安全、快捷、便利、多元，就越能够为保险消费者提供随时、随地、随心的保险服务，在感知、响应、解决保险消费者的问题时效率就越高，越能优化提升消费体验和客户满意度。反之，客户服务满意程度就会越低。

理赔便利：理赔是整个保险服务过程中非常重要的一环，也是保险消费者非常看重，并愿意进行比较的重要条件之一。从理论上分析，当保险消费者提出恰当、合理的理赔请求时，保险公司理赔系统及人员工作的效率越高、核实的速度越快、设置的理赔条件越宽松，就越能增加保险消费者的效用，从而提升客户满意度。反之，保险公司设置的理赔条件越苛刻、理赔的流程越复杂、理赔的效率越低，客户服务满意程度就会越低。

保费价格：从理论上分析，除了一些强制性保险产品之外，绝大部分的财产保险产品是一种需求价格弹性比较高的正常类商品。所以，当保费价格上升同时其他条件保持不变时，会带动保险需求量的显著增加，保险消费者的效用也会增加。反之，当保费价格下降同时其他条件保持不变时，会带动保险需求量的显著减少，保险消费者的效用也会减少。所以，合理认为保费价格会对保险客户服务满意度产生影响，保费价格越高，客户服务满意度就越低，保费价格越低，客户服务满意度就越高。

服务流程：从理论上分析，在充分保障保险公司和保险消费者双方权益的前提下，保险公司的服务流程越简化、便捷，内部沟通越顺畅，需要消费者提供的材料、填写的单据或操作的界面越少，那么消费者需要付出的体力、精力就会越少，消费者能够获得的效用就会越大，获得的满意程度就会越高。反之，如果保险公司服务流程设置得不够科学合理或者内部沟通不畅，给消费者增加很多不必要的流程环节或操作负担，客户服务满意程度就会越低。

交易保障：在“互联网+”时代的新形势下，交易保障不仅仅是交易过程的安全性，也包括交易数据的保密性。大数据和移动互联等技术的快速兴起是一把双刃剑，在为保险客户交易提供便利的同时，也带来了较难的数据安全和隐私保护问题。如果因为数据泄露使得某位购买财产保险的客户经常被各种中介和广告骚扰，那么显然该客户的满意程度就会越低。反之，如果保险公司无论是交易系统，还是具体操作人员，都能给予消费者足够的交易安全保障，客户的满意程度就会越高。

服务态度：从理论上分析，保险工作人员的服务态度越好，与保险消费者沟通时语气、措施和表达越文明、恰当、具有同理心，在感知、响应、解决保险消费者问题的时候越积极、认真、负责，保险消费者需要花费的精力、体力、财力就会越少，发生的沟通协调等交易成本就会越低，能够感知获得的效用就会越大，客户服务满意程度就会越高。反之，保险工作人员的服务态度越差，保险消费者需要花费的精力、体力、财力就会越多，就会增加很多不必要的交易成本，降低获得的效用水平，客户服务满意程度就会越低。

增值服务：随着保险行业竞争越来越激烈，尤其是网络保险营销和电话渠道营销的迅速崛起与快速发展，使得保费价格竞争有所弱化，差异化的增值服务成为保险行业竞争的重要抓手，保险公司提供的增值服务越精准，越能充分满足客户的实际需求，同时在客户发生实际需求时，承诺的增值服务兑现得越及时、越顺利、越充分，保险消费者获得的额外效用增加的就越多，客户满意度就会越高。反之，如果增值服务不能契合客户实际需求，在客户实际请求这些增值服务时不能快速高效地提供，客户服务满意程度就会越低。

值得说明的是，从理论上分析，客户满意度预期与客户再次购买行为、客户推荐购买行为等客户忠诚行为呈现显著正相关关系，故仅针对各个解释变量与客户满意度之间的理论逻辑关系进行分析。预期客户再次购买行为、客户推荐购买行为等客户忠诚行为与各个解释变量之间的关系和客户满意度是一致的。

6.2 建模数据来源与研究思路

	下载资源:\video\6.1
	下载资源:\sample\数据 6

数据来源方面，本案例采用向目标财产保险公司存量客户开展公开问卷调查的方式，调查范围力求全面，既有新客户又有老客户，既有普通客户又有 VIP 客户，既有城市客户又有郊区客户，涵盖各个年龄段、各种学历水平。调查过程全部由客户独立完成，不含任何诱导性成分，力求数据真实、客观、公允。本案例设计的《财产保险公司客户服务满意度影响因素调查问卷》如下所示。

财产保险公司客户服务满意度影响因素调查问卷

感谢您抽出宝贵的时间来完成这张调查问卷，请您如实填写，谢谢合作！

一、个人情况

1. 您的性别是（　　）。
   A. 男　　B. 女
2. 您的年龄是（　　）。
   A. 20岁以下　　B. 21~30岁　　C. 31~40岁　　D. 41~50岁　　E. 51岁以上
3. 您的学历是（　　）。
   A. 初中及以下　　B. 高中　　C. 专科或本科　　D. 研究生以上
4. 您成为我公司客户的年限是
   A. 1年以下　　B. 1~3年　　C. 3~5年　　D. 5年以上
5. 您的居住地是（　　）。
   A.城区　　B.郊县
6. 您在我公司的客户类型是（　　）。
   A.普通客户　　B.VIP客户

二、关于客户服务满意度影响因素情况

1. 您对我公司保费价格满意程度打分为（1~9分，1分为最低，9分为最高）。
2. 您对我公司理赔便利满意程度打分为（1~9分，1分为最低，9分为最高）。
3. 您对我公司服务渠道满意程度打分为（1~9分，1分为最低，9分为最高）。
4. 您对我公司服务流程满意程度打分为（1~9分，1分为最低，9分为最高）。
5. 您对我公司交易保障满意程度打分为（1~9分，1分为最低，9分为最高）。
6. 您对我公司服务态度满意程度打分为（1~9分，1分为最低，9分为最高）。
7. 您对我公司增值服务满意程度打分为（1~9分，1分为最低，9分为最高）。
8. 您对我公司服务的整体满意程度评价为（　　）。
   A. 非常不满意　　B. 比较不满意　　C. 比较满意　　D. 非常满意
9. 当您再有相关保险需求时，您是否还会再次购买我公司产品（　　）。
   A. 一定不会　　B. 有较小的可能性会　　C. 有较大的可能性会　　D. 一定会
10. 当您的家人或朋友有相关保险需求时，您是否会推荐购买我公司产品（　　）。
   A. 一定不会　　B. 有较小的可能性会　　C. 有较大的可能性会　　D. 一定会

调查结束，再次感谢您的参与！

调查问卷包括两大组成部分，第一部分为客户基本情况，设置了6道题目，涵盖客户的性别、年龄、学历、成为本公司客户的年限、居住地、客户类型6个方面，均为选择题。第二部分为客户服务满意度影响因素情况，设置了10道题目，其中前7道为打分题，由被调查者针对本公司的保费价格情况、理赔便利情况、服务渠道情况、服务流程情况、交易保障情况、服务态度情况、增值服务情况等分别进行打分，得分区间为1~9分，其中1分为最低，9分为最高；后3道题目为选择题，由被调查者对客户满意度、再次购买行为、推荐购买行为等进行选择。

本次问卷调查共发放调查问卷500份，回收490份，剔除无效问卷11份，最终形成有效调查问卷479份，有效问卷占比为95.8%，调查效果较好。调查获得的部分数据如表6.1所示。

表6.1　财产保险公司客户服务满意度影响因素调查数据

客户满意度	客户再次购买行为	客户推荐购买行为	服务渠道得分	理赔便利得分	保费价格得分	服务流程得分	交易保障得分	服务态度得分	增值服务得分	性别	年龄	学历	年限	居住地	类型
4	3	3	8	9	2	9	8	9	8	2	4	1	3	2	2
2	2	2	3	6	5	9	7	6	5	1	3	2	2	1	1
3	3	3	7	6	2	9	8	7	7	1	1	4	1	2	2
3	4	4	6	6	7	8	8	8	9	2	2	3	4	1	2
……	……	……	……	……	……	……	……	……	……	……	……	……	……	……	……
4	3	3	8	9	2	7	8	7	7	2	5	1	3	2	2
2	2	2	3	6	5	4	7	6	7	2	2	1	2	1	1
3	3	3	7	6	2	7	8	7	8	1	4	1	2	1	1
3	3	3	6	6	7	8	8	8	8	2	3	1	2	2	1
4	4	4	6	8	2	6	8	7	7	2	1	2	3	1	1

完整的数据文件参见本书附带的“数据6.dta”。

研究思路方面，在设计好调查问卷后，向存量客户进行发放，并回收有效问卷。在此基础上对问卷进行信度分析，对问卷的调查质量进行评估，若信度分析反映问卷质量不佳，则尝试对部分题目进行修改或进一步扩大调查范围获取更多的样本，若信度分析反映问卷质量尚可，则进行回归分析。回归分析部分设定如6.1节设定的三个回归模型来对财产保险公司客户服务满意度影响因素进行实证研究，首先以全部客户为样本进行分析，在此基础上对客户进行进一步的分类，按客户地域分类的满意度影响因素进行实证分析和按客户类型分类的满意度影响因素进行实证分析。最后提出实证研究结论并进行必要的分析。

具体操作步骤包括7个方面的内容，分别是：

（1）对Y1~Y3、X1~X7、xingbie（性别）、nianling（年龄）、xueli（学历）、nianxian（年限）、juzhudi（居住地）、leixing（类型）等16个变量进行描述性分析。

（2）对Y1~Y3、X1~X710个变量进行信度分析。

（3）对Y1~Y3、X1~X710个变量进行相关性分析。

（4）将Y1（客户满意度）作为被解释变量，将X1~X7共7个变量作为解释变量进行Logit、Probit回归分析。

（5）将Y2（客户再次购买行为）作为被解释变量，将X1~X7共7个变量作为解释变量进行

Logit、Probit 回归分析。

（6）将 Y3（客户推荐购买行为）作为被解释变量，将 X1~X7 共 7 个变量作为解释变量进行 Logit、Probit 回归分析。

（7）将 Y1（客户满意度）作为被解释变量，将 X1~X7 共 7 个变量作为解释变量进行截取回归分析。

（8）将 Y2（客户再次购买行为）作为被解释变量，将 X1~X7 共 7 个变量作为解释变量进行截取回归分析。

（9）将 Y3（客户推荐购买行为）作为被解释变量，将 X1~X7 共 7 个变量作为解释变量进行截取回归分析。

（10）根据研究过程写出研究结论并提出对策建议。

6.3 描述性分析

	下载资源:\video\6.1
	下载资源:\sample\数据 6

本部分我们对财产保险公司客户服务满意度影响因素调查数据中 Y1（客户满意度）、Y2（客户再次购买行为）、Y3（客户推荐购买行为）、X1~X7、xingbie（性别）、nianling（年龄）、xueli（学历）、nianxian（年限）、juzhudi（居住地）、leixing（类型）16 个变量进行描述性分析。我们通过获得数据基本的描述性分析统计指标，可以从整体上对拟分析的数据进行宏观的把握，观察数据的基本特征，从而为后续进行更精深的数据分析做好必要准备。

6.3.1 Stata 分析过程

在 Stata 格式文件中共有 16 个变量，分别是 Y1、Y2、Y3、X1、X2、X3、X4、X5、X6、X7、xingbie、nianling、xueli、nianxian、juzhudi、leixing。

其中，变量 Y1 表示客户满意度，把 1 设定为非常不满意，把 2 设定为比较不满意，把 3 设定为比较满意，把 4 设定为非常满意。Y2 表示客户再次购买行为，把 1 设定为一定不会，把 2 设定为有较小的可能性会，把 3 设定为有较大的可能性会，把 4 设定为一定会。Y3 表示客户推荐购买行为，把 1 设定为一定不会，把 2 设定为有较小的可能性会，把 3 设定为有较大的可能性会，把 4 设定为一定会。X1 表示服务渠道得分，X2 表示理赔便利得分，X3 表示保费价格得分，X4 表示服务流程得分，X5 表示交易保障得分，X6 表示服务态度得分，X7 表示增值服务得分。xingbie 表示客户性别，其中 1 表示男性，2 表示女性。nianling 表示客户年龄分布，其中 1 表示 20 岁以下，2 表示 21~30 岁，3 表示 31~40 岁，4 表示 41~50 岁，5 表示 51 岁以上。xueli 表示客户学历分布，其中 1 表示初中及以下，2 表示高中，3 表示专科或本科，4 表示研究生以上。nianxian 表示客户年限分布，其中 1 表示 1 年以下，2 表示 1~3 年，3 表示 3~5 年，4 表示 5 年以上。juzhudi 表示客户居住地分布，其中 1 表示城区，2 表示郊县；leixing 表示客户类型分布，其中 1 表示普通客户，2 表示 VIP 客户。

变量类型及长度采取系统默认方式，数据如图 6.3 所示。

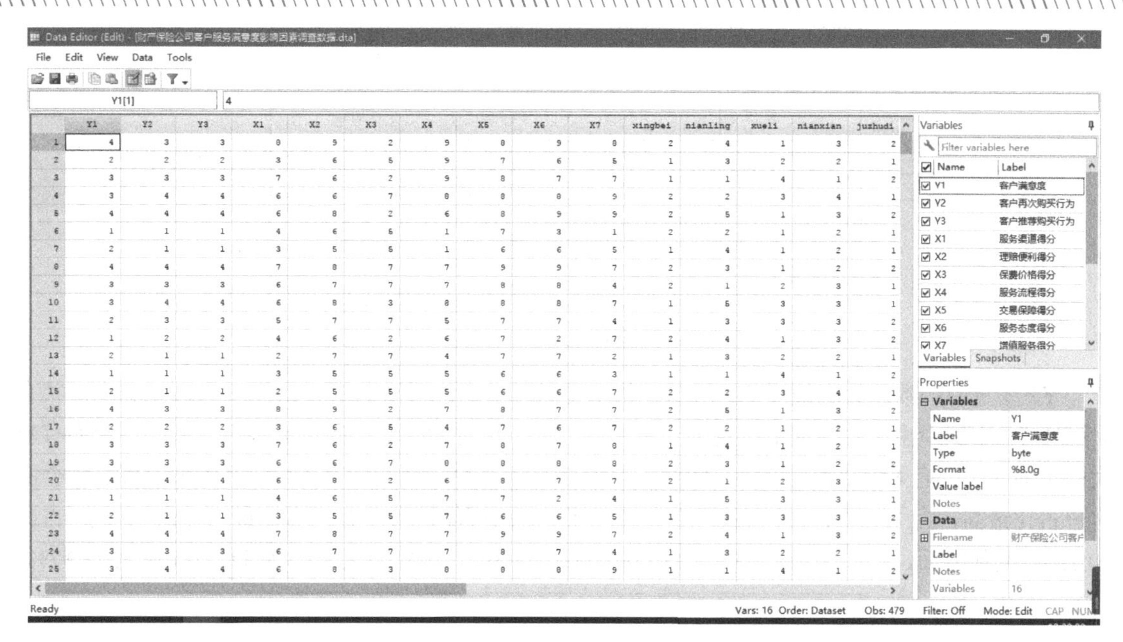

图 6.3　数据 6

先保存数据，然后开始展开分析，步骤如下：

01 进入 Stata 16.0，打开相关数据文件，弹出主界面。

02 在主界面的“命令窗口”中输入命令：

```
tabulate Y1
```

本命令的含义是对 Y1 变量创建频数表。

然后将上述命令中的 Y1 分别替换为 Y2、Y3、X1、X2、X3、X4、X5、X6、X7、xingbie、nianling、xueli、nianxian、juzhudi、leixing，即可生成上述变量的频数表。

03 设置完毕后，按回车键，等待输出结果。

6.3.2 结果分析

在 Stata 16.0 主界面的结果窗口可以看到如图 6.4~图 6.19 所示的分析结果。

Y1 变量的频数统计表如图 6.4 所示。从中可以看出客户满意度样本共有 479 个，共有 4 种取值，本例中由于之前把 1 设定为非常不满意，把 2 设定为比较不满意，把 3 设定为比较满意，把 4 设定为非常满意，因此可以发现在所有参与调查的客户中，比较不满意的客户占比最高，为 156 人，占比高达 32.57%；非常不满意的客户占比最小，为 85 人，占比 17.75%。其他方面，比较满意的客户为 131 人，占比 27.35%；非常满意的客户为 107 人，占比 22.34%。

```
. tabulate Y1

    客户满
      意度 |      Freq.     Percent        Cum.
-----------+-----------------------------------
         1 |         85       17.75       17.75
         2 |        156       32.57       50.31
         3 |        131       27.35       77.66
         4 |        107       22.34      100.00
-----------+-----------------------------------
     Total |        479      100.00
```

图 6.4　分析结果 1

Y2 变量的频数统计表如图 6.5 所示。从中可以看出客户再次购买行为样本共有 479 个，共有 4 种取值，本例中由于之前把 1 设定为一定不会，把 2 设定为有较小的可能性会，把 3 设定为有较大的可能性会，把 4 设定为一定会，因此可以发现在所有参与调查的客户中，有较大的可能性会的客户占比最高，为 158 人，占比高达 32.99%；有较小的可能性会的客户占比最小，为 97 人，占比 20.25%。其他方面，一定不会的客户为 113 人，占比 23.59%；一定会的客户为 111 人，占比 23.17%。

```
. tabulate Y2

    客户再
    次购买
      行为 |      Freq.     Percent        Cum.
-----------+-----------------------------------
         1 |        113       23.59       23.59
         2 |         97       20.25       43.84
         3 |        158       32.99       76.83
         4 |        111       23.17      100.00
-----------+-----------------------------------
     Total |        479      100.00
```

图 6.5　分析结果 2

Y3 变量的频数统计表如图 6.6 所示。从中可以看出客户推荐购买行为样本共有 479 个，共有 4 种取值，本例中由于之前把 1 设定为一定不会，把 2 设定为有较小的可能性会，把 3 设定为有较大的可能性会，把 4 设定为一定会，因此可以发现在所有参与调查的客户中，有较大的可能性会的客户占比最高，为 174 人，占比高达 36.33%；有较小的可能性会的客户占比最小，为 87 人，占比 18.16%。其他方面，一定不会的客户为 121 人，占比 25.26%；一定会的客户为 97 人，占比 20.25%。

```
. tabulate Y3

    客户推
    荐购买
      行为 |      Freq.     Percent        Cum.
-----------+-----------------------------------
         1 |        121       25.26       25.26
         2 |         87       18.16       43.42
         3 |        174       36.33       79.75
         4 |         97       20.25      100.00
-----------+-----------------------------------
     Total |        479      100.00
```

图 6.6　分析结果 3

X1~X7 等变量的频数统计表分别如图 6.7~图 6.13 所示。关于结果的解读与前面讲的类似，限于篇幅不再一一讲解，读者可自行分析。分析得到的基本结论就是 X1~X7 等变量的数据分布都相对比较合理，没有缺失值和极端值出现。

. tabulate X1

服务渠道得分	Freq.	Percent	Cum.
0	1	0.21	0.21
1	2	0.42	0.63
2	48	10.02	10.65
3	64	13.36	24.01
4	58	12.11	36.12
5	48	10.02	46.14
6	118	24.63	70.77
7	78	16.28	87.06
8	52	10.86	97.91
9	10	2.09	100.00
Total	479	100.00	

图 6.7　分析结果 4

. tabulate X2

理赔便利得分	Freq.	Percent	Cum.
1	5	1.04	1.04
2	11	2.30	3.34
3	18	3.76	7.10
4	13	2.71	9.81
5	82	17.12	26.93
6	124	25.89	52.82
7	105	21.92	74.74
8	87	18.16	92.90
9	34	7.10	100.00
Total	479	100.00	

图 6.8　分析结果 5

. tabulate X3

保费价格得分	Freq.	Percent	Cum.
1	6	1.25	1.25
2	101	21.09	22.34
3	50	10.44	32.78
4	20	4.18	36.95
5	122	25.47	62.42
6	12	2.51	64.93
7	133	27.77	92.69
8	23	4.80	97.49
9	12	2.51	100.00
Total	479	100.00	

图 6.9　分析结果 6

. tabulate X4

服务流程得分	Freq.	Percent	Cum.
1	29	6.05	6.05
2	9	1.88	7.93
3	9	1.88	9.81
4	40	8.35	18.16
5	91	19.00	37.16
6	74	15.45	52.61
7	118	24.63	77.24
8	88	18.37	95.62
9	21	4.38	100.00
Total	479	100.00	

图 6.10　分析结果 7

. tabulate X5

交易保障得分	Freq.	Percent	Cum.
3	13	2.71	2.71
4	3	0.63	3.34
5	6	1.25	4.59
6	81	16.91	21.50
7	151	31.52	53.03
8	178	37.16	90.19
9	47	9.81	100.00
Total	479	100.00	

图 6.11　分析结果 8

. tabulate X6

服务态度得分	Freq.	Percent	Cum.
1	15	3.13	3.13
2	36	7.52	10.65
3	28	5.85	16.49
4	27	5.64	22.13
5	17	3.55	25.68
6	83	17.33	43.01
7	137	28.60	71.61
8	97	20.25	91.86
9	39	8.14	100.00
Total	479	100.00	

图 6.12　分析结果 9

```
. tabulate X7
```

增值服务得分	Freq.	Percent	Cum.
1	10	2.09	2.09
2	41	8.56	10.65
3	44	9.19	19.83
4	85	17.75	37.58
5	33	6.89	44.47
6	17	3.55	48.02
7	197	41.13	89.14
8	24	5.01	94.15
9	28	5.85	100.00
Total	479	100.00	

图 6.13　分析结果 10

xingbie 变量的频数统计表如图 6.14 所示。从中可以看出共有有效样本 479 个，从调查客户性别结构来看，男性被调查者为 213 人，占比 44.47%；女性被调查者为 266 人，占比 55.53%。性别结构比较合理。

```
. tabulate xingbie
```

性别	Freq.	Percent	Cum.
1	213	44.47	44.47
2	266	55.53	100.00
Total	479	100.00	

图 6.14　分析结果 11

nianling 变量的频数统计表如图 6.15 所示。从中可以看出共有有效样本 479 个，从调查客户年龄结构来看，20 岁以下被调查者为 91 人，占比 19.00%；21~30 岁被调查者为 92 人，占比 19.21%；31~40 岁被调查者为 126 人，占比 26.30%；41~50 岁被调查者为 85 人，占比 17.75%；51 岁以上被调查者为 85 人，占比 17.75%。年龄结构比较合理。

```
. tabulate nianling
```

年龄	Freq.	Percent	Cum.
1	91	19.00	19.00
2	92	19.21	38.20
3	126	26.30	64.51
4	85	17.75	82.25
5	85	17.75	100.00
Total	479	100.00	

图 6.15　分析结果 12

xueli 变量的频数统计表如图 6.16 所示。从中可以看出共有有效样本 479 个，从调查客户学历结构来看，初中及以下被调查者为 221 人，占比 46.14%；高中被调查者为 84 人，占比 17.54%；专科或本科被调查者为 128 人，占比 26.72%；研究生以上被调查者为 46 人，占比为 9.60%。学历结构比较合理。

```
. tabulate xueli
```

学历	Freq.	Percent	Cum.
1	221	46.14	46.14
2	84	17.54	63.67
3	128	26.72	90.40
4	46	9.60	100.00
Total	479	100.00	

图 6.16　分析结果 13

nianxian 变量的频数统计表如图 6.17 所示。从中可以看出共有有效样本 479 个，从调查客户年限结构来看，1 年以下被调查者为 46 人，占比 9.60%；1~3 年被调查者为 177 人，占比 36.95%；3~5 年被调查者为 210 人，占比 43.84%；5 年以上被调查者为 46 人，占比 9.60%。客户年限结构为比较合理。

```
. tabulate nianxian
```

年限	Freq.	Percent	Cum.
1	46	9.60	9.60
2	177	36.95	46.56
3	210	43.84	90.40
4	46	9.60	100.00
Total	479	100.00	

图 6.17　分析结果 14

juzhudi 变量的频数统计表如图 6.18 所示。从中可以看出共有有效样本 479 个，从调查客户居住地结构来看，城区被调查者为 263 人，占比 54.91%；郊县被调查者为 216 人，占比 45.09%。居住地结构比较合理。

leixing 变量的频数统计表如图 6.19 所示。从中可以看出共有有效样本 479 个，从调查客户类型结构来看，普通客户被调查者为 263 人，占比 54.91%；VIP 客户被调查者为 216 人，占比 45.09%。类型结构比较合理。

```
. tabulate juzhudi
```

居住地	Freq.	Percent	Cum.
1	263	54.91	54.91
2	216	45.09	100.00
Total	479	100.00	

图 6.18　分析结果 15

```
. tabulate leixing
```

类型	Freq.	Percent	Cum.
1	263	54.91	54.91
2	216	45.09	100.00
Total	479	100.00	

图 6.19　分析结果 16

综上所述，本次调查样本质量较高。

6.4 信度分析

	下载资源:\video\6.2
	下载资源:\sample\数据 6

信度又叫可靠性，是指测验的可信程度，它主要表现测验结果的一致性、再现性和稳定性，从公式上讲就是一组测量分数的真变异数与总变异数（实得变异数）的比率。信度分析是检验测量工作可靠性和稳定性的主要方法，在各种自然科学和社会科学调查问卷中得到了广泛的应用。

在计算得到信度系数后，信度系数与信度评价对照表如表 6.2 所示。大多数学者认为：任何测验或量表的信度系数若在 0.9 以上，则该测验或量表的信度极佳：信度系数在 0.8 以上都是可以接受的；若在 0.7 以上，则该量表应进行较大修订，但仍不失其价值：若低于 0.7，则量表需要重新设计。在心理学中，通常可以用已有的同类测验作为比较的标准。一般能力与成就测验的信度系数常在 0.90 以上，性格、兴趣、态度等人格测验的信度系数通常为 0.80~0.85。

表 6.2 信度系数与信度评价对照表

信度系数	信度评价
0.9以上	信度极佳
0.8以上	可以接受
0.7以上	量表应进行较大修订
低于0.7	量表需要重新设计

需要特别注意的是，信度分析对于数据和假设条件都有着一定要求，并非所有情况下都适合进行信度分析。数据方面，用于信度分析的数据可以是二分数据、有序数据或区间数据，但数据是用数值编码的。假设条件方面，用于信度分析的观察值是独立的，且项与项之间的误差应是不相关的。每对项应具有二元正态分布。标度是可加的，以便每一项都与总得分线性相关。

6.4.1 Stata 分析过程

信度分析的步骤如下：

01 进入 Stata 16.0，打开相关数据文件，弹出主界面。

02 在主界面的“命令窗口”中输入命令：

```
alpha Y1 Y2 Y3 X1 X2 X3 X4 X5 X6 X7,item
```

本命令旨在针对 Y1~Y3、X1~X7 共 10 个调查问卷中的核心问题进行信度分析，其中 alpha 的含义是求出各个变量（item）的 alpha 系数，item 的含义是展示各个变量的量表测试结果以及量表测试结果之间的相关系数。

03 设置完毕后，按回车键，等待输出结果。

6.4.2 结果分析

在 Stata 16.0 主界面的结果窗口可以看到如图 6.20 所示的分析结果。

```
. alpha Y1 Y2 Y3 X1 X2 X3 X4 X5 X6 X7,item

Test scale = mean(unstandardized items)

                                                          average
                              item-test     item-rest    interitem
Item         |  Obs  Sign   correlation   correlation   covariance      alpha
-------------+-----------------------------------------------------------------
Y1           |  479    +       0.8539        0.8283       1.38174      0.8796
Y2           |  479    +       0.8684        0.8435       1.36205      0.8777
Y3           |  479    +       0.8850        0.8633      1.358379      0.8771
X1           |  479    +       0.7926        0.7194      1.231401      0.8777
X2           |  479    +       0.8410        0.7933      1.254545      0.8730
X3           |  479    +       0.4064        0.2453      1.482063      0.9164
X4           |  479    +       0.7535        0.6686      1.254731      0.8818
X5           |  479    +       0.7554        0.7083      1.384049      0.8824
X6           |  479    +       0.7953        0.7145      1.200789      0.8788
X7           |  479    +       0.7001        0.5936      1.273889      0.8888
-------------+-----------------------------------------------------------------
Test scale   |                                          1.318364      0.8940
-------------------------------------------------------------------------------
```

图 6.20 分析结果 17

从图 6.20 中可以非常明确地看出整个调查文件的 alpha 系数值达到了 0.8940，说明调查问卷的信度是可以接受的，从各个变量（item）的 alpha 系数值来看，也普遍都在 0.85 以上，说明每个问题的信度也都是可以接受的。

6.5 相关性分析

	下载资源:\video\6.2
	下载资源:\sample\数据 6

相关分析是不考虑变量之间的因果关系而只研究分析变量之间的相关关系的一种统计分析方法。元素之间需要存在一定的联系才可以进行相关性分析。通过这步操作可以判断出变量之间的相关性，从而考虑是否有必要进行后续分析或者增加替换新的变量等。

6.5.1 Stata 分析过程

相关性分析的步骤如下：

01 进入 Stata 16.0，打开相关数据文件，弹出主界面。

02 在主界面的“命令窗口”中输入命令：

```
correlate Y1 Y2 Y3 X1 X2 X3 X4 X5 X6 X7,covariance
```

本命令旨在针对 Y1~Y3、X1~X7 共 10 个变量进行相关性分析，生成方差-协方差矩阵。

```
correlate Y1 Y2 Y3 X1 X2 X3 X4 X5 X6 X7
```

本命令旨在针对 Y1~Y3、X1~X7 共 10 个变量进行相关性分析，生成相关系数矩阵。

```
pwcorr Y1 Y2 Y3 X1 X2 X3 X4 X5 X6 X7,sidak sig star(99)
```

本命令旨在针对 Y1~Y3、X1~X7 共 10 个变量进行相关性分析，分析结果为针对两个变量之间的相关系数矩阵进行显著性检验，并且设定显著性水平为 0.99。

03 设置完毕后，按回车键，等待输出结果。

6.5.2 结果分析

在 Stata 16.0 主界面的结果窗口可以看到如图 6.21~图 6.23 所示的分析结果。

图 6.21 展示的是 Y1~Y3、X1~X7 共 10 个变量的方差-协方差矩阵。

```
. correlate Y1 Y2 Y3 X1 X2 X3 X4 X5 X6 X7,covariance
(obs=479)
```

	Y1	Y2	Y3	X1	X2	X3	X4	X5	X6	X7
Y1	1.05203									
Y2	.918563	1.18446								
Y3	.886881	1.12201	1.16241							
X1	1.43737	1.49207	1.48643	3.82286						
X2	1.1623	1.31044	1.37166	1.91471	2.73855					
X3	.550681	.502061	.499611	.608341	1.02361	4.52376				
X4	1.15051	1.28089	1.34382	2.3553	1.9119	.61425	3.8891			
X5	.721653	.820555	.864336	1.40526	1.31182	.602113	1.27075	1.41617		
X6	1.50383	1.48274	1.49967	2.09494	2.30089	1.59003	2.10753	1.34052	4.58696	
X7	1.25192	1.36324	1.3503	2.20153	1.85543	-.018584	2.12112	1.16359	2.1778	4.43296

图 6.21 分析结果 18

在上述分析结果中，我们可以看到 Y1~Y3、X1~X7 共 10 个变量之间的协方差都为正数，这说明各个变量的相关关系是正向的。

图 6.22 展示的是 Y1~Y3、X1~X7 共 10 个变量的相关系数矩阵。

```
. correlate Y1 Y2 Y3 X1 X2 X3 X4 X5 X6 X7
(obs=479)
```

	Y1	Y2	Y3	X1	X2	X3	X4	X5	X6	X7
Y1	1.0000									
Y2	0.8229	1.0000								
Y3	0.8020	0.9562	1.0000							
X1	0.7167	0.7012	0.7051	1.0000						
X2	0.6848	0.7276	0.7688	0.5918	1.0000					
X3	0.2524	0.2169	0.2179	0.1463	0.2908	1.0000				
X4	0.5688	0.5968	0.6320	0.6108	0.5858	0.1464	1.0000			
X5	0.5912	0.6336	0.6737	0.6040	0.6661	0.2379	0.5415	1.0000		
X6	0.6846	0.6361	0.6495	0.5003	0.6492	0.3491	0.4990	0.5260	1.0000	
X7	0.5797	0.5949	0.5948	0.5348	0.5325	-0.0041	0.5109	0.4644	0.4830	1.0000

图 6.22 分析结果 19

在上述分析结果中，我们可以看到 Y1（客户满意度）、Y2（客户再次购买行为）、Y3（客户推荐购买行为）三者之间的相关系数非常高，而且均为正相关，尤其是 Y2（客户再次购买行为）与 Y3（客户推荐购买行为）的相关系数达到了 0.9562，说明对于财险公司来说，其顾客满意指数模型中客户满意度与客户忠诚度之间的关联关系非常强。

Y1（客户满意度）、Y2（客户再次购买行为）、Y3（客户推荐购买行为）与 X1~X7 之间的相关关系各不相同，相关系数大小各异，但均为正相关，符合实际情况。

需要特别提示的是，Y1（客户满意度）、Y2（客户再次购买行为）、Y3（客户推荐购买行为）与 X1（服务渠道得分）、X2（理赔便利得分）、X4（服务流程得分）、X5（交易保障得分）、X6（服务态度得分）、X7（增值服务得分）之间的相关系数均在 0.5 以上，仅与 X3（保费价格得分）相关系数较低，这在很大程度上说明保费价格得分与客户满意度之间的关联性不大。

图 6.23 展示的是 Y1（客户满意度）、Y2（客户再次购买行为）、Y3（客户推荐购买行为）、X1~X710 个变量的相关系数矩阵的显著性检验，设定置信水平为 99%。

```
. pwcorr Y1 Y2 Y3 X1 X2 X3 X4 X5 X6 X7,sidak sig star(99)

             |       Y1       Y2       Y3       X1       X2       X3       X4
-------------+---------------------------------------------------------------
          Y1 |   1.0000
             |
             |
          Y2 |   0.8229*  1.0000
             |   0.0000
             |
          Y3 |   0.8020*  0.9562*  1.0000
             |   0.0000   0.0000
             |
          X1 |   0.7167*  0.7012*  0.7051*  1.0000
             |   0.0000   0.0000   0.0000
             |
          X2 |   0.6848*  0.7276*  0.7688*  0.5918*  1.0000
             |   0.0000   0.0000   0.0000   0.0000
             |
          X3 |   0.2524*  0.2169*  0.2179*  0.1463*  0.2908*  1.0000
             |   0.0000   0.0001   0.0001   0.0579   0.0000
             |
          X4 |   0.5688*  0.5968*  0.6320*  0.6108*  0.5858*  0.1464*  1.0000
             |   0.0000   0.0000   0.0000   0.0000   0.0000   0.0572
             |
          X5 |   0.5912*  0.6336*  0.6737*  0.6040*  0.6661*  0.2379*  0.5415*
             |   0.0000   0.0000   0.0000   0.0000   0.0000   0.0000   0.0000
             |
          X6 |   0.6846*  0.6361*  0.6495*  0.5003*  0.6492*  0.3491*  0.4990*
             |   0.0000   0.0000   0.0000   0.0000   0.0000   0.0000   0.0000
             |
          X7 |   0.5797*  0.5949*  0.5948*  0.5348*  0.5325* -0.0041   0.5109*
             |   0.0000   0.0000   0.0000   0.0000   0.0000   1.0000   0.0000
             |

             |       X5       X6       X7
-------------+---------------------------
          X5 |   1.0000
             |
             |
          X6 |   0.5260*  1.0000
             |   0.0000
             |
          X7 |   0.4644*  0.4830*  1.0000
             |   0.0000   0.0000
```

图 6.23　分析结果 20

在分析结果中，我们可以看到 Y1~Y3、X1~X7 共 10 个变量之间几乎所有的相关关系都是非常显著的，仅有 X7（增值服务得分）与 X3（保费价格得分）之间的相关关系不够显著。

6.6　建立模型

在经过了对数据进行描述性分析观察数据基本特征、信度分析检验调查问卷效果、相关性分析检验变量之间的关联关系之后，本节我们来进行最后的步骤，就是根据前面得出的一系列结论建立相应的数据模型。

6.6.1　客户满意度影响因素的实证分析

	下载资源:\video\6.3
	下载资源:\sample\数据 6

本案例在前面已提及，以客户满意度作为被解释变量，取值 1~4，其中 1 表示非常不满意，2 表示比较不满意，3 表示比较满意，4 表示非常满意，被解释变量为定序离散变量。解释变量包括

服务渠道、理赔便利、保费价格、服务流程、交易保障、服务态度、增值服务，均为连续数值型变量。由于被解释变量为离散型变量且具有排序特征，计量分析方法选择 Ordered Probit 回归模型或 Ordered Logit 回归模型。

1. 全部客户满意度影响因素的实证分析

在主界面的“命令窗口”中输入命令：

```
oprobit Y1 X1 X2 X3 X4 X5 X6 X7
```

本命令的含义是将财产保险公司客户服务满意度影响因素调查数据中的 Y1（客户满意度）作为被解释变量，将 X1~X7 共 7 个变量作为解释变量进行回归分析，回归分析方法采用 Ordered Probit 回归模型，采取的数据样本范围为调查获取的全部样本。

输入命令后，按回车键进行确认，经过 Stata 16.0 的运算即可出现如图 6.24 所示的结果。

```
. oprobit Y1 X1 X2 X3 X4 X5 X6 X7

Iteration 0:   log likelihood = -652.19816
Iteration 1:   log likelihood = -400.82463
Iteration 2:   log likelihood = -387.95708
Iteration 3:   log likelihood = -387.80817
Iteration 4:   log likelihood = -387.80813

Ordered probit regression                       Number of obs     =        479
                                                LR chi2(7)        =     528.78
                                                Prob > chi2       =     0.0000
Log likelihood = -387.80813                     Pseudo R2         =     0.4054
```

Y1	Coef.	Std. Err.	z	P>|z|	[95% Conf.	Interval]
X1	.3814947	.0444461	8.58	0.000	.2943819	.4686075
X2	.2281658	.055445	4.12	0.000	.1194956	.336836
X3	.0672726	.0301604	2.23	0.026	.0081592	.1263859
X4	.0008253	.0388795	0.02	0.983	-.0753772	.0770278
X5	-.015431	.0668415	-0.23	0.817	-.146438	.1155761
X6	.2800436	.0381992	7.33	0.000	.2051745	.3549127
X7	.1452598	.0348693	4.17	0.000	.0769172	.2136025
/cut1	4.238067	.38269			3.488009	4.988126
/cut2	6.211034	.4399951			5.34866	7.073409
/cut3	7.836034	.4857963			6.88389	8.788177

图 6.24　分析结果 21

从分析结果中可以看出，X1（服务渠道得分）、X2（理赔便利得分）、X3（保费价格得分）、X6（服务态度得分）、X7（增值服务得分）5 个解释变量的系数均为正值且非常显著（P>|z|值均小于 0.05）。X4（服务流程得分）、X5（交易保障得分）系数显著性则很差。所以，使用 Ordered Probit 回归方法对全部客户满意度影响因素实证的结果是，服务渠道、理赔便利、保费价格、服务态度、增值服务会显著影响客户的满意度水平，财产保险公司在这些方面做得越好，客户的满意程度就会越高，而服务流程、交易保障对客户的满意度水平并不产生显著性影响，或者说，客户不认为服务流程、交易保障构成重要性。

为了避免单一回归方法的局限性，以全部客户作为样本，再使用 Ordered Logit 回归模型进行分析，在主界面的“命令窗口”中输入命令：

```
ologit Y1 X1 X2 X3 X4 X5 X6 X7
```

本命令的含义是将财产保险公司客户服务满意度影响因素调查数据中的 Y1（客户满意度）作

为被解释变量，将 X1~X7 共 7 个变量作为解释变量进行回归分析，回归分析方法采用 Ordered Logit 回归模型，采取的数据样本范围为调查获取的全部样本。

输入命令后，按回车键进行确认，经过 Stata 16.0 的运算即可出现如图 6.25 所示的结果。

```
. ologit Y1 X1 X2 X3 X4 X5 X6 X7

Iteration 0:   log likelihood = -652.19816
Iteration 1:   log likelihood = -412.83889
Iteration 2:   log likelihood = -385.60186
Iteration 3:   log likelihood = -384.78304
Iteration 4:   log likelihood = -384.78022
Iteration 5:   log likelihood = -384.78022

Ordered logistic regression                     Number of obs     =        479
                                                LR chi2(7)        =     534.84
                                                Prob > chi2       =     0.0000
Log likelihood = -384.78022                     Pseudo R2         =     0.4100

------------------------------------------------------------------------------
          Y1 |      Coef.   Std. Err.      z    P>|z|     [95% Conf. Interval]
-------------+----------------------------------------------------------------
          X1 |   .6715103   .0818185     8.21   0.000      .511149    .8318715
          X2 |   .4554467   .1046097     4.35   0.000     .2504155    .6604779
          X3 |   .1222783   .0540232     2.26   0.024     .0163948    .2281617
          X4 |   .0221164   .0711833     0.31   0.756    -.1174002     .161633
          X5 |  -.0618843   .1392677    -0.44   0.657    -.3348441    .2110755
          X6 |   .5009634   .0687936     7.28   0.000     .3661305    .6357964
          X7 |    .267395    .061564     4.34   0.000     .1467318    .3880581
-------------+----------------------------------------------------------------
       /cut1 |   7.795204   .8012082                      6.224865    9.365543
       /cut2 |   11.34822    .913114                       9.55855    13.13789
       /cut3 |   14.17557   1.013077                      12.18997    16.16116
------------------------------------------------------------------------------
```

图 6.25 分析结果 22

可以看出，使用 Ordered Logit 回归模型进行分析的结果是 X1（服务渠道得分）、X2（理赔便利得分）、X3（保费价格得分）、X6（服务态度得分）、X7（增值服务得分）5 个解释变量的系数均为正值且非常显著（P>|z|值均小于 0.05）。X4（服务流程得分）、X5（交易保障得分）系数显著性则很差，和使用 Ordered Probit 回归模型进行分析的结果是一致的。

2. 按客户地域分类的满意度影响因素实证分析

因为客户所在地域的不同，所以对满意度影响因素可能会有所偏差。下面将全部样本以客户地域分类为城市或郊区分别进行实证分析。前面已论述，对于客户满意度影响因素的分析，使用 Ordered Logit 回归模型和使用 Ordered Probit 回归模型差别不大，所以仅使用 Ordered Probit 回归模型进行分析。感兴趣的读者可自行使用相关命令进行 Ordered Logit 回归分析。

（1）基于城区样本的满意度影响因素实证分析。

在主界面的“命令窗口”中输入命令：

```
oprobit Y1 X1 X2 X3 X4 X5 X6 X7 if juzhudi==1
```

本命令的含义是将财产保险公司客户服务满意度影响因素调查数据中的 Y1（客户满意度）作为被解释变量，将 X1~X7 共 7 个变量作为解释变量进行回归分析，回归分析方法采用 Ordered Probit 回归模型，采取的数据样本范围为居住地为城区的样本（在命令中加入了 if 选项，针对 if juzhudi==1 的样本进行分析）。

输入命令后，按回车键进行确认，经过 Stata 16.0 的运算即可出现如图 6.26 所示的结果。

```
. oprobit Y1 X1 X2 X3 X4 X5 X6 X7 if juzhudi==1

Iteration 0:   log likelihood = -356.70732
Iteration 1:   log likelihood = -214.98838
Iteration 2:   log likelihood = -208.02413
Iteration 3:   log likelihood = -207.94085
Iteration 4:   log likelihood = -207.94082
Iteration 5:   log likelihood = -207.94082

Ordered probit regression                       Number of obs     =        263
                                                LR chi2(7)        =     297.53
                                                Prob > chi2       =     0.0000
Log likelihood = -207.94082                     Pseudo R2         =     0.4171

------------------------------------------------------------------------------
          Y1 |      Coef.   Std. Err.      z    P>|z|     [95% Conf. Interval]
-------------+----------------------------------------------------------------
          X1 |   .3681132   .0614257     5.99   0.000     .2477211    .4885054
          X2 |   .2082656   .0748816     2.78   0.005     .0615003    .3550308
          X3 |   .0573488   .0406611     1.41   0.158    -.0223456    .1370431
          X4 |  -.0316795   .0532965    -0.59   0.552    -.1361386    .0727797
          X5 |    .045454   .0886361     0.51   0.608    -.1282695    .2191776
          X6 |   .3557976   .0550141     6.47   0.000     .2479719    .4636233
          X7 |   .1263259   .0475942     2.65   0.008     .0330429    .2196089
-------------+----------------------------------------------------------------
       /cut1 |   4.568718   .5530408                      3.484778    5.652658
       /cut2 |   6.573808   .6289677                      5.341054    7.806562
       /cut3 |   8.327164   .6939711                      6.967006    9.687322
------------------------------------------------------------------------------
```

图 6.26　分析结果 23

可以看出，对于城区客户来说，X1（服务渠道得分）、X2（理赔便利得分）、X6（服务态度得分）、X7（增值服务得分）4 个解释变量的系数均为正值且非常显著（P>|z|值均小于 0.05）。X3（保费价格得分）、X4（服务流程得分）、X5（交易保障得分）系数显著性则很差。所以，使用 Ordered Probit 回归方法对城区客户满意度影响因素实证的结果是，服务渠道、理赔便利、服务态度、增值服务会显著影响客户的满意度水平，财产保险公司在这些方面做得越好，客户的满意程度就会越高，而保费价格、服务流程、交易保障对客户的满意度水平并不产生显著性影响，或者说，客户不认为保费价格、服务流程、交易保障构成重要性。

（2）基于郊县样本的满意度影响因素实证分析。

在主界面的“命令窗口”中输入命令：

```
oprobit Y1 X1 X2 X3 X4 X5 X6 X7 if juzhudi==2
```

本命令的含义是将财产保险公司客户服务满意度影响因素调查数据中的 Y1（客户满意度）作为被解释变量，将 X1~X7 共 7 个变量作为解释变量进行回归分析，回归分析方法采用 Ordered Probit 回归模型，采取的数据样本范围为居住地为郊县的样本（在命令中加入了 if 选项，针对 if juzhudi==2 的样本进行分析）。

输入命令后，按回车键进行确认，经过 Stata 16.0 的运算即可出现如图 6.27 所示的结果。

```
. oprobit Y1 X1 X2 X3 X4 X5 X6 X7 if juzhudi==2

Iteration 0:   log likelihood = -293.83395
Iteration 1:   log likelihood = -181.73574
Iteration 2:   log likelihood = -175.75354
Iteration 3:   log likelihood =  -175.6886
Iteration 4:   log likelihood = -175.68858
Iteration 5:   log likelihood = -175.68858

Ordered probit regression                       Number of obs     =        216
                                                LR chi2(7)        =     236.29
                                                Prob > chi2       =     0.0000
Log likelihood = -175.68858                     Pseudo R2         =     0.4021

------------------------------------------------------------------------------
          Y1 |      Coef.   Std. Err.      z    P>|z|     [95% Conf. Interval]
-------------+----------------------------------------------------------------
          X1 |    .412456   .0659447     6.25   0.000     .2832067    .5417054
          X2 |   .2335981    .084047     2.78   0.005     .0688689    .3983272
          X3 |   .0858075   .0460506     1.86   0.062      -.00445    .1760651
          X4 |   .0491142   .0585772     0.84   0.402    -.0656951    .1639234
          X5 |  -.0897551   .1059158    -0.85   0.397    -.2973461     .117836
          X6 |   .1998026   .0549326     3.64   0.000     .0921366    .3074686
          X7 |   .1736028   .0542035     3.20   0.001     .0673659    .2798397
-------------+----------------------------------------------------------------
       /cut1 |   3.937586   .5420309                      2.875225    4.999947
       /cut2 |   5.930275   .6311472                      4.693249    7.167301
       /cut3 |   7.413755   .6952199                       6.05115    8.776361
------------------------------------------------------------------------------
```

图 6.27 分析结果 24

可以看出，基于郊县样本的满意度影响因素实证分析结果与城区客户基本是一致的，即 X1（服务渠道得分）、X2（理赔便利得分）、X6（服务态度得分）、X7（增值服务得分）4 个解释变量的系数均为正值且非常显著（P>|z|值均小于 0.05）。X3（保费价格得分）、X4（服务流程得分）、X5（交易保障得分）系数显著性则很差，只是 X3（保费价格得分）的系数显著性水平相对更高一些，在 10%的显著性水平上显著。服务渠道、理赔便利、服务态度、增值服务会显著影响客户的满意度水平，财产保险公司在这些方面做得越好，客户的满意程度就会越高，而保费价格、服务流程、交易保障对客户的满意度水平并不产生显著性影响，或者说，在很大程度上参与调查的客户不认为保费价格、服务流程、交易保障构成重要性。

3. 按客户类型分类的满意度影响因素实证分析

因为客户类型的不同，所以对满意度影响因素可能会有所偏差，下面将全部样本以客户类型分类为普通客户或 VIP 客户分别进行实证分析。前面已论述，对于客户满意度影响因素的分析，使用 Ordered Logit 回归模型和使用 Ordered Probit 回归模型差别不大，所以仅使用 Ordered Probit 回归模型进行分析。

（1）基于普通客户样本的满意度影响因素实证分析。

在主界面的“命令窗口”中输入命令：

```
oprobit Y1 X1 X2 X3 X4 X5 X6 X7 if leixing==1
```

本命令的含义是将财产保险公司客户服务满意度影响因素调查数据中的 Y1（客户满意度）作为被解释变量，将 X1~X7 共 7 个变量作为解释变量进行回归分析，回归分析方法采用 Ordered Probit 回归模型，采取的数据样本范围为客户类型为普通客户的样本（在命令中加入了 if 选项，针对 if leixing==1 的样本进行分析）。

输入命令后，按回车键进行确认，经过 Stata 16.0 的运算即可出现如图 6.28 所示的结果。

```
. oprobit Y1 X1 X2 X3 X4 X5 X6 X7 if leixing==1

Iteration 0:   log likelihood = -356.02082
Iteration 1:   log likelihood = -206.96646
Iteration 2:   log likelihood = -199.62165
Iteration 3:   log likelihood = -199.53078
Iteration 4:   log likelihood = -199.53073
Iteration 5:   log likelihood = -199.53073

Ordered probit regression                       Number of obs     =        263
                                                LR chi2(7)        =     312.98
                                                Prob > chi2       =     0.0000
Log likelihood = -199.53073                     Pseudo R2         =     0.4396

------------------------------------------------------------------------------
          Y1 |      Coef.   Std. Err.      z    P>|z|     [95% Conf. Interval]
-------------+----------------------------------------------------------------
          X1 |   .4734536   .0659606     7.18   0.000     .3441732    .6027339
          X2 |   .2342539   .0744724     3.15   0.002     .0882907    .3802171
          X3 |    .063956   .0419086     1.53   0.127    -.0181832    .1460953
          X4 |  -.1151398   .0580392    -1.98   0.047    -.2288946   -.001385
          X5 |   .0301222   .0961306     0.31   0.754    -.1582903    .2185347
          X6 |   .3358292    .054366     6.18   0.000     .2292737    .4423846
          X7 |   .1828744   .0474095     3.86   0.000     .0899534    .2757953
-------------+----------------------------------------------------------------
       /cut1 |   4.764455   .5784003                      3.630811    5.898098
       /cut2 |   6.822825   .6573294                      5.534483    8.111167
       /cut3 |   8.686701   .7290792                      7.257732    10.11567
------------------------------------------------------------------------------
```

图 6.28　分析结果 25

可以看出，对于普通客户来说，X1（服务渠道得分）、X2（理赔便利得分）、X4（服务流程得分）、X6（服务态度得分）、X7（增值服务得分）5 个解释变量的系数均为正值且非常显著（P>|z|值均小于 0.05）。X3（保费价格得分）、X5（交易保障得分）系数显著性则很差。所以，使用 Ordered Probit 回归方法对普通客户满意度影响因素实证的结果是，服务渠道、理赔便利、服务态度、服务流程、增值服务会显著影响客户的满意度水平，财产保险公司在这些方面做得越好，客户的满意程度就会越高，而保费价格、交易保障对客户的满意度水平并不产生显著性影响，或者说，在很大程度上参与本次问卷调查的客户不认为保费价格、交易保障构成重要性。

（2）基于 VIP 客户样本的满意度影响因素实证分析。

在主界面的“命令窗口”中输入命令：

```
oprobit Y1 X1 X2 X3 X4 X5 X6 X7 if leixing==2
```

本命令的含义是将财产保险公司客户服务满意度影响因素调查数据中的 Y1（客户满意度）作为被解释变量，将 X1~X7 共 7 个变量作为解释变量进行回归分析，回归分析方法采用 Ordered Probit 回归模型，采取的数据样本范围为客户类型为 VIP 客户的样本（在命令中加入了 if 选项，针对 if leixing==2 的样本进行分析）。

输入命令后，按回车键进行确认，经过 Stata 16.0 的运算即可出现如图 6.29 所示的结果。

```
. oprobit Y1 X1 X2 X3 X4 X5 X6 X7 if leixing==2

Iteration 0:   log likelihood = -294.63642
Iteration 1:   log likelihood = -187.76312
Iteration 2:   log likelihood = -182.16174
Iteration 3:   log likelihood = -182.10046
Iteration 4:   log likelihood = -182.10046

Ordered probit regression                       Number of obs     =        216
                                                LR chi2(7)        =     225.07
                                                Prob > chi2       =     0.0000
Log likelihood = -182.10046                     Pseudo R2         =     0.3819

------------------------------------------------------------------------------
          Y1 |      Coef.   Std. Err.      z    P>|z|     [95% Conf. Interval]
-------------+----------------------------------------------------------------
          X1 |   .3267447   .0615639     5.31   0.000     .2060816    .4474078
          X2 |   .1931431   .0858102     2.25   0.024     .0249582    .3613281
          X3 |    .089304   .0456707     1.96   0.051    -.0002089    .1788168
          X4 |    .093026   .0559008     1.66   0.096    -.0165375    .2025895
          X5 |  -.0317672   .0957105    -0.33   0.740    -.2193562    .1558219
          X6 |    .226465   .0557544     4.06   0.000     .1171885    .3357416
          X7 |   .1209286   .0537392     2.25   0.024     .0156017    .2262554
-------------+----------------------------------------------------------------
       /cut1 |   3.929129   .5238599                      2.902382    4.955875
       /cut2 |   5.835655    .608265                      4.643477    7.027833
       /cut3 |    7.24258   .6699519                      5.929498    8.555661
------------------------------------------------------------------------------
```

图 6.29 分析结果 26

基于上述分析，我们可以非常明显地看出，基于 VIP 客户样本的满意度影响因素实证分析结果与普通客户基本是一致的，即 X1（服务渠道得分）、X2（理赔便利得分）、X4（服务流程得分）、X6（服务态度得分）、X7（增值服务得分）5 个解释变量的系数均为正值且非常显著（P>|z|值均小于 0.05）。X3（保费价格得分）、X5（交易保障得分）系数显著性则很差，只是 X3（保费价格得分）的系数显著性水平相对更低一些，但在 10%的显著性水平上显著。

6.6.2 客户再次购买行为影响因素的实证分析

	下载资源:\video\6.3
	下载资源:\sample\数据 6

本案例在前面已提及，以客户是否再次购买作为被解释变量，取值 1~4，其中 1 表示一定不会，2 表示有较小的可能性会，3 表示有较大的可能性会，4 表示一定会，被解释变量为定序离散变量。解释变量包括服务渠道、理赔便利、保费价格、服务流程、交易保障、服务态度、增值服务，均为连续数值型变量。由于被解释变量同样为离散型变量且具有排序特征，计量分析方法仍选择 Ordered Probit 回归模型或 Ordered Logit 回归模型。

1. 全部客户再次购买行为影响因素的实证分析

在主界面的“命令窗口”中输入命令：

```
oprobit Y2 X1 X2 X3 X4 X5 X6 X7
```

本命令的含义是将财产保险公司客户服务满意度影响因素调查数据中的 Y2（客户再次购买行为）作为被解释变量，将 X1~X7 共 7 个变量作为解释变量进行回归分析，回归分析方法采用 Ordered

Probit 回归模型，采取的数据样本范围为调查获取的全部样本。

输入命令后，按回车键进行确认，经过 Stata 16.0 的运算即可出现如图 6.30 所示的结果。

```
. oprobit Y2 X1 X2 X3 X4 X5 X6 X7

Iteration 0:   log likelihood = -655.65493
Iteration 1:   log likelihood =  -411.3018
Iteration 2:   log likelihood = -399.37861
Iteration 3:   log likelihood = -399.23234
Iteration 4:   log likelihood = -399.23223
Iteration 5:   log likelihood = -399.23223

Ordered probit regression                       Number of obs     =        479
                                                LR chi2(7)        =     512.85
                                                Prob > chi2       =     0.0000
Log likelihood = -399.23223                     Pseudo R2         =     0.3911

------------------------------------------------------------------------------
          Y2 |      Coef.   Std. Err.      z    P>|z|     [95% Conf. Interval]
-------------+----------------------------------------------------------------
          X1 |   .2577956   .0416767     6.19   0.000     .1761107    .3394805
          X2 |   .3574732   .0565383     6.32   0.000     .2466601    .4682862
          X3 |   .0309348     .02949     1.05   0.294    -.0268645    .0887342
          X4 |   .0470369   .0397092     1.18   0.236    -.0307916    .1248655
          X5 |   .0927991   .0666668     1.39   0.164    -.0378655    .2234636
          X6 |   .1478274   .0363893     4.06   0.000     .0765056    .2191492
          X7 |   .1751792   .0347393     5.04   0.000     .1070914     .243267
-------------+----------------------------------------------------------------
       /cut1 |   5.051398   .3893361                      4.288314    5.814483
       /cut2 |   6.261782   .4258603                      5.427111    7.096453
       /cut3 |   8.148628   .4847103                      7.198613    9.098642
------------------------------------------------------------------------------
```

图 6.30　分析结果 27

可以看出，X1（服务渠道得分）、X2（理赔便利得分）、X6（服务态度得分）、X7（增值服务得分）4 个解释变量的系数均为正值且非常显著（P>|z|值均小于 0.05）。X3（保费价格得分）、X4（服务流程得分）、X5（交易保障得分）系数显著性则很差。所以，使用 Ordered Probit 回归方法对全部客户再次购买行为影响因素实证的结果是，服务渠道、理赔便利、服务态度、增值服务会显著影响客户的再次购买行为水平，财产保险公司在这些方面做得越好，客户的再次购买行为就会越高，而保费价格、服务流程、交易保障对客户的再次购买行为水平并不产生显著性影响，或者说，客户不认为保费价格、服务流程、交易保障构成重要性。

为了避免单一回归方法的局限性，以全部客户作为样本，再使用 Ordered Logit 回归模型进行分析，在主界面的“命令窗口”中输入命令：

```
ologit Y2 X1 X2 X3 X4 X5 X6 X7
```

本命令的含义是将财产保险公司客户服务满意度影响因素调查数据中的 Y2（客户再次购买行为）作为被解释变量，将 X1~X7 共 7 个变量作为解释变量进行回归分析，回归分析方法采用 Ordered Logit 回归模型，采取的数据样本范围为调查获取的全部样本。

输入命令后，按回车键进行确认，经过 Stata 16.0 的运算即可出现如图 6.31 所示的结果。

```
. ologit Y2 X1 X2 X3 X4 X5 X6 X7

Iteration 0:   log likelihood = -655.65493
Iteration 1:   log likelihood = -415.64809
Iteration 2:   log likelihood = -392.42675
Iteration 3:   log likelihood = -391.43367
Iteration 4:   log likelihood = -391.43245
Iteration 5:   log likelihood = -391.43245

Ordered logistic regression                     Number of obs     =        479
                                                LR chi2(7)        =     528.44
                                                Prob > chi2       =     0.0000
Log likelihood = -391.43245                     Pseudo R2         =     0.4030

------------------------------------------------------------------------------
          Y2 |      Coef.   Std. Err.      z    P>|z|     [95% Conf. Interval]
-------------+----------------------------------------------------------------
          X1 |   .4860734   .0759768     6.40   0.000     .3371617    .6349851
          X2 |    .770342   .1151643     6.69   0.000     .5446241      .99606
          X3 |   .0752766   .0544153     1.38   0.167    -.0313754    .1819287
          X4 |   .1231314   .0713255     1.73   0.084    -.0166639    .2629267
          X5 |   .1823835   .1494885     1.22   0.222    -.1106086    .4753756
          X6 |   .2632061   .0632369     4.16   0.000      .139264    .3871482
          X7 |    .311534   .0624635     4.99   0.000     .1891078    .4339601
-------------+----------------------------------------------------------------
       /cut1 |   10.51124   .9249988                      8.698276     12.3242
       /cut2 |   12.68019   .9956661                      10.72872    14.63166
       /cut3 |   16.10487   1.134469                      13.88135    18.32839
------------------------------------------------------------------------------
```

图 6.31 分析结果 28

可以看出，使用 Ordered Logit 回归模型进行分析的结果和使用 Ordered Probit 回归模型进行分析的结果是一致的，即 X1（服务渠道得分）、X2（理赔便利得分）、X6（服务态度得分）、X7（增值服务得分）4 个解释变量的系数均为正值且非常显著（P>|z|值均小于 0.05）。X3（保费价格得分）、X4（服务流程得分）、X5（交易保障得分）系数显著性则很差。

2. 按客户地域分类的再次购买行为影响因素实证分析

因为客户所在地域的不同，所以对再次购买行为影响因素可能会有所偏差。下面将全部样本以客户地域分类为城市或郊区分别进行实证分析。前面已论述，对于客户再次购买行为影响因素的分析，使用 Ordered Logit 回归模型和使用 Ordered Probit 回归模型差别不大，所以仅使用 Ordered Probit 回归模型进行分析。

（1）基于城区样本的再次购买行为影响因素实证分析。

在主界面的“命令窗口”中输入命令：

```
oprobit Y2 X1 X2 X3 X4 X5 X6 X7 if juzhudi==1
```

本命令的含义是将财产保险公司客户服务满意度影响因素调查数据中的 Y2（客户再次购买行为）作为被解释变量，将 X1~X7 共 7 个变量作为解释变量进行回归分析，回归分析方法采用 Ordered Probit 回归模型，采取的数据样本范围为居住地在城区的样本（在命令中加入了 if 选项，针对 if juzhudi==1 的样本进行分析）。

输入命令后，按回车键进行确认，经过 Stata 16.0 的运算即可出现如图 6.32 所示的结果。

```
. oprobit Y2 X1 X2 X3 X4 X5 X6 X7 if juzhudi==1

Iteration 0:   log likelihood = -357.09666
Iteration 1:   log likelihood =  -227.7148
Iteration 2:   log likelihood = -221.56366
Iteration 3:   log likelihood = -221.50082
Iteration 4:   log likelihood = -221.50079
Iteration 5:   log likelihood = -221.50079

Ordered probit regression                       Number of obs     =        263
                                                LR chi2(7)        =     271.19
                                                Prob > chi2       =     0.0000
Log likelihood = -221.50079                     Pseudo R2         =     0.3797

------------------------------------------------------------------------------
          Y2 |      Coef.   Std. Err.      z    P>|z|     [95% Conf. Interval]
-------------+----------------------------------------------------------------
          X1 |   .2782334   .0590362     4.71   0.000     .1625245    .3939423
          X2 |   .2715955   .0746717     3.64   0.000     .1252416    .4179493
          X3 |   .0238745   .0395473     0.60   0.546    -.0536368    .1013858
          X4 |    .066931   .0540132     1.24   0.215     -.038933    .1727949
          X5 |   .0312524   .0870057     0.36   0.719    -.1392756    .2017803
          X6 |   .2129624   .0511669     4.16   0.000     .1126772    .3132476
          X7 |   .1649373    .046739     3.53   0.000     .0733306    .2565439
-------------+----------------------------------------------------------------
       /cut1 |   4.596536   .5336424                      3.550616    5.642456
       /cut2 |   5.790692   .5756102                      4.662517    6.918867
       /cut3 |   7.770864   .6551392                      6.486815    9.054913
------------------------------------------------------------------------------
```

图 6.32　分析结果 29

从前面的研究中，我们可以非常明确地看出，使用城区客户样本单独分析和使用全部样本进行分析的结果是一致的，即 X1（服务渠道得分）、X2（理赔便利得分）、X6（服务态度得分）、X7（增值服务得分）4 个解释变量的系数均为正值且非常显著（P>|z|值均小于 0.05）。X3（保费价格得分）、X4（服务流程得分）、X5（交易保障得分）系数显著性则很差。

（2）基于郊县样本的再次购买行为影响因素实证分析。

在主界面的“命令窗口”中输入命令：

```
oprobit Y2 X1 X2 X3 X4 X5 X6 X7 if juzhudi==2
```

本命令的含义是将财产保险公司客户服务满意度影响因素调查数据中的 Y2（客户再次购买行为）作为被解释变量，将 X1~X7 共 7 个变量作为解释变量进行回归分析，回归分析方法采用 Ordered Probit 回归模型，采取的数据样本范围为居住地在郊县的样本（在命令中加入了 if 选项，针对 if juzhudi==2 的样本进行分析）。

输入命令后，按回车键进行确认，经过 Stata 16.0 的运算即可出现如图 6.33 所示的结果。

```
. oprobit Y2 X1 X2 X3 X4 X5 X6 X7 if juzhudi==2

Iteration 0:   log likelihood = -296.88651
Iteration 1:   log likelihood = -178.96076
Iteration 2:   log likelihood = -172.86315
Iteration 3:   log likelihood = -172.77506
Iteration 4:   log likelihood = -172.77504

Ordered probit regression                       Number of obs     =        216
                                                LR chi2(7)        =     248.22
                                                Prob > chi2       =     0.0000
Log likelihood = -172.77504                     Pseudo R2         =     0.4180

------------------------------------------------------------------------------
          Y2 |      Coef.   Std. Err.      z    P>|z|     [95% Conf. Interval]
-------------+----------------------------------------------------------------
          X1 |    .231574   .0600095     3.86   0.000     .1139575    .3491905
          X2 |   .4748913   .0891376     5.33   0.000     .3001849    .6495977
          X3 |   .0301009   .0452626     0.67   0.506    -.0586121    .1188139
          X4 |   .0275607   .0599487     0.46   0.646    -.0899366    .1450579
          X5 |   .2027616   .1071963     1.89   0.059    -.0073392    .4128624
          X6 |   .0744601   .0536775     1.39   0.165    -.0307459    .1796661
          X7 |   .1518414   .0542512     2.80   0.005      .045511    .2581718
-------------+----------------------------------------------------------------
       /cut1 |   5.664192   .5850326                       4.51755    6.810835
       /cut2 |   6.971089   .6567015                      5.683978      8.2582
       /cut3 |   8.770465   .7429004                      7.314407    10.22652
------------------------------------------------------------------------------
```

图 6.33 分析结果 30

从前面的研究中，我们可以非常明确地看出，使用郊县客户样本单独分析的结果与全部样本分析有所差异，主要是 X6（服务态度得分）变得不再显著，即 X1（服务渠道得分）、X2（理赔便利得分）、X7（增值服务得分）3 个解释变量的系数均为正值且非常显著（P>|z|值均小于 0.05）。X3（保费价格得分）、X4（服务流程得分）、X5（交易保障得分）、X6（服务态度得分）系数显著性则很差。

3. 按客户类型分类的再次购买行为影响因素实证分析

因为客户类型的不同，所以对再次购买行为影响因素可能会有所偏差。下面将全部样本以客户类型分类为普通客户或 VIP 客户分别进行实证分析。前面已论述，对于客户再次购买行为影响因素的分析，使用 Ordered Logit 回归模型和使用 Ordered Probit 回归模型差别不大，所以仅使用 Ordered Probit 回归模型进行分析。

（1）基于普通客户样本的再次购买行为影响因素实证分析。

在主界面的“命令窗口”中输入命令：

```
oprobit Y2 X1 X2 X3 X4 X5 X6 X7 if leixing==1
```

本命令的含义是将财产保险公司客户服务满意度影响因素调查数据中的 Y2（客户再次购买行为）作为被解释变量，将 X1~X7 共 7 个变量作为解释变量进行回归分析，回归分析方法采用 Ordered Probit 回归模型，采取的数据样本范围为客户类型为普通客户的样本（在命令中加入了 if 选项，针对 leixing==1 的样本进行分析）。

输入命令后，按回车键进行确认，经过 Stata 16.0 的运算即可出现如图 6.34 所示的结果。

```
. oprobit Y2 X1 X2 X3 X4 X5 X6 X7 if leixing==1

Iteration 0:   log likelihood = -357.58182
Iteration 1:   log likelihood = -219.20162
Iteration 2:   log likelihood = -212.19302
Iteration 3:   log likelihood =  -212.1031
Iteration 4:   log likelihood = -212.10308

Ordered probit regression                       Number of obs     =        263
                                                LR chi2(7)        =     290.96
                                                Prob > chi2       =     0.0000
Log likelihood = -212.10308                     Pseudo R2         =     0.4068

------------------------------------------------------------------------------
          Y2 |      Coef.   Std. Err.      z    P>|z|     [95% Conf. Interval]
-------------+----------------------------------------------------------------
          X1 |   .3698201   .0624979     5.92   0.000     .2473264    .4923138
          X2 |   .3105672   .0744478     4.17   0.000     .1646521    .4564822
          X3 |   .0015424   .0404184     0.04   0.970    -.0776762    .0807609
          X4 |  -.0189386   .0587794    -0.32   0.747    -.1341441    .0962669
          X5 |   .0499434   .0945258     0.53   0.597    -.1353239    .2352107
          X6 |   .2109524   .0514171     4.10   0.000     .1101767    .3117281
          X7 |   .2061582   .0463836     4.44   0.000     .1152481    .2970683
-------------+----------------------------------------------------------------
       /cut1 |   4.891671     .56057                      3.792974    5.990368
       /cut2 |   6.251496   .6123303                       5.05135    7.451641
       /cut3 |   8.304098   .6983297                      6.935397    9.672799
------------------------------------------------------------------------------
```

图 6.34　分析结果 31

从前面的研究中，我们可以非常明确地看出，使用普通客户样本单独分析和使用全部样本进行分析的结果是一致的，即 X1（服务渠道得分）、X2（理赔便利得分）、X6（服务态度得分）、X7（增值服务得分）4 个解释变量的系数均为正值且非常显著（P>|z|值均小于 0.05）。X3（保费价格得分）、X4（服务流程得分）、X5（交易保障得分）系数显著性则很差。

（2）基于 VIP 客户样本的再次购买行为影响因素实证分析。

在主界面的“命令窗口”中输入命令：

```
oprobit Y2 X1 X2 X3 X4 X5 X6 X7 if leixing==2
```

本命令的含义是将财产保险公司客户服务满意度影响因素调查数据中的 Y2（客户再次购买行为）作为被解释变量，将 X1~X7 共 7 个变量作为解释变量进行回归分析，回归分析方法采用 Ordered Probit 回归模型，采取的数据样本范围为客户类型为 VIP 客户的样本（在命令中加入了 if 选项，针对 leixing==2 的样本进行分析）。

输入命令后，按回车键进行确认，经过 Stata 16.0 的运算即可出现如图 6.35 所示的结果。

```
. oprobit Y2 X1 X2 X3 X4 X5 X6 X7 if leixing==2

Iteration 0:   log likelihood = -296.34677
Iteration 1:   log likelihood = -185.89058
Iteration 2:   log likelihood = -180.44654
Iteration 3:   log likelihood = -180.37677
Iteration 4:   log likelihood = -180.37677

Ordered probit regression                       Number of obs     =        216
                                                LR chi2(7)        =     231.94
                                                Prob > chi2       =     0.0000
Log likelihood = -180.37677                     Pseudo R2         =     0.3913

------------------------------------------------------------------------------
          Y2 |      Coef.   Std. Err.      z    P>|z|     [95% Conf. Interval]
-------------+----------------------------------------------------------------
          X1 |   .1723121   .0574953     3.00   0.003     .0596234    .2850008
          X2 |   .4141387   .0897306     4.62   0.000     .2382699    .5900074
          X3 |   .0620682   .0450715     1.38   0.168    -.0262702    .1504067
          X4 |   .0945643   .0571969     1.65   0.098    -.0175397    .2066682
          X5 |   .1445595   .0962049     1.50   0.133    -.0439986    .3331176
          X6 |   .0996249    .053756     1.85   0.064    -.0057349    .2049847
          X7 |    .134576   .0542544     2.48   0.013     .0282393    .2409126
-------------+----------------------------------------------------------------
       /cut1 |    5.33567   .5554646                       4.24698    6.424361
       /cut2 |   6.447592   .6126078                      5.246903    7.648281
       /cut3 |   8.208512   .6988741                      6.838743     9.57828
------------------------------------------------------------------------------
```

图 6.35　分析结果 32

从前面的研究中，我们可以非常明确地看出，使用 VIP 客户样本单独分析的结果与全部样本分析有所差异，主要是 X6（服务态度得分）变得不再显著，即 X1（服务渠道得分）、X2（理赔便利得分）、X7（增值服务得分）3 个解释变量的系数均为正值且非常显著（P>|z|值均小于 0.05）。X3（保费价格得分）、X4（服务流程得分）、X5（交易保障得分）、X6（服务态度得分）系数显著性则很差。

6.6.3　关于客户推荐购买行为影响因素的实证分析

	下载资源:\video\6.3
	下载资源:\sample\数据 6

本案例在前面已提及，以客户是否推荐购买作为被解释变量，取值 1~4，其中 1 表示一定不会，2 表示有较小的可能性会，3 表示有较大的可能性会，4 表示一定会，被解释变量为定序离散变量。解释变量包括服务渠道、理赔便利、保费价格、服务流程、交易保障、服务态度、增值服务，均为连续数值型变量。由于被解释变量同样为离散型变量且具有排序特征，计量分析方法选择 Ordered Probit 回归模型或 Ordered Logit 回归模型。

1. 全部客户推荐购买行为影响因素的实证分析

在主界面的“命令窗口”中输入命令：

```
oprobit Y3 X1 X2 X3 X4 X5 X6 X7
```

本命令的含义是将财产保险公司客户服务满意度影响因素调查数据中的 Y3（客户推荐购买行为）作为被解释变量，将 X1~X7 共 7 个变量作为解释变量进行回归分析，回归分析方法采用 Ordered Probit 回归模型，采取的数据样本范围为调查获取的全部样本。

输入命令后，按回车键进行确认，经过 Stata 16.0 的运算即可出现如图 6.36 所示的结果。

```
. oprobit Y3 X1 X2 X3 X4 X5 X6 X7

Iteration 0:   log likelihood = -645.99734
Iteration 1:   log likelihood = -351.97372
Iteration 2:   log likelihood = -328.95001
Iteration 3:   log likelihood =  -328.5269
Iteration 4:   log likelihood = -328.52662
Iteration 5:   log likelihood = -328.52662

Ordered probit regression                       Number of obs     =        479
                                                LR chi2(7)        =     634.94
                                                Prob > chi2       =     0.0000
Log likelihood = -328.52662                     Pseudo R2         =     0.4914

------------------------------------------------------------------------------
          Y3 |      Coef.   Std. Err.      z    P>|z|     [95% Conf. Interval]
-------------+----------------------------------------------------------------
          X1 |   .2226783   .0445749     5.00   0.000     .1353131    .3100435
          X2 |   .6272185   .0701049     8.95   0.000     .4898153    .7646217
          X3 |   .0423825   .0321932     1.32   0.188     -.020715      .10548
          X4 |   .1616306   .0452206     3.57   0.000     .0729999    .2502613
          X5 |   .2054739    .087819     2.34   0.019     .0333517    .3775961
          X6 |   .1574144   .0387923     4.06   0.000     .0813828     .233446
          X7 |   .1836209   .0378882     4.85   0.000     .1093614    .2578804
-------------+----------------------------------------------------------------
       /cut1 |   8.091285   .5637865                      6.986283    9.196286
       /cut2 |   9.403299   .6060358                      8.215491    10.59111
       /cut3 |   12.02915   .7178537                      10.62218    13.43612
------------------------------------------------------------------------------
```

图 6.36　分析结果 33

可以看出，除 X3（保费价格得分）的系数不够显著外，其他所有解释变量的系数均为正值且非常显著（P>|z|值均小于 0.05），说明除保费价格之外的影响因素均会显著影响客户的推荐购买行

为水平，财产保险公司在这些方面做得越好，客户的推荐购买行为就会越高，而保费价格对客户的推荐购买行为水平并不产生显著性影响，或者说，客户不认为保费价格构成重要性。

为了避免单一回归方法的局限性，以全部客户作为样本，再使用 Ordered Logit 回归模型进行分析，在主界面的"命令窗口"中输入命令：

```
ologit Y3 X1 X2 X3 X4 X5 X6 X7
```

本命令的含义是将财产保险公司客户服务满意度影响因素调查数据中的 Y3（客户推荐购买行为）作为被解释变量，将 X1~X7 共 7 个变量作为解释变量进行回归分析，回归分析方法采用 Ordered Logit 回归模型，采取的数据样本范围为调查获取的全部样本。

输入命令后，按回车键进行确认，经过 Stata 16.0 的运算即可出现如图 6.37 所示的结果。

```
. ologit Y3 X1 X2 X3 X4 X5 X6 X7

Iteration 0:   log likelihood = -645.99734
Iteration 1:   log likelihood = -363.85603
Iteration 2:   log likelihood = -327.11731
Iteration 3:   log likelihood = -324.59822
Iteration 4:   log likelihood = -324.59406
Iteration 5:   log likelihood = -324.59406

Ordered logistic regression                     Number of obs     =        479
                                                LR chi2(7)        =     642.81
                                                Prob > chi2       =     0.0000
Log likelihood = -324.59406                     Pseudo R2         =     0.4975

------------------------------------------------------------------------------
          Y3 |      Coef.   Std. Err.      z    P>|z|     [95% Conf. Interval]
-------------+----------------------------------------------------------------
          X1 |   .4039978   .0831141     4.86   0.000     .2410972    .5668984
          X2 |   1.169006   .1356968     8.61   0.000     .9030451    1.434967
          X3 |   .0577195   .0593981     0.97   0.331    -.0586987    .1741377
          X4 |   .2743807   .0805766     3.41   0.001     .1164534     .432308
          X5 |   .4946549   .1813155     2.73   0.006     .1392832    .8500267
          X6 |   .2880306   .0697054     4.13   0.000     .1514106    .4246507
          X7 |   .3091191   .0686239     4.50   0.000     .1746187    .4436195
-------------+----------------------------------------------------------------
       /cut1 |   15.54055   1.245957                      13.09852    17.98258
       /cut2 |   17.87506   1.328626                        15.271    20.47912
       /cut3 |   22.57767    1.56244                      19.51534    25.63999
------------------------------------------------------------------------------
```

图 6.37　分析结果 34

可以看出，使用 Ordered Logit 回归模型进行分析的结果和使用 Ordered Probit 回归模型进行分析的结果是一致的，即除 X3（保费价格得分）的系数不够显著外，其他所有解释变量的系数均为正值且非常显著（P>|z|值均小于 0.05），说明除保费价格之外的影响因素均会显著影响客户的推荐购买行为水平。

2. 按客户地域分类的满意度影响因素实证分析

因为客户所在地域的不同，所以对推荐购买行为影响因素可能会有所偏差。下面将全部样本以客户地域分类为城市或郊区分别进行实证分析。前面已论述，对于客户推荐购买行为影响因素的分析，使用 Ordered Logit 回归模型和使用 Ordered Probit 回归模型差别不大，所以仅使用 Ordered Probit 回归模型进行分析。

（1）基于城区样本的推荐购买行为影响因素实证分析。

在主界面的"命令窗口"中输入命令：

```
oprobit Y3 X1 X2 X3 X4 X5 X6 X7 if juzhudi==1
```

本命令的含义是将财产保险公司客户服务满意度影响因素调查数据中的 Y3（客户推荐购买行为）作为被解释变量，将 X1~X7 共 7 个变量作为解释变量进行回归分析，回归分析方法采用 Ordered

Probit 回归模型，采取的数据样本范围为居住地在城区的样本（在命令中加入了 if 选项，针对 if juzhudi==1 的样本进行分析）。

输入命令后，按回车键进行确认，经过 Stata 16.0 的运算即可出现如图 6.38 所示的结果。

```
. oprobit Y3 X1 X2 X3 X4 X5 X6 X7 if juzhudi==1

Iteration 0:   log likelihood = -348.48479
Iteration 1:   log likelihood = -191.01961
Iteration 2:   log likelihood =  -178.4027
Iteration 3:   log likelihood = -178.16977
Iteration 4:   log likelihood = -178.16949
Iteration 5:   log likelihood = -178.16949

Ordered probit regression                       Number of obs     =        263
                                                LR chi2(7)        =     340.63
                                                Prob > chi2       =     0.0000
Log likelihood = -178.16949                     Pseudo R2         =     0.4887

------------------------------------------------------------------------------
          Y3 |      Coef.   Std. Err.      z    P>|z|     [95% Conf. Interval]
-------------+----------------------------------------------------------------
          X1 |   .2273871   .0623163     3.65   0.000     .1052494    .3495249
          X2 |   .5330018   .0915302     5.82   0.000      .353606    .7123976
          X3 |   .0329361   .0436764     0.75   0.451    -.0526681    .1185403
          X4 |   .1727261   .0625316     2.76   0.006     .0501665    .2952858
          X5 |   .2976627   .1155751     2.58   0.010     .0711396    .5241859
          X6 |   .2108387   .0546136     3.86   0.000      .103798    .3178793
          X7 |   .1975541   .0529219     3.73   0.000     .0938292    .3012791
-------------+----------------------------------------------------------------
       /cut1 |   8.649203   .8511623                      6.980956    10.31745
       /cut2 |   9.911235   .9006652                      8.145963    11.67651
       /cut3 |   12.75698   1.069105                      10.66157    14.85239
------------------------------------------------------------------------------
```

图 6.38 分析结果 35

可以看出，使用城区客户样本单独分析和使用全部样本进行分析的结果是一致的，即除 X3（保费价格得分）的系数不够显著外，其他所有解释变量的系数均为正值且非常显著（P>|z|值均小于 0.05），说明除保费价格之外的影响因素均会显著影响客户的推荐购买行为水平。

（2）基于郊县样本的推荐购买行为影响因素实证分析。

在主界面的“命令窗口”中输入命令：

```
oprobit Y3 X1 X2 X3 X4 X5 X6 X7
if juzhudi==2
```

本命令的含义是将财产保险公司客户服务满意度影响因素调查数据中的 Y3（客户推荐购买行为）作为被解释变量，将 X1~X7 共 7 个变量作为解释变量进行回归分析，回归分析方法采用 Ordered Probit 回归模型，采取的数据样本范围为居住地在郊县的样本（在命令中加入了 if 选项，针对 if juzhudi==2 的样本进行分析）。

输入命令后，按回车键进行确认，经过 Stata 16.0 的运算即可出现如图 6.39 所示的结果。

```
. oprobit Y3 X1 X2 X3 X4 X5 X6 X7 if juzhudi==2

Iteration 0:   log likelihood = -294.96454
Iteration 1:   log likelihood = -157.07194
Iteration 2:   log likelihood = -145.33334
Iteration 3:   log likelihood = -145.08973
Iteration 4:   log likelihood = -145.08952
Iteration 5:   log likelihood = -145.08952

Ordered probit regression                       Number of obs     =        216
                                                LR chi2(7)        =     299.75
                                                Prob > chi2       =     0.0000
Log likelihood = -145.08952                     Pseudo R2         =     0.5081

------------------------------------------------------------------------------
          Y3 |      Coef.   Std. Err.      z    P>|z|     [95% Conf. Interval]
-------------+----------------------------------------------------------------
          X1 |   .2183364   .0666492     3.28   0.001     .0877063    .3489665
          X2 |   .7975319   .1155068     6.90   0.000     .5711428    1.023921
          X3 |    .061543   .0498531     1.23   0.217    -.0361673    .1592534
          X4 |   .1435638   .0668989     2.15   0.032     .0124443    .2746833
          X5 |    .107422   .1495541     0.72   0.473    -.1856986    .4005427
          X6 |   .0958552   .0575777     1.66   0.096     -.016995    .2087053
          X7 |   .1538764    .059222     2.60   0.009     .0378034    .2699494
-------------+----------------------------------------------------------------
       /cut1 |   7.745371   .7767358                      6.222997    9.267745
       /cut2 |   9.183355   .8556004                      7.506409     10.8603
       /cut3 |   11.63366   1.004482                      9.664911    13.60241
------------------------------------------------------------------------------
```

图 6.39 分析结果 36

可以看出，使用郊县客户样本单独分析的结果与全部样本分析有所差异，主要是X5（交易保障得分）、X6（服务态度得分）变得不再显著。

3. 按客户类型分类的推荐购买行为影响因素实证分析

因为客户类型的不同，所以对推荐购买行为影响因素可能会有所偏差。下面将全部样本以客户类型分类为普通客户或 VIP 客户分别进行实证分析。前面已论述，对于客户推荐购买行为影响因素的分析，使用 Ordered Logit 回归模型和使用 Ordered Probit 回归模型差别不大，所以仅使用 Ordered Probit 回归模型进行分析。

（1）基于普通客户样本的推荐购买行为影响因素实证分析。

在主界面的“命令窗口”中输入命令：

```
oprobit Y3 X1 X2 X3 X4 X5 X6 X7 if leixing==1
```

本命令的含义是将财产保险公司客户服务满意度影响因素调查数据中的Y3（客户推荐购买行为）作为被解释变量，将X1~X7共7个变量作为解释变量进行回归分析，回归分析方法采用 Ordered Probit 回归模型，采取的数据样本范围为客户类型是普通客户的样本（在命令中加入了 if 选项，针对 if leixing==1 的样本进行分析）。

输入命令后，按回车键进行确认，经过 Stata 16.0 的运算即可出现如图 6.40 所示的结果。

```
. oprobit Y3 X1 X2 X3 X4 X5 X6 X7 if leixing==1

Iteration 0:   log likelihood = -350.21225
Iteration 1:   log likelihood = -181.68127
Iteration 2:   log likelihood = -165.01663
Iteration 3:   log likelihood = -164.49623
Iteration 4:   log likelihood = -164.49467
Iteration 5:   log likelihood = -164.49467

Ordered probit regression                       Number of obs     =        263
                                                LR chi2(7)        =     371.44
                                                Prob > chi2       =     0.0000
Log likelihood = -164.49467                     Pseudo R2         =     0.5303

------------------------------------------------------------------------------
          Y3 |      Coef.   Std. Err.      z    P>|z|     [95% Conf. Interval]
-------------+----------------------------------------------------------------
          X1 |   .3254323   .0682027     4.77   0.000     .1917574    .4591071
          X2 |   .5953408   .0961323     6.19   0.000     .4069249    .7837567
          X3 |  -.0069054   .0447158    -0.15   0.877    -.0945467    .0807358
          X4 |   .2028552   .0726269     2.79   0.005      .060509    .3452014
          X5 |   .1770987   .1299737     1.36   0.173    -.0776451    .4318426
          X6 |    .270959   .0586344     4.62   0.000     .1560376    .3858804
          X7 |    .232079   .0528927     4.39   0.000     .1284112    .3357468
-------------+----------------------------------------------------------------
       /cut1 |   8.989786   .9090396                      7.208101    10.77147
       /cut2 |   10.50272    .971305                      8.598996    12.40644
       /cut3 |   13.58387   1.167876                      11.29487    15.87286
------------------------------------------------------------------------------
```

图 6.40　分析结果 37

可以看出，使用普通客户样本单独分析与全部样本分析有所差异，主要是X5（交易保障得分）变得不再显著，即除X3（保费价格得分）、X5（交易保障得分）系数不够显著外，其他所有解释变量的系数均为正值且非常显著（P>|z|值均小于0.05），说明除保费价格、交易保障之外的影响因素均会显著影响客户的推荐购买行为水平。

（2）基于 VIP 客户样本的推荐购买行为影响因素实证分析。

在主界面的“命令窗口”中输入命令：

```
oprobit Y3 X1 X2 X3 X4 X5 X6 X7 if leixing==2
```

本命令的含义是将财产保险公司客户服务满意度影响因素调查数据中的 Y3（客户推荐购买行为）作为被解释变量，将 X1~X7 共 7 个变量作为解释变量进行回归分析，回归分析方法采用 Ordered Probit 回归模型，采取的数据样本范围为客户类型是 VIP 客户的样本（在命令中加入了 if 选项，针对 if leixing==2 的样本进行分析）。

输入命令后，按回车键进行确认，经过 Stata 16.0 的运算即可出现如图 6.41 所示的结果。

```
. oprobit Y3 X1 X2 X3 X4 X5 X6 X7 if leixing==2

Iteration 0:   log likelihood = -293.82887
Iteration 1:   log likelihood = -162.52669
Iteration 2:   log likelihood =  -153.1494
Iteration 3:   log likelihood =  -152.9975
Iteration 4:   log likelihood = -152.99748
Iteration 5:   log likelihood = -152.99748

Ordered probit regression                       Number of obs     =        216
                                                LR chi2(7)        =     281.66
                                                Prob > chi2       =     0.0000
Log likelihood = -152.99748                     Pseudo R2         =     0.4793
```

Y3	Coef.	Std. Err.	z	P>|z|	[95% Conf.	Interval]
X1	.1246117	.0619156	2.01	0.044	.0032593	.2459642
X2	.7174277	.1090895	6.58	0.000	.5036162	.9312392
X3	.0692954	.0485273	1.43	0.153	-.0258164	.1644072
X4	.1196649	.061955	1.93	0.053	-.0017646	.2410944
X5	.275382	.1247973	2.21	0.027	.0307838	.5199802
X6	.0909537	.0566097	1.61	0.108	-.0199993	.2019067
X7	.1203585	.0578279	2.08	0.037	.0070178	.2336992
/cut1	7.832122	.757628			6.347199	9.317046
/cut2	9.092399	.8309671			7.463734	10.72107
/cut3	11.40574	.9713083			9.502016	13.30947

图 6.41 分析结果 38

可以看出，使用 VIP 客户样本单独分析与全部样本分析有所差异，主要是 X6（服务态度得分）变得不再显著，即除 X3（保费价格得分）、X6（服务态度得分）系数不够显著外，其他所有解释变量的系数均为正值且非常显著（P>|z|值均小于 0.05），说明除保费价格、服务态度之外的影响因素均会显著影响客户的推荐购买行为水平。

6.7 优化模型

普通的最小二乘线性回归分析方法要求因变量为连续，Logit 或 Probit 回归要求因变量为离散。但是很多时候因变量观测样本数据会受到各种各样的限制，只能观测到满足一定条件的样本。例如，我们在统计某地区游客量时可能仅仅能够统计到知名景点，或者说游客人数大于某一特定值的景点游客量，又例如在统计工人的劳动时间时，失业工人的劳动时间一定只取 0，而不论失业的程度有多大。根据因变量的受限特征，常用的因变量受限回归分析方法有两种，分别是断尾回归分析和截取回归分析。

截取回归分析是针对当因变量大于一定数值或者小于一定数值时仅有一种取值时的回归分析方法。或者说，因变量的取值范围是受到限制的，当因变量大于一定值时，以后无论程度如何，统统被记录为某一特定值。在这种情况下，通过一般的最小二乘回归分析得到的结论是不完美的。举例来说，如果研究某单位的薪酬情况，该单位采取封顶薪酬方式，把年薪作为因变量，那么该因变量的取值范围就低于某一特定值。

本例中，Y1（客户满意度）、Y2（客户再次购买行为）、Y3（客户推荐购买行为）、X1~X710个变量都是有上限和下限的，在打分的时候最高分为9分，最低分为1分，所以我们需要引入截取回归分析建模技术对模型进一步优化。

6.7.1 客户满意度影响因素的实证分析

	下载资源:\video\第6章\6.4
	下载资源:\sample\数据6

1. 分析过程

01 进入Stata 16.0，打开相关数据文件，弹出主界面。

02 在主界面的“命令窗口”中输入如下命令：

```
list Y1 X1 X2 X3 X4 X5 X6 X7
```

本命令的含义是对Y1（客户满意度）、X1~X7所包含的样本数据一一进行展示，以便简单直观地观测出数据的具体特征，为深入分析做好必要准备。

```
reg Y1 X1 X2 X3 X4 X5 X6 X7
```

本命令的含义是以Y1（客户满意度）为因变量，以X1~X7为自变量进行最小二乘回归分析。

```
tobit Y1 X1 X2 X3 X4 X5 X6 X7,ul(9)
```

本命令的含义是以Y1（客户满意度）为因变量，以X1~X7为自变量进行断尾回归分析，设置上限为9，研究变量之间的因果影响关系。

```
test X1 X2 X3 X4 X5 X6 X7
```

本命令的含义是对断尾回归分析估计的X1~X7各个自变量的系数进行假设检验，检验其显著程度。

```
predict yhat
```

本命令的含义是估计因变量Y1（客户满意度）的拟合值。

```
tobit Y1 X1 X2 X3 X4 X5 X6 X7,ul(9) vce(robust)
```

本命令的含义是以Y1（客户满意度）为因变量，以X1~X7为自变量，使用稳健标准差进行截取回归分析。与前面章节讲述的最小二乘回归分析类似，在截取回归分析中也可以使用稳健的标准差，以克服可能会有的异方差的存在对模型的整体有效性带来的不利影响。

```
tobit  Y1 X1 X2 X3 X4 X5 X6 X7,ll(1)
```

本命令的含义是以Y1（客户满意度）为因变量，以X1~X7为自变量，设置下限进行截取回归分析。与设置上限类似，也可以设置截取回归的下限进行分析。本命令是设置下限为1，而不设置上限。

```
tobit  Y1 X1 X2 X3 X4 X5 X6 X7,ll(1) ul(9)
```

本命令的含义是设置上限为 9，同时设置下限为 1，以 Y1（客户满意度）为因变量，以 X1~X7 为自变量，同时设置上限和下限进行截取回归分析。

03 设置完毕后，按回车键，等待输出结果。

2. 结果分析

在 Stata 16.0 主界面的结果窗口可以看到如图 6.42~图 6.49 所示的分析结果。

图 6.42 所示是对数据进行展示的结果。它的目的是通过对变量所包含的样本数据一一进行展示，以便简单直观地观测出数据的具体特征，为深入分析做好必要准备。

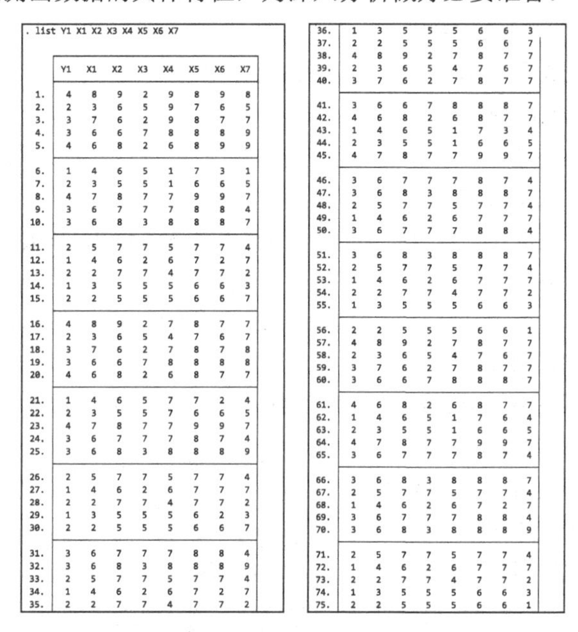

. list Y1 X1 X2 X3 X4 X5 X6 X7

	Y1	X1	X2	X3	X4	X5	X6	X7
1.	4	8	9	2	9	8	9	8
2.	2	3	6	5	9	7	6	5
3.	3	7	6	2	9	8	7	7
4.	3	6	6	7	8	8	8	9
5.	4	6	8	2	6	8	9	9
6.	1	4	6	5	1	7	3	1
7.	2	3	5	5	1	6	6	5
8.	4	7	8	7	7	9	9	7
9.	3	6	7	7	7	8	8	4
10.	3	6	8	3	8	8	8	7
11.	2	5	7	7	5	7	7	4
12.	1	4	6	2	6	7	2	7
13.	2	2	7	7	4	7	7	2
14.	1	3	5	5	5	6	6	3
15.	2	2	5	5	5	6	6	7
16.	4	8	9	2	7	8	7	7
17.	2	3	6	5	4	7	6	7
18.	3	7	6	2	7	8	7	8
19.	3	6	6	7	8	8	8	8
20.	4	6	8	2	6	8	7	7
21.	1	4	6	5	7	7	2	4
22.	2	3	5	5	7	6	6	5
23.	4	7	8	7	7	9	9	7
24.	3	6	7	7	7	8	7	4
25.	3	6	8	3	8	8	8	9
26.	2	5	7	7	5	7	7	4
27.	1	4	6	2	6	7	7	7
28.	2	2	7	7	4	7	7	2
29.	1	3	5	5	5	6	2	3
30.	2	2	5	5	5	6	6	7
31.	3	6	7	7	7	8	8	4
32.	3	6	8	3	8	8	8	9
33.	2	5	7	7	5	7	7	4
34.	1	4	6	2	6	7	2	7
35.	2	2	7	7	4	7	7	2
36.	1	3	5	5	5	6	6	3
37.	2	2	5	5	5	6	6	7
38.	4	8	9	2	7	8	7	7
39.	2	3	6	5	4	7	6	7
40.	3	7	6	2	7	8	7	7
41.	3	6	6	7	8	8	8	7
42.	4	6	8	2	6	8	7	7
43.	1	4	6	5	1	7	3	4
44.	2	3	5	5	1	6	6	5
45.	4	7	8	7	7	9	9	7
46.	3	6	7	7	7	8	7	4
47.	3	6	8	3	8	8	8	7
48.	2	5	7	7	5	7	7	4
49.	1	4	6	2	6	7	7	7
50.	3	6	7	7	7	8	8	4
51.	3	6	8	3	8	8	8	7
52.	2	5	7	7	5	7	7	4
53.	1	4	6	2	6	7	7	7
54.	2	2	7	7	4	7	7	2
55.	1	3	5	5	5	6	6	3
56.	2	2	5	5	5	6	6	1
57.	4	8	9	2	7	8	7	7
58.	2	3	6	5	4	7	6	7
59.	3	7	6	2	7	8	7	7
60.	3	6	6	7	8	8	8	7
61.	4	6	8	2	6	8	7	7
62.	1	4	6	5	1	7	6	4
63.	2	3	5	5	1	6	6	5
64.	4	7	8	7	7	9	9	7
65.	3	6	7	7	7	8	7	4
66.	3	6	8	3	8	8	8	7
67.	2	5	7	7	5	7	7	4
68.	1	4	6	2	6	7	2	7
69.	3	6	7	7	7	8	8	4
70.	3	6	8	3	8	8	8	9
71.	2	5	7	7	5	7	7	4
72.	1	4	6	2	6	7	7	7
73.	2	2	7	7	4	7	7	2
74.	1	3	5	5	5	6	6	3
75.	2	2	5	5	5	6	6	1

图 6.42　对数据进行展示

从图 6.42 所示的分析结果中可以看出，数据的总体质量还是可以的，没有极端异常值，变量间的量纲差距也是可以接受的，可以进入下一步的分析。

图 6.43 所示是以 Y1（客户满意度）为因变量，以 X1~X7 为自变量进行最小二乘回归分析的结果。

```
. reg Y1 X1 X2 X3 X4 X5 X6 X7

      Source |       SS           df       MS      Number of obs   =       479
-------------+----------------------------------   F(7, 471)       =    150.05
       Model |  347.183628         7  49.5976612   Prob > F        =    0.0000
    Residual |  155.689023       471  .330549942   R-squared       =    0.6904
-------------+----------------------------------   Adj R-squared   =    0.6858
       Total |  502.872651       478  1.05203484   Root MSE        =    .57493

------------------------------------------------------------------------------
          Y1 |      Coef.   Std. Err.      t    P>|t|     [95% Conf. Interval]
-------------+----------------------------------------------------------------
          X1 |   .1959547     .01949    10.05   0.000     .1576565    .2342529
          X2 |   .1069597   .0257306     4.16   0.000     .0563987    .1575206
          X3 |    .019233   .0137383     1.40   0.162    -.0077629    .0462289
          X4 |   .0044292   .0185114     0.24   0.811     -.031946    .0408044
          X5 |   .0182519   .0321132     0.57   0.570     -.044851    .0813547
          X6 |     .13992   .0174419     8.02   0.000     .1056464    .1741936
          X7 |   .0647574   .0165232     3.92   0.000     .0322891    .0972257
       _cons |  -.6368297   .1678846    -3.79   0.000    -.9667252   -.3069342
------------------------------------------------------------------------------
```

图 6.43　最小二乘回归分析

从上述分析结果中可以看出共有479个样本参与了分析，模型的F值(7,471) = 150.05，P值（Prob > F）= 0.0000，说明模型整体上是很显著的。模型的可决系数（R-squared）为0.6904，模型修正的可决系数（Adj R-squared）为0.6858，说明模型的解释能力也是非常好的。

变量X1的系数标准误是0.01949，t值为10.05，P值为0.000，系数是非常显著的，95%的置信区间为[0.1576565,0.2342529]。

变量X2的系数标准误是0.0257306，t值为4.16，P值为0.000，系数是非常显著的，95%的置信区间为[0.0563987,0.1575206]。

变量X3的系数标准误是0.0137383，t值为1.40，P值为0.162，系数是非常不显著的，95%的置信区间为[-0.0077629,0.0462289]。

变量X4的系数标准误是0.0185114，t值为0.24，P值为0.811，系数是非常不显著的，95%的置信区间为[-0.031946,0.0408044]。

变量X5的系数标准误是0.0321132，t值为0.57，P值为0.570，系数是非常不显著的，95%的置信区间为[-0.044851,0.0813547]。

变量X6的系数标准误是0.0174419，t值为8.02，P值为0.000，系数是非常显著的，95%的置信区间为[0.1056464,0.1741936]。

变量X7的系数标准误是0.0165232，t值为3.92，P值为0.000，系数是非常显著的，95%的置信区间为[0.0322891,0.0972257]。

常数项的系数标准误是0.1678846，t值为-3.79，P值为0.000，系数也是比较显著的，95%的置信区间为[-0.9667252,-0.3069342]。

从上面的分析可以看出最小二乘线性模型的整体显著性、系数显著性以及模型的整体解释能力都很不错。我们得出的结论是X1（服务渠道得分）、X2（理赔便利得分）、X6（服务态度得分）、X7（增值服务得分）对Y1（客户满意度）有显著正向影响；同时，X3（保费价格得分）、X4（服务流程得分）、X5（交易保障得分）对Y1（客户满意度）没有显著影响。

图6.44所示是以Y1（客户满意度）为因变量，以X1~X7为自变量，进行截取回归分析的结果。其中，截取上限设置的是9。

```
. tobit Y1 X1 X2 X3 X4 X5 X6 X7,ul(9)

Refining starting values:

Grid node 0:   log likelihood = -410.51187

Fitting full model:

Iteration 0:   log likelihood = -410.51187
Iteration 1:   log likelihood = -410.51187

Tobit regression                                Number of obs     =        479
                                                   Uncensored     =        479
Limits: lower = -inf                               Left-censored  =          0
        upper = 9                                  Right-censored =          0

                                                LR chi2(7)        =     561.62
                                                Prob > chi2       =     0.0000
Log likelihood = -410.51187                     Pseudo R2         =     0.4062

------------------------------------------------------------------------------
          Y1 |      Coef.   Std. Err.      t    P>|t|     [95% Conf. Interval]
-------------+----------------------------------------------------------------
          X1 |   .1959547   .0193266    10.14   0.000     .1579779    .2339316
          X2 |   .1069597   .0255148     4.19   0.000      .056823    .1570963
          X3 |    .019233   .0136231     1.41   0.159    -.0075364    .0460024
          X4 |   .0044292   .0183562     0.24   0.809    -.0316407    .0404992
          X5 |   .0182519   .0318439     0.57   0.567    -.0443215    .0808252
          X6 |     .13992   .0172956     8.09   0.000      .105934     .173906
          X7 |   .0647574   .0163846     3.95   0.000     .0325616    .0969532
       _cons |  -.6368297   .1664768    -3.83   0.000     -.963957   -.3097025
-------------+----------------------------------------------------------------
   var(e.Y1) |   .3250293   .0210024                       .286272    .3690337
------------------------------------------------------------------------------
```

图6.44　截取回归分析结果图

从图6.44可以看出截取回归分析模型相对于最小二乘回归模型得到的结果基本是一致的。模型中各个变量系数的显著程度也基本一致，限于篇幅不再赘述。

图6.45所示是以Y1（客户满意度）为因变量，以X1~X7为自变量，进行截取回归分析估计的各个自变量的系数进行假设检验的结果。

从图6.45可以看出该模型非常显著，拟合很好。

图6.46所示是对因变量的拟合值的预测。

```
. test X1 X2 X3 X4 X5 X6 X7

 ( 1)  [Y1]X1 = 0
 ( 2)  [Y1]X2 = 0
 ( 3)  [Y1]X3 = 0
 ( 4)  [Y1]X4 = 0
 ( 5)  [Y1]X5 = 0
 ( 6)  [Y1]X6 = 0
 ( 7)  [Y1]X7 = 0

       F(  7,   472) =  152.59
            Prob > F =    0.0000
```

图 6.45　进行假设检验

	X4	X5	X6	X7	xingbei	nianling	xueli	nianxian	juzhudi	leixing	yhat
1	9	8	9	8	2	4	1	3	2	2	3.895128
2	9	7	6	5	1	3	2	2	1	1	2.019891
3	9	8	7	7	1	1	4	1	2	2	3.033697
4	8	8	8	9	2	2	3	4	1	2	3.198913
5	6	8	9	9	2	5	1	3	2	2	3.447729
6	1	7	3	1	2	2	1	2	1	1	1.501622
7	1	6	6	5	1	4	1	2	1	1	1.859245
8	7	9	9	7	2	3	1	2	2	1	3.633015
9	7	8	8	4	2	1	2	3	1	1	2.977656
10	8	8	8	7	1	5	3	3	1	1	3.206386
11	5	7	7	4	1	3	3	3	2	2	2.614671
12	6	7	2	7	2	4	1	3	2	2	1.714693
13	4	7	7	2	1	3	2	2	1	1	1.892863
14	5	6	6	3	1	1	4	1	2	2	1.747447
15	5	6	6	7	2	2	3	4	1	2	1.810522
16	7	8	7	7	2	5	1	3	2	2	3.541672
17	4	7	6	7	2	2	1	2	1	1	2.127259
18	7	8	7	8	1	4	1	2	1	1	3.089596
19	8	8	8	8	2	3	1	2	2	1	3.134156
20	6	8	7	7	2	1	2	3	1	1	3.038374
21	7	7	2	4	1	5	3	3	1	1	1.582549
22	7	6	6	5	1	3	3	3	2	2	1.885821
23	7	9	9	7	2	4	1	3	2	2	3.633015
24	7	8	7	4	1	3	2	2	1	1	2.837736
25	8	8	8	9	1	1	4	1	2	2	3.3359

图 6.46　查看数据

关于预测因变量的拟合值的意义在前面的章节已经论述过了，此处旨在说明截取回归也是可以预测因变量的拟合值的，细节之处限于篇幅不再重复讲解。

以 Y1（客户满意度）为因变量，以 X1~X7 为自变量，使用稳健标准差进行截取回归分析，如图 6.47 所示。

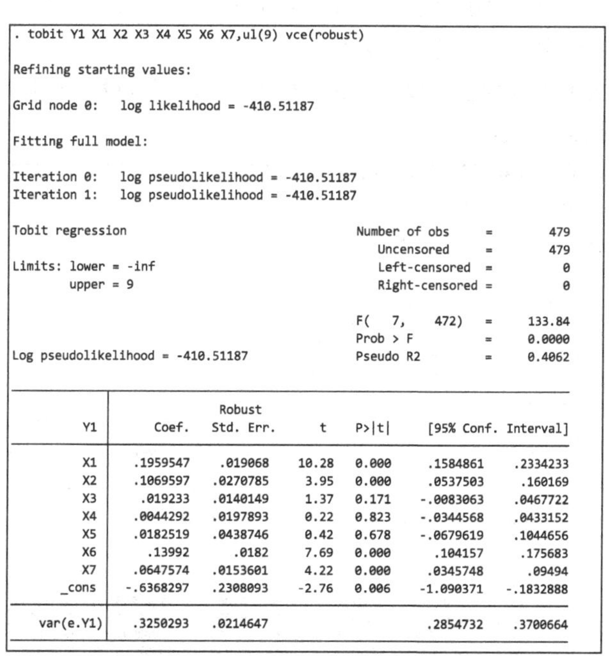

```
. tobit Y1 X1 X2 X3 X4 X5 X6 X7,ul(9) vce(robust)

Refining starting values:

Grid node 0:   log likelihood = -410.51187

Fitting full model:

Iteration 0:   log pseudolikelihood = -410.51187
Iteration 1:   log pseudolikelihood = -410.51187

Tobit regression                                Number of obs     =        479
                                                   Uncensored     =        479
Limits: lower = -inf                               Left-censored  =          0
        upper = 9                                  Right-censored =          0

                                                F(   7,     472)  =     133.84
                                                Prob > F          =     0.0000
Log pseudolikelihood = -410.51187               Pseudo R2         =     0.4062

------------------------------------------------------------------------------
             |               Robust
          Y1 |      Coef.   Std. Err.      t    P>|t|     [95% Conf. Interval]
-------------+----------------------------------------------------------------
          X1 |   .1959547    .019068    10.28   0.000     .1584861    .2334233
          X2 |   .1069597   .0270785     3.95   0.000     .0537503     .160169
          X3 |    .019233   .0140149     1.37   0.171    -.0083063    .0467722
          X4 |   .0044292   .0197893     0.22   0.823    -.0344568    .0433152
          X5 |   .0182519   .0438746     0.42   0.678    -.0679619    .1044656
          X6 |     .13992      .0182     7.69   0.000      .104157     .175683
          X7 |   .0647574   .0153601     4.22   0.000     .0345748      .09494
       _cons |  -.6368297   .2308093    -2.76   0.006    -1.090371   -.1832888
-------------+----------------------------------------------------------------
    var(e.Y1)|   .3250293   .0214647                      .2854732    .3700664
------------------------------------------------------------------------------
```

图 6.47　使用稳健标准差进行截取回归分析

从上面的分析结果中可以看出，模型中各变量的系数显著性和没有使用稳健标准差时相比，基本是一致的，没有显著差异。

以 Y1（客户满意度）为因变量，以 X1~X7 为自变量，设置下限为 1，进行截取回归分析，结果如图 6.48 所示。

```
. tobit  Y1 X1 X2 X3 X4 X5 X6 X7,ll(1)

Refining starting values:

Grid node 0:   log likelihood = -495.30793

Fitting full model:

Iteration 0:   log likelihood = -495.30793
Iteration 1:   log likelihood = -477.80454
Iteration 2:   log likelihood = -477.15224
Iteration 3:   log likelihood = -477.15129
Iteration 4:   log likelihood = -477.15129

Tobit regression                                Number of obs     =        479
                                                   Uncensored     =        394
Limits: lower = 1                                  Left-censored  =         85
        upper = +inf                               Right-censored =          0

                                                LR chi2(7)        =     511.30
                                                Prob > chi2       =     0.0000
Log likelihood = -477.15129                     Pseudo R2         =     0.3489

------------------------------------------------------------------------------
          Y1 |      Coef.   Std. Err.      t    P>|t|     [95% Conf. Interval]
-------------+----------------------------------------------------------------
          X1 |   .2003536   .0231858     8.64   0.000     .1547933    .2459138
          X2 |   .1181121   .0312797     3.78   0.000     .0566473    .1795769
          X3 |   .0286759   .0161195     1.78   0.076     -.002999    .0603507
          X4 |   .0075242    .022542     0.33   0.739    -.0367708    .0518193
          X5 |  -.0303241   .0389306    -0.78   0.436    -.1068229    .0461747
          X6 |   .1922031   .0219814     8.74   0.000     .1490095    .2353967
          X7 |   .0745994   .0196085     3.80   0.000     .0360686    .1131302
       _cons |   -.897898   .1974131    -4.55   0.000    -1.285815   -.5099807
-------------+----------------------------------------------------------------
   var(e.Y1)|   .4406935   .0327616                       .380798    .5100098
------------------------------------------------------------------------------
```

图 6.48　设置下限进行截取回归分析

X1（服务渠道得分）、X2（理赔便利得分）、X6（服务态度得分）、X7（增值服务得分）对 Y1（客户满意度）有显著正向影响；同时，X3（保费价格得分）、X4（服务流程得分）、X5（交易保障得分）对 Y1（客户满意度）没有显著影响。

以 Y1（客户满意度）为因变量，以 X1~X7 为自变量，同时设置上限为 9 和下限为 1 进行截取回归分析，结果如图 6.49 所示。

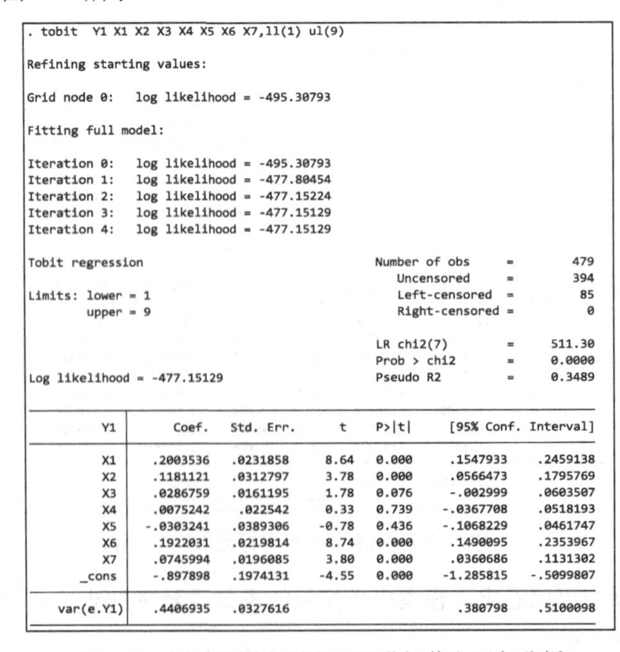

```
. tobit  Y1 X1 X2 X3 X4 X5 X6 X7,ll(1) ul(9)

Refining starting values:

Grid node 0:   log likelihood = -495.30793

Fitting full model:

Iteration 0:   log likelihood = -495.30793
Iteration 1:   log likelihood = -477.80454
Iteration 2:   log likelihood = -477.15224
Iteration 3:   log likelihood = -477.15129
Iteration 4:   log likelihood = -477.15129

Tobit regression                                Number of obs     =        479
                                                   Uncensored     =        394
Limits: lower = 1                                  Left-censored  =         85
        upper = 9                                  Right-censored =          0

                                                LR chi2(7)        =     511.30
                                                Prob > chi2       =     0.0000
Log likelihood = -477.15129                     Pseudo R2         =     0.3489

------------------------------------------------------------------------------
          Y1 |      Coef.   Std. Err.      t    P>|t|     [95% Conf. Interval]
-------------+----------------------------------------------------------------
          X1 |   .2003536   .0231858     8.64   0.000     .1547933    .2459138
          X2 |   .1181121   .0312797     3.78   0.000     .0566473    .1795769
          X3 |   .0286759   .0161195     1.78   0.076     -.002999    .0603507
          X4 |   .0075242    .022542     0.33   0.739    -.0367708    .0518193
          X5 |  -.0303241   .0389306    -0.78   0.436    -.1068229    .0461747
          X6 |   .1922031   .0219814     8.74   0.000     .1490095    .2353967
          X7 |   .0745994   .0196085     3.80   0.000     .0360686    .1131302
       _cons |   -.897898   .1974131    -4.55   0.000    -1.285815   -.5099807
-------------+----------------------------------------------------------------
   var(e.Y1)|   .4406935   .0327616                       .380798    .5100098
------------------------------------------------------------------------------
```

图 6.49　同时设置上限和下限进行截取回归分析

X1（服务渠道得分）、X2（理赔便利得分）、X6（服务态度得分）、X7（增值服务得分）对Y1（客户满意度）有显著正向影响；同时，X3（保费价格得分）、X4（服务流程得分）、X5（交易保障得分）对Y1（客户满意度）没有显著影响。

6.7.2　客户再次购买行为影响因素的实证分析

	下载资源:\video\6.4
	下载资源:\sample\数据 6

1. 分析过程

01 进入 Stata 16.0，打开相关数据文件，弹出主界面。

02 在主界面的“命令窗口”中输入如下命令：

```
list Y2 X1 X2 X3 X4 X5 X6 X7
```

本命令的含义是对Y2（客户再次购买行为）、X1~X7所包含的样本数据一一进行展示，以便简单直观地观测出数据的具体特征，为深入分析做好必要准备。

```
reg Y2 X1 X2 X3 X4 X5 X6 X7
```

本命令的含义是以Y2（客户再次购买行为）为因变量，以X1~X7为自变量进行最小二乘回归分析，研究变量之间的因果影响关系。

```
tobit Y2 X1 X2 X3 X4 X5 X6 X7,ul(9)
```

本命令的含义是以Y2（客户再次购买行为）为因变量，以X1~X7为自变量进行断尾回归分析，设置上限为9，研究变量之间的因果影响关系。

```
test X1 X2 X3 X4 X5 X6 X7
```

本命令的含义是对断尾回归分析估计的X1~X7各个自变量的系数进行假设检验，检验其显著程度。

```
predict yhat
```

本命令的含义是估计因变量Y2（客户再次购买行为）的拟合值。

```
tobit Y2 X1 X2 X3 X4 X5 X6 X7,ul(9) vce(robust)
```

本命令的含义是以Y2（客户再次购买行为）为因变量，以X1~X7为自变量，使用稳健标准差进行截取回归分析。与前面章节讲述的最小二乘回归分析类似，在截取回归分析中也可以使用稳健标准差，以克服可能会有的异方差的存在对模型的整体有效性带来的不利影响。

```
tobit  Y2 X1 X2 X3 X4 X5 X6 X7,ll(1)
```

本命令的含义是以Y2（客户再次购买行为）为因变量，以X1~X7为自变量，设置下限进行截取回归分析。与设置上限类似，也可以设置截取回归的下限进行分析。本命令是设置下限为1，而不设置上限。

```
tobit  Y2 X1 X2 X3 X4 X5 X6 X7,ll(1) ul(9)
```

本命令的含义是设置上限为 9，同时设置下限为 1，以 Y2（客户再次购买行为）为因变量，以 X1~X7 为自变量，同时设置上限和下限进行截取回归分析。

03 设置完毕后，按回车键，等待输出结果。

2. 结果分析

在 Stata 16.0 主界面的结果窗口可以看到如图 6.50~图 6.57 所示的分析结果。

图 6.50 所示是对数据进行展示的结果。它的目的是通过对变量所包含的样本数据一一进行展示，以便简单直观地观测出数据的具体特征，为深入分析做好必要准备。

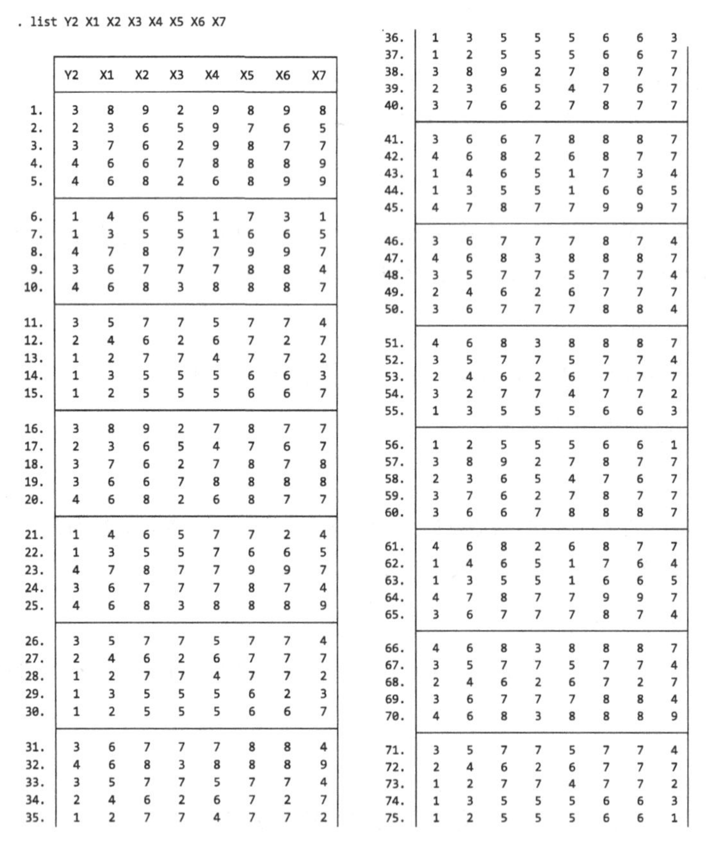

```
. list Y2 X1 X2 X3 X4 X5 X6 X7
```

	Y2	X1	X2	X3	X4	X5	X6	X7
1.	3	8	9	2	9	8	9	8
2.	2	3	6	5	9	7	6	5
3.	3	7	6	2	9	8	7	7
4.	4	6	6	7	8	8	8	9
5.	4	6	8	2	6	8	9	9
6.	1	4	6	5	1	7	3	1
7.	1	3	5	5	1	6	6	5
8.	4	7	8	7	7	9	9	7
9.	3	6	7	7	7	8	8	4
10.	4	6	8	3	8	8	8	7
11.	3	5	7	7	5	7	7	4
12.	2	4	6	2	6	7	2	7
13.	1	2	7	7	4	7	7	2
14.	1	3	5	5	5	6	6	3
15.	1	2	5	5	5	6	6	7
16.	3	8	9	2	7	8	7	7
17.	2	3	6	5	4	7	6	7
18.	3	7	6	2	7	8	7	8
19.	3	6	6	7	8	8	8	8
20.	4	6	8	2	6	8	7	7
21.	1	4	6	5	7	7	2	4
22.	1	3	5	5	7	6	6	5
23.	4	7	8	7	7	9	9	7
24.	3	6	7	7	7	8	7	4
25.	4	6	8	3	8	8	8	9
26.	3	5	7	7	5	7	7	4
27.	2	4	6	2	6	7	7	7
28.	1	2	7	7	4	7	7	2
29.	1	3	5	5	5	6	2	3
30.	1	2	5	5	5	6	6	7
31.	3	6	7	7	7	8	8	4
32.	4	6	8	3	8	8	8	9
33.	3	5	7	7	5	7	7	4
34.	2	4	6	2	6	7	2	7
35.	1	2	7	7	4	7	7	2
36.	1	3	5	5	5	6	6	3
37.	1	2	5	5	5	6	6	7
38.	3	8	9	2	7	8	7	7
39.	2	3	6	5	4	7	6	7
40.	3	7	6	2	7	8	7	7
41.	3	6	6	7	8	8	8	7
42.	4	6	8	2	6	8	7	7
43.	1	4	6	5	1	7	3	4
44.	1	3	5	5	1	6	6	5
45.	4	7	8	7	7	9	9	7
46.	3	6	7	7	7	8	7	4
47.	4	6	8	3	8	8	8	7
48.	3	5	7	7	5	7	7	4
49.	2	4	6	2	6	7	7	7
50.	3	6	7	7	7	8	8	4
51.	4	6	8	3	8	8	8	7
52.	3	5	7	7	5	7	7	4
53.	2	4	6	2	6	7	7	7
54.	3	2	7	7	4	7	7	2
55.	1	3	5	5	5	6	6	3
56.	1	2	5	5	5	6	6	1
57.	3	8	9	2	7	8	7	7
58.	2	3	6	5	4	7	6	7
59.	3	7	6	2	7	8	7	7
60.	3	6	6	7	8	8	8	7
61.	4	6	8	2	6	8	7	7
62.	1	4	6	5	1	7	6	4
63.	1	3	5	5	1	6	6	5
64.	4	7	8	7	7	9	9	7
65.	3	6	7	7	7	8	7	4
66.	4	6	8	3	8	8	8	7
67.	3	5	7	7	5	7	7	4
68.	2	4	6	2	6	7	2	7
69.	3	6	7	7	7	8	8	4
70.	4	6	8	3	8	8	8	9
71.	3	5	7	7	5	7	7	4
72.	2	4	6	2	6	7	7	7
73.	1	2	7	7	4	7	7	2
74.	1	3	5	5	5	6	6	3
75.	1	2	5	5	5	6	6	1

图 6.50　对数据进行展示

从图 6.50 所示的分析结果中可以看出，数据的总体质量还是可以的，没有极端异常值，变量间的量纲差距也是可以接受的，可以进入下一步的分析。

图 6.51 所示是以 Y2（客户再次购买行为）为因变量，以 X1~X7 为自变量进行最小二乘回归分析的结果。

```
. reg Y2 X1 X2 X3 X4 X5 X6 X7

      Source |       SS           df       MS      Number of obs   =       479
-------------+----------------------------------   F(7, 471)       =    147.18
       Model |  388.543946         7  55.506278   Prob > F        =    0.0000
    Residual |  177.627244       471  .377127906   R-squared       =    0.6863
-------------+----------------------------------   Adj R-squared   =    0.6816
       Total |   566.17119       478  1.18445856   Root MSE        =    .61411

------------------------------------------------------------------------------
          Y2 |      Coef.   Std. Err.      t    P>|t|     [95% Conf. Interval]
-------------+----------------------------------------------------------------
          X1 |   .1615258    .020818     7.76   0.000     .1206181    .2024334
          X2 |   .1859976   .0274837     6.77   0.000     .1319917    .2400034
          X3 |   .0036534   .0146743     0.25   0.803    -.0251819    .0324886
          X4 |    .027465   .0197727     1.39   0.165    -.0113885    .0663186
          X5 |    .080684   .0343012     2.35   0.019     .0132817    .1480863
          X6 |   .0835266   .0186303     4.48   0.000     .0469178    .1201354
          X7 |   .0741174    .017649     4.20   0.000      .039437    .1087979
       _cons |  -1.158064   .1793233    -6.46   0.000    -1.510437   -.8056916
------------------------------------------------------------------------------
```

图 6.51 最小二乘回归分析

从上述分析结果中可以看出共有 479 个样本参与了分析，模型的 F 值(7,471)=147.18，P 值（Prob＞F）=0.0000，说明模型整体上是很显著的。模型的可决系数（R-squared）为 0.6863，模型修正的可决系数（Adj R-squared）为 0.6816，说明模型的解释能力也是非常好的。

变量 X1 的系数标准误是 0.020818，t 值为 7.76，P 值为 0.000，系数是非常显著的，95%的置信区间为[0.1206181,0.2024334]。

变量 X2 的系数标准误是 0.0274837，t 值为 6.77，P 值为 0.000，系数是非常显著的，95%的置信区间为[0.1319917,0.2400034]。

变量 X3 的系数标准误是 0.0146743，t 值为 0.25，P 值为 0.803，系数是非常不显著的，95%的置信区间为[-0.0251819,0.0324886]。

变量 X4 的系数标准误是 0.0197727，t 值为 1.39，P 值为 0.165，系数是非常不显著的，95%的置信区间为[-0.0113885,0.0663186]。

变量 X5 的系数标准误是 0.0343012，t 值为 2.35，P 值为 0.019，系数是非常不显著的，95%的置信区间为[0.0132817,0.1480863]。

变量 X6 的系数标准误是 0.0186303，t 值为 4.48，P 值为 0.000，系数是非常显著的，95%的置信区间为[0.0469178,0.1201354]。

变量 X7 的系数标准误是 0.017649，t 值为 4.20，P 值为 0.000，系数是非常显著的，95%的置信区间为[0.039437,0.1087979]。

常数项的系数标准误是 0.1793233，t 值为-6.46，P 值为 0.000，系数也是比较显著的，95%的置信区间为[-1.510437,-0.8056916]。

从上面的分析可以看出最小二乘线性模型的整体显著性、系数显著性以及模型的整体解释能力都很不错。我们得到的结论是 X1（服务渠道得分）、X2（理赔便利得分）、X5（交易保障得分）、X6（服务态度得分）、X7（增值服务得分）对 Y2（客户再次购买行为）有显著正向影响；同时，X3（保费价格得分）、X4（服务流程得分）对 Y2（客户再次购买行为）没有显著影响。

图 6.52 所示是以 Y2（客户再次购买行为）为因变量，以 X1~X7 为自变量进行截取回归分析的结果。其中，截取上限设置的是 9。

从图 6.52 可以看出截取回归分析模型相对于最小二乘回归模型得到的结果基本是一致的。模型中各个变量系数的显著程度也基本一致，限于篇幅不再赘述。

图 6.53 所示是以 Y2（客户再次购买行为）为因变量，以 X1~X7 为自变量，进行截取回归分

析估计的各个自变量的系数进行假设检验的结果。

```
. tobit Y2 X1 X2 X3 X4 X5 X6 X7,ul(9)

Refining starting values:

Grid node 0:   log likelihood = -442.08435

Fitting full model:

Iteration 0:   log likelihood = -442.08435
Iteration 1:   log likelihood = -442.08435  (backed up)

Tobit regression                              Number of obs     =        479
                                                 Uncensored     =        479
Limits: lower = -inf                             Left-censored  =          0
        upper = 9                                Right-censored =          0

                                              LR chi2(7)        =     555.26
                                              Prob > chi2       =     0.0000
Log likelihood = -442.08435                   Pseudo R2         =     0.3858

------------------------------------------------------------------------------
          Y2 |      Coef.   Std. Err.      t    P>|t|     [95% Conf. Interval]
-------------+----------------------------------------------------------------
          X1 |   .1615258   .0206434     7.82   0.000     .1209614    .2020901
          X2 |   .1859976   .0272532     6.82   0.000     .1324449    .2395502
          X3 |   .0036534   .0145513     0.25   0.802    -.0249399    .0322467
          X4 |    .027465   .0196069     1.40   0.162    -.0110625    .0659926
          X5 |    .080684   .0340135     2.37   0.018     .0138473    .1475207
          X6 |   .0835266   .0184741     4.52   0.000      .047225    .1198282
          X7 |   .0741174    .017501     4.24   0.000      .039728    .1085069
       _cons |  -1.158064   .1778195    -6.51   0.000     -1.50748   -.8086484
-------------+----------------------------------------------------------------
    var(e.Y2)|   .3708293   .0239619                      .3266108    .4210344
------------------------------------------------------------------------------
```

图 6.52　截取回归分析结果图

```
. test X1 X2 X3 X4 X5 X6 X7

 ( 1)  [Y2]X1 = 0
 ( 2)  [Y2]X2 = 0
 ( 3)  [Y2]X3 = 0
 ( 4)  [Y2]X4 = 0
 ( 5)  [Y2]X5 = 0
 ( 6)  [Y2]X6 = 0
 ( 7)  [Y2]X7 = 0

       F(  7,   472) =  149.68
            Prob > F =    0.0000
```

图 6.53　进行假设检验

从图 6.53 可以看出该模型非常显著，拟合很好。

图 6.54 所示是对因变量的拟合值的预测。

	X4	X5	X6	X7	xingbei	nianling	xueli	nianxian	juzhudi	leixing	yhat
1	9	8	9	8	2	4	1	3	2	2	4.052763
2	9	7	6	5	1	3	2	2	1	1	2.144485
3	9	8	7	7	1	1	4	1	2	2	3.092073
4	8	8	8	9	2	2	3	4	1	2	3.153111
5	6	8	9	9	2	5	1	3	2	2	3.535436
6	1	7	3	1	2	2	1	2	1	1	1.539241
7	1	6	6	5	1	4	1	2	1	1	1.658083
8	7	9	9	7	2	3	1	2	2	1	3.675142
9	7	8	8	4	2	1	2	3	1	1	2.941056
10	8	8	8	7	1	5	3	3	1	1	3.362257
11	5	7	7	4	1	3	3	3	2	2	2.56039
12	6	7	2	7	2	4	1	3	2	2	2.026784
13	4	7	7	2	1	3	2	2	1	1	1.900113
14	5	6	6	3	1	1	4	1	2	2	1.619708
15	5	6	6	7	2	2	3	4	1	2	1.754652
16	7	8	7	7	2	5	1	3	2	2	3.756662
17	4	7	6	7	2	2	1	2	1	1	2.155395
18	7	8	7	8	1	4	1	2	1	1	3.111261
19	8	8	8	8	2	3	1	2	2	1	3.078993
20	6	8	7	7	2	1	2	3	1	1	3.220148
21	7	7	2	4	1	5	3	3	1	1	1.842857
22	7	6	6	5	1	3	3	3	2	2	1.822873
23	7	9	9	7	2	4	1	3	2	2	3.675142
24	7	8	7	4	1	3	2	2	1	1	2.85753
25	8	8	8	9	1	1	4	1	2	2	3.510493

图 6.54　查看数据

关于预测因变量的拟合值的意义在前面的章节已经论述过了，此处旨在说明截取回归也是可以预测因变量的拟合值的，细节之处限于篇幅不再重复讲解。

以 Y2（客户再次购买行为）为因变量，以 X1~X7 为自变量，使用稳健标准差进行截取回归分析，如图 6.55 所示。

```
. tobit Y2 X1 X2 X3 X4 X5 X6 X7,ul(9) vce(robust)

Refining starting values:

Grid node 0:   log likelihood = -442.08435

Fitting full model:

Iteration 0:   log pseudolikelihood = -442.08435
Iteration 1:   log pseudolikelihood = -442.08435  (backed up)

Tobit regression                                Number of obs     =        479
                                                   Uncensored     =        479
Limits: lower = -inf                               Left-censored  =          0
        upper = 9                                  Right-censored =          0

                                                F(  7,     472)   =     102.68
                                                Prob > F          =     0.0000
Log pseudolikelihood = -442.08435               Pseudo R2         =     0.3858

------------------------------------------------------------------------------
             |               Robust
          Y2 |      Coef.   Std. Err.      t    P>|t|     [95% Conf. Interval]
-------------+----------------------------------------------------------------
          X1 |   .1615258   .0224953     7.18   0.000     .1173224    .2057292
          X2 |   .1859976   .0317699     5.85   0.000     .1235696    .2484255
          X3 |   .0036534   .0150742     0.24   0.809    -.0259674    .0332742
          X4 |    .027465   .0209743     1.31   0.191    -.0137494    .0686795
          X5 |    .080684   .0491094     1.64   0.101    -.0158161     .177184
          X6 |   .0835266   .0184108     4.54   0.000     .0473493    .1197039
          X7 |   .0741174   .0194752     3.81   0.000     .0358486    .1123863
       _cons |  -1.158064   .2728707    -4.24   0.000    -1.694256   -.6218725
-------------+----------------------------------------------------------------
   var(e.Y2)|   .3708293   .0242362                      .3261365    .4216467
------------------------------------------------------------------------------
```

图 6.55　使用稳健标准差进行截取回归分析

从上面的分析结果中可以看出，模型中各变量的系数显著性与没有使用稳健标准差时相比，基本是一致的，但 X5（交易保障得分）系数不再显著。

以 Y2（客户再次购买行为）为因变量，以 X1~X7 为自变量，设置下限为 1，进行截取回归分析结果，如图 6.56 所示。

```
. tobit  Y2 X1 X2 X3 X4 X5 X6 X7,ll(1)

Refining starting values:

Grid node 0:   log likelihood = -538.03282

Fitting full model:

Iteration 0:   log likelihood = -538.03282
Iteration 1:   log likelihood =  -510.8284
Iteration 2:   log likelihood = -508.87292
Iteration 3:   log likelihood = -508.87024
Iteration 4:   log likelihood = -508.87024

Tobit regression                                Number of obs     =        479
                                                   Uncensored     =        366
Limits: lower = 1                                  Left-censored  =        113
        upper = +inf                               Right-censored =          0

                                                LR chi2(7)        =     498.96
                                                Prob > chi2       =     0.0000
Log likelihood = -508.87024                     Pseudo R2         =     0.3290

------------------------------------------------------------------------------
          Y2 |      Coef.   Std. Err.      t    P>|t|     [95% Conf. Interval]
-------------+----------------------------------------------------------------
          X1 |   .1905081   .0270137     7.05   0.000     .1374261    .2435901
          X2 |   .2251029   .0359111     6.27   0.000     .1545375    .2956683
          X3 |   .0015945   .0181699     0.09   0.930    -.0341094    .0372984
          X4 |   .0385215   .0263591     1.46   0.145    -.0132742    .0903172
          X5 |   .0508425   .0449391     1.13   0.258     -.037463     .139148
          X6 |   .1000985   .0240251     4.17   0.000     .0528891    .1473078
          X7 |   .0978296   .0226113     4.33   0.000     .0533983    .1422609
       _cons |  -1.756725   .2310626    -7.60   0.000    -2.210764   -1.302686
-------------+----------------------------------------------------------------
   var(e.Y2)|   .5598616   .0436908                      .4802676    .6526465
------------------------------------------------------------------------------
```

图 6.56　设置下限进行截取回归分析

X1（服务渠道得分）、X2（理赔便利得分）、X6（服务态度得分）、X7（增值服务得分）对Y2（客户再次购买行为）有显著正向影响；同时，X3（保费价格得分）、X4（服务流程得分）、X5（交易保障得分）对Y2（客户再次购买行为）没有显著影响。

以Y2（客户再次购买行为）为因变量，以X1~X7为自变量，同时设置上限为9和下限为1进行截取回归分析，结果如图6.57所示。

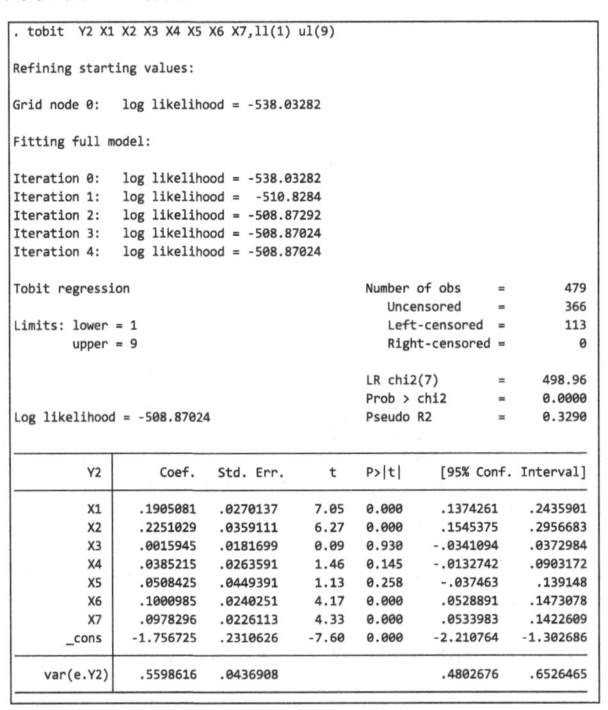

```
. tobit  Y2 X1 X2 X3 X4 X5 X6 X7,ll(1) ul(9)

Refining starting values:

Grid node 0:   log likelihood = -538.03282

Fitting full model:

Iteration 0:   log likelihood = -538.03282
Iteration 1:   log likelihood =  -510.8284
Iteration 2:   log likelihood = -508.87292
Iteration 3:   log likelihood = -508.87024
Iteration 4:   log likelihood = -508.87024

Tobit regression                                Number of obs     =        479
                                                   Uncensored     =        366
Limits: lower = 1                                  Left-censored  =        113
        upper = 9                                  Right-censored =          0

                                                LR chi2(7)        =     498.96
                                                Prob > chi2       =     0.0000
Log likelihood = -508.87024                     Pseudo R2         =     0.3290

------------------------------------------------------------------------------
          Y2 |      Coef.   Std. Err.      t    P>|t|     [95% Conf. Interval]
-------------+----------------------------------------------------------------
          X1 |   .1905081   .0270137     7.05   0.000      .1374261    .2435901
          X2 |   .2251029   .0359111     6.27   0.000      .1545375    .2956683
          X3 |   .0015945   .0181699     0.09   0.930     -.0341094    .0372984
          X4 |   .0385215   .0263591     1.46   0.145     -.0132742    .0903172
          X5 |   .0508425   .0449391     1.13   0.258      -.037463     .139148
          X6 |   .1000985   .0240251     4.17   0.000      .0528891    .1473078
          X7 |   .0978296   .0226113     4.33   0.000      .0533983    .1422609
       _cons |  -1.756725   .2310626    -7.60   0.000     -2.210764   -1.302686
-------------+----------------------------------------------------------------
    var(e.Y2)|   .5598616   .0436908                      .4802676    .6526465
------------------------------------------------------------------------------
```

图6.57　同时设置上限和下限进行截取回归分析

X1（服务渠道得分）、X2（理赔便利得分）、X6（服务态度得分）、X7（增值服务得分）对Y2（客户再次购买行为）有显著正向影响；同时，X3（保费价格得分）、X4（服务流程得分）、X5（交易保障得分）对Y2（客户再次购买行为）没有显著影响。

6.7.3　关于客户推荐购买行为影响因素的实证分析

下载资源:\video\6.4

下载资源:\sample\数据6

1. 分析过程

01 进入Stata 16.0，打开相关数据文件，弹出主界面。

02 在主界面的“命令窗口”中输入如下命令：

```
list Y3 X1 X2 X3 X4 X5 X6 X7
```

本命令的含义是对Y3（客户推荐购买行为）、X1~X7所包含的样本数据一一进行展示，以便简单直观地观测出数据的具体特征，为深入分析做好必要准备。

```
reg Y3 X1 X2 X3 X4 X5 X6 X7
```

本命令的含义是以 Y3（客户推荐购买行为）为因变量，以 X1~X7 为自变量进行最小二乘回归分析，研究变量之间的因果影响关系。

```
tobit Y3 X1 X2 X3 X4 X5 X6 X7,ul(9)
```

本命令的含义是以 Y3（客户推荐购买行为）为因变量，以 X1~X7 为自变量进行断尾回归分析，设置上限为 9，研究变量之间的因果影响关系。

```
test X1 X2 X3 X4 X5 X6 X7
```

本命令的含义是对断尾回归分析估计的 X1~X7 各个自变量的系数进行假设检验，检验其显著程度。

```
predict yhat
```

本命令的含义是估计因变量 Y3（客户推荐购买行为）的拟合值。

```
tobit Y3 X1 X2 X3 X4 X5 X6 X7,ul(9) vce(robust)
```

本命令的含义是以 Y3（客户推荐购买行为）为因变量，以 X1~X7 为自变量，使用稳健标准差进行截取回归分析。与前面章节讲述的最小二乘回归分析类似，在截取回归分析中也可以使用稳健标准差，以克服可能会有的异方差的存在对模型的整体有效性带来的不利影响。

```
tobit  Y3 X1 X2 X3 X4 X5 X6 X7,ll(1)
```

本命令的含义是以 Y3（客户推荐购买行为）为因变量，以 X1~X7 为自变量，设置下限进行截取回归分析。与设置上限类似，也可以设置截取回归的下限进行分析。本命令是设置下限为 1，而不设置上限。

```
tobit  Y3 X1 X2 X3 X4 X5 X6 X7,ll(1) ul(9)
```

本命令的含义是设置上限为 9，同时设置下限为 1，以 Y3（客户推荐购买行为）为因变量，以 X1~X7 为自变量，同时设置上限和下限进行截取回归分析。

03 设置完毕后，按回车键，等待输出结果。

2. 结果分析

在 Stata 16.0 主界面的结果窗口可以看到如图 6.58~图 6.65 所示的分析结果。

图 6.58 所示是对数据进行展示的结果。它的目的是通过对变量所包含的样本数据一一进行展示，以便简单直观地观测出数据的具体特征，为深入分析做好必要准备。

```
. list Y3 X1 X2 X3 X4 X5 X6 X7
```

	Y3	X1	X2	X3	X4	X5	X6	X7
1.	3	8	9	2	9	8	9	8
2.	2	3	6	5	9	7	6	5
3.	3	7	6	2	9	8	7	7
4.	4	6	6	7	8	8	8	9
5.	4	6	8	2	6	8	9	9
6.	1	4	6	5	1	7	3	1
7.	1	3	5	5	1	6	6	5
8.	4	7	8	7	7	9	9	7
9.	3	6	7	7	7	8	8	4
10.	4	6	8	3	8	8	8	7
11.	3	5	7	7	5	7	7	4
12.	2	4	6	2	6	7	2	7
13.	1	2	7	7	4	7	7	2
14.	1	3	5	5	5	6	6	3
15.	1	2	5	5	5	6	6	7
16.	3	8	9	2	7	8	7	7
17.	2	3	6	5	4	7	6	7
18.	3	7	6	2	7	8	7	8
19.	3	6	6	7	8	8	8	8
20.	4	6	8	2	6	8	7	7
21.	1	4	6	5	7	7	2	4
22.	1	3	5	5	7	6	6	5
23.	4	7	8	7	7	9	9	7
24.	3	6	7	7	7	8	7	4
25.	4	6	8	3	8	8	8	9
26.	3	5	7	7	5	7	7	4
27.	2	4	6	2	6	7	7	7
28.	1	2	7	7	4	7	7	2
29.	1	3	5	5	5	6	2	3
30.	1	2	5	5	5	6	6	7
31.	3	6	7	7	7	8	8	4
32.	4	6	8	3	8	8	8	9
33.	3	5	7	7	5	7	7	4
34.	2	4	6	2	6	7	2	7
35.	1	2	7	7	4	7	7	2
36.	1	3	5	5	5	6	6	3
37.	1	2	5	5	5	6	6	7
38.	3	8	9	2	7	8	7	7
39.	2	3	6	5	4	7	6	7
40.	3	7	6	2	7	8	7	7
41.	3	6	6	7	8	8	8	7
42.	4	6	8	2	6	8	7	7
43.	1	4	6	5	1	7	3	4
44.	1	3	5	5	1	6	6	5
45.	4	7	8	7	7	9	9	7
46.	3	6	7	7	7	8	7	4
47.	4	6	8	3	8	8	8	7
48.	3	5	7	7	5	7	7	4
49.	2	4	6	2	6	7	7	7
50.	3	6	7	7	7	8	8	4
51.	4	6	8	3	8	8	8	7
52.	3	5	7	7	5	7	7	4
53.	2	4	6	2	6	7	7	7
54.	3	2	7	7	4	7	7	2
55.	1	3	5	5	5	6	6	3
56.	1	2	5	5	5	6	6	1
57.	3	8	9	2	7	8	7	7
58.	2	3	6	5	4	7	6	7
59.	3	7	6	2	7	8	7	7
60.	3	6	6	7	8	8	8	7
61.	4	6	8	2	6	8	7	7
62.	1	4	6	5	1	7	6	4
63.	1	3	5	5	1	6	6	5
64.	4	7	8	7	7	9	9	7
65.	3	6	7	7	7	8	7	4
66.	4	6	8	3	8	8	8	7
67.	3	5	7	7	5	7	7	4
68.	2	4	6	2	6	7	2	7
69.	3	6	7	7	7	8	8	4
70.	4	6	8	3	8	8	8	9
71.	3	5	7	7	5	7	7	4
72.	2	4	6	2	6	7	7	7
73.	1	2	7	7	4	7	7	2
74.	1	3	5	5	5	6	6	3
75.	1	2	5	5	5	6	6	1

图 6.58　对数据进行展示

从图 6.58 所示的分析结果中可以看出，数据的总体质量还是可以的，没有极端异常值，变量间的量纲差距也是可以接受的，可以进入下一步的分析。

图 6.59 所示是以 Y3（客户推荐购买行为）为因变量，以 X1~X7 为自变量进行最小二乘回归分析的结果。

```
. reg Y3 X1 X2 X3 X4 X5 X6 X7

      Source |       SS           df       MS      Number of obs   =       479
-------------+----------------------------------   F(7, 471)       =    183.36
       Model |  406.474215         7  58.067745   Prob > F        =    0.0000
    Residual |  149.158353       471  .316684401   R-squared       =    0.7316
-------------+----------------------------------   Adj R-squared   =    0.7276
       Total |  555.632568       478  1.16241123   Root MSE        =    .56275

------------------------------------------------------------------------------
          Y3 |      Coef.   Std. Err.      t    P>|t|     [95% Conf. Interval]
-------------+----------------------------------------------------------------
          X1 |   .1342796   .0190769     7.04   0.000     .0967932    .1717659
          X2 |   .2183714   .0251851     8.67   0.000     .1688822    .2678605
          X3 |  -.0052842   .0134471    -0.39   0.695    -.0317078    .0211395
          X4 |   .0484643    .018119     2.67   0.008     .0128602    .0840684
          X5 |   .1166719   .0314324     3.71   0.000     .0549067    .1784371
          X6 |   .0750426   .0170722     4.40   0.000     .0414955    .1085896
          X7 |   .0558155   .0161729     3.45   0.001     .0240355    .0875955
       _cons |  -1.449218   .1643258    -8.82   0.000    -1.772121   -1.126316
------------------------------------------------------------------------------
```

图 6.59　最小二乘回归分析

从上述分析结果中可以看出共有 479 个样本参与了分析，模型的 F 值(7,471)=183.36，P 值（Prob > F）=0.0000，说明模型整体上是很显著的。模型的可决系数（R-squared）为 0.7316，模型修正的可决系数（Adj R-squared）为 0.7276，说明模型的解释能力也是非常好的。

变量 X1 的系数标准误是 0.0190769，t 值为 7.04，P 值为 0.000，系数是非常显著的，95%的置信区间为[0.0967932,0.1717659]。

变量 X2 的系数标准误是 0.0251851，t 值为 8.67，P 值为 0.000，系数是非常显著的，95%的置信区间为[0.1688822,0.2678605]。

变量 X3 的系数标准误是 0.0134471，t 值为-0.39，P 值为 0.695，系数是非常不显著的，95%的置信区间为[-0.0317078 ,0.0211395]。

变量 X4 的系数标准误是 0.018119，t 值为 2.67，P 值为 0.008，系数是非常显著的，95%的置信区间为[0.0128602,0.0840684]。

变量 X5 的系数标准误是 0.0314324，t 值为 3.71，P 值为 0.000，系数是非常显著的，95%的置信区间为[0.0549067,0.1784371]。

变量 X6 的系数标准误是 0.0170722，t 值为 4.40，P 值为 0.000，系数是非常显著的，95%的置信区间为[0.0414955,0.1085896]。

变量 X7 的系数标准误是 0.0161729，t 值为 3.45，P 值为 0.001，系数是非常显著的，95%的置信区间为[0.0240355,0.0875955]。

常数项的系数标准误是 0.1643258，t 值为-8.82，P 值为 0.000，系数也是非常显著的，95%的置信区间为[-1.772121,-1.126316]。

从上面的分析可以看出最小二乘线性模型的整体显著性、系数显著性以及模型的整体解释能力都很不错。我们得到的结论是 X1（服务渠道得分）、X2（理赔便利得分）、X4（服务流程得分）、X5（交易保障得分）、X6（服务态度得分）、X7（增值服务得分）对 Y3（客户推荐购买行为）有显著正向影响；同时，X3（保费价格得分）对 Y3（客户推荐购买行为）没有显著影响。

图 6.60 所示是以 Y3（客户推荐购买行为）为因变量，以 X1~X7 为自变量进行截取回归分析的结果。其中，截取上限设置的是 9。

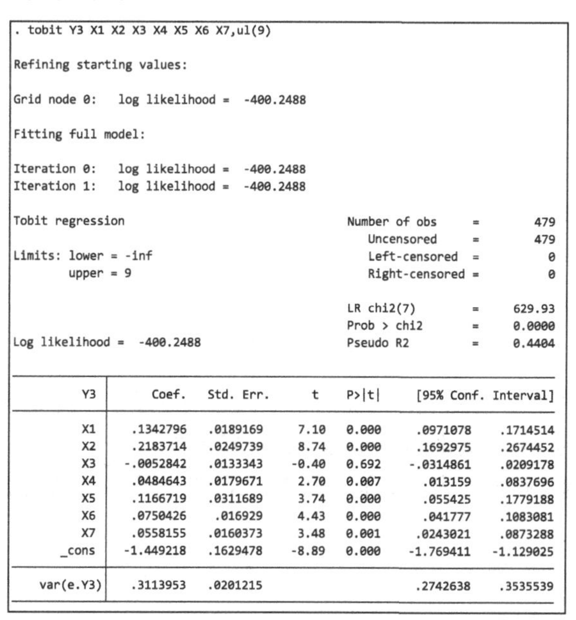

```
. tobit Y3 X1 X2 X3 X4 X5 X6 X7,ul(9)

Refining starting values:

Grid node 0:   log likelihood =  -400.2488

Fitting full model:

Iteration 0:   log likelihood =  -400.2488
Iteration 1:   log likelihood =  -400.2488

Tobit regression                                Number of obs     =        479
                                                   Uncensored     =        479
Limits: lower = -inf                               Left-censored  =          0
        upper = 9                                  Right-censored =          0

                                                LR chi2(7)        =     629.93
                                                Prob > chi2       =     0.0000
Log likelihood =  -400.2488                     Pseudo R2         =     0.4404
```

Y3	Coef.	Std. Err.	t	P>|t|	[95% Conf.	Interval]
X1	.1342796	.0189169	7.10	0.000	.0971078	.1714514
X2	.2183714	.0249739	8.74	0.000	.1692975	.2674452
X3	-.0052842	.0133343	-0.40	0.692	-.0314861	.0209178
X4	.0484643	.0179671	2.70	0.007	.013159	.0837696
X5	.1166719	.0311689	3.74	0.000	.055425	.1779188
X6	.0750426	.016929	4.43	0.000	.041777	.1083081
X7	.0558155	.0160373	3.48	0.001	.0243021	.0873288
_cons	-1.449218	.1629478	-8.89	0.000	-1.769411	-1.129025
var(e.Y3)	.3113953	.0201215			.2742638	.3535539

图 6.60 截取回归分析结果图

从图 6.60 可以看出截取回归分析模型相对于最小二乘回归模型得到的结果基本是一致的。模型中各个变量系数的显著程度也基本一致，限于篇幅不再赘述。

图 6.61 所示是对以 Y3（客户推荐购买行为）为因变量，以 X1~X7 为自变量，进行截取回归分析估计的各个自变量的系数进行假设检验的结果。

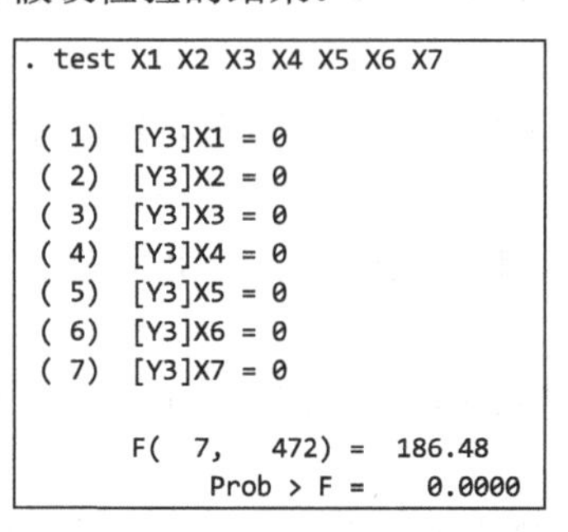

```
. test X1 X2 X3 X4 X5 X6 X7

 ( 1)  [Y3]X1 = 0
 ( 2)  [Y3]X2 = 0
 ( 3)  [Y3]X3 = 0
 ( 4)  [Y3]X4 = 0
 ( 5)  [Y3]X5 = 0
 ( 6)  [Y3]X6 = 0
 ( 7)  [Y3]X7 = 0

       F(  7,   472) =  186.48
            Prob > F =    0.0000
```

图 6.61　进行假设检验

从图 6.61 可以看出该模型非常显著，拟合很好。

图 6.62 所示是对因变量的拟合值的预测。

	X4	X5	X6	X7	xingbei	nianling	xueli	nianxian	juzhudi	leixing	yhat
1	9	8	9	8	2	4	1	3	2	2	4.071253
2	9	7	6	5	1	3	2	2	1	1	2.219643
3	9	8	7	7	1	1	4	1	2	2	3.075959
4	8	8	8	9	2	2	3	4	1	2	3.053468
5	6	8	9	9	2	5	1	3	2	2	3.494745
6	1	7	3	1	2	2	1	2	1	1	1.517818
7	1	6	6	5	1	4	1	2	1	1	1.496885
8	7	9	9	7	2	3	1	2	2	1	3.65611
9	7	8	8	4	2	1	2	3	1	1	2.944298
10	8	8	8	7	1	5	3	3	1	1	3.399716
11	5	7	7	4	1	3	3	3	2	2	2.521375
12	6	7	2	7	2	4	1	3	2	2	2.035843
13	4	7	7	2	1	3	2	2	1	1	1.958441
14	5	6	6	3	1	1	4	1	2	2	1.579111
15	5	6	6	7	2	2	3	4	1	2	1.668094
16	7	8	7	7	2	5	1	3	2	2	3.768424
17	4	7	6	7	2	2	1	2	1	1	2.088952
18	7	8	7	8	1	4	1	2	1	1	3.034846
19	8	8	8	8	2	3	1	2	2	1	2.997653
20	6	8	7	7	2	1	2	3	1	1	3.233029
21	7	7	2	4	1	5	3	3	1	1	1.901008
22	7	6	6	5	1	3	3	3	2	2	1.787671
23	7	9	9	7	2	4	1	3	2	2	3.65611
24	7	8	7	4	1	3	2	2	1	1	2.869255
25	8	8	8	9	1	1	4	1	2	2	3.511347

图 6.62　查看数据

关于预测因变量的拟合值的意义在前面的章节已经论述过了，此处旨在说明截取回归也是可以预测因变量的拟合值的，细节之处限于篇幅不再重复讲解。

以 Y3（客户推荐购买行为）为因变量，以 X1~X7 为自变量，使用稳健标准差进行截取回归分析，如图 6.63 所示。

```
. tobit Y3 X1 X2 X3 X4 X5 X6 X7,ul(9) vce(robust)

Refining starting values:

Grid node 0:   log likelihood =  -400.2488

Fitting full model:

Iteration 0:   log pseudolikelihood =  -400.2488
Iteration 1:   log pseudolikelihood =  -400.2488

Tobit regression                                Number of obs     =        479
                                                   Uncensored     =        479
Limits: lower = -inf                               Left-censored  =          0
        upper = 9                                  Right-censored =          0

                                                F(   7,     472)  =     192.85
                                                Prob > F          =     0.0000
Log pseudolikelihood =  -400.2488               Pseudo R2         =     0.4404

------------------------------------------------------------------------------
             |               Robust
          Y3 |      Coef.   Std. Err.      t    P>|t|     [95% Conf. Interval]
-------------+----------------------------------------------------------------
          X1 |   .1342796   .0213767     6.28   0.000     .0922744    .1762848
          X2 |   .2183714   .0286851     7.61   0.000     .1620051    .2747377
          X3 |  -.0052842    .014294    -0.37   0.712     -.033372    .0228037
          X4 |   .0484643    .019123     2.53   0.012     .0108876     .086041
          X5 |   .1166719   .0351338     3.32   0.001     .0476339    .1857099
          X6 |   .0750426   .0183746     4.08   0.000     .0389364    .1111488
          X7 |   .0558155   .0187916     2.97   0.003       .01889     .092741
       _cons |  -1.449218   .2049499    -7.07   0.000    -1.851945   -1.046491
-------------+----------------------------------------------------------------
    var(e.Y3)|   .3113953   .0192255                      .2758188    .3515607
------------------------------------------------------------------------------
```

图 6.63 使用稳健标准差进行截取回归分析

从上面的分析结果中可以看出，模型中各变量的系数显著性与没有使用稳健标准差时相比，基本是一致的，没有显著差异。我们得到的结论是 X1（服务渠道得分）、X2（理赔便利得分）、X4（服务流程得分）、X5（交易保障得分）、X6（服务态度得分）、X7（增值服务得分）对 Y3（客户推荐购买行为）有显著正向影响；同时，X3（保费价格得分）对 Y3（客户推荐购买行为）没有显著影响。

以 Y3（客户推荐购买行为）为因变量，以 X1~X7 为自变量，设置下限为 1，进行截取回归分析，结果如图 6.64 所示。

```
. tobit  Y3 X1 X2 X3 X4 X5 X6 X7,ll(1)

Refining starting values:

Grid node 0:   log likelihood = -487.53396

Fitting full model:

Iteration 0:   log likelihood = -487.53396
Iteration 1:   log likelihood = -446.63878
Iteration 2:   log likelihood = -443.67855
Iteration 3:   log likelihood = -443.67205
Iteration 4:   log likelihood = -443.67205

Tobit regression                                Number of obs     =        479
                                                   Uncensored     =        358
Limits: lower = 1                                  Left-censored  =        121
        upper = +inf                               Right-censored =          0

                                                LR chi2(7)        =     621.52
                                                Prob > chi2       =     0.0000
Log likelihood = -443.67205                     Pseudo R2         =     0.4119

------------------------------------------------------------------------------
          Y3 |      Coef.   Std. Err.      t    P>|t|     [95% Conf. Interval]
-------------+----------------------------------------------------------------
          X1 |   .1394139    .024535     5.68   0.000     .0912026    .1876252
          X2 |   .3083442   .0339535     9.08   0.000     .2416255    .3750629
          X3 |   .0074496   .0162246     0.46   0.646    -.0244317     .039331
          X4 |   .0887205   .0244456     3.63   0.000     .0406849    .1367561
          X5 |   .1201369   .0469731     2.56   0.011     .0278347    .2124392
          X6 |   .0820421   .0212476     3.86   0.000     .0402904    .1237937
          X7 |   .0775511    .020134     3.85   0.000     .0379878    .1171143
       _cons |  -2.697468   .2405669   -11.21   0.000    -3.170182   -2.224753
-------------+----------------------------------------------------------------
    var(e.Y3)|   .4335153    .033935                      .3717083    .5055994
------------------------------------------------------------------------------
```

图 6.64 设置下限进行截取回归分析

模型结果的解读方式与前面所述类似，此处限于篇幅不再赘述。

以 Y3（客户推荐购买行为）为因变量，以 X1~X7 为自变量，同时设置上限为 9 和下限为 1 进行截取回归分析，结果如图 6.65 所示。

```
. tobit  Y3 X1 X2 X3 X4 X5 X6 X7,ll(1) ul(9)

Refining starting values:

Grid node 0:   log likelihood = -487.53396

Fitting full model:

Iteration 0:   log likelihood = -487.53396
Iteration 1:   log likelihood = -446.63878
Iteration 2:   log likelihood = -443.67855
Iteration 3:   log likelihood = -443.67205
Iteration 4:   log likelihood = -443.67205

Tobit regression                                Number of obs     =        479
                                                   Uncensored     =        358
Limits: lower = 1                                  Left-censored  =        121
        upper = 9                                  Right-censored =          0

                                                LR chi2(7)        =     621.52
                                                Prob > chi2       =     0.0000
Log likelihood = -443.67205                     Pseudo R2         =     0.4119

------------------------------------------------------------------------------
          Y3 |      Coef.   Std. Err.      t    P>|t|     [95% Conf. Interval]
-------------+----------------------------------------------------------------
          X1 |   .1394139    .024535     5.68   0.000     .0912026    .1876252
          X2 |   .3083442   .0339535     9.08   0.000     .2416255    .3750629
          X3 |   .0074496   .0162246     0.46   0.646    -.0244317     .039331
          X4 |   .0887205   .0244456     3.63   0.000     .0406849    .1367561
          X5 |   .1201369   .0469731     2.56   0.011     .0278347    .2124392
          X6 |   .0820421   .0212476     3.86   0.000     .0402904    .1237937
          X7 |   .0775511    .020134     3.85   0.000     .0379878    .1171143
       _cons |  -2.697468   .2405669   -11.21   0.000    -3.170182   -2.224753
-------------+----------------------------------------------------------------
   var(e.Y3)|   .4335153    .033935                      .3717083    .5055994
------------------------------------------------------------------------------
```

图 6.65　同时设置上限和下限进行截取回归分析

模型结果的解读方式与前面所述类似，我们得到的结论是 X1（服务渠道得分）、X2（理赔便利得分）、X4（服务流程得分）、X5（交易保障得分）、X6（服务态度得分）、X7（增值服务得分）对 Y3（客户推荐购买行为）有显著正向影响；同时，X3（保费价格得分）对 Y3（客户推荐购买行为）没有显著影响。

6.8　研究结论

1. 客户满意度影响因素的实证分析研究结论

基于全部样本分析表明服务渠道、理赔便利、保费价格、服务态度、增值服务会显著正向影响客户的满意度水平，而服务流程、交易保障不构成重要性。按客户地域分类后，城区客户和郊县客户均认为除服务流程、交易保障外，保费价格也不构成重要性。按客户类型分类后，普通客户和 VIP 客户均认为除保费价格和交易保障不构成重要性外，其他因素均显著正向影响客户的满意度水平。

模型优化后，基于截取回归分析的结论是 X1（服务渠道得分）、X2（理赔便利得分）、X6（服务态度得分）、X7（增值服务得分）对 Y1（客户满意度）有显著正向影响；同时，X3（保费价格得分）、X4（服务流程得分）、X5（交易保障得分）对 Y1（客户满意度）没有显著影响。

2. 客户再次购买行为影响因素的实证分析研究结论

客户再次购买行为影响因素方面，基于全部样本分析表明保费价格、理赔便利、服务态度、增值服务会显著正向影响客户的再次购买行为水平，而保费价格、服务流程、交易保障不构成重要性。按客户地域分类后，城区客户分析结果和全部样本分析一致，而郊县客户认为除保费价格、服务流程、交易保障外，服务态度也不构成重要性。按客户类型分类后，普通客户分析结果和全部样本分析一致，而 VIP 客户认为除保费价格、服务流程、交易保障外，服务态度也不构成重要性。

模型优化后，基于截取回归分析的结论是 X1（服务渠道得分）、X2（理赔便利得分）、X6（服务态度得分）、X7（增值服务得分）对 Y1（客户满意度）有显著正向影响；同时，X3（保费价格得分）、X4（服务流程得分）、X5（交易保障得分）对 Y1（客户满意度）没有显著影响。

3. 客户推荐购买行为影响因素的实证分析研究结论

客户推荐购买行为影响因素方面，基于全部样本分析表明保费价格、理赔便利、服务流程、交易保障、服务态度、增值服务均会显著正向影响客户的推荐购买行为水平，而保费价格不构成重要性。按客户地域分类后，城区客户分析结果和全部样本分析一致，而郊县客户认为除保费价格外，交易保障、服务态度也不构成重要性。按客户类型分类后，普通客户认为除保费价格外，交易保障也不构成重要性，而 VIP 客户认为除保费价格外，服务流程、服务态度也不构成重要性。

模型优化后，基于截取回归分析的结论是 X1（服务渠道得分）、X2（理赔便利得分）、X4（服务流程得分）、X5（交易保障得分）、X6（服务态度得分）、X7（增值服务得分）对 Y3（客户推荐购买行为）有显著正向影响；同时，X3（保费价格得分）对 Y3（客户推荐购买行为）没有显著影响。

4. 整体研究结论

在前面的分析中，7 个解释变量中仅有服务渠道、理赔便利、增值服务 3 个解释变量在关于客户满意度、客户再次购买行为、客户推荐购买行为影响因素分析的所有回归模型中呈现出显著正向效应。根据作者的从业经验分析，保费价格、交易保障、服务流程、服务态度等解释变量或多或少影响不够显著的主要原因是，相对于目标研究公司而言，目前各家保险公司在这几个方面都做的非常好，没有构成服务的差异化。保费价格方面，由于保险市场竞争比较充分，因此保费价格相对透明，各家保险公司报价也基本一致。交易保障方面，各家保险公司的交易平台均合法正规且有足够的安全保障，而且对于客户的数据保护也都非常严格。服务流程和服务态度方面，各家保险公司的服务流程基本相同，而且文优服务水平都非常高，给予客户的服务体验差不多。所以，财产保险公司实施客户服务优化的关键就在于积极优化服务渠道、提高理赔便利水平、提升增值服务效能。

第 7 章　影音企业会员量与价值贡献分析建模技术

近年来，随着人们生活水平的逐渐提高和娱乐需求的逐步增加，有越来越多的人喜欢在互联网上观看或收听娱乐节目，并且愿意购买相应的会员身份，以获取更好的消费体验。这种消费的潮流趋势对于影音企业显然是利好的，但是影音企业在营销客户注册时通常也会花费一定程度的成本，比如在互联网上或者线下投放广告，给消费者发放一些优惠券，等等。那么，有一个问题就是，对于影音企业来说，每增加一个会员客户，活动的收益能否有效覆盖所付出的成本？所以，影音企业要及时对自身的经营情况进行分析，对于影音企业会员量与价值贡献要有充分而明确的认识，要及时对会员注册量与获取利润之间的关系进行分析。Stata 作为一种功能强大的统计分析软件，完全可以用来完成相关的分析目标。本章将以某影音企业具体的经营实践为例，力求以深入浅出的方式讲解 Stata 在影音企业会员量与价值贡献分析建模技术中的应用。需要提示和强调的是，本章虽然以影音企业为例，但是其中体现的研究方法、研究思路和建模技术也可以有效应用于其他具有类似经营性质的企业，读者可以结合自身研究需要加以参考借鉴。

7.1　建模技术

本章在影音企业会员量与价值贡献分析中将引入克服自相关特征的线性回归建模技术。

针对自相关的概念解释为：如果线性相关模型中的随机误差项的各期望值之间存在着相关关系，我们就称随机误差项之间存在自相关性。

线性回归模型中的随机误差项存在序列相关的原因很多，但主要是由经济变量自身的特点、数据特点、变量选择及模型函数的形式选择引起的。常见原因包括经济变量惯性的作用、经济行为的滞后性、一些随机因素的干扰或影响、模型设定误差、观测数据处理等。

自相关不会影响到最小二乘估计量的线性和无偏性，但会使之失去有效性，使之不再是最优估计量，而且自相关的系数估计量将有相当大的方差，T 检验也不再显著，模型的预测功能失效，所以在进行回归分析时往往需要检验数据的自相关性，从而提出针对性的解决方案。

常用的用于判断数据是否存在自相关的检验方法有绘制残差序列图、BG 检验、Box-Pierce Q 检验、DW 检验等。

解决自相关的方法有使用自相关异方差稳健的标准差进行回归以及使用广义最小二乘回归分析方法进行回归等。

本章将讲述克服自相关特征的线性回归建模技术，用以解决在进行影音企业会员量与价值贡献分析时的问题。

7.2 建模思路

本章使用的案例数据来自 XX 影音企业连续 49 个月的利润收入与注册会员量数据，如表 7.1 所示。由于利润收入与注册会员量数据涉及商业机密，所以在本章介绍时进行了适当的脱密处理，对于其中的部分数据也进行了必要的调整。

表 7.1 XX 影音企业连续 49 个月的利润收入与注册会员量数据

月 份	利润（万元）	注册会员量（万人）
1	643.042	1416.668
2	647.67	1429.028
3	664.936	1447.98
……	……	……
47	1301.642	2194.4828
48	1276.722	2360.148
49	1442.262	2516.9552

本章使用的建模分析方法是 Stata 中克服自相关特征的线性回归建模技术。

7.3 数据准备

	下载资源:\video\7
	下载资源:\sample\数据 7

本部分我们对 XX 影音企业连续 49 个月的利润收入与注册会员量数据进行准备。这些数据都是完整的，我们将其整理入 Stata 中。如图 7.1 所示，在 Stata 格式文件中共有 3 个变量，分别是月份、利润和注册会员量。我们把月份变量定义为 month，把利润变量定义为 profit，把注册会员量变量定义为 amount。变量类型及长度采取系统默认方式，然后录入相关数据。month、profit、amount 三个变量均为数值型变量。数据视图如图 7.2 所示，包括 XX 影音企业连续 49 个月的利润收入与注册会员量数据。

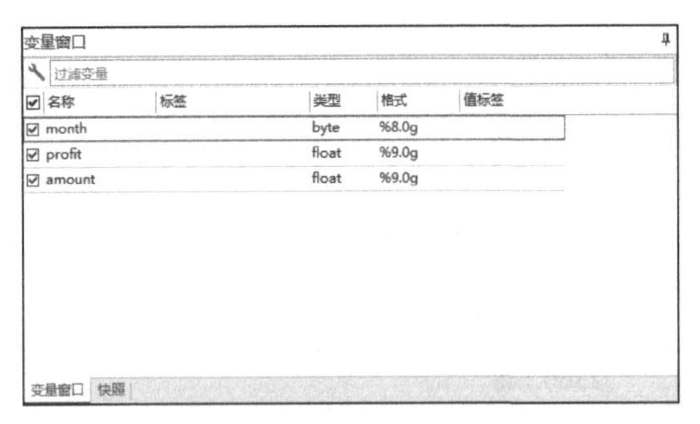

图 7.1　数据 7 变量视图

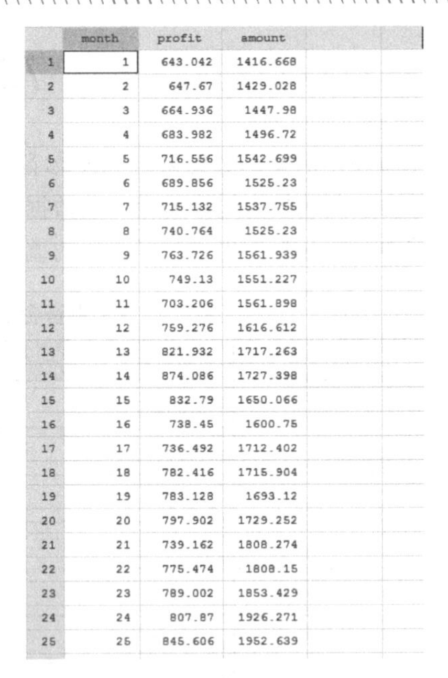

	month	profit	amount
1	1	643.042	1416.668
2	2	647.67	1429.028
3	3	664.936	1447.98
4	4	683.982	1496.72
5	5	716.556	1542.699
6	6	689.856	1525.23
7	7	715.132	1537.755
8	8	740.764	1525.23
9	9	763.726	1561.939
10	10	749.13	1551.227
11	11	703.206	1561.898
12	12	759.276	1616.612
13	13	821.932	1717.263
14	14	874.086	1727.398
15	15	832.79	1650.066
16	16	738.45	1600.75
17	17	736.492	1712.402
18	18	782.416	1715.904
19	19	783.128	1693.12
20	20	797.902	1729.252
21	21	739.162	1808.274
22	22	775.474	1808.15
23	23	789.002	1853.429
24	24	807.87	1926.271
25	25	845.606	1952.639

图 7.2　数据 7 数据视图

7.4　建模分析

	下载资源:\video\7
	下载资源:\sample\数据 7

7.4.1　研究过程

先保存数据，然后开始展开分析，步骤如下：

01 进入 Stata 16.0，打开相关数据文件，弹出主界面。

02 在主界面的“命令窗口”中输入如下命令：

```
summarize month profit amount,detail
```

本命令旨在对数据进行描述性分析，从总体上探索数据特征，观测其是否存在极端数据或者变量间的量纲差距过大，从而可能会对回归分析结果造成不利影响。

```
correlate month profit amount
```

本命令旨在对数据进行相关性分析，旨在探索变量之间尤其是因变量与各个自变量之间的相关性关系，该步骤是进行回归分析前的必要准备。

```
regress profit amount
```

本命令旨在对数据进行回归分析，用于探索自变量对因变量的影响情况。

```
vce
```

本命令旨在获得变量的方差-协方差矩阵。

```
test amount
```

本命令旨在检验回归分析获得的各个自变量系数的显著性。

```
predict yhat
```

本命令旨在获得因变量的拟合值。

```
predict e,resid
```

本命令旨在获得回归模型的估计残差。

```
tsset month
```

本命令旨在把数据定义为以 month 为周期的时间序列。

```
scatter e l.e
```

本命令旨在绘制残差与残差滞后一期的散点图，用于探索数据是否存在一阶自相关。

```
ac e
```

本命令旨在绘制残差的自相关图，用于探索其自相关阶数。

```
pac e
```

本命令旨在绘制残差的偏自相关图，用于探索其自相关阶数。

```
estat bgodfrey
```

本命令为 BG 检验，旨在检验残差自相关性。

```
wntestq e
```

本命令为 Box-Pierce Q 检验，旨在检验残差自相关性。

```
estat dwatson
```

本命令为 DW 检验，旨在检验残差自相关性。

```
di 49^0.25
```

本命令为计算样本个数的 1/4 次幂，旨在确定使用异方差自相关稳健的标准差进行回归的滞后阶数。

```
newey profit amount,lag(3)
```

本命令为采用异方差自相关稳健的标准差对数据进行回归分析，克服数据的自相关性对最小二乘回归分析造成的不利影响。

```
prais profit amount,corc
```

本命令旨在对数据进行以 profit 为因变量、以 amount 为自变量的迭代式 CO 估计法广义最小二乘回归分析，克服数据的自相关性对最小二乘回归分析造成的不利影响。

```
prais profit amount,nolog
```

本命令旨在对数据进行以 profit 为因变量、以 amount 为自变量的迭代式 PW 估计法广义最小二乘回归分析，克服数据的自相关性对最小二乘回归分析造成的不利影响。

03 设置完毕后，按回车键，等待输出结果。

7.4.2 结果分析

在 Stata 16.0 主界面的结果窗口可以看到如图 7.3~图 7.20 所示的分析结果。

1. 对数据进行描述性分析的结果

图 7.3 所示是对数据进行描述性分析的结果。

```
. summarize month profit amount,detail

                            month
-------------------------------------------------------------
      Percentiles      Smallest
 1%            1              1
 5%            3              2
10%            5              3       Obs                  49
25%           13              4       Sum of Wgt.          49

50%           25                      Mean                 25
                        Largest       Std. Dev.      14.28869
75%           37             46
90%           45             47       Variance       204.1667
95%           47             48       Skewness              0
99%           49             49       Kurtosis          1.799

                            profit
-------------------------------------------------------------
      Percentiles      Smallest
 1%      643.042        643.042
 5%      664.936         647.67
10%      689.856        664.936       Obs                  49
25%       749.13        683.982       Sum of Wgt.          49

50%      853.972                      Mean           938.8417
                        Largest       Std. Dev.       232.798
75%     1098.188       1359.136
90%     1301.642       1392.066       Variance        54194.9
95%     1392.066       1416.096       Skewness       .6806106
99%     1442.262       1442.262       Kurtosis       2.213728

                            amount
-------------------------------------------------------------
      Percentiles      Smallest
 1%     1416.668       1416.668
 5%      1447.98       1429.028
10%      1525.23        1447.98       Obs                  49
25%     1616.612        1496.72       Sum of Wgt.          49

50%     1861.999                      Mean           1833.292
                        Largest       Std. Dev.      247.3392
75%     1994.498       2184.636
90%     2125.926       2194.483       Variance       61176.66
95%     2194.483       2360.148       Skewness       .3029832
99%     2516.955       2516.955       Kurtosis       2.839249
```

图 7.3 描述性分析的结果

从如图 7.3 所示的分析结果中可以得到很多信息，包括百分位数、4 个最小值、4 个最大值、平均值、标准差、偏度、峰度等。数据的总体质量还是可以的，没有极端异常值，变量间的量纲差距、变量的偏度、峰度也是可以接受的，可以进入下一步的分析。

2. 对数据进行相关性分析的结果

图 7.4 所示是对数据进行相关性分析的结果。

```
. correlate month profit asset
(obs=49)

             |    month   profit    asset
-------------+---------------------------
       month |   1.0000
      profit |   0.9377   1.0000
       asset |   0.9557   0.8917   1.0000
```

图 7.4　相关性分析的结果

在图 7.4 中，profit 与 amount 之间的相关关系还是可以接受的，可以进入下面的回归分析过程。

3. 对数据进行回归分析的结果

图 7.5 所示是对数据进行回归分析的结果。

```
. regress profit amount

      Source |       SS           df       MS      Number of obs   =        49
-------------+----------------------------------   F(1, 47)        =    182.40
       Model |  2068377.53         1  2068377.53   Prob > F        =    0.0000
    Residual |  532977.475        47  11339.9463   R-squared       =    0.7951
-------------+----------------------------------   Adj R-squared   =    0.7908
       Total |  2601355.01        48   54194.896   Root MSE        =    106.49

------------------------------------------------------------------------------
      profit |      Coef.   Std. Err.      t    P>|t|     [95% Conf. Interval]
-------------+----------------------------------------------------------------
      amount |   .8392694     .062143    13.51   0.000     .7142539    .9642849
       _cons |  -599.7846    114.9374    -5.22   0.000    -831.0089   -368.5603
------------------------------------------------------------------------------
```

图 7.5　回归分析的结果

从上述分析结果中可以看出共有 49 个样本参与了分析，模型的 F 值(1,47)=182.40，P 值（Prob > F）= 0.0000，说明模型整体上是非常显著的。模型的可决系数（R-squared）=0.7951，模型修正的可决系数（Adj R-squared）= 0.7908，说明模型的解释能力非常不错。

模型的回归方程是：

```
profit = 0.8392694 * amount - 599.7846
```

变量 amount 的系数标准误是 0.062143，t 值为 13.51，P 值为 0.000，系数是非常显著的，95%的置信区间为[0.7142539,0.9642849]。常数项的系数标准误是 114.9374，t 值为-5.22，P 值为 0.000，系数也是非常显著的，95%的置信区间为[-831.0089, -368.5603]。

从上面的分析可以看出该 XX 影音企业利润收入与注册会员量之间是一种显著的正向变化关系，注册会员量的上升会给企业利润带来显著的增加。或者说，注册会员量边际贡献为正。

4. 变量的方差-协方差矩阵结果

图 7.6 所示是变量的方差-协方差矩阵。

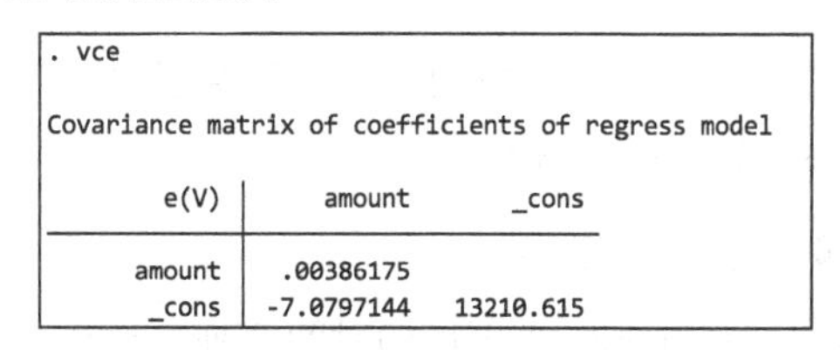

```
. vce

Covariance matrix of coefficients of regress model

        e(V) |     amount       _cons
-------------+------------------------
      amount |  .00386175
       _cons | -7.0797144   13210.615
```

图 7.6　变量的方差-协方差矩阵

从图 7.6 中可以看出，变量与常数项系数的方差与协方差都不是很大。

5. 对变量系数的假设检验结果

图 7.7 所示是对变量系数的假设检验结果。

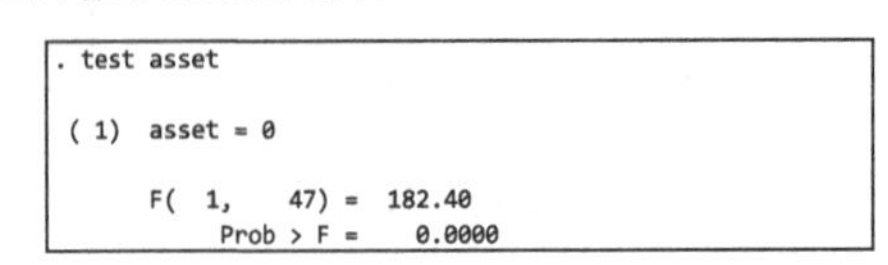

```
. test asset

 ( 1)  asset = 0

       F(  1,    47) =  182.40
            Prob > F =    0.0000
```

图 7.7 对变量系数的假设检验结果

从图 7.7 中可以看出，模型非常显著，在 5%的显著性水平上通过了检验。

6. 对因变量的拟合值的预测

图 7.8 所示是对因变量的拟合值的预测。

对因变量的拟合值的预测是根据自变量的值和得到的回归方程计算出来的，主要用于预测未来。从图 7.8 中可以看到 yhat 的值与 profit 的值是比较相近的，所以拟合的回归模型还是不错的。

7. 回归分析得到的残差序列

图 7.9 所示是回归分析得到的残差序列。

	month	profit	amount	yhat
1	1	643.042	1416.668	589.1815
2	2	647.67	1429.028	599.5548
3	3	664.936	1447.98	615.4607
4	4	683.982	1496.72	656.3663
5	5	716.556	1542.699	694.9553
6	6	689.856	1525.23	680.2943
7	7	715.132	1537.755	690.8059
8	8	740.764	1525.23	680.2943
9	9	763.726	1561.939	711.1031
10	10	749.13	1551.227	702.1129
11	11	703.206	1561.898	711.0685
12	12	759.276	1616.612	756.988
13	13	821.932	1717.263	841.4619
14	14	874.086	1727.398	849.968
15	15	832.79	1650.066	785.0653
16	16	738.45	1600.75	743.6755
17	17	736.492	1712.402	837.3817
18	18	782.416	1715.904	840.3207
19	19	783.128	1693.12	821.1992
20	20	797.902	1729.252	851.524
21	21	739.162	1808.274	917.8445
22	22	775.474	1808.15	917.7407
23	23	789.002	1853.429	955.7418
24	24	807.87	1926.271	1016.875
25	25	845.606	1952.639	1039.005

图 7.8 对因变量的拟合值的预测

	month	profit	amount	yhat	e
1	1	643.042	1416.668	589.1815	53.86054
2	2	647.67	1429.028	599.5548	48.11517
3	3	664.936	1447.98	615.4607	49.47531
4	4	683.982	1496.72	656.3663	27.61565
5	5	716.556	1542.699	694.9553	21.60071
6	6	689.856	1525.23	680.2943	9.561788
7	7	715.132	1537.755	690.8059	24.32612
8	8	740.764	1525.23	680.2943	60.46975
9	9	763.726	1561.939	711.1031	52.62285
10	10	749.13	1551.227	702.1129	47.01712
11	11	703.206	1561.898	711.0685	-7.862542
12	12	759.276	1616.612	756.988	2.287995
13	13	821.932	1717.263	841.4619	-19.52982
14	14	874.086	1727.398	849.968	24.11796
15	15	832.79	1650.066	785.0653	47.72466
16	16	738.45	1600.75	743.6755	-5.225554
17	17	736.492	1712.402	837.3817	-100.8896
18	18	782.416	1715.904	840.3207	-57.90472
19	19	783.128	1693.12	821.1992	-38.07119
20	20	797.902	1729.252	851.524	-53.62207
21	21	739.162	1808.274	917.8445	-178.6825
22	22	775.474	1808.15	917.7407	-142.2667
23	23	789.002	1853.429	955.7418	-166.7398
24	24	807.87	1926.271	1016.875	-209.0055
25	25	845.606	1952.639	1039.005	-193.3994

图 7.9 残差序列

残差序列反映的是因变量实际值与拟合值的差异，其深层次的意义是使用形成的回归模型对因变量进行拟合，相对于原始信息的损失情况。

8. 以 month 为周期的时间序列的结果

图 7.10 所示是把数据定义成以 month 为周期的时间序列的结果。

```
. tsset month
        time variable:  month, 1 to 49
                delta:  1 unit
```

图 7.10 以 month 为周期的时间序列的结果

关于时间序列的相关概念与分析方法等将在后续的章节中详细说明，这里不再赘述。

9. 散点图

图 7.11 所示是残差与残差滞后一期的散点图。

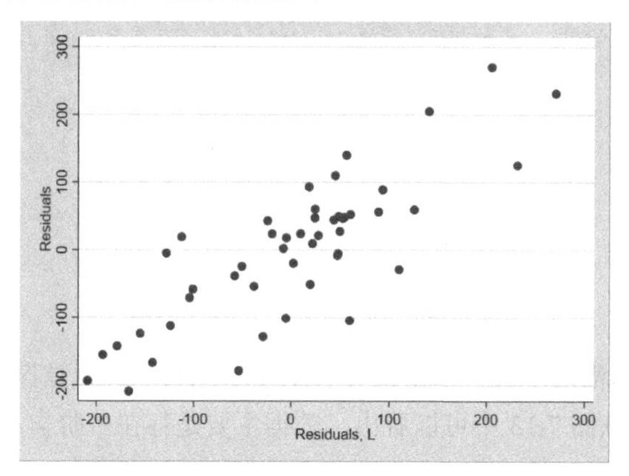

图 7.11　残差与残差滞后一期的散点图

从图 7.11 中可以看出，残差与滞后一期的残差之间存在着一种类似正向线性变动的关系，所以数据是存在自相关的。

10. 自相关图

图 7.12 所示是残差序列的自相关图。

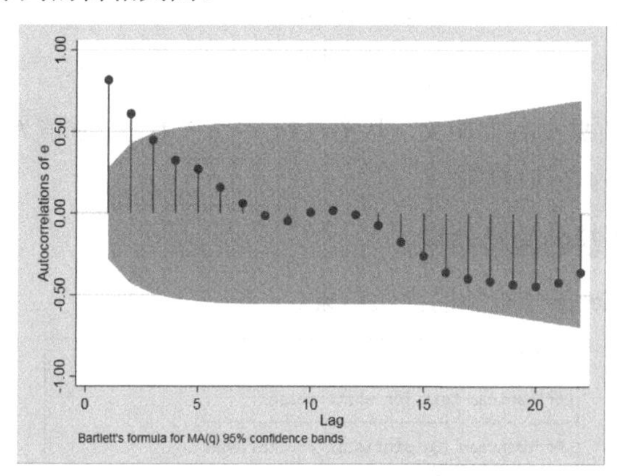

图 7.12　残差序列的自相关图

图 7.12 中的横轴表示滞后阶数，阴影部分表示 95%的自相关置信区间，在阴影部分之外表示自相关系数显著不为 0。从图 7.12 中可以看出，数据主要是存在二阶自相关的。

11. 偏自相关图

图 7.13 所示是残差序列的偏自相关图。

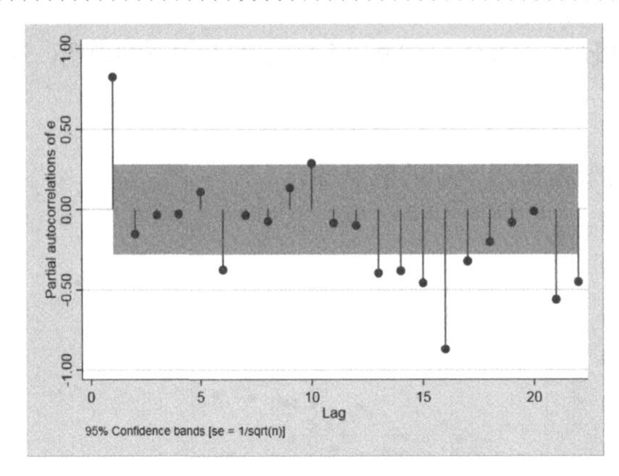

图 7.13　残差序列的偏自相关图

图 7.13 中的横轴表示滞后阶数，阴影部分表示 95%的自相关置信区间，在阴影部分之外表示自相关系数显著不为 0。从图 7.13 中可以看出，数据主要是存在一阶自相关的。

12. BG 检验的检验结果

图 7.14 所示是 BG 检验的检验结果。

```
. estat bgodfrey

Breusch-Godfrey LM test for autocorrelation
```

lags(*p*)	chi2	df	Prob > chi2
1	33.069	1	0.0000

```
H0: no serial correlation
```

图 7.14　BG 检验的检验结果

BG 检验的原假设是数据没有自相关。从图 7.14 中可以看出，P 值为 0.0000，非常显著地拒绝了无自相关的原假设，认为存在自相关。

13. Box-Pierce Q 检验的检验结果

图 7.15 所示是 Box-Pierce Q 检验的检验结果。

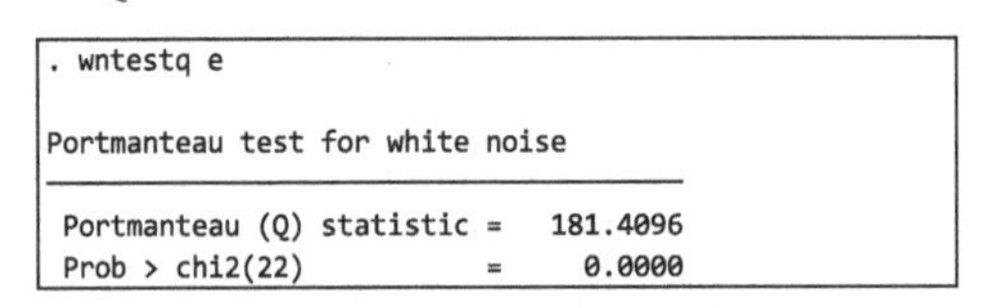

```
. wntestq e

Portmanteau test for white noise

 Portmanteau (Q) statistic =   181.4096
 Prob > chi2(22)           =     0.0000
```

图 7.15　Box-Pierce Q 检验的检验结果

Box-Pierce Q 检验的原假设是数据没有自相关。从图 7.15 中可以看出，P 值为 0.0000，非常显著地拒绝了无自相关的原假设，认为存在自相关。

14. DW 检验的检验结果

图 7.16 所示是 DW 检验的检验结果。

DW 检验的原假设数据没有自相关。从图 7.16 中可以看出，DW 值为 0.3545384，远远小于无自相关时的值 2，所以认为存在正的自相关。

图 7.17 所示是计算样本个数的 1/4 次幂的结果。

```
. estat dwatson

Durbin-Watson d-statistic(  2,     49) =  .3545384
```

图 7.16 DW 检验的检验结果

```
. di 49^0.25
2.6457513
```

图 7.17 计算样本个数的 1/4 次幂的结果

本例中，样本个数为 49，49 的 0.25 次方是 2.6457513，所以确定滞后阶数是 3。

图 7.18 所示是使用自相关异方差稳健的标准差对数据进行回归分析的结果。

```
. newey profit amount,lag(3)

Regression with Newey-West standard errors          Number of obs     =        49
maximum lag: 3                                       F(  1,        47) =    107.43
                                                     Prob > F          =    0.0000

------------------------------------------------------------------------------
             |             Newey-West
      profit |      Coef.   Std. Err.      t    P>|t|     [95% Conf. Interval]
-------------+----------------------------------------------------------------
      amount |   .8392694   .0809718    10.36   0.000     .6763752    1.002164
       _cons |  -599.7846   132.6667    -4.52   0.000    -866.6756   -332.8937
------------------------------------------------------------------------------
```

图 7.18 使用自相关异方差稳健的标准差对数据进行回归分析的结果

从上述分析结果中可以看出，模型整体的显著性、自变量与常数项系数的显著性以及模型的解释能力依旧很高。

图 7.19 所示是对数据进行迭代式 CO 估计法广义最小二乘回归分析的结果。

```
Cochrane-Orcutt AR(1) regression -- iterated estimates

      Source |       SS           df       MS      Number of obs   =        48
-------------+----------------------------------   F(1, 46)        =      3.94
       Model |  12327.3136         1  12327.3136   Prob > F        =    0.0531
    Residual |  143828.948        46  3126.71627   R-squared       =    0.0789
-------------+----------------------------------   Adj R-squared   =    0.0589
       Total |  156156.262        47  3322.47366   Root MSE        =    55.917

------------------------------------------------------------------------------
      profit |      Coef.   Std. Err.      t    P>|t|     [95% Conf. Interval]
-------------+----------------------------------------------------------------
      amount |   .3013603   .1517735     1.99   0.053     -.004144    .6068646
       _cons |   678.0903    455.194     1.49   0.143    -238.1678    1594.348
-------------+----------------------------------------------------------------
         rho |   .9672991
------------------------------------------------------------------------------
Durbin-Watson statistic (original)    0.354538
Durbin-Watson statistic (transformed) 1.927109
```

图 7.19 对数据进行迭代式 CO 估计法广义最小二乘回归分析的结果

对本结果的详细解读与前面类似，此处限于篇幅不再赘述。但值得注意的是，DW 值从 0.354538 跃升至 1.927109，非常接近没有自相关时的值 2，所以经过 CO 迭代变换后，模型消除了自相关，但是模型的显著程度和解释能力都有所下降，这也是必须付出的代价。

图 7.20 所示是对数据进行迭代式 PW 估计法广义最小二乘回归分析的结果。DW 值从 0.3545384 跃升至 1.861234，非常接近没有自相关时的值 2，所以经过 PW 迭代变换后，模型消除了自相关，同样，模型的显著程度和解释能力也有所下降。

```
. prais profit amount,nolog


Prais-Winsten AR(1) regression -- iterated estimates

      Source |       SS           df       MS      Number of obs   =        49
-------------+----------------------------------   F(1, 47)        =     12.77
       Model |  40509.4612         1  40509.4612   Prob > F        =    0.0008
    Residual |  149124.313        47  3172.85772   R-squared       =    0.2136
-------------+----------------------------------   Adj R-squared   =    0.1969
       Total |  189633.774        48  3950.70362   Root MSE        =    56.328

------------------------------------------------------------------------------
      profit |      Coef.   Std. Err.      t    P>|t|     [95% Conf. Interval]
-------------+----------------------------------------------------------------
      amount |   .4522928   .1266045     3.57   0.001     .1975975    .7069882
       _cons |   124.8024   255.0589     0.49   0.627    -388.3099    637.9148
-------------+----------------------------------------------------------------
         rho |   .9291977
------------------------------------------------------------------------------
Durbin-Watson statistic (original)    0.354538
Durbin-Watson statistic (transformed) 1.861234
```

图 7.20　对数据进行迭代式 PW 估计法广义最小二乘回归分析的结果

7.5　研究结论

本章基于 XX 影音企业连续 49 个月的利润收入与注册会员量数据，采用“使用自相关异方差稳健的标准差对数据进行回归分析”“迭代式 PW 估计法广义最小二乘回归分析”“迭代式 CO 估计法广义最小二乘回归分析”等多种分析方法克服了普通最小二乘回归分析方法下的自相关情况，研究发现 XX 影音企业利润收入与注册会员量之间是一种显著的正向变化关系，注册会员量的上升会给企业带来利润的显著增加。或者说，注册会员量边际贡献为正。

第 8 章　生产制造企业利润驱动因素分析建模技术

对于生产制造企业来说，影响利润的因素是多方面的，包括企业的固定资产投资、企业的平均就业人数、企业的研究开发支出等。通常情况下，企业的固定资产投资、企业的平均就业人数、企业的研究开发支出与利润水平之间是一种正向变化关系，即企业的固定资产投资越多、企业的平均就业人数越多、企业的研究开发支出越多，企业的利润水平就会越高。但是固定资产投资、平均就业人数、研究开发支出这些都是生产要素，都有边际倾向递减的特点，也就是说随着生产要素投入量的不断增加，每新增一单位生产要素的投入带来的利润水平提升是逐渐减少的。所以，对利润驱动因素进行深入探索，分析各种生产要素对于利润的影响方向和影响程度，对于生产制造企业来说非常重要。Stata 作为一种功能强大的统计分析软件，完全可以用来完成相关的分析目标。本章将以某生产制造企业具体的经营实践为例，力求以深入浅出的方式讲解 Stata 在生产制造企业利润驱动因素分析建模技术中的应用。需要提示和强调的是，本章虽然以生产制造企业为例，但是其中体现的研究方法、研究思路和建模技术也可以有效应用到其他类似经营性质的企业，读者可以结合自身研究需要加以参考借鉴。

8.1　建模思路

本章所用的数据包括 XX 生产制造企业 1995－2019 年营业利润总额、固定资产投资、平均职工人数、研究开发支出等时间序列数据。数据的 Excel 形式（部分）如表 8.1 所示。

表 8.1　XX 生产制造企业 1995－2019 年数据

年　份	营业利润总额/亿元	固定资产投资/亿元	平均职工人数/万人	研究开发支出/万元
1995	777	146.5	358	46.81
1996	1088	184.5	532	73.35
1997	2003	214.5	666	123.13
1998	2864	254.5	755	154.41
……	……	……	……	……
2018	35003	4815.5	3743	3588
2019	37891.5	5023	3809	3999

从表格中不难看出，本数据为时间序列数据，需要基于时间序列数据的特征，使用时间序列

分析相关方法开展分析。基本的研究思路是：

（1）首先对XX生产制造企业1995－2019年营业利润总额、固定资产投资、平均职工人数、研究开发支出时间序列数据进行描述性分析，并绘制变量的时间序列趋势图，简明扼要地分析一下数据特征。

（2）对营业利润总额、固定资产投资、平均职工人数、研究开发支出时间序列数据进行相关性检验，探索变量之间的相关关系。

（3）对营业利润总额、固定资产投资、平均职工人数、研究开发支出各个时间序列变量采用多种方法进行单位根检验，综合分析其平稳性。

（4）使用回归分析方法探索平稳变量之间的关系，综合分析其长期均衡关系。

（5）建立相应的误差修正模型，并提出研究结论。

8.2 描述性分析

	下载资源:\video\8
	下载资源:\sample\chap8\数据8

8.2.1 Stata分析过程

在用Stata进行分析之前，要把数据录入Stata中。本例中有5个变量，分别为年份、营业利润总额、固定资产投资、平均职工人数和研究开发支出。我们把年份变量设定为year，并给变量加上标签“年份”；把营业利润总额变量设定为profit，并给变量加上标签“营业利润总额”；把固定资产投资变量设定为invest，并给变量加上标签“固定资产投资”；把平均职工人数变量设定为labor，并给变量加上标签“平均职工人数”；把研究开发支出变量设定为rd，并给变量加上标签“研究开发支出”。变量类型及长度采取系统默认方式，然后录入相关数据。相关操作在第1章中已详细讲述过了。数据录入完成后，结果如图8.1所示。

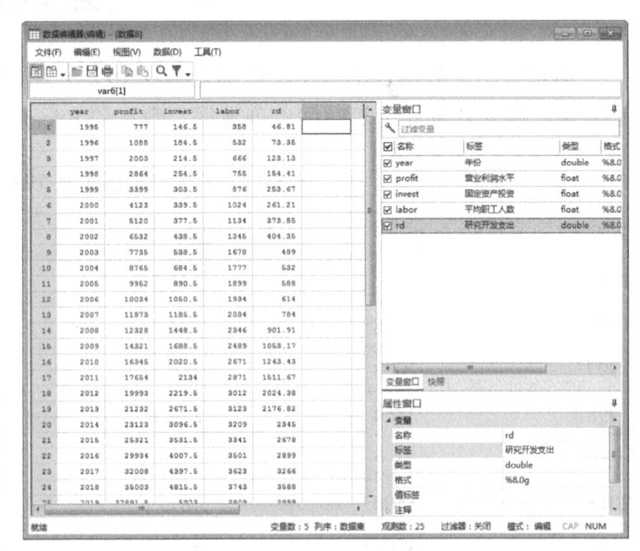

图8.1 案例8的数据

先保存数据，然后开始展开分析。值得说明的是，本例中需要对各个时间序列变量数据进行对数标准化处理，一方面可以消除数据异方差的影响，使数据更适合深入分析，并且使数据更具实际意义；另一方面可以研究变量之间的弹性关系。在没有进行对数变换之前，变量之间的联动关系表现为自变量的变动引起因变量变动的程度，在进行对数变换之后，变量的联动关系就表现为自变量变动的百分比引起因变量变动的百分比的程度。

描述性分析的步骤如下：

01 进入 Stata 16.0，打开相关数据文件，弹出主界面。

02 在主界面的“命令窗口”中输入如下命令：

```
generate lprofit=ln(profit)
```

本命令旨在对变量 profit 进行对数变换。

按照相同操作方式，对变量 invest、labor、rd 分别进行对数变换，生成变量 linvest、llabor、lrd。

```
summarize  profit invest labor rd lprofit linvest llabor lrd,detail
```

本命令旨在对营业利润总额、固定资产投资、平均职工人数和研究开发支出变量以及它们的对数标准化变量进行描述性分析。

03 设置完毕后，按回车键，等待输出结果。

8.2.2 结果分析

在 Stata 16.0 主界面的结果窗口可以看到如图 8.2~图 8.9 所示的分析结果。

1. 数据标准化处理结果

选择“数据”|“数据编辑器”|“数据编辑器（浏览）”命令，进入数据查看界面，可以看到如图 8.2 所示的 lprofit 数据。lprofit 数据是对 profit 进行对数变换处理的结果。同理可看到 linvest、llabor、lrd 变量数据。

图 8.2 数据标准化处理分析结果 1

2. 描述性分析结果

图 8.3~图 8.6 给出了营业利润总额、固定资产投资、平均职工人数和研究开发支出变量及其对数标准化变量的描述性分析结果。

```
                          营业利润水平
-------------------------------------------------------------
      Percentiles      Smallest
 1%          777            777
 5%         1088           1088
10%         2003           2003       Obs                  25
25%         5120           2864       Sum of Wgt.          25

50%        11873                      Mean           14376.74
                        Largest       Std. Dev.      11115.47
75%        21232          29934
90%        32008          32008       Variance       1.24e+08
95%        35003          35003       Skewness       .6479082
99%      37891.5        37891.5       Kurtosis       2.309628

                          固定资产投资
-------------------------------------------------------------
      Percentiles      Smallest
 1%        146.5          146.5
 5%        184.5          184.5
10%        214.5          214.5       Obs                  25
25%        377.5          254.5       Sum of Wgt.          25

50%       1185.5                      Mean             1746.5
                        Largest       Std. Dev.      1581.645
75%       2671.5         4007.5
90%       4397.5         4397.5       Variance        2501602
95%       4815.5         4815.5       Skewness       .7937171
99%         5023           5023       Kurtosis       2.328371
```

图 8.3　描述性分析结果图 1

```
                          平均职工人数
-------------------------------------------------------------
      Percentiles      Smallest
 1%          358            358
 5%          532            532
10%          666            666       Obs                  25
25%         1134            755       Sum of Wgt.          25

50%         2034                      Mean               2150
                        Largest       Std. Dev.      1108.545
75%         3123           3501
90%         3623           3623       Variance        1228873
95%         3743           3743       Skewness      -.0609292
99%         3809           3809       Kurtosis       1.688139

                          研究开发支出
-------------------------------------------------------------
      Percentiles      Smallest
 1%        46.81          46.81
 5%        73.35          73.35
10%       123.13         123.13       Obs                  25
25%       373.85         154.41       Sum of Wgt.          25

50%          784                      Mean           1295.366
                        Largest       Std. Dev.       1217.76
75%      2176.82           2899
90%         3266           3266       Variance        1482940
95%         3588           3588       Skewness       .8484545
99%         3999           3999       Kurtosis       2.402895
```

图 8.4　描述性分析结果图 2

```
                            lprofit
-------------------------------------------------------------
      Percentiles      Smallest
 1%      6.65544        6.65544
 5%     6.992096       6.992096
10%     7.602401       7.602401       Obs                  25
25%      8.54091       7.959975       Sum of Wgt.          25

50%     9.382022                      Mean           9.161369
                        Largest       Std. Dev.       1.07002
75%     9.963264       10.30675
90%     10.37374       10.37374       Variance       1.144942
95%     10.46319       10.46319       Skewness      -.7732683
99%     10.54248       10.54248       Kurtosis       2.789911

                            linvest
-------------------------------------------------------------
      Percentiles      Smallest
 1%     4.987025       4.987025
 5%     5.217649       5.217649
10%      5.36831        5.36831       Obs                  25
25%      5.93357       5.539301       Sum of Wgt.          25

50%      7.07792                      Mean           6.951681
                        Largest       Std. Dev.      1.130578
75%     7.890395       8.295923
90%     8.388791       8.388791       Variance       1.278206
95%     8.479595       8.479595       Skewness      -.2059977
99%     8.521783       8.521783       Kurtosis       1.707329
```

图 8.5　描述性分析结果图 3

```
                            llabor
-------------------------------------------------------------
      Percentiles      Smallest
 1%     5.880533       5.880533
 5%     6.276643       6.276643
10%      6.50129        6.50129       Obs                  25
25%     7.033506       6.626718       Sum of Wgt.          25

50%      7.61776                      Mean           7.495116
                        Largest       Std. Dev.      .6728288
75%      8.04655       8.160804
90%     8.195058       8.195058       Variance       .4526986
95%     8.227643       8.227643       Skewness      -.8269171
99%     8.245122       8.245122       Kurtosis       2.650947

                              lrd
-------------------------------------------------------------
      Percentiles      Smallest
 1%     3.846097       3.846097
 5%     4.295242       4.295242
10%     4.813241       4.813241       Obs                  25
25%     5.923855       5.039611       Sum of Wgt.          25

50%     6.664409                      Mean           6.586264
                        Largest       Std. Dev.      1.251179
75%      7.68562       7.972121
90%     8.091321       8.091321       Variance       1.565448
95%      8.18535        8.18535       Skewness      -.4923455
99%     8.293799       8.293799       Kurtosis       2.370101
```

图 8.6　描述性分析结果图 4

从如图 8.3~图 8.6 所示的分析结果中可以得到很多信息，此处限于篇幅不再针对各个变量一一展开说明，以变量 lrd 为例进行解释。

- 百分位数（Percentiles）：可以看出变量 lrd 的第 1 个四分位数（25%）是 5.923855，第 2 个四分位数（50%）是 6.664409。
- 4 个最小值（Smallest）：变量 lrd 最小的 4 个数据值分别是 3.846097、4.295242、4.813241、5.039611。
- 4 个最大值（Largest）：变量 lrd 最大的 4 个数据值分别是 7.972121、8.091321、8.18535、

8.293799。

- 平均值（Mean）和标准差（Std. Dev）：变量 lrd 的平均值为 6.586264，标准差是 1.251179。
- 偏度（Skewness）和峰度（Kurtosis）：变量 lrd 的偏度为-0.4923455，为负偏度但不大。变量 lrd 的峰度为 2.370101，有一个比正态分布略短的尾巴。

从上面的描述性分析结果中可以看出，所有数据中没有极端数据，数据间的量纲差距也在可接受范围之内，可以进入下一步的分析过程。

8.3 时间序列趋势图

	下载资源:\video\8
	下载资源:\sample\chap8\数据 8

我们通过绘制时间序列趋势图可以迅速看出数据的变化特征，为后续更加精确地判断或者选择合适的模型做好必要准备。

8.3.1 Stata 分析过程

时间序列趋势图分析的步骤如下：

01 进入 Stata 16.0，打开相关数据文件，弹出主界面。
02 在主界面的“命令窗口”中输入如下命令：

```
tsset year
```

本命令旨在把数据定义为时间序列，时间变量为 year。

```
twoway(line profit year)
```

本命令旨在绘制变量 profit 随时间变量 year 变动的时间趋势图。

将上述命令中的变量 profit 替换成 invest，即 twoway(line invest year)，即可绘制变量 invest 随时间变量 year 变动的时间趋势图。按照同样的操作方式分别将变量替换成 labor、rd、lprofit、linvest、llabor、lrd、d.lprofit、d.linvest、d.llabor、d.lrd，即可分别绘制这些变量随时间变量 year 变动的时间趋势图。

03 设置完毕后，按回车键，等待输出结果。

8.3.2 结果分析

在 Stata 16.0 主界面的结果窗口可以看到如图 8.7~图 8.19 所示的分析结果。

图 8.7 显示的是把年份作为日期变量对数据进行时间定义的结果。

```
. tsset year
        time variable:  year, 1994 to 2018
                delta:  1 unit
```

图 8.7 时间序列趋势图分析结果图 1

从上述分析结果中可以看到时间变量是年份（year），区间范围是 1994~2018，间距为 5。

图 8.8~图 8.11 分别显示的是变量营业利润总额、固定资产投资、平均职工人数、研究开发支出随时间变动的趋势。可以看到上述变量均具有明显、稳定的长期增长趋势。

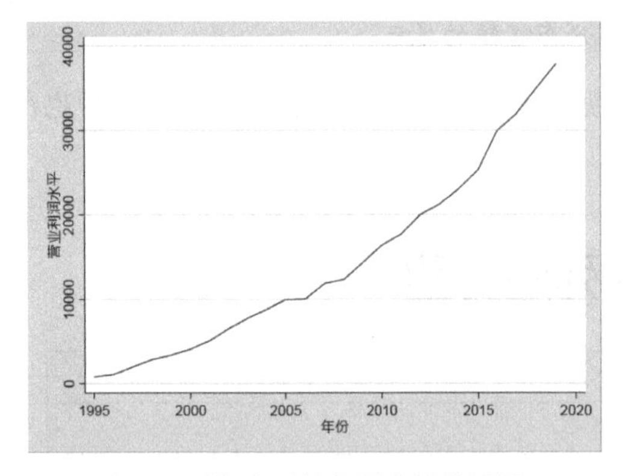

图 8.8　时间序列趋势图分析结果图 2

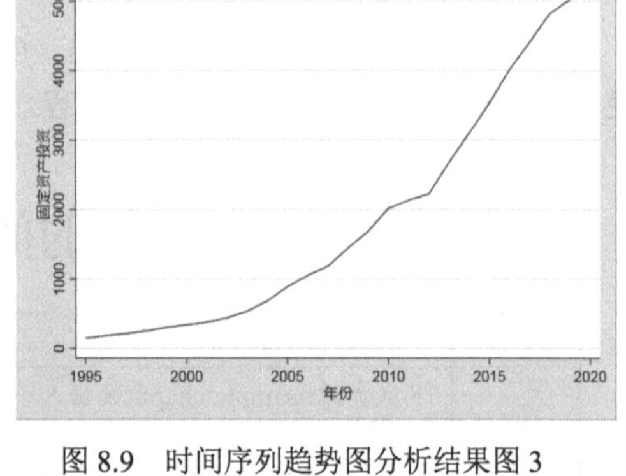

图 8.9　时间序列趋势图分析结果图 3

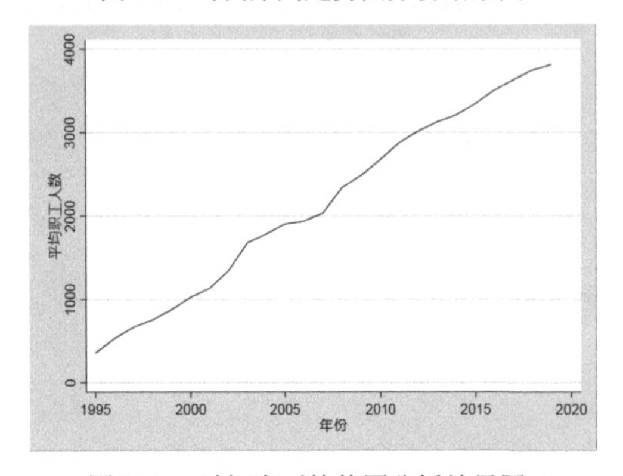

图 8.10　时间序列趋势图分析结果图 4

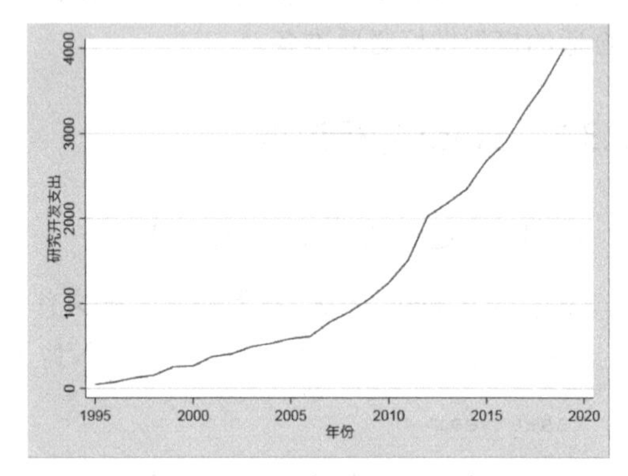

图 8.11　时间序列趋势图分析结果图 5

图 8.12~图 8.15 分别显示的是变量营业利润总额、固定资产投资、平均职工人数、研究开发支出的对数值随时间变动的趋势。可以看到上述变量同样具有明显、稳定的长期增长趋势。

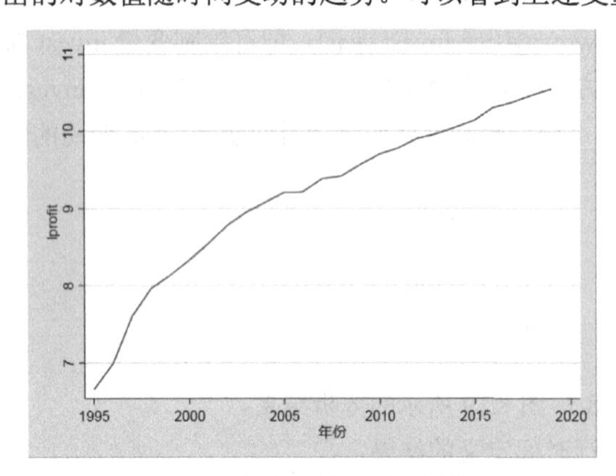

图 8.12　时间序列趋势图分析结果图 6

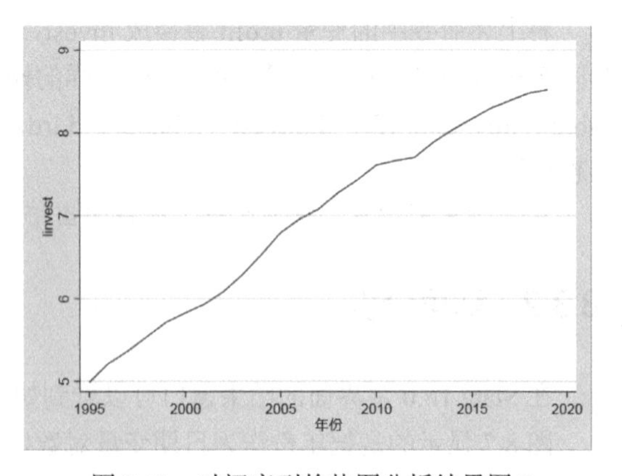

图 8.13　时间序列趋势图分析结果图 7

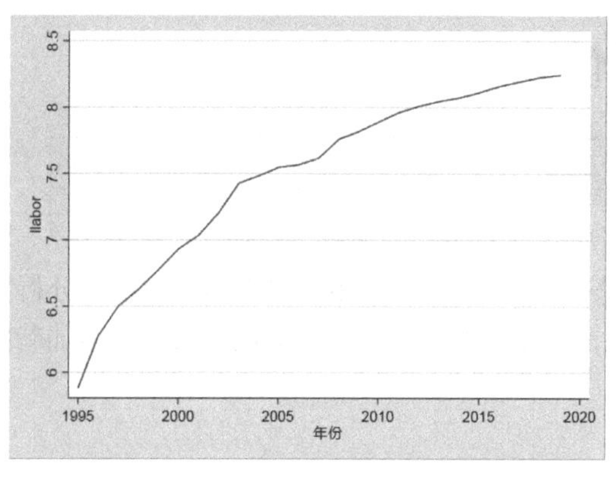

图 8.14　时间序列趋势图分析结果图 8

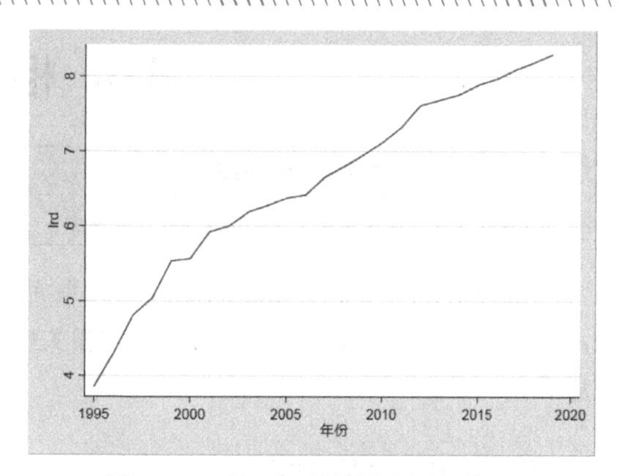

图 8.15　时间序列趋势图分析结果图 9

图 8.16~图 8.19 分别显示的是变量营业利润总额、固定资产投资、平均职工人数、研究开发支出的对数值的一阶差分值随时间变动的趋势。上述变量均没有明显趋势。

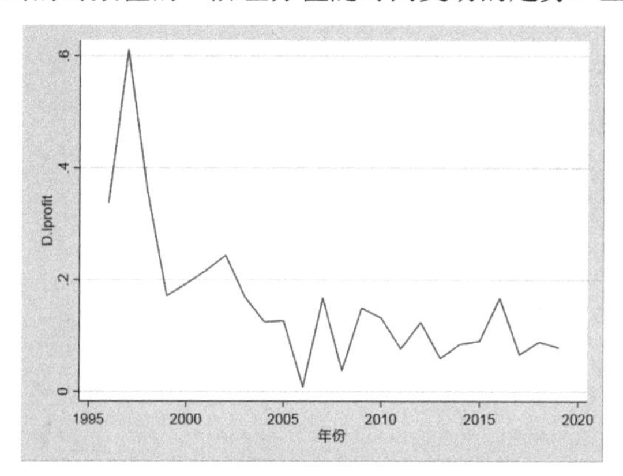

图 8.16　时间序列趋势图分析结果图 10

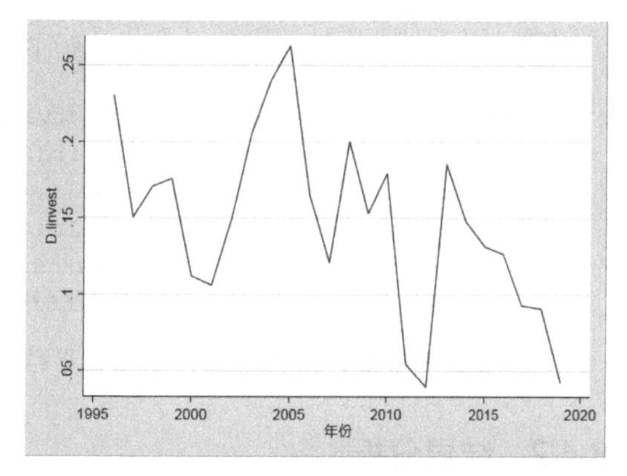

图 8.17　时间序列趋势图分析结果图 11

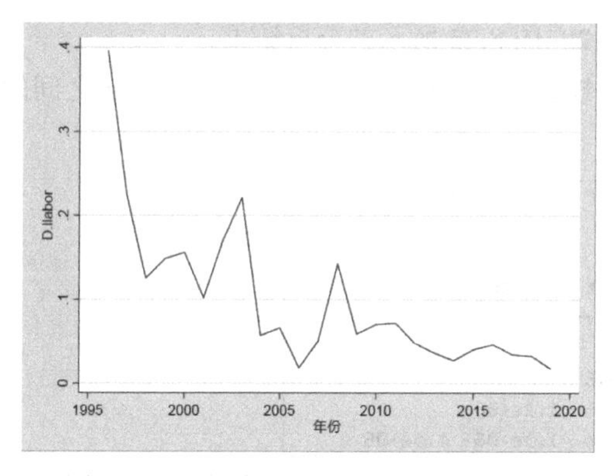

图 8.18　时间序列趋势图分析结果图 12

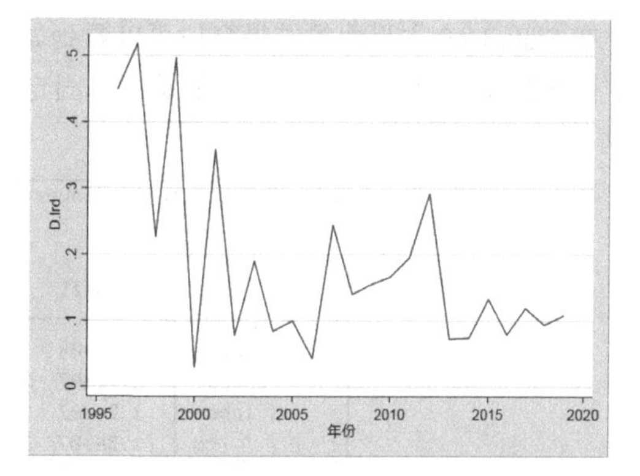

图 8.19　时间序列趋势图分析结果图 13

综上所述，通过绘制时间序列趋势图发现变量营业利润总额、固定资产投资、平均职工人数、研究开发支出的值及其对数标准化的值都是有明显、稳定的向上增长趋势的，而对数值的一阶差分值则没有明显趋势。

8.4 相关性分析

	下载资源:\video\8
	下载资源:\sample\chap8\数据 8

相关分析是不考虑变量之间的因果关系而只研究分析变量之间的相关关系的一种统计分析方法，通过这步操作可以判断出变量之间的相关性，从而考虑是否有必要进行后续分析或者增加新的变量等。

8.4.1 Stata 分析过程

相关性分析的步骤如下：

01 进入 Stata 16.0，打开相关数据文件，弹出主界面。

02 在主界面的“命令窗口”中输入如下命令：

```
correlate  profit invest labor rd,covariance
correlate  lprofit linvest llabor lrd,covariance
correlate  profit invest labor rd
correlate  lprofit linvest llabor lrd
pwcorr profit invest labor rd,sidak sig star(0.01)
pwcorr lprofit linvest llabor lrd,sidak sig star(0.01)
```

03 设置完毕后，按回车键，等待输出结果。

8.4.2 结果分析

在 Stata 16.0 主界面的结果窗口可以看到如图 8.20~图 8.25 所示的分析结果。

图 8.20 展示的是变量营业利润总额、固定资产投资、平均职工人数和研究开发支出之间的方差-协方差矩阵。

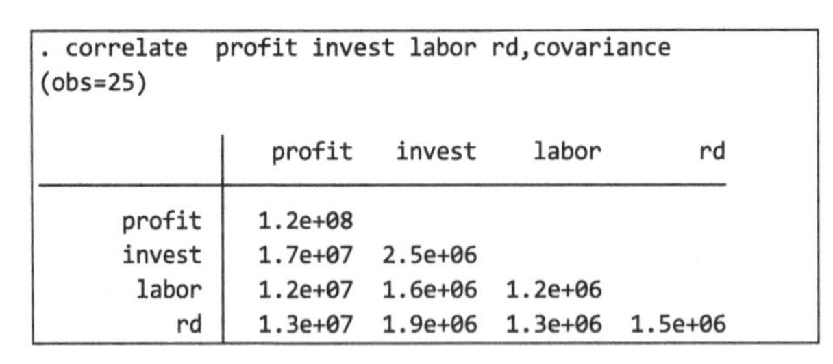

```
. correlate  profit invest labor rd,covariance
(obs=25)

             |   profit   invest    labor       rd
-------------+------------------------------------
      profit |  1.2e+08
      invest |  1.7e+07  2.5e+06
       labor |  1.2e+07  1.6e+06  1.2e+06
          rd |  1.3e+07  1.9e+06  1.3e+06  1.5e+06
```

图 8.20　相关性分析结果图 1

从上述分析结果中可以看到各个变量的方差（对角线上的值）以及相互之间的协方差（非对角线上的值）。如营业利润总额的方差是 1.2e+08，营业利润总额与固定资产投资之间的协方差是 1.7e+07。方差越大说明变量自身的波动率越大，协方差越大说明变量之间的联动关系越强。

图 8.21 展示的是变量营业利润总额、固定资产投资、平均职工人数和研究开发支出对数值之间的方差-协方差矩阵。结果解读与图 8.20 一致。

```
. correlate  lprofit linvest llabor lrd,covariance
(obs=25)

             |  lprofit  linvest    llabor       lrd
-------------+--------------------------------------
     lprofit |  1.14494
     linvest |  1.17503  1.27821
      llabor |    .7161  .738007   .452699
         lrd |  1.32922  1.39012   .830507   1.56545
```

图 8.21 相关性分析结果图 2

图 8.22 展示的是变量营业利润总额、固定资产投资、平均职工人数和研究开发支出之间的相关系数矩阵。

```
. correlate  profit invest labor rd
(obs=25)

             |   profit   invest    labor       rd
-------------+------------------------------------
      profit |   1.0000
      invest |   0.9932   1.0000
       labor |   0.9629   0.9388   1.0000
          rd |   0.9908   0.9936   0.9309   1.0000
```

图 8.22 相关性分析结果图 3

从上述分析结果中可以看到变量营业利润总额、固定资产投资、平均职工人数和研究开发支出之间的相关系数非常高。其中，营业利润总额与固定资产投资之间的相关系数是 0.9932，营业利润总额与平均职工人数之间的相关系数是 0.9629，营业利润总额与研究开发支出之间的相关系数是 0.9908，固定资产投资与平均职工人数之间的相关系数是 0.9388，固定资产投资与研究开发支出之间的相关系数是 0.9936，研究开发支出与平均职工人数之间的相关系数是 0.9309。各变量之间如此之高的正相关系数在一定程度上说明这几个变量之间联动关系较高。

图 8.23 展示的是营业利润总额、固定资产投资、平均职工人数和研究开发支出变量的对数值之间的相关系数矩阵。结果解读与图 8.22 一致。

```
. correlate  lprofit linvest llabor lrd
(obs=25)

             |  lprofit  linvest   llabor      lrd
-------------+------------------------------------
     lprofit |   1.0000
     linvest |   0.9713   1.0000
      llabor |   0.9947   0.9702   1.0000
         lrd |   0.9929   0.9827   0.9866   1.0000
```

图 8.23 相关性分析结果图 4

图 8.24 展示的是变量营业利润总额、固定资产投资、平均职工人数和研究开发支出之间的相关系数矩阵的显著性检验，设定置信水平为 99%。从分析结果中可以看到 4 个变量之间的相关系数非常高，均通过了置信水平为 99%的相关性检验。

图 8.25 展示的是变量对数变换后相关系数矩阵的显著性检验，与图 8.24 结果一致。

```
. pwcorr profit invest labor rd,sidak sig star(0.01)

             |   profit   invest    labor       rd
-------------+------------------------------------
      profit |   1.0000 
             |
             |
      invest |   0.9932*  1.0000 
             |   0.0000
             |
       labor |   0.9629*  0.9388*  1.0000 
             |   0.0000   0.0000
             |
          rd |   0.9908*  0.9936*  0.9309*  1.0000 
             |   0.0000   0.0000   0.0000
```

图 8.24 相关性分析结果图 5

```
. pwcorr lprofit linvest llabor lrd,sidak sig star(0.01)

             |  lprofit  linvest   llabor      lrd
-------------+------------------------------------
     lprofit |   1.0000 
             |
             |
     linvest |   0.9713*  1.0000 
             |   0.0000
             |
      llabor |   0.9947*  0.9702*  1.0000 
             |   0.0000   0.0000
             |
         lrd |   0.9929*  0.9827*  0.9866*  1.0000 
             |   0.0000   0.0000   0.0000
```

图 8.25 相关性分析结果图 6

8.5 单位根检验

	下载资源:\video\8
	下载资源:\sample\chap8\数据 8

对于时间序列数据而言，数据的平稳性对于模型的构建是非常重要的。如果时间序列数据是不平稳的，就可能会导致自回归系数的估计值向左偏向于 0，使传统的 T 检验失效，也有可能会使得两个相互独立的变量出现假相关关系或者回归关系，造成模型结果的失真。单位根检验是判断数据是否平稳的重要方法。只有进行了这步操作才能进行后续深入的分析。

8.5.1 Stata 分析过程

可以发现经过对数变换处理之后的变量与原变量一致，所以在后续分析中只针对对数变换之后的变量进行分析，并得出研究结论。本例采用 3 种单位根检验分析方法，分别是 PP 检验、ADF 检验以及 DF-GLS 检验。通过绘制时间序列趋势图可以发现变量营业利润总额、固定资产投资、平均职工人数、研究开发支出的值及其对数标准化的值都是有明显、稳定的向上增长趋势的，而对数值的一阶差分值是没有明显时间趋势。这些结论将会在单位根检验的操作命令中被用到。

1. PP 检验

操作步骤如下：

01 进入 Stata 16.0，打开相关数据文件，弹出主界面。

02 在主界面的“命令窗口”中分别输入如下命令并按回车键进行确认：

```
pperron  lprofit,trend
```

本命令旨在对 lprofit 变量运用 PP 检验方法进行单位根检验，以判断该时间序列变量是否平稳。命令中的 trend 表示该变量具有时间趋势，如果变量没有时间趋势，则使用 notrend。其他变量的 PP 检验命令如下所示：

```
pperron  linvest,trend
pperron  llabor,trend
```

```
pperron  lrd,trend
pperron  d.invest,notrend
pperron  d2.invest,notrend
```

03 设置完毕后，按回车键，等待输出结果。

2. ADF 检验

操作步骤如下：

01 进入 Stata 16.0，打开相关数据文件，弹出主界面。
02 在主界面的“命令窗口”中分别输入如下命令并按回车键进行确认：

```
dfuller  lprofit,trend
```

本命令旨在对 lprofit 变量运用 ADF 检验方法进行单位根检验，以判断该时间序列变量是否平稳。命令中的 trend 含义与 PP 检验一致。其他变量的 PP 检验命令如下所示：

```
dfuller  linvest,trend
dfuller  llabor,trend
dfuller  lrd,trend
dfuller  d.linvest,notrend
dfuller  d2.linvest,notrend
```

03 设置完毕后，按回车键，等待输出结果。

3. DF-GLS 检验

操作步骤如下：

01 进入 Stata 16.0，打开相关数据文件，弹出主界面。
02 在主界面的“命令窗口”中分别输入如下命令并按回车键进行确认：

```
dfgls  lprofit
```

本命令旨在对“lprofit”变量进行 DF-GLS 单位根检验，判断该时间序列变量是否平稳。

将上述命令中的“lprofit”换成“linvest”，即“dfgls　linvest”，完成对 linvest 变量的 DF-GLS 单位根检验。按照同样的操作将变量分别换成 llabor、lrd、d.lrd、d.linvest、d2.linvest，完成对上述变量的 DF-GLS 单位根检验。

03 设置完毕后，按回车键，等待输出结果。

8.5.2　结果分析

在 Stata 16.0 主界面的结果窗口可以看到如图 8.26~图 8.44 所示的分析结果。

1. PP 检验的结果

PP 检验的结果如图 8.26~图 8.31 所示。其中，图 8.26 展示的是对 lprofit 变量运用 PP 检验方法进行单位根检验的结果。

```
. pperron  lprofit,trend

Phillips-Perron test for unit root                 Number of obs   =        24
                                                   Newey-West lags =         2

                               ---------- Interpolated Dickey-Fuller ---------
                  Test         1% Critical       5% Critical      10% Critical
               Statistic           Value             Value             Value
------------------------------------------------------------------------------
 Z(rho)           -5.392           -22.500           -17.900           -15.600
 Z(t)             -6.833            -4.380            -3.600            -3.240
------------------------------------------------------------------------------
MacKinnon approximate p-value for Z(t) = 0.0000
```

图 8.26　单位根检验分析结果图 1

PP 检验的原假设是数据有单位根。从上面的结果中可以看出 P 值（MacKinnon approximate p-value for Z(t)）为 0.0000，拒绝了有单位根的原假设，这一点也可以通过观察 Z(t)值和 Z(rho)值得到。实际 Z(rho)值为-5.392，在 1%的置信水平（-22.500）、5%的置信水平（-17.900）、10%的置信水平（-15.600）上都无法拒绝原假设。实际 Z(t)值为-6.833，在 1%的置信水平（-4.380）、5%的置信水平（-3.600）、10%的置信水平（-3.240）上都显著拒绝原假设，所以 lprofit 这一变量数据是不存在单位根的，不需要对其做一阶差分后再继续进行检验。

图 8.27 展示的是对 linvest 变量运用 PP 检验方法进行单位根检验的结果。P 值为 0.9892，非常显著地接受了有单位根的原假设。

```
. pperron  linvest,trend

Phillips-Perron test for unit root                 Number of obs   =        24
                                                   Newey-West lags =         2

                               ---------- Interpolated Dickey-Fuller ---------
                  Test         1% Critical       5% Critical      10% Critical
               Statistic           Value             Value             Value
------------------------------------------------------------------------------
 Z(rho)           -0.858           -22.500           -17.900           -15.600
 Z(t)             -0.312            -4.380            -3.600            -3.240
------------------------------------------------------------------------------
MacKinnon approximate p-value for Z(t) = 0.9892
```

图 8.27　单位根检验分析结果图 2

图 8.28 展示的是对 llabor 变量运用 PP 检验方法进行单位根检验的结果。

```
. pperron  llabor,trend

Phillips-Perron test for unit root                 Number of obs   =        24
                                                   Newey-West lags =         2

                               ---------- Interpolated Dickey-Fuller ---------
                  Test         1% Critical       5% Critical      10% Critical
               Statistic           Value             Value             Value
------------------------------------------------------------------------------
 Z(rho)           -5.029           -22.500           -17.900           -15.600
 Z(t)             -4.134            -4.380            -3.600            -3.240
------------------------------------------------------------------------------
MacKinnon approximate p-value for Z(t) = 0.0056
```

图 8.28　单位根检验分析结果图 3

P 值为 0.0056，拒绝了有单位根的原假设。

图 8.29 展示的是对 lrd 变量运用 PP 检验方法进行单位根检验的结果。

```
. pperron  lrd,trend

Phillips-Perron test for unit root                Number of obs   =        24
                                                  Newey-West lags =         2

                               ———— Interpolated Dickey-Fuller ————
                  Test         1% Critical       5% Critical      10% Critical
               Statistic           Value             Value             Value
──────────────────────────────────────────────────────────────────────────────
 Z(rho)           -7.328         -22.500           -17.900           -15.600
 Z(t)             -4.542          -4.380            -3.600            -3.240
──────────────────────────────────────────────────────────────────────────────
MacKinnon approximate p-value for Z(t) = 0.0013
```

图 8.29 单位根检验分析结果图 4

P 值为 0.0013，显著地拒绝了有单位根的原假设。

图 8.30 展示的是对 d.invest 变量运用 PP 检验方法进行单位根检验的结果。

```
. pperron  d.invest,notrend

Phillips-Perron test for unit root                Number of obs   =        23
                                                  Newey-West lags =         2

                               ———— Interpolated Dickey-Fuller ————
                  Test         1% Critical       5% Critical      10% Critical
               Statistic           Value             Value             Value
──────────────────────────────────────────────────────────────────────────────
 Z(rho)           -5.301         -17.200           -12.500           -10.200
 Z(t)             -1.798          -3.750            -3.000            -2.630
──────────────────────────────────────────────────────────────────────────────
MacKinnon approximate p-value for Z(t) = 0.3815
```

图 8.30 单位根检验分析结果图 5

P 值为 0.3815，显著地接受了有单位根的原假设。

图 8.31 展示的是对 d2.invest 变量运用 PP 检验方法进行单位根检验的结果。

```
. pperron  d2.invest,notrend

Phillips-Perron test for unit root                Number of obs   =        22
                                                  Newey-West lags =         2

                               ———— Interpolated Dickey-Fuller ————
                  Test         1% Critical       5% Critical      10% Critical
               Statistic           Value             Value             Value
──────────────────────────────────────────────────────────────────────────────
 Z(rho)          -24.130         -17.200           -12.500           -10.200
 Z(t)             -5.198          -3.750            -3.000            -2.630
──────────────────────────────────────────────────────────────────────────────
MacKinnon approximate p-value for Z(t) = 0.0000
```

图 8.31 单位根检验分析结果图 6

P 值为 0.0000，显著地拒绝了有单位根的原假设。

2. ADF 检验的结果

ADF 检验的结果如图 8.32~图 8.37 所示。其中，图 8.32 展示的是对 lprofit 变量运用 ADF 检验方法进行单位根检验的结果。

```
. dfuller  lprofit,trend

Dickey-Fuller test for unit root                   Number of obs   =        24

                               ---------- Interpolated Dickey-Fuller ----------
                  Test         1% Critical       5% Critical      10% Critical
               Statistic           Value             Value             Value
------------------------------------------------------------------------------
 Z(t)             -4.869            -4.380            -3.600            -3.240
------------------------------------------------------------------------------
MacKinnon approximate p-value for Z(t) = 0.0004
```

图 8.32　单位根检验分析结果图 7

ADF 检验的原假设是数据有单位根。P 值为 0.0004，拒绝了有单位根的原假设。

图 8.33 展示的是对 linvest 变量运用 ADF 检验方法进行单位根检验的结果。

```
. dfuller  linvest,trend

Dickey-Fuller test for unit root                   Number of obs   =        24

                               ---------- Interpolated Dickey-Fuller ----------
                  Test         1% Critical       5% Critical      10% Critical
               Statistic           Value             Value             Value
------------------------------------------------------------------------------
 Z(t)              0.026            -4.380            -3.600            -3.240
------------------------------------------------------------------------------
MacKinnon approximate p-value for Z(t) = 0.9945
```

图 8.33　单位根检验分析结果图 8

P 值为 0.9945，非常显著地接受了有单位根的原假设。

图 8.34 展示的是对 llabor 变量运用 ADF 检验方法进行单位根检验的结果。

```
. dfuller  llabor,trend

Dickey-Fuller test for unit root                   Number of obs   =        24

                               ---------- Interpolated Dickey-Fuller ----------
                  Test         1% Critical       5% Critical      10% Critical
               Statistic           Value             Value             Value
------------------------------------------------------------------------------
 Z(t)             -4.265            -4.380            -3.600            -3.240
------------------------------------------------------------------------------
MacKinnon approximate p-value for Z(t) = 0.0036
```

图 8.34　单位根检验分析结果图 9

P 值为 0.0036，拒绝了有单位根的原假设。

图 8.35 展示的是对 lrd 变量运用 ADF 检验方法进行单位根检验的结果。

```
. dfuller  lrd,trend

Dickey-Fuller test for unit root                   Number of obs   =        24

                               ---------- Interpolated Dickey-Fuller ----------
                  Test         1% Critical       5% Critical      10% Critical
               Statistic           Value             Value             Value
------------------------------------------------------------------------------
 Z(t)             -4.086            -4.380            -3.600            -3.240
------------------------------------------------------------------------------
MacKinnon approximate p-value for Z(t) = 0.0066
```

图 8.35　单位根检验分析结果图 10

P 值为 0.0066，拒绝了有单位根的原假设。

图 8.36 展示的是对 d.linvest 变量运用 ADF 检验方法进行单位根检验的结果。

```
. dfuller  d.linvest,notrend

Dickey-Fuller test for unit root                     Number of obs   =        23

                               ---------- Interpolated Dickey-Fuller ---------
                  Test         1% Critical       5% Critical      10% Critical
               Statistic           Value             Value             Value
------------------------------------------------------------------------------
 Z(t)             -2.679            -3.750            -3.000            -2.630
------------------------------------------------------------------------------
MacKinnon approximate p-value for Z(t) = 0.0777
```

图 8.36　单位根检验分析结果图 11

P 值为 0.0777，显著地接受了有单位根的原假设。

图 8.37 展示的是对 d2.linvest 变量运用 ADF 检验方法进行单位根检验的结果。

```
. dfuller  d2.linvest,notrend

Dickey-Fuller test for unit root                     Number of obs   =        22

                               ---------- Interpolated Dickey-Fuller ---------
                  Test         1% Critical       5% Critical      10% Critical
               Statistic           Value             Value             Value
------------------------------------------------------------------------------
 Z(t)             -5.342            -3.750            -3.000            -2.630
------------------------------------------------------------------------------
MacKinnon approximate p-value for Z(t) = 0.0000
```

图 8.37　单位根检验分析结果图 12

P 值为 0.0000，显著地拒绝了有单位根的原假设。

3. DF-GLS 检验的结果

DF-GLS 检验的结果如图 8.38~图 8.44 所示。其中，图 8.38 展示的是 lprofit 变量的 DF-GLS 检验结果。

```
. dfgls  lprofit

DF-GLS for lprofit                                       Number of obs =    16
Maxlag = 8 chosen by Schwert criterion

               DF-GLS tau      1% Critical       5% Critical      10% Critical
  [lags]     Test Statistic        Value             Value             Value
------------------------------------------------------------------------------
    8            -0.586           -3.770            -3.432            -2.725
    7            -1.081           -3.770            -3.114            -2.532
    6            -1.592           -3.770            -2.965            -2.471
    5            -1.561           -3.770            -2.950            -2.512
    4            -1.235           -3.770            -3.033            -2.625
    3            -1.635           -3.770            -3.178            -2.781
    2            -1.557           -3.770            -3.349            -2.949
    1            -1.107           -3.770            -3.509            -3.100

Opt Lag (Ng-Perron seq t) =  2 with RMSE  .0496357
Min SC   = -5.486229 at lag  2 with RMSE  .0496357
Min MAIC = -5.304787 at lag  2 with RMSE  .0496357
```

图 8.38　单位根检验分析结果图 13

DF-GLS 检验的原假设是数据有单位根。从上面的结果中可以看出根据信息准则确定的最优滞后阶数为 7 阶（Opt Lag (Ng-Perron seq t)=2 with RMSE 0.0496357），在该阶数下 DF-GLS 统计量的值是-1.557，在 1%的置信水平（-3.770）、5%的置信水平（-3.080）都接受了有单位根的原假设，所以 lprofit 变量数据是存在单位根的。这一点显然与前面两种方法的检验结果不一致，我们选择多种检验方法对数据进行单位根检验的初衷就是综合各种检验方法的检验结果做出恰当的判断。

图 8.39 展示的是 linvest 变量的 DF-GLS 检验结果。

```
. dfgls  linvest

DF-GLS for linvest                                       Number of obs =    16
Maxlag = 8 chosen by Schwert criterion

               DF-GLS tau      1% Critical       5% Critical      10% Critical
  [lags]     Test Statistic       Value             Value             Value

    8            -1.297           -3.770            -3.432            -2.725
    7            -1.240           -3.770            -3.114            -2.532
    6            -0.841           -3.770            -2.965            -2.471
    5            -1.321           -3.770            -2.950            -2.512
    4            -0.794           -3.770            -3.033            -2.625
    3            -0.822           -3.770            -3.178            -2.781
    2            -0.724           -3.770            -3.349            -2.949
    1            -0.832           -3.770            -3.509            -3.100

Opt Lag (Ng-Perron seq t) =  1 with RMSE  .0555215
Min SC   = -5.435395 at lag  1 with RMSE  .0555215
Min MAIC = -5.545447 at lag  1 with RMSE  .0555215
```

图 8.39　单位根检验分析结果图 14

最优滞后阶数为 1 阶（Opt Lag (Ng-Perron seq t) =1 with RMSE 0.0555215；Min SC = −5.435395 at lag　1 with RMSE 0.0555215；Min MAIC = −5.545447 at lag　1 with RMSE 0.0555215），在该阶数下 DF-GLS 统计量的值是-0.832，在 1%的置信水平（−3.770）、5%的置信水平（−3.509）、10%的置信水平（−3.100）上都显著地接受了有单位根的原假设，所以 linvest 变量数据是存在单位根的。

图 8.40 展示的是对 llabor 变量运用 DF-GLS 检验方法进行单位根检验的结果。

```
. dfgls  llabor

DF-GLS for llabor                                        Number of obs =    16
Maxlag = 8 chosen by Schwert criterion

               DF-GLS tau      1% Critical       5% Critical      10% Critical
  [lags]     Test Statistic       Value             Value             Value

    8            -0.698           -3.770            -3.432            -2.725
    7            -1.481           -3.770            -3.114            -2.532
    6            -1.914           -3.770            -2.965            -2.471
    5            -2.232           -3.770            -2.950            -2.512
    4            -1.327           -3.770            -3.033            -2.625
    3            -1.490           -3.770            -3.178            -2.781
    2            -1.419           -3.770            -3.349            -2.949
    1            -1.246           -3.770            -3.509            -3.100

Opt Lag (Ng-Perron seq t) =  5 with RMSE  .0319465
Min SC   = -6.019799 at lag  1 with RMSE  .0414534
Min MAIC = -5.995179 at lag  1 with RMSE  .0414534
```

图 8.40　单位根检验分析结果图 15

最优滞后阶数为 5 阶（Opt Lag (Ng-Perron seq t) =5 with RMSE 0.0319465），接受了有单位根的原假设。

图 8.41 展示的是对 lrd 变量运用 DF-GLS 检验方法进行单位根检验的结果。

最优滞后阶数为 1 阶（Min SC = −4.971368 at lag 1 with RMSE 0.0700203；Min MAIC = −4.898543 at lag 1 with RMSE 0.0700203），在该阶数下 DF-GLS 统计量的值是−1.275，接受了原假设，存在单位根。

图 8.42 展示的是对 d.linvest 变量运用 DF-GLS 检验方法进行单位根检验的结果。

```
. dfgls    lrd

DF-GLS for lrd                                          Number of obs =    16
Maxlag = 8 chosen by Schwert criterion

               DF-GLS tau      1% Critical       5% Critical       10% Critical
  [lags]     Test Statistic       Value             Value              Value

    8            -0.876           -3.770            -3.432            -2.725
    7            -0.362           -3.770            -3.114            -2.532
    6            -0.792           -3.770            -2.965            -2.471
    5            -0.982           -3.770            -2.950            -2.512
    4            -1.138           -3.770            -3.033            -2.625
    3            -1.149           -3.770            -3.178            -2.781
    2            -1.202           -3.770            -3.349            -2.949
    1            -1.275           -3.770            -3.509            -3.100

Opt Lag (Ng-Perron seq t) = 0 [use maxlag(0)]
Min SC   = -4.971368 at lag  1 with RMSE  .0700203
Min MAIC = -4.898543 at lag  1 with RMSE  .0700203
```

图 8.41 单位根检验分析结果图 16

```
. dfgls    d.linvest

DF-GLS for D.linvest                                    Number of obs =    15
Maxlag = 8 chosen by Schwert criterion

               DF-GLS tau      1% Critical       5% Critical       10% Critical
  [lags]     Test Statistic       Value             Value              Value

    8            -1.100           -3.770            -3.702            -2.892
    7            -1.828           -3.770            -3.257            -2.604
    6            -1.795           -3.770            -3.024            -2.482
    5            -2.085           -3.770            -2.960            -2.489
    4            -1.463           -3.770            -3.021            -2.590
    3            -2.240           -3.770            -3.163            -2.748
    2            -2.341           -3.770            -3.343            -2.927
    1            -3.000           -3.770            -3.517            -3.091

Opt Lag (Ng-Perron seq t) = 0 [use maxlag(0)]
Min SC   = -5.712963 at lag  1 with RMSE  .0479777
Min MAIC = -3.733494 at lag  1 with RMSE  .0479777
```

图 8.42 单位根检验分析结果图 17

DF-GLS 检验的原假设是数据有单位根。从上面的结果中可以看出，若考虑 5%的显著性水平，则接受了原假设，存在单位根。

图 8.43 展示的是对 d2.linvest 变量运用 DF-GLS 检验方法进行单位根检验的结果。

```
. dfgls    d2.linvest

DF-GLS for D2.linvest                                   Number of obs =    14
Maxlag = 8 chosen by Schwert criterion

               DF-GLS tau      1% Critical       5% Critical       10% Critical
  [lags]     Test Statistic       Value             Value              Value

    8            -1.835           -3.770            -4.084            -3.139
    7            -2.478           -3.770            -3.465            -2.719
    6            -2.659           -3.770            -3.116            -2.510
    5            -3.006           -3.770            -2.981            -2.468
    4            -3.025           -3.770            -3.009            -2.548
    3            -4.808           -3.770            -3.143            -2.705
    2            -4.056           -3.770            -3.332            -2.896
    1            -4.709           -3.770            -3.521            -3.075

Opt Lag (Ng-Perron seq t) =  3 with RMSE  .0445057
Min SC   = -5.470259 at lag  3 with RMSE  .0445057
Min MAIC =  4.365835 at lag  1 with RMSE  .0552403
```

图 8.43 单位根检验分析结果图 18

DF-GLS 检验的原假设是数据有单位根。从上面的结果中可以看出拒绝了原假设，不存在单位根。

图 8.44 展示的是对 d.lrd 变量运用 DF-GLS 检验方法进行单位根检验的结果。

```
. dfgls   d.lrd

DF-GLS for D.lrd                                        Number of obs =     15
Maxlag = 8 chosen by Schwert criterion

               DF-GLS tau      1% Critical       5% Critical      10% Critical
  [lags]     Test Statistic        Value             Value             Value

    8           -0.745            -3.770            -3.702            -2.892
    7           -1.089            -3.770            -3.257            -2.604
    6           -2.071            -3.770            -3.024            -2.482
    5           -1.481            -3.770            -2.960            -2.489
    4           -1.549            -3.770            -3.021            -2.590
    3           -1.610            -3.770            -3.163            -2.748
    2           -1.885            -3.770            -3.343            -2.927
    1           -2.119            -3.770            -3.517            -3.091

Opt Lag (Ng-Perron seq t) = 0 [use maxlag(0)]
Min SC   = -4.964843 at lag  1 with RMSE  .0697416
Min MAIC = -4.170681 at lag  1 with RMSE  .0697416
```

图 8.44　单位根检验分析结果图 19

DF-GLS 检验的原假设是数据有单位根。从上面的结果中可以看出接受了原假设，存在单位根。

根据以上的分析，综合考虑 3 种检验方法的检验结果，我们可以比较有把握地得出以下结论，即认为变量营业利润总额的对数值、固定资产投资的对数值、研究开发支出的对数值是平稳的，变量固定资产投资的对数值的一阶差分值是存在单位根的，变量固定资产投资的对数值的二阶差分值是平稳的。在该结论的基础上，我们将进入下一节的分析过程。

8.6　建立模型

	下载资源:\video\8
	下载资源:\sample\chap8\数据 8

本节将执行最后的步骤，即根据前面得出的一系列结论建立相应的数据模型。建立模型的步骤如下：

1. 建立模型方程

根据前面几节的分析，构建如下所示的模型方程：

```
lprofit = αd2.linvest + βllabor + γlrd +c+μ
```

其中，profit、invest、labor、rd 分别表示营业利润总额、固定资产投资、平均职工人数和研究开发支出。lprofit、linvest、llabor、lrd 分别表示上述变量的对数值。α、β 和γ 分别表示固定资产投资、平均职工人数和研究开发支出的产出弹性，c 为常数项，而 μ 是随机误差项。

2. 估计整体方程

在主界面的“命令窗口”中输入命令：

```
reg lprofit d2.linvest llabor lrd
```

并按回车键进行确认，即可出现如图 8.45 所示的模型整体方程估计结果。

```
. reg lprofit d2.linvest llabor lrd

      Source |       SS           df       MS      Number of obs   =        23
-------------+----------------------------------   F(3, 19)        =   1201.57
       Model |  15.4613672         3  5.15378908   Prob > F        =    0.0000
    Residual |  .081494766        19  .004289198   R-squared       =    0.9948
-------------+----------------------------------   Adj R-squared   =    0.9939
       Total |   15.542862        22  .706493728   Root MSE        =    .06549

------------------------------------------------------------------------------
     lprofit |      Coef.   Std. Err.      t    P>|t|     [95% Conf. Interval]
-------------+----------------------------------------------------------------
     linvest |
         D2. |  -.0713401   .2337706    -0.31   0.764    -.5606277    .4179474
             |
      llabor |   .8223419   .1307407     6.29   0.000     .5486985    1.095985
         lrd |   .3835936   .0680157     5.64   0.000     .2412351     .525952
       _cons |   .4888539   .5503494     0.89   0.386    -.6630406    1.640748
------------------------------------------------------------------------------
```

图 8.45　建立模型分析结果图

从上述分析结果中可以看到共有 23 个样本参与了分析。模型的 F 值(3,19)=1201.57，P 值（Prob > F）= 0.0000，说明模型整体上还是可以接受的。模型的可决系数（R-squared）为 0.9948，模型修正的可决系数（Adj R-squared）为 0.9939，说明模型解释能力还是非常不错的。

模型的回归方程是：

$$lprofit = -0.0713401 * d2.linvest + 0.8223419 * llabor + 0.3835936 * lrd + 0.4888539$$

变量 d2.linvest 的系数标准误是 0.2337706，t 值为-0.31，P 值为 0.764，系数是非常不显著的，95%的置信区间为[-0.5606277,0.4179474]。变量 llabor 的系数标准误是 0.1307407，t 值为 6.29，P 值为 0.000，系数是非常显著的，95%的置信区间为[0.5486985,1.095985]。变量 lrd 的系数标准误是 0.0680157，t 值为 5.64，P 值为 0.000，系数是非常不显著的，95%的置信区间为[0.2412351,0.525952]。常数项的系数标准误是 0.5503494，t 值为 0.89，P 值为 0.386，系数也是非常不显著的，95%的置信区间为[-0.6630406,1.640748]。

从该模型方程中可以得到很多信息：

- 首先，固定资产投资变动的系数为负且很不显著，这说明 XX 生产制造企业的固定资产投资变动对营业利润总额的变化不构成显著影响，在一定程度上说明了粗放的固定资产投资不再是 XX 生产制造企业的重要利润增长动力。
- 其次，平均职工人数的系数为正且很显著，这说明 XX 生产制造企业的平均职工人数对营业利润总额的变化是具有显著的正向作用的，在一定程度上说明了 XX 生产制造企业的劳动力还没有饱和，增加职工人数会提升利润贡献水平。
- 再次，研究开发支出的系数为正且很显著，说明 XX 生产制造企业在研究开发支出的投入对营业利润总额的变化有着显著正向影响。

8.7　研究结论

经过前面的研究之后，可以比较有把握地得出以下研究结论：

- 通过绘制时间序列趋势图发现变量营业利润总额、固定资产投资、平均职工人数、研究开发支出的值及其对数标准化的值都是有明显、稳定的向上增长趋势的，而变量营业利润总额、固定资产投资、平均职工人数、研究开发支出的对数值的一阶差分值是没有明显、稳定的时间趋势的。

- 变量营业利润总额、固定资产投资、平均职工人数和研究开发支出之间的相关系数非常高。其中，营业利润总额与固定资产投资之间的相关系数是0.9932，营业利润总额与平均职工人数之间的相关系数是0.9629，营业利润总额与研究开发支出之间的相关系数是0.9908，固定资产投资与平均职工人数之间的相关系数是0.9388，固定资产投资与研究开发支出之间的相关系数是0.9936，研究开发支出与平均职工人数之间的相关系数是0.9309。各变量之间如此之高的正相关系数在一定程度上说明这几个变量之间很可能存在着一定的联动关系。
- 变量营业利润总额的对数值、固定资产投资的对数值、研究开发支出的对数值是平稳的，变量固定资产投资的对数值的一阶差分值是存在单位根的，变量固定资产投资的对数值的二阶差分值是平稳的。
- 固定资产投资变动的系数为负且很不显著，这说明XX生产制造企业的固定资产投资变动对营业利润总额的变化不构成显著影响，在一定程度上说明了粗放的固定资产投资不再是XX生产制造企业的重要利润增长动力。
- 平均职工人数的系数为正且很显著，这说明XX生产制造企业的平均职工人数对营业利润总额的变化是具有显著的正向作用的，在一定程度上说明了XX生产制造企业的劳动力还没有饱和，增加职工人数会提升利润贡献水平。
- 研究开发支出的系数为正且很显著，说明XX生产制造企业在研究开发支出的投入对营业利润总额的变化有着显著正向影响。

第 9 章　手机游戏玩家体验评价影响因素建模分析

随着智能手机的广泛普及，4G 乃至 5G 网络的逐步全面覆盖，各类手机游戏在公众中流行起来，成为大众娱乐的重要组成部分。手机游戏产业也作为一种新兴产业如雨后春笋般崛起，成为第三产业的重要组成部分。手机游戏作为一种娱乐消费品，在市场上能够推广成功的关键就在于探知游戏消费者的真实需求，找到消费者的关键感知点、兴趣点，然后针对性地提高、改进，达到优化游戏产品、拓展新增用户或者提高存量客户黏性的目的。理论上，有很多因素可以影响手机游戏玩家的用户体验，比如游戏是否足够流行，有着广泛的受众群体，玩家数量众多，又比如游戏对于手机硬件、网速和流量的要求，再比如手机游戏内容的趣味性、界面优美程度、是否便于操控等，那么究竟哪些因素是更为关键的考虑因素，或者说在消费者心目中哪些因素的权重更高？这时候就需要手机游戏运营推广商进行相应的市场调研，建立恰当合适的模型，探究影响手机游戏玩家体验评价的关键因素。Stata 作为一种功能强大的统计分析软件，完全可以用来研究手机游戏玩家体验评价影响因素，定量分析变量之间的联系与区别。

9.1　建模技术

在建模技术方面，我们首先要确定研究的因变量和自变量，因变量又被称为目标变量、被解释变量，自变量又被称为预测变量、解释变量。本例中的因变量比较好确定，就是手机玩家的体验评价得分。对于自变量，我们需要结合实际研究背景，从理论上找到关联关系预期比较高的影响因素，然后考虑影响因素的可测性以及相对应的数据的可得性，从影响因素中归纳出合适的变量，以作为自变量。

本节我们在充分考虑我国手机游戏市场特征的基础上，紧密结合手机游戏玩家的消费习惯，参照已有的研究文献，以手机玩家的体验评价得分（Y）为因变量，构建起包括游戏流行程度（X1）、游戏资源要求（X2）、游戏花费成本（X3）、游戏具体内容（X4）和游戏广告植入（X5）5 个大方面影响因素的手机游戏玩家体验评价影响因素理论模型。

$$Y=f(X1, X2, X3, X4, X5)$$

1. 游戏流行程度

游戏流行程度指的是游戏在公众中的知名度以及游戏玩家的数量。一款游戏的知名度越高，就越能引起玩家的注意，玩家周边的同类玩家人群也会比较多，玩家在游戏之中也更容易找到游戏同伴，在游戏之中或者游戏之外的交流中获得的效用也会越大。游戏玩家的数量在一定程度上能够反映游戏流行程度，也会在一定程度上影响游戏消费者的综合体验评价。

2. 游戏资源要求

玩家玩手机游戏时需要一定的游戏资源。一个显而易见的事实是，所有的游戏在运行时都要占据一定的存储空间，都要使用一定的运行内存，都会占用一定的网速或者耗费一定的流量（纯单机游戏除外），这些游戏资源方面的要求也是影响玩家综合体验评价的关键因素。可以预期的是，如果一款手机游戏对于资源的要求比较高，消费者在玩的过程中经常出现卡顿现象，那么肯定会影响消费者的综合体验评价。

3. 游戏花费成本

玩家玩手机游戏是要花费成本的，花费的成本不仅包括金钱方面的成本，还包括时间方面的成本和脑力方面的成本。如果一款手机游戏花费的成本对于消费者来说相对较高，或者需要占用的游戏时间比较长，那么势必会影响消费者的玩家体验。但是影响方向是不确定的，比如玩手机游戏的脑力方面的成本，有的消费者比较反感特别考验智商的“烧脑游戏”，但是也有很多消费者乐在其中，比如针对一些有特殊爱好的玩家，越是复杂难解的游戏反而越喜欢，从游戏中获得的成就感和满足感越强。

4. 游戏具体内容

游戏具体内容包括游戏界面、游戏操控和游戏趣味性等，这些也是构成游戏的核心要素。玩家之所以玩游戏，为的就是从游戏中获取娱乐效用，而娱乐效用的关键因子或者体现的关键方面就包括游戏界面的华丽或者友好性、游戏操控的难易程度以及游戏本身是否具有足够的吸引力、趣味性是否足够强。可以预期的是，如果游戏玩家特别重视游戏具体内容，比如对于游戏的趣味性很重视，同时针对具体游戏内容给予的评分比较高，那么其综合体验评价也会相对较高，影响方向是同方向的正向影响。

5. 游戏广告植入

在手机游戏行业，广告收入也是游戏收入整体的重要组成部分，游戏生产运营商通过与广告商进行合作，可以帮助广告商扩大销售，也可以从中获取较为可观的利润。但是不可避免的，游戏广告植入会在一定程度上影响玩家体验。游戏广告植入一般包括两个环节，一是在游戏启动界面，由于游戏启动需要调用一定的资源，因此需要一定的启动时间，这时候游戏生产运营商一般会考虑植入游戏广告；二是在游戏进行过程中，比如用户完成一道关卡时，加载下一个关卡界面可能也需要时间，游戏生产运营商也会考虑植入游戏广告，或者在游戏运行的过程中，在操作界面的某一个边角，游戏生产运营商也会考虑植入游戏广告。可以预期的是，如果游戏玩家特别讨厌广告植入，或者说对于游戏广告植入的感觉比较差，评分比较低，那么其综合体验评价也会相对较低，影响方向是同方向的正向影响。

在此基础上，再将游戏流行程度、游戏资源要求、游戏花费成本、游戏具体内容和游戏广告植入变量进一步细分为 13 个子变量。其中，游戏流行程度变量又可以细分为 2 个自变量：游戏知名度对玩家体验评价的影响、玩家数量对玩家体验评价的影响；游戏资源要求变量又可以细分为 3 个子变量：游戏对硬件的要求对玩家体验评价的影响、游戏对网速的要求对玩家体验评价的影响、游戏对流量的要求对玩家体验评价的影响；游戏花费成本变量又可以细分为 3 个子变量：游戏金钱花费对玩家体验评价的影响、游戏时间花费对玩家体验评价的影响、游戏脑力花费对玩家体验评价的影响；游戏具体内容变量又可以细分为3个子变量：游戏界面对玩家体验评价的影响、游戏操控对玩家体验评价的影响、游戏趣味性对玩家体验评价的影响；游戏广告植入变量又可以细分为2个子变量：启动界面广告对玩家体验评价的影响、游戏中广告对玩家体验评价的影响，如表9.1所示。

表9.1 手机游戏玩家体验评价影响因素

变量	子变量
游戏流行程度	游戏知名度对玩家体验评价的影响
	玩家数量对玩家体验评价的影响
游戏资源要求	游戏对硬件的要求对玩家体验评价的影响
	游戏对网速的要求对玩家体验评价的影响
	游戏对流量的要求对玩家体验评价的影响
游戏花费成本	游戏金钱花费对玩家体验评价的影响
	游戏时间花费对玩家体验评价的影响
	游戏脑力花费对玩家体验评价的影响
游戏具体内容	游戏界面对玩家体验评价的影响
	游戏操控对玩家体验评价的影响
	游戏趣味性对玩家体验评价的影响
游戏广告植入	启动界面广告对玩家体验评价的影响
	游戏中广告对玩家体验评价的影响

采用的数据分析方法主要有回归分析和方差分析。其中，回归分析又分为3种：普通最小二乘回归分析、采用稳健标准差的最小二乘回归分析（克服异方差影响）、加权最小二乘回归分析；方差分析又分为2种：单因素方差分析、单因变量多因素方差分析。

基本思路是：由于变量游戏知名度影响、玩家数量影响、游戏对硬件要求影响、游戏对网速要求影响、游戏对流量要求影响、游戏金钱花费、游戏时间花费、游戏脑力花费、游戏界面影响、游戏操控影响、游戏趣味性影响、启动界面广告影响、游戏中广告影响均为定距变量。因此，首先使用普通最小二乘回归分析研究变量游戏知名度影响、玩家数量影响、游戏对硬件要求影响、游戏对网速要求影响、游戏对流量要求影响、游戏金钱花费、游戏时间花费、游戏脑力花费、游戏界面影响、游戏操控影响、游戏趣味性影响、启动界面广告影响、游戏中广告影响与变量玩家体验评价之间的关系，然后对回归分析结果进行异方差检验，采用稳健标准差的最小二乘回归分析（克服异方差影响）、加权最小二乘回归分析克服异方差带来的影响，改善模型。

由于玩家性别、玩家年龄、玩家每周游戏时长、玩家职业等变量是分类变量，因此使用单因素方差分析、单因变量多因素方差分析研究玩家性别、玩家年龄、玩家每周游戏时长、玩家职业与变量玩家体验评价之间的关系。

9.2 数据来源

关于手机游戏玩家体验评价影响因素的实证研究的数据获取以调查问卷形式展开，针对调查问卷搜集整理的数据进行分析。在调查问卷的设计上，紧密结合前述的理论模型，分为客户基本情况和本次调查内容两大块，其中客户基本情况部分包括 4 个问题：客户玩家性别、客户玩家年龄段、客户玩家每周游戏时长、客户玩家职业。本次调查内容部分围绕游戏流行程度、游戏资源要求、游戏花费成本、游戏具体内容、游戏广告植入和玩家体验评价等 6 个大问题及 14 个小问题展开。本次调查共发放调查问卷 200 份，回收 200 份，无效问卷 0 份，回收率 100%，有效率 100%，调查效果是可以得到有效保证的。

9.3 建立模型

	下载资源:\video\9.1
	下载资源:\sample\数据 9

我们设置了 18 个变量，即 gender、age、hour、occupation、popularity1、popularity2、resources1、resources2、resources3、spend1、spend2、spend3、content1、content2、content3、advertisement1、advertisement2、appraise，分别用来表示玩家性别、玩家年龄、玩家每周游戏时长、玩家职业、游戏知名度影响、玩家数量影响、游戏对硬件要求影响、游戏对网速要求影响、游戏对流量要求影响、游戏金钱花费、游戏时间花费、游戏脑力花费、游戏界面影响、游戏操控影响、游戏趣味性影响、启动界面广告影响、游戏中广告影响、玩家体验评价。

我们把玩家性别、玩家年龄、玩家每周游戏时长、玩家职业 4 个变量设定为分类变量，把游戏知名度影响、玩家数量影响、游戏对硬件要求影响、游戏对网速要求影响、游戏对流量要求影响、游戏金钱花费、游戏时间花费、游戏脑力花费、游戏界面影响、游戏操控影响、游戏趣味性影响、启动界面广告影响、游戏中广告影响、玩家体验评价 14 个变量设定为连续变量。

玩家性别包括男性、女性两个类别；玩家年龄包括 25 岁以下、25 岁~35 岁、35 岁~45 岁、45 岁以上 4 个类别；玩家每周游戏时长包括 7 小时以下、7~14 小时、14~28 小时、28 小时以上 4 个类别；玩家职业包括在校学生、自由职业者、上班族、多种职业者 4 个类别。

全部设置完成后如图 9.1 所示。

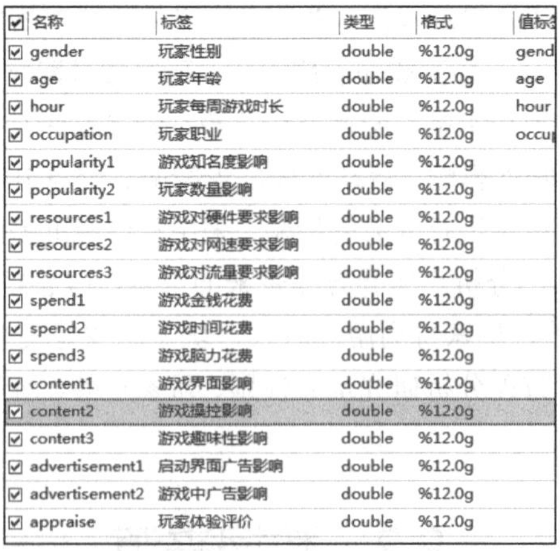

☑ 名称	标签	类型	格式	值标
☑ gender	玩家性别	double	%12.0g	gend
☑ age	玩家年龄	double	%12.0g	age
☑ hour	玩家每周游戏时长	double	%12.0g	hour
☑ occupation	玩家职业	double	%12.0g	occu
☑ popularity1	游戏知名度影响	double	%12.0g	
☑ popularity2	玩家数量影响	double	%12.0g	
☑ resources1	游戏对硬件要求影响	double	%12.0g	
☑ resources2	游戏对网速要求影响	double	%12.0g	
☑ resources3	游戏对流量要求影响	double	%12.0g	
☑ spend1	游戏金钱花费	double	%12.0g	
☑ spend2	游戏时间花费	double	%12.0g	
☑ spend3	游戏脑力花费	double	%12.0g	
☑ content1	游戏界面影响	double	%12.0g	
☑ content2	游戏操控影响	double	%12.0g	
☑ content3	游戏趣味性影响	double	%12.0g	
☑ advertisement1	启动界面广告影响	double	%12.0g	
☑ advertisement2	游戏中广告影响	double	%12.0g	
☑ appraise	玩家体验评价	double	%12.0g	

图 9.1　数据 9 变量视图

通过调查问卷获得的数据录入完成后，结果如图 9.2 所示。

	gender	age	hour	occupation	popularity1	popularity2	resources1	resources2	resources3	spend1	spend2	sp
1	女	35岁~45岁	7小时以下	在校学生	8	7	7	5	5	5	7	
2	女	25岁~35岁	7小时以下	自由职业者	5	3	3	3	5	6	3	
3	男	25岁以下	7~14小时	多种职业者	2	6	2	6	6	5	6	
4	男	25岁~35岁	7小时以下	上班族	3	4	3	2	3	4	4	
5	男	25岁~35岁	28小时以上	上班族	3	3	3	2	5	2	3	
6	男	45岁以上	7小时以下	自由职业者	2	6	4	8	4	2	4	
7	女	25岁~35岁	28小时以上	自由职业者	5	2	4	4	5	3	6	
8	男	35岁~45岁	28小时以上	自由职业者	5	2	5	3	4	8	3	
9	男	25岁以下	28小时以上	自由职业者	3	2	4	3	2	3	4	
10	女	35岁~45岁	7小时以下	上班族	5	2	2	3	4	3	4	
11	女	45岁以上	7小时以下	自由职业者	6	4	2	4	3	2	4	
12	女	35岁~45岁	28小时以上	多种职业者	8	7	9	6	7	7	7	
13	女	45岁以上	7小时以下	多种职业者	7	4	8	5	7	7	4	
14	男	35岁~45岁	7~14小时	多种职业者	5	3	5	5	7	2	2	
15	男	25岁以下	14~28小时	多种职业者	6	6	5	5	5	6	8	
16	女	35岁~45岁	7~14小时	上班族	7	5	6	6	3	6	9	
17	男	25岁~35岁	14~28小时	上班族	4	6	4	3	4	3	6	
18	男	25岁以下	7~14小时	多种职业者	8	7	8	6	8	6	6	
19	女	25岁以下	28小时以上	自由职业者	7	5	9	5	4	8	7	
20	女	25岁~35岁	28小时以上	上班族	5	3	5	3	6	5	5	
21	女	35岁~45岁	7小时以下	上班族	9	7	6	6	9	8	6	
22	男	45岁以上	28小时以上	多种职业者	7	7	9	8	8	8	7	
23	女	35岁~45岁	28小时以上	多种职业者	8	7	8	6	7	8	5	
24	女	25岁~35岁	7小时以下	上班族	6	6	4	6	8	6	6	
25	男	45岁以上	14~28小时	多种职业者	2	4	3	5	3	2	3	

图 9.2 数据 9 数据视图

9.3.1 回归分析

	下载资源:\video\9.1
	下载资源:\sample\数据 9

普通最小二乘回归分析步骤及结果如下：

01 进入 Stata 16.0，打开相关数据文件，弹出主界面。

02 在主界面的“命令窗口”中输入如下命令：

```
summarize appraise popularity1 popularity2 resources1 resources2 resources3 spend1
spend2 spend3 content1 content2 content3 advertisement1 advertisement2,detail
```

本命令的含义是对 appraise~advertisement2 变量进行详细描述性分析。

```
correlate appraise popularity1 popularity2 resources1 resources2 resources3 spend1
spend2 spend3 content1 content2 content3 advertisement1 advertisement2
```

本命令的含义是对 appraisee~advertisement2 变量进行相关性分析。

```
regress appraise popularity1 popularity2 resources1 resources2 resources3 spend1 spend2
spend3 content1 content2 content3 advertisement1 advertisement2
```

本命令的含义是以 appraise 为因变量，以 popularity1e~advertisement2 为自变量，进行多重线性回归分析。

```
vce
```

本命令的含义是获得参与回归的各自变量的系数以及常数项的方差-协方差矩阵。

```
test popularity1 popularity2 resources1 resources2 resources3 spend1 spend2 spend3
content1 content2 content3 advertisement1 advertisement2
```

本命令的含义是检验 popularity1e~advertisement2 各自变量系数的联合显著性。

```
predict yhat
```

本命令旨在获得因变量的拟合值。

```
predict e,resid
```

本命令旨在获得回归模型的估计残差。

```
rvfplot
```

本命令旨在绘制残差与回归得到的拟合值的散点图，探索数据是否存在异方差。

```
estat imtest,white
```

本命令为怀特检验，旨在检验数据是否存在异方差。

```
estat hettest,iid
```

本命令为BP检验，旨在使用得到的拟合值来检验数据是否存在异方差。

```
estat hettest,rhs iid
```

本命令为BP检验，旨在使用方程右边的解释数据来检验变量是否存在异方差。

```
estat vif
```

本命令旨在对新模型进行多重共线性检验。

```
regress appraise popularity1 popularity2
resources1 resources2 resources3 spend1 spend2
spend3 content1 content2 content3
advertisement1 advertisement2,robust
```

本命令的含义是使用稳健的标准差，以appraise为因变量，以popularity1e~advertisement2为自变量，进行多重线性回归分析。

03 设置完毕后，按回车键进行确认。

1. 对数据进行描述性分析的结果

图9.3所示是对数据进行描述性分析的结果，限于篇幅仅展示部分内容。

描述性分析认为：数据的总体质量还是可以的，没有极端异常值，变量间的量纲差距、变量的偏度和峰度也是可以接受的，可以进入下一步的分析。

游戏知名度影响

	Percentiles	Smallest		
1%	2	1		
5%	2	2		
10%	3	2	Obs	221
25%	4	2	Sum of Wgt.	221
50%	6		Mean	5.533937
		Largest	Std. Dev.	2.087839
75%	7	9		
90%	8	9	Variance	4.35907
95%	9	9	Skewness	-.1170195
99%	9	9	Kurtosis	1.942349

玩家数量影响

	Percentiles	Smallest		
1%	2	2		
5%	2	2		
10%	2	2	Obs	221
25%	3	2	Sum of Wgt.	221
50%	5		Mean	5.325792
		Largest	Std. Dev.	2.197667
75%	7	9		
90%	9	9	Variance	4.829741
95%	9	9	Skewness	.127844
99%	9	9	Kurtosis	1.911034

游戏对硬件要求影响

	Percentiles	Smallest		
1%	2	1		
5%	2	2		
10%	3	2	Obs	221
25%	4	2	Sum of Wgt.	221
50%	5		Mean	5.420814
		Largest	Std. Dev.	2.167806
75%	7	9		
90%	8	9	Variance	4.699383
95%	9	9	Skewness	.0488949
99%	9	9	Kurtosis	1.873145

图9.3 描述性分析的结果（部分）

2. 对数据进行相关性分析的结果

图9.4中给出了相关系数矩阵，即appraise~advertisement2各个自变量两两间的皮尔逊相关系数，可以发现因变量和自变量之间的相关系数虽然不是非常高，但是全部呈现正相关关系。

```
. correlate appraise popularity1 popularity2 resources1 resources2 resources3 spend1 spend2 spend3 content1 content2 content3 advertisement1 adve
> rtisement2
(obs=221)
```

	appraise	popula~1	popula~2	resour~1	resour~2	resour~3	spend1	spend2	spend3	content1	content2	content3	advert~1	advert~2
appraise	1.0000													
popularity1	0.5607	1.0000												
popularity2	0.5502	0.3493	1.0000											
resources1	0.5228	0.4302	0.3928	1.0000										
resources2	0.5033	0.4350	0.3145	0.3075	1.0000									
resources3	0.5751	0.3936	0.4171	0.3123	0.3279	1.0000								
spend1	0.4580	0.4077	0.3117	0.2659	0.2112	0.2912	1.0000							
spend2	0.5067	0.3390	0.3607	0.3189	0.3089	0.2247	0.3004	1.0000						
spend3	0.4331	0.3170	0.3270	0.3123	0.3023	0.2709	0.3302	0.2827	1.0000					
content1	0.7101	0.3572	0.4736	0.3950	0.3867	0.4864	0.4269	0.4081	0.3915	1.0000				
content2	0.6447	0.4859	0.4723	0.2952	0.3932	0.5647	0.2966	0.4083	0.3606	0.6295	1.0000			
content3	0.6119	0.3741	0.4353	0.3608	0.3853	0.3818	0.3295	0.3478	0.4286	0.6355	0.5267	1.0000		
advertisem~1	0.3718	0.3622	0.2415	0.2742	0.2532	0.1560	0.2875	0.2866	0.3528	0.3779	0.3541	0.3982	1.0000	
advertisem~2	0.4213	0.3334	0.2826	0.2675	0.2257	0.3644	0.2237	0.2915	0.2355	0.3586	0.3195	0.2756	0.3215	1.0000

图 9.4　相关性分析的结果

3. 对数据进行回归分析的结果

图 9.5 所示是对数据进行回归分析的结果。

```
. regress appraise popularity1 popularity2 resources1 resources2 resources3 spend1 spe
> nd2 spend3 content1 content2 content3 advertisement1 advertisement2
```

Source	SS	df	MS			
				Number of obs	=	221
				F(13, 207)	=	42.47
Model	642.08746	13	49.391343	Prob > F	=	0.0000
Residual	240.754169	207	1.16306362	R-squared	=	0.7273
				Adj R-squared	=	0.7102
Total	882.841629	220	4.0129165	Root MSE	=	1.0785

appraise	Coef.	Std. Err.	t	P>|t|	[95% Conf.	Interval]
popularity1	.1121604	.0469472	2.39	0.018	.0196045	.2047163
popularity2	.0699719	.0413508	1.69	0.092	-.0115509	.1514947
resources1	.1207713	.0404968	2.98	0.003	.0409322	.2006104
resources2	.0966053	.0402707	2.40	0.017	.0172119	.1759986
resources3	.1320709	.0460988	2.86	0.005	.0411876	.2229542
spend1	.068551	.0413012	1.66	0.098	-.012874	.1499759
spend2	.1161136	.041217	2.82	0.005	.0348546	.1973726
spend3	.0205441	.0398182	0.52	0.606	-.057957	.0990453
content1	.241902	.0566355	4.27	0.000	.1302457	.3535583
content2	.0911158	.0529842	1.72	0.087	-.013342	.1955736
content3	.1071458	.0504055	2.13	0.035	.0077718	.2065198
advertisement1	-.0215929	.041218	-0.52	0.601	-.1028539	.0596681
advertisement2	.0530303	.0405209	1.31	0.192	-.0268563	.1329169
_cons	-1.023597	.3169223	-3.23	0.001	-1.648406	-.3987877

图 9.5　回归分析的结果

从上述分析结果中可以得到很多信息，可以看出共有 221 个样本参与了分析，模型的 F 值(13, 207) =42.47，P 值（Prob > F）=0.0000，说明模型整体上是非常显著的。模型的可决系数（R-squared）为 0.7273，模型修正的可决系数（Adj R-squared）=0.7102，说明模型的解释能力还是非常不错的。

模型的回归方程是：

玩家体验评价=-1.024+0.112*游戏知名度影响+0.070*玩家数量影响+0.121*游戏对硬件要求影响+0.097*游戏对网速要求影响+0.132*游戏对流量要求影响+0.069*游戏金钱花费+0.116*游戏时间花费+0.021*游戏脑力花费+0.242*游戏界面+0.091*游戏操控+0.107*游戏趣味性影响-0.022*启动界面广告影响+0.053*游戏中广告影响

如果是基于通用的 0.05 的显著性水平，结合各个变量的 P 值发现，变量游戏知名度影响、游戏对硬件要求影响、游戏对网速要求影响、游戏对流量要求影响、游戏时间花费、游戏界面、游戏趣味性影响等是比较显著的，而且是一种显著的正向相关关系，这充分说明了下述结论：

（1）游戏知名度对玩家体验评价的影响是非常显著且正向的，游戏知名度越高，就越能赢得玩家好的体验。（2）玩家数量对玩家体验评价的影响不够显著，消费者在玩家体验评价方面不会显著考虑玩家数量。（3）游戏对硬件要求对玩家体验评价的影响非常显著且正向，游戏对硬件要求越合理，就越能赢得玩家好的体验。（4）游戏对网速要求对玩家体验评价的影响非常显著且正向，游戏对网速要求越合理，就越能赢得玩家好的体验。（5）游戏对流量要求对玩家体验评价的影响非常显著且正向，游戏对流量要求越合理，就越能赢得玩家好的体验。（6）游戏金钱花费对玩家体验评价的影响不够显著，消费者在玩家体验评价方面不会显著考虑游戏金钱花费。（7）游戏时间花费对玩家体验评价的影响非常显著且正向，游戏时间花费方面越合理，就越能赢得玩家好的体验。（8）游戏脑力花费对玩家体验评价的影响不够显著，消费者在玩家体验评价方面不会显著考虑游戏脑力花费。（9）游戏界面对玩家体验评价的影响非常显著且正向，游戏界面执行越好，就越能赢得玩家好的体验。（10）游戏操控对玩家体验评价的影响不够显著，消费者在玩家体验评价方面不会显著考虑游戏操控。（11）游戏趣味性对玩家体验评价的影响非常显著且正向，游戏趣味性执行越好，就越能赢得玩家好的体验。（12）启动界面广告对玩家体验评价的影响不够显著，消费者在玩家体验评价方面不会显著考虑启动界面广告。（13）游戏中广告对玩家体验评价的影响不够显著，消费者在玩家体验评价方面不会显著考虑游戏中广告。

4. 变量的方差-协方差矩阵

图 9.6 所示是变量的方差-协方差矩阵。

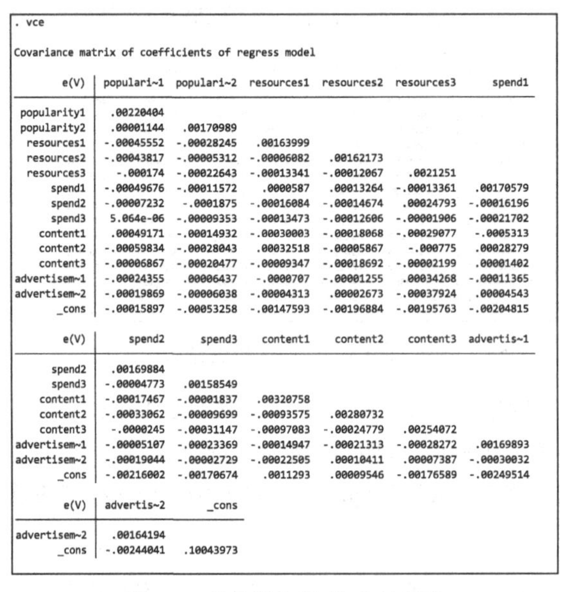

. vce

Covariance matrix of coefficients of regress model

e(V)	populari~1	populari~2	resources1	resources2	resources3	spend1
popularity1	.00220404					
popularity2	.00001144	.00170989				
resources1	-.00045552	-.00028245	.00163999			
resources2	-.00043817	-.00005312	-.00006082	.00162173		
resources3	-.000174	-.00022643	-.00013341	-.00012067	.0021251	
spend1	-.00049676	-.00011572	.0000587	.00013264	-.00013361	.00170579
spend2	-.00007232	-.0001875	-.00016084	-.00014674	.00024793	-.00016196
spend3	5.064e-06	-.00009353	-.00013473	-.00012606	-.00001906	-.00021702
content1	.00049171	-.00014932	-.00030003	-.00018068	-.00029077	-.0005313
content2	-.00059834	-.00028043	.00032518	-.00005867	-.000775	.00028279
content3	-.00006867	-.00020477	-.00009347	-.00018692	-.00002199	.00001402
advertisem~1	-.00024355	.00006437	-.0000707	-.00001255	.00034268	-.00011365
advertisem~2	-.00019869	-.00006038	-.00004313	.00002673	-.00037924	.00004543
_cons	-.00015897	-.00053258	-.00147593	-.00196884	-.00195763	-.00204815

e(V)	spend2	spend3	content1	content2	content3	advertis~1
spend2	.00169884					
spend3	-.00004773	.00158549				
content1	-.00017467	-.00001837	.00320758			
content2	-.00033062	-.00009699	-.00093575	.00280732		
content3	-.0000245	-.00031147	-.00097083	-.00024779	.00254072	
advertisem~1	-.00005107	-.00023369	-.00014947	-.00021313	-.00028272	.00169893
advertisem~2	-.00019044	-.00002729	-.00022505	.00010411	.00007387	-.00030032
_cons	-.00216002	-.00170674	.0011293	.00009546	-.00176589	-.00249514

e(V)	advertis~2	_cons
advertisem~2	.00164194	
_cons	-.00244041	.10043973

图 9.6　变量的方差-协方差矩阵

从图 9.6 中可以看出，变量的方差与协方差都不是很大。

5. 对变量系数的假设检验结果

图 9.7 所示是对变量系数的假设检验结果。

```
. test popularity1 popularity2 resources1 resources2 resources3 spend1 spend2 spend3 c
> ontent1 content2 content3 advertisement1 advertisement2

 ( 1)  popularity1 = 0
 ( 2)  popularity2 = 0
 ( 3)  resources1 = 0
 ( 4)  resources2 = 0
 ( 5)  resources3 = 0
 ( 6)  spend1 = 0
 ( 7)  spend2 = 0
 ( 8)  spend3 = 0
 ( 9)  content1 = 0
 (10)  content2 = 0
 (11)  content3 = 0
 (12)  advertisement1 = 0
 (13)  advertisement2 = 0

       F( 13,   207) =   42.47
            Prob > F =    0.0000
```

图 9.7　对变量系数的假设检验结果

从图 9.7 中可以看出，popularity1~advertisement2 自变量的系数联合显著性是非常显著的。图 9.8 所示是对因变量的拟合值的预测。

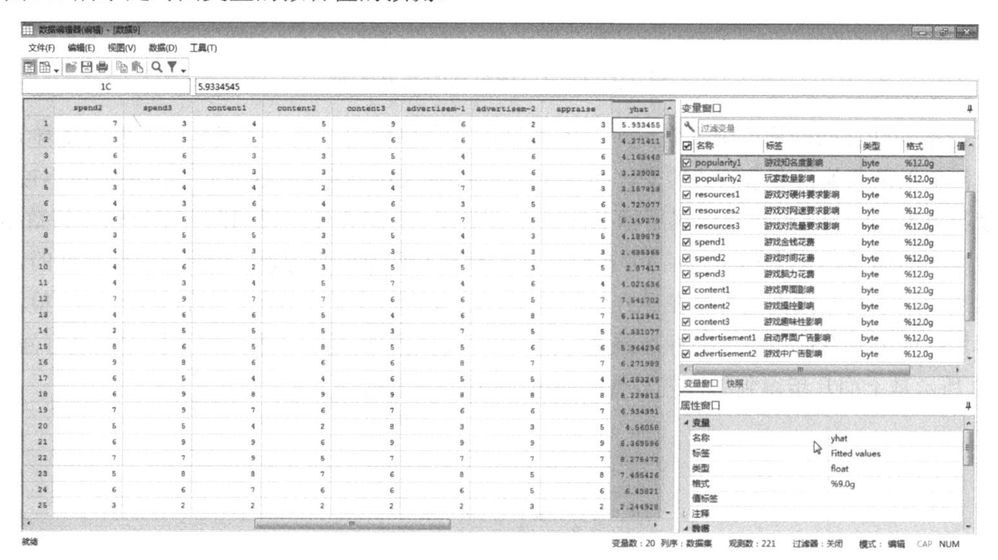

图 9.8　对因变量的拟合值的预测

对因变量的拟合值的预测是根据自变量的值和得到的回归方程计算出来的，主要用于预测未来。从图 9.8 中可以看到 yhat 的值与因变量 appraise 的实际值是比较相近的，所以拟合的回归模型还是不错的。

图 9.9 所示是回归分析得到的残差序列。

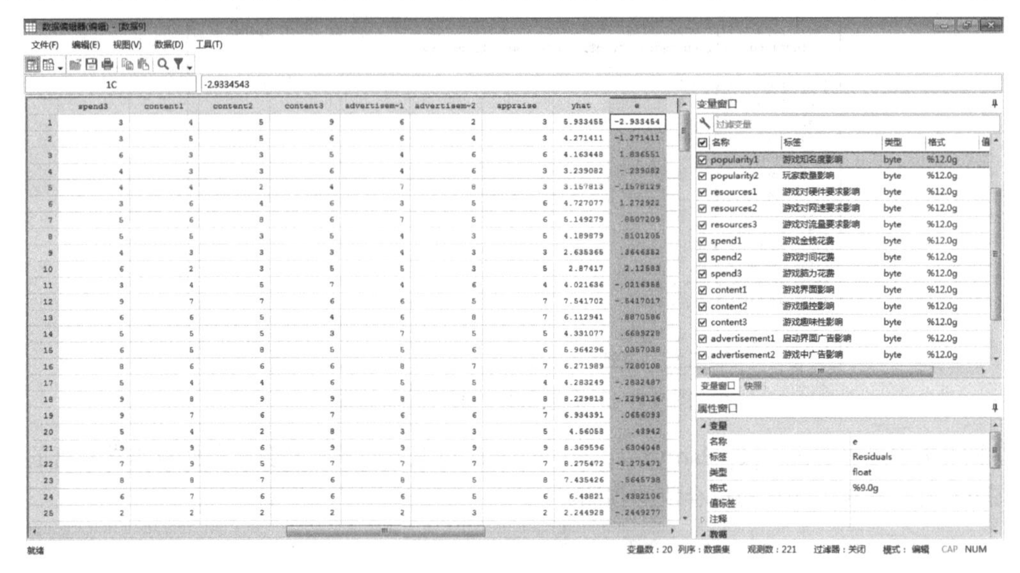

图 9.9　回归分析得到的残差序列

在标准的线性回归模型中，有一个基本假设：整个总体同方差（也就是因变量的变异）不随自身预测值以及其他自变量的值的变化而变化。然而，在实际问题中，这一假设条件往往不被满足，会出现异方差的情况，如果继续采用标准的线性回归模型，就会使结果偏向于变异较大的数据，从而发生较大的偏差，所以在进行回归分析时往往需要检验变量的异方差，从而提出针对性的解决方案。常用的用于判断数据是否存在异方差的检验方法有绘制残差序列图、怀特检验、BP 检验等，解决异方差的方法有使用稳健的标准差进行回归以及使用加权最小二乘回归分析方法进行回归等。图 9.10 所示是上面几步得到的残差与得到的拟合值的散点图。

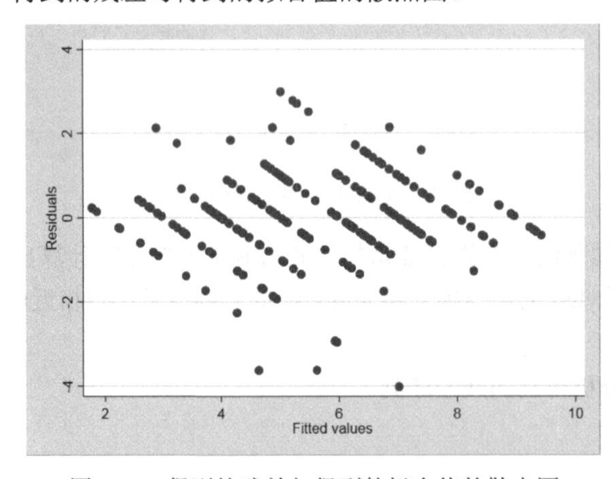

图 9.10　得到的残差与得到的拟合值的散点图

从图 9.10 中可以看出，残差并没有随着拟合值的大小的不同而不同，而是围绕 0 值上下随机波动的，所以数据很可能是不存在异方差的。

图 9.11 所示是怀特检验的检验结果。

怀特检验的原假设是数据为同方差。从图 9.11 中可以看出，P 值为 0.0000，非常显著地拒绝了同方差的原假设，认为存在异方差。

图 9.12 和图 9.13 所示是 BP 检验的检验结果。其中，图 9.12 所示是使用得到的拟合值对数据进行异方差检验的结果，图 9.13 所示是使用方程右边的解释变量对数据进行异方差检验的结果。

```
. estat imtest,white

White's test for Ho: homoskedasticity
         against Ha: unrestricted heteroskedasticity

         chi2(104)    =    190.10
         Prob > chi2  =    0.0000

Cameron & Trivedi's decomposition of IM-test

---------------------------------------------------
              Source |       chi2     df      p
---------------------+-----------------------------
  Heteroskedasticity |     190.10    104    0.0000
            Skewness |      21.52     13    0.0633
            Kurtosis |       8.46      1    0.0036
---------------------+-----------------------------
               Total |     220.07    118    0.0000
---------------------------------------------------
```

图 9.11 怀特检验的检验结果

```
. estat hettest,iid

Breusch-Pagan / Cook-Weisberg test for heteroskedasticity
         Ho: Constant variance
         Variables: fitted values of appraise

         chi2(1)      =     0.02
         Prob > chi2  =   0.8979
```

图 9.12 使用得到的拟合值对数据进行异方差检验的结果

```
. estat hettest,rhs iid

Breusch-Pagan / Cook-Weisberg test for heteroskedasticity
         Ho: Constant variance
         Variables: popularity1 popularity2 resources1 resources2 resources3 spend1 spend2
                    spend3 content1 content2 content3 advertisement1 advertisement2

         chi2(13)     =    27.83
         Prob > chi2  =   0.0095
```

图 9.13 使用方程右边的解释变量对数据进行异方差检验的结果

BP 检验的原假设是数据为同方差。从图 9.12 可以看出使用得到的拟合值对数据进行异方差检验，P 值大于 0.05，非常显著地接受了同方差的原假设，认为不存在异方差，而从图 9.13 可以看出使用方程右边的解释变量对数据进行异方差检验，P 值小于 0.05，非常显著地拒绝了同方差的原假设，认为存在异方差。

图 9.14 所示是对模型进行多重共线性检验的结果。

```
. estat vif

    Variable |       VIF       1/VIF
-------------+----------------------
    content1 |      2.50    0.400555
    content2 |      2.34    0.426620
    content3 |      1.96    0.510461
 popularity1 |      1.82    0.550260
  resources3 |      1.75    0.571655
 popularity2 |      1.56    0.640160
  resources1 |      1.46    0.685958
      spend1 |      1.42    0.702023
advertisem~1 |      1.42    0.702313
  resources2 |      1.41    0.710532
      spend2 |      1.40    0.714008
      spend3 |      1.40    0.716255
advertisem~2 |      1.33    0.752508
-------------+----------------------
    Mean VIF |      1.67
```

图 9.14 对模型进行多重共线性检验的结果

从图 9.14 中可以看出，Mean VIF 的值是 1.67，远远小于合理值 10，所以模型不存在显著的多重共线性。

本例中，我们还可以设置在回归方程中不包含常数项，回归分析操作命令可以相应地修改为：

```
regress appraise popularity1 popularity2 resources1 resources2 resources3 spend1 spend2
spend3 content1 content2 content3 advertisement1 advertisement2,nocon
```

在命令窗口输入命令并按回车键进行确认，结果如图 9.15 所示。

```
. regress appraise popularity1 popularity2 resources1 resources2 resources3 spend1 spend2 spe
> nd3 content1 content2 content3 advertisement1 advertisement2,nocon

      Source |       SS           df       MS      Number of obs   =       221
-------------+----------------------------------   F(13, 208)      =    469.47
       Model |  7420.11318        13  570.777937   Prob > F        =    0.0000
    Residual |  252.886825       208  1.21580204   R-squared       =    0.9670
-------------+----------------------------------   Adj R-squared   =    0.9650
       Total |        7673       221   34.719457   Root MSE        =    1.1026

--------------------------------------------------------------------------------
      appraise |      Coef.   Std. Err.      t    P>|t|     [95% Conf. Interval]
---------------+----------------------------------------------------------------
   popularity1 |   .1105403    .047997     2.30   0.022     .0159173    .2051633
   popularity2 |   .0645443    .042243     1.53   0.128    -.0187351    .1478237
    resources1 |   .1057299   .0411301     2.57   0.011     .0246445    .1868152
    resources2 |   .0765405   .0406808     1.88   0.061    -.0036589      .15674
    resources3 |   .1121203   .0467073     2.40   0.017     .0200399    .2042007
        spend1 |   .0476779   .0417071     1.14   0.254    -.0345448    .1299007
        spend2 |   .0941005    .041561     2.26   0.025     .0121657    .1760354
        spend3 |   .0031504   .0403369     0.08   0.938    -.0763711    .0826719
      content1 |   .2534109   .0577906     4.38   0.000     .1394806    .3673412
      content2 |   .0920886   .0541713     1.70   0.091    -.0147065    .1988837
      content3 |   .0891493   .0512198     1.74   0.083    -.0118272    .1901258
advertisement1 |  -.0470212   .0413663    -1.14   0.257    -.1285722    .0345297
advertisement2 |   .0281597   .0406745     0.69   0.490    -.0520274    .1083467
--------------------------------------------------------------------------------
```

图 9.15　回归方程中不包含常数项

在上述分析结果中，模型的 F 值（13, 208）为 469.47，P 值（Prob > F）为 0.0000，说明模型整体依然非常显著。模型的可决系数（R-squared）上升为 469.47，模型修正的可决系数（Adj R-squared）上升为 0.9650。

此外，我们还可以限定参与回归的样本范围，例如只对 appraise>=5 的样本进行回归分析，操作命令可以相应地修改为：

```
regress appraise popularity1 popularity2 resources1 resources2 resources3 spend1 spend2
spend3 content1 content2 content3 advertisement1 advertisement2 if appraise>=5
```

在命令窗口输入命令并按回车键进行确认，结果如图 9.16 所示。

```
. regress appraise popularity1 popularity2 resources1 resources2 resources3 spend1 spend2 spe
> nd3 content1 content2 content3 advertisement1 advertisement2 if appraise>=5

      Source |       SS           df       MS      Number of obs   =       144
-------------+----------------------------------   F(13, 130)      =     16.58
       Model |  141.273573        13  10.8671979   Prob > F        =    0.0000
    Residual |  85.2194825       130  .655534481   R-squared       =    0.6237
-------------+----------------------------------   Adj R-squared   =    0.5861
       Total |  226.493056       143  1.58386752   Root MSE        =    .80965

--------------------------------------------------------------------------------
      appraise |      Coef.   Std. Err.      t    P>|t|     [95% Conf. Interval]
---------------+----------------------------------------------------------------
   popularity1 |   .0580819   .0467747     1.24   0.217    -.0344563      .15062
   popularity2 |   .0892751   .0387993     2.30   0.023     .0125154    .1660349
    resources1 |   .1558138   .0397311     3.92   0.000     .0772105     .234417
    resources2 |   .1074676    .037878     2.84   0.005     .0325305    .1824047
    resources3 |   .0423786   .0439128     0.97   0.336    -.0444977    .1292549
        spend1 |   .0274074   .0389803     0.70   0.483    -.0497105    .1045253
        spend2 |   .1075042    .038909     2.76   0.007     .0305273    .1844811
        spend3 |     .05651   .0404607     1.40   0.165    -.0235367    .1365567
      content1 |   .0706428   .0522334     1.35   0.179    -.0326947    .1739804
      content2 |   .1406516   .0498928     2.82   0.006     .0419446    .2393585
      content3 |   .0852773   .0513748     1.66   0.099    -.0163617    .1869162
advertisement1 |  -.0514504   .0397553    -1.29   0.198    -.1301014    .0272006
advertisement2 |  -.0219296   .0389321    -0.56   0.574    -.0989521    .0550929
         _cons |   1.409303   .4312533     3.27   0.001     .5561196    2.262486
--------------------------------------------------------------------------------
```

图 9.16　限定参与回归的样本范围

关于结果的分析与前面类似，限于篇幅，这里不再赘述。

在得到回归模型后，我们可以利用回归模型进行回归预测，例如对 popularity1、popularity2、resources1、resources2、resources3、spend1、spend2、spend3、content1、content2、content3、advertisement1、advertisement2 各个自变量设定两组取值，其中第一组分别取值为 2、3、2、4、3、5、6、9、5、2、8、8、7；第二组分别取值为 2、2、2、6、3、5、4、8、5、2、8、8、7。把样本数据输入数据文件中，然后进行预测，操作命令如下：

```
predict yyhat
```

在命令窗口输入命令并按回车键进行确认，结果如图 9.17 所示。

	spend2	spend3	content1	content2	content3	advertisem~1	advertisem~2	appraise	yyhat
202	3	3	5	5	6	6	4	3	4.271411
203	6	6	3	3	5	4	6	6	5.095175
204	4	4	3	3	6	4	6	3	3.335687
205	3	4	4	2	4	7	8	3	3.399355
206	4	3	6	4	6	3	5	6	4.839238
207	6	5	6	8	6	7	5	6	5.429167
208	3	5	5	3	5	4	4	5	4.592769
209	4	4	3	3	3	4	3	3	2.775309
210	4	6	2	3	5	5	3	5	3.236484
211	4	3	4	5	7	4	6	4	4.263178
212	7	8	8	7	8	4	3	7	7.581225
213	4	6	7	6	6	3	7	6	6.201258
214	4	3	3	7	4	3	5	8	5.28526
215	9	9	9	9	9	9	5	9	8.209706
216	3	3	4	8	3	4	8	3	4.365287
217	2	7	9	9	7	7	5	7	6.362424
218	7	8	7	8	8	7	7	7	7.364119
219	8	7	7	4	8	7	7	7	6.392474
220	7	4	3	6	3	3	2	2	2.908799
221	4	9	5	2	8	8	7	4	3.804327
222	6	9	5	2	8	8	7	.	4.106526
223	4	8	5	2	8	8	7	.	3.976994

图 9.17　预测结果

可以看到在图 9.17 中出现了预测的因变量数据，即在 popularity1、popularity2、resources1、resources2、resources3、spend1、spend2、spend3、content1、content2、content3、advertisement1、advertisement2 分别取值为 2、3、2、4、3、5、6、9、5、2、8、8、7 时，预测的 appraise 将会是 4.106526。在 popularity1、popularity2、resources1、resources2、resources3、spend1、spend2、spend3、content1、content2、content3、advertisement1、advertisement2 分别取值为 2、2、2、6、3、5、4、8、5、2、8、8、7 时，预测的 appraise 将会是 3.976994。

考虑到可能存在异方差情况，我们有必要使用稳健的标准差重新进行回归，以增加结果的有效性。图 9.18 所示是使用稳健标准差，以 appraise 为因变量，以 popularity1~advertisement2 为自变量进行多重线性回归分析的结果。

```
. regress appraise popularity1 popularity2 resources1 resources2 resources3 spend1
> spend2 spend3 content1 content2 content3 advertisement1 advertisement2,robust

Linear regression                               Number of obs     =        221
                                                F(13, 207)        =     127.50
                                                Prob > F          =     0.0000
                                                R-squared         =     0.7273
                                                Root MSE          =     1.0785

------------------------------------------------------------------------------
               |               Robust
      appraise |      Coef.   Std. Err.      t    P>|t|     [95% Conf. Interval]
---------------+--------------------------------------------------------------
   popularity1 |   .1121604   .0567777     1.98   0.050     .0002237    .2240972
   popularity2 |   .0699719   .0601436     1.16   0.246    -.0486007    .1885445
    resources1 |   .1207713   .0543125     2.22   0.027     .0136948    .2278478
    resources2 |   .0966053   .0440593     2.19   0.029     .0097428    .1834677
    resources3 |   .1320709   .0540877     2.44   0.015     .0254375    .2387043
        spend1 |    .068551   .0586489     1.17   0.244    -.0470747    .1841766
        spend2 |   .1161136   .0517249     2.24   0.026     .0141385    .2180888
        spend3 |   .0205441   .0457616     0.45   0.654    -.0696745    .1107628
      content1 |    .241902   .0881562     2.74   0.007     .0681028    .4157012
      content2 |   .0911158   .0768867     1.19   0.237    -.0604657    .2426973
      content3 |   .1071458   .0720302     1.49   0.138    -.0348612    .2491527
advertisement1 |  -.0215929   .0462004    -0.47   0.641    -.1126766    .0694908
advertisement2 |   .0530303   .0480557     1.10   0.271     -.041711    .1477715
         _cons |  -1.023597   .2191244    -4.67   0.000    -1.455598   -.5915953
------------------------------------------------------------------------------
```

图 9.18　稳健的标准差回归分析结果

（1）游戏知名度对玩家体验评价的影响非常显著且正向，游戏知名度越高，就越能赢得玩家好的体验。（2）玩家数量对玩家体验评价的影响不够显著，消费者在玩家体验评价方面不会显著考虑玩家数量。（3）游戏对硬件要求对玩家体验评价的影响非常显著且正向，游戏对硬件要求越合理，就越能赢得玩家好的体验。（4）游戏对网速要求对玩家体验评价的影响非常显著且正向，游戏对网速要求越合理，就越能赢得玩家好的体验。（5）游戏对流量要求对玩家体验评价的影响非常显著且正向，游戏对流量要求越合理，就越能赢得玩家好的体验。（6）游戏金钱花费对玩家体验评价的影响是不够显著，消费者在玩家体验评价方面不会显著考虑游戏金钱花费。（7）游戏时间花费对玩家体验评价的影响非常显著且正向，游戏时间花费方面越合理，就越能赢得玩家好的体验。（8）游戏脑力花费对玩家体验评价的影响不够显著，消费者在玩家体验评价方面不会显著考虑游戏脑力花费。（9）游戏界面对玩家体验评价的影响非常显著且正向，游戏界面执行越好，就越能赢得玩家好的体验。（10）游戏操控对玩家体验评价的影响不够显著，消费者在玩家体验评价方面不会显著考虑游戏操控。（11）游戏趣味性对玩家体验评价的影响不够显著，消费者在玩家体验评价方面不会显著考虑游戏趣味性。（12）启动界面广告对玩家体验评价的影响不够显著，消费者在玩家体验评价方面不会显著考虑启动界面广告。（13）游戏中广告对玩家体验评价的影响不够显著，消费者在玩家体验评价方面不会显著考虑游戏中广告。

与未使用稳健的标准差进行回归的结果相比，唯一的区别是游戏趣味性对玩家体验评价的影响不再显著。除了使用稳健的标准差进行回归之外，我们还可以使用加权最小二乘回归分析方法解决数据的异方差问题。

操作命令如下：

```
regress appraise popularity1 popularity2 resources1 resources2 resources3 spend1 spend2
spend3 content1 content2 content3 advertisement1 advertisement2 ;
```

本命令的含义是以 appraise 为因变量，以 popularity1~advertisement2 为自变量，进行多重线性回归分析。

```
predict e,resid;
```

本命令旨在估计上步回归分析得到的残差。

```
gen ee=e^2:
```

本命令旨在对残差数据进行平方变换，产生的新变量 ee 为残差的平方。

```
gen lnee=log(ee):
```

本命令旨在对数据进行对数变换，产生的新变量 lnee 为上步得到残差平方的对数值。

```
reg  lnee popularity1 popularity2 resources1 resources2 resources3 spend1 spend2 spend3
content1 content2 content3 advertisement1 advertisement2,nocon:
```

本命令旨在进行以上步得到的残差平方对数值为因变量，以 popularity1~advertisement2 为自变量，并且不包含常数项的最小二乘回归分析。

```
predict yhat:
```

本命令旨在预测上步进行的最小二乘回归产生的因变量的拟合值。

```
gen yhathat=exp(yhat):
```

本命令旨在对因变量的拟合值进行指数变换，产生的新变量 yhathat 为 yhat 的指数值。

```
reg  appraise popularity1 popularity2 resources1 resources2 resources3 spend1 spend2
spend3 content1 content2 content3 advertisement1 advertisement2 [aw=1/yhathat]:
```

本命令旨在对数据进行以 appraise 为因变量，以 popularity1~advertisement2 为自变量，以 yhathat 的倒数为权重变量的加权最小二乘回归分析。

在命令窗口输入命令并按回车键进行确认，结果如下。

图 9.19 所示是对数据进行回归分析的结果。

```
. regress appraise popularity1 popularity2 resources1 resources2 resources3 spend1
> spend2 spend3 content1 content2 content3 advertisement1 advertisement2

      Source |       SS           df       MS      Number of obs   =       221
-------------+----------------------------------   F(13, 207)      =     42.47
       Model |  642.08746         13  49.391343   Prob > F        =    0.0000
    Residual |  240.754169       207  1.16306362   R-squared       =    0.7273
-------------+----------------------------------   Adj R-squared   =    0.7102
       Total |  882.841629       220  4.0129165   Root MSE        =    1.0785

--------------------------------------------------------------------------------
      appraise |      Coef.   Std. Err.      t    P>|t|     [95% Conf. Interval]
---------------+----------------------------------------------------------------
   popularity1 |   .1121604   .0469472     2.39   0.018     .0196045    .2047163
   popularity2 |   .0699719   .0413508     1.69   0.092    -.0115509    .1514947
    resources1 |   .1207713   .0404968     2.98   0.003     .0409322    .2006104
    resources2 |   .0966053   .0402707     2.40   0.017     .0172119    .1759986
    resources3 |   .1320709   .0460988     2.86   0.005     .0411876    .2229542
        spend1 |    .068551   .0413012     1.66   0.098     -.012874    .1499759
        spend2 |   .1161136    .041217     2.82   0.005     .0348546    .1973726
        spend3 |   .0205441   .0398182     0.52   0.606     -.057957    .0990453
      content1 |    .241902   .0566355     4.27   0.000     .1302457    .3535583
      content2 |   .0911158   .0529842     1.72   0.087     -.013342    .1955736
      content3 |   .1071458   .0504055     2.13   0.035     .0077718    .2065198
advertisement1 |  -.0215929    .041218    -0.52   0.601    -.1028539    .0596681
advertisement2 |   .0530303   .0405209     1.31   0.192    -.0268563    .1329169
         _cons |  -1.023597   .3169223    -3.23   0.001    -1.648406   -.3987877
--------------------------------------------------------------------------------
```

图 9.19　对数据进行回归分析的结果

对本结果的解读已在前面有所表述，此处限于篇幅不再赘述。

图 9.20 所示是回归分析得到的残差序列。

	content1	content2	content3	advertisem~1	advertisem~2	appraise	e
1	4	5	9	6	2	3	-2.933454
2	5	5	6	6	4	3	-1.271411
3	3	3	5	4	6	6	1.836551
4	3	3	6	4	6	3	-.239082
5	4	2	4	7	8	3	-.1578129
6	6	4	6	3	5	6	1.272922
7	6	8	6	7	5	6	.8507209
8	5	3	5	4	3	5	.8101205
9	3	3	3	4	3	3	.3646352
10	2	3	5	5	3	5	2.12583
11	4	5	7	4	6	4	-.0216358
12	7	7	6	6	5	7	-.5417017
13	6	5	4	6	8	7	.8870586
14	5	5	3	7	5	5	.6689228
15	5	8	5	5	6	6	.0357038
16	6	6	6	8	7	7	.7280108
17	4	4	6	5	5	4	-.2832487
18	8	9	9	8	8	8	-.2298126
19	7	6	7	6	6	7	.0656093
20	4	2	8	3	3	5	.43942
21	9	6	9	9	9	9	.6304048
22	9	5	7	7	7	7	-1.275471
23	8	7	6	8	5	8	.5645738

图 9.20　回归分析得到的残差序列

图 9.21 所示是对残差序列进行平方变换后的结果。

	content2	content3	advertisem~1	advertisem~2	appraise	e	ee
1	5	9	6	2	3	-2.933454	8.605154
2	5	6	6	4	3	-1.271411	1.616487
3	3	5	4	6	6	1.836551	3.372921
4	3	6	4	6	3	-.239082	.0571602
5	2	4	7	8	3	-.1578129	.0249049
6	4	6	3	5	6	1.272922	1.620331
7	8	6	7	5	6	.8507209	.7237261
8	3	5	4	3	5	.8101205	.6562952
9	3	3	4	3	3	.3646352	.1329588
10	3	5	5	3	5	2.12583	4.519154
11	5	7	4	6	4	-.0216358	.0004681
12	7	6	6	5	7	-.5417017	.2934407
13	5	4	6	8	7	.8870586	.7868729
14	5	3	7	5	5	.6689228	.4474577
15	8	5	5	6	6	.0357038	.0012748
16	6	6	8	7	7	.7280108	.5299998
17	4	6	5	5	4	-.2832487	.0802298
18	9	9	8	8	8	-.2298126	.0528138
19	6	7	6	6	7	.0656093	.0043046
20	2	8	3	3	5	.43942	.19309
21	6	9	9	9	9	.6304048	.3974102
22	5	7	7	7	7	-1.275471	1.626827
23	7	6	8	5	8	.5645738	.3187436
24	6	6	6	5	6	-.4382106	.1920285

图 9.21　对残差序列进行平方变换后的结果

残差序列反映的是因变量实际值与拟合值的差异，其深层次的意义是使用形成的回归模型对因变量进行拟合，相对于原始信息的损失情况。

图 9.22 所示是对残差序列的平方值进行对数变换的结果。

	content3	advertisem~1	advertisem~2	appraise	e	ee	lnee
1	9	6	2	3	-2.933454	8.605154	2.152361
2	6	6	4	3	-1.271411	1.616487	.4802553
3	5	4	6	6	1.836551	3.372921	1.215779
4	6	4	6	3	-.239082	.0571602	-2.861897
5	4	7	8	3	-.1578129	.0249049	-3.69269
6	6	3	5	6	1.272922	1.620331	.4826307
7	6	7	5	6	.8507209	.7237261	-.3233423
8	5	4	3	5	.8101205	.6562952	-.4211445
9	3	4	3	3	.3646352	.1329588	-2.017716
10	5	5	3	5	2.12583	4.519154	1.508325
11	7	4	6	4	-.0216358	.0004681	-7.666811
12	6	6	5	7	-.5417017	.2934407	-1.22608
13	4	6	8	7	.8870586	.7868729	-.2396886
14	3	7	5	5	.6689228	.4474577	-.8041733
15	5	5	6	6	.0357038	.0012748	-6.664996
16	6	8	7	7	.7280108	.5299998	-.6348786
17	6	5	5	4	-.2832487	.0802298	-2.52286
18	9	8	8	8	-.2298126	.0528138	-2.940982
19	7	6	6	7	.0656093	.0043046	-5.448075
20	8	3	3	5	.43942	.19309	-1.644599
21	9	9	9	9	.6304048	.3974102	-.9227863
22	7	7	7	7	-1.275471	1.626827	.4866313
23	6	8	5	8	.5645738	.3187436	-1.143368
24	6	6	5	6	-.4382106	.1920285	-1.650111

图 9.22 对残差序列的平方值进行对数变换的结果

图 9.23 所示是进行以上步得到的残差平方对数值为因变量，以 popularity1~advertisement2 为自变量，并且不包含常数项的最小二乘回归分析的结果。

```
. reg  lnee popularity1 popularity2 resources1 resources2 resources3 spend1 spend2
> spend3 content1 content2 content3 advertisement1 advertisement2,nocon

      Source |       SS           df       MS      Number of obs   =       221
-------------+----------------------------------   F(13, 208)      =      8.61
       Model |  669.763205        13  51.5202465   Prob > F        =    0.0000
    Residual |  1244.61263       208  5.98371455   R-squared       =    0.3499
-------------+----------------------------------   Adj R-squared   =    0.3092
       Total |  1914.37583       221  8.66233408   Root MSE        =    2.4462

------------------------------------------------------------------------------
        lnee |      Coef.   Std. Err.      t    P>|t|     [95% Conf. Interval]
-------------+----------------------------------------------------------------
  popularity1 |  -.0266375   .1064801    -0.25   0.803    -.2365561    .1832811
  popularity2 |   .0598238    .093715     0.64   0.524    -.1249292    .2445768
   resources1 |   .0167396    .091246     0.18   0.855     -.163146    .1966252
   resources2 |   .0988127   .0902491     1.09   0.275    -.0791076     .276733
   resources3 |   .0303367   .1036189     0.29   0.770    -.1739411    .2346146
       spend1 |  -.0818129   .0925259    -0.88   0.378    -.2642217    .1005959
       spend2 |     .01193    .092202     0.13   0.897    -.1698402    .1937002
       spend3 |   .0012779   .0894862     0.01   0.989    -.1751383    .1776942
     content1 |  -.1501017   .1282068    -1.17   0.243     -.402853    .1026496
     content2 |  -.0706529   .1201775    -0.59   0.557    -.3075749    .1662691
     content3 |   .0949032   .1136297     0.84   0.405    -.1291104    .3189167
advertisement1 |   -.131799   .0917699    -1.44   0.152    -.3127174    .0491195
advertisement2 |  -.1503982   .0902352    -1.67   0.097     -.328291    .0274947
------------------------------------------------------------------------------
```

图 9.23 最小二乘回归分析的结果

图 9.24 所示是上步进行的最小二乘回归分析产生的因变量的拟合值的结果。

	advertisem~1	advertisem~2	appraise	e	ee	lnee	yhat
1	6	2	3	-2.933454	8.605154	2.152361	-.5442631
2	6	4	3	-1.271411	1.616487	.4802553	-1.83337
3	4	6	6	1.836551	3.372921	1.215779	-.8331062
4	4	6	3	-.239082	.0571602	-2.861897	-1.298612
5	7	8	3	-.1578129	.0249049	-3.69269	-2.111515
6	3	5	6	1.272922	1.620331	.4826307	-.588788
7	7	5	6	.8507209	.7237261	-.3233423	-2.138114
8	4	3	5	.8101205	.6562952	-.4211445	-1.590722
9	4	3	3	.3646352	.1329588	-2.017716	-1.084747
10	5	3	5	2.12583	4.519154	1.508325	-.9001625
11	4	6	4	-.0216358	.0004681	-7.666811	-1.231796
12	6	5	7	-.5417017	.2934407	-1.22608	-1.834771
13	6	8	7	.8870586	.7868729	-.2396886	-2.492374
14	7	5	5	.6689228	.4474577	-.8041733	-1.790621
15	5	6	6	.0357038	.0012748	-6.664996	-1.861807
16	8	7	7	.7280108	.5299998	-.6348786	-2.338591
17	5	5	4	-.2832487	.0802298	-2.52286	-1.154918
18	8	8	8	-.2298126	.0528138	-2.940982	-2.472781
19	6	6	7	.0656093	.0043046	-5.448075	-2.184259
20	3	3	5	.43942	.19309	-1.644599	-.5636632
21	9	9	9	.6304048	.3974102	-.9227863	-2.886527
22	7	7	7	-1.275471	1.626827	.4866313	-2.161129
23	8	5	8	.5645738	.3187436	-1.143368	-2.372161
24	6	5	6	-.4382106	.1920285	-1.650111	-1.757979

图 9.24 最小二乘回归分析产生的因变量的拟合值的结果

图 9.25 所示是对因变量的拟合值进行指数变换的结果。

	advertisem~2	appraise	e	ee	lnee	yhat	yhathat
1	2	3	-2.933454	8.605154	2.152361	-.5442631	.5802692
2	4	3	-1.271411	1.616487	.4802553	-1.83337	.1598739
3	6	6	1.836551	3.372921	1.215779	-.8331062	.4346969
4	6	3	-.239082	.0571602	-2.861897	-1.298612	.2729102
5	8	3	-.1578129	.0249049	-3.69269	-2.111515	.1210544
6	5	6	1.272922	1.620331	.4826307	-.588788	.5549995
7	5	6	.8507209	.7237261	-.3233423	-2.138114	.1178769
8	3	5	.8101205	.6562952	-.4211445	-1.590722	.2037784
9	3	3	.3646352	.1329588	-2.017716	-1.084747	.3379874
10	3	5	2.12583	4.519154	1.508325	-.9001625	.4065036
11	6	4	-.0216358	.0004681	-7.666811	-1.231796	.2917682
12	5	7	-.5417017	.2934407	-1.22608	-1.834771	.1596501
13	8	7	.8870586	.7868729	-.2396886	-2.492374	.0827134
14	5	5	.6689228	.4474577	-.8041733	-1.790621	.1668566
15	6	6	.0357038	.0012748	-6.664996	-1.861807	.1553916
16	7	7	.7280108	.5299998	-.6348786	-2.338591	.0964634
17	5	4	-.2832487	.0802298	-2.52286	-1.154918	.3150834
18	8	8	-.2298126	.0528138	-2.940982	-2.472781	.0843499
19	6	7	.0656093	.0043046	-5.448075	-2.184259	.1125611
20	3	5	.43942	.19309	-1.644599	-.5636632	.5691204
21	9	9	.6304048	.3974102	-.9227863	-2.886527	.0557696
22	7	7	-1.275471	1.626827	.4866313	-2.161129	.1151949
23	5	8	.5645738	.3187436	-1.143368	-2.372161	.0932789
24	5	6	-.4382106	.1920285	-1.650111	-1.757979	.172393

图 9.25 对因变量的拟合值进行指数变换的结果

图 9.26 所示是加权最小二乘回归分析的结果。

```
. reg  appraise popularity1 popularity2 resources1 resources2 resources3 spend1 spe
> nd2 spend3 content1 content2 content3 advertisement1 advertisement2 [aw=1/yhathat
> ]
(sum of wgt is 1,370.41410531579)

      Source |       SS           df       MS      Number of obs   =       221
-------------+----------------------------------   F(13, 207)      =     57.57
       Model |  627.933484        13  48.3025757   Prob > F        =    0.0000
    Residual |  173.691909       207   .83909135   R-squared       =    0.7833
-------------+----------------------------------   Adj R-squared   =    0.7697
       Total |  801.625393       220  3.64375179   Root MSE        =    .91602

--------------------------------------------------------------------------------
      appraise |      Coef.   Std. Err.      t    P>|t|     [95% Conf. Interval]
---------------+----------------------------------------------------------------
   popularity1 |   .1196483   .0424673     2.82   0.005     .0359244    .2033722
   popularity2 |    .051787   .0376764     1.37   0.171    -.0224916    .1260657
    resources1 |   .1172634   .0328788     3.57   0.000     .0524432    .1820835
    resources2 |   .1535584   .0341821     4.49   0.000     .0861687    .2209482
    resources3 |   .0956395   .0385834     2.48   0.014     .0195726    .1717064
        spend1 |   .1004193   .0365029     2.75   0.006     .0284541    .1723845
        spend2 |   .0966406   .0352257     2.74   0.007     .0271935    .1660877
        spend3 |  -.0117981   .0350279    -0.34   0.737    -.0808554    .0572592
      content1 |   .2631316   .0522501     5.04   0.000     .1601209    .3661422
      content2 |   .1081583   .0462654     2.34   0.020     .0169465    .1993701
      content3 |   .1330298   .0434526     3.06   0.002     .0473633    .2186962
advertisement1 |  -.0490341   .0371227    -1.32   0.188    -.1222212     .024153
advertisement2 |   .0314828   .0355522     0.89   0.377     -.038608    .1015737
         _cons |  -1.026813   .3103485    -3.31   0.001    -1.638662    -.414964
--------------------------------------------------------------------------------
```

图 9.26　加权最小二乘回归分析的结果

从上面的分析结果中看出模型的 F 值（代表模型的显著程度）、部分变量的 P 值以及 R-squared 值、Adj R-squared 值（代表模型的解释能力）都较普通最小二乘回归分析有了一定程度的优化，这就是克服异方差带来的改善效果。对该结果的解读与前面类似，限于篇幅不再赘述。

9.3.2　单因素方差分析

	下载资源:\video\9.2
	下载资源:\sample\数据 9

单因素方差分析是方差分析类型中基本的一种，研究的是一个因素对于试验结果的影响和作用，这一因素可以有不同的取值或者分组。单因素方差分析所要检验的问题就是当因素选择不同的取值或者分组时对结果有无显著的影响。

1. 不同玩家性别对玩家体验评价的影响分析

先保存数据，然后开始展开分析，步骤如下：

01 进入 Stata 16.0，打开相关数据文件，弹出主界面。

02 在主界面的“命令窗口”中输入如下命令（旨在用单因素方差分析检验不同玩家性别对玩家体验评价的影响是否相同）:

```
oneway appraise gender, tabulate
```

03 设置完毕后，按回车键，等待输出结果。

在 Stata 16.0 主界面的结果窗口可以看到如图 9.27 所示的分析结果。

```
. oneway appraise gender, tabulate

   玩家性 |        Summary of 玩家体验评价
      别 |        Mean   Std. Dev.       Freq.
------------+------------------------------------
       男 |   5.4910714   2.0401181         112
       女 |   5.5963303   1.9725865         109
------------+------------------------------------
     Total |   5.5429864   2.0032265         221

                        Analysis of Variance
    Source              SS         df      MS            F     Prob > F
------------------------------------------------------------------------
Between groups      .612025421      1   .612025421      0.15     0.6971
 Within groups      882.229604    219   4.02844568
------------------------------------------------------------------------
    Total           882.841629    220   4.0129165

Bartlett's test for equal variances:  chi2(1) =   0.1234  Prob>chi2 = 0.725
```

图 9.27　单因素方差分析结果 1

从上述分析结果中可以得到很多信息，分析结果图的上半部分是变量的概要统计，其中共有两个组别，第 1 组（男）的均值是 5.4910714，标准差是 2.0401181，频数是 112；第 2 组（女）的均值是 5.5963303，标准差是 1.9725865，频数是 109。下半部分是方差分析的结果，chi2(1) = 0.1234，Prob>chi2 = 0.725，说明要接受等方差假设，也就是说本例的结论是不同玩家性别对于玩家体验评价的影响不具有显著性，或者说不同玩家性别的消费者的玩家体验评价并没有显著不同。

2. 不同玩家年龄对玩家体验评价的影响分析

先保存数据，然后开始展开分析，步骤如下：

01 进入 Stata 16.0，打开相关数据文件，弹出主界面。

02 在主界面的“命令窗口”中输入如下命令（旨在用单因素方差分析检验不同玩家年龄对玩家体验评价的影响是否相同）：

```
oneway appraise age, tabulate
```

03 设置完毕后，按回车键，等待输出结果。

在 Stata 16.0 主界面的结果窗口可以看到如图 9.28 所示的分析结果。下半部分是方差分析的结果，Prob>chi2=0.572，说明要接受等方差假设，也就是说本例的结论是不同玩家年龄对于玩家体验评价的影响不具有显著性，或者说不同玩家年龄的消费者的玩家体验评价并没有显著不同。

```
. oneway appraise age, tabulate

   玩家年 |        Summary of 玩家体验评价
      龄 |        Mean   Std. Dev.       Freq.
------------+------------------------------------
  25岁以下 |         5.6   2.0303815          50
 25岁~35岁 |   5.3508772   2.1916337          57
 35岁~45岁 |    5.877193    1.964599          57
  45岁以上 |   5.3508772   1.8174868          57
------------+------------------------------------
     Total |   5.5429864   2.0032265         221

                        Analysis of Variance
    Source              SS         df      MS            F     Prob > F
------------------------------------------------------------------------
Between groups      10.7363658      3   3.5787886      0.89     0.4469
 Within groups      872.105263    217   4.01891826
------------------------------------------------------------------------
    Total           882.841629    220   4.0129165

Bartlett's test for equal variances:  chi2(3) =   2.0007  Prob>chi2 = 0.572
```

图 9.28　单因素方差分析结果 2

3. 不同玩家每周游戏时长对玩家体验评价的影响分析

先保存数据，然后开始展开分析，步骤如下：

01 进入 Stata 16.0，打开相关数据文件，弹出主界面。

02 在主界面的“命令窗口”中输入如下命令（旨在用单因素方差分析检验不同玩家每周游戏时长对玩家体验评价的影响是否相同）：

```
oneway appraise hour, tabulate
```

03 设置完毕后，按回车键，等待输出结果。

在 Stata 16.0 主界面的结果窗口可以看到如图 9.29 所示的分析结果。下半部分是方差分析的结果 Prob>chi2 =0.773，说明要接受等方差假设，也就是说本例的结论是不同玩家每周游戏时长对于玩家体验评价的影响不具有显著性，或者说不同每周游戏时长的消费者，其体验评价并没有显著不同。

```
. oneway appraise hour, tabulate

  玩家每 |
  周游戏 |        Summary of 玩家体验评价
    时长 |        Mean   Std. Dev.       Freq.
---------+------------------------------------
7小时以下 |        5.28    1.979899          50
 7~14小时 |         5.6   1.8915015          55
14~28小时 |   5.6326531   2.1860722          49
  28小时以 |   5.6268657   1.9987558          67
---------+------------------------------------
   Total |   5.5429864   2.0032265         221

                        Analysis of Variance
    Source              SS         df      MS            F     Prob > F
------------------------------------------------------------------------
Between groups      4.50223207      3   1.50074402      0.37     0.7742
 Within groups      878.339397    217   4.04764699
------------------------------------------------------------------------
    Total           882.841629    220   4.0129165

Bartlett's test for equal variances:  chi2(3) =   1.1167  Prob>chi2 = 0.773
```

图 9.29 单因素方差分析结果 3

4. 不同玩家职业对玩家体验评价的影响分析

先保存数据，然后开始展开分析，步骤如下：

01 进入 Stata 16.0，打开相关数据文件，弹出主界面。

02 在主界面的“命令窗口”中输入如下命令（旨在用单因素方差分析检验不同玩家职业对玩家体验评价的影响是否相同）：

```
oneway appraise occupation, tabulate
```

03 设置完毕后，按回车键，等待输出结果。

在 Stata 16.0 主界面的结果窗口可以看到如图 9.30 所示的分析结果。下半部分是方差分析的结果，Prob>chi2 =0.378，说明要接受等方差假设，也就是说本例的结论是不同玩家职业对于玩家体验评价的影响不具有显著性，或者说不同玩家职业的消费者的玩家体验评价并没有显著不同。

```
. oneway appraise occupation, tabulate

    玩家职 |      Summary of 玩家体验评价
       业 |        Mean   Std. Dev.       Freq.
------------+------------------------------------
    在校学生 |   5.3076923   2.0835897          65
    自由职业 |    5.627451   1.9591915          51
      上班族 |   5.5272727   2.1930407          55
    多种职业 |        5.78   1.7295747          50
------------+------------------------------------
      Total |   5.5429864   2.0032265         221

                        Analysis of Variance
    Source              SS         df      MS            F     Prob > F
------------------------------------------------------------------------
Between groups      6.78481558      3   2.26160519      0.56     0.6418
 Within groups      876.056813    217   4.03712817
------------------------------------------------------------------------
    Total           882.841629    220   4.0129165

Bartlett's test for equal variances:  chi2(3) =   3.0868  Prob>chi2 = 0.378
```

图 9.30　单因素方差分析结果 4

9.3.3 单因变量多因素方差分析

	下载资源:\video\9.2
	下载资源:\sample\数据 9

多因素方差分析的基本思想基本等同于单因素方差分析，不同之处在于其研究的是两个或者两个以上因素对于试验结果的作用和影响，以及这些因素共同作用的影响。多因素方差分析所要研究的是多个因素的变化是否会导致试验结果的变化。

先保存数据，然后开始展开分析，步骤如下：

01 进入 Stata 16.0，打开相关数据文件，弹出主界面。

02 在主界面的“命令窗口”中输入如下命令（旨在考察 gender、age、hour、occupation 等变量以及它们之间的交互效应对 appraise 是否有显著影响）：

```
anova appraise gender age hour occupation gender#age gender#hour gender#occupation age#hour age#occupation hour#occupation
```

03 设置完毕后，按回车键，等待输出结果。

```
. anova appraise gender age hour occupation gender#age gender#hour gender#occu
> pation age#hour age#occupation hour#occupation

                         Number of obs =        221    R-squared     =  0.1539
                         Root MSE      =    2.07193    Adj R-squared = -0.0698

                  Source | Partial SS         df         MS        F    Prob>F
       ------------------+----------------------------------------------------
                   Model |  135.87489         46    2.953802      0.69  0.9314
                         |
                  gender |  .68918504          1   .68918504      0.16  0.6892
                     age |  4.8253113          3   1.6084371      0.37  0.7714
                    hour |  6.2608349          3    2.086945      0.49  0.6923
              occupation |  5.8033954          3   1.9344651      0.45  0.7172
              gender#age |  13.053084          3   4.3510279      1.01  0.3881
             gender#hour |  7.5718337          3   2.5239446      0.59  0.6237
       gender#occupation |  3.9204813          3   1.3068271      0.30  0.8222
                age#hour |  5.2995779          9   .58884198      0.14  0.9986
          age#occupation |  52.419013          9   5.8243348      1.36  0.2113
         hour#occupation |  45.848218          9   5.0942465      1.19  0.3062
                         |
                Residual |  746.96674        174   4.2929123
       ------------------+----------------------------------------------------
                   Total |  882.84163        220   4.0129165
```

图 9.31　单因变量多因素方差分析结果

在 Stata 16.0 主界面的结果窗口可以看到如图 9.31 所示的分析结果。

通过观察分析结果可以看出共有 221 个有效样本参与了方差分析。

- 可决系数（R-squared）以及修正的可决系数（Adj R-squared）都非常小，这说明模型的拟合程度很低，也就是说模型的解释能力很弱。
- Prob > F Model=0.9314，说明模型的整体是很不显著的。
- Prob > F gender =0.6892，说明变量 gender 的主效应是不够显著的。
- Prob > F age =0.7714，说明变量 age 的主效应是不够显著的。

- Prob > F hour =0.6923，说明变量 hour 的主效应是不够显著的。
- Prob > F occupation =0.7172，说明变量 occupation 的主效应是不够显著的。
- Prob>F gender#age=0.3881，说明变量 gender#age 的交互效应是不够显著的。
- Prob >F gender#hour =0.6237，说明变量 gender#hour 的交互效应是不够显著的。
- Prob>F gender#occupation =0.8222，说明变量 gender#occupation 的交互效应是不够显著的。
- Prob > F age#hour =0.9986，说明变量 age#hour 的交互效应是不够显著的。
- Prob>F age#occupation =0.2113，说明变量 age#occupation 的交互效应是不够显著的。
- Prob>F hour#occupation =0.3062，说明变量 hour#occupation 的交互效应是不够显著的。

上述结论也可以通过下面的命令进行验证，操作方式是，在主界面的命令窗口中分别输入下列命令并按回车键：

```
test gender
test age
test hour
test occupation
test gender#age
test gender#hour
test gender#occupation
test age#hour
test age#occupation
test hour#occupation
```

可以得到如图 9.32 所示的结果。

```
. test gender

              Source | Partial SS         df           MS        F   Prob>F
                     +------------------------------------------------------
              gender |  .68918504          1    .68918504     0.16   0.6892
            Residual |  746.96674        174    4.2929123

.
. test age

              Source | Partial SS         df           MS        F   Prob>F
                     +------------------------------------------------------
                 age |  4.8253113          3    1.6084371     0.37   0.7714
            Residual |  746.96674        174    4.2929123

.
. test hour

              Source | Partial SS         df           MS        F   Prob>F
                     +------------------------------------------------------
                hour |  6.2608349          3     2.086945     0.49   0.6923
            Residual |  746.96674        174    4.2929123

. test occupation

              Source | Partial SS         df           MS        F   Prob>F
                     +------------------------------------------------------
          occupation |  5.8033954          3    1.9344651     0.45   0.7172
            Residual |  746.96674        174    4.2929123

. test gender#age

              Source | Partial SS         df           MS        F   Prob>F
                     +------------------------------------------------------
          gender#age |  13.053084          3    4.3510279     1.01   0.3881
            Residual |  746.96674        174    4.2929123

.
. test gender#hour

              Source | Partial SS         df           MS        F   Prob>F
                     +------------------------------------------------------
         gender#hour |  7.5718337          3    2.5239446     0.59   0.6237
            Residual |  746.96674        174    4.2929123

.
. test gender#occupation

              Source | Partial SS         df           MS        F   Prob>F
                     +------------------------------------------------------
   gender#occupation |  3.9204813          3    1.3068271     0.30   0.8222
            Residual |  746.96674        174    4.2929123

.
. test age#hour

              Source | Partial SS         df           MS        F   Prob>F
                     +------------------------------------------------------
            age#hour |  5.2995779          9    .58884198     0.14   0.9986
            Residual |  746.96674        174    4.2929123

.
. test age#occupation

              Source | Partial SS         df           MS        F   Prob>F
                     +------------------------------------------------------
      age#occupation |  52.419013          9    5.8243348     1.36   0.2113
            Residual |  746.96674        174    4.2929123

.
. test hour#occupation

              Source | Partial SS         df           MS        F   Prob>F
                     +------------------------------------------------------
     hour#occupation |  45.848218          9    5.0942465     1.19   0.3062
            Residual |  746.96674        174    4.2929123
```

图 9.32　分析结果图

9.4　研究结论

1. 普通最小二乘回归分析结论

如果是基于通用的 0.05 的显著性水平，就可以从实证分析结果中发现，变量游戏知名度影响、游戏对硬件要求影响、游戏对网速要求影响、游戏对流量要求影响、游戏时间花费、游戏界面影响、游戏趣味性影响等是比较显著的，而且是一种显著的正向相关关系，具体而言：

（1）游戏知名度对玩家体验评价的影响是非常显著且正向的，游戏知名度越高，就越能赢得玩家好的体验。（2）玩家数量对玩家体验评价的影响不够显著，消费者在玩家体验评价方面不会显著考虑玩家数量。（3）游戏对硬件要求对玩家体验评价的影响非常显著且正向，游戏对硬件要求越合理，就越能赢得玩家好的体验。（4）游戏对网速要求对玩家体验评价的影响非常显著且正向，游戏对网速要求越合理，就越能赢得玩家好的体验。（5）游戏对流量要求对玩家体验评价的影响非常显著且正向，游戏对流量要求越合理，就越能赢得玩家好的体验。（6）游戏金钱花费对玩家体验评价的影响不够显著，消费者在玩家体验评价方面不会显著考虑游戏金钱花费。（7）游戏时间花费对玩家体验评价的影响非常显著且正向，游戏时间花费方面越合理，就越能赢得玩家好的体验。（8）游戏脑力花费对玩家体验评价的影响不够显著，消费者在玩家体验评价方面不会显著考虑游戏脑力花费。（9）游戏界面对玩家体验评价的影响非常显著且正向，游戏界面执行越好，就越能赢得玩家好的体验。（10）游戏操控对玩家体验评价的影响不够显著，消费者在玩家体验评价方面不会显著考虑游戏操控。（11）游戏趣味性对玩家体验评价的影响非常显著且正向，游戏趣味性执行越好，就越能赢得玩家好的体验。（12）启动界面广告对玩家体验评价的影响不够显著，消费者在玩家体验评价方面不会显著考虑启动界面广告。（13）游戏中广告对玩家体验评价的影响不够显著，消费者在玩家体验评价方面不会显著考虑游戏中广告。

2. 使用稳健标准差的最小二乘回归分析结论

（1）游戏知名度对玩家体验评价的影响非常显著且正向，游戏知名度越高，就越能赢得玩家好的体验。（2）玩家数量对玩家体验评价的影响不够显著，消费者在玩家体验评价方面不会显著考虑玩家数量。（3）游戏对硬件要求对玩家体验评价的影响非常显著且正向，游戏对硬件要求越合理，就越能赢得玩家好的体验。（4）游戏对网速要求对玩家体验评价的影响非常显著且正向，游戏对网速要求越合理，就越能赢得玩家好的体验。（5）游戏对流量要求对玩家体验评价的影响非常显著且正向，游戏对流量要求越合理，就越能赢得玩家好的体验。（6）游戏金钱花费对玩家体验评价的影响是不够显著，消费者在玩家体验评价方面不会显著考虑游戏金钱花费。（7）游戏时间花费对玩家体验评价的影响非常显著且正向，游戏时间花费方面越合理，就越能赢得玩家好的体验。（8）游戏脑力花费对玩家体验评价的影响不够显著，消费者在玩家体验评价方面不会显著考虑游戏脑力花费。（9）游戏界面对玩家体验评价的影响非常显著且正向，游戏界面执行越好，就越能赢得玩家好的体验。（10）游戏操控对玩家体验评价的影响不够显著，消费者在玩家体验评价方面不会显著考虑游戏操控。（11）游戏趣味性对玩家体验评价的影响不够显著，消费者在玩家体验评价方面不会显著考虑游戏趣味性。（12）启动界面广告对玩家体验评价的影响不够显著，消费者在玩家体验评价方面不会显著考虑启动界面广告。（13）游戏中广告对玩家体验评价的影响不够显著，消费者在玩家体验评价方面不会显著考虑游戏中广告。

3. 方差分析结论

玩家性别、玩家年龄、购买频次、玩家职业 4 个变量以及它们之间的交互效应对玩家体验评价的影响是不够显著的，或者说不同玩家性别、玩家年龄、购买频次、玩家职业的消费者在玩家体验评价方面不会产生显著差异。

第 10 章　家政行业客户消费满意度调研建模技术

家政行业涵盖提供室内外清洁、打蜡、房屋开荒、产妇护理、育婴、催乳、老年护理、医院陪护、钟点护理、涉外家政、别墅管家等服务范围。对于家政行业来说，它属于典型的服务行业，与普通的生产制造业在企业组织和经营模式方面存在很多的差别。其中，典型的差异之一就是，客户消费满意度对家政行业来说是非常重要的。一个显而易见的事实就是，如果一家家政公司的客户消费满意度非常高，那么就会增加客户黏性，不仅客户本身的消费金额和消费次数会增加，还会向周边的亲朋好友推荐，为公司介绍更多的客户，直接增加公司的经营效益；而且如果家政公司的客户消费满意度高，品牌的口碑、声誉、形象也会提升，这些无形资产的增加对致力于长久持续经营的企业来说也是一种宝贵的财富，在公司扩大经营范围或者拓展新的服务领域时这些优势都会有所显现。所以，家政行业要多进行客户消费满意度调研，并根据调研结果在服务质量、服务效率、服务价格、服务流程、服务范围、服务态度和服务形象方面做出针对性的改进，为后续提升经营管理水平、优化客户体验提供必要的决策参考和智力支持。Stata 作为一种功能强大的统计分析软件，完全可以作为一种辅助工具应用于家政行业客户消费满意度调研。本章将结合实际案例讲述 Stata 软件在家政行业客户消费满意度调研建模技术中的实践应用。需要特别提示和强调的是，本章所使用的研究思路、研究方法和建模技术不局限于家政行业，对于很多具有类似经营特征的服务行业都适用，读者完全可以结合自身研究需求将相关方法应用于其他服务行业中。

10.1　建模技术

客户消费满意度一直是长期热门研究领域，无论是在学术研究领域，还是在商业应用领域，很多专家学者都提出了一些常用的研究模型。常见的模型包括四分图模型、层次分析法模型、欧洲顾客满意度指数模型（ECSI）、美国顾客满意度指数模型（ACSI）、中国顾客满意度指数模型（CCSI）、服务质量模型、卡诺模型（Kano 模型）等。这些模型在多本教材及互联网上都有详细介绍。限于篇幅，这里不对具体学术理论模型进行研究探讨，而仅关注具体统计分析方法的应用。

本案例设定家政服务质量得分、家政服务效率得分、家政服务价格得分、家政服务流程得分、家政服务范围得分、家政服务态度得分、家政服务形象得分等作为客户消费满意度感知价值的衡量标准，在模型中体现为解释变量，设定客户消费满意度、客户消费次数和客户推荐次数作为客户满意程度的衡量标准，客户消费满意度、客户消费次数、客户推荐次数三个变量在模型中均体现为被解释变量，分别进行回归分析。具体来说，本案例主要设定如下三个回归模型来对家政服务公司的客户服务满意度影响因素进行实证研究：

（1）$Y1=\beta_0+\beta_1X1+\beta_2X2+\beta_3X3+\beta_4X4+\beta_5X5+\beta_6X6+\beta_7X7+\varepsilon$

其中，Y1 为 satisfaction，表示客户消费满意度；X1 为 quality，表示家政服务质量得分；X2 为 efficiency，表示家政服务效率得分；X3 为 price，表示家政服务价格得分；X4 为 process，表示家政服务流程得分；X5 为 range，表示家政服务范围得分；X6 为 attitude，表示家政服务态度得分；X7 为 image，表示家政服务形象得分；ε 为是随机误差项。

（2）$Y2=\beta_0+\beta_1X1+\beta_2X2+\beta_3X3+\beta_4X4+\beta_5X5+\beta_6X6+\beta_7X7+\varepsilon$

其中，Y2 为 frequency，表示客户消费次数；X1~X7 以及 ε 的含义与前述相同。

（3）$Y3=\beta_0+\beta_1X1+\beta_2X2+\beta_3X3+\beta_4X4+\beta_5X5+\beta_6X6+\beta_7X7+\varepsilon$

其中，Y3 为 recommend，表示客户推荐次数；X1~X7 以及 ε 的含义与前述相同。

针对各解释变量的理论含义以及对客户消费满意度的影响关系，本案例解释如下：

1. 家政服务质量

家政服务质量体现在家政服务过程和结果的各个环节，比如针对一般的保洁服务，打扫卫生所使用的工具，服务人员服务的细致、整洁程度，对物品的归集整理，对镜面玻璃等物品擦拭的光洁程度等，都是客户对家政服务质量判断的重要标准。按照通常的逻辑，家政服务质量对客户消费满意度是有一定影响的，而且是一种同方向的正向影响关系，或者说在正常情况下，家政服务质量越高，客户消费满意度就会越高。

2. 家政服务效率

家政服务效率指的是家政服务人员在实施具体服务时单位时间所创造的劳动成果。家政服务效率会显著影响消费者的消费体验。一方面，家政服务的经营实践中，很多是按照劳动时间进行收费的，家政服务人员工作的时间越长，客户需要支付的费用就会越高，所以如果家政人员出工不出力，或者干活太慢、效率太低，势必会引起消费者的反感，造成客户消费满意度的下降；另一方面，家政服务人员在工作时，很多客户会派出家人对家政人员进行监督，如果家政服务人员工作时长不合理地延伸，就会与消费者的预期形成偏差，占用消费者或其家人计划外的时间，也会引起消费者的反感，或者说满意程度下降。

3. 家政服务价格

从理论上分析，家政服务产品是一种需求价格弹性比较高的正常类商品。所以当家政服务价格下降，同时其他条件保持不变时，会带动家政服务需求量的显著增加，家政服务消费者的效用也会增加；反之，当家政服务价格上升，同时其他条件保持不变时，会带动家政服务需求量的显著减少，家政服务消费者的效用也会减少。所以合理认为家政服务价格会对家政服务客户消费满意度产生反方向的负面影响，或者说，家政服务价格越高，客户消费满意度越低，家政服务价格越低，客户消费满意度越高。

4. 家政服务流程

从理论上分析，在充分保障家政服务公司和家政服务消费者双方权益的前提下，家政服务公司的服务流程越简化、便捷，内部沟通越顺畅，消费者在预约上门、服务验收、支付结算、售后评价等环节需要做的事情越少，那么消费者需要付出的体力、精力就会越少，消费者能够获得的效用就会越大，获得的满意程度就会越高。反之，如果家政服务公司的家政服务流程设置得不够科学合理或者内部沟通不畅，给消费者增加很多不必要的流程环节或操作负担，客户消费满意程度就会越低。

5. 家政服务范围

在很多情况下，家政服务消费者需要的不是单一服务内容，而是一项或者多项服务的综合，或者说是一揽子服务内容，比如有的消费者周末的时候既需要打扫卫生、进行保洁，又需要请人帮忙做饭洗衣，或者照顾一下老人、孩子等，如果家政服务公司提供的服务范围过于单一，就会使得消费者不得不找多家提供不同服务内容的家政服务公司，也会增加消费者的人力、物力、财力成本，影响消费者的体验。但是也有一种情况就是，有的消费者只需要单一服务，但是如果家政服务公司提供的服务范围很广，在消费者不知情的情况下提供了消费者预期之外的家政服务，或者在服务过程中频频向消费者推介搭售其他服务内容，也会引起消费者不好的消费体验，影响客户消费满意度。所以，家政服务范围这一因素对于客户消费满意度的影响是不确定的，不论是影响程度还是影响方向，都需要结合实际情况进行研究分析。

6. 家政服务态度

从理论上分析，家政服务工作人员的服务态度越好，与消费者沟通时语气、措辞和表达越文明、恰当、具有同理心，在感知、响应、解决家政服务消费者问题的时候越积极、认真、负责，家政服务消费者需要花费的精力、体力、财力就会越少，发生的沟通协调等交易成本就会越低，能够感知获得的效用就会越大，客户服务满意程度就会越高。反之，家政服务工作人员的家政服务态度越差，家政服务消费者需要花费的精力、体力、财力就会越多，就会增加很多不必要的交易成本，同时会降低获得的效用水平，那么客户消费满意程度就会越低。

7. 家政服务形象

家政服务形象也是影响消费者感知价值和客户消费满意度的重要因素。家政服务形象包括家政服务公司的形象和具体服务提供人员的形象。一方面，家政服务公司的品牌形象、服务纪律、服务规范会影响消费者的消费体验；另一方面，具体服务提供人员的外貌形象、穿着打扮、言谈举止也会影响消费者的满意程度。一个言谈举止优雅、外貌形象干练的服务人员在很多情况下可能更受消费者的欢迎。所以，家政服务形象预期也是影响消费者满意程度的重要因素，而且预期影响方向是同方向的正向影响，即家政服务形象越好，消费者的满意程度就会越高。

值得说明的是，从理论上分析，客户消费满意度这一被解释变量预期与客户消费次数、客户推荐次数等被解释变量呈现显著正相关关系，故仅针对各个解释变量与客户消费满意度之间的理论逻辑关系进行分析。预期客户消费次数、客户推荐次数等被解释变量与各个解释变量之间的关系和客户消费满意度是一致的。

10.2 建模数据来源与分析思路

数据来源方面，本案例采用向目标家政服务公司存量客户开展公开问卷调查的方式，调查范围力求全面，既有 1 年以内的新客户，又有 5 年以上的老客户，既有普通客户又有 VIP 客户，既有居住在市中心的客户也有居住在市中心以外的客户，涵盖各个年龄段、各种住所性质。

为了保证调查效果，调查过程全部由客户独立完成，不含任何诱导性成分，力求数据真实、客观、公允。

本案例设计的《家政服务公司客户服务满意度影响因素调查问卷》如下所示：

家政服务公司客户服务满意度影响因素调查问卷

感谢您抽出宝贵的时间来完成这张调查问卷，请您如实填写，谢谢合作！

一、个人情况

1. 您的性别是（ ）。

A. 男　　B. 女

2. 您的年龄是（ ）。

A. 20 岁以下　B. 21~30 岁　C. 31~40 岁　D. 41~50 岁　E. 51 岁以上

3. 您的住所性质是（ ）。

A. 非自有住宅　B. 自有小户型住宅　C. 自有大户型住宅　D. 别墅

4. 您成为我公司客户的年限是（ ）。

A. 1 年以下　B. 1~3 年　C. 3~5 年　D. 5 年以上

5. 您的居住地是（ ）。

A. 二环以内　B. 二环以外

6. 您在我公司的客户等级是（ ）。

A. 普通客户　B. VIP 客户

二、关于客户服务满意度影响因素情况

7. 您对我公司家政服务质量满意程度评价为____（1~9 分，1 分为最低，9 分为最高）。
8. 您对我公司家政服务效率满意程度打分为____（1~9 分，1 分为最低，9 分为最高）。
9. 您对我公司家政服务价格满意程度打分为____（1~9 分，1 分为最低，9 分为最高）。
10. 您对我公司家政服务流程满意程度打分为____（1~9 分，1 分为最低，9 分为最高）。
11. 您对我公司家政服务范围满意程度打分为____（1~9 分，1 分为最低，9 分为最高）。
12. 您对我公司家政服务态度满意程度打分为____（1~9 分，1 分为最低，9 分为最高）。
13. 您对我公司家政服务形象满意程度打分为____（1~9 分，1 分为最低，9 分为最高）。
14. 您对我公司家政服务的整体满意程度评价为（ ）。

A. 非常不满意　B. 比较不满意　C. 比较满意　D. 非常满意

15. 您对我公司家政服务产品的消费频率是（ ）。

A. 每年 0~4 次　B. 每年 5~12 次　C. 每年 13~29 次　D. 每年 30 次以上

16. 当您的家人或朋友有相关家政服务需求时，您已推荐他们购买我公司产品的次数为（ ）。

A. 未推荐　B. 5 次以下　C. 5~10 次　D. 10 次以上

调查结束，再次感谢您的参与！

调查问卷包括两大组成部分，第一部分为客户基本情况，设置 6 道题目，涵盖客户的性别、年龄、住所性质、成为本公司客户的年限、居住地、客户等级多个方面，均为选择题；第二部分为客户服务满意度影响因素情况，设置 10 道题目，其中前 7 道为打分题，由被调查者针对本公司的家政服务质量情况、家政服务效率情况、家政服务价格情况、家政服务流程情况、家政服务范围情况、家政服务态度情况、家政服务形象情况分别进行打分，得分区间为 1~9 分，其中 1 分为最低，9 分为最高，后 3 道题目为选择题，由被调查者对客户消费满意度、客户消费频率、客户推荐次数进行选择。

本次问卷调查共发放调查问卷 500 份，回收 500 份，剔除无效问卷 0 份，最终形成有效调查问卷 500 份，有效问卷占比为 100%，调查效果较好。调查获得的部分数据如表 10.1 所示。

表 10.1　家政服务公司客户消费满意程度影响因素调查数据

客户满意度	客户消费次数	客户推荐次数	服务质量	服务效率	服务价格	服务流程	服务范围	服务态度	服务形象	性别	年龄	住所性质	服务年限	居住地	客户等级
2	1	1	2	7	7	4	7	7	2	2	2	1	2	1	1
1	1	1	3	5	5	5	6	2	3	1	4	1	2	1	1
2	1	1	2	5	5	5	6	6	7	2	3	1	2	2	1
……	……	……	……	……	……	……	……	……	……	……	……	……	……	……	……
3	4	4	6	8	3	8	8	8	9	1	1	4	1	2	2
2	3	3	5	7	7	5	7	7	4	2	2	3	4	1	2
1	2	2	4	6	2	6	7	7	7	2	5	1	3	2	2

完整的数据文件参见本章附带的“数据 10.sav”。

建模思路方面，在设计好调查问卷后，向存量客户进行发放，并回收有效问卷。在此基础上对问卷进行可靠性分析，对问卷的调查质量进行评估，若可靠性分析反映问卷质量不佳，则尝试对部分题目进行修改或进一步扩大调查范围获取更多的样本，若可靠性分析反映问卷质量尚可，则进行回归分析。回归分析部分设定如建模技术中的 3 个回归模型来对家政服务公司客户服务满意度影响因素进行实证研究，首先以全部客户为样本进行分析，在此基础上对客户进一步分类，按客户地域分类的满意度影响因素进行实证分析、按客户等级分类的满意度影响因素进行实证分析等。最后提出实证研究结论并进行必要的结果解读。

具体操作步骤包括 7 个方面的内容，分别是：

（1）对 satisfaction（客户消费满意度）、frequency（客户消费次数）、recommend（客户推荐次数）、quality（家政服务质量得分）、efficiency（家政服务效率得分）、price（家政服务价格得分）、process（家政服务流程得分）、range（家政服务范围得分）、attitude（家政服务态度得分）、image（家政服务形象得分）10 个变量进行信度分析。

（2）对 satisfaction（客户消费满意度）、frequency（客户消费次数）、recommend（客户推荐次数）、quality（家政服务质量得分）、efficiency（家政服务效率得分）、price（家政服务价格得分）、process（家政服务流程得分）、range（家政服务范围得分）、attitude（家政服务态度得分）、image（家政服务形象得分）、gender（客户性别）、age（客户年龄）、residential（客户住所性质）、year（客户服务年限）、address（客户居住地）、grade（客户等级）16 个变量进行描述性分析。

（3）对 satisfaction（客户消费满意度）、frequency（客户消费次数）、recommend（客户推荐次数）、quality（家政服务质量得分）、efficiency（家政服务效率得分）、price（家政服务价格得分）、process（家政服务流程得分）、range（家政服务范围得分）、attitude（家政服务态度得分）、image（家政服务形象得分）10 个变量进行相关性分析。

（4）对 quality~image 共进行主成分分析。

（5）将家政服务公司客户消费满意度影响因素调查数据中的 satisfaction（客户消费满意度）作为被解释变量，将 quality~image 共作为解释变量进行断尾回归分析。

（6）将家政服务公司客户消费满意度影响因素调查数据中的 frequency（客户消费次数）作为被解释变量，将 quality~image 共作为解释变量进行断尾回归分析。

（7）将家政服务公司客户消费满意度影响因素调查数据中的 recommend（客户推荐次数）作为被解释变量，将 quality~image 共作为解释变量进行断尾回归分析。

根据研究过程写出研究结论。

10.3　建模前的数据准备

	下载资源:\video\10.1
	下载资源:\sample\数据 10

10.3.1　数据整理

数据 10 的数据视图如图 10.1 所示。在 Stata 格式文件中共有 16 个变量，分别是 satisfaction、frequency、recommend、quality、efficiency、price、process、range、attitude、image、gender、age、residential、year、address、grade。

	satisfaction	frequency	recommend	quality	efficiency	price	process	range
1	比较不满意	每年0~4次	未推荐	2	7	7	4	7
2	非常不满意	每年0~4次	未推荐	3	5	5	5	6
3	比较不满意	每年0~4次	未推荐	2	5	6	5	6
4	比较满意	每年13~29次	5~10次	6	7	7	7	8
5	比较满意	每年30次以上	10次以上	6	8	3	8	8
6	比较不满意	每年13~29次	5~10次	5	7	7	5	7
7	非常不满意	每年5~12次	5次以下	4	6	2	6	7
8	比较不满意	每年0~4次	未推荐	2	7	7	4	7
9	非常不满意	每年0~4次	未推荐	3	5	5	5	6
10	比较不满意	每年0~4次	未推荐	2	5	5	5	6
11	非常满意	每年13~29次	5~10次	8	9	2	7	8
12	比较不满意	每年5~12次	5次以下	3	6	5	4	7
13	比较满意	每年13~29次	5~10次	7	6	2	7	8
14	比较满意	每年13~29次	5~10次	6	6	7	8	8
15	非常满意	每年30次以上	10次以上	6	8	2	6	8
16	非常不满意	每年0~4次	未推荐	4	6	5	1	7
17	比较不满意	每年0~4次	未推荐	3	5	5	1	6
18	非常满意	每年30次以上	10次以上	7	8	7	7	9
19	比较满意	每年13~29次	5~10次	6	7	7	7	8
20	比较满意	每年30次以上	10次以上	6	8	3	8	8
21	比较不满意	每年13~29次	5~10次	5	7	7	5	7
22	非常不满意	每年5~12次	5次以下	4	6	2	6	7
23	比较满意	每年13~29次	5~10次	6	7	7	7	8
24	比较满意	每年30次以上	10次以上	6	8	3	8	8
25	比较不满意	每年13~29次	5~10次	5	7	7	5	7

图 10.1　数据 10 的数据视图

其中，变量 satisfaction 表示客户消费满意度，设定变量标签后如图 10.2 所示。

属性窗口
变量
名称
satisfaction
标签
客户消费满意度
类型
double
格式
%12.0g
值标签
satisfaction
注释

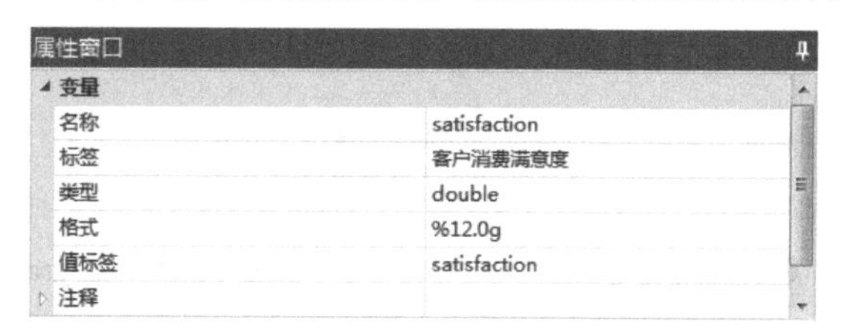

图 10.2　对 satisfaction 变量设定变量标签

frequency 表示客户消费次数，设定变量标签后如图 10.3 所示。

recommend 表示客户推荐次数，设定变量标签后如图 10.4 所示。

属性窗口
名称
frequency
标签
客户消费次数
类型
double
格式
%12.0g
值标签
frequency
注释
数据

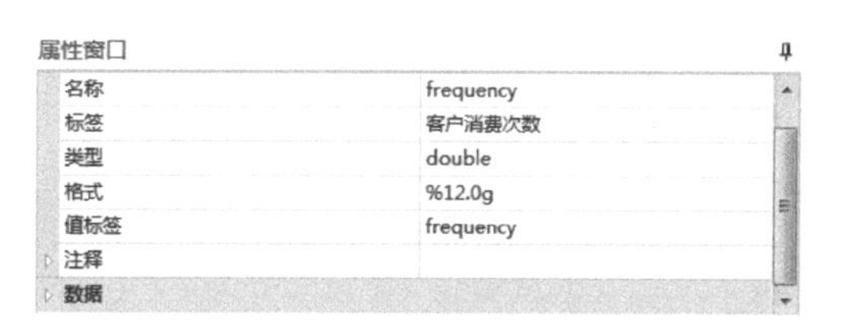

图 10.3　给 frequency 变量设定变量标签

属性窗口
名称
recommend
标签
客户推荐次数
类型
double
格式
%12.0g
值标签
recommend
注释
数据

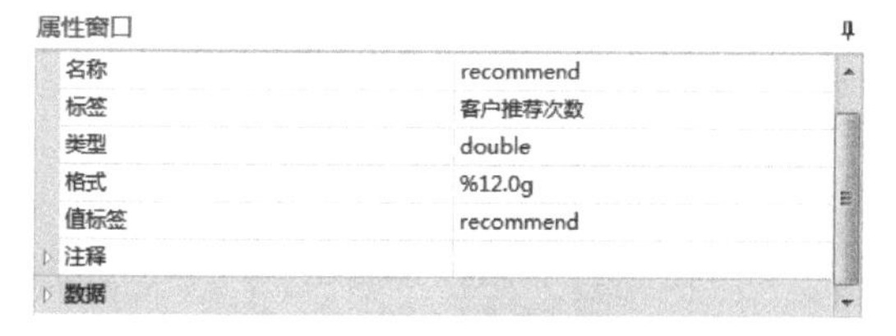

图 10.4　给 recommend 变量设定变量标签

quality 表示家政服务质量得分，efficiency 表示家政服务效率得分，price 表示家政服务价格得分，process 表示家政服务流程得分，range 表示家政服务范围得分，attitude 表示家政服务态度得分，image 表示家政服务形象得分。

gender 表示客户性别，设定变量标签后如图 10.5 所示。

age 表示客户年龄，设定变量标签后如图 10.6 所示。

属性窗口
名称
gender
标签
客户性别
类型
double
格式
%12.0g
值标签
gender
注释
数据

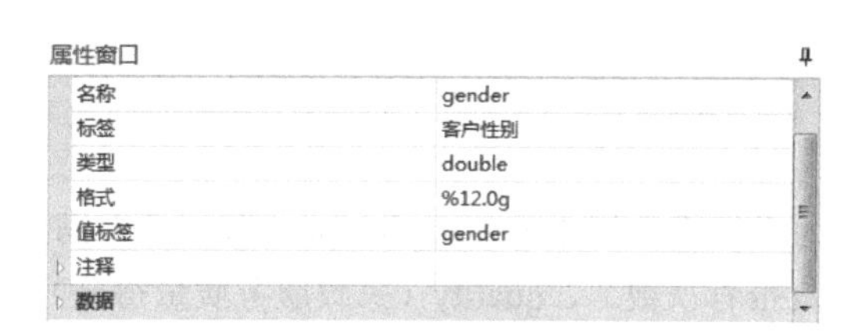

图 10.5　给 gender 变量设定变量标签

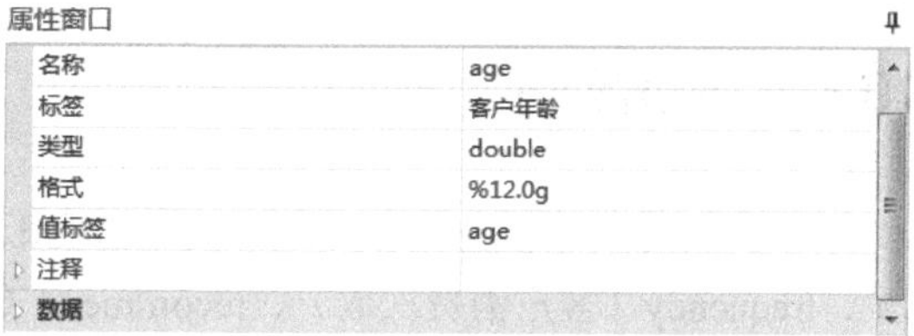

属性窗口
名称
age
标签
客户年龄
类型
double
格式
%12.0g
值标签
age
注释
数据

图 10.6　给 age 变量设定变量标签

residential 表示客户住所性质，设定变量标签后如图 10.7 所示。

year 表示客户服务年限，设定变量标签后如图 10.8 所示。

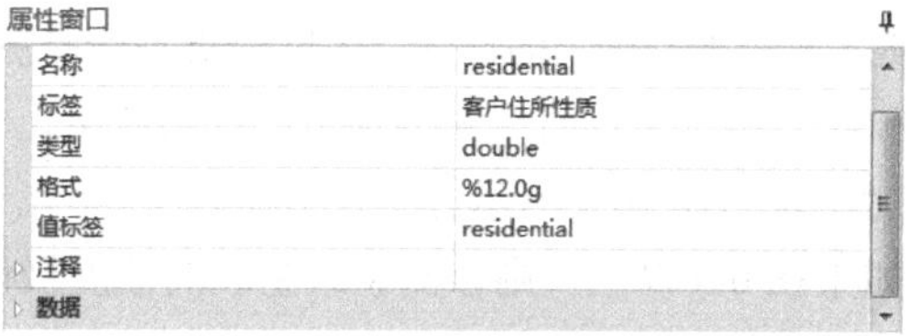

属性窗口
名称
residential
标签
客户住所性质
类型
double
格式
%12.0g
值标签
residential
注释
数据

图 10.7　给 residential 变量设定变量标签

属性窗口
名称
year
标签
客户服务年限
类型
double
格式
%12.0g
值标签
year
注释
数据

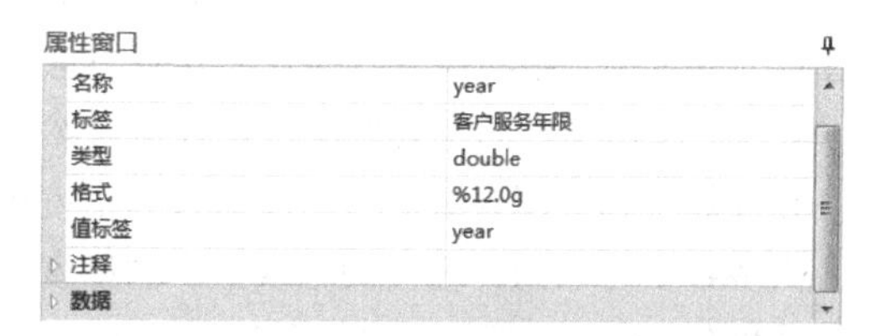

图 10.8 给 year 变量设定变量标签

address 表示客户居住地，设定变量标签后如图 10.9 所示。

grade 表示客户等级，设定变量标签后如图 10.10 所示。

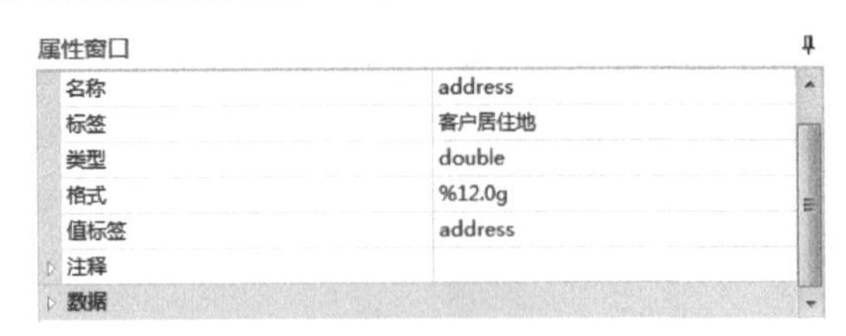

图 10.9　给 address 变量设定变量标签

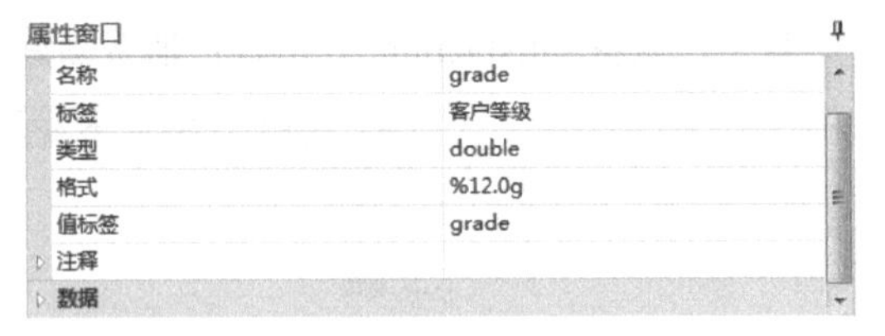

图 10.10　给 grade 变量设定变量标签

变量等级及长度采取系统默认方式，数据如图 10.11 所示。

	satisfaction	frequency	recommend	quality	efficiency	price	process	range
13	比较满意	每年13~29次	5~10次	7	6	2	7	8
14	比较满意	每年13~29次	5~10次	6	6	7	8	8
15	非常满意	每年30次以上	10次以上	6	8	2	6	8
16	非常不满意	每年0~4次	未推荐	4	6	5	1	7
17	比较不满意	每年0~4次	未推荐	3	5	5	1	6
18	非常满意	每年30次以上	10次以上	7	8	7	7	9
19	比较满意	每年13~29次	5~10次	6	7	7	7	8
20	比较满意	每年30次以上	10次以上	6	8	3	8	8
21	比较不满意	每年13~29次	5~10次	5	7	7	5	7
22	非常不满意	每年5~12次	5次以下	4	6	2	6	7
23	比较满意	每年13~29次	5~10次	6	7	7	7	8
24	比较满意	每年30次以上	10次以上	6	8	3	8	8
25	比较不满意	每年13~29次	5~10次	5	7	7	5	7
26	非常不满意	每年5~12次	5次以下	4	6	2	6	7
27	比较不满意	每年13~29次	5~10次	2	7	7	4	7
28	比较不满意	每年0~4次	未推荐	2	7	7	4	7
29	非常不满意	每年0~4次	未推荐	3	5	5	5	6
30	比较不满意	每年0~4次	未推荐	2	5	5	5	6
31	比较满意	每年13~29次	5~10次	6	7	7	7	8
32	比较满意	每年30次以上	10次以上	6	8	3	8	8
33	比较不满意	每年13~29次	5~10次	5	7	7	5	7
34	非常不满意	每年5~12次	5次以下	4	6	2	6	7
35	比较不满意	每年0~4次	未推荐	2	7	7	4	7
36	非常不满意	每年0~4次	未推荐	3	5	5	5	6
37	比较不满意	每年0~4次	未推荐	2	5	5	5	6

图 10.11　数据 10 的变量视图

10.3.2　信度分析

本节我们对家政服务公司客户消费满意度影响因素调查数据中的 satisfaction（客户消费满意度）、frequency（客户消费次数）、recommend（客户推荐次数）、quality（家政服务质量得分）、efficiency（家政服务效率得分）、price（家政服务价格得分）、process（家政服务流程得分）、range（家政服务范围得分）、attitude（家政服务态度得分）、image（家政服务形象得分）10 个变量进行信度分析。

信度又叫可靠性，是指测验的可信程度，它主要表现测验结果的一致性、再现性和稳定性，从公式上讲就是一组测量分数的真变异数与总变异数（实得变异数）的比率。信度分析是检验测量工作可靠性和稳定性的主要方法，在各种自然科学和社会科学调查问卷中得到了广泛的应用。

在计算得到信度系数后，信度系数与信度评价对照表如表 10.2 所示。

大多数学者认为：任何测验或量表的信度系数如果在 0.9 以上，则该测验或量表的信度极佳：信度系数在 0.8 以上都是可以接受的；如果在 0.7 以上，则该量表应进行较大修订，但仍不失其价值；如果低于 0.7，量表就需要重新设计了。在心理学中，通常可以用已有的同类测验作为比较的标准。一般能力与成就测验的信度系数常在 0.9 以上，性格、兴趣、态度等人格测验的信度系数通常为 0.80~0.85。

表 10.2 信度系数与信度评价对照表

信度系数	信度评价
0.9以上	信度极佳
0.8以上	可以接受
0.7以上	量表应进行较大修订
低于0.7	量表需要重新设计

需要特别注意的是，信度分析对于数据和假设条件都有一定要求，并非所有情况下都适合进行信度分析。数据方面，用于信度分析的数据可以是二分数据、有序数据或区间数据，但数据应是用数值编码的。假设条件方面，用于信度分析的观察值应是独立的，且项与项之间的误差应是不相关的。每对项应具有二元正态分布。标度应是可加的，以便每一项都与总得分线性相关。

1. 分析过程

信度分析的步骤如下：

01 进入 Stata 16.0，打开相关数据文件，弹出主界面。

02 在主界面的“命令窗口”中输入命令：

```
alpha satisfaction frequency recommend quality efficiency price process range attitude
image,item
```

本命令旨在针对 satisfaction~image 共 10 个调查问卷中的核心问题进行信度分析。其中，alpha 的含义是求出各个变量（item）的 alpha 系数，item 的含义是展示各个变量的量表测试结果以及量表测试结果之间的相关系数。

03 设置完毕后，按回车键，等待输出结果。

2. 结果分析

在 Stata 16.0 主界面的结果窗口可以看到如图 10.12 所示的分析结果。

```
. alpha satisfaction frequency recommend quality efficiency price process range a
> ttitude image,item

Test scale = mean(unstandardized items)

                                                            average
                             item-test     item-rest       interitem
Item         |  Obs  Sign   correlation   correlation     covariance      alpha
-------------+-----------------------------------------------------------------
satisfaction |  500    +       0.8521        0.8261        1.348296      0.8775
frequency    |  500    +       0.8688        0.8437        1.326971      0.8755
recommend    |  500    +       0.8848        0.8627        1.323542      0.8748
quality      |  500    +       0.7936        0.7198        1.198275      0.8754
efficiency   |  500    +       0.8400        0.7920        1.225793      0.8709
price        |  500    +       0.3988        0.2356        1.452519      0.9156
process      |  500    +       0.7556        0.6714        1.223809      0.8793
range        |  500    +       0.7598        0.7134        1.349757      0.8802
attitude     |  500    +       0.7902        0.7075        1.175541      0.8771
image        |  500    +       0.6850        0.5744        1.253744      0.8882
-------------+-----------------------------------------------------------------
Test scale   |                                             1.287825      0.8923
-------------------------------------------------------------------------------
```

图 10.12 分析结果

从图 10.12 中可以非常明显地看出，整个调查文件的 alpha 系数值达到了 0.8923，说明调查问卷的信度是可以接受的，从各个变量的 alpha 系数值来看，也普遍在 0.85 以上，说明每个问题的信度也都是可以接受的。

10.3.3 描述性分析

1. 分析过程

先保存数据，然后开始展开分析，步骤如下：

01 进入 Stata 16.0，打开相关数据文件，弹出主界面。

02 在主界面的“命令窗口”中输入命令：

```
tabulate satisfaction
```

本命令的含义是对 satisfaction 创建频数表。将上述命令中的 satisfaction 分别替换成 frequency、recommend、quality、efficiency、price、process、range、attitude、image、gender、age、residential、year、address、grade，即可得到这些变量的频数表。

```
tabstat satisfaction frequency recommend,statistics(n count mean semean median sd var
skewness kurtosis range min max sum p25 p50 p75)
```

本命令的含义是对 satisfaction、frequency、recommend 变量获取样本数、有效样本数、平均值、平均值的标准误差、中位数、标准差、方差、偏度、峰度、范围、最小值、最大值、总和、百分位数等信息。

```
tabstat quality efficiency price process range attitude image,statistics(n count mean
semean median sd var skewness kurtosis range min max sum p25 p50 p75)
```

本命令的含义是对 quality~image 变量获取描述性统计信息。

```
tabstat gender age residential year address grade,statistics(n count mean semean median
sd var skewness kurtosis range min max sum p25 p50 p75)
```

本命令的含义是对 gender~grade 变量获取描述性统计信息。

03 设置完毕后，按回车键，等待输出结果。

2. 结果分析

在 Stata 16.0 主界面的结果窗口可以看到如图 10.13~图 10.31 所示的分析结果：satisfaction（客户消费满意度）变量的频数统计表如图 10.13 所示。

从图中可以看出客户消费满意度样本共有 500 个，共有 4 种取值。本例中由于我们之前把 1 设定为非常不满意，把 2 设定为比较不满意，把 3 设定为比较满意，把 4 设定为非常满意，因此可以发现在所有参与调查的客户中，比较不满意的客户占比最高，为 165 人，占比高达 33%；非常不满意的客户占比最低，为 90 人，占比 18%。其他方面，比较满意的客户人数为 137 人，占比 27.4%；非常满意的客户为 108 人，占比 21.6%。frequency（客户消费次数）变量的频数统计表如图 10.14 所示。

. tabulate satisfaction

客户消费满意度	Freq.	Percent	Cum.
非常不满意	90	18.00	18.00
比较不满意	165	33.00	51.00
比较满意	137	27.40	78.40
非常满意	108	21.60	100.00
Total	500	100.00	

图 10.13　描述性分析结果 1

. tabulate frequency

客户消费次数	Freq.	Percent	Cum.
每年0~4次	120	24.00	24.00
每年5~12次	100	20.00	44.00
每年13~29次	166	33.20	77.20
每年30次以上	114	22.80	100.00
Total	500	100.00	

图 10.14　描述性分析结果 2

从图 10.14 中可以看出客户消费次数样本共有 500 个，共有 4 种取值。本例中由于我们之前把 1 设定为每年 0~4 次，把 2 设定为每年 5~12 次，把 3 设定为每年 13~29 次，把 4 设定为每年 30 次以上，因此可以发现在所有参与调查的客户中，每年 13~29 次的客户占比最高，为 166 人，占比高达 33.2%；每年 5~12 次的客户占比最低，为 100 人，占比 20%。其他方面，每年 0~4 次的客户人数为 120 人，占比 24%；每年 30 次以上的客户为 114 人，占比 22.8%。recommend 变量的频数统计表如图 10.15 所示。

. tabulate recommend

客户推荐次数	Freq.	Percent	Cum.
未推荐	128	25.60	25.60
5次以下	90	18.00	43.60
5~10次	182	36.40	80.00
10次以上	100	20.00	100.00
Total	500	100.00	

图 10.15　描述性分析结果 3

从图 10.15 中可以看出客户推荐次数样本共有 500 个，共有 4 种取值。本例中由于我们之前把 1 设定为未推荐，把 2 设定为 5 次以下，把 3 设定为 5~10 次，把 4 设定为 10 次以上，因此可以发现在所有参与调查的客户中，5~10 次的客户占比最高，为 182 人，占比高达 36.4%；5 次以下占比最低，为 90 人，占比 18%。其他方面，未推荐的客户人数为 128 人，占比 25.6%；10 次以上的客户为 100 人，占比 20%。

其他变量的频数统计表限于篇幅不再一一讲解，读者可自行进行分析。

客户消费满意度、客户消费次数、客户推荐次数三个变量的统计量信息如图 10.16 所示。从具体统计量来看，客户消费满意度观测值中，包括全部样本 500 个、有效样本 500 个，平均值为 2.526，平均值标准误差为 0.046，中位数为 2，标准偏差为 1.021，方差为 1.043，偏度为 0.031，峰度为 1.877，范围为 3，最小值为 1，最大值为 4，总和为 1263，另外还得到了 25、50、75 的三个百分位数。

客户消费次数观测值中，包括有效样本 500 个、全部样本 500 个，平均值为 2.55，平均值标准误差为 0.049，中位数为 3，标准偏差为 1.089，方差为 1.186，偏度为-0.151，峰度为 1.730，范围为 3，最小值为 1，最大值为 4，总和为 1274，另外还得到了 25、50、75 的三个百分位数。

客户推荐次数观测值中，包括有效样本 500 个，全部样本 500 个，平均值为 2.51，平均值标准误差为 0.048，中位数为 3，标准偏差为 1.079，方差为 1.164，偏度为-0.155，峰度为 1.739，范围为 3，最小值为 1，最大值为 4，总和为 1254，另外还得到了 25、50、75 的三个百分位数。

```
. tabstat satisfaction frequency recommend,statistics(n c
> ount mean semean median sd var skewness kurtosis range
> min max sum p25 p50 p75)

    stats |  satisf~n   freque~y   recomm~d
----------+------------------------------
        N |       500        500        500
        N |       500        500        500
     mean |     2.526      2.548      2.508
 se(mean) |  .0456817   .0487046   .0482548
      p50 |         2          3          3
       sd |  1.021475   1.089068   1.079011
 variance |  1.043411   1.186068   1.164265
 skewness |  .0312991  -.1510774  -.1548016
 kurtosis |  1.876522   1.729659   1.739328
    range |         3          3          3
      min |         1          1          1
      max |         4          4          4
      sum |      1263       1274       1254
      p25 |         2          2          1
      p50 |         2          3          3
      p75 |         3          3          3
-----------------------------------------
```

图 10.16　satisfaction、frequency、recommend 统计量

关于有效样本数、缺失值、平均值、平均值标准误差、中位数、众数、标准偏差、方差等统计量很常见，不需要特别说明和解释。

其他统计量方面，偏度是对分布偏斜方向及程度的测度，测量偏斜的程度需要计算偏态系数，如果偏态系数为正，就表示分布为右偏；如果偏态系数为负，就表示分布为左偏。本例中计算的客户消费满意度观测值偏度为 0.031，表明数据分布存在很小程度的右偏；计算的客户消费次数观测值偏度为-0.151，表明数据分布存在很小程度的左偏；计算的客户推荐次数观测值偏度为-0.155，表明数据分布存在很小程度的左偏。

峰度是频数分布曲线与正态分布相比较，顶端的尖峭程度，统计上常用四阶中心矩测定峰度，当计算的峰度恰好等于 0 时，说明数据分布曲线为正态分布；当计算的峰度小于 0 时，说明数据分布曲线为平峰分布；当计算的峰度大于 0 时，说明数据分布曲线为尖峰分布。本例中计算的客户消费满意度观测值峰度为 1.877，表明数据分布曲线为尖峰分布；计算的客户消费次数观测值峰度为 1.730，表明数据分布曲线为尖峰分布；计算的客户推荐次数峰度为 1.739，表明数据分布曲线为尖峰分布。

关于百分位数，如果对一组数据进行排序，并计算相应的累计百分位，某一百分位所对应数据的值就称为这一百分位的百分位数。常用的有四分位数，指的是将数据分为四等份，分别位于 25%、50%和 75%处的分位数。百分位数适用于定序数据及更高级的数据，不能用于定类数据，百分位数的优点是不受极端值的影响。

quality（家政服务质量得分）、efficiency（家政服务效率得分）、price（家政服务价格得分）、process（家政服务流程得分）、range（家政服务范围得分）、attitude（家政服务态度得分）、image（家政服务形象得分）变量的统计量信息如图 10.17 所示。关于有效样本数、缺失值、平均值、平均值标准误差、中位数、众数、标准偏差、方差等统计量的解释不再赘述。可以发现偏度方面，quality（家政服务质量得分）、efficiency（家政服务效率得分）、price（家政服务价格得分）、process（家政服务流程得分）、range（家政服务范围得分）、attitude（家政服务态度得分）、image（家政服务形象得分）变量的偏度系数均小于 0，这些变量数据分布存在左偏。峰度方面，quality（家政服务质量得分）、price（家政服务价格得分）、attitude（家政服务态度得分）、image（家政服

务形象得分）变量的峰度系数均小于0，数据分布曲线为平峰分布，efficiency（家政服务效率得分）、process（家政服务流程得分）、range（家政服务范围得分）变量的峰度系数均大于0，数据分布曲线为尖峰分布。

```
. tabstat quality efficiency price process range attitude image,statistics(n count
> mean semean median sd var skewness kurtosis range min max sum p25 p50 p75)
```

stats	quality	effici~y	price	process	range	attitude	image
N	500	500	500	500	500	500	500
N	500	500	500	500	500	500	500
mean	5.222	6.324	4.906	5.922	7.242	6.168	5.52
se(mean)	.0874112	.0731077	.0948067	.0871724	.0526537	.0948343	.09332
p50	6	6	5	6	7	7	7
sd	1.954573	1.634738	2.119942	1.949234	1.177374	2.120559	2.086698
variance	3.820357	2.672369	4.494152	3.799515	1.386208	4.49677	4.354309
skewness	-.2031236	-.7159551	-.0964707	-.8767973	-1.214699	-.9338923	-.363372
kurtosis	2.040268	3.709612	1.76687	3.413927	5.660577	2.907708	1.979821
range	9	8	8	8	6	8	8
min	0	1	1	1	3	1	1
max	9	9	9	9	9	9	9
sum	2611	3162	2453	2961	3621	3084	2760
p25	4	5	3	5	7	5.5	4
p50	6	6	5	6	7	7	7
p75	7	7.5	7	7	8	8	7

图 10.17　quality~image 统计量

性别、年龄、住所性质、年限、居住地、等级变量的频数统计表限于篇幅不再一一讲解。

10.3.4　相关性分析

1. 分析过程

相关性分析的步骤如下：

01 进入 Stata 16.0，打开相关数据文件，弹出主界面。

02 在主界面的“命令窗口”中输入命令：

```
correlate satisfaction frequency recommend quality efficiency price process range
attitude image,covariance
```

本命令旨在对 quality~image 共 10 个变量进行相关性分析，求变量之间的方差-协方差矩阵。

```
correlate satisfaction frequency recommend quality efficiency price process range
attitude image
```

本命令旨在针对 quality~image 共 10 个变量进行相关性分析，求变量之间的相关系数矩阵。

```
pwcorr satisfaction frequency recommend quality efficiency price process range attitude
image,sidak sig star(99)
```

本命令旨在针对 quality~image 共 10 个变量进行相关性分析，分析结果为针对两个变量之间的相关系数矩阵进行显著性检验，并且设定显著性水平为 0.99。

03 设置完毕后，按回车键，等待输出结果。

2. 结果分析

在 Stata 16.0 主界面的结果窗口可以看到如图 10.18~图 10.20 所示的分析结果。

图 10.18 展示的是 quality~image 共 10 个变量的方差-协方差矩阵。

```
. correlate satisfaction frequency recommend quality efficiency price process range attitude image,covarian
> ce
(obs=500)

             | satisf~n freque~y recomm~d  quality effici~y    price  process    range attitude    image
-------------+------------------------------------------------------------------------------------------
satisfaction |  1.04341
   frequency |  .909571  1.18607
   recommend |  .878549  1.12587  1.16426
     quality |  1.43209  1.50335  1.49622  3.82036
  efficiency |  1.13585  1.29704  1.35612  1.87382  2.67237
       price |  .546537  .474461  .472697     .566  .998453  4.49415
     process |  1.13329  1.28331  1.34231  2.36004    1.865    .5658  3.79952
       range |   .71614  .819022  .860786  1.39907  1.28817  .581912  1.25739  1.38621
    attitude |  1.46256  1.45284   1.4696  2.02876  2.24205  1.59097  2.03517  1.31397  4.49677
       image |  1.19888  1.31567  1.30244  2.15487  1.76705 -.135391  2.05267  1.12441  2.03671  4.35431
```

图 10.18　相关性分析结果 1

在上述分析结果中，我们可以看到 quality~image 共 10 个变量之间的协方差都为正数，这说明各个变量的相关关系是正向的。

图 10.19 展示的是 quality~image 共 10 个变量的相关系数矩阵。

```
. correlate satisfaction frequency recommend quality efficiency price process range attitude image
(obs=500)

             | satisf~n freque~y recomm~d  quality effici~y    price  process    range attitude    image
-------------+------------------------------------------------------------------------------------------
satisfaction |   1.0000
   frequency |   0.8176   1.0000
   recommend |   0.7971   0.9581   1.0000
     quality |   0.7173   0.7062   0.7094   1.0000
  efficiency |   0.6802   0.7285   0.7688   0.5864   1.0000
       price |   0.2524   0.2055   0.2066   0.1366   0.2881   1.0000
     process |   0.5692   0.6045   0.6382   0.6194   0.5853   0.1369   1.0000
       range |   0.5955   0.6387   0.6776   0.6080   0.6693   0.2331   0.5479   1.0000
    attitude |   0.6752   0.6291   0.6423   0.4895   0.6468   0.3539   0.4924   0.5263   1.0000
       image |   0.5625   0.5789   0.5785   0.5283   0.5180  -0.0306   0.5047   0.4577   0.4603   1.0000
```

图 10.19　相关性分析结果 2

在上述分析结果中，我们可以看 satisfaction（客户消费满意度）、frequency（客户消费次数）、recommend（客户推荐次数）三者之间的相关系数非常高，而且均为正相关，尤其是 frequency（客户消费次数）与 recommend（客户推荐次数）的相关系数达到了 0.9581，说明对于被研究的家政行业公司来说，frequency（客户消费次数）与 recommend（客户推荐次数）之间的关联关系非常强。

satisfaction（客户消费满意度）、frequency（客户消费次数）、recommend（客户推荐次数）与 quality（家政服务质量得分）、efficiency（家政服务效率得分）、price（家政服务价格得分）、process（家政服务流程得分）、range（家政服务范围得分）、attitude（家政服务态度得分）、image（家政服务形象得分）之间的相关关系各不相同，相关系数大小各异，但均为正相关，符合实际情况。

需要特别提示的是，satisfaction（客户消费满意度）、frequency（客户消费次数）、recommend（客户推荐次数）与 quality（家政服务质量得分）、efficiency（家政服务效率得分）、process（家政服务流程得分）、range（家政服务范围得分）、attitude（家政服务态度得分）、image（家政服务形象得分）之间的相关系数均在 0.5 以上，仅与 price（家政服务价格得分）相关系数较低，这在很大程度上说明家政服务价格得分与客户满意度之间的关联性不大。

图 10.20 展示的是 quality~image 共 10 个变量的相关系数矩阵的显著性检验，设定置信水平为 99%。

```
. pwcorr satisfaction frequency recommend quality efficiency price process ran
> ge attitude image,sidak sig star(99)

             | satisf~n freque~y recomm~d  quality effici~y    price  process
-------------+---------------------------------------------------------------
satisfaction |   1.0000 
             |
             |
   frequency |   0.8176*  1.0000 
             |   0.0000
             |
   recommend |   0.7971*  0.9581*  1.0000 
             |   0.0000   0.0000
             |
     quality |   0.7173*  0.7062*  0.7094*  1.0000 
             |   0.0000   0.0000   0.0000
             |
  efficiency |   0.6802*  0.7285*  0.7688*  0.5864*  1.0000 
             |   0.0000   0.0000   0.0000   0.0000
             |
       price |   0.2524*  0.2055*  0.2066*  0.1366*  0.2881*  1.0000 
             |   0.0000   0.0002   0.0001   0.0946   0.0000
             |
     process |   0.5692*  0.6045*  0.6382*  0.6194*  0.5853*  0.1369*  1.0000 
             |   0.0000   0.0000   0.0000   0.0000   0.0000   0.0924
             |
       range |   0.5955*  0.6387*  0.6776*  0.6080*  0.6693*  0.2331*  0.5479*
             |   0.0000   0.0000   0.0000   0.0000   0.0000   0.0000   0.0000
             |
    attitude |   0.6752*  0.6291*  0.6423*  0.4895*  0.6468*  0.3539*  0.4924*
             |   0.0000   0.0000   0.0000   0.0000   0.0000   0.0000   0.0000
             |
       image |   0.5625*  0.5789*  0.5785*  0.5283*  0.5180* -0.0306   0.5047*
             |   0.0000   0.0000   0.0000   0.0000   0.0000   1.0000   0.0000
             |

             |    range attitude    image
-------------+---------------------------
       range |   1.0000 
             |
             |
    attitude |   0.5263*  1.0000 
             |   0.0000
             |
       image |   0.4577*  0.4603*  1.0000 
             |   0.0000   0.0000
```

图 10.20　相关性分析结果 3

我们可以看到 quality~image 共 10 个变量之间，几乎所有的相关关系都是非常显著的，仅 image（家政服务形象得分）与 price（家政服务价格得分）之间的相关关系不够显著。

10.3.5　主成分分析

本节我们对家政服务公司客户服务满意度影响因素调查数据中的 quality~image 共 7 个变量进行主成分分析。

在实际工作中，往往会出现所搜集的变量间存在较强相关关系的情况。如果直接利用数据进行分析，不仅会使模型变得很复杂，还会带来多重共线性等问题。主成分分析提供了解决这一问题的方法，其基本思想是将众多的初始变量整合成少数几个互相无关的主成分变量，而这些新的变量尽可能地包含初始变量的全部信息，然后利用这些新的变量来替代以前的变量进行分析。

1. 分析过程

先保存数据，然后开始展开分析，步骤如下：

01 进入 Stata 16.0，打开相关数据文件，弹出主界面。

02 在主界面的“命令窗口”中分别输入如下命令并按回车键进行确认：

```
pca quality efficiency price process range attitude image
```

本命令是对 quality~image 共 7 个变量进行主成分分析。

```
pca quality efficiency price process range attitude image,mineigen(1)
```

本命令是对 quality~image 共 7 个变量进行主成分分析，但只保留特征值大于 1 的主成分。

```
pca quality efficiency price process range attitude image,components(1)
```

本命令是对 quality~image 共 7 个变量进行主成分分析，但限定提取的主成分个数为 1。

03 设置完毕后，按回车键，等待输出结果。

2. 结果分析

在 Stata 16.0 主界面的结果窗口可以看到如图 10.21~图 10.25 所示的分析结果。

图 10.21 展示的是主成分分析的结果。其中最左列（Component）表示的是系统提取的主成分名称，可以发现，Stata 总共提取了 7 个主成分。Eigenvalue 列表示的是系统提取的主成分的特征值，特征值的大小意味着该主成分的解释能力，特征值越大，解释能力就越强，可以发现 Stata 提取的 7 个主成分都是有效的，因为 7 个主成分的特征值均不为 0。Proportion 列表示的是系统提取的主成分的方差贡献率，方差贡献率同样表示主成分的解释能力。可以发现第 1 个主成分的方差贡献率为 0.5475，表示该主成分解释了所有变量 54.75%的信息，第 2 个主成分的方差贡献率为 0.1561，表示该主成分解释了所有变量 15.61%的信息，以此类推。Cumulative 列表示的是主成分的累计方差贡献率，其中前两个主成分的方差贡献率为 0.7035，前 3 个主成分的方差贡献率为 0.7818，以此类推。

```
. pca quality efficiency price process range attitude image

Principal components/correlation                 Number of obs    =        500
                                                 Number of comp.  =          7
                                                 Trace            =          7
    Rotation: (unrotated = principal)            Rho              =     1.0000
```

Component	Eigenvalue	Difference	Proportion	Cumulative
Comp1	3.83222	2.73966	0.5475	0.5475
Comp2	1.09256	.54503	0.1561	0.7035
Comp3	.547529	.0857431	0.0782	0.7818
Comp4	.461786	.0469581	0.0660	0.8477
Comp5	.414828	.0530535	0.0593	0.9070
Comp6	.361775	.0724701	0.0517	0.9587
Comp7	.289304	.	0.0413	1.0000

图 10.21　主成分分析分析结果 1

图 10.22 展示的是主成分特征向量矩阵，以表明各个主成分在各个变量上的载荷，从而可以得出各主成分的表达式。值得一提的是，在表达式中各个变量已经不是原始变量，而是标准化变量。

Principal components (eigenvectors)

Variable	Comp1	Comp2	Comp3	Comp4	Comp5	Comp6	Comp7	Unexplained
quality	0.4095	-0.1733	-0.3963	0.1724	0.2876	-0.7081	-0.1770	0
efficiency	0.4373	0.0864	0.0805	-0.3239	-0.1676	0.2345	-0.7790	0
price	0.1631	0.8506	-0.0180	0.3134	0.3698	0.1201	0.0103	0
process	0.4001	-0.1608	-0.3459	0.5734	-0.4398	0.3892	0.1444	0
range	0.4132	0.0229	-0.3430	-0.6222	0.1880	0.2287	0.4861	0
attitude	0.3953	0.2317	0.5197	-0.0729	-0.4940	-0.4156	0.3128	0
image	0.3569	-0.3986	0.5734	0.2142	0.5289	0.2296	0.0817	0

图 10.22　主成分分析分析结果 2

其中，前两个特征值比较大的主成分的表达式是：

comp1=0.4095*quality+0.4373*efficiency+0.1631*price+0.4001*process+0.4132*range+0.3953*attitude+0.3569*image

comp2=-0.1733*quality+0.0864*efficiency+0.8506*price-0.1608*process+0.0229*range+0.2317*attitude-0.3986*image

在第 1 个主成分中，除 price（家政服务价格得分）以外，其他变量系数都比较大，可以看成是反映 quality（家政服务质量得分）、efficiency（家政服务效率得分）、process（家政服务流程得分）、range（家政服务范围得分）、attitude（家政服务态度得分）、image（家政服务形象得分）6 个变量的综合指标；在第 2 个主成分中，price（家政服务价格得分）变量的系数比较大，可以看作是反映 price（家政服务价格得分）的指标。

因为主成分分析只不过是一种矩阵变换，所以各个主成分并不一定具有实际意义，本例中各个主成分的内在含义就不是很明确。

在上面可以看到，Stata 总共提取了 7 个有效的主成分，但是只有前两个主成分的特征值是大于 1 的，而且前两个主成分的方差贡献率达到了 0.7035，基本上能够满足我们进行主成分分析的初衷。那么能否只保留特征值大于 1 的主成分呢？

只保留特征值大于 1 的主成分结果如图 10.23 和图 10.24 所示。

```
. pca quality efficiency price process range attitude image,components(1)

Principal components/correlation                 Number of obs    =        500
                                                 Number of comp.  =          1
                                                 Trace            =          7
    Rotation: (unrotated = principal)            Rho              =     0.5475
```

Component	Eigenvalue	Difference	Proportion	Cumulative
Comp1	3.83222	2.73966	0.5475	0.5475
Comp2	1.09256	.54503	0.1561	0.7035
Comp3	.547529	.0857431	0.0782	0.7818
Comp4	.461786	.0469581	0.0660	0.8477
Comp5	.414828	.0530535	0.0593	0.9070
Comp6	.361775	.0724701	0.0517	0.9587
Comp7	.289304	.	0.0413	1.0000

图 10.23 主成分分析分析结果 3

图 10.23 展示的内容与上例一致。

Principal components (eigenvectors)

Variable	Comp1	Comp2	Unexplained
quality	0.4095	-0.1733	.3245
efficiency	0.4373	0.0864	.2591
price	0.1631	0.8506	.1075
process	0.4001	-0.1608	.3584
range	0.4132	0.0229	.3451
attitude	0.3953	0.2317	.3424
image	0.3569	-0.3986	.3382

图 10.24 主成分分析分析结果 4

图 10.24 展示的是仅保留特征值大于 1 的主成分的结果，本例中只有前两个主成分的特征值大

于 1，所以只保留了前两个主成分进行分析。值得说明的是，图 10.24 最后一列（Unexplained）表示的是该变量未被系统提取的两个主成分解释的信息比例，例如变量 efficiency 未被解释的信息比例是 25.91%。这种信息丢失的情况是我们舍弃其他主成分必然付出的代价。

在有些情况下，可能受某些条件的制约，我们仅能挑选出在规定数目以下的主成分进行分析。那么，我们能否限定提取的主成分的个数呢？

在本节的例子中，例如我们只想提取一个主成分进行分析，限定提取的主成分个数为 1 的结果如图 10.25 所示。

```
. pca quality efficiency price process range attitude image,components(1)

Principal components/correlation                 Number of obs    =       500
                                                 Number of comp.  =         1
                                                 Trace            =         7
    Rotation: (unrotated = principal)            Rho              =    0.5475
```

Component	Eigenvalue	Difference	Proportion	Cumulative
Comp1	3.83222	2.73966	0.5475	0.5475
Comp2	1.09256	.54503	0.1561	0.7035
Comp3	.547529	.0857431	0.0782	0.7818
Comp4	.461786	.0469581	0.0660	0.8477
Comp5	.414828	.0530535	0.0593	0.9070
Comp6	.361775	.0724701	0.0517	0.9587
Comp7	.289304	.	0.0413	1.0000

（a）

Principal components (eigenvectors)

Variable	Comp1	Unexplained
quality	0.4095	.3573
efficiency	0.4373	.2673
price	0.1631	.898
process	0.4001	.3866
range	0.4132	.3457
attitude	0.3953	.401
image	0.3569	.5118

（b）

图 10.25　主成分分析分析结果 5

图 10.25（a）展示的内容与上例一致。

图 10.25（b）展示的是我们只提取一个主成分进行分析的结果，该图最后一列（Unexplained）同样说明的是该变量未被系统提取的一个主成分解释的信息比例，例如变量 efficiency 未被解释的信息比例是 26.73%。这种信息丢失的情况同样也是我们舍弃其他主成分必然付出的代价。

10.4　建立断尾回归分析模型

	下载资源:\video\10.2
	下载资源:\sample\数据 10

普通的最小二乘线性回归分析方法要求因变量为连续，Logit 或 Probit 回归要求因变量为离散。但是很多时候因变量观测样本数据会受到各种各样的限制，只能观测到满足一定条件的样本。例如，我们在统计某地区游客量时可能仅仅能够统计到知名景点，或者说游客人数大于某一特定值的景点的游客量，又例如在统计工人的劳动时间时，失业工人的劳动时间一定只取 0，而不论失业的程度有多大。根据因变量的受限特征，常用的因变量受限回归分析方法有两种，包括断尾回归分析和截取回归分析。

断尾回归分析是针对因变量只有大于一定数值或者小于一定数值时才能被观测到的一种回归分析方法。或者说，因变量的取值范围是受到限制的，是不可能取到范围之外的数值的，通过一般的最小二乘回归分析得到的结论是不完美的。举例来说，如果研究某单位的薪酬情况，把年薪作为因变量，那么该因变量的取值范围就是大于 0 的，小于 0 是不可能的，是没有意义的。本例中我们使用的就是断尾回归分析这种建模技术。

10.4.1　客户消费满意度影响因素建模技术

1. 全部客户消费满意度影响因素的实证分析

先保存数据，然后开始展开分析，步骤如下：

01 进入 Stata 16.0，打开相关数据文件，弹出主界面。

02 在主界面的“命令窗口”中输入如下命令：

```
reg satisfaction quality efficiency price process range attitude image
```

本命令的含义是以 satisfaction 为因变量，以 quality~image 共 7 个变量为自变量，进行最小二乘回归分析。

```
truncreg satisfaction quality efficiency price process range attitude image,ll(1)
```

本命令的含义是以 satisfaction 为因变量，以 quality~image 共 7 个变量为自变量，进行断尾回归分析。

```
test quality efficiency price process range attitude image
```

本命令的含义是对断尾回归分析估计的各个自变量的系数进行假设检验，检验其显著程度。

```
predict yhat
```

本命令的含义是估计因变量的拟合值。

```
predict e,resid
```

本命令的含义是估计断尾回归分析的残差。

```
truncreg satisfaction quality efficiency price process range attitude image,ll(1) robust
```

本命令的含义是使用稳健标准差进行断尾回归分析。与前面章节讲述的最小二乘回归分析类似，我们在断尾回归分析中也可以使用稳健标准差，以克服可能会有的异方差的存在对模型的整体有效性带来的不利影响。

03 设置完毕后，按回车键，等待输出结果。

在 Stata 16.0 主界面的结果窗口可以看到如图 10.26~图 10.31 所示的分析结果。

```
. reg satisfaction quality efficiency price process range attitude image

      Source |       SS           df       MS      Number of obs   =       500
-------------+----------------------------------   F(7, 492)       =    153.79
       Model |   357.34397         7  51.0491386   Prob > F        =    0.0000
    Residual |   163.31803       492  .331947214   R-squared       =    0.6863
-------------+----------------------------------   Adj R-squared   =    0.6819
       Total |     520.662       499  1.04341082   Root MSE        =    .57615

------------------------------------------------------------------------------
satisfaction |      Coef.   Std. Err.      t    P>|t|     [95% Conf. Interval]
-------------+----------------------------------------------------------------
     quality |   .2015811   .0191958    10.50   0.000     .1638652     .239297
  efficiency |   .1064514   .0255045     4.17   0.000     .0563403    .1565626
       price |   .0225385   .0136157     1.66   0.098    -.0042137    .0492906
     process |   .0034383   .0184903     0.19   0.853    -.0328914     .039768
       range |   .0212902   .0320825     0.66   0.507    -.0417453    .0843257
    attitude |   .1375702   .0171951     8.00   0.000     .1037855     .171355
       image |   .0616068   .0162171     3.80   0.000     .0297434    .0934702
       _cons |  -.6735772   .1669979    -4.03   0.000    -1.001694   -.3454601
------------------------------------------------------------------------------
```

图 10.26　最小二乘回归分析

图 10.26 所示是以 satisfaction（客户消费满意度）为因变量，以 quality~image 共 7 个变量为自变量，进行最小二乘回归分析的结果。

从上述分析结果中可以看出共有 500 个样本参与了分析，模型的 F 值(7, 492) = 153.79，P 值（Prob > F）=0.0000，说明模型整体上是很显著的。模型的可决系数（R-squared）为 0.6863，模型修正的可决系数（Adj R-squared）为 0.6819，说明模型的解释能力也是非常好的。

变量 quality 的系数标准误是 0.0191958，t 值为 10.50，P 值为 0.000，系数是非常显著的。变量 efficiency 的系数标准误是 0.0255045，t 值为 4.17，P 值为 0.000，系数是非常显著的。变量 price 的系数标准误是 0.0136157，t 值为 1.66，P 值为 0.098，系数是非常不显著的。变量 process 的系数标准误是 0.0184903，t 值为 0.19，P 值为 0.853，系数是非常不显著的。变量 range 的系数标准误是 0.0320825，t 值为 0.66，P 值为 0.507，系数是非常不显著的。变量 attitude 的系数标准误是 0.0171951，t 值为 8.00，P 值为 0.000，系数是非常显著的。变量 image 的系数标准误是 0.0162171，t 值为 3.80，P 值为 0.000，系数是非常显著的。常数项的系数标准误是 0.1669979，t 值为-4.03，P 值为 0.000，系数是非常显著的。

从上面的分析可以看出最小二乘线性模型的整体显著性、系数显著性以及模型的整体解释能力都很不错。结论是 quality（家政服务质量得分）、efficiency（家政服务效率得分）、attitude（家政服务态度得分）、image（家政服务形象得分）对 satisfaction（客户消费满意度）为因变量产生正向显著影响；price（家政服务价格得分）、process（家政服务流程得分）、range（家政服务范围得分）对 satisfaction（客户消费满意度）为因变量不产生显著影响。

图 10.27 所示是以 satisfaction（客户消费满意度）为因变量，以 quality~image 共 7 个为自变量，进行断尾回归分析的结果，其中断尾点设置的是 1。

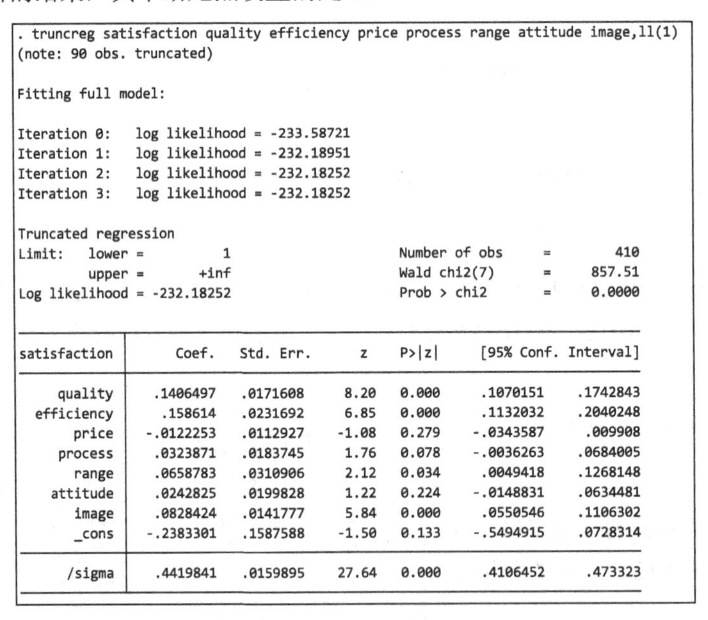
```
. truncreg satisfaction quality efficiency price process range attitude image,ll(1)
(note: 90 obs. truncated)

Fitting full model:

Iteration 0:   log likelihood = -233.58721
Iteration 1:   log likelihood = -232.18951
Iteration 2:   log likelihood = -232.18252
Iteration 3:   log likelihood = -232.18252

Truncated regression
Limit:   lower =          1                     Number of obs     =        410
         upper =       +inf                     Wald chi2(7)      =     857.51
Log likelihood = -232.18252                     Prob > chi2       =     0.0000

------------------------------------------------------------------------------
satisfaction |      Coef.   Std. Err.      z    P>|z|     [95% Conf. Interval]
-------------+----------------------------------------------------------------
     quality |   .1406497   .0171608     8.20   0.000     .1070151    .1742843
  efficiency |    .158614   .0231692     6.85   0.000     .1132032    .2040248
       price |  -.0122253   .0112927    -1.08   0.279    -.0343587     .009908
     process |   .0323871   .0183745     1.76   0.078    -.0036263    .0684005
       range |   .0658783   .0310906     2.12   0.034     .0049418    .1268148
    attitude |   .0242825   .0199828     1.22   0.224    -.0148831    .0634481
       image |   .0828424   .0141777     5.84   0.000     .0550546    .1106302
       _cons |  -.2383301   .1587588    -1.50   0.133    -.5494915    .0728314
-------------+----------------------------------------------------------------
      /sigma |   .4419841   .0159895    27.64   0.000     .4106452     .473323
------------------------------------------------------------------------------
```

图 10.27　断尾回归分析

从图 10.27 可以看出断尾回归分析模型相对于最小二乘回归模型有了一定程度的改变。模型中的部分变量系数的显著程度有了不同程度的降低，限于篇幅不再赘述。

图 10.28 所示是对断尾回归分析估计的各个自变量的系数进行假设检验的结果。从图 10.28 可以看出该模型非常显著，拟合很好。图 10.29 所示是对因变量的拟合值的预测。

```
. test quality efficiency price process range attitude image

 ( 1)  [eq1]quality = 0
 ( 2)  [eq1]efficiency = 0
 ( 3)  [eq1]price = 0
 ( 4)  [eq1]process = 0
 ( 5)  [eq1]range = 0
 ( 6)  [eq1]attitude = 0
 ( 7)  [eq1]image = 0

           chi2(  7) =  857.51
         Prob > chi2 =    0.0000
```

图 10.28　进行假设检验

	age	residential	year	address	grade	yhat
1	21岁~30岁	非自有住宅	1年到3年	二环以内	普通客户	1.994049
2	41岁~50岁	非自有住宅	1年到3年	二环以内	普通客户	1.76986
3	31岁~40岁	非自有住宅	1年到3年	二环以外	普通客户	2.05771
4	20岁以下	自有小户型...	3年到5年	二环以内	普通客户	2.909654
5	51岁以上	自有大户型...	3年到5年	二环以内	普通客户	3.563769
6	31岁~40岁	自有大户型...	3年到5年	二环以外	VIP客户	2.61407
7	41岁~50岁	非自有住宅	3年到5年	二环以外	VIP客户	2.535434
8	31岁~40岁	自有小户型...	1年到3年	二环以内	普通客户	1.994049
9	20岁以下	别墅	1年以下	二环以外	VIP客户	1.86699
10	21岁~30岁	自有大户型...	5年以上	二环以内	VIP客户	2.05771
11	51岁以上	非自有住宅	3年到5年	二环以外	VIP客户	3.793553
12	21岁~30岁	非自有住宅	1年到3年	二环以内	普通客户	2.390465
13	41岁~50岁	非自有住宅	1年到3年	二环以内	普通客户	3.177062
14	31岁~40岁	非自有住宅	1年到3年	二环以外	普通客户	3.031955
15	20岁以下	自有小户型...	3年到5年	二环以内	普通客户	3.321253
16	51岁以上	自有大户型...	3年到5年	二环以内	普通客户	2.112578
17	31岁~40岁	自有大户型...	3年到5年	二环以外	VIP客户	1.903126
18	41岁~50岁	非自有住宅	3年到5年	二环以外	VIP客户	3.547606
19	31岁~40岁	自有小户型...	1年到3年	二环以内	普通客户	2.885372
20	20岁以下	别墅	1年以下	二环以外	VIP客户	3.398084
21	21岁~30岁	自有大户型...	5年以上	二环以内	VIP客户	2.61407
22	51岁以上	非自有住宅	3年到5年	二环以外	VIP客户	2.656847
23	21岁~30岁	非自有住宅	1年到3年	二环以内	普通客户	2.909654
24	41岁~50岁	非自有住宅	1年到3年	二环以内	普通客户	3.398084
25	31岁~40岁	非自有住宅	1年到3年	二环以外	普通客户	2.61407

图 10.29　对因变量的拟合值的预测

关于对因变量拟合值预测的意义我们在前面的章节中已经论述过，此处旨在说明断尾回归也是可以预测因变量的拟合值的，细节之处限于篇幅不再重复讲解。

图 10.30 所示是断尾回归分析得到的残差序列。

	age	residential	year	address	grade	yhat	e
1	21岁~30岁	非自有住宅	1年到3年	二环以内	普通客户	1.994049	.0059513
2	41岁~50岁	非自有住宅	1年到3年	二环以内	普通客户	1.76986	-.7698597
3	31岁~40岁	非自有住宅	1年到3年	二环以外	普通客户	2.05771	-.0577099
4	20岁以下	自有小户型...	3年到5年	二环以内	普通客户	2.909654	.0903456
5	51岁以上	自有大户型...	3年到5年	二环以内	普通客户	3.563769	-.563769
6	31岁~40岁	自有大户型...	3年到5年	二环以外	VIP客户	2.61407	-.6140698
7	41岁~50岁	非自有住宅	3年到5年	二环以外	VIP客户	2.535434	-1.535434
8	31岁~40岁	自有小户型...	1年到3年	二环以内	普通客户	1.994049	.0059513
9	20岁以下	别墅	1年以下	二环以外	VIP客户	1.86699	-.8669899
10	21岁~30岁	自有大户型...	5年以上	二环以内	VIP客户	2.05771	-.0577099
11	51岁以上	非自有住宅	3年到5年	二环以外	VIP客户	3.793553	.2064467
12	21岁~30岁	非自有住宅	1年到3年	二环以内	普通客户	2.390465	-.3904648
13	41岁~50岁	非自有住宅	1年到3年	二环以内	普通客户	3.177062	-.1770616
14	31岁~40岁	非自有住宅	1年到3年	二环以外	普通客户	3.031955	-.0319549
15	20岁以下	自有小户型...	3年到5年	二环以内	普通客户	3.321253	.6787472
16	51岁以上	自有大户型...	3年到5年	二环以内	普通客户	2.112578	-1.112578
17	31岁~40岁	自有大户型...	3年到5年	二环以外	VIP客户	1.903126	.0968736
18	41岁~50岁	非自有住宅	3年到5年	二环以外	VIP客户	3.547606	.4523937
19	31岁~40岁	自有小户型...	1年到3年	二环以内	普通客户	2.885372	.1146281
20	20岁以下	别墅	1年以下	二环以外	VIP客户	3.398084	-.3980842
21	21岁~30岁	自有大户型...	5年以上	二环以内	VIP客户	2.61407	-.6140698
22	51岁以上	非自有住宅	3年到5年	二环以外	VIP客户	2.656847	-1.656847
23	21岁~30岁	非自有住宅	1年到3年	二环以内	普通客户	2.909654	.0903456
24	41岁~50岁	非自有住宅	1年到3年	二环以内	普通客户	3.398084	-.3980842
25	31岁~40岁	非自有住宅	1年到3年	二环以外	普通客户	2.61407	-.6140698

图 10.30　残差序列

使用稳健标准差进行断尾回归分析，结果如图 10.31 所示。

```
. truncreg satisfaction quality efficiency price process range attitude image,ll(1)
> robust
(note: 90 obs. truncated)

Fitting full model:

Iteration 0:   log pseudolikelihood = -233.58721
Iteration 1:   log pseudolikelihood = -232.18951
Iteration 2:   log pseudolikelihood = -232.18252
Iteration 3:   log pseudolikelihood = -232.18252

Truncated regression
Limit:         lower =          1                Number of obs     =        410
               upper =       +inf                Wald chi2(7)      =    1068.71
Log pseudolikelihood = -232.18252                Prob > chi2       =     0.0000

------------------------------------------------------------------------------
             |               Robust
satisfaction |      Coef.   Std. Err.      z    P>|z|     [95% Conf. Interval]
-------------+----------------------------------------------------------------
     quality |   .1406497   .0169102     8.32   0.000     .1075063    .1737931
  efficiency |    .158614    .023222     6.83   0.000     .1130997    .2041282
       price |  -.0122253    .011661    -1.05   0.294    -.0350805    .0106298
     process |   .0323871   .0174289     1.86   0.063    -.0017729     .066547
       range |   .0658783   .0370087     1.78   0.075    -.0066575     .138414
    attitude |   .0242825   .0155638     1.56   0.119    -.0062219     .054787
       image |   .0828424   .0141617     5.85   0.000     .0550861    .1105988
       _cons |  -.2383301   .1867484    -1.28   0.202    -.6043503    .1276901
-------------+----------------------------------------------------------------
      /sigma |   .4419841   .0145473    30.38   0.000     .4134718    .4704963
------------------------------------------------------------------------------
```

图 10.31　分析结果图

从上面的分析结果中可以看出，模型中各变量的系数显著性与没有使用稳健标准差进行断尾回归分析时相比，差别不大。

2. 按客户地域分类的满意度影响因素实证分析

因为客户所在地域的不同，所以对满意度影响因素可能会有所偏差。下面将客户地域分类作为因子进行实证分析。在回归分析方法的选择上，仍使用断尾回归模型进行分析。

（1）基于二环以内样本的满意度影响因素实证分析

先保存数据，然后开始展开分析，步骤如下：

01 进入 Stata 16.0，打开相关数据文件，弹出主界面。

02 在主界面的“命令窗口”中输入如下命令：

```
reg satisfaction quality efficiency price process range attitude image if address==1
```

本命令的含义是基于二环以内样本，以 satisfaction 为因变量，以 quality~image 共 7 个变量为自变量，进行最小二乘回归分析。

```
truncreg satisfaction quality efficiency price process range attitude image if
address==1,ll(1)
```

本命令的含义是基于二环以内样本，以 satisfaction 为因变量，以 quality~image 共 7 个变量为自变量，进行断尾回归分析。

```
test quality efficiency price process range attitude image
```

本命令的含义是对断尾回归分析估计的各个自变量的系数进行假设检验，检验其显著程度。

```
predict yhat
```

本命令的含义是估计因变量的拟合值。

```
predict e,resid
```

本命令的含义是估计断尾回归分析的残差。

```
truncreg satisfaction quality efficiency price process range attitude image if
address==1,ll(1) robust
```

本命令的含义是使用稳健标准差进行断尾回归分析。

03 设置完毕后，按回车键，等待输出结果。

在 Stata 16.0 主界面的结果窗口可以看到如图 10.32~图 10.37 所示的分析结果。

图 10.32 所示是基于二环以内样本，以 satisfaction 为因变量，以 quality~image 共 7 个变量为自变量，进行最小二乘回归分析的结果。

```
. reg satisfaction quality efficiency price process range attitude image if address
> ==1

      Source |       SS           df       MS      Number of obs   =       276
-------------+----------------------------------   F(7, 268)       =     85.74
       Model |  190.087791         7  27.1553987   Prob > F        =    0.0000
    Residual |  84.8796002       268  .316714926   R-squared       =    0.6913
-------------+----------------------------------   Adj R-squared   =    0.6832
       Total |  274.967391       275  .999881423   Root MSE        =    .56277

------------------------------------------------------------------------------
satisfaction |      Coef.   Std. Err.      t    P>|t|     [95% Conf. Interval]
-------------+----------------------------------------------------------------
     quality |   .1874098   .0260685     7.19   0.000     .1360847     .238735
  efficiency |   .1000697   .0335165     2.99   0.003     .0340805    .1660589
       price |   .0182043   .0177569     1.03   0.306    -.0167566    .0531651
     process |  -.0105161   .0246654    -0.43   0.670    -.0590788    .0380466
       range |   .0405388     .04176     0.97   0.333    -.0416807    .1227582
    attitude |    .166537    .022842     7.29   0.000     .1215644    .2115097
       image |   .0504034   .0212498     2.37   0.018     .0085655    .0922412
       _cons |  -.7186875   .2341807    -3.07   0.002    -1.179756   -.2576196
------------------------------------------------------------------------------
```

图 10.32　最小二乘回归分析

从上面的分析可以看出最小二乘线性模型的整体显著性、系数显著性以及模型的整体解释能力都很不错。结论是 quality（家政服务质量得分）、efficiency（家政服务效率得分）、attitude（家政服务态度得分）、image（家政服务形象得分）对 satisfaction（客户消费满意度）为因变量产生正向显著影响；price（家政服务价格得分）、process（家政服务流程得分）、range（家政服务范围得分）对 satisfaction（客户消费满意度）为因变量不产生显著影响。

图 10.33 所示是基于二环以内的样本，以 satisfaction（客户消费满意度）为因变量，以 quality~image 共 7 个变量为自变量，进行断尾回归分析的结果，其中断尾点设置的是 1。

从图 10.33 可以看出断尾回归分析模型相对于最小二乘回归模型有了一定程度的改变。模型中的部分变量系数的显著程度有了不同程度的降低，限于篇幅不再赘述。

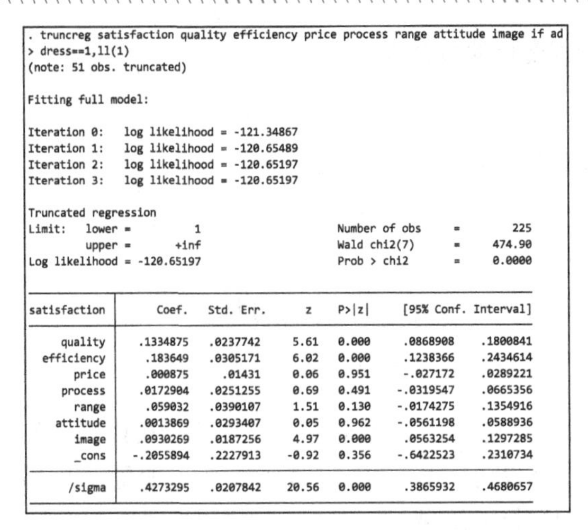

```
. truncreg satisfaction quality efficiency price process range attitude image if ad
> dress==1,ll(1)
(note: 51 obs. truncated)

Fitting full model:

Iteration 0:   log likelihood = -121.34867
Iteration 1:   log likelihood = -120.65489
Iteration 2:   log likelihood = -120.65197
Iteration 3:   log likelihood = -120.65197

Truncated regression
Limit:   lower =          1                     Number of obs     =        225
         upper =       +inf                     Wald chi2(7)      =     474.90
Log likelihood = -120.65197                     Prob > chi2       =     0.0000

------------------------------------------------------------------------------
satisfaction |      Coef.   Std. Err.      z    P>|z|     [95% Conf. Interval]
-------------+----------------------------------------------------------------
     quality |   .1334875   .0237742     5.61   0.000     .0868908    .1800841
  efficiency |    .183649   .0305171     6.02   0.000     .1238366    .2434614
       price |    .000875     .01431     0.06   0.951     -.027172    .0289221
     process |   .0172904   .0251255     0.69   0.491    -.0319547    .0665356
       range |    .059032   .0390107     1.51   0.130    -.0174275    .1354916
    attitude |   .0013869   .0293407     0.05   0.962    -.0561198    .0588936
       image |   .0930269   .0187256     4.97   0.000     .0563254    .1297285
       _cons |  -.2055894   .2227913    -0.92   0.356    -.6422523    .2310734
-------------+----------------------------------------------------------------
      /sigma |   .4273295   .0207842    20.56   0.000     .3865932    .4680657
------------------------------------------------------------------------------
```

图 10.33 断尾回归分析

图 10.34 所示是对断尾回归分析估计的各个自变量的系数进行假设检验的结果。

```
. test quality efficiency price process range attitude image

 ( 1)  [eq1]quality = 0
 ( 2)  [eq1]efficiency = 0
 ( 3)  [eq1]price = 0
 ( 4)  [eq1]process = 0
 ( 5)  [eq1]range = 0
 ( 6)  [eq1]attitude = 0
 ( 7)  [eq1]image = 0

           chi2(  7) =  474.90
         Prob > chi2 =    0.0000
```

图 10.34 进行假设检验

从图 10.34 可以看出该模型非常显著，拟合很好。

图 10.35 所示是对因变量的拟合值的预测。

	age	residential	year	address	grade	yhat
1	21岁~30岁	非自有住宅	1年到3年	二环以内	普通客户	2.031202
2	41岁~50岁	非自有住宅	1年到3年	二环以内	普通客户	1.839992
3	31岁~40岁	非自有住宅	1年到3年	二环以外	普通客户	2.08416
4	20岁以下	自有小户型...	3年到5年	二环以内	普通客户	2.863496
5	51岁以上	自有大户型...	3年到5年	二环以内	普通客户	3.52607
6	31岁~40岁	自有大户型...	3年到5年	二环以外	VIP客户	2.635009
7	41岁~50岁	非自有住宅	3年到5年	二环以外	VIP客户	2.602934
8	31岁~40岁	自有小户型...	1年到3年	二环以内	普通客户	2.031202
9	20岁以下	别墅	1年以下	二环以外	VIP客户	1.84554
10	21岁~30岁	自有大户型...	5年以上	二环以内	VIP客户	2.08416
11	51岁以上	非自有住宅	3年到5年	二环以外	VIP客户	3.771088
12	21岁~30岁	非自有住宅	1年到3年	二环以内	普通客户	2.443038
13	41岁~50岁	非自有住宅	1年到3年	二环以内	普通客户	3.086653
14	31岁~40岁	非自有住宅	1年到3年	二环以外	普通客户	2.976218
15	20岁以下	自有小户型...	3年到5年	二环以内	普通客户	3.303174
16	51岁以上	自有大户型...	3年到5年	二环以内	普通客户	2.241413
17	31岁~40岁	自有大户型...	3年到5年	二环以外	VIP客户	1.962432
18	41岁~50岁	非自有住宅	3年到5年	二环以外	VIP客户	3.520132
19	31岁~40岁	自有小户型...	1年到3年	二环以内	普通客户	2.862109
20	20岁以下	别墅	1年以下	二环以外	VIP客户	3.340016
21	21岁~30岁	自有大户型...	5年以上	二环以内	VIP客户	2.635009
22	51岁以上	非自有住宅	3年到5年	二环以外	VIP客户	2.609869
23	21岁~30岁	非自有住宅	1年到3年	二环以内	普通客户	2.863496
24	41岁~50岁	非自有住宅	1年到3年	二环以内	普通客户	3.340016
25	31岁~40岁	非自有住宅	1年到3年	二环以外	普通客户	2.635009

图 10.35 对因变量的拟合值的预测

关于对因变量的拟合值预测的意义我们在前面的章节中已经论述过，此处旨在说明断尾回归也是可以预测因变量的拟合值的，细节之处限于篇幅不再重复讲解。

图 10.36 所示是断尾回归分析得到的残差序列。

	age	residential	year	address	grade	yhat	e
1	21岁~30岁	非自有住宅	1年到3年	二环以内	普通客户	2.031202	-.0312021
2	41岁~50岁	非自有住宅	1年到3年	二环以内	普通客户	1.839992	-.8399922
3	31岁~40岁	非自有住宅	1年到3年	二环以外	普通客户	2.08416	-.0841602
4	20岁以下	自有小户型…	3年到5年	二环以内	普通客户	2.863496	.1365039
5	51岁以上	自有大户型…	3年到5年	二环以内	普通客户	3.52607	-.5260702
6	31岁~40岁	自有大户型…	3年到5年	二环以外	VIP客户	2.635009	-.6350088
7	41岁~50岁	非自有住宅	3年到5年	二环以外	VIP客户	2.602934	-1.602934
8	31岁~40岁	自有小户型…	1年到3年	二环以内	普通客户	2.031202	-.0312021
9	20岁以下	别墅	1年以下	二环以外	VIP客户	1.84554	-.8455399
10	21岁~30岁	自有大户型…	5年以上	二环以内	VIP客户	2.08416	-.0841602
11	51岁以上	非自有住宅	3年到5年	二环以外	VIP客户	3.771088	.2289122
12	21岁~30岁	非自有住宅	1年到3年	二环以内	普通客户	2.443038	-.4430383
13	41岁~50岁	非自有住宅	1年到3年	二环以内	普通客户	3.086653	-.0866533
14	31岁~40岁	非自有住宅	1年到3年	二环以外	普通客户	2.976218	.0237817
15	20岁以下	自有小户型…	3年到5年	二环以内	普通客户	3.303174	.6968265
16	51岁以上	自有大户型…	3年到5年	二环以内	普通客户	2.241413	-1.241413
17	31岁~40岁	自有大户型…	3年到5年	二环以外	VIP客户	1.962432	.037568
18	41岁~50岁	非自有住宅	3年到5年	二环以外	VIP客户	3.520132	.4798676
19	31岁~40岁	自有小户型…	1年到3年	二环以内	普通客户	2.862109	.1378908
20	20岁以下	别墅	1年以下	二环以外	VIP客户	3.340016	-.3400163
21	21岁~30岁	自有大户型…	5年以上	二环以内	VIP客户	2.635009	-.6350088
22	51岁以上	非自有住宅	3年到5年	二环以外	VIP客户	2.609869	-1.609869
23	21岁~30岁	非自有住宅	1年到3年	二环以内	普通客户	2.863496	.1365039
24	41岁~50岁	非自有住宅	1年到3年	二环以内	普通客户	3.340016	-.3400163
25	31岁~40岁	非自有住宅	1年到3年	二环以外	普通客户	2.635009	-.6350088

图 10.36 残差序列

使用稳健标准差进行断尾回归分析，结果如图 10.37 所示。

```
. truncreg satisfaction quality efficiency price process range attitude image if ad
> dress==1,ll(1) robust
(note: 51 obs. truncated)

Fitting full model:

Iteration 0:   log pseudolikelihood = -121.34867
Iteration 1:   log pseudolikelihood = -120.65489
Iteration 2:   log pseudolikelihood = -120.65197
Iteration 3:   log pseudolikelihood = -120.65197

Truncated regression
Limit:         lower =          1                Number of obs     =        225
               upper =       +inf                Wald chi2(7)      =     632.41
Log pseudolikelihood = -120.65197                Prob > chi2       =     0.0000

------------------------------------------------------------------------------
             |               Robust
satisfaction |      Coef.   Std. Err.      z    P>|z|     [95% Conf. Interval]
-------------+----------------------------------------------------------------
     quality |   .1334875     .02263     5.90   0.000     .0891334    .1778415
  efficiency |    .183649   .0272459     6.74   0.000     .1302481    .2370499
       price |    .000875   .0137868     0.06   0.949    -.0261465    .0278966
     process |   .0172904   .0237137     0.73   0.466    -.0291875    .0637684
       range |    .059032   .0460073     1.28   0.199    -.0311406    .1492047
    attitude |   .0013869   .0212175     0.07   0.948    -.0401986    .0429725
       image |   .0930269    .015783     5.89   0.000     .0620928     .123961
       _cons |  -.2055894   .2764873    -0.74   0.457    -.7474947    .3363158
-------------+----------------------------------------------------------------
      /sigma |   .4273295   .0192616    22.19   0.000     .3895775    .4650815
------------------------------------------------------------------------------

.
```

图 10.37 分析结果图

从上面的分析结果中可以看出，模型中各变量的系数显著性与没有使用稳健标准差进行断尾回归分析时相比，差别不大。

（2）基于二环以外样本的满意度影响因素实证分析

先保存数据，然后开始展开分析，步骤如下：

01 进入 Stata 16.0，打开相关数据文件，弹出主界面。

02 在主界面的“命令窗口”中输入如下命令：

```
reg satisfaction quality efficiency price process range attitude image if address==2
```

本命令的含义是基于二环以外的样本，以 satisfaction 为因变量，以 quality~image 共 7 个变量为自变量，进行最小二乘回归分析。

```
truncreg satisfaction quality efficiency price process range attitude image if
address==2,ll(1)
```

本命令的含义是基于二环以外的样本，以 satisfaction 为因变量，以 quality~image 共 7 个变量为自变量，进行断尾回归分析。

```
test quality efficiency price process range attitude image
```

本命令的含义是对断尾回归分析估计的各个自变量的系数进行假设检验，检验其显著程度。

```
predict yhat
```

本命令的含义是估计因变量的拟合值。

```
predict e,resid
```

本命令的含义是估计断尾回归分析的残差。

```
truncreg satisfaction quality efficiency price process range attitude image if
address==2,ll(1) robust
```

本命令的含义是使用稳健标准差进行断尾回归分析。

03 设置完毕后，按回车键，等待输出结果。

在 Stata 16.0 主界面的结果窗口可以看到如图 10.38~图 10.43 所示的分析结果。

图 10.38 所示是基于二环以外的样本，以 satisfaction（客户消费满意度）为因变量，以 quality~image 共 7 个变量为自变量，进行最小二乘回归分析的结果。

```
. reg satisfaction quality efficiency price process range attitude image if address==
> 2

      Source |       SS           df       MS      Number of obs   =       224
-------------+----------------------------------   F(7, 216)       =     68.30
       Model |  168.656363         7  24.0937662   Prob > F        =    0.0000
    Residual |  76.2007796       216  .352781387   R-squared       =    0.6888
-------------+----------------------------------   Adj R-squared   =    0.6787
       Total |  244.857143       223  1.09801409   Root MSE        =    .59395

------------------------------------------------------------------------------
satisfaction |      Coef.   Std. Err.      t    P>|t|     [95% Conf. Interval]
-------------+----------------------------------------------------------------
     quality |   .2253281   .0291382     7.73   0.000     .1678964    .2827598
  efficiency |   .1023326   .0400337     2.56   0.011     .0234259    .1812393
       price |   .0289795   .0216684     1.34   0.182    -.0137291    .0716881
     process |   .0268755   .0285508     0.94   0.348    -.0293984    .0831494
       range |  -.0075488   .0513864    -0.15   0.883    -.1088319    .0937342
    attitude |   .1025361   .0266985     3.84   0.000     .0499132    .1551591
       image |   .0783233   .0263287     2.97   0.003     .0264292    .1302174
       _cons |  -.6019179    .243322    -2.47   0.014    -1.081507   -.1223284
------------------------------------------------------------------------------
```

图 10.38　最小二乘回归分析

从上面的分析可以看出最小二乘线性模型的整体显著性、系数显著性以及模型的整体解释能力都很不错。结论是 quality（家政服务质量得分）、efficiency（家政服务效率得分）、attitude（家政服务态度得分）、image（家政服务形象得分）对 satisfaction（客户消费满意度）为因变量产生正向显著影响；price（家政服务价格得分）、process（家政服务流程得分）、range（家政服务范围得分）对 satisfaction（客户消费满意度）为因变量不产生显著影响。

图 10.39 所示是基于二环以外的样本，以 satisfaction（客户消费满意度）为因变量，以 quality~image 共 7 个变量为自变量，进行断尾回归分析的结果，其中断尾点设置的是 1。

```
. truncreg satisfaction quality efficiency price process range attitude image if addr
> ess==2,ll(1)
(note: 39 obs. truncated)

Fitting full model:

Iteration 0:   log likelihood =  -108.9091
Iteration 1:   log likelihood = -108.23268
Iteration 2:   log likelihood = -108.22912
Iteration 3:   log likelihood = -108.22912

Truncated regression
Limit:   lower =          1                     Number of obs     =        185
         upper =       +inf                     Wald chi2(7)      =     399.15
Log likelihood = -108.22912                     Prob > chi2       =     0.0000

------------------------------------------------------------------------------
satisfaction |      Coef.   Std. Err.      z    P>|z|     [95% Conf. Interval]
-------------+----------------------------------------------------------------
     quality |   .1500613   .0254054     5.91   0.000     .1002676     .199855
  efficiency |   .1246599   .0365838     3.41   0.001      .052957    .1963628
       price |  -.0313296   .0184222    -1.70   0.089    -.0674364    .0047772
     process |   .0505916   .0271362     1.86   0.062    -.0025943    .1037775
       range |   .0861312   .0518434     1.66   0.097    -.0154801    .1877425
    attitude |   .0368819   .0279452     1.32   0.187    -.0178896    .0916534
       image |   .0788472   .0231188     3.41   0.001     .0335352    .1241592
       _cons |  -.2754921   .2258342    -1.22   0.223     -.718119    .1671347
-------------+----------------------------------------------------------------
      /sigma |   .4516634   .0244116    18.50   0.000     .4038175    .4995092
------------------------------------------------------------------------------
```

图 10.39　断尾回归分析

从图 10.39 可以看出断尾回归分析模型相对于最小二乘回归模型有了一定程度的改变。模型中的部分变量系数的显著程度有了不同程度的降低，限于篇幅不再赘述。

图 10.40 所示是对断尾回归分析估计的各个自变量的系数进行假设检验的结果。

```
. test quality efficiency price process range attitude image

 ( 1)  [eq1]quality = 0
 ( 2)  [eq1]efficiency = 0
 ( 3)  [eq1]price = 0
 ( 4)  [eq1]process = 0
 ( 5)  [eq1]range = 0
 ( 6)  [eq1]attitude = 0
 ( 7)  [eq1]image = 0

           chi2(  7) =  399.15
         Prob > chi2 =    0.0000
```

图 10.40　进行假设检验

从图 10.40 可以看出该模型非常显著，拟合很好。

图 10.41 所示是对因变量的拟合值的预测。

	residential	year	address	grade	yhat
1	非自有住宅	1年到3年	二环以内	普通客户	1.899095
2	非自有住宅	1年到3年	二环以内	普通客户	1.721394
3	非自有住宅	1年到3年	二环以外	普通客户	2.034249
4	自有小户型...	3年到5年	二环以内	普通客户	2.931823
5	自有大户型...	3年到5年	二环以内	普通客户	3.626629
6	自有大户型...	3年到5年	二环以外	VIP客户	2.557565
7	非自有住宅	3年到5年	二环以外	VIP客户	2.542216
8	自有小户型...	1年到3年	二环以内	普通客户	1.899095
9	别墅	1年以下	二环以外	VIP客户	1.868922
10	自有大户型...	5年以上	二环以内	VIP客户	2.034249
11	非自有住宅	3年到5年	二环以外	VIP客户	3.837573
12	非自有住宅	1年到3年	二环以内	普通客户	2.34451
13	非自有住宅	1年到3年	二环以内	普通客户	3.313532
14	非自有住宅	1年到3年	二环以外	普通客户	3.094296
15	自有小户型...	3年到5年	二环以内	普通客户	3.362199
16	自有大户型...	3年到5年	二环以内	普通客户	1.995609
17	自有大户型...	3年到5年	二环以外	VIP客户	1.82425
18	非自有住宅	3年到5年	二环以外	VIP客户	3.566099
19	自有小户型...	1年到3年	二环以内	普通客户	2.894941
20	别墅	1年以下	二环以外	VIP客户	3.468935
21	自有大户型...	5年以上	二环以内	VIP客户	2.557565
22	非自有住宅	3年到5年	二环以外	VIP客户	2.726625
23	非自有住宅	1年到3年	二环以内	普通客户	2.931823
24	非自有住宅	1年到3年	二环以内	普通客户	3.468935
25	非自有住宅	1年到3年	二环以外	普通客户	2.557565

图 10.41　对因变量的拟合值的预测

图 10.42 所示是断尾回归分析得到的残差序列。

	residential	year	address	grade	yhat	e
1	非自有住宅	1年到3年	二环以内	普通客户	1.899095	.1009046
2	非自有住宅	1年到3年	二环以内	普通客户	1.721394	-.7213941
3	非自有住宅	1年到3年	二环以外	普通客户	2.034249	-.0342493
4	自有小户型...	3年到5年	二环以内	普通客户	2.931823	.068177
5	自有大户型...	3年到5年	二环以内	普通客户	3.626629	-.6266289
6	自有大户型...	3年到5年	二环以外	VIP客户	2.557565	-.5575653
7	非自有住宅	3年到5年	二环以外	VIP客户	2.542216	-1.542216
8	自有小户型...	1年到3年	二环以内	普通客户	1.899095	.1009046
9	别墅	1年以下	二环以外	VIP客户	1.868922	-.8689218
10	自有大户型...	5年以上	二环以内	VIP客户	2.034249	-.0342493
11	非自有住宅	3年到5年	二环以外	VIP客户	3.837573	.162427
12	非自有住宅	1年到3年	二环以内	普通客户	2.34451	-.34451
13	非自有住宅	1年到3年	二环以内	普通客户	3.313532	-.313532
14	非自有住宅	1年到3年	二环以外	普通客户	3.094296	-.0942963
15	自有小户型...	3年到5年	二环以内	普通客户	3.362199	.6378011
16	自有大户型...	3年到5年	二环以内	普通客户	1.995609	-.995609
17	自有大户型...	3年到5年	二环以外	VIP客户	1.82425	.1757504
18	非自有住宅	3年到5年	二环以外	VIP客户	3.566099	.4339011
19	自有小户型...	1年到3年	二环以内	普通客户	2.894941	.1050589
20	别墅	1年以下	二环以外	VIP客户	3.468935	-.4689346
21	自有大户型...	5年以上	二环以内	VIP客户	2.557565	-.5575653
22	非自有住宅	3年到5年	二环以外	VIP客户	2.726625	-1.726625
23	非自有住宅	1年到3年	二环以内	普通客户	2.931823	.068177
24	非自有住宅	1年到3年	二环以内	普通客户	3.468935	-.4689345
25	非自有住宅	1年到3年	二环以外	普通客户	2.557565	-.5575653

图 10.42　残差序列

使用稳健标准差进行断尾回归分析，结果如图 10.43 所示。

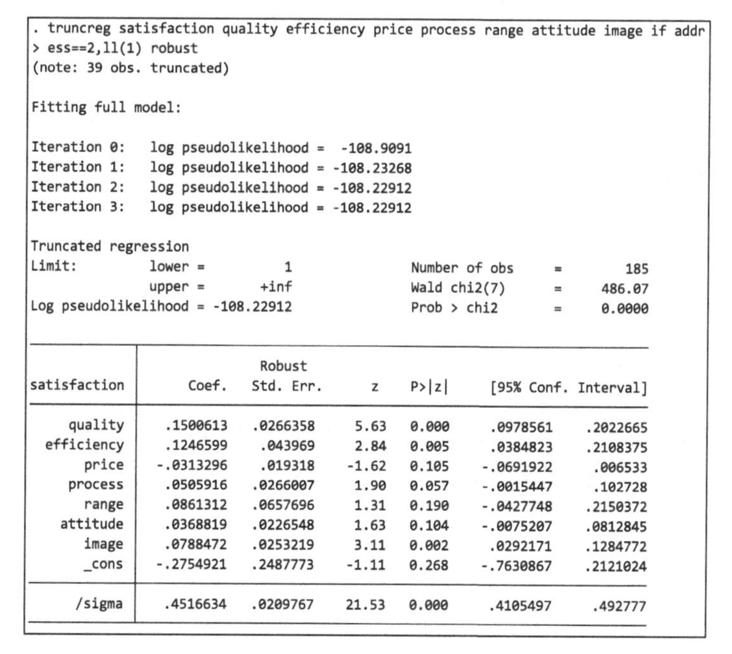

```
. truncreg satisfaction quality efficiency price process range attitude image if addr
> ess==2,ll(1) robust
(note: 39 obs. truncated)

Fitting full model:

Iteration 0:   log pseudolikelihood =  -108.9091
Iteration 1:   log pseudolikelihood = -108.23268
Iteration 2:   log pseudolikelihood = -108.22912
Iteration 3:   log pseudolikelihood = -108.22912

Truncated regression
Limit:          lower =          1                Number of obs     =        185
                upper =       +inf                Wald chi2(7)      =     486.07
Log pseudolikelihood = -108.22912                 Prob > chi2       =     0.0000

------------------------------------------------------------------------------
             |               Robust
satisfaction |      Coef.   Std. Err.      z    P>|z|     [95% Conf. Interval]
-------------+----------------------------------------------------------------
     quality |   .1500613   .0266358     5.63   0.000     .0978561    .2022665
  efficiency |   .1246599    .043969     2.84   0.005     .0384823    .2108375
       price |  -.0313296    .019318    -1.62   0.105    -.0691922     .006533
     process |   .0505916   .0266007     1.90   0.057    -.0015447     .102728
       range |   .0861312   .0657696     1.31   0.190    -.0427748    .2150372
    attitude |   .0368819   .0226548     1.63   0.104    -.0075207    .0812845
       image |   .0788472   .0253219     3.11   0.002     .0292171    .1284772
       _cons |  -.2754921   .2487773    -1.11   0.268    -.7630867    .2121024
-------------+----------------------------------------------------------------
      /sigma |   .4516634   .0209767    21.53   0.000     .4105497     .492777
------------------------------------------------------------------------------
```

图 10.43　分析结果图

从上面的分析结果中可以看出，模型中各变量的系数显著性与没有使用稳健标准差进行断尾回归分析时相比，差别不大。

3. 按客户等级分类的满意度影响因素实证分析

因为客户等级分类的不同，所以对满意度影响因素可能会有所偏差。下面将客户等级分类作为因子进行实证分析。在回归分析方法的选择上，仍使用断尾回归模型进行分析。

（1）基于普通客户样本的满意度影响因素实证分析

先保存数据，然后开始展开分析，步骤如下：

01 进入 Stata 16.0，打开相关数据文件，弹出主界面。

02 在主界面的“命令窗口”中输入如下命令：

```
reg satisfaction quality efficiency price process range attitude image if grade==1
```

本命令的含义是基于普通客户样本，以 satisfaction（客户消费满意度）为因变量，以 quality~image 共 7 个变量为自变量，进行最小二乘回归分析，研究变量之间的因果影响关系。

```
truncreg satisfaction quality efficiency price process range attitude image if
grade==1,ll(1)
```

本命令的含义是基于普通客户样本，以 satisfaction（客户消费满意度）为因变量，以 quality~image 共 7 个变量为自变量，进行断尾回归分析，研究变量之间的因果影响关系。

```
test quality efficiency price process range attitude image
```

本命令的含义是对断尾回归分析估计的各个自变量的系数进行假设检验，检验其显著程度。

```
predict yhat
```

本命令的含义是估计因变量的拟合值。

```
predict e,resid
```

本命令的含义是估计断尾回归分析的残差。

```
truncreg satisfaction quality efficiency price process range attitude image if
grade==1,ll(1) robust
```

本命令的含义是使用稳健标准差进行断尾回归分析。

03 设置完毕后，按回车键，等待输出结果。

在 Stata 16.0 主界面的结果窗口可以看到如图 10.44~图 10.49 所示的分析结果。

图 10.44 所示是基于普通客户样本，satisfaction 为因变量，以 quality~image 共 7 个变量为自变量，进行最小二乘回归分析的结果。

```
. reg satisfaction quality efficiency price process range attitude image if grade==1

      Source |       SS           df       MS      Number of obs   =       278
-------------+----------------------------------   F(7, 270)       =     92.93
       Model |  192.969035         7  27.567005   Prob > F        =    0.0000
    Residual |   80.095713       270  .296650789   R-squared       =    0.7067
-------------+----------------------------------   Adj R-squared   =    0.6991
       Total |  273.064748       277  .985793315   Root MSE        =    .54466

------------------------------------------------------------------------------
satisfaction |      Coef.   Std. Err.      t    P>|t|     [95% Conf. Interval]
-------------+----------------------------------------------------------------
     quality |   .2238314   .0258719     8.65   0.000     .1728951    .2747678
  efficiency |   .1078951   .0312098     3.46   0.001     .0464495    .1693406
       price |   .0197694   .0172678     1.14   0.253    -.0142273     .053766
     process |  -.0444702   .0253314    -1.76   0.080    -.0943423    .0054019
       range |   .0322042   .0429507     0.75   0.454    -.0523565     .116765
    attitude |   .1526878   .0218645     6.98   0.000     .1096413    .1957344
       image |   .0704677   .0199606     3.53   0.000     .0311696    .1097658
       _cons |  -.7050657   .2323488    -3.03   0.003    -1.162512   -.2476198
------------------------------------------------------------------------------
```

图 10.44　最小二乘回归分析

从上面的分析可以看出最小二乘线性模型的整体显著性、系数显著性以及模型的整体解释能力都很不错。结论是 quality（家政服务质量得分）、efficiency（家政服务效率得分）、attitude（家政服务态度得分）、image（家政服务形象得分）对 satisfaction（客户消费满意度）为因变量产生正向显著影响；price（家政服务价格得分）、process（家政服务流程得分）、range（家政服务范围得分）对 satisfaction（客户消费满意度）为因变量不产生显著影响。

图 10.45 所示是基于普通客户样本，以 satisfaction（客户消费满意度）为因变量，以 quality~image 共 7 个变量为自变量，进行断尾回归分析的结果，其中断尾点设置的是 1。

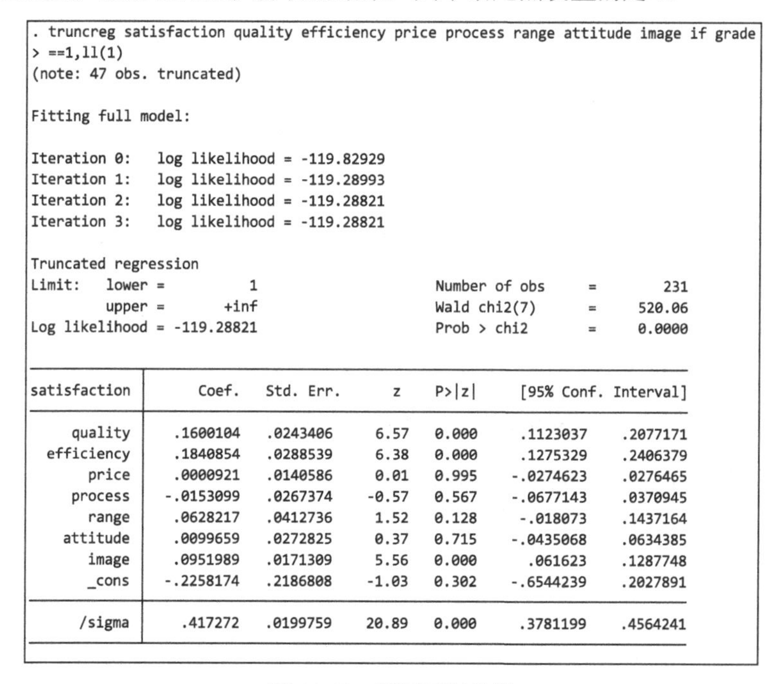

```
. truncreg satisfaction quality efficiency price process range attitude image if grade
> ==1,ll(1)
(note: 47 obs. truncated)

Fitting full model:

Iteration 0:   log likelihood = -119.82929
Iteration 1:   log likelihood = -119.28993
Iteration 2:   log likelihood = -119.28821
Iteration 3:   log likelihood = -119.28821

Truncated regression
Limit:   lower =          1                     Number of obs     =        231
         upper =       +inf                     Wald chi2(7)      =     520.06
Log likelihood = -119.28821                     Prob > chi2       =     0.0000

------------------------------------------------------------------------------
satisfaction |      Coef.   Std. Err.      z    P>|z|     [95% Conf. Interval]
-------------+----------------------------------------------------------------
     quality |   .1600104   .0243406     6.57   0.000     .1123037    .2077171
  efficiency |   .1840854   .0288539     6.38   0.000     .1275329    .2406379
       price |   .0000921   .0140586     0.01   0.995    -.0274623    .0276465
     process |  -.0153099   .0267374    -0.57   0.567    -.0677143    .0370945
       range |   .0628217   .0412736     1.52   0.128     -.018073    .1437164
    attitude |   .0099659   .0272825     0.37   0.715    -.0435068    .0634385
       image |   .0951989   .0171309     5.56   0.000      .061623    .1287748
       _cons |  -.2258174   .2186808    -1.03   0.302    -.6544239    .2027891
-------------+----------------------------------------------------------------
      /sigma |    .417272   .0199759    20.89   0.000     .3781199    .4564241
------------------------------------------------------------------------------
```

图 10.45　断尾回归分析

从图 10.45 可以看出断尾回归分析模型相对于最小二乘回归模型有了一定程度的改变。模型中的部分变量系数的显著程度有了不同程度的降低，限于篇幅不再赘述。

图 10.46 所示是对断尾回归分析估计的各个自变量的系数进行假设检验的结果。

```
. test quality efficiency price process range attitude image

 ( 1)  [eq1]quality = 0
 ( 2)  [eq1]efficiency = 0
 ( 3)  [eq1]price = 0
 ( 4)  [eq1]process = 0
 ( 5)  [eq1]range = 0
 ( 6)  [eq1]attitude = 0
 ( 7)  [eq1]image = 0

          chi2(  7) =  520.06
        Prob > chi2 =    0.0000
```

图 10.46 进行假设检验

从图 10.46 可以看出该模型非常显著，拟合很好。

图 10.47 所示是对因变量的拟合值的预测。

	residential	year	address	grade	yhat
1	非自有住宅	1年到3年	二环以内	普通客户	2.022117
2	非自有住宅	1年到3年	二环以内	普通客户	1.781011
3	非自有住宅	1年到3年	二环以外	普通客户	2.041659
4	自有小户型...	3年到5年	二环以内	普通客户	2.879415
5	自有大户型...	3年到5年	二环以内	普通客户	3.623816
6	自有大户型...	3年到5年	二环以外	VIP客户	2.677236
7	非自有住宅	3年到5年	二环以外	VIP客户	2.553137
8	自有小户型...	1年到3年	二环以内	普通客户	2.022117
9	别墅	1年以下	二环以外	VIP客户	1.820874
10	自有大户型...	5年以上	二环以内	VIP客户	2.041659
11	非自有住宅	3年到5年	二环以外	VIP客户	3.842776
12	非自有住宅	1年到3年	二环以内	普通客户	2.463886
13	非自有住宅	1年到3年	二环以内	普通客户	3.13051
14	非自有住宅	1年到3年	二环以外	普通客户	2.965616
15	自有小户型...	3年到5年	二环以内	普通客户	3.35398
16	自有大户型...	3年到5年	二环以内	普通客户	2.354332
17	自有大户型...	3年到5年	二环以外	VIP客户	2.072511
18	非自有住宅	3年到5年	二环以外	VIP客户	3.581895
19	自有小户型...	1年到3年	二环以内	普通客户	2.869449
20	别墅	1年以下	二环以外	VIP客户	3.333418
21	自有大户型...	5年以上	二环以内	VIP客户	2.677236
22	非自有住宅	3年到5年	二环以外	VIP客户	2.602967
23	非自有住宅	1年到3年	二环以内	普通客户	2.879415
24	非自有住宅	1年到3年	二环以内	普通客户	3.333418
25	非自有住宅	1年到3年	二环以外	普通客户	2.677236

图 10.47 对因变量的拟合值的预测

图 10.48 所示是断尾回归分析得到的残差序列。

	residential	year	address	grade	yhat	e
1	非自有住宅	1年到3年	二环以内	普通客户	2.022117	-.0221171
2	非自有住宅	1年到3年	二环以内	普通客户	1.781011	-.7810106
3	非自有住宅	1年到3年	二环以外	普通客户	2.041659	-.0416591
4	自有小户型...	3年到5年	二环以内	普通客户	2.879415	.1205855
5	自有大户型...	3年到5年	二环以内	普通客户	3.523816	-.523816
6	自有大户型...	3年到5年	二环以外	VIP客户	2.677236	-.6772363
7	非自有住宅	3年到5年	二环以外	VIP客户	2.553137	-1.553137
8	自有小户型...	1年到3年	二环以内	普通客户	2.022117	-.0221171
9	别墅	1年以下	二环以外	VIP客户	1.820874	-.820874
10	自有大户型...	5年以上	二环以内	VIP客户	2.041659	-.0416591
11	非自有住宅	3年到5年	二环以外	VIP客户	3.842776	.1572237
12	非自有住宅	1年到3年	二环以内	普通客户	2.463886	-.4638865
13	非自有住宅	1年到3年	二环以内	普通客户	3.13051	-.1305098
14	非自有住宅	1年到3年	二环以外	普通客户	2.965616	.0343841
15	自有小户型...	3年到5年	二环以内	普通客户	3.35398	.64602
16	自有大户型...	3年到5年	二环以内	普通客户	2.354332	-1.354332
17	自有大户型...	3年到5年	二环以外	VIP客户	2.072511	-.0725113
18	非自有住宅	3年到5年	二环以外	VIP客户	3.581895	.4181055
19	自有小户型...	1年到3年	二环以内	普通客户	2.869449	.1305514
20	别墅	1年以下	二环以外	VIP客户	3.333418	-.3334182
21	自有大户型...	5年以上	二环以内	VIP客户	2.677236	-.6772363
22	非自有住宅	3年到5年	二环以外	VIP客户	2.602967	-1.602967
23	非自有住宅	1年到3年	二环以内	普通客户	2.879415	.1205855
24	非自有住宅	1年到3年	二环以内	普通客户	3.333418	-.3334182
25	非自有住宅	1年到3年	二环以外	普通客户	2.677236	-.6772363

图 10.48 残差序列

使用稳健标准差进行断尾回归分析，结果如图 10.49 所示。

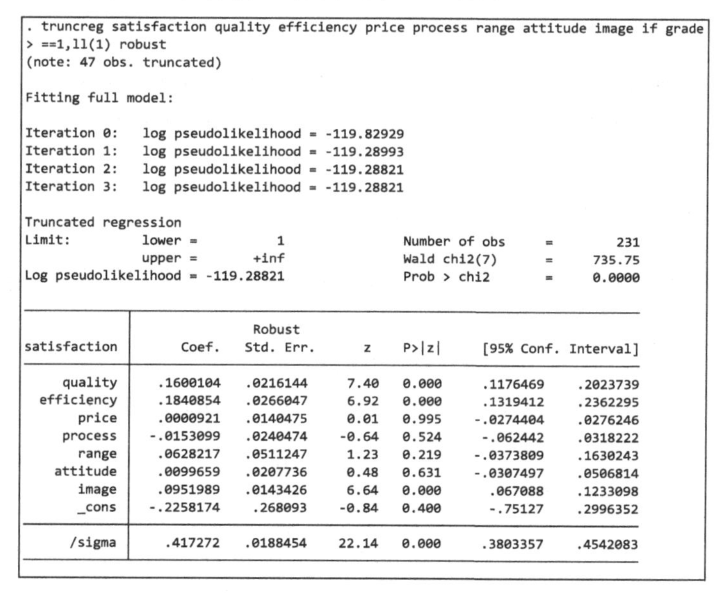

```
. truncreg satisfaction quality efficiency price process range attitude image if grade
> ==1,ll(1) robust
(note: 47 obs. truncated)

Fitting full model:

Iteration 0:   log pseudolikelihood = -119.82929
Iteration 1:   log pseudolikelihood = -119.28993
Iteration 2:   log pseudolikelihood = -119.28821
Iteration 3:   log pseudolikelihood = -119.28821

Truncated regression
Limit:          lower =          1                Number of obs     =        231
                upper =       +inf                Wald chi2(7)      =     735.75
Log pseudolikelihood = -119.28821                 Prob > chi2       =     0.0000

------------------------------------------------------------------------------
             |               Robust
satisfaction |      Coef.   Std. Err.      z    P>|z|     [95% Conf. Interval]
-------------+----------------------------------------------------------------
     quality |   .1600104   .0216144     7.40   0.000     .1176469    .2023739
  efficiency |   .1840854   .0266047     6.92   0.000     .1319412    .2362295
       price |   .0000921   .0140475     0.01   0.995    -.0274404    .0276246
     process |  -.0153099   .0240474    -0.64   0.524     -.062442    .0318222
       range |   .0628217   .0511247     1.23   0.219    -.0373809    .1630243
    attitude |   .0099659   .0207736     0.48   0.631    -.0307497    .0506814
       image |   .0951989   .0143426     6.64   0.000      .067088    .1233098
       _cons |  -.2258174    .268093    -0.84   0.400      -.75127    .2996352
-------------+----------------------------------------------------------------
      /sigma |    .417272   .0188454    22.14   0.000     .3803357    .4542083
------------------------------------------------------------------------------
```

图 10.49 分析结果图

从上面的分析结果中可以看出，模型中各变量的系数显著性与没有使用稳健标准差进行断尾回归分析时相比，差别不大。

（2）基于 VIP 客户样本的满意度影响因素实证分析

先保存数据，然后开始展开分析，步骤如下：

01 进入 Stata 16.0，打开相关数据文件，弹出主界面。

02 在主界面的“命令窗口”中输入如下命令：

```
reg satisfaction quality efficiency price process range attitude image if grade==2
```

本命令的含义是基于 VIP 客户样本，以 satisfaction（客户消费满意度）为因变量，以 quality~image 共 7 个变量为自变量，进行最小二乘回归分析，研究变量之间的因果影响关系。

```
truncreg satisfaction quality efficiency price process range attitude image if grade==2,ll(1)
```

本命令的含义是基于 VIP 客户样本，以 satisfaction（客户消费满意度）为因变量，以 quality~image 共 7 个变量为自变量，进行断尾回归分析，研究变量之间的因果影响关系。

```
test quality efficiency price process range attitude image
```

本命令的含义是对断尾回归分析估计的各个自变量的系数进行假设检验，检验其显著程度。

```
predict yhat
```

本命令的含义是估计因变量的拟合值。

```
predict e,resid
```

本命令的含义是估计断尾回归分析的残差。

```
truncreg satisfaction quality efficiency price process range attitude image if grade==2,ll(1) robust
```

本命令的含义是使用稳健标准差进行断尾回归分析。与前面章节讲述的最小二乘回归分析类似，我们在断尾回归分析中也可以使用稳健标准差，以克服可能会有的异方差的存在对模型的整体有效性带来的不利影响。

03 设置完毕后，按回车键，等待输出结果。

在 Stata 16.0 主界面的结果窗口可以看到如图 10.50~图 10.55 所示的分析结果。

图 10.50 所示是基于 VIP 客户样本，以 satisfaction（客户消费满意度）为因变量，以 quality~image 共 7 个变量为自变量，进行最小二乘回归分析的结果。

```
. reg satisfaction quality efficiency price process range attitude image if grade==2

      Source |       SS           df       MS      Number of obs   =       222
-------------+----------------------------------   F(7, 214)       =     63.23
       Model |  166.820815         7  23.831545    Prob > F        =    0.0000
    Residual |  80.6611669       214  .376921341   R-squared       =    0.6741
-------------+----------------------------------   Adj R-squared   =    0.6634
       Total |  247.481982       221  1.11982797   Root MSE        =    .61394

------------------------------------------------------------------------------
satisfaction |      Coef.   Std. Err.      t    P>|t|     [95% Conf. Interval]
-------------+----------------------------------------------------------------
     quality |   .1917602   .0293191     6.54   0.000      .133969    .2495514
  efficiency |   .0880926    .043698     2.02   0.045      .001959    .1742263
       price |   .0336813   .0222709     1.51   0.132    -.0102171    .0775797
     process |   .0508041   .0286126     1.78   0.077    -.0055946    .1072028
       range |   .0167871   .0491803     0.34   0.733    -.0801527     .113727
    attitude |   .1189931   .0275857     4.31   0.000     .0646187    .1733675
       image |   .0537907   .0274615     1.96   0.051    -.0003388    .1079203
       _cons |  -.6602564   .2432672    -2.71   0.007    -1.139763   -.1807496
------------------------------------------------------------------------------
```

图 10.50　最小二乘回归分析

从上面的分析可以看出最小二乘线性模型的整体显著性、系数显著性以及模型的整体解释能力都很不错。结论是 quality（家政服务质量得分）、efficiency（家政服务效率得分）、attitude（家政服务态度得分）、image（家政服务形象得分）对 satisfaction（客户消费满意度）为因变量产生正向显著影响；price（家政服务价格得分）、process（家政服务流程得分）、range（家政服务范围得分）对 satisfaction（客户消费满意度）为因变量不产生显著影响。

图 10.51 所示是基于 VIP 客户样本，以 satisfaction（客户消费满意度）为因变量，以 quality~image 共 7 个变量为自变量，进行断尾回归分析的结果，其中断尾点设置的是 1。

从图 10.51 可以看出断尾回归分析模型相对于最小二乘回归模型有了一定程度的改变。模型中的部分变量系数的显著程度有了不同程度的降低，限于篇幅不再赘述。

```
. truncreg satisfaction quality efficiency price process range attitude image if grade=
> =2,ll(1)
(note: 43 obs. truncated)

Fitting full model:

Iteration 0:   log likelihood = -107.59795
Iteration 1:   log likelihood = -106.90269
Iteration 2:   log likelihood =  -106.8987
Iteration 3:   log likelihood =  -106.8987

Truncated regression
Limit:   lower =          1                     Number of obs     =        179
         upper =       +inf                     Wald chi2(7)      =     380.26
Log likelihood =  -106.8987                     Prob > chi2       =     0.0000

------------------------------------------------------------------------------
satisfaction |      Coef.   Std. Err.      z    P>|z|     [95% Conf. Interval]
-------------+----------------------------------------------------------------
     quality |    .133988   .0250686     5.34   0.000     .0848544    .1831216
  efficiency |   .1032969   .0384569     2.69   0.007     .0279228    .1786711
       price |  -.0220897   .0184956    -1.19   0.232    -.0583404    .0141609
     process |   .0753167   .0264698     2.85   0.004     .0234368    .1271965
       range |   .0883736   .0463072     1.91   0.056    -.0023868     .179134
    attitude |   .0408843   .0299469     1.37   0.172    -.0178105    .0995792
       image |   .0648946   .0242255     2.68   0.007     .0174135    .1123757
       _cons |  -.2169705   .2243771    -0.97   0.334    -.6567416    .2228005
-------------+----------------------------------------------------------------
      /sigma |   .4585173   .0253357    18.10   0.000     .4088603    .5081743
------------------------------------------------------------------------------
```

图 10.51 断尾回归分析

图 10.52 所示是对断尾回归分析估计的各个自变量的系数进行假设检验的结果。

```
. test quality efficiency price process range attitude image

 ( 1)  [eq1]quality = 0
 ( 2)  [eq1]efficiency = 0
 ( 3)  [eq1]price = 0
 ( 4)  [eq1]process = 0
 ( 5)  [eq1]range = 0
 ( 6)  [eq1]attitude = 0
 ( 7)  [eq1]image = 0

           chi2(  7) =  380.26
         Prob > chi2 =    0.0000
```

图 10.52 进行假设检验

从图 10.52 可以看出该模型非常显著，拟合很好。

图 10.53 所示是对因变量的拟合值的预测。

图 10.54 所示为断尾回归分析得到的残差序列。

	age	residential	year	address	grade	yhat
1	21岁~30岁	非自有住宅	1年到3年	二环以内	普通客户	1.955317
2	41岁~50岁	非自有住宅	1年到3年	二环以内	普通客户	1.774307
3	31岁~40岁	非自有住宅	1年到3年	二环以外	普通客户	2.063435
4	20岁以下	自有小户型...	3年到5年	二环以内	普通客户	2.976267
5	51岁以上	自有大户型...	3年到5年	二环以内	普通客户	3.567712
6	31岁~40岁	自有大户型...	3年到5年	二环以外	VIP客户	2.562387
7	41岁~50岁	非自有住宅	3年到5年	二环以外	VIP客户	2.50113
8	31岁~40岁	自有小户型...	1年到3年	二环以内	普通客户	1.955317
9	20岁以下	别墅	1年以下	二环以外	VIP客户	1.937844
10	21岁~30岁	自有大户型...	5年以上	二环以内	VIP客户	2.063435
11	51岁以上	非自有住宅	3年到5年	二环以外	VIP客户	3.715085
12	21岁~30岁	非自有住宅	1年到3年	二环以内	普通客户	2.313776
13	41岁~50岁	非自有住宅	1年到3年	二环以内	普通客户	3.271206
14	31岁~40岁	非自有住宅	1年到3年	二环以外	普通客户	3.14297
15	20岁以下	自有小户型...	3年到5年	二环以内	普通客户	3.268495
16	51岁以上	自有大户型...	3年到5年	二环以内	普通客户	1.904478
17	31岁~40岁	自有大户型...	3年到5年	二环以外	VIP客户	1.766367
18	41岁~50岁	非自有住宅	3年到5年	二环以外	VIP客户	3.537493
19	31岁~40岁	自有小户型...	1年到3年	二环以内	普通客户	2.935382
20	20岁以下	别墅	1年以下	二环以外	VIP客户	3.437923
21	21岁~30岁	自有大户型...	5年以上	二环以内	VIP客户	2.562387
22	51岁以上	非自有住宅	3年到5年	二环以外	VIP客户	2.705551
23	21岁~30岁	非自有住宅	1年到3年	二环以内	普通客户	2.976267
24	41岁~50岁	非自有住宅	1年到3年	二环以内	普通客户	3.437923
25	31岁~40岁	非自有住宅	1年到3年	二环以外	普通客户	2.562387

图 10.53　对因变量的拟合值的预测

	age	residential	year	address	grade	yhat	e
1	21岁~30岁	非自有住宅	1年到3年	二环以内	普通客户	1.955317	.0446827
2	41岁~50岁	非自有住宅	1年到3年	二环以内	普通客户	1.774307	-.774307
3	31岁~40岁	非自有住宅	1年到3年	二环以外	普通客户	2.063435	-.0634346
4	20岁以下	自有小户型...	3年到5年	二环以内	普通客户	2.976267	.0237335
5	51岁以上	自有大户型...	3年到5年	二环以内	普通客户	3.567712	-.567712
6	31岁~40岁	自有大户型...	3年到5年	二环以外	VIP客户	2.562387	-.5623872
7	41岁~50岁	非自有住宅	3年到5年	二环以外	VIP客户	2.50113	-1.50113
8	31岁~40岁	自有小户型...	1年到3年	二环以内	普通客户	1.955317	.0446827
9	20岁以下	别墅	1年以下	二环以外	VIP客户	1.937844	-.9378443
10	21岁~30岁	自有大户型...	5年以上	二环以内	VIP客户	2.063435	-.0634346
11	51岁以上	非自有住宅	3年到5年	二环以外	VIP客户	3.715085	.2849154
12	21岁~30岁	非自有住宅	1年到3年	二环以内	普通客户	2.313776	-.3137765
13	41岁~50岁	非自有住宅	1年到3年	二环以内	普通客户	3.271206	-.2712058
14	31岁~40岁	非自有住宅	1年到3年	二环以外	普通客户	3.14297	-.1429701
15	20岁以下	自有小户型...	3年到5年	二环以内	普通客户	3.268495	.7315051
16	51岁以上	自有大户型...	3年到5年	二环以内	普通客户	1.904478	-.9044778
17	31岁~40岁	自有大户型...	3年到5年	二环以外	VIP客户	1.766367	.2336332
18	41岁~50岁	非自有住宅	3年到5年	二环以外	VIP客户	3.537493	.4625068
19	31岁~40岁	自有小户型...	1年到3年	二环以内	普通客户	2.935382	.0646178
20	20岁以下	别墅	1年以下	二环以外	VIP客户	3.437923	-.4379228
21	21岁~30岁	自有大户型...	5年以上	二环以内	VIP客户	2.562387	-.5623872
22	51岁以上	非自有住宅	3年到5年	二环以外	VIP客户	2.705551	-1.705551
23	21岁~30岁	非自有住宅	1年到3年	二环以内	普通客户	2.976267	.0237335
24	41岁~50岁	非自有住宅	1年到3年	二环以内	普通客户	3.437923	-.4379228
25	31岁~40岁	非自有住宅	1年到3年	二环以外	普通客户	2.562387	-.5623872

图 10.54　残差序列

使用稳健标准差进行断尾回归分析，结果如图 10.55 所示。

从上面的分析结果中可以看出，模型中各变量的系数显著性与没有使用稳健标准差进行断尾回归分析时相比，差别不大。

```
. truncreg satisfaction quality efficiency price process range attitude image if grade=
> =2,ll(1) robust
(note: 43 obs. truncated)

Fitting full model:

Iteration 0:   log pseudolikelihood = -107.59795
Iteration 1:   log pseudolikelihood = -106.90269
Iteration 2:   log pseudolikelihood =  -106.8987
Iteration 3:   log pseudolikelihood =  -106.8987

Truncated regression
Limit:          lower =          1                Number of obs     =        179
                upper =       +inf                Wald chi2(7)      =     451.31
Log pseudolikelihood =  -106.8987                 Prob > chi2       =     0.0000

------------------------------------------------------------------------------
             |               Robust
satisfaction |      Coef.   Std. Err.      z    P>|z|     [95% Conf. Interval]
-------------+----------------------------------------------------------------
     quality |    .133988   .0249659     5.37   0.000     .0850558    .1829203
  efficiency |   .1032969   .0448786     2.30   0.021     .0153364    .1912574
       price |  -.0220897   .0184895    -1.19   0.232    -.0583284    .0141489
     process |   .0753167   .0235884     3.19   0.001     .0290842    .1215491
       range |   .0883736   .0506317     1.75   0.081    -.0108627    .1876099
    attitude |   .0408843   .0239139     1.71   0.087    -.0059861    .0877547
       image |   .0648946   .0265405     2.45   0.014     .0128761    .1169131
       _cons |  -.2169705    .232795    -0.93   0.351    -.6732403    .2392993
-------------+----------------------------------------------------------------
      /sigma |   .4585173   .0214731    21.35   0.000     .4164308    .5006037
------------------------------------------------------------------------------
```

图 10.55　分析结果图

10.4.2　客户消费次数影响因素建模技术

本节将家政服务公司客户消费满意度影响因素调查数据中的 frequency（客户消费次数）作为被解释变量，将 quality~image 共 7 个变量作为解释变量，基于全部客户样本，进行回归分析。

01 进入 Stata 16.0，打开相关数据文件，弹出主界面。

02 在主界面的“命令窗口”中输入如下命令：

```
reg frequency quality efficiency price process range attitude image
```

本命令的含义是以 frequency（客户消费次数）为因变量，以 quality~image 共 7 个变量为自变量，进行最小二乘回归分析，研究变量之间的因果影响关系。

```
truncreg frequency quality efficiency price process range attitude image,ll(1)
```

本命令的含义是以 frequency 为因变量，以 quality~image 共 7 个变量为自变量，进行断尾回归分析，研究变量之间的因果影响关系。

```
test quality efficiency price process range attitude image
```

本命令的含义是对断尾回归分析估计的各个自变量的系数进行假设检验，检验其显著程度。

```
predict yhat
```

本命令的含义是估计因变量的拟合值。

```
predict e,resid
```

本命令的含义是估计断尾回归分析的残差。

```
truncreg frequency quality efficiency price process range attitude image,ll(1) robust
```

本命令的含义是使用稳健标准差进行断尾回归分析。

03 设置完毕后，按回车键，等待输出结果。

在 Stata 16.0 主界面的结果窗口可以看到如图 10.56~图 10.61 所示的分析结果。

图 10.56 所示是以 frequency（客户消费次数）为因变量，以 quality~image 共 7 个变量为自变量，进行最小二乘回归分析的结果。

```
. reg frequency quality efficiency price process range attitude image

      Source |       SS           df       MS      Number of obs   =       500
-------------+----------------------------------   F(7, 492)       =    155.99
       Model |  408.004876         7  58.2864108   Prob > F        =    0.0000
    Residual |  183.843124       492  .373664887   R-squared       =    0.6894
-------------+----------------------------------   Adj R-squared   =    0.6850
       Total |     591.848       499  1.18606814   Root MSE        =    .61128

------------------------------------------------------------------------------
   frequency |      Coef.   Std. Err.      t    P>|t|     [95% Conf. Interval]
-------------+----------------------------------------------------------------
     quality |   .1685557   .0203664     8.28   0.000     .1285399    .2085715
  efficiency |   .1931562   .0270597     7.14   0.000     .1399893     .246323
       price |  -.0004949    .014446    -0.03   0.973    -.0288783    .0278886
     process |   .0315373   .0196178     1.61   0.109    -.0070077    .0700824
       range |   .0805319   .0340388     2.37   0.018     .0136526    .1474112
    attitude |   .0833528   .0182436     4.57   0.000     .0475079    .1191977
       image |   .0656865    .017206     3.82   0.000     .0318801    .0994929
       _cons |  -1.197975   .1771812    -6.76   0.000      -1.5461    -.84985
------------------------------------------------------------------------------
```

图 10.56 最小二乘回归分析

从上面的分析可以看出最小二乘线性模型的整体显著性、系数显著性以及模型的整体解释能力都很不错。结论是 quality（家政服务质量得分）、efficiency（家政服务效率得分）、range（家政服务范围得分）、attitude（家政服务态度得分）、image（家政服务形象得分）对 frequency（客户消费次数）为因变量产生正向显著影响；price（家政服务价格得分）、process（家政服务流程得分）对 frequency（客户消费次数）为因变量不产生显著影响。

图 10.56 所示是以 frequency（客户消费次数）为因变量，以 quality~image 共 7 个变量为自变量，进行断尾回归分析的结果，其中断尾点设置的是 1。

从图 10.57 可以看出断尾回归分析模型相对于最小二乘回归模型有了一定程度的改变。模型中的部分变量系数的显著程度有了不同程度的降低，限于篇幅不再赘述。

```
. truncreg frequency quality efficiency price process range attitude image,ll(1)
(note: 120 obs. truncated)

Fitting full model:

Iteration 0:   log likelihood = -234.05305
Iteration 1:   log likelihood = -232.76152
Iteration 2:   log likelihood = -232.75578
Iteration 3:   log likelihood = -232.75578

Truncated regression
Limit:   lower =          1                     Number of obs     =        380
         upper =       +inf                     Wald chi2(7)      =     550.01
Log likelihood = -232.75578                     Prob > chi2       =     0.0000

------------------------------------------------------------------------------
   frequency |      Coef.   Std. Err.      z    P>|z|     [95% Conf. Interval]
-------------+----------------------------------------------------------------
     quality |   .0251987   .0203041     1.24   0.215    -.0145966    .0649941
  efficiency |   .2411593   .0254611     9.47   0.000     .1912565    .2910622
       price |   .0271678   .0117033     2.32   0.020     .0042298    .0501058
     process |    .059364   .0222513     2.67   0.008     .0157522    .1029758
       range |   .0241435   .0355255     0.68   0.497    -.0454852    .0937723
    attitude |   .0901587   .0173329     5.20   0.000     .0561869    .1241306
       image |     .02291   .0164788     1.39   0.164    -.0093878    .0552078
       _cons |  -.1898891   .1856057    -1.02   0.306    -.5536696    .1738914
-------------+----------------------------------------------------------------
      /sigma |   .4591159    .016939    27.10   0.000     .4259161    .4923157
------------------------------------------------------------------------------
```

图 10.57 断尾回归分析

图 10.58 所示是对断尾回归分析估计的各个自变量的系数进行假设检验的结果。

```
. test quality efficiency price process range attitude image

 ( 1)  [eq1]quality = 0
 ( 2)  [eq1]efficiency = 0
 ( 3)  [eq1]price = 0
 ( 4)  [eq1]process = 0
 ( 5)  [eq1]range = 0
 ( 6)  [eq1]attitude = 0
 ( 7)  [eq1]image = 0

           chi2(  7) =  550.01
         Prob > chi2 =    0.0000
```

图 10.58 进行假设检验

从图 10.58 可以看出该模型非常显著，拟合很好。

图 10.59 所示是对因变量的拟合值的预测。

	gender	age	residential	year	address	grade	yhat
1	女	21岁~30岁	非自有住宅	1年到3年	二环以内	普通客户	2.82219
2	男	41岁~50岁	非自有住宅	1年到3年	二环以内	普通客户	1.918071
3	女	31岁~40岁	非自有住宅	1年到3年	二环以外	普通客户	2.345147
4	女	20岁以下	自有小户型...	3年到5年	二环以内	普通客户	3.261199
5	男	51岁以上	自有大户型...	3年到5年	二环以内	普通客户	3.567601
6	男	31岁~40岁	自有大户型...	3年到5年	二环以外	VIP客户	3.00297
7	女	41岁~50岁	非自有住宅	3年到5年	二环以外	VIP客户	2.278073
8	男	31岁~40岁	自有小户型...	1年到3年	二环以内	普通客户	2.82219
9	男	20岁以下	别墅	1年以下	二环以外	VIP客户	2.278706
10	女	21岁~30岁	自有大户型...	5年以上	二环以内	VIP客户	2.345147
11	女	51岁以上	非自有住宅	3年到5年	二环以外	VIP客户	3.636647
12	女	21岁~30岁	非自有住宅	1年到3年	二环以内	普通客户	2.576285
13	男	41岁~50岁	非自有住宅	1年到3年	二环以内	普通客户	2.88797
14	女	31岁~40岁	非自有住宅	1年到3年	二环以外	普通客户	3.148134
15	女	20岁以下	自有小户型...	3年到5年	二环以内	普通客户	3.285727
16	男	51岁以上	自有大户型...	3年到5年	二环以内	普通客户	2.084186
17	男	31岁~40岁	自有大户型...	3年到5年	二环以外	VIP客户	2.08707
18	女	41岁~50岁	非自有住宅	3年到5年	二环以外	VIP客户	3.710589
19	男	31岁~40岁	自有小户型...	1年到3年	二环以内	普通客户	3.17104
20	男	20岁以下	别墅	1年以下	二环以外	VIP客户	3.521781
21	女	21岁~30岁	自有大户型...	5年以上	二环以内	VIP客户	3.00297
22	女	51岁以上	非自有住宅	3年到5年	二环以外	VIP客户	2.728867
23	女	21岁~30岁	非自有住宅	1年到3年	二环以内	普通客户	3.261199
24	男	41岁~50岁	非自有住宅	1年到3年	二环以内	普通客户	3.521781
25	女	31岁~40岁	非自有住宅	1年到3年	二环以外	普通客户	3.00297

图 10.59 对因变量的拟合值的预测

图 10.60 所示是断尾回归分析得到的残差序列。

	age	residential	year	address	grade	yhat	e
1	21岁~30岁	非自有住宅	1年到3年	二环以内	普通客户	2.82219	-1.82219
2	41岁~50岁	非自有住宅	1年到3年	二环以内	普通客户	1.918071	-.9180713
3	31岁~40岁	非自有住宅	1年到3年	二环以外	普通客户	2.345147	-1.345147
4	20岁以下	自有小户型...	3年到5年	二环以内	普通客户	3.261199	-.2611991
5	51岁以上	自有大户型...	3年到5年	二环以内	普通客户	3.567601	.4323991
6	31岁~40岁	自有大户型...	3年到5年	二环以外	VIP客户	3.00297	-.0029701
7	41岁~50岁	非自有住宅	3年到5年	二环以外	VIP客户	2.278073	-.2780733
8	31岁~40岁	自有小户型...	1年到3年	二环以内	普通客户	2.82219	-1.82219
9	20岁以下	别墅	1年以下	二环以外	VIP客户	2.278706	-1.278706
10	21岁~30岁	自有大户型...	5年以上	二环以内	VIP客户	2.345147	-1.345147
11	51岁以上	非自有住宅	3年到5年	二环以外	VIP客户	3.636647	-.6366472
12	21岁~30岁	非自有住宅	1年到3年	二环以内	普通客户	2.576285	-.5762849
13	41岁~50岁	非自有住宅	1年到3年	二环以内	普通客户	2.88797	.1120295
14	31岁~40岁	非自有住宅	1年到3年	二环以外	普通客户	3.148134	-.1481336
15	20岁以下	自有小户型...	3年到5年	二环以内	普通客户	3.285727	.7142736
16	51岁以上	自有大户型...	3年到5年	二环以内	普通客户	2.084186	-1.084186
17	31岁~40岁	自有大户型...	3年到5年	二环以外	VIP客户	2.08707	-1.08707
18	41岁~50岁	非自有住宅	3年到5年	二环以外	VIP客户	3.710589	.2894108
19	31岁~40岁	自有小户型...	1年到3年	二环以内	普通客户	3.17104	-.1710403
20	20岁以下	别墅	1年以下	二环以外	VIP客户	3.521781	.478219
21	21岁~30岁	自有大户型...	5年以上	二环以内	VIP客户	3.00297	-.0029701
22	51岁以上	非自有住宅	3年到5年	二环以外	VIP客户	2.728867	-.7288669
23	21岁~30岁	非自有住宅	1年到3年	二环以内	普通客户	3.261199	-.2611991
24	41岁~50岁	非自有住宅	1年到3年	二环以内	普通客户	3.521781	.478219
25	31岁~40岁	非自有住宅	1年到3年	二环以外	普通客户	3.00297	-.0029701

图 10.60 残差序列

使用稳健标准差进行断尾回归分析，结果如图 10.61 所示。

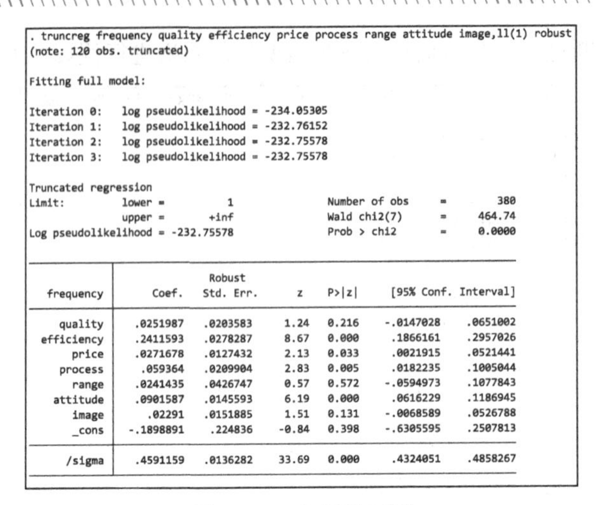

```
. truncreg frequency quality efficiency price process range attitude image,ll(1) robust
(note: 120 obs. truncated)

Fitting full model:

Iteration 0:   log pseudolikelihood = -234.05305
Iteration 1:   log pseudolikelihood = -232.76152
Iteration 2:   log pseudolikelihood = -232.75578
Iteration 3:   log pseudolikelihood = -232.75578

Truncated regression
Limit:         lower =          1              Number of obs    =        380
               upper =       +inf              Wald chi2(7)     =     464.74
Log pseudolikelihood = -232.75578              Prob > chi2      =     0.0000
```

frequency	Coef.	Robust Std. Err.	z	P>|z|	[95% Conf.	Interval]
quality	.0251987	.0203583	1.24	0.216	-.0147028	.0651002
efficiency	.2411593	.0278287	8.67	0.000	.1866161	.2957026
price	.0271678	.0127432	2.13	0.033	.0021915	.0521441
process	.059364	.0209904	2.83	0.005	.0182235	.1005044
range	.0241435	.0426747	0.57	0.572	-.0594973	.1077843
attitude	.0901587	.0145593	6.19	0.000	.0616229	.1186945
image	.02291	.0151885	1.51	0.131	-.0068589	.0526788
_cons	-.1898891	.224836	-0.84	0.398	-.6305595	.2507813
/sigma	.4591159	.0136282	33.69	0.000	.4324051	.4858267

图 10.61　分析结果图

从上面的分析结果中可以看出，模型中各变量的系数显著性与没有使用稳健标准差进行断尾回归分析时相比，差别不大。

10.4.3　客户推荐次数影响因素建模技术

本节将家政服务公司客户消费满意度影响因素调查数据中的全部客户作为样本，将 recommend（客户推荐次数）作为被解释变量，将 quality~image 共 7 个变量作为解释变量进行回归分析。

01 进入 Stata 16.0，打开相关数据文件，弹出主界面。

02 在主界面的“命令窗口”中输入如下命令：

```
reg recommend quality efficiency price process range attitude image
```

本命令的含义是以 recommend（客户推荐次数）为因变量，以 quality~image 共 7 个变量为自变量，进行最小二乘回归分析，研究变量之间的因果影响关系。

```
truncreg recommend quality efficiency price process range attitude image,ll(1)
```

本命令的含义是以 recommend（客户推荐次数）为因变量，以 quality~image 共 7 个变量为自变量，进行断尾回归分析，研究变量之间的因果影响关系。

```
test quality efficiency price process range attitude image
```

本命令的含义是对断尾回归分析估计的各个自变量的系数进行假设检验，检验其显著程度。

```
predict yhat
```

本命令的含义是估计因变量的拟合值。

```
predict e,resid
```

本命令的含义是估计断尾回归分析的残差。

```
truncreg recommend quality efficiency price process range attitude image,ll(1) robust
```

本命令的含义是使用稳健标准差进行断尾回归分析。

03 设置完毕后，按回车键，等待输出结果。

在 Stata 16.0 主界面的结果窗口可以看到如图 10.62~图 10.67 所示的分析结果。

图 10.62 所示是 recommend（客户推荐次数）为因变量，以 quality~image 共 7 个变量为自变量，进行最小二乘回归分析的结果。

```
. reg recommend quality efficiency price process range attitude image

      Source |       SS           df       MS      Number of obs   =       500
-------------+----------------------------------   F(7, 492)       =    193.84
       Model |  426.369338         7  60.9099054   Prob > F        =    0.0000
    Residual |  154.598662       492  .314224923   R-squared       =    0.7339
-------------+----------------------------------   Adj R-squared   =    0.7301
       Total |     580.968       499  1.16426453   Root MSE        =    .56056

------------------------------------------------------------------------------
   recommend |      Coef.   Std. Err.      t    P>|t|     [95% Conf. Interval]
-------------+----------------------------------------------------------------
     quality |     .14101   .0186764     7.55   0.000     .1043147    .1777053
  efficiency |   .2250182   .0248143     9.07   0.000     .1762631    .2737734
       price |  -.0092521   .0132473    -0.70   0.485    -.0352803    .0167762
     process |   .0520206     .01799     2.89   0.004      .016674    .0873672
       range |   .1160932   .0312143     3.72   0.000     .0547634    .1774229
    attitude |   .0750013   .0167297     4.48   0.000     .0421307    .1078718
       image |   .0481458   .0157783     3.05   0.002     .0171446    .0791469
       _cons |  -1.483164   .1624789    -9.13   0.000    -1.802402   -1.163926
------------------------------------------------------------------------------
```

图 10.62 最小二乘回归分析

从上面的分析可以看出最小二乘线性模型的整体显著性、系数显著性以及模型的整体解释能力都很不错。结论是 quality（家政服务质量得分）、efficiency（家政服务效率得分）、attitude（家政服务态度得分）、image（家政服务形象得分）、process（家政服务流程得分）、range（家政服务范围得分）对 recommend（客户推荐次数）因变量产生正向显著影响；price（家政服务价格得分）对 recommend（客户推荐次数）因变量不产生显著影响。

图 10.63 所示是以 recommend（客户推荐次数）为因变量，以 quality~image 共 7 个变量为自变量，进行断尾回归分析的结果，其中断尾点设置的是 1。

从图 10.63 可以看出断尾回归分析模型相对于最小二乘回归模型有了一定程度的改变。模型中部分变量系数的显著程度有了不同程度的降低，限于篇幅不再赘述。

```
. truncreg recommend quality efficiency price process range attitude image,ll(1)
(note: 128 obs. truncated)

Fitting full model:

Iteration 0:   log likelihood = -195.80505
Iteration 1:   log likelihood = -195.46756
Iteration 2:   log likelihood =  -195.4671
Iteration 3:   log likelihood =  -195.4671

Truncated regression
Limit:   lower =          1                     Number of obs     =        372
         upper =       +inf                     Wald chi2(7)      =     696.29
Log likelihood =  -195.4671                     Prob > chi2       =     0.0000

------------------------------------------------------------------------------
   recommend |      Coef.   Std. Err.      z    P>|z|     [95% Conf. Interval]
-------------+----------------------------------------------------------------
     quality |   .0076653   .0186372     0.41   0.681     -.028863    .0441936
  efficiency |   .2930429   .0234254    12.51   0.000     .2471299    .3389558
       price |   .0116043   .0106537     1.09   0.276    -.0092766    .0324851
     process |   .0959528    .020914     4.59   0.000     .0549621    .1369435
       range |   .0611203   .0363921     1.68   0.093    -.0102069    .1324474
    attitude |   .0831707   .0155247     5.36   0.000     .0527428    .1135986
       image |  -.0048451   .0150034    -0.32   0.747    -.0342512    .0245611
       _cons |  -.7242944   .1942483    -3.73   0.000    -1.105014   -.3435748
-------------+----------------------------------------------------------------
      /sigma |   .4139368    .015363    26.94   0.000     .3838258    .4440478
------------------------------------------------------------------------------
```

图 10.63 断尾回归分析

图 10.64 所示是对断尾回归分析估计的各个自变量的系数进行假设检验的结果。

```
. test quality efficiency price process range attitude image

 ( 1)  [eq1]quality = 0
 ( 2)  [eq1]efficiency = 0
 ( 3)  [eq1]price = 0
 ( 4)  [eq1]process = 0
 ( 5)  [eq1]range = 0
 ( 6)  [eq1]attitude = 0
 ( 7)  [eq1]image = 0

           chi2(  7) =  696.29
         Prob > chi2 =    0.0000
```

图 10.64　进行假设检验

从图 10.64 可以看出该模型非常显著，拟合很好。

图 10.65 所示是对因变量的拟合值的预测。

	age	residential	year	address	grade	yhat
1	21岁~30岁	非自有住宅	1年到3年	二环以内	普通客户	2.807724
2	41岁~50岁	非自有住宅	1年到3年	二环以内	普通客户	1.820229
3	31岁~40岁	非自有住宅	1年到3年	二环以外	普通客户	2.125866
4	20岁以下	自有小户型...	3年到5年	二环以内	普通客户	3.260844
5	51岁以上	自有大户型...	3年到5年	二环以内	普通客户	3.579198
6	31岁~40岁	自有大户型...	3年到5年	二环以外	VIP客户	2.916983
7	41岁~50岁	非自有住宅	3年到5年	二环以外	VIP客户	2.223817
8	31岁~40岁	自有小户型...	1年到3年	二环以内	普通客户	2.807724
9	20岁以下	别墅	1年以下	二环以外	VIP客户	2.152912
10	21岁~30岁	自有大户型...	5年以上	二环以内	VIP客户	2.125866
11	51岁以上	非自有住宅	3年到5年	二环以外	VIP客户	3.706534
12	21岁~30岁	非自有住宅	1年到3年	二环以内	普通客户	2.391742
13	41岁~50岁	非自有住宅	1年到3年	二环以内	普通客户	2.81974
14	31岁~40岁	非自有住宅	1年到3年	二环以外	普通客户	3.049219
15	20岁以下	自有小户型...	3年到5年	二环以内	普通客户	3.302207
16	51岁以上	自有大户型...	3年到5年	二环以内	普通客户	1.876572
17	31岁~40岁	自有大户型...	3年到5年	二环以外	VIP客户	1.75941
18	41岁~50岁	非自有住宅	3年到5年	二环以外	VIP客户	3.691308
19	31岁~40岁	自有小户型...	1年到3年	二环以内	普通客户	3.177674
20	20岁以下	别墅	1年以下	二环以外	VIP客户	3.588888
21	21岁~30岁	自有大户型...	5年以上	二环以内	VIP客户	2.916983
22	51岁以上	非自有住宅	3年到5年	二环以外	VIP客户	2.639671
23	21岁~30岁	非自有住宅	1年到3年	二环以内	普通客户	3.260844
24	41岁~50岁	非自有住宅	1年到3年	二环以内	普通客户	3.588888
25	31岁~40岁	非自有住宅	1年到3年	二环以外	普通客户	2.916983

图 10.65　对因变量的拟合值的预测

图 10.66 所示是断尾回归分析得到的残差序列。

	age	residential	year	address	grade	yhat	e
1	21岁~30岁	非自有住宅	1年到3年	二环以内	普通客户	2.807724	-1.807724
2	41岁~50岁	非自有住宅	1年到3年	二环以内	普通客户	1.820229	-.8202291
3	31岁~40岁	非自有住宅	1年到3年	二环以外	普通客户	2.125866	-1.125866
4	20岁以下	自有小户型...	3年到5年	二环以内	普通客户	3.260844	-.2608445
5	51岁以上	自有大户型...	3年到5年	二环以内	普通客户	3.579198	.4208022
6	31岁~40岁	自有大户型...	3年到5年	二环以外	VIP客户	2.916983	.0830174
7	41岁~50岁	非自有住宅	3年到5年	二环以外	VIP客户	2.223817	-.2238173
8	31岁~40岁	自有小户型...	1年到3年	二环以内	普通客户	2.807724	-1.807724
9	20岁以下	别墅	1年以下	二环以外	VIP客户	2.152912	-1.152912
10	21岁~30岁	自有大户型...	5年以上	二环以内	VIP客户	2.125866	-1.125866
11	51岁以上	非自有住宅	3年到5年	二环以外	VIP客户	3.706534	-.7065336
12	21岁~30岁	非自有住宅	1年到3年	二环以内	普通客户	2.391742	-.3917419
13	41岁~50岁	非自有住宅	1年到3年	二环以内	普通客户	2.81974	.1802603
14	31岁~40岁	非自有住宅	1年到3年	二环以外	普通客户	3.049219	-.0492192
15	20岁以下	自有小户型...	3年到5年	二环以内	普通客户	3.302207	.6977926
16	51岁以上	自有大户型...	3年到5年	二环以内	普通客户	1.876572	-.8765719
17	31岁~40岁	自有大户型...	3年到5年	二环以外	VIP客户	1.75941	-.7594104
18	41岁~50岁	非自有住宅	3年到5年	二环以外	VIP客户	3.691308	.3086916
19	31岁~40岁	自有小户型...	1年到3年	二环以内	普通客户	3.177674	-.1776738
20	20岁以下	别墅	1年以下	二环以外	VIP客户	3.588888	.4111121
21	21岁~30岁	自有大户型...	5年以上	二环以内	VIP客户	2.916983	.0830174
22	51岁以上	非自有住宅	3年到5年	二环以外	VIP客户	2.639671	-.6396707
23	21岁~30岁	非自有住宅	1年到3年	二环以内	普通客户	3.260844	-.2608445
24	41岁~50岁	非自有住宅	1年到3年	二环以内	普通客户	3.588888	.4111121
25	31岁~40岁	非自有住宅	1年到3年	二环以外	普通客户	2.916983	.0830174

图 10.66　残差序列

使用稳健标准差进行断尾回归分析，结果如图 10.67 所示。

```
. truncreg recommend quality efficiency price process range attitude image,ll(1) robust
(note: 128 obs. truncated)

Fitting full model:

Iteration 0:   log pseudolikelihood = -195.80505
Iteration 1:   log pseudolikelihood = -195.46756
Iteration 2:   log pseudolikelihood =  -195.4671
Iteration 3:   log pseudolikelihood =  -195.4671

Truncated regression
Limit:          lower =          1              Number of obs     =        372
                upper =       +inf              Wald chi2(7)      =     705.35
Log pseudolikelihood =  -195.4671               Prob > chi2       =     0.0000

------------------------------------------------------------------------------
             |               Robust
   recommend |      Coef.   Std. Err.      z    P>|z|     [95% Conf. Interval]
-------------+----------------------------------------------------------------
     quality |   .0076653   .0198262     0.39   0.699    -.0311934     .046524
  efficiency |   .2930429   .0251653    11.64   0.000     .2437198     .342366
       price |   .0116043   .0122692     0.95   0.344     -.012443    .0356515
     process |   .0959528   .0203954     4.70   0.000     .0559787     .135927
       range |   .0611203   .0409803     1.49   0.136    -.0191997    .1414402
    attitude |   .0831707   .0137167     6.06   0.000     .0562865    .1100548
       image |  -.0048451    .014259    -0.34   0.734    -.0327922    .0231021
       _cons |  -.7242944    .235184    -3.08   0.002    -1.185246   -.2633422
-------------+----------------------------------------------------------------
      /sigma |   .4139368   .0132602    31.22   0.000     .3879474    .4399263
------------------------------------------------------------------------------
```

图 10.67　分析结果图

从上面的分析结果中可以看出，模型中各变量的系数显著性与没有使用稳健标准差进行断尾回归分析时相比，差别不大。

10.5　研究结论

（1）在客户消费满意度影响因素的实证分析方面，基本结论是：家政服务质量、家政服务效率、家政服务态度、家政服务形象会显著正向影响客户的满意度水平，而家政服务价格、家政服务流程、家政服务范围不构成重要性。按客户地域、等级分类得到的结论基本一致，而且不同地域或等级的客户对于客户消费满意度的影响因素的判断和理解并没有显著不同。

（2）在客户消费次数影响因素的实证分析方面，基本结论是：家政服务质量、家政服务效率、家政服务态度、家政服务形象会显著正向影响客户的消费次数水平，而家政服务价格、家政服务流程、家政服务范围不构成重要性。

（3）在客户推荐次数影响因素的实证分析方面，基本结论是：基于全部样本分析表明家政服务价格、家政服务效率、家政服务流程、家政服务范围、家政服务态度、家政服务形象均会显著正向影响客户的推荐次数水平，而家政服务价格不构成重要性。

就家政服务市场的实际情况而言：家政服务价格、家政服务范围、家政服务流程等解释变量或多或少影响不够显著的主要原因是，相对于目标研究公司而言，目前各家家政服务公司在这几个方面都做得非常好，没有构成服务的差异化。

（1）家政服务价格方面，由于家政服务市场竞争比较充分，因此家政服务价格相对透明，各家家政服务公司报价也基本一致。

（2）家政服务范围方面，在很多情况下，家政服务的消费者需要的不是单一服务内容，而是一项或者多项服务的综合，或者说是一揽子服务内容，但是也有一种情况是，有的消费者只需要单一服务，如果家政公司提供的服务范围很广，在消费者不知情的情况下提供了消费者预期之外的家政服务，或者在服务过程中频频向消费者推介搭售其他服务内容，也会引起消费者不好的消费体验，影响客户消费满意度。所以，家政服务范围这一因素对于客户消费满意度的影响是不确定的。

（3）家政服务流程方面，各家家政服务公司的家政服务流程基本相同，而且文优服务水平都非常高，给予客户的服务体验差不多。

所以，家政服务公司实施客户服务优化的关键就在于积极优化家政服务质量、提高家政服务效率水平、提升家政服务形象。

第 11 章　国际贸易行业建模分析应用举例[4]

对国际贸易行业的企业来说，需要高度关注贸易国之间的汇率变动和经常项目逆顺差问题。而汇率变动和经常项目逆顺差之间存在着一定的联动变化关系。关于汇率变动对经常项目收支的影响，常见的解释是，一国货币贬值会导致出口增加、进口下降，增加经常项目收入。其作用机理是，当一国货币贬值时，会由于相对价格优势刺激净出口，进而带动其经常项目的国际收支顺差，而且在本币贬值时，由于刺激了商品和劳务的出口，限制了商品和劳务的进口，在推动出口部门和进口替代部门经济增长的同时，还会通过“外贸乘数”的作用带动所有经济部门的增长。本章我们以日元汇率变动与其经常项目国际收支关系进行实证检验为例，说明建模技术在国际贸易行业中的应用。使用的是 1996 年 1 月至 2019 年 1 月的日元经常项目国际收支差额与美元兑日元中间汇率月末值月度时间序列数据。通过实证分析日元汇率变动与经常项目国际收支之间的影响关系，可以为国内涉日企业开展生产经营活动提供有益的参考借鉴。

11.1　建模数据来源与研究思路

数据来源于万得资讯发布的 1996 年 1 月至 2019 年 1 月的日元经常项目国际收支差额与美元兑日元中间汇率月末值月度时间序列数据。部分数据如表 11.1 所示。

表 11.1　日元经常项目国际收支差额与美元兑日元中间汇率数据

月　份	美元兑日元中间汇率月末值	日元经常项目国际收支差额
1996-01	107.25	-3,099.00
1996-02	104.70	3,814.00
1996-03	106.28	8,433.00
……	……	……
2018-11	113.43	-5,470.00
2018-12	110.83	1,000
2019-01	108.92	-11,160.00

完整的数据文件参见本书附带的“数据 11.dta”。需要特别提示的是，本案例所使用的变量数据均为时间序列数据，所以本案例的研究思路紧密结合时间序列数据的基本特征展开，具体操作步骤包括 7 个方面的内容，分别是：

（1）对日元经常项目国际收支差额与美元兑日元中间汇率月末值两个变量进行描述性分析，观察变量数据的基本特征。

[4] 改编自《日元汇率变动与经常项目国际收支关系实证检验》胡婧著，《经营管理者》2017年32期。

（2）绘制日元经常项目国际收支差额与美元兑日元中间汇率月末值的时间序列走势图，分析数据特征。

（3）针对日元经常项目国际收支差额与美元兑日元中间汇率月末值进行相关性分析。

（4）针对日元经常项目国际收支差额时间序列与美元兑日元中间汇率月末值时间序列分别进行单位根检验。

（5）针对日元经常项目国际收支差额与美元兑日元中间汇率月末值两个时间序列进行格兰杰因果关系检验。

（6）建立包含日元经常项目国际收支差额与美元兑日元中间汇率月末值变量的全因子回归分析模型，分析日元汇率对日本经常项目国际收支的影响关系。

（7）剔除不显著变量之后建立回归分析模型，分析日元汇率对日本经常项目国际收支的影响关系。

11.2 描述性分析

11.1.1 Stata 分析过程

在 Stata 格式文件中共有 3 个变量，分别是 yuefen、riyuanhuilv、guojishouzhi。其中，变量 yuefen 代表月份，变量 riyuanhuilv 代表美元兑日元中间汇率月末值，变量 guojishouzhi 代表日元经常项目国际收支差额。变量类型及长度采取系统默认方式，数据如图 11.1 所示。

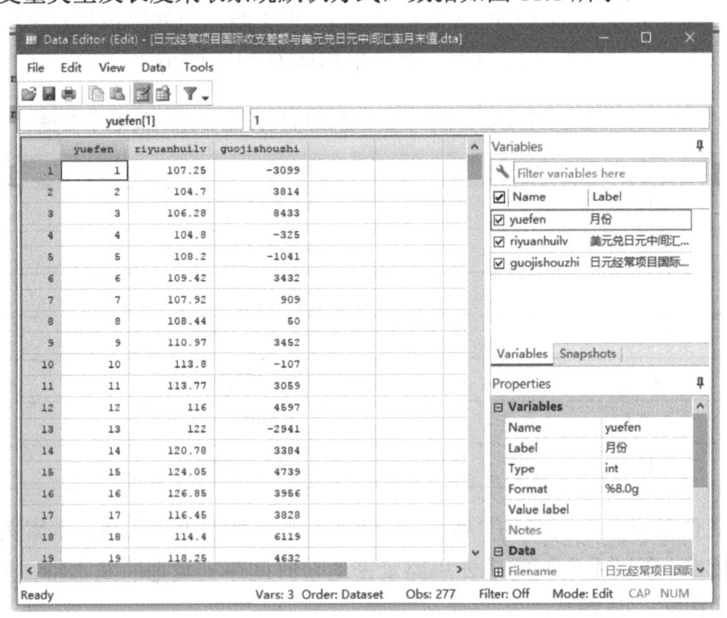

图 11.1 数据 11 的数据

先保存数据，然后开始展开分析，步骤如下：

01 进入 Stata 16.0，打开相关数据文件，弹出主界面。

02 在主界面的“命令窗口”中输入命令：

```
summarize riyuanhuilv guojishouzhi,detail
```

本命令的含义是对变量 riyuanhuilv 和 guojishouzhi 进行详细的描述性分析，通过描述性分析观察变量数据的基本特征。

03 设置完毕后，按回车键，等待输出结果。

11.1.2　结果分析

在 Stata 16.0 主界面的结果窗口可以看到如图 11.2 所示的分析结果。

```
. summarize riyuanhuilv guojishouzhi,detail

                    美元兑日元中间汇率月末值
-------------------------------------------------------------
      Percentiles      Smallest
 1%        76.63          76.36
 5%        80.58          76.59
10%        84.25          76.63       Obs                 277
25%       102.58          77.55       Sum of Wgt.         277

50%       110.82                      Mean           108.6798
                        Largest       Std. Dev.      13.92199
75%       118.51         139.05
90%       123.23         140.85       Variance       193.8217
95%       127.55         141.46       Skewness      -.5219343
99%       140.85          143.7       Kurtosis        3.01457

                    日元经常项目国际收支差额
-------------------------------------------------------------
      Percentiles      Smallest
 1%       -14899         -28131
 5%       -11160         -16458
10%        -8206         -14899       Obs                 277
25%        -1247         -14479       Sum of Wgt.         277

50%         3846                      Mean           2323.051
                        Largest       Std. Dev.      6875.142
75%         7324          13170
90%         9715          14158       Variance       4.73e+07
95%        10879          16105       Skewness      -.9223083
99%        14158          17900       Kurtosis       3.921733

.
```

图 11.2　分析结果 1

在图 11.2 所示的分析结果中，我们可以得到很多信息，包括：

（1）百分位数（percentiles）

变量美元兑日元中间汇率月末值的第一个四分位数（25%）是 102.58，第二个四分位数（50%）是 110.82，第三个四分位数（75%）是 118.51。

变量日元经常项目国际收支差额的第一个四分位数（25%）是-1247，第二个四分位数（50%）是 3846，第三个四分位数（75%）是 7324。

（2）4 个最小值（Smallest）

变量美元兑日元中间汇率月末值最小的 4 个数据值分别是 76.36、76.59、76.63、77.55。

变量日元经常项目国际收支差额最小的 4 个数据值分别是-28131、-16458、-14899、-14479。

（3）4 个最大值（Largest）

变量美元兑日元中间汇率月末值最大的 4 个数据值分别是 139.05、140.85、141.46、143.7。

变量日元经常项目国际收支差额最大的 4 个数据值分别是 13170、14158、16105、17900。

（4）平均值（Mean）和标准差（Variance）

变量美元兑日元中间汇率月末值的平均值为 108.6798，标准差是 13.92199。

变量日元经常项目国际收支差额的平均值为 2323.051，标准差是 6875.142。

（5）偏度（Skewness）和峰度（Kurtosis）

变量美元兑日元中间汇率月末值的偏度为-0.5219343，为负偏度但不大。

变量日元经常项目国际收支差额的偏度为-0.9223083，为负偏度但不大。

变量美元兑日元中间汇率月末值的峰度为 3.01457，有一个比正态分布更长的尾巴。

变量日元经常项目国际收支差额的峰度为 3.921733，有一个比正态分布更长的尾巴。

从整体上看，数据没有极端值和缺失值，分布也相对比较规律，可以直接用来进行后续的统计分析。

11.2 时间序列趋势图

我们通过绘制时间序列趋势图可以迅速地看出数据的变化特征，为后续更加精确地判断或者选择合适的模型做好必要准备，比如在进行单位根检验时，如果数据具有明显而稳定的时间序列趋势，就需要加上 trend 选项；如果数据没有明显而稳定的时间序列趋势，就需要加上 notrend 选项。

11.2.1 Stata 分析过程

时间序列趋势图分析的步骤如下：

01 进入 Stata 16.0，打开相关数据文件，弹出主界面。

02 在主界面的“命令窗口”中输入命令：

```
tsset yuefen
```

本命令旨在为本数据文件设定时间序列变量，或者说告知 Stata 16.0 本数据为时间序列数据，时间变量为 yuefen。

```
twoway(line riyuanhuilv yuefen)
```

本命令旨在绘制 riyuanhuilv 与 yuefen 两个变量的时间序列趋势图，或者说观察 riyuanhuilv 随 yuefen 的变化情况。

```
twoway(line guojishouzhi yuefen)
```

本命令旨在绘制 guojishouzhi 与 yuefen 两个变量的时间序列趋势图，或者说观察 guojishouzhi 随 yuefen 的变化情况。

```
gen lriyuanhuilv=log(riyuanhuilv)
```

本命令旨在对 riyuanhuilv 变量进行对数变换，并且将生成的对数变量保存为新的变量，名称为 lriyuanhuilv。

```
gen lguojishouzhi=log(guojishouzhi)
```

本命令旨在对 guojishouzhi 变量进行对数变换，并且将生成的对数变量保存为新的变量，名称为 lguojishouzhi。

```
twoway(line lriyuanhuilv yuefen)
```

本命令旨在绘制 lriyuanhuilv 与 yuefen 两个变量的时间序列趋势图，或者说观察 lriyuanhuilv 随 yuefen 的变化情况。

```
twoway(line lguojishouzhi yuefen)
```

本命令旨在绘制 lguojishouzhi 与 yuefen 两个变量的时间序列趋势图，或者说观察 lguojishouzhi 随 yuefen 的变化情况。

```
twoway(line d.riyuanhuilv yuefen)
```

d.riyuanhuilv 代表 riyuanhuilv 变量的一阶差分序列，本命令旨在绘制 d.riyuanhuilv 与 yuefen 两个变量的时间序列趋势图，或者说观察 d.riyuanhuilv 随 yuefen 的变化情况，反映的是增量时间变化趋势。

```
twoway(line d.guojishouzhi yuefen)
```

d.guojishouzhi 代表 guojishouzhi 变量的一阶差分序列，本命令旨在绘制 d.guojishouzhi 与 yuefen 两个变量的时间序列趋势图，或者说观察 d. guojishouzhi 随 yuefen 的变化情况，反映的是增量时间变化趋势。

03 设置完毕后，按回车键，等待输出结果。

11.2.2 结果分析

在 Stata 16.0 主界面的结果窗口可以看到如图 11.3~图 11.11 所示的分析结果。

（1）图 11.3 显示的是把月份作为日期变量对数据进行时间定义的结果。

在上述分析结果中，我们可以看到 Stata 16.0 已经对时间序列数据文件进行了必要的识别，将时间变量设置为月份（yuefen），结合月份的基本数据特征，将时间区间范围设置为 1~277，间距为 1。

```
. tsset yuefen
        time variable:  yuefen, 1 to 277
                delta:  1 unit
```

图 11.3 分析结果 2

（2）图 11.4 显示的是变量美元兑日元中间汇率月末值随时间的变动趋势。

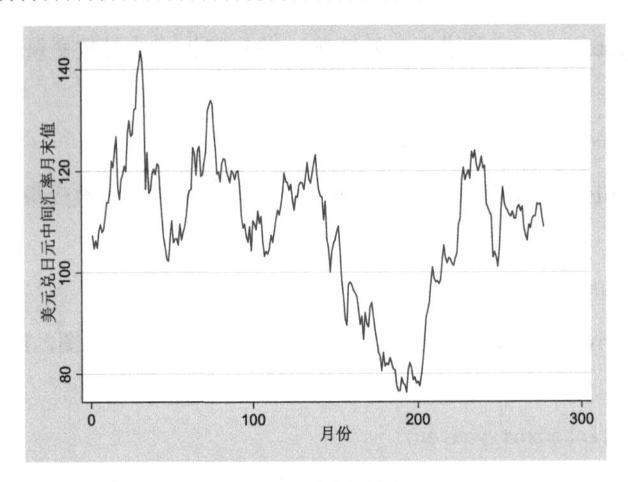

图 11.4　分析结果 3

在上述分析结果中，我们可以看到变量美元兑日元中间汇率月末值没有明显、稳定的长期趋势，不同的月份起伏变动比较大，即使是阶段性的趋势也不够明显，有的月份持续增长或者回落，有的月份则上下波动，无明显趋势。

（3）图 11.5 显示的是变量日元经常项目国际收支差额随时间的变动趋势。

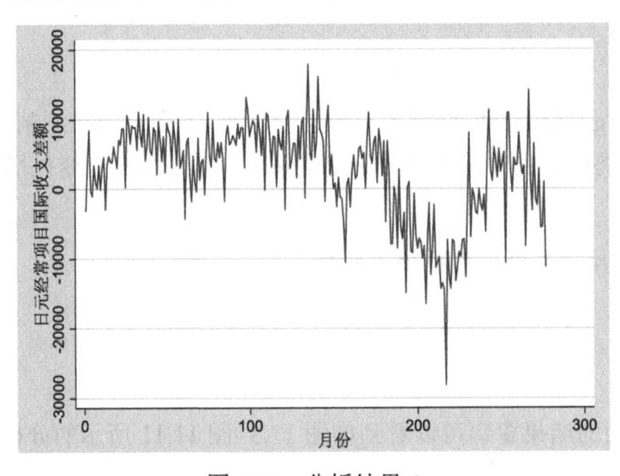

图 11.5　分析结果 4

在上述分析结果中，我们可以看到变量日元经常项目国际收支差额同样没有明显、稳定的长期趋势，不同的月份起伏变动比较大，即使是阶段性的趋势也不够明显，有的月份持续增长或者回落，有的月份则上下波动，无明显趋势。

（4）选择命令“数据”|“数据编辑器”|“数据编辑器（浏览）”，进入数据查看界面，可以看到如图 11.6 所示的美元兑日元中间汇率月末值的对数值数据。美元兑日元中间汇率月末值的对数值数据是对美元兑日元中间汇率月末值进行对数变换处理的结果，这步处理的意义是消除数据异方差的影响，使数据更适合深入分析，并且使数据更具实际意义。对数变换引出了弹性的概念，在没有进行对数变换之前，变量之间的联动关系表现在自变量的变动引起因变量变动的程度，在进行对数变换之后，变量的联动关系就表现为自变量变动的百分比引起因变量变动的百分比的程度。

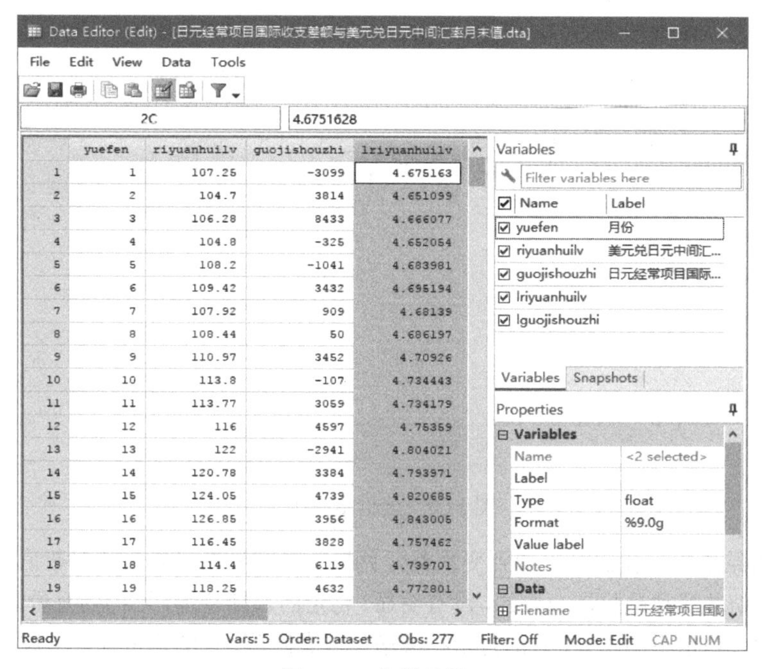

图 11.6　分析结果 5

（5）选择命令“数据”|“数据编辑器”|“数据编辑器（浏览）”，进入数据查看界面，可以看到如图 11.7 所示的日元经常项目国际收支差额的对数值数据。此处需要注意的是，由于日元经常项目国际收支差额在部分时间点为负值，无法取对数值，因此有很多缺失值。

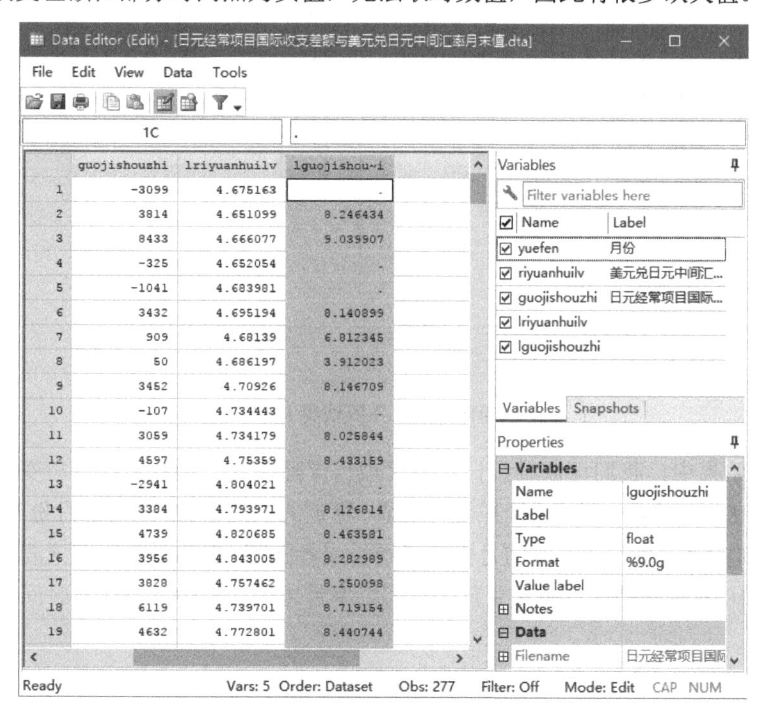

图 11.7　分析结果 6

（6）图 11.8 显示的是变量美元兑日元中间汇率月末值的对数值随时间的变动趋势。

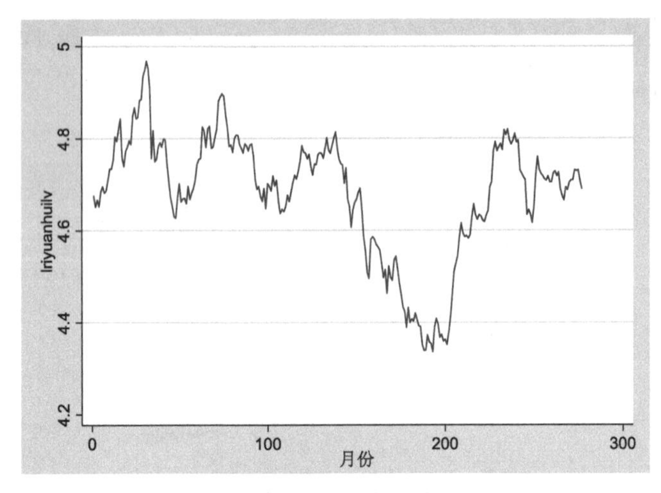

图 11.8　分析结果图 7

在上述分析结果中，我们可以看到变量美元兑日元中间汇率月末值的对数值与变量美元兑日元中间汇率月末值的变动趋势是一致的，没有明显、稳定的长期趋势，不同的月份起伏变动比较大，即使是阶段性的趋势也不够明显，有的月份持续增长或者回落，有的月份则上下波动，无明显趋势。

（7）图 11.9 显示的是变量日元经常项目国际收支差额的对数值随时间的变动趋势。

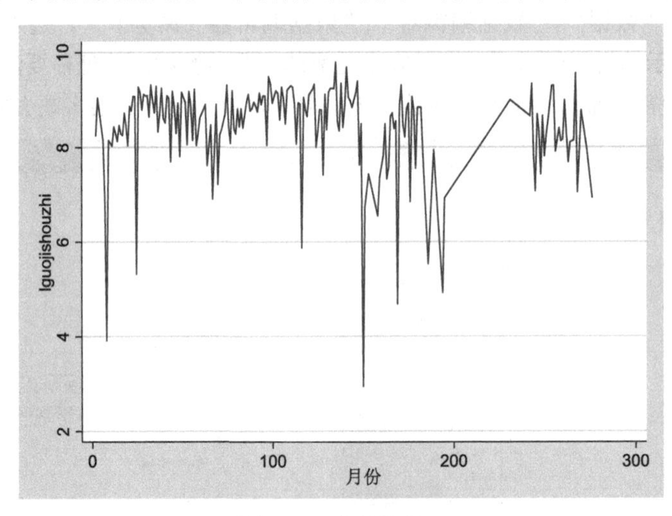

图 11.9　分析结果 8

在上述分析结果中，我们可以看到日元经常项目国际收支差额的对数值与变量日元经常项目国际收支差额的变动趋势是一致的，同样没有明显、稳定的长期趋势，不同的月份起伏变动比较大，即使是阶段性的趋势也不够明显，有的月份持续增长或者回落，有的月份则上下波动，无明显趋势。

（8）图 11.10 显示的是变量美元兑日元中间汇率月末值的一阶差分值随时间的变动趋势。

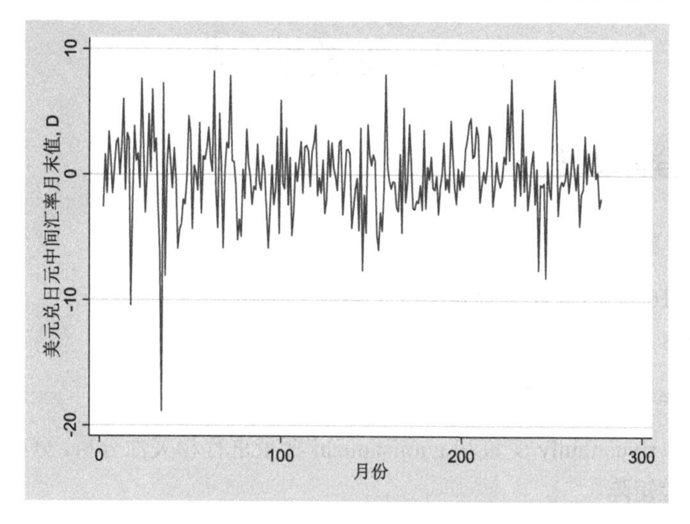

图 11.10　分析结果 9

在上述分析结果中，我们可以看到经过一阶差分以后，美元兑日元中间汇率月末值的变动趋势更加紧凑，基本上是围绕着 0 上下波动的，但是不同极端偏离 0 的幅度存在着较大的差异，这与日本国内实施的外汇政策是有紧密联系的。

（9）图 11.11 显示的是变量日元经常项目国际收支差额的一阶差分值随时间的变动趋势。

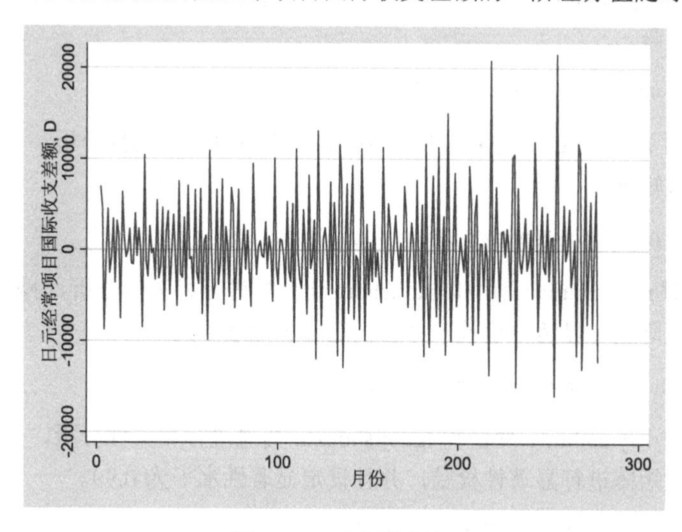

图 11.11　分析结果 10

在上述分析结果中，我们可以看到经过一阶差分以后，日元经常项目国际收支差额的变动趋势同样更加紧凑，基本上是围绕着 0 上下波动的，但是不同极端偏离 0 的幅度存在着较大的差异，这与日本国内实施的贸易政策是有紧密联系的。

综上所述，我们通过绘制时间序列趋势图发现变量美元兑日元中间汇率月末值、日元经常项目国际收支差额、美元兑日元中间汇率月末值的对数值、日元经常项目国际收支差额的对数值、美元兑日元中间汇率月末值的一阶差分值、日元经常项目国际收支差额的一阶差分值都没有时间趋势。

11.3 相关性分析

11.3.1 Stata 分析过程

相关性分析的步骤如下：

01 进入 Stata 16.0，打开相关数据文件，弹出主界面。

02 在主界面的“命令窗口”中输入命令：

```
correlate riyuanhuilv guojishouzhi,covariance
```

本命令旨在针对 riyuanhuilv 变量和 guojishouzhi 变量进行相关性分析，分析结果为求出两个变量之间的方差-协方差矩阵。

```
correlate lriyuanhuilv lguojishouzhi,covariance
```

本命令旨在针对 lriyuanhuilv 变量和 lguojishouzhi 变量进行相关性分析，分析结果为求出两个变量之间的方差-协方差矩阵。

```
correlate riyuanhuilv guojishouzhi
```

本命令旨在针对 riyuanhuilv 变量和 guojishouzhi 变量进行相关性分析，分析结果为求出两个变量之间的相关系数矩阵。

```
correlate lriyuanhuilv lguojishouzhi
```

本命令旨在针对 lriyuanhuilv 变量和 lguojishouzhi 变量进行相关性分析，分析结果为求出两个变量之间的相关系数矩阵。

```
pwcorr riyuanhuilv guojishouzhi,sidak sig star(99)
```

本命令旨在针对 riyuanhuilv 变量和 guojishouzhi 变量进行相关性分析，分析结果为针对两个变量之间的相关系数矩阵进行显著性检验，并且设定显著性水平为 0.99。

```
pwcorr lriyuanhuilv lguojishouzhi,sidak sig star(99)
```

本命令旨在针对 lriyuanhuilv 变量和 lguojishouzhi 变量进行相关性分析，分析结果为针对两个变量之间的相关系数矩阵进行显著性检验，并且设定显著性水平为 0.99。

03 设置完毕后，按回车键，等待输出结果。

11.3.2 结果分析

在 Stata 16.0 主界面的结果窗口可以看到如图 11.12~图 11.17 所示的分析结果。

图 11.12 展示的是变量美元兑日元中间汇率月末值与日元经常项目国际收支差额的方差-协方差矩阵。

```
. correlate riyuanhuilv guojishouzhi,covariance
(obs=277)

             | riyuan~v guojis~i
-------------+------------------
 riyuanhuilv |  193.822
guojishouzhi |  35698.6  4.7e+07
```

图 11.12 分析结果 11

在上述分析结果中，我们可以看到美元兑日元中间汇率月末值的方差是 193.822，日元经常项目国际收支差额的方差是 4.7e+07，美元兑日元中间汇率月末值与日元经常项目国际收支差额的协方差是 35698.6。

图 11.13 展示的是变量美元兑日元中间汇率月末值的对数值与日元经常项目国际收支差额的对数值的方差-协方差矩阵。

```
. correlate lriyuanhuilv lguojishouzhi,covariance
(obs=194)

             | lriyua~v lguoji~i
-------------+------------------
lriyuanhuilv |  .013914
lguojishou~i |  .030593  .944273
```

图 11.13 分析结果 12

在上述分析结果中，我们可以看到美元兑日元中间汇率月末值的对数值的方差是 0.013914，日元经常项目国际收支差额的对数值的方差是 0.944273，美元兑日元中间汇率月末值的对数值与日元经常项目国际收支差额的对数值的协方差是 0.030593。

图 11.14 展示的是变量美元兑日元中间汇率月末值与日元经常项目国际收支差额的相关系数矩阵。

```
. correlate riyuanhuilv guojishouzhi
(obs=277)

             | riyuan~v guojis~i
-------------+------------------
 riyuanhuilv |   1.0000
guojishouzhi |   0.3730   1.0000
```

图 11.14 分析结果 13

在上述分析结果中，我们可以看到变量美元兑日元中间汇率月末值与日元经常项目国际收支差额的相关系数为 0.3730。但从相关系数来看，可以发现变量美元兑日元中间汇率月末值与日元经常项目国际收支差额之间的相关关系不够明显。

图 11.15 展示的是变量美元兑日元中间汇率月末值的对数值与日元经常项目国际收支差额的对数值的相关系数矩阵。

```
. correlate lriyuanhuilv lguojishouzhi
(obs=194)

             | lriyua~v lguoji~i
-------------+------------------
lriyuanhuilv |   1.0000
lguojishou~i |   0.2669   1.0000
```

图 11.15　分析结果 14

在上述分析结果中，我们可以看到变量美元兑日元中间汇率月末值的对数值与日元经常项目国际收支差额的对数值的相关系数为 0.2669。但从相关系数来看，可以发现变量美元兑日元中间汇率月末值的对数值与日元经常项目国际收支差额的对数值之间的相关关系不够明显。

图 11.16 展示的是变量美元兑日元中间汇率月末值与日元经常项目国际收支差额的相关系数矩阵的显著性检验，设定置信水平为 99%。

```
. pwcorr riyuanhuilv guojishouzhi,sidak sig star(99)

             | riyuan~v guojis~i
-------------+------------------
 riyuanhuilv |   1.0000
             |
             |
guojishouzhi |   0.3730*  1.0000
             |   0.0000
             |
```

图 11.16　分析结果 15

在上述分析结果中，我们可以看到变量美元兑日元中间汇率月末值与日元经常项目国际收支差额的相关系数矩阵的显著性检验通过。

图 11.17 展示的是变量美元兑日元中间汇率月末值的对数值与日元经常项目国际收支差额的对数值的相关系数矩阵的显著性检验，设定置信水平为 99%。

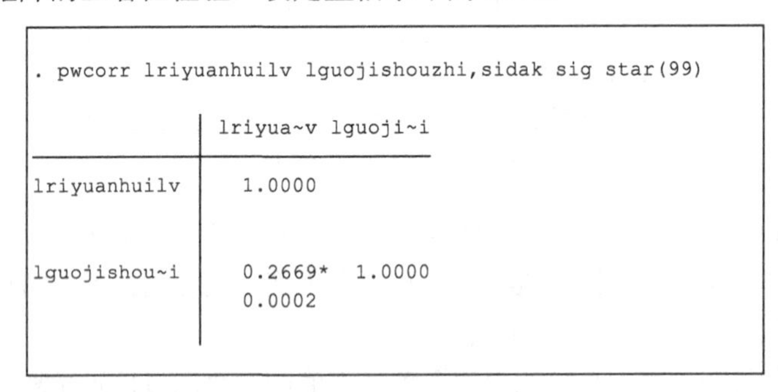

```
. pwcorr lriyuanhuilv lguojishouzhi,sidak sig star(99)

             | lriyua~v lguoji~i
-------------+------------------
lriyuanhuilv |   1.0000
             |
             |
lguojishou~i |   0.2669*  1.0000
             |   0.0002
             |
```

图 11.17　分析结果 16

在上述分析结果中，我们可以看到变量美元兑日元中间汇率月末值的对数值与日元经常项目国际收支差额的对数值的相关系数矩阵的显著性检验通过。

11.4 单位根检验

对于时间序列数据而言，数据的平稳性对于模型的构建是非常重要的。如果时间序列数据是不平稳的，就可能会导致自回归系数的估计值向左偏向于0，使传统的T检验失效，也有可能会使得两个相互独立的变量出现假相关关系或者回归关系，造成模型结果失真。单位根检验是判断数据是否平稳的重要方法。只有进行了这步操作，我们才能更好地进行后续深入分析。

11.4.1 Stata 分析过程

本例采用两种单位根检验分析方法，分别是PP检验和ADF检验。在前面我们通过绘制时间序列趋势图发现变量美元兑日元中间汇率月末值、日元经常项目国际收支差额、美元兑日元中间汇率月末值的对数值、日元经常项目国际收支差额的对数值、美元兑日元中间汇率月末值的一阶差分值、日元经常项目国际收支差额的一阶差分值都没有时间趋势。这些结论将会在单位根检验的操作命令中被用到。

1. PP 检验

PP检验的操作步骤如下：

01 进入 Stata 16.0，打开相关数据文件，弹出主界面对话框。

02 在主界面的“命令窗口”中分别输入下面的命令并按回车键进行确认：

```
pperron lriyuanhuilv,notrend
```

本命令的含义是针对lriyuanhuilv变量进行PP单位根检验，并且结合变量的数据特征，将时间序列趋势选项设置为没有趋势。

```
pperron lguojishouzhi,notrend
```

本命令的含义是针对lguojishouzhi变量进行PP单位根检验，并且结合变量的数据特征，将时间序列趋势选项设置为没有趋势。

```
pperron d.lriyuanhuilv,notrend
```

本命令的含义是针对d.lriyuanhuilv变量进行PP单位根检验，并且结合变量的数据特征，将时间序列趋势选项设置为没有趋势。

```
pperron riyuanhuilv,notrend
```

本命令的含义是针对riyuanhuilv变量进行PP单位根检验，并且结合变量的数据特征，将时间序列趋势选项设置为没有趋势。

```
pperron lguojishouzhi,notrend
```

本命令的含义是针对l guojishouzhi变量进行PP单位根检验，并且结合变量的数据特征，将时间序列趋势选项设置为没有趋势。

```
pperron d.riyuanhuilv,notrend
```

本命令的含义是针对 d.riyuanhuilv 变量进行 PP 单位根检验，并且结合变量的数据特征，将时间序列趋势选项设置为没有趋势。

03 设置完毕后，按回车键，等待输出结果。

2. ADF 检验

ADF 检验的操作步骤如下：

01 进入 Stata 16.0，打开相关数据文件，弹出主界面。
02 在主界面的“命令窗口”中分别输入下面的命令并按回车键进行确认：

```
dfuller lriyuanhuilv,notrend lags(1)
```

本命令的含义是针对 lriyuanhuilv 变量进行 ADF 单位根检验，并且结合变量的数据特征，将时间序列趋势选项设置为没有趋势，滞后阶数设置为 1。

```
dfuller lguojishouzhi,notrend lags(1)
```

本命令的含义是针对 lguojishouzhi 变量进行 ADF 单位根检验，并且结合变量的数据特征，将时间序列趋势选项设置为没有趋势，滞后阶数设置为 1。

```
dfuller d.lriyuanhuilv,notrend lags(1)
```

本命令的含义是针对 d.lriyuanhuilv 变量进行 ADF 单位根检验，并且结合变量的数据特征，将时间序列趋势选项设置为没有趋势，滞后阶数设置为 1。

```
dfuller riyuanhuilv,notrend lags(1)
```

本命令的含义是针对 riyuanhuilv 变量进行 ADF 单位根检验，并且结合变量的数据特征，将时间序列趋势选项设置为没有趋势，滞后阶数设置为 1。

```
dfuller guojishouzhi,notrend lags(1)
```

本命令的含义是针对 guojishouzhi 变量进行 ADF 单位根检验，并且结合变量的数据特征，将时间序列趋势选项设置为没有趋势，滞后阶数设置为 1。

```
dfuller d.riyuanhuilv,notrend lags(1)
```

本命令的含义是针对 d.riyuanhuilv 变量进行 ADF 单位根检验，并且结合变量的数据特征，将时间序列趋势选项设置为没有趋势，滞后阶数设置为 1。

03 设置完毕后，按回车键，等待输出结果。

11.4.2 结果分析

在 Stata 16.0 主界面的结果窗口可以看到如图 11.18~图 11.29 所示的分析结果。

1. PP 检验

PP 检验的结果如图 11.18~图 11.23 所示。
图 11.18 展示的是美元兑日元中间汇率月末值的对数值这一变量的 PP 检验结果。

```
. pperron  lriyuanhuilv,notrend

Phillips-Perron test for unit root                 Number of obs    =       276
                                                   Newey-West lags  =         5

                              ---------- Interpolated Dickey-Fuller ---------
                  Test        1% Critical       5% Critical      10% Critical
               Statistic        Value             Value             Value
------------------------------------------------------------------------------
 Z(rho)          -7.430         -20.321           -14.000           -11.200
 Z(t)            -1.930          -3.458            -2.879            -2.570
------------------------------------------------------------------------------
MacKinnon approximate p-value for Z(t) = 0.3179
```

图 11.18　分析结果 17

PP 检验的原假设是数据有单位根。从上面的分析结果中可以看出 P 值(MacKinnon approximate p-value for Z(t)）为 0. 3179，接受了有单位根的原假设。所以美元兑日元中间汇率月末值的对数值这一变量数据是存在单位根的，需要对其做一阶差分后再继续进行检验。

图 11.19 展示的是日元经常项目国际收支差额的对数值这一变量的 PP 检验结果。

```
. pperron  lguojishouzhi,notrend

Phillips-Perron test for unit root                 Number of obs    =       166
                                                   Newey-West lags  =         4

                              ---------- Interpolated Dickey-Fuller ---------
                  Test        1% Critical       5% Critical      10% Critical
               Statistic        Value             Value             Value
------------------------------------------------------------------------------
 Z(rho)        -140.765         -20.020           -13.832           -11.088
 Z(t)           -11.145          -3.488            -2.886            -2.576
------------------------------------------------------------------------------
MacKinnon approximate p-value for Z(t) = 0.0000
```

图 11.19　分析结果 18

P 值为 0.0000，拒绝了有单位根的原假设。

图 11.20 展示的是美元兑日元中间汇率月末值的对数值的一阶差分值这一变量的 PP 检验结果。

```
. pperron  d.lriyuanhuilv,notrend

Phillips-Perron test for unit root                 Number of obs    =       275
                                                   Newey-West lags  =         5

                              ---------- Interpolated Dickey-Fuller ---------
                  Test        1% Critical       5% Critical      10% Critical
               Statistic        Value             Value             Value
------------------------------------------------------------------------------
 Z(rho)        -270.985         -20.320           -14.000           -11.200
 Z(t)           -15.828          -3.458            -2.879            -2.570
------------------------------------------------------------------------------
MacKinnon approximate p-value for Z(t) = 0.0000
```

图 11.20　分析结果 19

P 值为 0.0000，拒绝了有单位根的原假设。

图 11.21 展示的是美元兑日元中间汇率月末值这一变量的 PP 检验结果。

```
. pperron  riyuanhuilv,notrend

Phillips-Perron test for unit root                 Number of obs    =        276
                                                   Newey-West lags =          5

                                   ---------- Interpolated Dickey-Fuller ---------
                    Test          1% Critical       5% Critical      10% Critical
                 Statistic           Value             Value             Value
------------------------------------------------------------------------------
 Z(rho)            -8.581          -20.321           -14.000           -11.200
 Z(t)              -2.077           -3.458            -2.879            -2.570
------------------------------------------------------------------------------
MacKinnon approximate p-value for Z(t) = 0.2537
```

图 11.21　分析结果 20

P 值为 0. 2537，接受了有单位根的原假设，需要对其做一阶差分后再继续进行检验。

图 11.22 展示的是日元经常项目国际收支差额这一变量的 PP 检验结果。

```
. pperron  guojishouzhi,notrend

Phillips-Perron test for unit root                 Number of obs    =        276
                                                   Newey-West lags =          5

                                   ---------- Interpolated Dickey-Fuller ---------
                    Test          1% Critical       5% Critical      10% Critical
                 Statistic           Value             Value             Value
------------------------------------------------------------------------------
 Z(rho)          -114.413          -20.321           -14.000           -11.200
 Z(t)              -8.237           -3.458            -2.879            -2.570
------------------------------------------------------------------------------
MacKinnon approximate p-value for Z(t) = 0.0000
```

图 11.22　分析结果 21

P 值为 0.0000，拒绝了有单位根的原假设。

图 11.23 展示的是美元兑日元中间汇率月末值的一阶差分值这一变量的 PP 检验结果。

```
. pperron  d.riyuanhuilv,notrend

Phillips-Perron test for unit root                 Number of obs    =        275
                                                   Newey-West lags =          5

                                   ---------- Interpolated Dickey-Fuller ---------
                    Test          1% Critical       5% Critical      10% Critical
                 Statistic           Value             Value             Value
------------------------------------------------------------------------------
 Z(rho)          -268.063          -20.320           -14.000           -11.200
 Z(t)             -15.805           -3.458            -2.879            -2.570
------------------------------------------------------------------------------
MacKinnon approximate p-value for Z(t) = 0.0000
```

图 11.23　分析结果 22

P 值为 0.0000，拒绝了有单位根的原假设。

2. ADF 检验

ADF 检验的结果如图 11.24~图 11.29 所示。

图 11.24 展示的是美元兑日元中间汇率月末值的对数值这一变量的 ADF 检验结果。

```
. dfuller lriyuanhuilv,notrend lags(1)

Augmented Dickey-Fuller test for unit root          Number of obs   =       275

                               ---------- Interpolated Dickey-Fuller ---------
                  Test         1% Critical       5% Critical      10% Critical
                Statistic          Value             Value             Value
------------------------------------------------------------------------------
 Z(t)             -1.861            -3.458            -2.879            -2.570
------------------------------------------------------------------------------
MacKinnon approximate p-value for Z(t) = 0.3506
```

图 11.24　分析结果 23

ADF 检验的原假设是数据有单位根。从上面的结果中可以看出 P 值（MacKinnon approximate p-value for Z(t)）为 0.3506，接受了有单位根的原假设，需要对其做一阶差分后再继续进行检验。

图 11.25 展示的是日元经常项目国际收支差额的对数值这一变量的 ADF 检验结果。

```
. dfuller lguojishouzhi,notrend lags(1)

Augmented Dickey-Fuller test for unit root          Number of obs   =       145

                               ---------- Interpolated Dickey-Fuller ---------
                  Test         1% Critical       5% Critical      10% Critical
                Statistic          Value             Value             Value
------------------------------------------------------------------------------
 Z(t)             -6.637            -3.495            -2.887            -2.577
------------------------------------------------------------------------------
MacKinnon approximate p-value for Z(t) = 0.0000
```

图 11.25　分析结果 24

P 值为 0.0000，拒绝了有单位根的原假设。

图 11.26 展示的是美元兑日元中间汇率月末值的对数值的一阶差分值这一变量的 ADF 检验结果。

```
. dfuller d.lriyuanhuilv,notrend lags(1)

Augmented Dickey-Fuller test for unit root          Number of obs   =       274

                               ---------- Interpolated Dickey-Fuller ---------
                  Test         1% Critical       5% Critical      10% Critical
                Statistic          Value             Value             Value
------------------------------------------------------------------------------
 Z(t)            -10.398            -3.458            -2.879            -2.570
------------------------------------------------------------------------------
MacKinnon approximate p-value for Z(t) = 0.0000
```

图 11.26　分析结果 25

P值为0.0000，拒绝了有单位根的原假设。

图11.27展示的是美元兑日元中间汇率月末值这一变量的ADF检验结果。

```
. dfuller riyuanhuilv,notrend lags(1)

Augmented Dickey-Fuller test for unit root          Number of obs   =       275

                               ---------- Interpolated Dickey-Fuller ----------
                  Test         1% Critical       5% Critical      10% Critical
               Statistic           Value             Value             Value
------------------------------------------------------------------------------
 Z(t)             -2.020            -3.458            -2.879            -2.570
------------------------------------------------------------------------------
MacKinnon approximate p-value for Z(t) = 0.2780
```

图11.27　分析结果26

P值为0.2780，接受了有单位根的原假设，需要对其做一阶差分后再继续进行检验。

图11.28展示的是日元经常项目国际收支差额这一变量的ADF检验结果。

```
. dfuller guojishouzhi,notrend lags(1)

Augmented Dickey-Fuller test for unit root          Number of obs   =       275

                               ---------- Interpolated Dickey-Fuller ----------
                  Test         1% Critical       5% Critical      10% Critical
               Statistic           Value             Value             Value
------------------------------------------------------------------------------
 Z(t)             -5.153            -3.458            -2.879            -2.570
------------------------------------------------------------------------------
MacKinnon approximate p-value for Z(t) = 0.0000
```

图11.28　分析结果27

P值为0.0000，拒绝了有单位根的原假设。

图11.29展示的是美元兑日元中间汇率月末值的一阶差分值这一变量的ADF检验结果。

```
. dfuller d.riyuanhuilv,notrend lags(1)

Augmented Dickey-Fuller test for unit root          Number of obs   =       274

                               ---------- Interpolated Dickey-Fuller ----------
                  Test         1% Critical       5% Critical      10% Critical
               Statistic           Value             Value             Value
------------------------------------------------------------------------------
 Z(t)            -10.468            -3.458            -2.879            -2.570
------------------------------------------------------------------------------
MacKinnon approximate p-value for Z(t) = 0.0000
```

图11.29　分析结果28

P值为0.0000，拒绝了有单位根的原假设

11.5　格兰杰因果关系检验

从前述分析中发现，本例中美元兑日元中间汇率月末值与日元经常项目国际收支差额之间存在一定程度的相关关系，但是究竟是美元兑日元中间汇率月末值影响了日元经常项目国际收支差额，还是日元经常项目国际收支差额影响了美元兑日元中间汇率月末值，或者是它们相互影响？如果要探究变量之间的因果关系，就需要用到格兰杰因果关系检验。

11.5.1　Stata 分析过程

本例中的格兰杰因果关系检验由两个部分组成，第一部分是验证日元汇率是不是日本经常项目国际收支的格兰杰因，第二部分是验证日本经常项目国际收支是不是日元汇率的格兰杰因。

（1）验证日元汇率是不是日本经常项目国际收支的格兰杰因

建立如下的回归模型：

$$\text{guojishouzhi} = \beta_0 + \beta_1 \times \text{l.guojishouzhi} + \beta_2 \times \text{l.riyuanhuilv} + \varepsilon$$

其中，guojishouzhi 表示日本经常项目国际收支，l.guojishouzhi 表示日本经常项目国际收支的滞后一阶变量，l.riyuanhuilv 表示日元汇率的滞后一阶变量。

（2）验证日本经常项目国际收支是不是日元汇率的格兰杰因

建立如下的回归模型：

$$\text{riyuanhuilv} = \beta_0 + \beta_1 \times \text{l.riyuanhuilv} + \beta_2 \times \text{l.guojishouzhi} + \varepsilon$$

其中，riyuanhuilv 表示日元汇率，l.guojishouzhi 表示日本经常项目国际收支的滞后一阶变量，l.riyuanhuilv 表示日元汇率的滞后一阶变量。

格兰杰因果关系检验的操作步骤如下：

01 进入 Stata 16.0，打开相关数据文件，弹出主界面。

02 在主界面的“命令窗口”中分别输入下面的命令并按回车键进行确认：

```
reg guojishouzhi l.guojishouzhi l.riyuanhuilv
```

本命令的含义是以 guojishouzhi 作为被解释变量，以 l.guojishouzhi 和 l.riyuanhuilv 作为解释变量，进行普通最小二乘回归估计。

```
test l.riyuanhuilv
```

本命令的含义是测试 l.riyuanhuilv 的系数是否显著。

```
reg riyuanhuilv l.riyuanhuilv l.guojishouzhi
```

本命令的含义是以 riyuanhuilv 作为被解释变量，以 l.riyuanhuilv 和 l.guojishouzhi 作为解释变量，进行普通最小二乘回归估计。

```
test l.guojishouzhi
```

本命令的含义是测试 l.guojishouzhi 的系数是否显著。

03 设置完毕后，等待输出结果。

11.5.2　结果分析

在 Stata 16.0 主界面的结果窗口可以看到如图 11.30 和图 11.31 所示的分析结果。

```
. reg guojishouzhi l.guojishouzhi l.riyuanhuilv

      Source |       SS           df       MS      Number of obs   =       276
-------------+----------------------------------   F(2, 273)       =     92.70
       Model |  5.2643e+09         2  2.6322e+09   Prob > F        =    0.0000
    Residual |  7.7520e+09       273  28395646.8   R-squared       =    0.4044
-------------+----------------------------------   Adj R-squared   =    0.4001
       Total |  1.3016e+10       275  47332169.7   Root MSE        =    5328.8

------------------------------------------------------------------------------
guojishouzhi |      Coef.   Std. Err.      t    P>|t|     [95% Conf. Interval]
-------------+----------------------------------------------------------------
guojishouzhi |
         L1. |   .5485153   .0506984    10.82   0.000     .4487058    .6483248
             |
 riyuanhuilv |
         L1. |   89.39793   24.86089     3.60   0.000     40.45451    138.3414
             |
       _cons |  -8674.002   2678.286    -3.24   0.001    -13946.72   -3401.283
------------------------------------------------------------------------------

.
. test l.riyuanhuilv

 ( 1)  L.riyuanhuilv = 0

       F(  1,   273) =   12.93
            Prob > F =    0.0004
```

图 11.30　分析结果 29

图 11.30 展示的是日元汇率是不是日本经常项目国际收支的格兰杰因的检验结果。通过观察分析结果，我们可以看出 l.riyuanhuilv 的系数值是非常显著的。具体体现在其 T 值、F 值以及 P 值上，关于这一结果的详细解读方法前面章节中多有提及，限于篇幅此处不再赘述。所以，我们可以比较有把握地得出结论，日元汇率是日本经常项目国际收支的格兰杰因。

```
. reg riyuanhuilv l.riyuanhuilv l.guojishouzhi

      Source |       SS           df       MS      Number of obs   =       276
-------------+----------------------------------   F(2, 273)       =   2497.44
       Model |  50720.5527         2  25360.2763   Prob > F        =    0.0000
    Residual |  2772.18555       273  10.1545258   R-squared       =    0.9482
-------------+----------------------------------   Adj R-squared   =    0.9478
       Total |  53492.7382       275  194.519048   Root MSE        =    3.1866

------------------------------------------------------------------------------
 riyuanhuilv |      Coef.   Std. Err.      t    P>|t|     [95% Conf. Interval]
-------------+----------------------------------------------------------------
 riyuanhuilv |
         L1. |   .9794447   .0148669    65.88   0.000     .9501764    1.008713
             |
guojishouzhi |
         L1. |  -.0000316   .0000303    -1.04   0.298    -.0000913    .0000281
             |
       _cons |   2.314973   1.601625     1.45   0.149    -.8381336    5.468079
------------------------------------------------------------------------------

.
. test l.guojishouzhi

 ( 1)  L.guojishouzhi = 0

       F(  1,   273) =    1.09
            Prob > F =    0.2979
```

图 11.31　分析结果 30

图 11.31 展示的是日元经常项目国际收支差额是不是美元兑日元中间汇率月末值的格兰杰因的检验结果。通过观察分析结果，我们可以看出 l.guojishouzhi 的系数值是不显著的。具体体现在其 T 值、F 值以及 P 值上，关于这一结果的详细解读方法前面章节中多有提及，限于篇幅此处不再赘述。所以，我们认为日元经常项目国际收支差额是美元兑日元中间汇率月末值的格兰杰因。

11.6　建立模型

在经过了对数据进行描述性分析、绘制变量时间序列趋势图简要分析数据的特征、进行相关性检验探索变量之间的相关关系、进行单位根检验综合分析数据的平稳性、进行格兰杰因果关系检验探讨变量因果关系之后，本节我们来进行最后的步骤，就是根据前面得出的一系列结论建立相应的数据模型。建立模型的步骤如下：

1. 建立模型方程

前述单位根检验结果表明在构建回归模型时，日本经常项目国际收支时间序列数据可以直接使用，而日元汇率应该使用一阶差分后的时间序列数据，格兰杰因果关系检验表明应该以日本经常项目国际收支作为被解释变量，以日元汇率作为解释变量。基于以上分析，建立如下的全因子回归分析模型来分析日元汇率对日本经常项目国际收支的影响关系。

$$\text{guojishouzhi} = \beta_0 + \beta_1\times \text{l.guojishouzhi} + \beta_2\times \text{l2.guojishouzhi} + \beta_3\times \text{l3.guojishouzhi} + \beta_4\times \text{d.riyuanhuilv} + \beta_5\times \text{dl.riyuanhuilv} + \beta_6\times \text{dl2.riyuanhuilv} + \beta_7\times \text{dl3.riyuanhuilv} + \varepsilon$$

其中，guojishouzhi 表示日本经常项目国际收支，l.guojishouzhi、l2.guojishouzhi、l3.guojishouzhi 表示日本经常项目国际收支的滞后一阶变量、滞后二阶变量、滞后三阶变量，d.riyuanhuilv、dl.riyuanhuilv、dl2.riyuanhuilv、dl3.riyuanhuilv 分别表示日元汇率差分时间序列的即期变量、滞后一阶变量、滞后二阶变量、滞后三阶变量。

2. 估计序列

我们在主界面的“命令窗口”中输入命令：

```
reg guojishouzhi l.guojishouzhi l2.guojishouzhi l3.guojishouzhi d.riyuanhuilv
dl.riyuanhuilv dl2.riyuanhuilv dl3.riyuanhuilv
```

并按回车键进行确认，即可出现如图 11.32 所示的结果。

```
. reg guojishouzhi l.guojishouzhi l2.guojishouzhi l3.guojishouzhi d.riyuanhuilv dl.riyua
> nhuilv dl2.riyuanhuilv dl3.riyuanhuilv

      Source |       SS           df       MS      Number of obs   =       273
-------------+----------------------------------   F(7, 265)       =     66.10
       Model |  8.2465e+09         7  1.1781e+09   Prob > F        =    0.0000
    Residual |  4.7233e+09       265    17823958   R-squared       =    0.6358
-------------+----------------------------------   Adj R-squared   =    0.6262
       Total |  1.2970e+10       272  47683403.6   Root MSE        =    4221.8

------------------------------------------------------------------------------
guojishouzhi |      Coef.   Std. Err.      t    P>|t|     [95% Conf. Interval]
-------------+----------------------------------------------------------------
guojishouzhi |
         L1. |   .2570914   .0506265     5.08   0.000     .1574101    .3567727
         L2. |   .0849221    .052614     1.61   0.108    -.0186727    .1885168
         L3. |   .5522553   .0503183    10.98   0.000     .4531808    .6513298
             |
 riyuanhuilv |
         D1. |   82.37334   80.53954     1.02   0.307    -76.20549    240.9522
         LD. |  -155.5353   80.67066    -1.93   0.055    -314.3723    3.301723
        L2D. |  -126.0954   81.31164    -1.55   0.122    -286.1945    34.00363
        L3D. |   176.0383   81.53511     2.16   0.032     15.49926    336.5774
             |
       _cons |   175.7446   277.5356     0.63   0.527    -370.7108       722.2
------------------------------------------------------------------------------
```

图 11.32　分析结果 31

可以看出，l2.guojishouzhi（显著性 P 值为 0.108，远大于 0.05）、d.riyuanhuilv（显著性 P 值

为 0.307，远大于 0.05）、dl.riyuanhuilv（显著性 P 值为 0.055，大于 0.05）、dl2.riyuanhuilv（显著性 P 值为 0.122，远大于 0.05）的系数显著性较差，所以为了提高回归分析的效率，应该剔除冗余变量后再次进行回归。

在主界面的"命令窗口"中输入命令：

```
reg guojishouzhi l.guojishouzhi  l3.guojishouzhi dl.riyuanhuilv dl3.riyuanhuilv
```

并按回车键进行确认，即可出现如图 11.33 所示的模型整体方程估计结果。

```
. reg guojishouzhi l.guojishouzhi  l3.guojishouzhi dl.riyuanhuilv dl3.riyuanhuilv

      Source |       SS           df       MS      Number of obs   =       273
-------------+----------------------------------   F(4, 268)       =    113.31
       Model |  8.1506e+09         4  2.0377e+09   Prob > F        =    0.0000
    Residual |  4.8193e+09       268  17982393.2   R-squared       =    0.6284
-------------+----------------------------------   Adj R-squared   =    0.6229
       Total |  1.2970e+10       272  47683403.6   Root MSE        =    4240.6

------------------------------------------------------------------------------
guojishouzhi |      Coef.   Std. Err.      t    P>|t|     [95% Conf. Interval]
-------------+----------------------------------------------------------------
guojishouzhi |
         L1. |    .295792   .0462107     6.40   0.000     .2048099     .386774
         L3. |   .5845065    .046003    12.71   0.000     .4939332    .6750799
             |
 riyuanhuilv |
         LD. |  -161.4543   80.88396    -2.00   0.047    -320.7031   -2.205469
        L3D. |   160.8022   81.36093     1.98   0.049     .6142638    320.9901
             |
       _cons |   206.7541   276.5608     0.75   0.455     -337.754    751.2623
------------------------------------------------------------------------------
```

图 11.33　分析结果 32

在上述分析结果中，我们可以看到共有 273 个样本参与了分析。模型的 F 值(4, 268) = 113.31，P 值（Prob > F）= 0.0000，说明模型整体上还是非常显著的。模型的可决系数（R-squared）= 0.6284，模型修正的可决系数（Adj R-squared）= 0.6229，说明模型解释能力尚可。

模型的回归方程是：

```
Guojishouzhi = 0.295792 * l.guojishouzhi + 0.5845065 * l3.guojishouzhi - 161.4543 *
dl.riyuanhuilv + 160.8022 * dl3.riyuanhuilv + 206.7541
```

变量 l.guojishouzhi 的系数标准误是 0.0462107，t 值为 6.40，P 值为 0.000，系数是非常显著的，95%的置信区间为[0.2048099,0.386774]。变量 l3.guojishouzhi 的系数标准误是 0.046003，t 值为 12.71，P 值为 0.000，系数也是非常显著的，95%的置信区间为[0.4939332,0.6750799]。变量 dl.riyuanhuilv 的系数标准误是 80.88396，t 值为-2.00，P 值为 0.047，系数是比较显著的，95%的置信区间为[-320.7031,-2.205469]。变量 dl3.riyuanhuilv 的系数标准误是 81.36093，t 值为 1.98，P 值为 0.049，系数是比较显著的，95%的置信区间为[0.6142638,320.9901]。常数项的系数标准误是 276.5608，t 值为 0.75，P 值为 0.455，系数是非常不显著的，95%的置信区间为[-337.754 , 751.2623]。

11.7　研究结论

结合前述计量统计分析，我们可以非常明确地得到如下研究结论：

（1）在最终形成的回归分析模型中，变量 dl.riyuanhuilv 的系数非常显著，而且为负值。系数非常显著说明从影响力度上来说，日元汇率的变动会对日本经常项目国际收支产生非常显著的影响，同时系数为负值说明从影响方向上来说，当日元贬值时会带动经常项目国际收支的正顺差。

（2）变量 dl.riyuanhuilv 的系数非常显著，而且为负值，但是变量 d.riyuanhuilv 的系数不够显著。这在很大程度上说明日元汇率的变动虽然会对日本经常项目国际收支产生前述影响，但是这种影响关系并不是立竿见影的，而是通过滞后一期反映出来的。或者说当日元较上期贬值时，当期的经常项目国际收支并不受显著影响，而是在下一期会显著地反映为经常项目国际收支的正顺差。

上述研究结论的政策含义是对于日本来说，实施汇率贬值以促进经常项目收支顺差的理论逻辑在现阶段是存在的，货币贬值会导致出口增加，进口下降增加经常项目收入。但是需要特别注意的是，统计分析都是基于历史数据，分析结论也是基于历史数据呈现的，在解释过去方面具有理论意义，但是在预测未来方面可能未必适用，需要考虑更多预期因素的影响。

第 12 章　美容连锁企业按门店特征分类分析建模技术

在现实生活中，有很多连锁经营的服务行业，比如酒店行业、餐饮行业、美容行业、健身行业、家电销售行业等，相对于门店单独经营模式，连锁门店经营通过统一品牌形象、统一广告宣传、统一集中采购、统一会计核算、统一售后服务、统一经营管理等方式实现了更大范围的规模经济和范围经济，进而推进了企业经营效率和效益的提升。但是，连锁经营模式毕竟不是绝对统一的经营模式，各个门店会根据自己所在地域的周边环境（包括是否处于热门商圈、所在地域客流量、消费群体消费水平、消费风格等因素）因地制宜、因时制宜，开展特色化、差异化经营。所以对于连锁企业的总部管理机构来讲，准确判断探知各个门店的实际特征，并且有针对性地按照关键因素对全辖的门店进行有效分类，然后在充分调研的基础上实现资源的差异化配置，就会在整体上进一步提升经营效益。比如一家零食餐饮企业通过分析发现一家门店在坚果销售方面经常供不应求造成脱销，而另一家门店在坚果销售方面经营惨淡、产品积压严重，就可以在货物分发、物流配送等方面做出针对性的改进。Stata 作为一种功能强大的统计分析软件，完全可以用来完成相关的分析目标。本章将以某美容连锁企业具体的经营实践为例，力求以深入浅出的方式讲解 Stata 在美容连锁企业按门店特征分类分析建模技术中的应用。需要提示和强调的是，本章虽然以美容连锁企业为例，但是其中体现的研究方法、研究思路和建模技术也可以有效应用于其他连锁经营的服务型企业，读者可以结合自身研究需要加以参考借鉴。

12.1　建模技术

因子分析的作用是在众多解释变量中识别出基础变量（或称关键因子），通常用于数据降维。其核心思想是识别出少数几个因子来解释在众多解释变量中所观测到的方差。除了数据降维的作用之外，因子分析也经常作为辅助分析，过滤变量用于随后的分析（比如解决线性回归分析中的多重共线性问题，对一组解释变量提取关键因子后再用于线性回归分析，消除信息冗余，提高建模估计效率）。

因子分析的数学模型可以表示为 $X_{p\times1}=A_{p\times m}\cdot F_{m\times1}+e_{p\times1}$。

其中，X 为可实测的 p 维随机向量，其每个分量代表一个指标或变量。

$F=(F_1,F_2,\ldots,F_m)^T$ 为不可观测的 m 维随机向量，其各个分量将出现在每个变量之中，称为公共因子。

矩阵 A 称为因子载荷矩阵，矩阵中的每一个元素称为因子载荷，表示第 i 个变量在第 j 个公共因子上的载荷，它们需要由多次观测 X 所得到的样本来估计。向量 e 称为特殊因子，其中包括随机误差，它们满足以下条件：

（1）$\mathrm{Cov}(F,e)=0$，即 F 与 e 不相关。

（2）$\mathrm{Cov}(F_i,F_j)=0, i\neq j$；$\mathrm{Var}(F_i)=\mathrm{Cov}(F_i,F_j)=I$，即向量 F 的协方差矩阵为 m 阶单位阵。

（3）$\mathrm{Cov}(e_i,e_j)=0, i\neq j$；$\mathrm{Var}(e_i)=\sigma_i^2$，即向量 e 的协方差矩阵为 p 阶对角阵。

因子分析的原理在于通过变量的相关系数矩阵内部结构的分析，从中找出少数几个能控制原始变量的随机变量 F_i(i=1, 2, K, m)，也就是公共因子。选取公共因子的原则是尽可能多地包含原始变量中的信息，建立模型 $X=A\cdot F+e$，忽略 e，以 F 代替 X，用它再现原始变量 X 的众多分量之间的相关关系，达到简化变量降低维数的目的。

12.2　建模思路

本章使用的案例数据来自 XX 美容连锁企业（虚拟名，如有雷同纯属巧合）在北京、天津、石家庄、太原、呼和浩特、沈阳、大连、长春、哈尔滨、上海、南京、杭州、宁波、合肥、福州、厦门、南昌、济南、青岛、郑州、武汉、长沙、广州、深圳、南宁、海口、重庆、成都、贵阳、昆明、拉萨、西安、兰州、西宁、银川、乌鲁木齐 36 个城市的各个连锁店的销售收入，销售收入是分产品项的，包括脸部保养收入、眼部保养收入、仪器治疗收入、化妆品销售收入、背部保养收入、腹部保养收入、胸部保养收入、足部保养收入、腿部保养收入、臀部保养收入、手部保养收入 11 种。由于销售收入数据涉及商业机密，因此本章介绍时进行了适当的脱密处理，对于其中的部分数据也进行了必要的调整。

本章使用的建模分析方法为“因子分析”功能。通过“因子分析” 过程，对销售收入产品分项“脸部保养收入”“眼部保养收入”“仪器治疗收入”“化妆品销售收入”“背部保养收入”“腹部保养收入”“胸部保养收入”“足部保养收入”“腿部保养收入”“臀部保养收入”“手部保养收入”提取公因子，如果城市间呈现产品分项差异，就提出差异化经营策略。

12.3　数据准备

	下载资源:\video\12
	下载资源:\sample\数据 12

本节我们准备 XX 美容连锁企业在北京、天津、石家庄、太原、呼和浩特、沈阳、大连、长春、哈尔滨、上海、南京、杭州、宁波、合肥、福州、厦门、南昌、济南、青岛、郑州、武汉、长沙、广州、深圳、南宁、海口、重庆、成都、贵阳、昆明、拉萨、西安、兰州、西宁、银川、乌鲁木齐 36 个城市的各个连锁店的销售收入数据。这些数据都是完整的，我们将其整理入 Stata 中。

如图 12.1 所示，在 Stata 格式文件中共有 12 个变量，分别是“城市”“脸部保养收入”“眼部保养收入”“仪器治疗收入”“化妆品销售收入”“背部保养收入”“腹部保养收入”“胸部保养收入”“足部保养收入”“腿部保养收入”“臀部保养收入”“手部保养收入”。

其中，“城市”为字符串变量，“脸部保养收入”“眼部保养收入”“仪器治疗收入”“化妆品销售收入”“背部保养收入”“腹部保养收入”“胸部保养收入”“足部保养收入”“腿部保养收入”“臀部保养收入”“手部保养收入”11 个变量均为数值型变量。

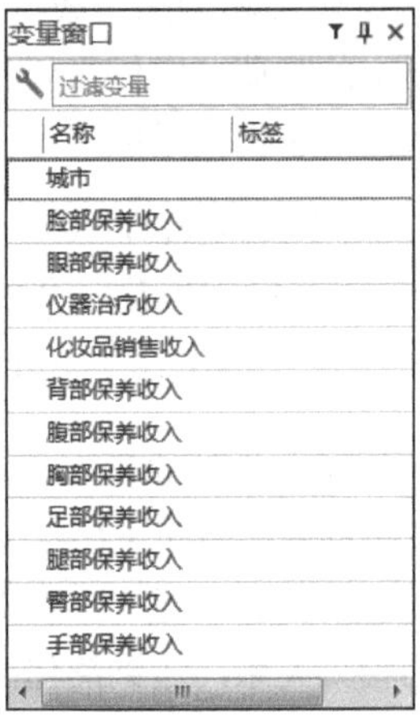

数据视图如图 12.2 所示，包括北京、天津、石家庄、太原、呼和浩特、沈阳、大连、长春、哈尔滨、上海、南京、杭州、宁波、合肥、福州、厦门、南昌、济南、青岛、郑州、武汉、长沙、广州、深圳、南宁、海口、重庆、成都、贵阳、昆明、拉萨、西安、兰州、西宁、银川、乌鲁木齐 36 个城市的样本观测值。

变量窗口

过滤变量

名称	标签
城市	
脸部保养收入	
眼部保养收入	
仪器治疗收入	
化妆品销售收入	
背部保养收入	
腹部保养收入	
胸部保养收入	
足部保养收入	
腿部保养收入	
臀部保养收入	
手部保养收入	

图 12.1　数据 12 的变量视图

	城市	脸部保养收入	眼部保养收入	仪器治疗收入	化妆品销售收入	背部保养收入	腹部保养收入	胸部保养~入	足部保养收入	腿部保养收入	臀部保养收
1	北京	637.76	1816.88	2228.63	1373.97	3681.28	3228.12	1593.43	35255.56	30664.89	2843
2	天津	421.67	1500.49	1567.58	1275.64	2454.38	1899.5	1615.57	26942	24292.6	2434
3	石家庄	294.61	507.75	1192.27	830.53	1336.98	1029.94	1402.45	19605.18	18289.95	1320
4	太原	336.05	631.01	1234.19	1283.33	2079.8	1583.33	1171.82	18712.09	17257.67	1582
5	呼和浩特	330.59	1324.89	2077.55	1569.26	2477.74	1951.7	1729.92	26407.11	24630.17	2243
6	沈阳	355.61	1475.19	2139.66	1447.89	2428.25	2359.29	1364.94	23960.48	20541.23	2267
7	大连	426.69	1223.65	1676.02	1128.17	2519.59	1741.83	1741.57	25222.88	21292.56	2487
8	长春	216.11	889.39	1817.99	1309.88	1631.96	1793.02	1628.67	19709.91	17921.86	183
9	哈尔滨	269.58	861.84	2058.88	1221.65	1848.01	1505.42	1252.31	19297.48	17556.83	1832
10	上海	615.42	1925.24	1794.06	1005.54	4076.46	3363.25	2166.22	35738.51	31838.08	3257
11	南京	443.79	1508.28	1571.73	1369.71	1949.63	3262.8	1518.4	31314.26	28311.63	2383
12	杭州	459.2	2033.42	2061.36	994.16	3909.61	2088.77	1853.18	33810.11	30034.99	2995
13	宁波	482.09	1410.66	2067.24	712.36	3091.11	3089.24	1629.11	34324.25	30166.36	2751
14	合肥	430.44	1024.9	1531.29	750.3	1859.22	2043.47	1483	21125.1	19060.5	1950
15	福州	402.09	1072.8	1453.08	681.64	2497.13	2191.04	1538.51	25737.6	23245.98	2237
16	厦门	433.66	1701.45	1596.88	656.74	4074.86	2403.26	2063.63	33865.69	29253.14	302
17	南昌	299.94	575.55	1524.29	758.5	2327.81	1362.77	1355.03	19820.14	18276.1	1705
18	济南	348.53	1453.48	1882.44	1182.77	2645.78	1898.05	1666.28	27723.78	25321.06	2110
19	青岛	456.83	958.66	2188.08	1048.76	2584.23	1748.14	1639.71	27283.48	24998.13	2292
20	郑州	264.22	689.83	1886.4	1013.67	1591.47	1243.83	984.21	20929.96	19375.81	152
21	武汉	261.91	675.7	1731.35	903.61	1694.28	1480.81	1581.09	23168.61	20806.32	1935
22	长沙	212.51	1037.89	1365.57	954.32	2608.76	2011.44	1610.22	23637.52	22284.4	1941
23	广州	499.31	2922.02	1882.97	1358.61	3981.72	4611.35	1971.17	36295.59	30658.49	3462
24	深圳	504.25	2138.69	1749.87	997.64	4506.65	2653.23	2561.43	35523.75	32380.86	29891
25	南宁	251.05	804.79	928.75	745.62	2575.17	1504.66	1177.11	20316.62	17740.72	1734

图 12.2　数据 12 的数据视图

12.4　因子分析

	下载资源:\video\12
	下载资源:\sample\数据 12

对于因子分析，我们准备通过“因子分析”过程，对销售收入产品分项“脸部保养收入”“眼部保养收入”“仪器治疗收入”“化妆品销售收入”“背部保养收入”“腹部保养收入”“胸部保养收入”“足部保养收入”“腿部保养收入”“臀部保养收入”“手部保养收入”提取公因子，并绘图进行分析。

12.4.1　分析过程

因子分析的方法有很多种，Stata 16.0 支持 4 种因子分析方法，包括主成分因子法（Principal Component Factors）、主因子法（Principal Factors）、迭代公因子方差的主因子法（Iterated Principal Factors）、最大似然因子法（Maximum Likelihood Factors）等。我们先保存数据，然后开始展开分析。

1. 主成分因子法

操作步骤如下：

01 进入 Stata 16.0，打开相关数据文件，弹出主界面。

02 在主界面的“命令窗口”中分别输入如下命令并按回车键进行确认：

```
factor 脸部保养收入 眼部保养收入 仪器治疗收入 化妆品销售收入 背部保养收入 腹部保养收入 胸部保养收入
足部保养收入 腿部保养收入 臀部保养收入 手部保养收入, pcf
```

本命令的含义是使用主成分因子法对销售收入产品分项“脸部保养收入”“眼部保养收入”“仪器治疗收入”“化妆品销售收入”“背部保养收入”“腹部保养收入”“胸部保养收入”“足部保养收入”“腿部保养收入”“臀部保养收入”“手部保养收入”进行因子分析。

```
rotate
```

本命令的含义是对因子结构进行旋转。

```
loadingplot,factors(2) yline(0) xline(0)
```

本命令的含义是绘制因子旋转后的因子载荷图。

```
predict f1 f2
```

本命令的含义是显示因子得分系数矩阵。

```
list 城市 f1 f2
```

本命令的含义是估计因子分析后各个样本的因子得分情况。

```
correlate f1 f2
```

本命令的含义是展示提取的主因子的相关系数矩阵。

```
scoreplot,mlabel(城市) yline(0) xline(0)
```

本命令的含义是展示每个样本的因子得分示意图。

```
estat kmo
```

本命令的含义是显示 KMO 检验的结果。

```
Screeplot
```

本命令的含义是绘制因子分析的碎石图。

03 设置完毕后，按回车键，等待输出结果。

2. 主因子法

操作步骤如下：

01 进入 Stata 16.0，打开相关数据文件，弹出主界面。

02 在主界面的“命令窗口”中分别输入如下命令，并按回车键进行确认：

```
factor 脸部保养收入 眼部保养收入 仪器治疗收入 化妆品销售收入 背部保养收入 腹部保养收入 胸部保养收入
足部保养收入 腿部保养收入 臀部保养收入 手部保养收入, pf
```

本命令的含义是使用主因子法对销售收入产品分项“脸部保养收入”“眼部保养收入”“仪器治疗收入”“化妆品销售收入”“背部保养收入”“腹部保养收入”“胸部保养收入”“足部保养收入”“腿部保养收入”“臀部保养收入”“手部保养收入”进行因子分析。

```
rotate
```

本命令的含义是对因子结构进行旋转。

```
loadingplot,factors(2) yline(0) xline(0)
```

本命令的含义是绘制因子旋转后的因子载荷图。

```
predict f1 f2 f3 f4
```

本命令的含义是显示因子得分系数矩阵。

```
list 城市 f1 f2 f3 f4
```

本命令的含义是估计因子分析后各个样本的因子得分情况。

```
correlate f1 f2 f3 f4
```

本命令的含义是展示提取的主因子的相关系数矩阵。

```
scoreplot,mlabel(城市) yline(0) xline(0)
```

本命令的含义是展示每个样本的因子得分示意图。

```
estat kmo
```

本命令的含义是显示 KMO 检验的结果。

```
screeplot
```

本命令的含义是绘制因子分析的碎石图。

03 设置完毕后，等待输出结果。

3. 迭代公因子方差的主因子法

操作步骤如下：

01 进入 Stata 16.0，打开相关数据文件，弹出主界面。

02 在主界面的“命令窗口”中分别输入如下命令，并按回车键进行确认：

```
factor 脸部保养收入 眼部保养收入 仪器治疗收入 化妆品销售收入 背部保养收入 腹部保养收入 胸部保养收入
足部保养收入 腿部保养收入 臀部保养收入 手部保养收入, ipf
```

本命令的含义是使用迭代公因子方差的主因子法对销售收入产品分项“脸部保养收入”“眼部保养收入”“仪器治疗收入”“化妆品销售收入”“背部保养收入”“腹部保养收入”“胸部保养收入”“足部保养收入”“腿部保养收入”“臀部保养收入”“手部保养收入”进行因子分析。

```
rotate
```

本命令的含义是对因子结构进行旋转。

```
loadingplot,factors(5)
```

本命令的含义是在执行迭代公因子方差的主因子法之后，绘制因子旋转后的因子载荷图。

```
predict f1 f2 f3 f4 f5
```

本命令的含义是显示因子得分系数矩阵。

```
list 城市 f1 f2 f3 f4 f5
```

本命令的含义是估计因子分析后各个样本的因子得分情况。

```
correlate f1 f2 f3 f4 f5
```

本命令的含义是展示提取的主因子的相关系数矩阵。

```
scoreplot,mlabel(城市) yline(0) xline(0)
```

本命令的含义是展示每个样本的因子得分示意图。

```
estat kmo
```

本命令的含义是显示 KMO 检验的结果。

```
screeplot
```

本命令的含义是绘制因子分析的碎石图。

03 设置完毕后，按回车键，等待输出结果。

4. 最大似然因子法

操作步骤如下：

01 进入 Stata 16.0，打开相关数据文件，弹出主界面。

02 在主界面的“命令窗口”中分别输入如下命令，并按回车键进行确认：

```
factor 脸部保养收入 眼部保养收入 仪器治疗收入 化妆品销售收入 背部保养收入 腹部保养收入 胸部保养收入
足部保养收入 腿部保养收入 臀部保养收入 手部保养收入, ml
```

本命令的含义是使用最大似然因子法对销售收入产品分项“脸部保养收入”“眼部保养收入”“仪器治疗收入”“化妆品销售收入”“背部保养收入”“腹部保养收入”“胸部保养收入”“足部保养收入”“腿部保养收入”“臀部保养收入”“手部保养收入”进行因子分析。

```
rotate
```

本命令的含义是对因子结构进行旋转。

```
loadingplot,factors(2) yline(0) xline(0)
```

本命令的含义是绘制因子旋转后的因子载荷图。

```
predict f1 f2 f3
```

本命令的含义是显示因子得分系数矩阵。

```
list 城市 f1 f2 f3
```

本命令的含义是估计因子分析后各个样本的因子得分情况。

```
correlate f1 f2 f3
```

本命令的含义是展示提取的主因子的相关系数矩阵。

```
scoreplot,mlabel(城市) yline(0) xline(0)
```

本命令的含义是展示每个样本的因子得分示意图。

```
estat kmo
```

本命令的含义是显示KMO检验的结果。

```
screeplot
```

本命令的含义是绘制因子分析的碎石图。

03 设置完毕后，按回车键，等待输出结果。

12.4.2 结果分析

在Stata 16.0主界面的结果窗口可以查看分析结果。

1. 主成分因子法

图12.3展示的是因子分析的基本情况。

```
. factor 脸部保养收入 眼部保养收入 仪器治疗收入 化妆品销售收入 背部保养收入 腹部保养收
> 入 胸部保养收入 足部保养收入 腿部保养收入 臀部保养收入 手部保养收入,pcf
(obs=36)

Factor analysis/correlation                    Number of obs    =         36
    Method: principal-component factors        Retained factors =          2
    Rotation: (unrotated)                      Number of params =         21

     --------------------------------------------------------------------------
          Factor  |   Eigenvalue   Difference        Proportion   Cumulative
     -------------+------------------------------------------------------------
         Factor1  |      7.97643      6.78019            0.7251       0.7251
         Factor2  |      1.19624      0.68285            0.1087       0.8339
         Factor3  |      0.51339      0.01787            0.0467       0.8806
         Factor4  |      0.49552      0.14636            0.0450       0.9256
         Factor5  |      0.34916      0.16153            0.0317       0.9573
         Factor6  |      0.18763      0.05857            0.0171       0.9744
         Factor7  |      0.12906      0.02372            0.0117       0.9861
         Factor8  |      0.10534      0.06975            0.0096       0.9957
         Factor9  |      0.03559      0.02595            0.0032       0.9989
        Factor10  |      0.00964      0.00764            0.0009       0.9998
        Factor11  |      0.00200            .            0.0002       1.0000
     --------------------------------------------------------------------------
     LR test: independent vs. saturated:  chi2(55) =  640.37 Prob>chi2 = 0.0000

Factor loadings (pattern matrix) and unique variances

     -------------------------------------------------
         Variable |  Factor1   Factor2 |   Uniqueness
     -------------+--------------------+--------------
     脸部保养收入 |   0.8346   -0.0841 |       0.2963
     眼部保养收入 |   0.8028   -0.1351 |       0.3372
     仪器治疗收入 |   0.6011    0.6077 |       0.2693
      化妆品销~入 |   0.3951    0.8314 |       0.1527
     背部保养收入 |   0.8915   -0.2961 |       0.1176
     腹部保养收入 |   0.8877    0.0403 |       0.2103
     胸部保养收入 |   0.8453   -0.0720 |       0.2802
     足部保养收入 |   0.9734   -0.0735 |       0.0471
     腿部保养收入 |   0.9635   -0.0645 |       0.0675
     臀部保养收入 |   0.9799   -0.0777 |       0.0337
     手部保养收入 |   0.9921   -0.0164 |       0.0154
     -------------------------------------------------
```

图12.3 因子分析的基本情况

图12.3的上半部分说明的是因子分析模型的一般情况。

从图中可以看出：

- 共有36个样本（Number of obs=36）参与了分析。
- 提取保留的因子共有两个（Retained factors=2）。
- 模型LR检验的卡方值（LR test: independent vs. saturated: chi2(55)）为640.37。
- P值（Prob>chi2）为0.0000，模型非常显著。
- 最左列（Factor）说明的是因子名称，可以看出模型共提取了两个因子。
  Eigenvalue列表示的是提取因子的特征值情况，只有前两个因子的特征值是大于1的，其中第1个因子的特征值是7.97643，第2个因子的特征值是1.19624。
  Proportion列表示的是提取因子的方差贡献率，其中第1个因子的方差贡献率为72.51%，第2个因子的方差贡献率为10.87%。
  Cumulative列表示的是提取因子的累计方差贡献率，其中前两个因子的累计方差贡献率为83.39%。

图12.3的下半部分说明的是模型的因子载荷矩阵以及变量的未被解释部分。

从图中可以看出：

- Variable列表示的是变量名称。

- Factor1、Factor2 两列分别说明的是提取的前两个主因子（特征值大于 1 的）对各个变量的解释程度。

  本例中，Factor1 主要解释的是“脸部保养收入”“眼部保养收入”“背部保养收入”“腹部保养收入”“胸部保养收入”“足部保养收入”“腿部保养收入”“臀部保养收入”“手部保养收入”的信息，可以概述为人工服务收入因子。
- Factor2 主要解释的是“仪器治疗收入”“化妆品销售收入”等变量的信息，可以概述为非人工服务收入因子或其他收入因子。
- Uniqueness 列表示变量未被提取的前两个主因子解释的部分，可以发现在舍弃其他主因子的情况下，信息的损失量是很小的。

图 12.4 展示的是对因子结构进行旋转的结果。经过学者们的研究表明，旋转操作有助于进一步简化因子结构。Stata 16.0 支持的旋转方式有两种：一种是最大方差正交旋转，一般适用于互相独立的因子或者成分，也是系统默认的情况；另一种是 Promax 斜交旋转，允许因子或者成分之间存在相关关系。此处我们选择系统默认的方式，当然后面的操作也证明了这样做的恰当性。

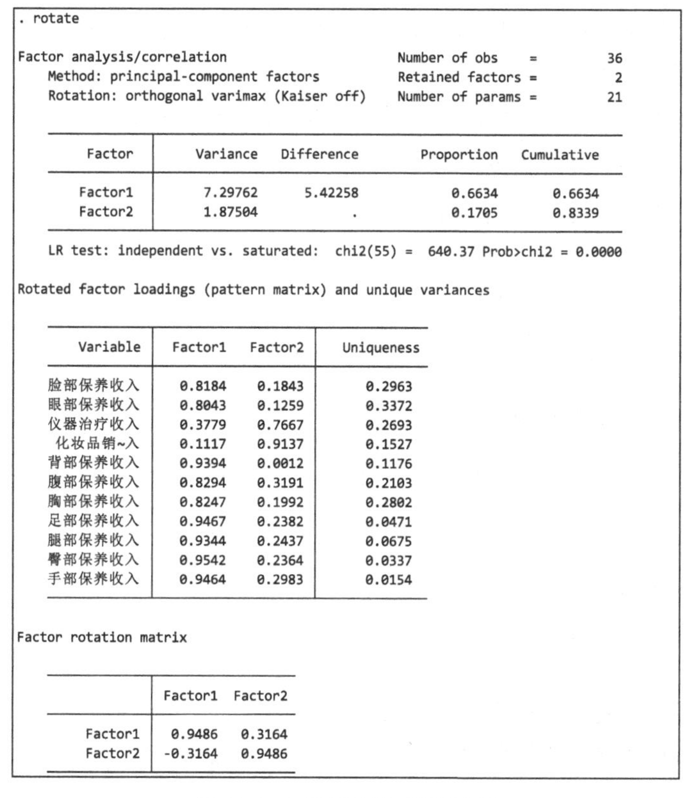

. rotate

Factor analysis/correlation　　　Number of obs = 36
　Method: principal-component factors　　　Retained factors = 2
　Rotation: orthogonal varimax (Kaiser off)　　　Number of params = 21

Factor	Variance	Difference	Proportion	Cumulative
Factor1	7.29762	5.42258	0.6634	0.6634
Factor2	1.87504	.	0.1705	0.8339

LR test: independent vs. saturated: chi2(55) = 640.37 Prob>chi2 = 0.0000

Rotated factor loadings (pattern matrix) and unique variances

Variable	Factor1	Factor2	Uniqueness
脸部保养收入	0.8184	0.1843	0.2963
眼部保养收入	0.8043	0.1259	0.3372
仪器治疗收入	0.3779	0.7667	0.2693
化妆品销~入	0.1117	0.9137	0.1527
背部保养收入	0.9394	0.0012	0.1176
腹部保养收入	0.8294	0.3191	0.2103
胸部保养收入	0.8247	0.1992	0.2802
足部保养收入	0.9467	0.2382	0.0471
腿部保养收入	0.9344	0.2437	0.0675
臀部保养收入	0.9542	0.2364	0.0337
手部保养收入	0.9464	0.2983	0.0154

Factor rotation matrix

	Factor1	Factor2
Factor1	0.9486	0.3164
Factor2	-0.3164	0.9486

图 12.4　对因子结构进行旋转

图 12.4 包括 3 部分内容。

第 1 部分说明的是因子旋转模型的一般情况，从图中可以看出：

- 共有 36 个样本（Number of obs = 36）参与了分析。
- 提取保留的因子共有两个（Retained factors= 2）。

- 模型 LR 检验的卡方值（LR test: independent vs. saturated: chi2(55)）为 640.37。
- P 值（Prob>chi2）为 0.0000，模型非常显著。
- 最左列（Factor）说明的是因子名称，可以看出模型旋转后共提取了两个因子。

  Proportion 列表示的是提取因子的方差贡献率，其中第 1 个因子的方差贡献率为 66.34%，第 2 个因子的方差贡献率为 17.05%。

  Cumulative 列表示的是提取因子的累计方差贡献率，其中前两个因子的累计方差贡献率为 83.39%。

图 12.4 的第 2 部分说明的是模型的因子载荷矩阵以及变量的未被解释部分。

- Variable 列表示的是变量名称。
- Factor1、Factor2 两列分别说明的是旋转提取的两个主因子对各个变量的解释程度。

  本例中，Factor1 主要解释的是“脸部保养收入”“眼部保养收入”“背部保养收入”“腹部保养收入”“胸部保养收入”“足部保养收入”“腿部保养收入”“臀部保养收入”“手部保养收入”的信息，可以概述为人工服务收入因子。

  Factor2 主要解释的是“仪器治疗收入”“化妆品销售收入”等变量的信息，可以概述为非人工服务收入因子或其他收入因子。
- Uniqueness 列表示变量未被提取的前两个主因子解释的部分，可以发现在舍弃其他主因子的情况下，信息的损失量是很小的。

图 12.4 的第 3 部分展示的是因子旋转矩阵的一般情况。

图 12.5 展示的是因子旋转后的因子载荷图。因子载荷图可以使用户更加直观地看出各个变量被两个因子的解释情况。

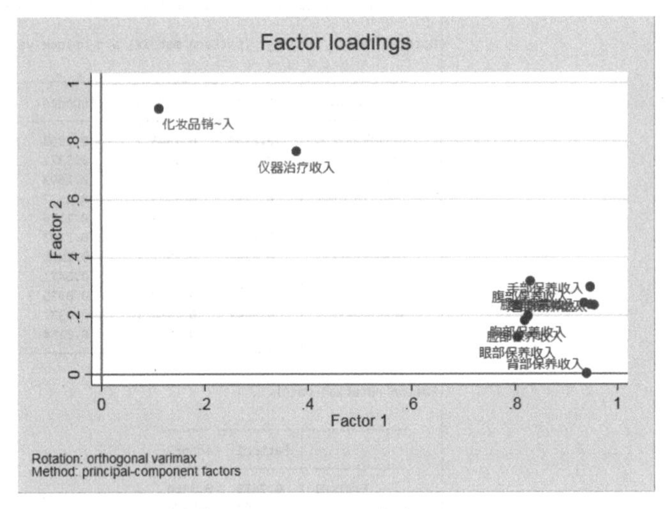

图 12.5 因子载荷图

与前面的分析相同，我们发现：

“脸部保养收入”“眼部保养收入”“背部保养收入”“腹部保养收入”“胸部保养收入”“足部保养收入”“腿部保养收入”“臀部保养收入”“手部保养收入”变量的信息主要被 Factor1 这一因子所解释。

“仪器治疗收入”“化妆品销售收入”变量主要被 Factor2 这一因子所解释。

图 12.6 展示的是因子分析后各个样本的因子得分情况。

因子得分的概念是通过将每个变量标准化为平均数等于 0 以及方差等于 1，然后以因子分析系数进行加权合计为每个因子构成的线性情况。以因子的方差贡献率为权数对因子进行加权求和，即可得到每个样本的因子综合得分。

根据图 12.6 展示的因子得分系数矩阵，我们可以写出各公因子的表达式。值得一提的是，在表达式中各个变量已经不是原始变量，而是标准化变量。

```
. predict f1 f2
(option regression assumed; regression scoring)

Scoring coefficients (method = regression; based on varimax rotated factors)

    ─────────────────────────────────
        Variable │  Factor1   Factor2
    ─────────────┼───────────────────
    脸部保养收入 │  0.12151  -0.03360
    眼部保养收入 │  0.13121  -0.07527
    仪器治疗收入 │ -0.08926   0.50578
      化妆品销~入 │ -0.17292   0.67497
    背部保养收入 │  0.18435  -0.19946
    腹部保养收入 │  0.09491   0.06720
    胸部保养收入 │  0.11957  -0.02353
    足部保养收入 │  0.13522  -0.01971
    腿部保养收入 │  0.13164  -0.01292
    臀部保养收入 │  0.13708  -0.02272
    手部保养收入 │  0.12234   0.02633
    ─────────────────────────────────
```

图 12.6　因子得分情况

表达式如下：

F1=0.12151*脸部保养收入+0.13121*眼部保养收入−0.08926*仪器治疗收入−0.17292*化妆品销售收入+0.18435*背部保养收入+0.09491*腹部保养收入+0.11957*胸部保养收入+0.13522*足部保养收入+0.13164*腿部保养收入+0.13708*臀部保养收入+0.12234*手部保养收入

F2=−0.03360*脸部保养收入−0.07527*眼部保养收入+0.50578*仪器治疗收入+0.67497*化妆品销售收入−0.19946*背部保养收入+0.06720*腹部保养收入−0.02353*胸部保养收入−0.01971*足部保养收入−0.01292*腿部保养收入−0.02272*臀部保养收入+0.02633*手部保养收入

选择“数据”|“数据编辑器”|“数据编辑器（浏览）”命令，进入数据查看界面，可以看到如图 12.7 所示的因子得分数据。

	化妆品销售收入	背部保养收入	腹部保养收入	胸部保养~入	足部保养收入	腿部保养收入	臀部保养收入	手部保养收入	f1	f2
1	1373.97	3681.28	3228.12	1593.43	35255.56	30664.89	28438.05	21281.42	1.330173	1.383815
2	1275.64	2454.38	1899.5	1615.57	26942	24292.6	24345.19	16561.77	.2536405	.510783
3	830.53	1335.98	1029.94	1402.45	19605.18	18289.95	13209.64	10568.49	-.9245787	-.6994026
4	1283.33	2079.8	1583.33	1171.82	18712.09	17257.67	15822.88	12105.64	-.9246713	.3442097
5	1569.26	2477.74	1951.7	1729.92	26407.11	24630.17	22432.87	16901.9	-.1977416	2.007845
6	1447.89	2428.25	2359.29	1364.94	23960.48	20541.23	22678.42	16961.44	-.2822544	1.849143
7	1128.17	2519.59	1741.83	1741.57	25222.88	21292.56	24870.08	16579.7	.192067	.3143153
8	1309.88	1631.96	1793.02	1628.67	19709.91	17921.86	18352.9	14400.4	-.9118827	1.319745
9	1221.66	1848.01	1505.42	1252.31	19297.48	17556.83	18321.25	13939.52	-.998839	1.37732
10	1005.54	4076.46	3363.25	2166.22	35738.51	31838.08	32575.05	23200.4	2.141749	-.261198
11	1369.71	1949.63	3262.8	1518.4	31314.26	28311.63	23835.61	18156.34	.4751134	.9629124
12	994.16	3909.61	2088.77	1853.18	33810.11	30034.99	29955.68	20218.98	1.414876	.0669573
13	712.36	3091.11	3089.24	1629.11	34324.25	30166.36	27515.11	19420.13	1.268466	-.2527461
14	750.3	1859.22	2043.47	1483	21125.1	19050.5	19508.37	14011.79	-.1091299	-.583274
15	681.64	2497.13	2191.04	1538.51	25737.6	23245.98	22370.48	16323.26	.4396527	-1.012633
16	656.74	4074.86	2403.26	2063.63	33865.69	29253.14	30264.4	19960.67	1.744591	-1.383973
17	758.5	2327.81	1362.77	1355.03	19820.14	18276.1	17056.19	13899.13	-.504908	-.6049601
18	1182.77	2645.78	1898.05	1666.28	27723.78	25321.06	21103.21	15973.32	.139177	.7118961
19	1048.76	2584.23	1748.14	1639.71	27283.48	24998.13	22929.03	17531.05	.1798758	.8592175
20	1013.67	1591.47	1243.83	984.21	20929.96	19375.81	15234.6	12587.76	-1.079265	.6942965
21	903.61	1694.28	1480.81	1581.09	23168.61	20806.32	19350.29	14490.07	-.5082951	.1566182
22	954.32	2608.76	2011.44	1610.22	23637.52	22284.4	19419.47	15769.5	-.0636202	-.4274946
23	1358.61	3981.72	4611.35	1971.17	36295.59	30658.49	34622.71	25011.61	2.185461	.7644364
24	997.64	4506.65	2653.23	2561.43	35523.75	32380.86	29891.17	22806.54	2.143303	-.5112117
25	745.62	2575.17	1504.66	1177.11	20316.62	17740.72	17342.91	12866.65	-.3591596	-1.533159

图 12.7　数据查看界面

当然，也可以通过命令形式实现，分析结果如图 12.8 所示。

图 12.9 展示的是系统提取的两个主因子的相关系数矩阵。

```
. list 城市 f1 f2
```

	城市	f1	f2
1.	北京	1.330173	1.383815
2.	天津	.2536405	.510783
3.	石家庄	-.9245787	-.6994026
4.	太原	-.9246713	.3442097
5.	呼和浩特	-.1977416	2.007845
6.	沈阳	-.2822544	1.849143
7.	大连	.192067	.3143153
8.	长春	-.9118827	1.319745
9.	哈尔滨	-.998839	1.37732
10.	上海	2.141749	-.261198
11.	南京	.4751134	.9629124
12.	杭州	1.414876	.0669573
13.	宁波	1.268466	-.2527461
14.	合肥	-.1091299	-.583274
15.	福州	.4396527	-1.012633
16.	厦门	1.744591	-1.383973
17.	南昌	-.504908	-.6049601
18.	济南	.139177	.7118961
19.	青岛	.1798758	.8592175
20.	郑州	-1.079265	.6942965
21.	武汉	-.5082951	.1566182
22.	长沙	-.0636202	-.4274946
23.	广州	2.185461	.7644364
24.	深圳	2.143303	-.5112117
25.	南宁	-.3591596	-1.533159
26.	海口	-.221355	-2.228533
27.	重庆	-.5915404	.9413621
28.	成都	.1513317	-.6631492
29.	贵阳	-.3454174	-1.283326
30.	昆明	-.5915131	-.4009932
31.	拉萨	-.7265843	-1.203161
32.	西安	-.3918907	.3793843
33.	兰州	-1.27984	-.2535874
34.	西宁	-1.319092	-.8434854
35.	银川	-.6160877	.2966673
36.	乌鲁木齐	-1.111812	-.7946376

图 12.8 分析结果图

```
. correlate f1 f2
(obs=36)
```

	f1	f2
f1	1.0000	
f2	0.0000	1.0000

图 12.9 两个主因子的相关系数矩阵

从图 12.9 中可以看出，我们提取的两个主因子之间几乎没有任何相关关系，这也说明了我们在前面对因子进行旋转的操作环节中采用最大方差正交旋转方式是明智的。

图 12.10 展示的是每个样本的因子得分示意图。

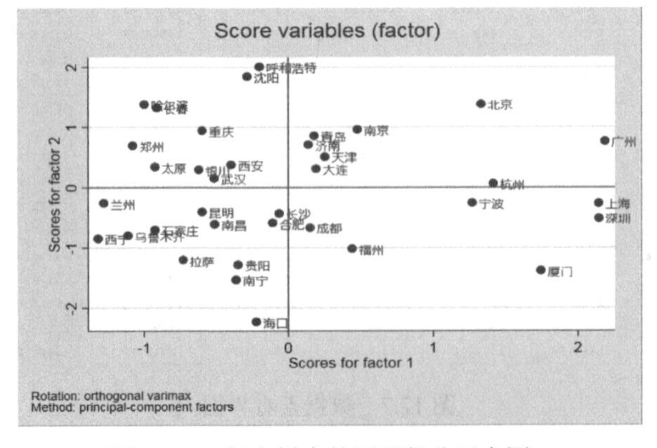

图 12.10 每个样本的因子得分示意图 1

从图 12.10 中可以看出，所有的样本被分到 4 个象限，位于第一象限的有广州、杭州、北京、南京、天津、大连、青岛、济南，表示这 8 个城市门店的销售收入在“脸部保养收入”“眼部保养收入”“仪器治疗收入”“化妆品销售收入”“背部保养收入”“腹部保养收入”“胸部保养收入”“足部保养收入”“腿部保养收入”“臀部保养收入”“手部保养收入”方面都领先其他城市。

位于第二象限的有深圳、上海、厦门、宁波、福州、成都，表示这 6 个城市门店的销售收入在第一个公因子方面，也就是“脸部保养收入”“眼部保养收入”“背部保养收入”“腹部保养收入”“胸部保养收入”“足部保养收入”“腿部保养收入”“臀部保养收入”“手部保养收入”方面都不如平均水平。

位于第三象限的有长沙、合肥、海口、贵阳、南宁、南昌、昆明、拉萨、石家庄、乌鲁木齐、兰州、西宁，表示这 12 个城市门店的销售收入在“脸部保养收入”“眼部保养收入”“仪器治疗收入”“化妆品销售收入”“背部保养收入”“腹部保养收入”“胸部保养收入”“足部保养收入”“腿部保养收入”“臀部保养收入”“手部保养收入”方面都落后于总体平均水平。

位于第四象限的有呼和浩特、沈阳、西安、武汉、重庆、银川、太原、长春、哈尔滨、郑州，表示这 10 个城市门店的销售收入在第二个公因子方面，也就是“仪器治疗收入”“化妆品销售收入”方面都不如平均水平。

如果图形上看不清楚或者有所失真，用户可参照 Stata 数据集中每个城市对应的 f1 和 f2 的值作出判断。

上述的 Stata 命令比较简洁，分析过程及结果已达到解决实际问题的目的。Stata 16.0 的强大之处在于，它提供了更加复杂的命令格式以满足用户更加个性化的需求。

（1）给图形增加标题

如果我们要给图形增加标题，名称为“因子分析结果”，那么操作命令就应该相应地修改为：

```
scoreplot,mlabel(城市) yline(0) xline(0) title("因子分析结果")
```

在命令窗口输入命令并按回车键进行确认，结果如图 12.11 所示。

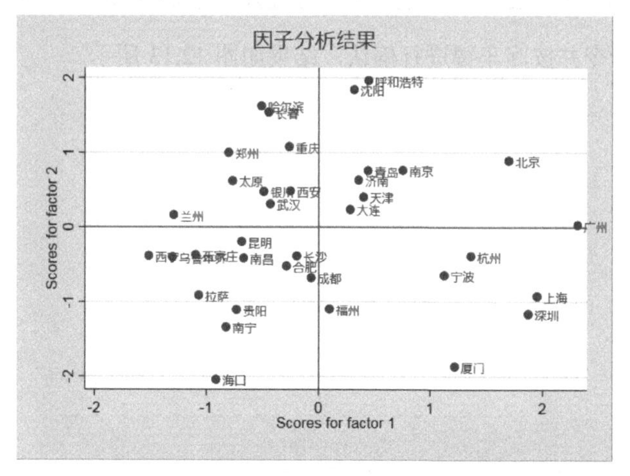

图 12.11 每个样本的因子得分示意图 2

（2）控制散点标志的形状

如果我们要使散点图中散点标志的形状变为实心菱形，那么操作命令就应该相应地修改为：

```
scoreplot,mlabel(城市) yline(0) xline(0) title("因子分析结果") msymbol(D)
```

在命令窗口输入命令并按回车键进行确认，结果如图 12.12 所示。

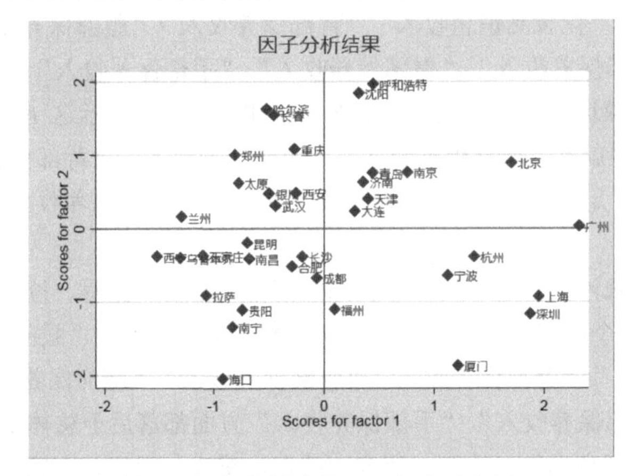

图 12.12　每个样本的因子得分示意图 3

在上面的例子中，命令中的 D 代表的是实心菱形。散点标志的其他常用可选形状与对应命令缩写如表 12.1 所示。

表 12.1　形状与对应命令

缩　写	说　明	缩　写	说　明	缩　写	说　明
X	大写字母X	S	实心方形	th	空心小三角形
Th	空心三角	Oh	空心小圆圈	sh	空心方形
T	实心三角	P	很小的点	dh	空心小菱形

（3）控制散点标志的颜色

如果我们要使散点标志的颜色变为黄色，那么操作命令就应该相应地修改为：

```
scoreplot,mlabel(城市) yline(0) xline(0) title("因子分析结果") msymbol(D) mcolor(yellow)
```

在命令窗口输入命令并按回车键进行确认，结果如图 12.13 所示。

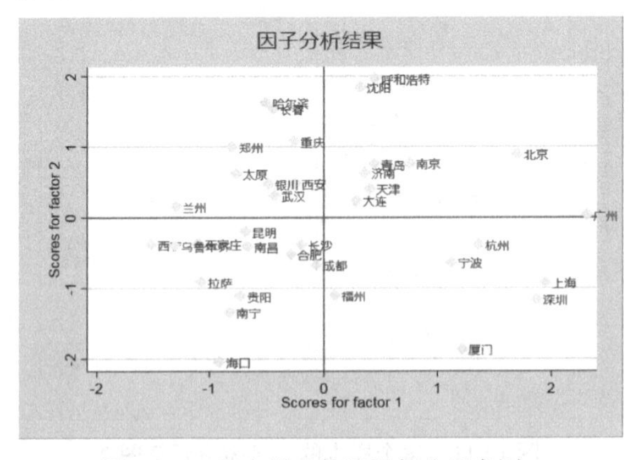

图 12.13　每个样本的因子得分示意图 4

关于更多颜色选择，请在命令窗口输入命令：help colorstyle，然后按回车键进行确认即可。

图 12.14 展示的是本例因子分析的 KMO 检验结果。

```
. estat kmo

Kaiser-Meyer-Olkin measure of sampling adequacy

    Variable          kmo

  脸部保养收入      0.9546
  眼部保养收入      0.8814
  仪器治疗收入      0.6057
   化妆品销~入      0.7672
  背部保养收入      0.8516
  腹部保养收入      0.7702
  胸部保养收入      0.7956
  足部保养收入      0.7996
  腿部保养收入      0.7918
  臀部保养收入      0.8370
  手部保养收入      0.7844

     Overall        0.8075
```

图 12.14　KMO 检验结果

KMO 检验是为了判断数据是否适合进行因子分析，其取值范围是 0~1。其中，KMO 值越接近 1，表示越适合进行因子分析。如表 12.2 所示，一般情况下，KMO>0.9 表示非常适合；0.8＜KMO＜0.9 表示适合；0.7<KMO<0.8 表示尚可，0.6<KMO<0.7 表示效果很差，KMO<0.6 表示不适合。

表 12.2　KMO 值和因子分析适当性对照表

KMO值	因子分析适当性
KMO>0.9	非常适合
0.8＜KMO＜0.9	适合
0.7＜KMO＜0.8	尚可
0.6＜KMO＜0.7	效果较差
KMO＜0.6	不适合

本例中总体（Overall）KMO 的取值为 0.8075，表示可以进行因子分析。各个变量的 KMO 值也大多在 0.7 以上，所以本例是比较适合进行因子分析的，模型的构建是有意义的。

图 12.15 展示的是本例因子分析所提取的各个因子的特征值碎石图。

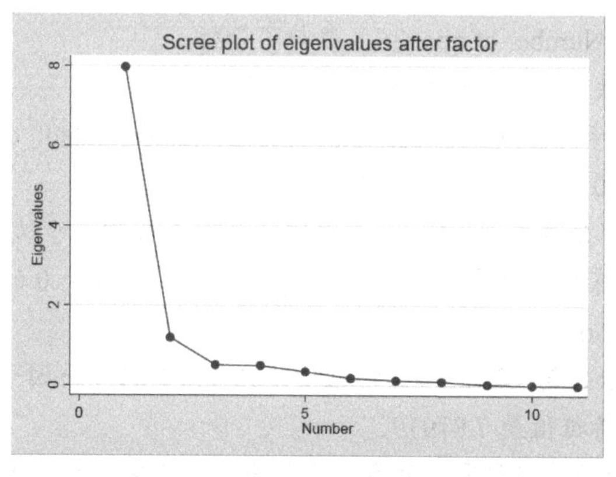

图 12.15　各个因子的特征值碎石图

通过碎石图可以非常直观地观测出提取因子的特征值的大小情况。图 12.15 的横轴表示的是系统提取因子的名称，并且已经按特征值大小进行降序排列，纵轴表示因子特征值的大小情况。从图

12.15 中可以轻松地看出本例中只有前两个因子的特征值是大于 1 的。

2. 主因子法

图 12.16 展示的是因子分析的基本情况。

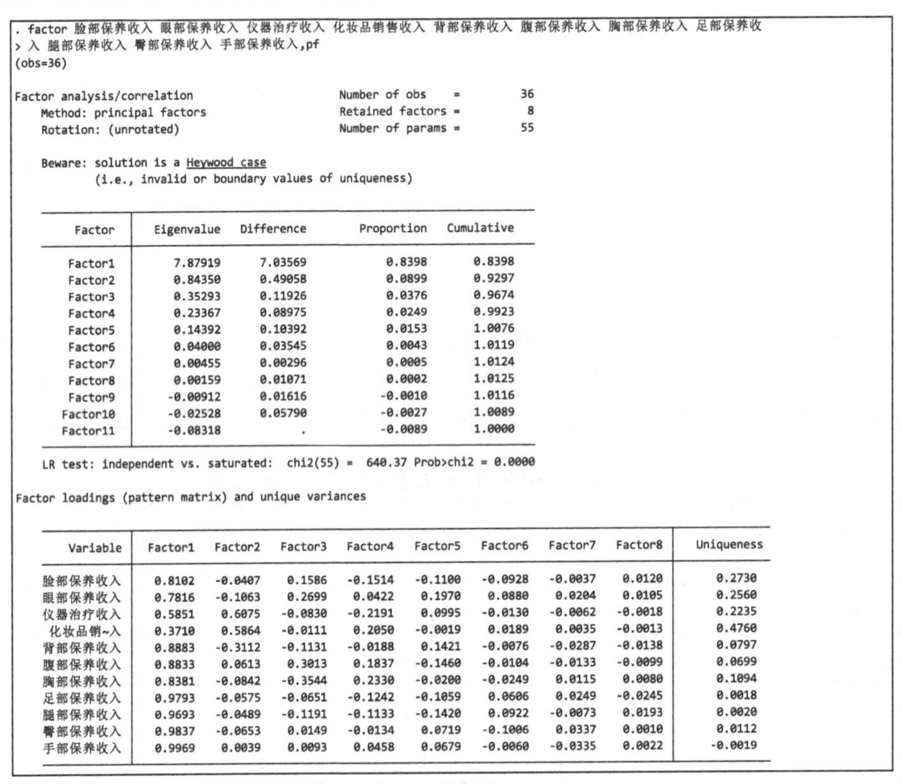

```
. factor 脸部保养收入 眼部保养收入 仪器治疗收入 化妆品销售收入 背部保养收入 腹部保养收入 胸部保养收入 足部保养收
> 入 腿部保养收入 臀部保养收入 手部保养收入,pf
(obs=36)

Factor analysis/correlation                   Number of obs    =         36
    Method: principal factors                 Retained factors =          8
    Rotation: (unrotated)                     Number of params =         55

    Beware: solution is a Heywood case
            (i.e., invalid or boundary values of uniqueness)
```

Factor	Eigenvalue	Difference	Proportion	Cumulative
Factor1	7.87919	7.03569	0.8398	0.8398
Factor2	0.84350	0.49058	0.0899	0.9297
Factor3	0.35293	0.11926	0.0376	0.9674
Factor4	0.23367	0.08975	0.0249	0.9923
Factor5	0.14392	0.10392	0.0153	1.0076
Factor6	0.04000	0.03545	0.0043	1.0119
Factor7	0.00455	0.00296	0.0005	1.0124
Factor8	0.00159	0.01071	0.0002	1.0125
Factor9	-0.00912	0.01616	-0.0010	1.0116
Factor10	-0.02528	0.05790	-0.0027	1.0089
Factor11	-0.08318	.	-0.0089	1.0000

```
    LR test: independent vs. saturated:  chi2(55) =  640.37 Prob>chi2 = 0.0000

Factor loadings (pattern matrix) and unique variances
```

Variable	Factor1	Factor2	Factor3	Factor4	Factor5	Factor6	Factor7	Factor8	Uniqueness
脸部保养收入	0.8102	-0.0407	0.1586	-0.1514	-0.1100	-0.0928	-0.0037	0.0120	0.2730
眼部保养收入	0.7816	-0.1063	0.2699	0.0422	0.1970	0.0880	0.0204	0.0105	0.2560
仪器治疗收入	0.5851	0.6075	-0.0830	-0.2191	0.0995	-0.0130	-0.0062	-0.0018	0.2235
化妆品销~入	0.3710	0.5864	-0.0111	0.2050	-0.0019	0.0189	0.0035	-0.0013	0.4760
背部保养收入	0.8883	-0.3112	-0.1131	-0.0188	0.1421	-0.0076	-0.0287	-0.0138	0.0797
腹部保养收入	0.8833	0.0613	0.3013	0.1837	-0.1460	-0.0104	-0.0133	-0.0099	0.0699
胸部保养收入	0.8381	-0.0842	-0.3544	0.2330	-0.0200	-0.0249	0.0115	0.0080	0.1094
足部保养收入	0.9793	-0.0575	-0.0651	-0.1242	-0.1059	0.0606	0.0249	-0.0245	0.0018
腿部保养收入	0.9693	-0.0489	-0.1191	-0.1133	-0.1420	0.0922	-0.0073	0.0193	0.0020
臀部保养收入	0.9837	-0.0653	0.0149	-0.0134	0.0719	-0.1006	0.0337	0.0010	0.0112
手部保养收入	0.9969	0.0039	0.0093	0.0458	0.0679	-0.0060	-0.0335	0.0022	-0.0019

图 12.16　因子分析的基本情况

图 12.16 的上半部分说明的是因子分析模型的一般情况。

从图中可以看出：

- 共有 36 个样本（Number of obs=36）参与了分析。
- 提取保留的因子共有 8 个（Retained factors=8）。
- 模型 LR 检验的卡方值（LR test: independent vs. saturated: chi2(55)）为 640.37，P 值（Prob>chi2）为 0.0000，模型非常显著。
- 图 12.16 的上半部分最左列（Factor）说明的是因子名称，可以看出模型共生成了 11 个因子，但由于只有前 8 个因子的特征值（Eigenvalue）是大于 0 的，因此只提取了前 8 个因子（Retained factors=8）。

  Eigenvalue 列表示的是提取因子的特征值情况，只有第一个因子的特征值是大于 1 的，其中第 1 个因子的特征值是 7.87919。

  Proportion 列表示的是提取因子的方差贡献率，其中第 1 个因子的方差贡献率为 83.98%，第 2 个因子的方差贡献率为 8.99%。

  Cumulative 列表示的是提取因子的累计方差贡献率，其中前两个因子的累计方差贡献率为 92.97%。

图 12.16 的下半部分说明的是模型的因子载荷矩阵以及变量的未被解释部分。

从图中可以看出：

- Variable 列表示的是变量名称。
- Factor1、Factor2、Factor3、Factor4、Facto5、Facto6、Factor7、Factor8 八列分别说明的是提取的 8 个主因子对各个变量的解释程度。
- 本例中，Factor1 主要解释的是“脸部保养收入”“眼部保养收入”“背部保养收入”“腹部保养收入”“胸部保养收入”“足部保养收入”“腿部保养收入”“臀部保养收入”“手部保养收入”的信息，可以概述为人工服务收入因子。

  Factor2 主要解释的是“仪器治疗收入”“化妆品销售收入”变量的信息，可以概述为非人工服务收入因子或其他收入因子。

  Uniqueness 列表示变量未被提取的主因子解释的部分，可以发现在舍弃其他主因子的情况下，信息的损失量是很小的。

图 12.17 展示的是对因子结构进行旋转的结果。经过学者们的研究表明，旋转操作有助于进一步简化因子结构。Stata 16.0 支持的旋转方式有两种：一种是最大方差正交旋转，一般适用于互相独立的因子或者成分，也是系统默认的情况；另一种是 Promax 斜交旋转，允许因子或者成分之间存在相关关系。此处我们选择系统默认方式，当然后面的操作也证明了这样做的恰当性。

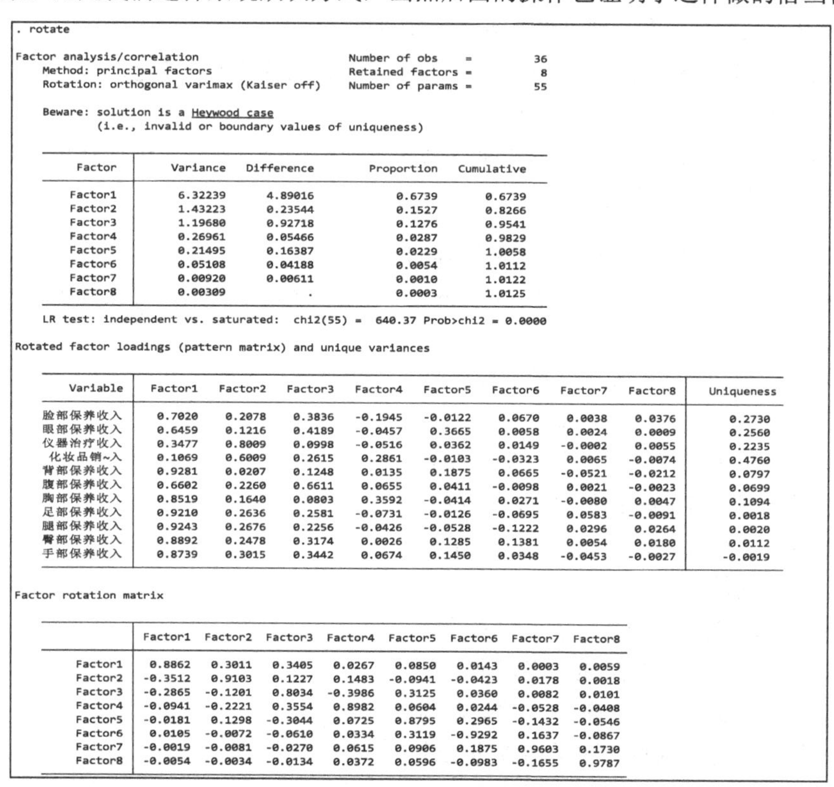
```
. rotate

Factor analysis/correlation                    Number of obs    =         36
    Method: principal factors                  Retained factors =          8
    Rotation: orthogonal varimax (Kaiser off)  Number of params =         55

    Beware: solution is a Heywood case
          (i.e., invalid or boundary values of uniqueness)
```

Factor	Variance	Difference	Proportion	Cumulative
Factor1	6.32239	4.89016	0.6739	0.6739
Factor2	1.43223	0.23544	0.1527	0.8266
Factor3	1.19680	0.92718	0.1276	0.9541
Factor4	0.26961	0.05466	0.0287	0.9829
Factor5	0.21495	0.16387	0.0229	1.0058
Factor6	0.05108	0.04188	0.0054	1.0112
Factor7	0.00920	0.00611	0.0010	1.0122
Factor8	0.00309	.	0.0003	1.0125

LR test: independent vs. saturated: chi2(55) = 640.37 Prob>chi2 = 0.0000

Rotated factor loadings (pattern matrix) and unique variances

Variable	Factor1	Factor2	Factor3	Factor4	Factor5	Factor6	Factor7	Factor8	Uniqueness
脸部保养收入	0.7020	0.2078	0.3836	-0.1945	-0.0122	0.0670	0.0038	0.0376	0.2730
眼部保养收入	0.6459	0.1216	0.4189	-0.0457	0.3665	0.0058	0.0024	0.0009	0.2560
仪器治疗收入	0.3477	0.8009	0.0998	-0.0516	0.0362	0.0149	-0.0002	0.0055	0.2235
化妆品销~入	0.1069	0.6009	0.2615	0.2861	-0.0103	-0.0323	0.0065	-0.0074	0.4760
背部保养收入	0.9281	0.0207	0.1248	0.0135	0.1875	0.0665	-0.0521	-0.0212	0.0797
腹部保养收入	0.6602	0.2260	0.6611	0.0655	0.0411	-0.0098	0.0021	-0.0023	0.0699
胸部保养收入	0.8519	0.1640	0.0803	0.3592	-0.0414	0.0271	-0.0080	0.0047	0.1094
足部保养收入	0.9210	0.2636	0.2581	-0.0731	-0.0126	-0.0695	0.0583	-0.0091	0.0018
腿部保养收入	0.9243	0.2676	0.2256	-0.0426	-0.0528	-0.1222	0.0296	0.0264	0.0020
臀部保养收入	0.8892	0.2478	0.3174	0.0026	0.1285	0.1381	0.0054	0.0180	0.0112
手部保养收入	0.8739	0.3015	0.3442	0.0674	0.1450	0.0348	-0.0453	-0.0027	-0.0019

Factor rotation matrix

	Factor1	Factor2	Factor3	Factor4	Factor5	Factor6	Factor7	Factor8
Factor1	0.8862	0.3011	0.3405	0.0267	0.0850	0.0143	0.0003	0.0059
Factor2	-0.3512	0.9103	0.1227	0.1483	-0.0941	-0.0423	0.0178	0.0018
Factor3	-0.2865	-0.1201	0.8034	-0.3986	0.3125	0.0360	0.0082	0.0101
Factor4	-0.0941	-0.2221	0.3554	0.8982	0.0604	0.0244	-0.0528	-0.0408
Factor5	-0.0181	0.1298	-0.3044	0.0725	0.8795	0.2965	-0.1432	-0.0546
Factor6	0.0105	-0.0072	-0.0610	0.0334	0.3119	-0.9292	0.1637	-0.0867
Factor7	-0.0019	-0.0081	-0.0270	0.0615	0.0906	0.1875	0.9603	0.1730
Factor8	-0.0054	-0.0034	-0.0134	0.0372	0.0596	-0.0983	-0.1655	0.9787

图 12.17 对因子结构进行旋转

图 12.17 包括 3 部分内容，第 1 部分说明的是因子旋转模型的一般情况。

从图中可以看出：

- 共有 36 个样本（Number of obs = 36）参与了分析。
- 提取保留的因子共有 8 个（Retained factors= 8）。
- 模型 LR 检验的卡方值（LR test: independent vs. saturated: chi2(55)）为 640.37。
- P 值（Prob>chi2）为 0.0000，模型非常显著。
- 最左列（Factor）说明的是因子名称，可以看出模型旋转后共提取了 8 个因子。

  Proportion 列表示的是提取因子的方差贡献率，其中第 1 个因子的方差贡献率为 67.39%，第 2 个因子的方差贡献率为 15.27%。

  Cumulative 列表示的是提取因子的累计方差贡献率，其中前两个因子的累计方差贡献率为 82.66%。

图 12.17 的第 2 部分说明的是模型的因子载荷矩阵以及变量的未被解释部分。

从图中可以看出：

- Variable 列表示的是变量名称。
- Factor1、Factor2 两列分别说明的是旋转提取的两个主因子对各个变量的解释程度。
- 本例中，Factor1 主要解释的是“脸部保养收入”“眼部保养收入”“背部保养收入”“腹部保养收入”“胸部保养收入”“足部保养收入”“腿部保养收入”“臀部保养收入”“手部保养收入”的信息，可以概述为人工服务收入因子。

  Factor2 主要解释的是“仪器治疗收入”“化妆品销售收入”变量的信息，可以概述为非人工服务收入因子或其他收入因子。

  Uniqueness 列表示变量未被提取的主因子解释的部分，可以发现在舍弃其他主因子的情况下，信息的损失量是很小的。

图 12.17 的第 3 部分展示的是因子旋转矩阵的一般情况。

图 12.18 展示的是因子旋转后的因子载荷图。因子载荷图可以使用户更加直观地看出各个变量被两个因子的解释情况。

与前面的分析相同，我们发现“脸部保养收入”“眼部保养收入”“背部保养收入”“腹部保养收入”“胸部保养收入”“足部保养收入”“腿部保养收入”“臀部保养收入”“手部保养收入”变量的信息主要被 Factor1 这一因子所解释，“仪器治疗收入”“化妆品销售收入”变量主要被 Factor2 这一因子所解释。

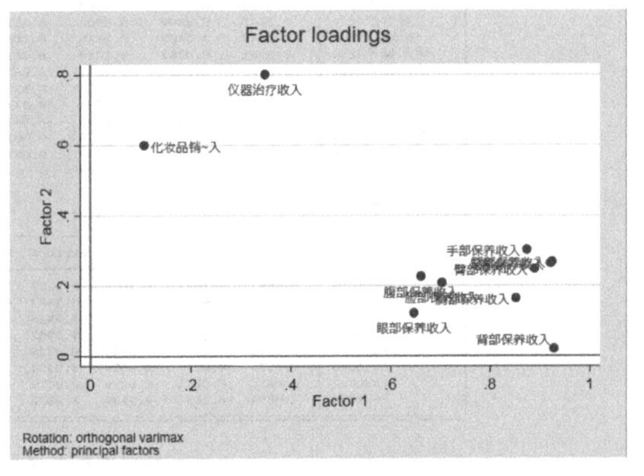

图 12.18　因子载荷图

图 12.19 展示的是因子分析后各个样本的因子得分情况。因子得分的概念是通过将每个变量标准化为平均数等于 0 以及方差等于 1，然后以因子分析系数进行加权合计为每个因子构成的线性情况。以因子的方差贡献率为权数对因子进行加权求和，即可得到每个样本的因子综合得分。

根据图 12.19 展示的因子得分系数矩阵，我们可以写出各公因子的表达式。值得一提的是，在表达式中各个变量已经不是原始变量，而是标准化变量。

```
. predict f1 f2
(option regression assumed; regression scoring)

Scoring coefficients (method = regression; based on varimax rotated factors)
```

Variable	Factor1	Factor2	Factor3	Factor4	Factor5	Factor6	Factor7	Factor8
脸部保养收入	-0.03431	-0.05717	0.12966	-0.28283	-0.15611	0.15544	0.03581	-0.11774
眼部保养收入	-0.08829	-0.20085	0.16627	-0.02022	0.21078	-0.37310	0.33338	0.08464
仪器治疗收入	-0.23728	0.50504	-0.06858	0.03695	-0.37749	-0.03703	0.23677	0.06657
化妆品销~入	-0.02262	0.22686	-0.04963	0.07639	0.07222	-0.01204	0.05067	-0.05477
背部保养收入	0.20347	-0.77809	-0.34481	0.01931	-0.10776	-0.15222	0.04822	-0.12051
腹部保养收入	-0.41840	-0.56823	1.39514	0.54547	-1.25456	-0.38777	0.41878	0.31352
胸部保养收入	0.00172	-0.29329	-0.08198	1.13898	-0.77629	-0.00567	0.80021	-0.51148
足部保养收入	-0.04598	0.32215	0.16475	-2.74520	1.70482	0.04264	6.51049	-9.61223
腿部保养收入	0.78179	-0.31165	-0.67548	1.17514	-3.11343	-2.01629	-4.74588	8.55730
臀部保养收入	0.38580	-0.18048	-0.13766	-0.10539	-0.82541	2.53530	-0.77067	3.46395
手部保养收入	0.23441	1.74041	-0.07859	0.40889	4.29330	0.11362	-2.58059	-2.01945

图 12.19 因子得分情况

以 F1、F2 为例，表达式如下：

F1=−0.03431*脸部保养收入−0.08829*眼部保养收入−0.23728*仪器治疗收入−0.02262*化妆品销售收入+0.20347*背部保养收入−0.41840*腹部保养收入+0.00172*胸部保养收入−0.04598*足部保养收入+0.78179*腿部保养收入+0.38580 *臀部保养收入+0.23441*手部保养收入

F2=−0.05717*脸部保养收入−0.20085*眼部保养收入+0.50504 *仪器治疗收入+0.22686*化妆品销售收入−0.77809*背部保养收入−0.56823*腹部保养收入−0.29329*胸部保养收入+0.32215*足部保养收入−0.31165 腿部保养收入−0.18048*臀部保养收入+1.74041*手部保养收入

选择"数据"|"数据编辑器"|"数据编辑器（浏览）"命令，进入数据查看界面，可以看到如图 12.20 所示的因子得分数据。

	化妆品销售收入	背部保养收入	腹部保养收入	胸部保养~入	足部保养收入	腿部保养收入	臀部保养收入	手部保养收入	f1	f2
1	1373.97	3681.28	3228.12	1593.43	35255.56	30664.89	28438.05	21281.42	1.058518	1.091847
2	1275.64	2454.38	1899.5	1615.57	26942	24292.6	24345.19	16561.77	.627987	.2106064
3	830.53	1335.98	1029.94	1402.45	19605.18	18289.95	13209.64	10568.49	-.5961458	-.9190282
4	1283.33	2079.8	1583.33	1171.82	18712.09	17257.67	15822.88	12105.64	-.6847321	-.7840121
5	1569.26	2477.74	1951.7	1729.92	26407.11	24630.17	22432.87	16901.9	.2494931	1.315884
6	1447.89	2428.25	2359.29	1364.94	23960.48	20541.23	22678.42	16961.44	-.5819262	1.381109
7	1128.17	2519.59	1741.83	1741.57	25222.88	21292.56	24870.08	16579.7	.3366814	.3848128
8	1309.88	1631.96	1793.02	1628.67	19709.91	17921.86	18352.9	14400.4	-.8879746	.9107575
9	1221.65	1848.01	1505.42	1252.31	19297.48	17556.83	18321.25	13939.52	-.9336382	1.240057
10	1005.54	4076.46	3363.25	2166.22	35738.51	31838.08	32575.05	23200.4	1.945443	-.0025923
11	1369.71	1949.63	3262.8	1518.4	31314.26	28311.63	23835.61	18156.34	.386252	.5661432
12	994.16	3909.61	2088.77	1853.18	33810.11	30034.99	29955.68	20218.98	1.822786	.39428
13	712.36	3091.11	3089.24	1629.11	34324.25	30166.36	27515.11	19420.13	1.036214	.2976847
14	750.3	1859.22	2043.47	1483	21125.1	19050.5	19508.37	14011.79	-.6200972	-.5964115
15	681.64	2497.13	2191.04	1538.51	25737.6	23245.98	22370.48	16323.26	.4030381	-.4979955
16	656.74	4074.86	2403.26	2063.63	33865.69	29253.14	30264.4	19960.67	1.990589	-.9943872
17	758.5	2327.81	1362.77	1355.03	19820.14	18276.1	17056.19	13899.13	-.3089257	-.1800826
18	1182.77	2645.78	1898.05	1666.28	27723.78	25321.06	21103.21	15973.32	.3890707	.2420427
19	1048.76	2584.23	1748.14	1639.71	27283.48	24998.13	22929.03	17531.05	.4916721	1.533427
20	1013.67	1591.47	1243.83	984.21	20929.96	19375.81	15234.6	12587.76	-.7400585	.9554785
21	903.61	1694.28	1480.81	1581.09	23168.61	20806.32	19350.29	14490.07	-.141508	.7350065
22	954.32	2608.76	2011.44	1610.22	23637.52	22284.4	19419.47	15769.5	.2689477	-.5167334
23	1358.61	3981.72	4611.35	1971.17	36295.59	30658.49	34622.71	25011.61	1.127503	.2875896
24	997.64	4506.65	2653.23	2561.43	35523.75	32380.86	29891.17	22806.54	2.315673	-.3968363
25	745.62	2575.17	1504.66	1177.11	20316.62	17740.72	17342.91	12866.65	-.0826036	-1.704386

图 12.20 数据查看界面

当然，也可以通过命令形式实现，分析结果如图 12.21 所示。

图 12.22 展示的是系统提取的两个主因子的相关系数矩阵。

```
. list 城市 f1 f2
```

	城市	f1	f2
1.	北京	1.058518	1.091847
2.	天津	.627987	.2106064
3.	石家庄	-.5961458	-.9190282
4.	太原	-.6847321	-.7840121
5.	呼和浩特	.2494931	1.315884
6.	沈阳	-.5819262	1.381109
7.	大连	.3366814	.3848128
8.	长春	-.8879746	.9107575
9.	哈尔滨	-.9336382	1.240057
10.	上海	1.945443	-.0025923
11.	南京	.386252	.5661432
12.	杭州	1.822786	.39428
13.	宁波	1.036214	.2976847
14.	合肥	-.6200972	-.5964115
15.	福州	.4030381	-.4979955
16.	厦门	1.990589	-.9943872
17.	南昌	-.3089257	-.1800826
18.	济南	.3890707	.2420427
19.	青岛	.4916721	1.533427
20.	郑州	-.7400585	.9554785
21.	武汉	-.141508	.7350065
22.	长沙	.2689477	-.5167334
23.	广州	1.127503	.2875896
24.	深圳	2.315673	-.3968363
25.	南宁	-.0826036	-1.704386
26.	海口	-.1210792	-2.274728
27.	重庆	-.7905493	1.191668
28.	成都	-.062358	-.4840215
29.	贵阳	-.788003	-1.088002
30.	昆明	-.6507235	-.2609416
31.	拉萨	-.8146785	.036622
32.	西安	-1.112785	.0115474
33.	兰州	-1.396275	-.3148097
34.	西宁	-1.138114	-.8901037
35.	银川	-.6698986	-.2238267
36.	乌鲁木齐	-1.327794	-.6576657

图 12.21 分析结果图

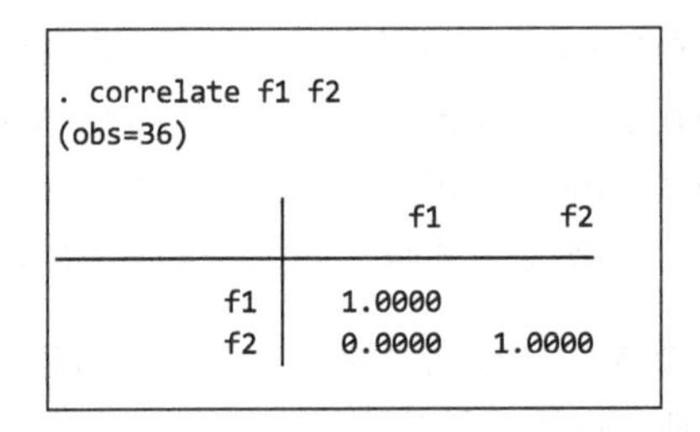

```
. correlate f1 f2
(obs=36)
```

	f1	f2
f1	1.0000	
f2	0.0000	1.0000

图 12.22 两个主因子的相关系数矩阵

从图 12.22 中可以看出，我们提取的两个主因子之间几乎没有任何相关关系，这也说明了我们在前面对因子进行旋转的操作环节中采用最大方差正交旋转方式是明智的。

图 12.23 展示的是每个样本的因子得分示意图。

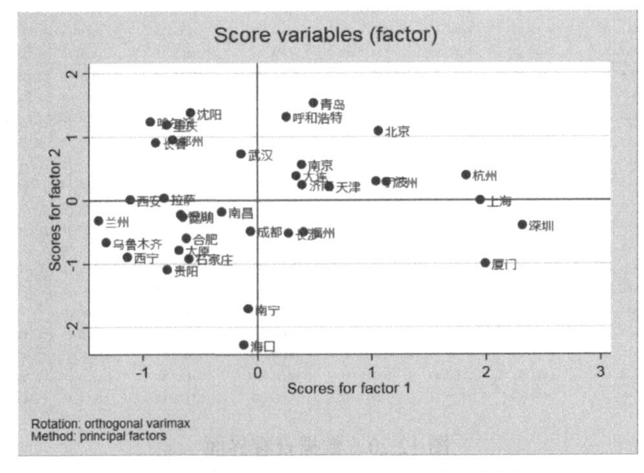

图 12.23 每个样本的因子得分示意图

从图 12.23 中可以看出，所有的样本被分到 4 个象限，位于第一象限的有青岛、呼和浩特、北京、南京、杭州、大连、宁波、广州、济南、天津，表示这 10 个城市门店的销售收入在“脸部保养收入”“眼部保养收入”“仪器治疗收入”“化妆品销售收入”“背部保养收入”“腹部保养收入”“胸部保养收入”“足部保养收入”“腿部保养收入”“臀部保养收入”“手部保养收入”方面都领先其他城市。

位于第二象限的有沈阳、哈尔滨、重庆、郑州、长春、武汉、拉萨、西安，表示这 8 个城市门店的销售收入在第一个公因子方面，也就是“脸部保养收入”“眼部保养收入”“背部保养收入”“腹部保养收入”“胸部保养收入”“足部保养收入”“腿部保养收入”“臀部保养收入”“手部保养收入”方面不如平均水平。

位于第三象限的有南昌、银川、昆明、兰州、成都、合肥、乌鲁木齐、太原、西宁、石家庄、贵阳、南宁、海口，表示这 13 个城市门店的销售收入在“脸部保养收入”“眼部保养收入”“仪器治疗收入”“化妆品销售收入”“背部保养收入”“腹部保养收入”“胸部保养收入”“足部保养收入”“腿部保养收入”“臀部保养收入”“手部保养收入”方面都落后于总体平均水平。

位于第四象限的有上海、深圳、福州、长沙、厦门，表示这 5 个城市门店的销售收入在第二个公因子方面，也就是“仪器治疗收入”“化妆品销售收入”方面不如平均水平。

如果图形上看不清楚或者有所失真，用户可参照 Stata 数据集中每个城市对应的 f1 和 f2 的值作出判断。

注意，此处得到的结论与主成分因子法有所差异，这是因为提取的因子是不一样的，虽然在载荷信息方面大致相同（比如第二个因子都是载荷“仪器治疗收入”“化妆品销售收入”的信息），但是毕竟在细微之处有所差异，造成了城市在象限分配之间的差异。

图 12.24 展示的是本例因子分析的 KMO 检验结果。

本例中总体（Overall）KMO 的取值为 0.8075，表明可以进行因子分析。各个变量的 KMO 值也大多在 0.7 以上，所以本例是比较适合进行因子分析的，模型的构建是有意义的。

图 12.25 展示的是本例因子分析所提取的各个因子的特征值碎石图。

```
. estat kmo

Kaiser-Meyer-Olkin measure of sampling adequacy
```

Variable	kmo
脸部保养收入	0.9546
眼部保养收入	0.8814
仪器治疗收入	0.6057
化妆品销~入	0.7672
背部保养收入	0.8516
腹部保养收入	0.7702
胸部保养收入	0.7956
足部保养收入	0.7996
腿部保养收入	0.7918
臀部保养收入	0.8370
手部保养收入	0.7844
Overall	0.8075

图 12.24　KMO 检验结果

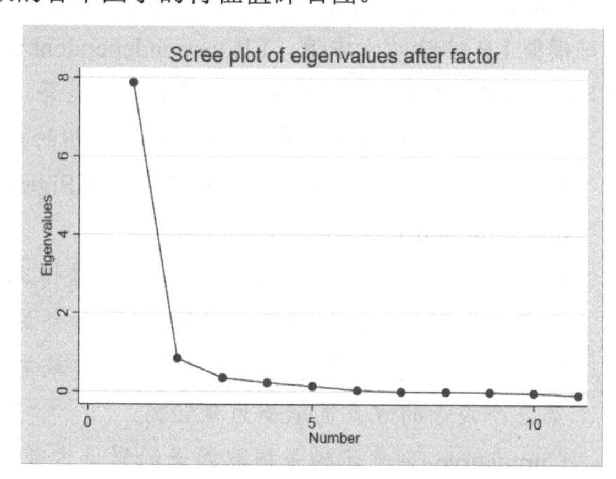

图 12.25　各个因子的特征值碎石图

通过碎石图可以非常直观地观测出提取因子的特征值的大小情况。图 12.25 的横轴表示的是系统提取因子的名称，并且已经按特征值大小进行降序排列，纵轴表示因子特征值的大小情况。从图 12.25 中可以轻松地看出本例中只有第一个因子的特征值是大于 1 的。

3. 迭代公因子方差的主因子法

图 12.26 展示的是因子分析的基本情况。

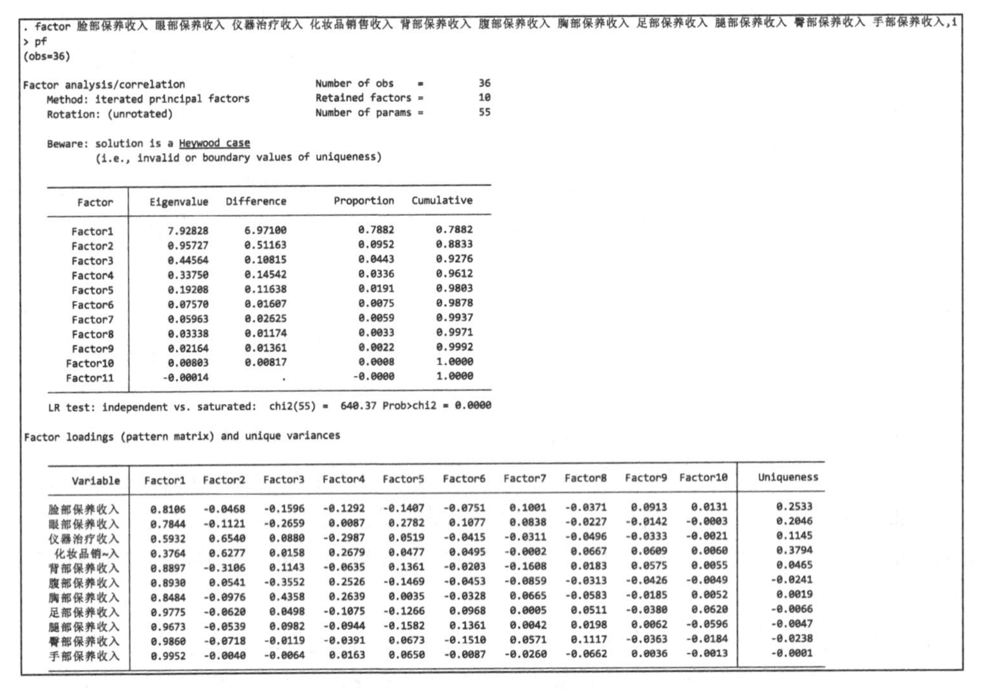

```
. factor 脸部保养收入 眼部保养收入 仪器治疗收入 化妆品销售收入 背部保养收入 腹部保养收入 胸部保养收入 足部保养收入 腿部保养收入 臀部保养收入 手部保养收入,i
> pf
(obs=36)

Factor analysis/correlation                    Number of obs    =        36
    Method: iterated principal factors         Retained factors =        10
    Rotation: (unrotated)                      Number of params =        55

    Beware: solution is a Heywood case
            (i.e., invalid or boundary values of uniqueness)
```

Factor	Eigenvalue	Difference	Proportion	Cumulative
Factor1	7.92828	6.97100	0.7882	0.7882
Factor2	0.95727	0.51163	0.0952	0.8833
Factor3	0.44564	0.10815	0.0443	0.9276
Factor4	0.33750	0.14542	0.0336	0.9612
Factor5	0.19208	0.11638	0.0191	0.9803
Factor6	0.07570	0.01607	0.0075	0.9878
Factor7	0.05963	0.02625	0.0059	0.9937
Factor8	0.03338	0.01174	0.0033	0.9971
Factor9	0.02164	0.01361	0.0022	0.9992
Factor10	0.00803	0.00817	0.0008	1.0000
Factor11	-0.00014	.	-0.0000	1.0000

LR test: independent vs. saturated: chi2(55) = 640.37 Prob>chi2 = 0.0000

Factor loadings (pattern matrix) and unique variances

Variable	Factor1	Factor2	Factor3	Factor4	Factor5	Factor6	Factor7	Factor8	Factor9	Factor10	Uniqueness
脸部保养收入	0.8106	-0.0468	-0.1596	-0.1292	-0.1407	-0.0751	0.1001	-0.0371	0.0913	0.0131	0.2533
眼部保养收入	0.7844	-0.1121	-0.2659	0.0087	0.2782	0.1077	0.0838	-0.0227	-0.0142	-0.0003	0.2046
仪器治疗收入	0.5932	0.6540	0.0880	-0.2987	0.0519	-0.0415	-0.0311	-0.0496	-0.0333	-0.0021	0.1145
化妆品销~入	0.3764	0.6277	0.0158	0.2679	0.0477	0.0495	-0.0002	0.0667	0.0609	0.0060	0.3794
背部保养收入	0.8897	-0.3106	0.1143	-0.0635	0.1361	-0.0203	-0.1608	0.0183	0.0575	0.0055	0.0465
腹部保养收入	0.8930	0.0541	-0.3552	0.2526	-0.1469	-0.0453	-0.0859	-0.0313	-0.0426	-0.0049	-0.0241
胸部保养收入	0.8484	-0.0976	0.4358	0.2639	0.0035	-0.0328	0.0665	-0.0583	-0.0185	0.0052	0.0019
足部保养收入	0.9775	-0.0620	0.0498	-0.1075	-0.1266	0.0968	0.0005	0.0511	-0.0380	0.0620	-0.0066
腿部保养收入	0.9673	-0.0539	0.0982	-0.0944	-0.1582	0.1361	0.0042	0.0198	0.0062	-0.0596	-0.0047
臀部保养收入	0.9860	-0.0718	-0.0119	-0.0391	0.0673	-0.1510	0.0571	0.1117	-0.0363	-0.0184	-0.0238
手部保养收入	0.9952	-0.0040	-0.0064	0.0163	0.0650	-0.0087	-0.0260	-0.0662	0.0036	-0.0013	-0.0001

图 12.26　因子分析的基本情况

图 12.26 的上半部分说明的是因子分析模型的一般情况。

从图中可以看出：

- 共有 36 个样本（Number of obs=36）参与了分析。
- 提取保留的因子共有 10 个（Retained factors=10）。
- 模型 LR 检验的卡方值（LR test: independent vs. saturated: chi2(55)）为 640.37。
- P 值（Prob>chi2）为 0.0000，模型非常显著。
- 图 12.26 的上半部分最左列（Factor）说明的是因子名称，可以看出模型共生成了 11 个因子，但由于只有前 10 个因子的特征值（Eigenvalue）是大于 0 的，因此只提取了前 10 个因子（Retained factors=10）。

  Eigenvalue 列表示的是提取因子的特征值情况，只有第一个因子的特征值是大于 1 的，其中第 1 个因子的特征值是 7.92828，第 2 个因子的特征值是 0.95727。

  Proportion 列表示的是提取因子的方差贡献率，其中第 1 个因子的方差贡献率为 78.82%，第 2 个因子的方差贡献率为 9.52%。

  Cumulative 列表示的是提取因子的累计方差贡献率，其中前两个因子的累计方差贡献率为 88.33%。

图 12.26 的下半部分说明的是模型的因子载荷矩阵以及变量的未被解释部分。

从图中可以看出：

- Variable 列表示的是变量名称。

- Factor1~Factor10 各列分别说明的是提取保留的各个主因子对各个变量的解释程度。
  本例中，Factor1 主要解释的是"脸部保养收入""眼部保养收入""背部保养收入""腹部保养收入""胸部保养收入""足部保养收入""腿部保养收入""臀部保养收入""手部保养收入"的信息，可以概述为人工服务收入因子。
  Factor2 主要解释的是"仪器治疗收入""化妆品销售收入"等变量的信息，可以概述为非人工服务收入因子或其他收入因子。
- Uniqueness 列表示变量未被提取的前两个主因子解释的部分，可以发现在舍弃其他主因子的情况下，信息的损失量是很小的。

图 12.27 展示的是对因子结构进行旋转的结果。

经过学者们的研究表明，旋转操作有助于进一步简化因子结构。Stata 16.0 支持的旋转方式有两种：一种是最大方差正交旋转，一般适用于互相独立的因子或者成分，也是系统默认的情况；另外一种是 Promax 斜交旋转，允许因子或者成分之间存在相关关系。此处我们选择系统默认方式，当然后面的操作也证明了这样做的恰当性。

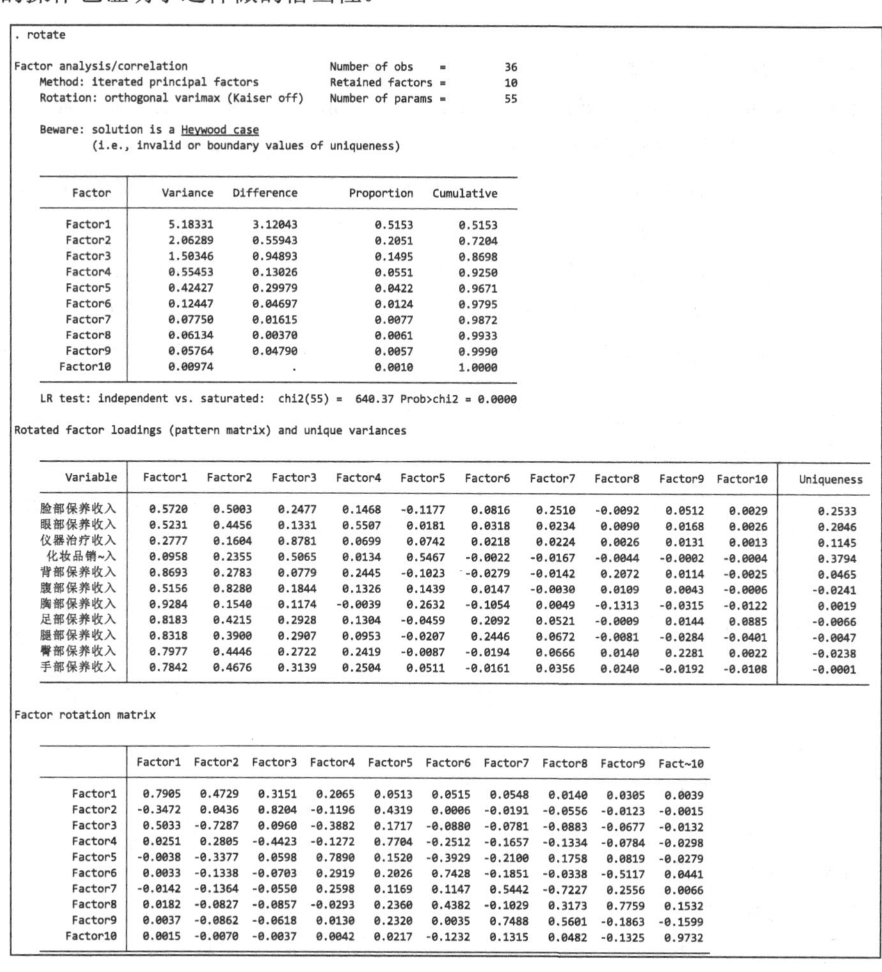

```
. rotate

Factor analysis/correlation                 Number of obs    =        36
    Method: iterated principal factors      Retained factors =        10
    Rotation: orthogonal varimax (Kaiser off)  Number of params =     55

    Beware: solution is a Heywood case
            (i.e., invalid or boundary values of uniqueness)
```

Factor	Variance	Difference	Proportion	Cumulative
Factor1	5.18331	3.12043	0.5153	0.5153
Factor2	2.06289	0.55943	0.2051	0.7204
Factor3	1.50346	0.94893	0.1495	0.8698
Factor4	0.55453	0.13026	0.0551	0.9250
Factor5	0.42427	0.29979	0.0422	0.9671
Factor6	0.12447	0.04697	0.0124	0.9795
Factor7	0.07750	0.01615	0.0077	0.9872
Factor8	0.06134	0.00370	0.0061	0.9933
Factor9	0.05764	0.04790	0.0057	0.9990
Factor10	0.00974	.	0.0010	1.0000

LR test: independent vs. saturated: chi2(55) = 640.37 Prob>chi2 = 0.0000

Rotated factor loadings (pattern matrix) and unique variances

Variable	Factor1	Factor2	Factor3	Factor4	Factor5	Factor6	Factor7	Factor8	Factor9	Factor10	Uniqueness
脸部保养收入	0.5720	0.5003	0.2477	0.1468	-0.1177	0.0816	0.2510	-0.0092	0.0512	0.0029	0.2533
眼部保养收入	0.5231	0.4456	0.1331	0.5507	0.0181	0.0318	0.0234	0.0090	0.0168	0.0026	0.2046
仪器治疗收入	0.2777	0.1604	0.8781	0.0699	0.0742	0.0218	0.0224	0.0026	0.0131	0.0013	0.1145
化妆品销~入	0.0958	0.2355	0.5065	0.0134	0.5467	-0.0022	-0.0167	-0.0044	-0.0002	-0.0004	0.3794
背部保养收入	0.8693	0.2783	0.0779	0.2445	-0.1023	-0.0279	-0.0142	0.2072	0.0114	-0.0025	0.0465
腹部保养收入	0.5156	0.8280	0.1844	0.1326	0.1439	0.0147	-0.0030	0.0109	0.0043	-0.0006	-0.0241
胸部保养收入	0.9284	0.1540	0.1174	-0.0039	0.2632	-0.1054	0.0049	-0.1313	-0.0315	-0.0122	0.0019
足部保养收入	0.8183	0.4215	0.2928	0.1304	-0.0459	0.2092	0.0521	-0.0009	0.0144	0.0885	-0.0066
腿部保养收入	0.8318	0.3900	0.2907	0.0953	-0.0207	0.2446	0.0672	-0.0081	-0.0284	-0.0401	-0.0047
臀部保养收入	0.7977	0.4446	0.2722	0.2419	-0.0087	-0.0194	0.0666	0.0140	0.2281	0.0022	-0.0238
手部保养收入	0.7842	0.4676	0.3139	0.2504	0.0511	-0.0161	0.0356	0.0240	-0.0192	-0.0108	-0.0001

Factor rotation matrix

	Factor1	Factor2	Factor3	Factor4	Factor5	Factor6	Factor7	Factor8	Factor9	Fact~10
Factor1	0.7905	0.4729	0.3151	0.2065	0.0513	0.0515	0.0548	0.0140	0.0305	0.0039
Factor2	-0.3472	0.0436	0.8204	-0.1196	0.4319	0.0006	-0.0191	-0.0556	-0.0123	-0.0015
Factor3	0.5033	-0.7287	0.0960	-0.3882	0.1717	-0.0880	-0.0781	-0.0883	-0.0677	-0.0132
Factor4	0.0251	0.2805	-0.4423	-0.1272	0.7704	-0.2512	-0.1657	-0.1334	-0.0784	-0.0298
Factor5	-0.0038	-0.3377	0.0598	0.7890	0.1520	-0.3929	-0.2100	0.1758	0.0819	-0.0279
Factor6	0.0033	-0.1338	-0.0703	0.2919	0.2026	0.7428	-0.1851	-0.0338	-0.5117	0.0441
Factor7	-0.0142	-0.1364	-0.0550	0.2598	0.1169	0.1147	0.5442	-0.7227	0.2556	0.0066
Factor8	0.0182	-0.0827	-0.0857	-0.0293	0.2360	0.4382	-0.1029	0.3173	0.7759	0.1532
Factor9	0.0037	-0.0862	-0.0618	0.0130	0.2320	0.0035	0.7488	0.5601	-0.1863	-0.1599
Factor10	0.0015	-0.0070	-0.0037	0.0042	0.0217	-0.1232	0.1315	0.0482	-0.1325	0.9732

图 12.27 对因子结构进行旋转

图 12.27 包括 3 部分内容。

第 1 部分说明的是因子旋转模型的一般情况。

从图中可以看出：

- 共有 36 个样本（Number of obs = 36）参与了分析。
- 提取保留的因子共有 10 个（Retained factors=10）。
- 模型 LR 检验的卡方值（LR test: independent vs. saturated: chi2(55)）为 640.37。
- P 值（Prob>chi2）为 0.0000，模型非常显著。
- 最左列（Factor）说明的是因子名称，可以看出模型旋转后共提取了 10 个因子。

  Proportion 列表示的是提取因子的方差贡献率，其中第 1 个因子的方差贡献率为 51.53%，第 2 个因子的方差贡献率为 20.51%，第 3 个因子的方差贡献率为 14.95%。

  Cumulative 列表示的是提取因子的累计方差贡献率，其中前三个因子的累计方差贡献率为 86.98%。

图 12.27 的第 2 部分说明的是模型的因子载荷矩阵以及变量的未被解释部分。

从图中可以看出：

- Variable 列表示的是变量名称。
- Factor1、Factor2、Factor3、Factor4、Factor5、Factor6、Factor7、Factor8、Factor9、Factor10 十列分别说明的是旋转提取的 10 个主因子对各个变量的解释程度。

  本例中，“脸部保养收入”“背部保养收入”“胸部保养收入”“足部保养收入”“腿部保养收入”“臀部保养收入”“手部保养收入”变量主要由 Factor1 解释。“眼部保养收入”变量主要由 Factor4 解释，“腹部保养收入”变量主要由 Factor2 解释，“仪器治疗收入”变量主要由 Factor3 解释，“化妆品销售收入”变量主要由 Factor5 解释。
- Uniqueness 列表示变量未被提取的主因子解释的部分，可以发现信息的损失量是很小的。

图 12.27 的第 3 部分展示的是因子旋转矩阵的一般情况。

图 12.28 展示的是因子旋转后的因子载荷图。因子载荷图可以使用户更加直观地看出各个变量被提取的因子的解释情况，本例中因为因子数比较多，所以只选了前 5 个因子绘制图像进行说明。

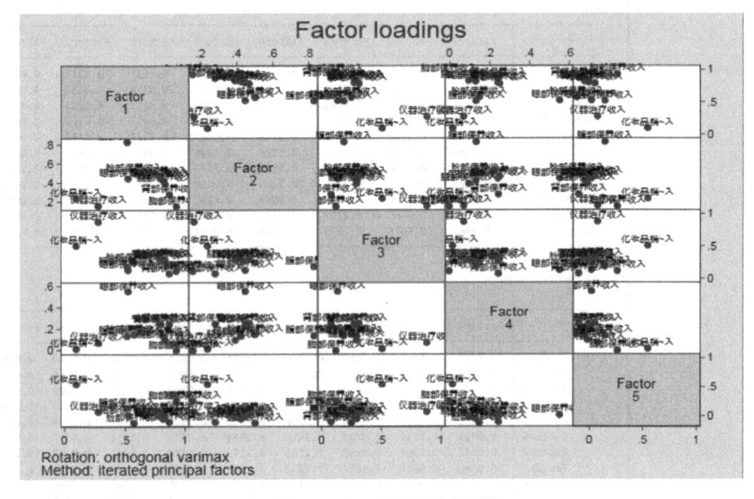

图 12.28 因子载荷图

与前面的分析相同，我们发现“脸部保养收入”“背部保养收入”“胸部保养收入”“足部保养收入”“腿部保养收入”“臀部保养收入”“手部保养收入”变量主要由 Factor1 解释，“眼部保养收入”变量主要由 Factor4 解释，“腹部保养收入”变量主要由 Factor2 解释，“仪器治疗收入”变量主要由 Factor3 解释，“化妆品销售收入”变量主要由 Factor5 解释。

图 12.29 展示的是因子分析后各个样本的因子得分情况。因子得分的概念是通过将每个变量标准化为平均数等于 0 以及方差等于 1，然后以因子分析系数进行加权合计为每个因子构成的线性情况。以因子的方差贡献率为权数对因子进行加权求和，即可得到每个样本的因子综合得分。

根据图 12.29 展示的因子得分系数矩阵，我们可以写出各公因子的表达式。值得一提的是，在表达式中各个变量已经不是原始变量，而是标准化变量。

```
. predict f1 f2
(option regression assumed; regression scoring)

Scoring coefficients (method = regression; based on varimax rotated factors)
```

Variable	Factor1	Factor2	Factor3	Factor4	Factor5	Factor6	Factor7	Factor8	Factor9	Factor10
脸部保养收入	-0.01564	0.04380	-0.00840	-0.08657	-0.13313	-0.19210	0.51329	-0.07404	-0.48773	0.56629
眼部保养收入	-0.05835	-0.00101	-0.23510	0.46703	0.32603	0.36891	-0.09094	-0.25208	0.02914	-0.10280
仪器治疗收入	-0.14996	0.14844	0.66410	-0.65127	0.16378	-0.13285	-0.31322	0.15443	0.21833	-0.20442
化妆品销~入	-0.03908	-0.14669	0.13666	0.14680	0.39641	0.20649	0.05113	0.23515	0.14232	0.17826
背部保养收入	0.25888	0.23009	-0.52575	-0.68237	-0.02905	-0.12082	-0.73273	1.75280	-0.18772	-0.25130
腹部保养收入	-0.45307	2.10725	-0.74840	-1.69144	0.86248	0.07166	-0.67508	0.29420	0.63549	-1.05891
胸部保养收入	0.63201	-0.14373	-0.52005	-1.14519	1.15144	-0.66748	-0.51043	-0.86205	-0.50947	1.89474
足部保养收入	0.28515	-0.33088	0.62843	0.68089	-1.75053	-0.71763	-4.37209	-1.40533	-9.27655	31.60021
腿部保养收入	0.21234	0.19330	-0.55740	-1.54361	1.04513	3.77673	3.85340	0.93013	7.87242	-2.8e+01
臀部保养收入	0.19087	-0.00025	-0.21709	-0.26978	-0.02019	0.06269	1.87490	-0.28370	9.21215	-9.40958
手部保养收入	-0.08021	-1.42459	1.78298	4.43921	-1.36093	-2.49938	0.25959	-0.25482	-7.38014	4.25001

图 12.29 因子得分情况

以 F1、F2 为例，表达式如下：

F1=-0.01564*脸部保养收入-0.05835*眼部保养收入-0.14996*仪器治疗收入-0.03908*化妆品销售收入+0.25888*背部保养收入-0.45307*腹部保养收入+0.63201*胸部保养收入+0.28515*足部保养收入+0.21234*腿部保养收入+0.19087*臀部保养收入-0.08021*手部保养收入

F2=0.04380*脸部保养收入-0.00101*眼部保养收入+0.14844*仪器治疗收入-0.14669*化妆品销售收入+0.23009*背部保养收入+2.10725*腹部保养收入-0.14373*胸部保养收入-0.33088*足部保养收入+0.19330*腿部保养收入-0.00025*臀部保养收入-1.42459*手部保养收入

选择“数据”|“数据编辑器”|“数据编辑器（浏览）”命令，进入数据查看界面，可以看到如图 12.30 所示的因子得分数据。

	化妆品销售收入	背部保养收入	腹部保养收入	胸部保养~入	足部保养收入	腿部保养收入	臀部保养收入	手部保养收入	f1	f2
1	1373.97	3681.28	3228.12	1593.43	35255.56	30664.89	28438.05	21281.42	.4269083	1.42307
2	1275.64	2454.38	1899.5	1615.57	26942	24292.6	24345.19	16561.77	.5651735	-.7102594
3	830.53	1335.98	1029.94	1402.45	19605.18	18289.95	13209.64	10568.49	-.0520373	-.7423463
4	1283.33	2079.8	1583.33	1171.82	18712.09	17257.67	15822.88	12105.64	-.6421441	.2055115
5	1569.26	2477.74	1951.7	1729.92	26407.11	24630.17	22432.87	16901.9	.4211643	-.6806715
6	1447.89	2428.25	2359.29	1364.94	23960.48	20541.23	22678.42	16961.44	-.6897218	.5682952
7	1128.17	2519.59	1741.83	1741.57	25222.88	21292.56	24870.08	16579.7	.7053825	-1.050101
8	1309.88	1631.96	1793.02	1628.67	19709.91	17921.86	18352.9	14400.4	-.3196203	-.2390411
9	1221.65	1848.01	1505.42	1252.31	19297.48	17556.83	18321.25	13939.52	-.8073145	-.4625577
10	1005.54	4076.46	3363.25	2166.22	35738.51	31838.08	32575.05	23200.4	1.760693	.974506
11	1369.71	1949.63	3262.8	1518.4	31314.26	28311.63	23835.61	18156.34	-.2259599	2.048875
12	994.16	3909.61	2088.77	1853.18	33810.11	30034.99	29955.68	20218.98	1.657106	-1.087548
13	712.36	3091.11	3089.24	1629.11	34324.25	30166.36	27515.11	19420.13	.570461	1.862187
14	760.3	1859.22	2043.47	1483	21125.1	19050.5	19508.37	14011.79	-.3205678	.9098426
15	681.64	2497.13	2191.04	1538.51	25737.6	23245.98	22370.48	16323.26	.3209423	.4727211
16	656.74	4074.86	2403.26	2063.63	33865.69	29253.14	30264.4	19960.67	2.132487	-.2488445
17	758.5	2327.81	1362.77	1355.03	19820.14	18276.1	17056.19	13899.13	-.0987663	-.6867452
18	1182.77	2645.78	1898.05	1666.28	27723.78	25321.06	21103.21	15973.32	.5788088	-.3152521
19	1048.76	2584.23	1748.14	1639.71	27283.48	24998.13	22929.03	17531.05	.5320353	-1.048503
20	1013.67	1591.47	1243.83	984.21	20929.96	19375.81	15234.6	12587.76	-.9687668	-.5803124
21	903.61	1694.28	1480.81	1581.09	23168.61	20806.32	19350.29	14490.07	.2064784	-.9349656
22	954.32	2608.76	2011.44	1610.22	23637.52	22284.4	19419.47	15769.5	.3805301	.0288257
23	1358.61	3981.72	4611.35	1971.17	36295.59	30658.49	34622.71	25011.61	.5436611	3.342511
24	997.64	4506.65	2653.23	2561.43	35523.75	32380.86	29891.17	22806.54	2.853392	-.8016161
25	745.62	2575.17	1504.66	1177.11	20316.62	17740.72	17342.91	12866.65	-.1261682	-.1005153

图 12.30 数据查看界面

. list 城市 f1 f2

	城市	f1	f2
1.	北京	.4269083	1.42307
2.	天津	.5651735	-.7102594
3.	石家庄	-.0520373	-.7423463
4.	太原	-.6421441	.2055115
5.	呼和浩特	.4211643	-.6806715
6.	沈阳	-.6897218	.5682952
7.	大连	.7053825	-1.050101
8.	长春	-.3195203	-.2390411
9.	哈尔滨	-.8073145	-.4525577
10.	上海	1.760693	.974506
11.	南京	-.2259599	2.048875
12.	杭州	1.657106	-1.087548
13.	宁波	.570461	1.852187
14.	合肥	-.3205678	.9098426
15.	福州	.3209423	.4727211
16.	厦门	2.132487	-.2488445
17.	南昌	-.0987653	-.6867452
18.	济南	.5783088	-.3152521
19.	青岛	.5320353	-1.048503
20.	郑州	-.9687668	-.5803124
21.	武汉	.2064784	-.9349656
22.	长沙	.3805301	.0288257
23.	广州	.5436611	3.342511
24.	深圳	2.853392	-.8016161
25.	南宁	-.1261682	-.1005153
26.	海口	.2351513	-.9968342
27.	重庆	-.7233652	-.5157449
28.	成都	-.5465392	.5667797
29.	贵阳	-.9804118	.7784919
30.	昆明	-.5975419	-.6072926
31.	拉萨	-1.164077	-1.598437
32.	西安	-.954745	.9026921
33.	兰州	-1.411834	-.1542535
34.	西宁	-1.186432	-.6465735
35.	银川	-.4349796	-.1829591
36.	乌鲁木齐	-1.638983	.3070664

图 12.31 分析结果图

当然，也可以通过命令形式实现，分析结果如图 12.31 所示。

图 12.32 展示的是系统提取的两个主因子的相关系数矩阵。

从图 12.32 中可以看出，我们提取的两个主因子之间几乎没有任何相关关系，这也说明了我们在前面对因子进行旋转的操作环节中采用最大方差正交旋转方式是明智的。

图 12.33 展示的是每个样本的因子得分示意图。

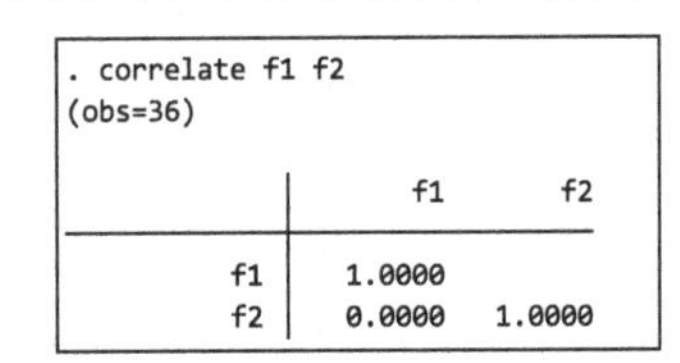

. correlate f1 f2
(obs=36)

	f1	f2
f1	1.0000	
f2	0.0000	1.0000

图 12.32 两个主因子的相关系数矩阵

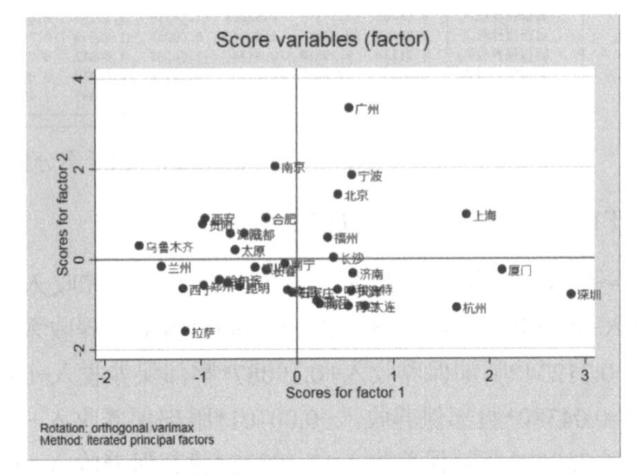

图 12.33 每个样本的因子得分示意图

从图 12.33 中可以看出，如果仅考虑提取的前两个公因子，那么所有的样本被分到 4 个象限，对该结果的解读与前面类似，限于篇幅不再赘述。

如果图形上看不清楚或者有所失真，用户可参照 Stata 数据集中每个城市对应的 f1 和 f2 的值作出判断。

图 12.34 展示的是本例因子分析的 KMO 检验结果。

. estat kmo

Kaiser-Meyer-Olkin measure of sampling adequacy

Variable	kmo
脸部保养收入	0.9546
眼部保养收入	0.8814
仪器治疗收入	0.6057
化妆品销~入	0.7672
背部保养收入	0.8516
腹部保养收入	0.7702
胸部保养收入	0.7956
足部保养收入	0.7996
腿部保养收入	0.7918
臀部保养收入	0.8370
手部保养收入	0.7844
Overall	0.8075

图 12.34 KMO 检验结果

本例中总体(Overall)KMO的取值为0.8075，表明可以进行因子分析。各个变量的 KMO 值也大多在 0.7 以上，所以本例是比较适合进行因子分析的，模型的构建是有意义的。

图 12.35 展示的是本例因子分析所提取的各个因子的特征值碎石图。

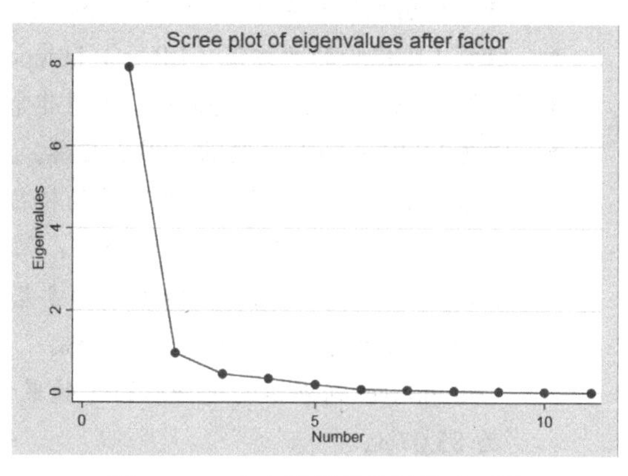

图 12.35　各个因子的特征值碎石图

通过碎石图可以非常直观地观测出提取因子的特征值的大小情况。图 12.35 的横轴表示的是系统提取因子的名称，并且已经按特征值大小进行降序排列，纵轴表示因子特征值的大小情况。从图 12.35 中可以轻松地看出本例中只有第一个因子的特征值是大于 1 的。

4. 最大似然因子法

图 12.36 展示的是因子分析的基本情况。

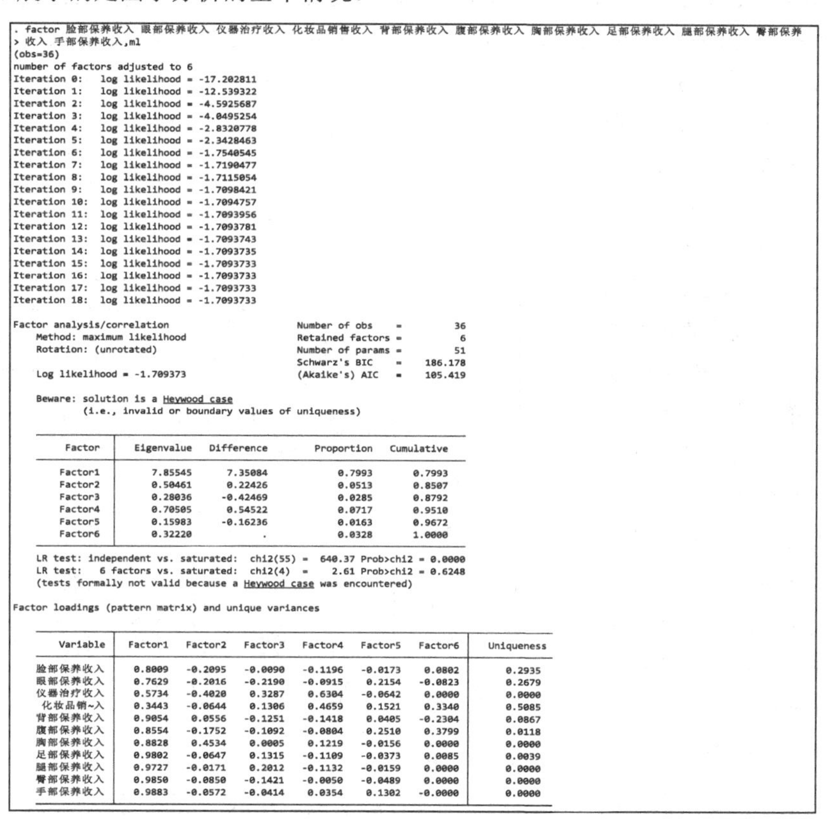

```
. factor 脸部保养收入 眼部保养收入 仪器治疗收入 化妆品销售收入 背部保养收入 腹部保养收入 胸部保养收入 足部保养收入 腿部保养收入 臀部保养
> 收入 手部保养收入,ml
(obs=36)
number of factors adjusted to 6
Iteration 0:   log likelihood = -17.202811
Iteration 1:   log likelihood = -12.539322
Iteration 2:   log likelihood = -4.5925687
Iteration 3:   log likelihood = -4.0495254
Iteration 4:   log likelihood = -2.8320778
Iteration 5:   log likelihood = -2.3428463
Iteration 6:   log likelihood = -1.7540545
Iteration 7:   log likelihood = -1.7190477
Iteration 8:   log likelihood = -1.7115054
Iteration 9:   log likelihood = -1.7098421
Iteration 10:  log likelihood = -1.7094757
Iteration 11:  log likelihood = -1.7093956
Iteration 12:  log likelihood = -1.7093781
Iteration 13:  log likelihood = -1.7093743
Iteration 14:  log likelihood = -1.7093735
Iteration 15:  log likelihood = -1.7093733
Iteration 16:  log likelihood = -1.7093733
Iteration 17:  log likelihood = -1.7093733
Iteration 18:  log likelihood = -1.7093733

Factor analysis/correlation                        Number of obs    =        36
    Method: maximum likelihood                     Retained factors =         6
    Rotation: (unrotated)                          Number of params =        51
                                                   Schwarz's BIC    =   186.178
    Log likelihood = -1.709373                     (Akaike's) AIC   =   105.419

    Beware: solution is a Heywood case
            (i.e., invalid or boundary values of uniqueness)

    --------------------------------------------------------------------------
         Factor  |   Eigenvalue   Difference        Proportion   Cumulative
    -------------+------------------------------------------------------------
        Factor1  |      7.85545      7.35084            0.7993       0.7993
        Factor2  |      0.50461      0.22426            0.0513       0.8507
        Factor3  |      0.28036     -0.42469            0.0285       0.8792
        Factor4  |      0.70505      0.54522            0.0717       0.9510
        Factor5  |      0.15983     -0.16236            0.0163       0.9672
        Factor6  |      0.32220            .            0.0328       1.0000
    --------------------------------------------------------------------------
    LR test: independent vs. saturated:  chi2(55) =  640.37 Prob>chi2 = 0.0000
    LR test:   6 factors vs. saturated:  chi2(4)  =    2.61 Prob>chi2 = 0.6248
    (tests formally not valid because a Heywood case was encountered)

Factor loadings (pattern matrix) and unique variances

    ---------------------------------------------------------------------------------------------
        Variable |  Factor1   Factor2   Factor3   Factor4   Factor5   Factor6 |   Uniqueness
    -------------+------------------------------------------------------------+----------------
    脸部保养收入 |   0.8009   -0.2095   -0.0090   -0.1196   -0.0173    0.0802 |      0.2935
    眼部保养收入 |   0.7629   -0.2016   -0.2190   -0.0915    0.2154   -0.0823 |      0.2679
    仪器治疗收入 |   0.5734   -0.4020    0.3287    0.6304   -0.0642    0.0000 |      0.0000
     化妆品销~入 |   0.3443   -0.0644    0.1306    0.4659    0.1521    0.3340 |      0.5085
    背部保养收入 |   0.9054    0.0556   -0.1251   -0.1418    0.0405   -0.2304 |      0.0867
    腹部保养收入 |   0.8554   -0.1752   -0.1092   -0.0804    0.2510    0.3799 |      0.0118
    胸部保养收入 |   0.8828    0.4534    0.0005    0.1219   -0.0156    0.0000 |      0.0000
    足部保养收入 |   0.9802   -0.0647    0.1315   -0.1109   -0.0373    0.0085 |      0.0039
    腿部保养收入 |   0.9727   -0.0171    0.2012   -0.1132   -0.0159    0.0000 |      0.0000
    臀部保养收入 |   0.9850   -0.0850   -0.1421   -0.0050   -0.0489    0.0000 |      0.0000
    手部保养收入 |   0.9883   -0.0572   -0.0414    0.0354    0.1302   -0.0000 |      0.0000
    ---------------------------------------------------------------------------------------------
```

图 12.36　因子分析的基本情况

图 12.36 的上半部分说明的是因子分析模型的一般情况。

从图中可以看出：

- 经过 18 次迭代计算后，共有 36 个样本（Number of obs=36）参与了分析。

- 提取保留的因子共有 6 个（Retained factors=6）。
- 模型 LR 检验的卡方值（LR test: independent vs. saturated: chi2(55)）为 640.37。
- P 值（Prob>chi2）为 0.0000，模型非常显著。
- 最左列（Factor）说明的是因子名称，可以看出模型共提取了 6 个因子。

  Eigenvalue 列表示的是提取因子的特征值情况，只有第一个因子的特征值是大于 1 的，其中第 1 个因子的特征值是 7.85545，第 2 个因子的特征值是 0.50461。

  Proportion 列表示的是提取因子的方差贡献率，其中第 1 个因子的方差贡献率为 79.93%，第 2 个因子的方差贡献率为 5.13%。

  Cumulative 列表示的是提取因子的累计方差贡献率，其中前两个因子的累计方差贡献率为 85.07%。

图 12.36 的下半部分说明的是模型的因子载荷矩阵以及变量的未被解释部分。

从图中可以看出：

- 其中，Variable 列表示的是变量名称。
- Factor1、Factor2、Factor3、Factor4、Factor5、Factor6 六列分别说明的是提取的 6 个主因子对各个变量的解释程度。本例中，Factor1 主要解释的是“脸部保养收入”“眼部保养收入”“背部保养收入”“腹部保养收入”“胸部保养收入”“足部保养收入”“腿部保养收入”“臀部保养收入”“手部保养收入”的信息，可以概述为人工服务收入因子，Factor4 主要解释的是“仪器治疗收入”“化妆品销售收入”变量的信息，可以概述为非人工服务收入因子或其他收入因子。
- Uniqueness 列表示变量未被提取的主因子解释的部分，可以发现信息的损失量是很小的。

图 12.37 展示的是对因子结构进行旋转的结果。经过学者们的研究表明，旋转操作有助于进一步简化因子结构。Stata 16.0 支持的旋转方式有两种：一种是最

```
. rotate

Factor analysis/correlation                   Number of obs    =         36
    Method: maximum likelihood                Retained factors =          6
    Rotation: orthogonal varimax (Kaiser off) Number of params =         51
                                              Schwarz's BIC    =    186.178
    Log likelihood = -1.709373                (Akaike's) AIC   =    105.419

    Beware: solution is a Heywood case
            (i.e., invalid or boundary values of uniqueness)

    ------------------------------------------------------------------
         Factor |   Variance   Difference        Proportion   Cumulative
    ------------+-----------------------------------------------------
        Factor1 |    6.24234      4.63774            0.6352       0.6352
        Factor2 |    1.60460      0.58690            0.1633       0.7985
        Factor3 |    1.01770      0.30323            0.1036       0.9020
        Factor4 |    0.71447      0.51646            0.0727       0.9747
        Factor5 |    0.19801      0.14762            0.0201       0.9949
        Factor6 |    0.05039            .            0.0051       1.0000
    ------------------------------------------------------------------
    LR test: independent vs. saturated:  chi2(55) =  640.37 Prob>chi2 = 0.0000
    LR test:   6 factors vs. saturated:  chi2(4)  =    2.61 Prob>chi2 = 0.6248
    (tests formally not valid because a Heywood case was encountered)

Rotated factor loadings (pattern matrix) and unique variances

    -----------------------------------------------------------------------------------
        Variable |  Factor1   Factor2   Factor3   Factor4   Factor5   Factor6 | Uniqueness
    -------------+------------------------------------------------------------+-----------
    脸部保养收入 |   0.7548    0.2256    0.2830   -0.0122   -0.0238    0.0715 |     0.2935
    眼部保养收入 |   0.7249    0.1311    0.2995   -0.0103    0.3148    0.0244 |     0.2679
    仪器治疗收入 |   0.3023    0.9472    0.0876    0.0573    0.0183    0.0090 |     0.0000
     化妆品销~入 |   0.0484    0.5138    0.3866    0.2728   -0.0155   -0.0328 |     0.5085
    背部保养收入 |   0.9074    0.0726    0.0601    0.1989    0.2028    0.0193 |     0.0867
    腹部保养收入 |   0.6961    0.1925    0.6752    0.0964    0.0340    0.0091 |     0.0118
    胸部保养收入 |   0.7226    0.1439    0.0985    0.6689    0.0066    0.0046 |     0.0000
    足部保养收入 |   0.9228    0.2757    0.1955    0.1467   -0.0886   -0.0318 |     0.0039
    腿部保养收入 |   0.9147    0.2761    0.1717    0.1812   -0.1205   -0.1016 |     0.0000
    臀部保养收入 |   0.8907    0.2608    0.2485    0.1853    0.1044    0.1778 |     0.0000
    手部保养收入 |   0.8614    0.3034    0.3035    0.2271    0.1490   -0.0098 |     0.0000
    -----------------------------------------------------------------------------------

Factor rotation matrix

    --------------------------------------------------------------
                 | Factor1  Factor2  Factor3  Factor4  Factor5  Factor6
    -------------+------------------------------------------------
         Factor1 |  0.8940   0.2823   0.2252   0.2595   0.0384   0.0393
         Factor2 | -0.0492  -0.4387  -0.1982   0.8567  -0.1172  -0.1350
         Factor3 |  0.0019   0.3879  -0.2296  -0.0405  -0.5929  -0.6661
         Factor4 | -0.3750   0.7548  -0.0249   0.4246   0.2830   0.1693
         Factor5 | -0.0894  -0.0877   0.4680   0.0227   0.5360  -0.6910
         Factor6 | -0.2231  -0.0021   0.7985   0.1278  -0.5156   0.1741
    --------------------------------------------------------------
```

图 12.37 对因子结构进行旋转

大方差正交旋转，一般适用于互相独立的因子或者成分，也是系统默认的情况；另一种是 Promax 斜交旋转，允许因子或者成分之间存在相关关系。此处我们选择系统默认的方式，当然后面的操作也证明了这样做的恰当性。

图 12.37 包括 3 部分内容。

第 1 部分说明的是因子旋转模型的一般情况。

从图中可以看出：

- 共有 36 个样本（Number of obs = 36）参与了分析。
- 提取保留的因子共有 6 个（Retained factors= 6）。
- 模型 LR 检验的卡方值（LR test: independent vs. saturated: chi2(55)）为 640.37。
- P 值（Prob>chi2）为 0.0000，模型非常显著。
- 最左列（Factor）说明的是因子名称，可以看出模型旋转后共提取了 6 个因子。
  Proportion 列表示的是提取因子的方差贡献率，其中第 1 个因子的方差贡献率为 63.52%，第 2 个因子的方差贡献率为 16.33%。
  Cumulative 列表示的是提取因子的累计方差贡献率，其中前两个因子的累计方差贡献率为 79.85%。

图 12.37 的第 2 部分说明的是模型的因子载荷矩阵以及变量的未被解释部分。

从图中可以看出：

- Variable 列表示的是变量名称。
- Factor1~Factor6 各列分别说明的是提取保留的各个主因子对各个变量的解释程度。
- 本例中，Factor1 主要解释的是“脸部保养收入”“眼部保养收入”“背部保养收入”“腹部保养收入”“胸部保养收入”“足部保养收入”“腿部保养收入”“臀部保养收入”“手部保养收入”的信息，可以概述为人工服务收入因子，Factor2 主要解释的是“仪器治疗收入”“化妆品销售收入”变量的信息，可以概述为非人工服务收入因子或其他收入因子。
- Uniqueness 列表示变量未被提取的主因子解释的部分，可以发现信息的损失量是很小的。

图 12.37 的第 3 部分展示的是因子旋转矩阵的一般情况。

图 12.38 展示的是因子旋转后的因子载荷图。因子载荷图可以使用户更加直观地看出各个变量被两个因子解释的情况。

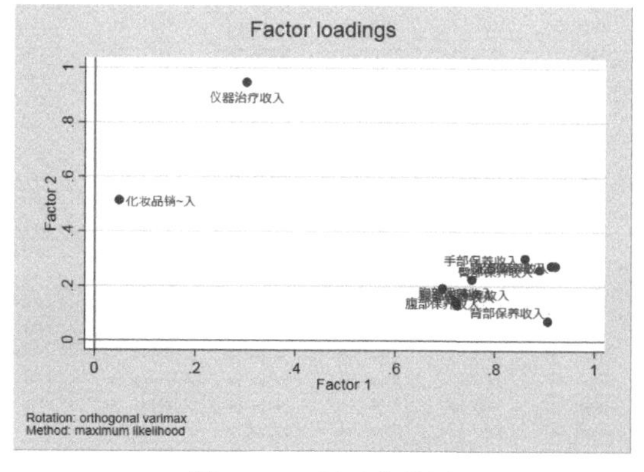

图 12.38　因子载荷图

与前面的分析相同，我们发现“脸部保养收入”“眼部保养收入”“背部保养收入”“腹部保养收入”“胸部保养收入”“足部保养收入”“腿部保养收入”“臀部保养收入”“手部保养收入”变量主要被 Factor1 这一因子所解释，“仪器治疗收入”“化妆品销售收入”变量主要被 Factor2 这一因子所解释。

图 12.39 展示的是因子分析后各个样本的因子得分情况。因子得分的概念是通过将每个变量标准化为平均数等于 0 以及方差等于 1，然后以因子分析系数进行加权合计为每个因子构成的线性情况。以因子的方差贡献率为权数对因子进行加权求和，即可得到每个样本的因子综合得分。

根据图 12.39 展示的因子得分系数矩阵，我们可以写出各公因子的表达式。值得一提的是，在表达式中各个变量已经不是原始变量，而是标准化变量。

```
. predict f1 f2
(option regression assumed; regression scoring)

Scoring coefficients (method = regression; based on varimax rotated factors)

    Variable    Factor1   Factor2   Factor3   Factor4   Factor5   Factor6

  脸部保养收入   -0.00431  -0.00004   0.01550   0.00248  -0.01000   0.00338
  眼部保养收入    0.00480   0.00003  -0.01745  -0.00279   0.01123  -0.00380
  仪器治疗收入   -0.39928   1.17662  -0.01138   0.18080  -0.32210   0.28988
  化妆品销~入   -0.01034  -0.00008   0.03725   0.00596  -0.02401   0.00811
  背部保养收入    0.04186   0.00033  -0.15074  -0.02412   0.09719  -0.03283
  腹部保养收入   -0.50877  -0.00489   1.81877   0.29111  -1.17468   0.39668
  胸部保养收入   -0.46436   0.02380   0.14394   1.97367  -0.63951   0.40797
  足部保养收入   -0.03405  -0.00024   0.12333   0.01971  -0.07943   0.02683
  腿部保养收入    0.98020  -0.12655  -0.77856  -0.88359  -2.55925  -1.21530
  臀部保养收入    0.64371  -0.14062  -0.56310  -0.60388  -1.06230   4.64440
  手部保养收入    0.38388  -0.14931  -0.13718  -0.38518   5.38871  -4.26778
```

图 12.39　因子得分情况

以 F1、F2 为例，表达式如下：

F1=-0.00431*脸部保养收入+0.00480*眼部保养收入-0.39928*仪器治疗收入-0.01034*化妆品销售收入+0.04186*背部保养收入-0.50877*腹部保养收入-0.46436*胸部保养收入-0.03405*足部保养收入+0.98020 *腿部保养收入+ 0.64371*臀部保养收入+0.38388*手部保养收入

F2=-0.00004*脸部保养收入+0.00003 眼部保养收入+1.17662*仪器治疗收入-0.00008*化妆品销售收入+0.00033 *背部保养收入-0.00489*腹部保养收入+0.02380*胸部保养收入-0.00024*足部保养收入-0.12655*腿部保养收入-0.14062*臀部保养收入-0.14931*手部保养收入

选择“数据”|“数据编辑器”|“数据编辑器（浏览）”命令，进入数据查看界面，可以看到如图 12.40 所示的因子得分数据。

	化妆品销售收入	背部保养收入	腹部保养收入	胸部保养~入	足部保养收入	腿部保养收入	臀部保养收入	手部保养收入	f1	f2
1	1373.97	3681.28	3228.12	1593.43	35255.56	30664.89	28438.05	21281.42	1.339074	1.349364
2	1275.64	2454.38	1899.5	1615.57	26942	24292.6	24345.19	16561.77	.8134363	-.3679628
3	830.53	1335.98	1029.94	1402.45	19605.18	18289.95	13209.64	10568.49	-.8977827	-.953892
4	1283.33	2079.8	1583.33	1171.82	18712.09	17257.67	15822.88	12105.64	-.7379397	-.9351143
5	1569.26	2477.74	1951.7	1729.92	26407.11	24630.17	22432.87	16901.9	-.0438237	1.330322
6	1447.89	2428.25	2359.29	1364.94	23960.48	20541.23	22678.42	16961.44	-.622491	1.594409
7	1128.17	2519.59	1741.83	1741.57	25222.88	21292.56	24870.08	16579.7	.1894139	.0500741
8	1309.88	1631.96	1793.02	1628.67	19709.91	17921.86	18352.9	14400.4	-1.434928	.8300107
9	1221.65	1848.01	1505.42	1252.31	19297.48	17556.83	18321.25	13939.52	-1.183301	1.623715
10	1005.54	4076.46	3363.25	2166.22	35738.51	31838.08	32575.05	23200.4	1.967741	-.2409604
11	1369.71	1949.63	3262.8	1518.4	31314.26	28311.63	23835.61	18156.34	.8253547	-.5114865
12	994.16	3909.61	2088.77	1853.18	33810.11	30034.99	29955.68	20218.98	1.936443	.8448211
13	712.36	3091.11	3089.24	1629.11	34324.25	30166.36	27515.11	19420.13	1.187861	.9327278
14	750.3	1859.22	2043.47	1483	21125.1	19050.5	19508.37	14011.79	-.7983042	-.155593
15	681.64	2497.13	2191.04	1538.51	25737.6	23245.98	22370.48	16323.26	.4409974	-.6663064
16	656.74	4074.86	2403.26	2063.63	33865.69	29253.14	30264.4	19960.67	1.894637	-.6412667
17	758.5	2327.81	1362.77	1355.03	19820.14	18276.1	17056.19	13899.13	-.6052316	-.0993331
18	1182.77	2645.78	1898.05	1666.28	27723.78	25321.06	21103.21	15973.32	.1755472	.7430436
19	1048.76	2584.23	1748.14	1639.71	27283.48	24998.13	22929.03	17531.05	.2642124	1.641906
20	1013.67	1591.47	1243.83	984.21	20929.96	19375.81	15234.6	12587.76	-.6893583	1.133179
21	903.61	1694.28	1480.81	1581.09	23168.61	20806.32	19350.29	14490.07	-.4562039	.4518724
22	954.32	2608.76	2011.44	1610.22	23637.52	22284.4	19419.47	15769.5	.0229384	-.8303763
23	1358.61	3981.72	4611.35	1971.17	36295.59	30658.49	34622.71	25011.61	1.503419	-.0645726
24	997.64	4506.65	2653.23	2561.43	35523.75	32380.86	29891.17	22806.54	1.789029	-.2881946
25	745.62	2576.17	1504.66	1177.11	20316.62	17740.72	17342.91	12866.65	.0181553	-2.010298

图 12.40　数据查看界面

. list 城市 f1 f2

	城市	f1	f2
1.	北京	1.339074	1.349364
2.	天津	.8134363	-.3679628
3.	石家庄	-.8977827	-.953892
4.	太原	-.7379397	-.9351143
5.	呼和浩特	-.0438237	1.330322
6.	沈阳	-.622491	1.594409
7.	大连	.1894139	.0500741
8.	长春	-1.434928	.8300107
9.	哈尔滨	-1.183301	1.623715
10.	上海	1.967741	-.2409604
11.	南京	.8253547	-.5114865
12.	杭州	1.936443	.8448211
13.	宁波	1.187861	.9327278
14.	合肥	-.7983042	-.155593
15.	福州	.4409974	-.6663064
16.	厦门	1.894637	-.6412667
17.	南昌	-.6052316	-.0993331
18.	济南	.1755472	.7430435
19.	青岛	.2642124	1.641906
20.	郑州	-.6893583	1.133179
21.	武汉	-.4562039	.4518724
22.	长沙	.0229384	-.8303763
23.	广州	1.503419	-.0645726
24.	深圳	1.789029	-.2881945
25.	南宁	.0181553	-2.010298
26.	海口	-.0998373	-2.760873
27.	重庆	-.7908331	1.004062
28.	成都	.3090856	-.4482046
29.	贵阳	-.5602278	-.6667561
30.	昆明	-.6097111	-.074995
31.	拉萨	-.2368271	.1943863
32.	西安	-1.102752	.0613202
33.	兰州	-1.249498	-.6324759
34.	西宁	-.8407359	-1.223082
35.	银川	-.7931672	.0173544
36.	乌鲁木齐	-.924392	-.2308231

图 12.41　分析结果图

当然，也可以通过命令形式实现，分析结果如图 12.41 所示。

图 12.42 展示的是系统提取的两个主因子的相关系数矩阵。

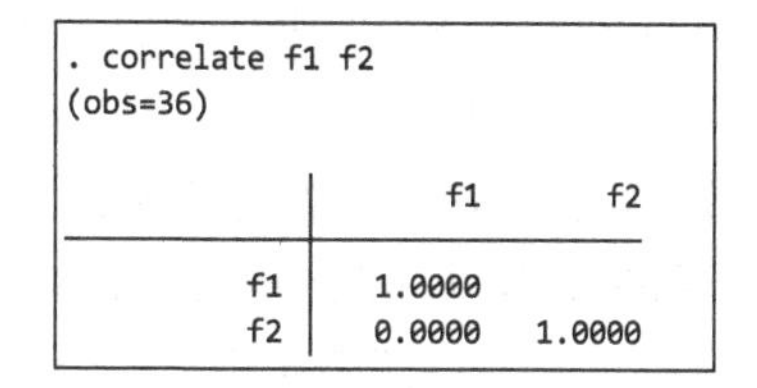

```
. correlate f1 f2
(obs=36)
```

	f1	f2
f1	1.0000	
f2	0.0000	1.0000

图 12.42　两个主因子的相关系数矩阵

从图 12.42 中可以看出，我们提取的两个主因子之间几乎没有任何相关关系，这也说明了我们在前面对因子进行旋转的操作环节中采用最大方差正交旋转方式是明智的。

图 12.43 展示的是每个样本的因子得分示意图。

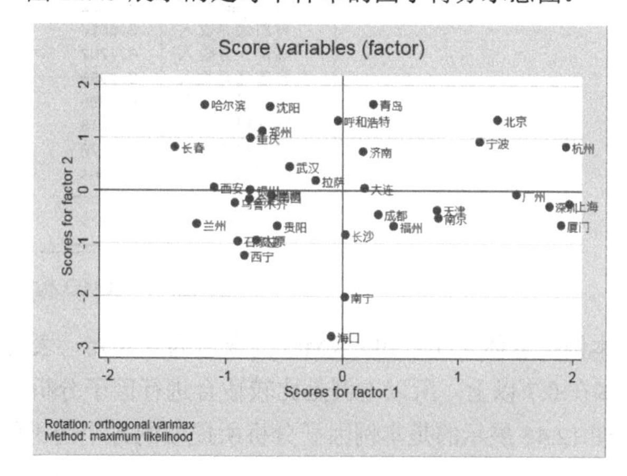

图 12.43　每个样本的因子得分示意图

从图 12.43 中可以看出，所有的样本被分到 4 个象限，位于第一象限的有青岛、北京、宁波、杭州、济南、大连，表示这 6 个城市门店的销售收入在“脸部保养收入”“眼部保养收入”“仪器治疗收入”“化妆品销售收入”“背部保养收入”“腹部保养收入”“胸部保养收入”“足部保养收入”“腿部保养收入”“臀部保养收入”“手部保养收入”方面都领先其他城市。

位于第二象限的有哈尔滨、沈阳、呼和浩特、郑州、重庆、长春、武汉、拉萨、西安、银川，表示这 10 个城市门店的销售收入在第一个公因子方面，也就是“脸部保养收入”“眼部保养收入”“背部保养收入”“腹部保养收入”“胸部保养收入”“足部保养收入”“腿部保养收入”“臀部保养收入”“手部保养收入”方面不如平均水平。

位于第三象限的有昆明、南昌、合肥、乌鲁木齐、兰州、贵阳、太原、石家庄、西宁、海口，表示这 10 个城市门店的销售收入在“脸部保养收入”“眼部保养收入”“仪器治疗收入”“化妆品销售收入”“背部保养收入”“腹部保养收入”“胸部保养收入”“足部保养收入”“腿部保养收入”“臀部保养收入”“手部保养收入”方面都落后于总体平均水平。

位于第四象限的有广州、上海、深圳、天津、成都、南京、厦门、福州、长沙、南宁，表示这 10 个城市门店的销售收入在第二个公因子方面，也就是“仪器治疗收入”“化妆品销售收入”方面不如平均水平。

如果图形上看不清楚或者有所失真，用户可参照 Stata 数据集中每个城市对应的 f1 和 f2 的值作出判断。

注意，此处得到的结论与主成分因子法有所差异，这是因为提取的因子是不一样的，虽然在载荷信息方面大致相同（比如第二个因子都是载荷“仪器治疗收入”“化妆品销售收入”的信息），但是毕竟在细微之处有所差异，造成了城市在象限分配之间的差异。

图 12.44 展示的是本例因子分析的 KMO 检验结果。

```
. estat kmo

Kaiser-Meyer-Olkin measure of sampling adequacy
```

Variable	kmo
脸部保养收入	0.9546
眼部保养收入	0.8814
仪器治疗收入	0.6057
化妆品销~入	0.7672
背部保养收入	0.8516
腹部保养收入	0.7702
胸部保养收入	0.7956
足部保养收入	0.7996
腿部保养收入	0.7918
臀部保养收入	0.8370
手部保养收入	0.7844
Overall	0.8075

图 12.44　KMO 检验结果

本例中总体（Overall）KMO 的取值为 0.8075，表明可以进行因子分析。各个变量的 KMO 值也大多在 0.7 以上，所以本例是比较适合进行因子分析的，模型的构建是有意义的。

图 12.45 展示的是本例因子分析所提取的各个因子的特征值碎石图。

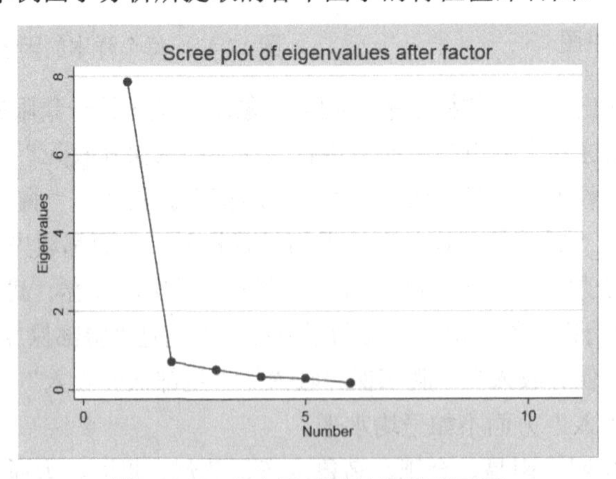

图 12.45　各个因子的特征值碎石图

通过碎石图可以非常直观地观测出提取因子的特征值的大小情况。图 12.45 的横轴表示的是系统提取因子的名称，并且已经按特征值大小进行降序排列，纵轴表示因子特征值的大小情况。从图 12.45 中可以轻松地看出本例中只有第一个因子的特征值是大于 1 的。

上述的 Stata 命令比较简洁，分析过程及结果已达到解决实际问题的目的。Stata 16.0 的强大之处在于，它提供了更加复杂的命令格式以满足用户更加个性化的需求。

最大似然因子法提取了 6 个主因子，如果在实际研究中，我们只想保留特征值大于 1 的因子，操作命令应该相应地修改为：

```
factor 脸部保养收入 眼部保养收入 仪器治疗收入 化妆品销售收入 背部保养收入 腹部保养收入 胸部保养收入
足部保养收入 腿部保养收入 臀部保养收入 手部保养收入,pf mineigen(1)
```

在命令窗口输入命令并按回车键进行确认，结果如图 12.46 所示。

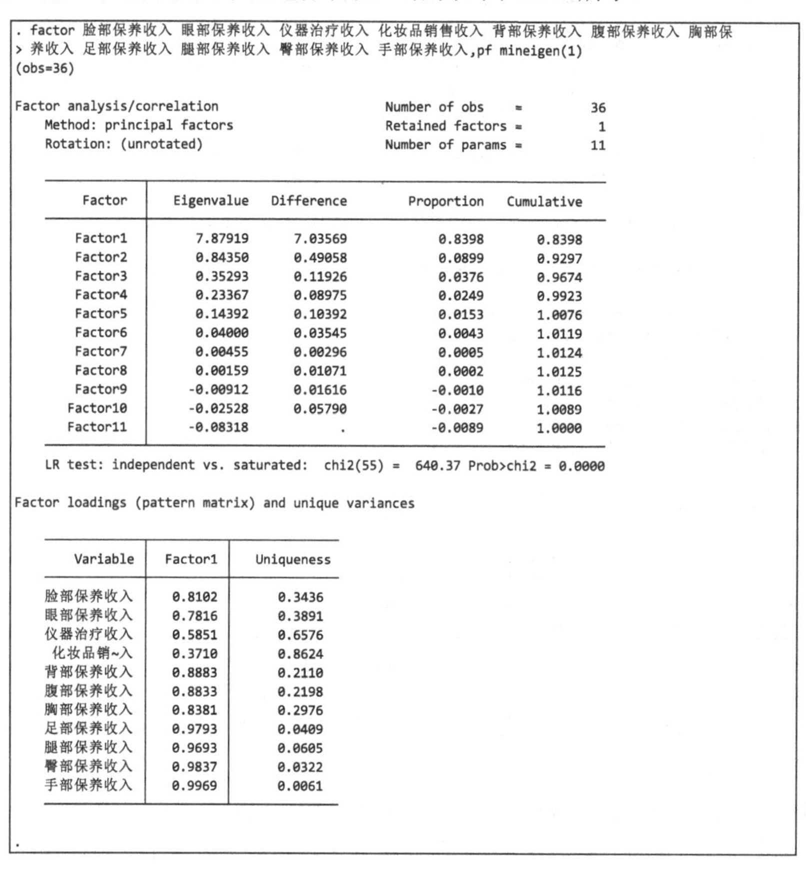

```
. factor 脸部保养收入 眼部保养收入 仪器治疗收入 化妆品销售收入 背部保养收入 腹部保养收入 胸部保
> 养收入 足部保养收入 腿部保养收入 臀部保养收入 手部保养收入,pf mineigen(1)
(obs=36)

Factor analysis/correlation                    Number of obs    =         36
    Method: principal factors                  Retained factors =          1
    Rotation: (unrotated)                      Number of params =         11
```

Factor	Eigenvalue	Difference	Proportion	Cumulative
Factor1	7.87919	7.03569	0.8398	0.8398
Factor2	0.84350	0.49058	0.0899	0.9297
Factor3	0.35293	0.11926	0.0376	0.9674
Factor4	0.23367	0.08975	0.0249	0.9923
Factor5	0.14392	0.10392	0.0153	1.0076
Factor6	0.04000	0.03545	0.0043	1.0119
Factor7	0.00455	0.00296	0.0005	1.0124
Factor8	0.00159	0.01071	0.0002	1.0125
Factor9	-0.00912	0.01616	-0.0010	1.0116
Factor10	-0.02528	0.05790	-0.0027	1.0089
Factor11	-0.08318	.	-0.0089	1.0000

LR test: independent vs. saturated: chi2(55) = 640.37 Prob>chi2 = 0.0000

Factor loadings (pattern matrix) and unique variances

Variable	Factor1	Uniqueness
脸部保养收入	0.8102	0.3436
眼部保养收入	0.7816	0.3891
仪器治疗收入	0.5851	0.6576
化妆品销~入	0.3710	0.8624
背部保养收入	0.8883	0.2110
腹部保养收入	0.8833	0.2198
胸部保养收入	0.8381	0.2976
足部保养收入	0.9793	0.0409
腿部保养收入	0.9693	0.0605
臀部保养收入	0.9837	0.0322
手部保养收入	0.9969	0.0061

图 12.46 分析结果图 1

图 12.46 展示的是仅保留特征值大于 1 的主因子的结果，本例中只有 1 个主因子的特征值是大于 1 的，所以只保留了 1 个主因子进行分析。Uniqueness 列表示变量未被提取的主成分解释的部分，例如变量“脸部保养收入”未被解释的信息比例是 34.36%。这种信息丢失情况是我们舍弃其他主成分必然付出的代价。

一个主因子对于实际研究来说可能偏少，如果我们只想保留两个主因子而不论特征值大小，操作命令应该相应地修改为：

```
factor 脸部保养收入 眼部保养收入 仪器治疗收入 化妆品销售收入 背部保养收入 腹部保养收入 胸部保养收入
足部保养收入 腿部保养收入 臀部保养收入 手部保养收入,pf components(2)
```

在命令窗口输入命令并按回车键进行确认，结果如图 12.47 所示。

```
. factor 脸部保养收入 眼部保养收入 仪器治疗收入 化妆品销售收入 背部保养收入 腹部保养收入 胸部保
> 养收入 足部保养收入 腿部保养收入 臀部保养收入 手部保养收入,pf components(2)
(obs=36)

Factor analysis/correlation                    Number of obs    =         36
    Method: principal factors                  Retained factors =          2
    Rotation: (unrotated)                      Number of params =         21

    --------------------------------------------------------------------------
         Factor  |   Eigenvalue   Difference        Proportion   Cumulative
    -------------+------------------------------------------------------------
        Factor1  |      7.87919      7.03569            0.8398       0.8398
        Factor2  |      0.84350      0.49058            0.0899       0.9297
        Factor3  |      0.35293      0.11926            0.0376       0.9674
        Factor4  |      0.23367      0.08975            0.0249       0.9923
        Factor5  |      0.14392      0.10392            0.0153       1.0076
        Factor6  |      0.04000      0.03545            0.0043       1.0119
        Factor7  |      0.00455      0.00296            0.0005       1.0124
        Factor8  |      0.00159      0.01071            0.0002       1.0125
        Factor9  |     -0.00912      0.01616           -0.0010       1.0116
       Factor10  |     -0.02528      0.05790           -0.0027       1.0089
       Factor11  |     -0.08318            .           -0.0089       1.0000
    --------------------------------------------------------------------------
    LR test: independent vs. saturated:  chi2(55) =  640.37 Prob>chi2 = 0.0000

Factor loadings (pattern matrix) and unique variances

    -------------------------------------------------
        Variable |  Factor1   Factor2 |   Uniqueness 
    -------------+--------------------+--------------
    脸部保养收入 |   0.8102   -0.0407 |      0.3419  
    眼部保养收入 |   0.7816   -0.1063 |      0.3778  
    仪器治疗收入 |   0.5851    0.6075 |      0.2886  
     化妆品销~入 |   0.3710    0.5864 |      0.5185  
    背部保养收入 |   0.8883   -0.3112 |      0.1141  
    腹部保养收入 |   0.8833    0.0613 |      0.2161  
    胸部保养收入 |   0.8381   -0.0842 |      0.2905  
    足部保养收入 |   0.9793   -0.0575 |      0.0376  
    腿部保养收入 |   0.9693   -0.0489 |      0.0581  
    臀部保养收入 |   0.9837   -0.0653 |      0.0280  
    手部保养收入 |   0.9969    0.0039 |      0.0061  
    -------------------------------------------------
```

图 12.47　分析结果图 2

图 12.47 展示的是只提取两个主成分进行分析的结果，该图最后一列（Uniqueness）同样说明的是该变量未被系统提取的一个主成分解释的信息比例，例如变量“脸部保养收入”未被解释的信息比例是 34.19%。这种信息丢失情况同样是我们舍弃其他主成分必然付出的代价。

综上所述，综合考虑 4 种分析方法，我们研究认为可以用两个公因子来描述 36 个城市门店“脸部保养收入”“眼部保养收入”“仪器治疗收入”“化妆品销售收入”“背部保养收入”“腹部保养收入”“胸部保养收入”“足部保养收入”“腿部保养收入”“臀部保养收入”“手部保养收入”的信息。其中一个公因子主要载荷“脸部保养收入”“眼部保养收入”“背部保养收入”“腹部保养收入”“胸部保养收入”“足部保养收入”“腿部保养收入”“臀部保养收入”“手部保养收入”的信息，可以概述为人工服务收入因子；另一个公因子主要载荷“仪器治疗收入”“化妆品销售收入”的信息，可以概述为非人工服务收入因子或其他收入因子。

12.5　研究结论

（1）广州、杭州、北京、南京、天津、大连、青岛、济南这 8 个城市门店的销售收入在“脸部保养收入”“眼部保养收入”“仪器治疗收入”“化妆品销售收入”“背部保养收入”“腹部保养收入”“胸部保养收入”“足部保养收入”“腿部保养收入”“臀部保养收入”“手部保养收入”都领先其他城市。这 8 个城市发展比较好，需要在资源方面给予更多的倾斜，在政策方面给予更多的扶持，可以全面加强提高，提升门店竞争力。

（2）深圳、上海、厦门、宁波、福州、成都这 6 个城市门店的销售收入在第一个公因子方面，也就是“脸部保养收入”“眼部保养收入”“背部保养收入”“腹部保养收入”“胸部保养收入”“足部保养收入”“腿部保养收入”“臀部保养收入”“手部保养收入”方面不如平均水平。发展策略一是补短板，提升身体保养收入水平；二是扬长避短，在仪器治疗、化妆品销售等擅长的方面投入更多的精力资源。

（3）长沙、合肥、海口、贵阳、南宁、南昌、昆明、拉萨、石家庄、乌鲁木齐、兰州、西宁，这 12 个城市门店的销售收入在“脸部保养收入”“眼部保养收入”“仪器治疗收入”“化妆品销售收入”“背部保养收入”“腹部保养收入”“胸部保养收入”“足部保养收入”“腿部保养收入”“臀部保养收入”“手部保养收入”方面都落后于总体平均水平。这些城市发展比较差，需要考虑关停经营较差的门店，或者制定出行之有效的改进提升策略。

（4）呼和浩特、沈阳、西安、武汉、重庆、银川、太原、长春、哈尔滨、郑州这 10 个城市门店的销售收入在第二个公因子方面，也就是“仪器治疗收入”“化妆品销售收入”方面不如平均水平。发展策略一是补短板，提升仪器治疗、化妆品销售收入水平；二是扬长避短，在“脸部保养收入”“眼部保养收入”“背部保养收入”“腹部保养收入”“胸部保养收入”“足部保养收入”“腿部保养收入”“臀部保养收入”“手部保养收入”这些擅长的方面投入更多的精力资源。

第 13 章　酒水饮料行业营销诊断短面板数据建模技术

酒水饮料行业具有商品数量多、种类杂、更新速度快、管理难度高的特点，市场竞争非常激烈，与此相匹配的就是各个商家纷纷采用各种各样的促销手段来促进销售。常用的促销手段包括直接降低价格、赠饮、抽奖等。由于促销是需要耗费成本的，而且在很多情况下这类成本还比较高，因此对酒水饮料企业来说，准确评估促销的作用，或者计算销售成本的增加对于带动利润增长的程度非常重要。Stata 作为一种功能强大的统计分析软件，完全可以用来完成相关的分析目标。本章将以某酒水饮料企业具体的经营实践为例，力求以深入浅出的方式讲解 Stata 在酒水饮料行业营销诊断建模技术中的应用。需要提示和强调的是，本章虽然以酒水饮料行业企业为例，但是其中体现的研究方法、研究思路和建模技术也可以有效应用于其他具有类似经营性质的企业，读者可以结合自身研究需要加以参考借鉴。

13.1　建模技术

本章在酒水饮料行业营销诊断中将引入面板数据的相关建模技术。

面板数据（Panel Data）又被称为平行数据，指的是对某变量在一定时间段内持续跟踪观测的结果。面板数据兼具了横截面数据和时间序列数据的特点，既有横截面维度（在同一时间段内有多个观测样本），又有时间序列维度（同一样本在多个时间段内被观测到）。面板数据通常样本数量相对较多，也可以有效解决遗漏变量的问题，还可以提供更多样本动态行为的信息，具有横截面数据和时间序列数据无可比拟的优势。根据横截面维度和时间序列维度相对长度的大小，面板数据被区分为长面板数据和短面板数据。

短面板数据是面板数据的一种，其主要特征是横截面维度比较大而时间维度相对较小，或者说，同一期间内被观测的个体数量较多而被观测的期间较少。短面板数据分析方法包括直接最小二乘回归分析、固定效应回归分析、随机效应回归分析、组间估计量回归分析等多种。

本章将讲述短面板数据相关的建模技术，用之解决酒水饮料行业的营销诊断问题。

13.2　建模思路

本章使用的案例数据来自 XX 饮料连锁企业在北京、甘肃、广东、广西、贵州、海南、河北、河南、湖北、湖南、宁夏、青海、山东、山西、陕西、四川、天津、新疆、云南、重庆等省市的各个连锁店 2015-2019 年的相关销售数据（包括销售收入、促销费用以及创造利润等数据），如表 13.1 所示。由于销售收入数据涉及商业机密，因此本章介绍时进行了适当的脱密处理，对于其中的部分数据也进行了必要的调整。

表 13.1　XX 饮料连锁企业各省市连锁店销售收入、促销费用以及创造利润数据（2015—2019 年）

年　份	销售收入/万元	促销费用/万元	创造利润/万元	省　市
2015	412.60	22.86	21.99	北京
2016	462.10	22.26	21.55	北京
……	……	……	……	……
2018	372.16	19.65	18.62	青海
2019	372.33	19.80	18.74	青海

本章使用的建模分析方法是 Stata 中面板数据回归分析系列功能。

13.3　数据准备

	下载资源:\video\13
	下载资源:\sample\数据 13

本节我们准备 XX 饮料连锁企业在北京、甘肃、广东、广西、贵州、海南、河北、河南、湖北、湖南、宁夏、青海、山东、山西、陕西、四川、天津、新疆、云南、重庆等省市的各个连锁店 2015-2019 年的相关销售数据（包括销售收入、促销费用以及创造利润等数据）。这些数据都是完整的，我们将其整理入 Stata 中。

如图 13.1 所示，在 Stata 格式文件中共有 5 个变量，分别是年份、销售收入、促销费用、创造利润以及地区。我们把年份变量定义为 year，把销售收入变量定义为 sale，把促销费用变量定义为 cost，把创造利润变量定义为 profit，把地区变量定义为 shengshi。变量类型及长度采取系统默认方式，然后录入相关数据。

其中，shengshi 为字符串变量，year、sale、cost、profit 四个变量均为数值型变量。

数据视图如图 13.2 所示，包括北京、甘肃、广东、广西、贵州、海南、河北、河南、湖北、湖南、宁夏、青海、山东、山西、陕西、四川、天津、新疆、云南、重庆等省市的各个连锁店 2015-2019 年的相关销售数据（含销售收入、促销费用以及创造利润等数据）。

变量窗口

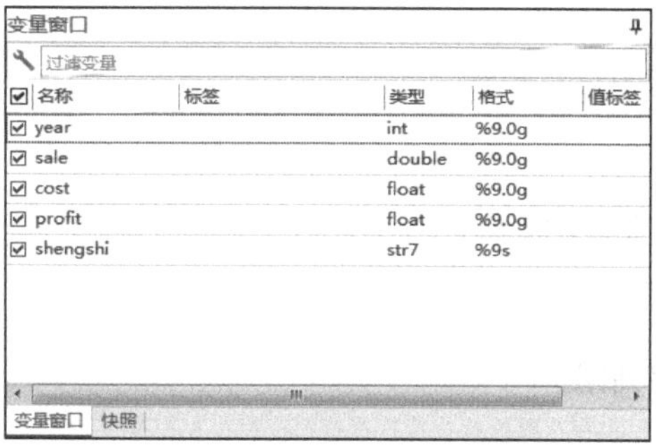

名称	标签	类型	格式	值标签
year		int	%9.0g	
sale		double	%9.0g	
cost		float	%9.0g	
profit		float	%9.0g	
shengshi		str7	%9s	

图 13.1　数据 13 变量视图

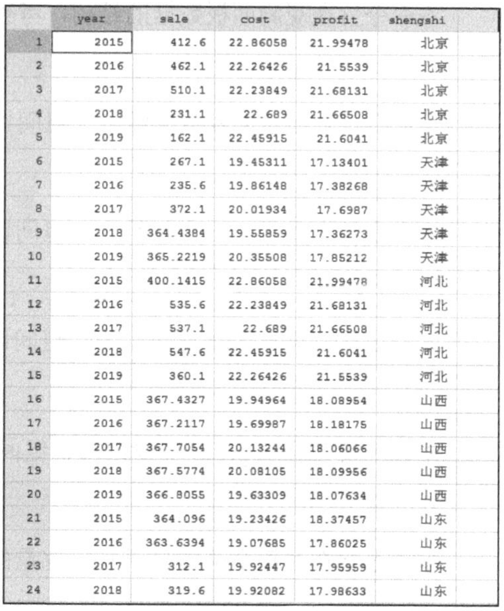

	year	sale	cost	profit	shengshi
1	2015	412.6	22.86058	21.99478	北京
2	2016	462.1	22.26426	21.5539	北京
3	2017	510.1	22.23849	21.68131	北京
4	2018	231.1	22.689	21.66508	北京
5	2019	162.1	22.45915	21.6041	北京
6	2015	267.1	19.45311	17.13401	天津
7	2016	235.6	19.86148	17.38268	天津
8	2017	372.1	20.01934	17.6987	天津
9	2018	364.4384	19.55859	17.36273	天津
10	2019	365.2219	20.35508	17.85212	天津
11	2015	400.1415	22.86058	21.99478	河北
12	2016	535.6	22.23849	21.68131	河北
13	2017	537.1	22.689	21.66508	河北
14	2018	547.6	22.45915	21.6041	河北
15	2019	360.1	22.26426	21.5539	河北
16	2015	367.4327	19.94964	18.08954	山西
17	2016	367.2117	19.69987	18.18175	山西
18	2017	367.7054	20.13244	18.06066	山西
19	2018	367.5774	20.08105	18.09956	山西
20	2019	366.8055	19.63309	18.07634	山西
21	2015	364.096	19.23426	18.37457	山东
22	2016	363.6394	19.07685	17.86025	山东
23	2017	312.1	19.92447	17.95959	山东
24	2018	319.6	19.92082	17.98633	山东

图 13.2　数据 13 的数据视图

13.4 建模分析

	下载资源:\video\13
	下载资源:\sample\数据 13

13.4.1 研究过程

先保存数据，然后开始展开分析，步骤如下：

01 进入 Stata 16.0，打开相关数据文件，弹出主界面。

02 在主界面的“命令窗口”中输入如下命令：

```
list year sale cost profit
```

本命令的含义是对 4 个变量所包含的样本数据一一进行展示，以便简单直观地观测出数据的具体特征，为深入分析做好必要准备。

```
encode shengshi,gen(region)
```

因为面板数据要求其中的个体变量取值必须为整数且不允许重复，所以需要对各个观测样本进行有序编号。本命令旨在将 shengshi 这一字符串变量转化为数值型变量，以便进行下一步操作。

```
xtset region year
```

本命令的含义是对面板数据进行定义，其中横截面维度变量为上一步生成的 region，时间序列变量为 year。

```
xtdes
```

本命令旨在观测面板数据的结构，考察面板数据的特征，为后续分析做好必要准备。

```
xtsum
```

本命令旨在显示面板数据组内、组间以及整体的统计指标。

```
xttab sale
```

本命令旨在显示 sale 变量组内、组间以及整体的分布频率。

```
xttab cost
```

本命令旨在显示 cost 变量组内、组间以及整体的分布频率。

```
xttab profit
```

本命令旨在显示 profit 变量组内、组间以及整体的分布频率。

```
xtline sale
```

本命令旨在对每个个体显示 sale 变量的时间序列图。

```
xtline cost
```

本命令旨在对每个个体显示 cost 变量的时间序列图。

```
xtline profit
```

本命令旨在对每个个体显示 profit 变量的时间序列图。

```
reg profit sale cost
```

本命令的含义是以 profit 为因变量，以 sale、cost 为自变量，进行最小二乘回归分析。

```
reg profit sale cost,vce(cluster region)
```

本命令的含义是以 profit 为因变量，以 sale、cost 为自变量，并使用以 region 为聚类变量的聚类稳健标准差，进行最小二乘回归分析。

```
xtreg profit sale cost,fe vce(cluster region)
```

本命令的含义是以 profit 为因变量，以 sale、cost 为自变量，并使用以 region 为聚类变量的聚类稳健标准差，进行固定效应回归分析。

```
xtreg profit sale cost,fe
```

本命令的含义是以 profit 为因变量，以 sale、cost 为自变量，进行固定效应回归分析。

```
estimates store fe
```

本命令的含义是存储固定效应回归分析的估计结果。

```
xi:xtreg  profit sale cost  i.region,vce(cluster region)
```

本命令旨在通过构建最小二乘虚拟变量模型来分析固定效应模型是否优于最小二乘回归分析。

```
tab year,gen(year)
```

本命令旨在创建年度变量的多个虚拟变量。

```
xtreg profit sale cost year2-year5,fe vce(cluster region)
```

本命令旨在通过构建双向固定效应模型来检验模型中是否应该包含时间效应。

```
test year2 year3 year4 year5
```

本命令的含义是在上一步回归的基础上，通过测试各虚拟变量的系数联合显著性来检验是否应该在模型中纳入时间效应。

```
xtreg profit sale cost,re vce(cluster region)
```

本命令的含义是以 profit 为因变量，以 sale、cost 为自变量，并使用以 region 为聚类变量的聚类稳健标准差，进行随机效应回归分析。

```
xttest0
```

本命令的含义是在上一步回归的基础上，进行假设检验来判断随机效应模型是否优于最小二乘回归模型。

```
xtreg profit sale cost,mle
```

本命令的含义是以 profit 为因变量，以 sale、cost 为自变量，并使用最大似然估计方法，进行随机效应回归分析。

```
xtreg profit sale cost,be
```

本命令的含义是以 profit 为因变量，以 sale、cost 为自变量，并使用组间估计量，进行组间估计量回归分析。

03 设置完毕后，按回车键，等待输出结果。

13.4.2 结果分析

在 Stata 16.0 主界面的结果窗口可以看到如图 13.3~图 13.26 所示的分析结果。

图 13.3 所示是对数据进行展示的结果。它的目的是通过对变量所包含的样本数据一一进行展示，以便简单直观地观测出数据的具体特征，为深入分析做好必要准备。

```
. list year sale cost profit
```

	year	sale	cost	profit
1.	2015	412.6	22.86058	21.99478
2.	2016	462.1	22.26426	21.5539
3.	2017	510.1	22.23849	21.68131
4.	2018	231.1	22.689	21.66508
5.	2019	162.1	22.45915	21.6041
6.	2015	267.1	19.45311	17.13401
7.	2016	235.6	19.86148	17.38268
8.	2017	372.1	20.01934	17.6987
9.	2018	364.4384	19.55859	17.36273
10.	2019	365.2219	20.35508	17.85212
11.	2015	400.1415	22.86058	21.99478
12.	2016	535.6	22.23849	21.68131
13.	2017	537.1	22.689	21.66508
14.	2018	547.6	22.45915	21.6041
15.	2019	360.1	22.26426	21.5539
16.	2015	367.4327	19.94964	18.08954
17.	2016	367.2117	19.69987	18.18175
18.	2017	367.7054	20.13244	18.06066
19.	2018	367.5774	20.08105	18.09956
20.	2019	366.8055	19.63309	18.07634
21.	2015	364.096	19.23426	18.37457
22.	2016	363.6394	19.07685	17.86025
23.	2017	312.1	19.92447	17.95959
24.	2018	319.6	19.92082	17.98633
25.	2019	315.1	19.72908	18.12922
26.	2015	373.351	20.34552	18.51428
27.	2016	372.8637	20.16215	18.55054
28.	2017	373.1313	20.20788	18.35916
29.	2018	373.5308	20.73008	18.81566
30.	2019	373.5238	20.54291	18.70955
31.	2015	321.1	19.92447	17.95959
32.	2016	313.6	19.07685	17.86025
33.	2017	322.6	19.72908	18.12922
34.	2018	315.1	19.92082	17.98633
35.	2019	364.096	19.23426	18.37457
36.	2015	373.9789	19.96737	18.8621
37.	2016	374.2593	20.42294	19.13698
38.	2017	373.8617	19.90254	19.07334
39.	2018	374.1669	20.16833	19.16555
40.	2019	374.2353	20.33176	19.13082
41.	2015	365.3141	19.19643	18.53453
42.	2016	365.4816	19.3923	18.48844
43.	2017	365.6934	19.71246	18.76429
44.	2018	365.1595	19.10844	18.79648
45.	2019	365.6852	19.60194	18.54826
46.	2015	371.9837	19.60194	18.57703
47.	2016	372.447	19.99011	18.98874
48.	2017	372.4986	20.06132	18.99719
49.	2018	372.3275	19.80168	18.74143
50.	2019	372.1609	19.64625	18.61728
51.	2015	365.2058	20.01934	17.6987
52.	2016	364.9051	19.86148	17.38268
53.	2017	364.4384	19.55859	17.36273
54.	2018	365.2219	20.35508	17.85212
55.	2019	363.8877	19.45311	17.13401
56.	2015	367.9461	19.31264	19.05598
57.	2016	367.8001	19.15157	18.93382
58.	2017	368.2126	19.65062	19.11176
59.	2018	368.0671	19.44315	18.97465
60.	2019	367.6712	19.1053	18.87499
61.	2015	374.2593	20.42294	19.13698
62.	2016	373.9789	19.96737	18.8621
63.	2017	373.8617	19.90254	19.07334
64.	2018	374.2353	20.33176	19.13082
65.	2019	374.1669	20.16833	19.16555
66.	2015	365.1595	19.10844	18.79648
67.	2016	365.6852	19.60194	18.54826
68.	2017	365.6934	19.71246	18.76429
69.	2018	365.4816	19.3923	18.48844
70.	2019	365.3141	19.19643	18.53453
71.	2015	375.115	20.4891	18.15238
72.	2016	376.0168	20.78421	18.51837
73.	2017	375.7749	20.67282	18.51661
74.	2018	375.4495	20.5477	18.29582
75.	2019	376.1739	21.07851	18.71108
76.	2015	373.1313	20.20788	18.35916
77.	2016	372.8637	20.16215	18.55054
78.	2017	373.5308	20.73008	18.81566
79.	2018	373.5238	20.54291	18.70955
80.	2019	373.351	20.34552	18.51428
81.	2015	330.1	19.69987	18.18175
82.	2016	325.6	19.94964	18.08954
83.	2017	327.1	20.13244	18.06066
84.	2018	330.1	19.63309	18.07634
85.	2019	330.1	20.08105	18.09956
86.	2015	325.6	20.4891	18.15238
87.	2016	376.0168	20.78421	18.51837
88.	2017	376.1739	21.07851	18.71108
89.	2018	375.7749	20.67282	18.51661
90.	2019	375.4495	20.5477	18.29582
91.	2015	368.2126	19.65062	19.11176
92.	2016	368.0671	19.44315	18.97465
93.	2017	367.9461	19.31264	19.05598
94.	2018	367.8001	19.15157	18.93382
95.	2019	367.6712	19.1053	18.87499
96.	2015	372.4986	20.06132	18.99719
97.	2016	371.9837	19.60194	18.57703
98.	2017	372.447	19.99011	18.98874
99.	2018	372.1609	19.64625	18.61728
100.	2019	372.3275	19.80168	18.74143

图 13.3 展示数据

从如图 13.3 所示的分析结果中可以看出，数据的总体质量还是可以的，没有极端异常值，变量间的量纲差距也是可以接受的，可以进入下一步的分析。

图 13.4 所示是将 shengshi 这一字符串变量转化为数值型变量 region 的结果。选择“数据”|“数据编辑器”|“数据编辑器（浏览）”命令，进入数据查看界面，可以看到如图 13.3 所示的变量 region 的相关数据。

	year	sale	cost	profit	shengshi	region
1	2015	371.9837	19.60194	18.57703	云南	云南
2	2016	372.447	19.99011	18.98874	云南	云南
3	2017	372.4986	20.06132	18.99719	云南	云南
4	2018	372.3275	19.80168	18.74143	云南	云南
5	2019	372.1609	19.64625	18.61728	云南	云南
6	2015	412.6	22.86058	21.99478	北京	北京
7	2016	462.1	22.26426	21.5539	北京	北京
8	2017	510.1	22.23849	21.68131	北京	北京
9	2018	231.1	22.689	21.66508	北京	北京
10	2019	162.1	22.45915	21.6041	北京	北京
11	2015	321.1	19.92447	17.95959	四川	四川
12	2016	313.6	19.07685	17.86025	四川	四川
13	2017	322.6	19.72908	18.12922	四川	四川
14	2018	315.1	19.92082	17.98633	四川	四川
15	2019	364.096	19.23426	18.37457	四川	四川
16	2015	267.1	19.45311	17.13401	天津	天津
17	2016	235.6	19.86148	17.38268	天津	天津
18	2017	372.1	20.01934	17.6987	天津	天津
19	2018	364.4384	19.55859	17.36273	天津	天津
20	2019	365.2219	20.35508	17.85212	天津	天津
21	2015	365.3141	19.19643	18.53453	宁夏	宁夏
22	2016	365.4816	19.3923	18.48844	宁夏	宁夏
23	2017	365.6934	19.71246	18.76429	宁夏	宁夏
24	2018	365.1595	19.10844	18.79648	宁夏	宁夏

图 13.4 region 的相关数据

图 13.5 所示为对面板数据进行定义的结果，其中横截面维度变量为上一步生成的 region，时间序列变量为 year。

```
. encode shengshi,gen(region)

. xtset region year
       panel variable:  region (strongly balanced)
        time variable:  year, 2015 to 2019
                delta:  1 unit
```

图 13.5 对面板数据进行定义

从图 13.5 中可以看出这是一个平衡的面板数据。

图 13.6 所示是面板数据结构的结果。

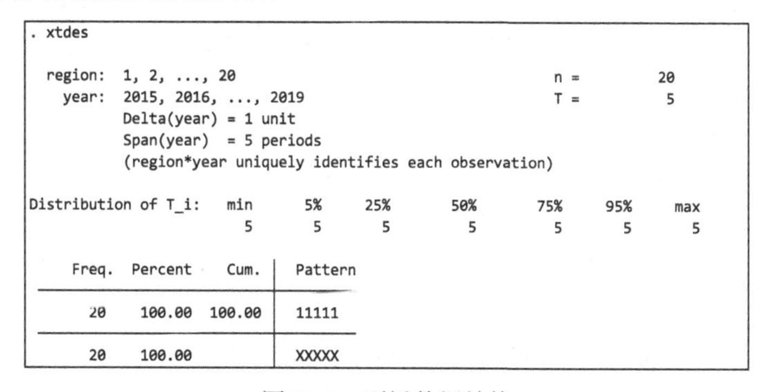

```
. xtdes

  region:  1, 2, ..., 20                                     n =         20
    year:  2015, 2016, ..., 2019                             T =          5
           Delta(year) = 1 unit
           Span(year)  = 5 periods
           (region*year uniquely identifies each observation)

Distribution of T_i:   min      5%     25%       50%       75%     95%     max
                         5       5       5         5         5       5       5

     Freq.  Percent    Cum. |  Pattern
 ---------------------------+---------
       20    100.00  100.00 |  11111
 ---------------------------+---------
       20    100.00         |  XXXXX
```

图 13.6 面板数据结构

从图 13.6 可以看出该面板数据的横截面维度 region 为 1~20 共 20 个取值，时间序列维度 year 为 2015~2019 共 5 个取值，属于短面板数据，而且观测样本在时间上的分布也非常均匀。

图 13.7 所示是面板数据组内、组间以及整体的统计指标的结果。

在短面板数据中，同一时间段内的不同观测样本构成一个组。从图 13.6 中可以看出，变量 year 的组间标准差是 0，因为不同组的这一变量取值完全相同，同时变量 region 的组内标准差也为 0，因为分布在同一组的数据属于同一个地区。

图 13.8 所示是 sale 变量组内、组间以及整体的分布频率的结果。

. xtsum

Variable		Mean	Std. Dev.	Min	Max	Observations	
year	overall	2017	1.421338	2015	2019	N =	100
	between		0	2017	2017	n =	20
	within		1.421338	2015	2019	T =	5
sale	overall	366.1567	49.13711	162.1	547.6	N =	100
	between		31.24729	320.8921	476.1083	n =	20
	within		38.43843	172.6567	520.6567	T =	5
cost	overall	20.16541	.9163264	19.07685	22.86058	N =	100
	between		.9019392	19.33265	22.5023	n =	20
	within		.2429573	19.66517	20.67097	T =	5
profit	overall	18.78529	1.088768	17.13401	21.99478	N =	100
	between		1.099374	17.48605	21.69983	n =	20
	within		.1600813	18.43325	19.15136	T =	5
shengshi	overall	.	.	.	.	N =	0
	between		.	.	.	n =	0
	within		.	.	.	T =	.
region	overall	10.5	5.795331	1	20	N =	100
	between		5.91608	1	20	n =	20
	within		0	10.5	10.5	T =	5

图 13.7　面板数据统计指标

. xttab sale

sale	Overall Freq.	Overall Percent	Between Freq.	Between Percent	Within Percent
162.1	1	1.00	1	5.00	20.00
231.1	1	1.00	1	5.00	20.00
235.6	1	1.00	1	5.00	20.00
267.1	1	1.00	1	5.00	20.00
312.1	1	1.00	1	5.00	20.00
313.6	1	1.00	1	5.00	20.00
315.1	2	2.00	2	10.00	20.00
319.6	1	1.00	1	5.00	20.00
321.1	1	1.00	1	5.00	20.00
322.6	1	1.00	1	5.00	20.00
325.6	2	2.00	2	10.00	20.00
327.1	1	1.00	1	5.00	20.00
330.1	3	3.00	1	5.00	60.00
360.1	1	1.00	1	5.00	20.00
363.6394	1	1.00	1	5.00	20.00
363.8877	1	1.00	1	5.00	20.00
364.096	2	2.00	2	10.00	20.00
364.4384	2	2.00	2	10.00	20.00
364.9051	1	1.00	1	5.00	20.00
365.1595	2	2.00	2	10.00	20.00
365.2058	1	1.00	1	5.00	20.00
365.2219	2	2.00	2	10.00	20.00
365.3141	2	2.00	2	10.00	20.00
365.4816	2	2.00	2	10.00	20.00
365.6852	2	2.00	2	10.00	20.00
365.6934	2	2.00	2	10.00	20.00
366.8055	1	1.00	1	5.00	20.00
367.2117	1	1.00	1	5.00	20.00
367.4327	1	1.00	1	5.00	20.00
367.5774	1	1.00	1	5.00	20.00
367.6712	2	2.00	2	10.00	20.00
367.7054	1	1.00	1	5.00	20.00
367.8001	2	2.00	2	10.00	20.00
367.9461	2	2.00	2	10.00	20.00
368.0671	2	2.00	2	10.00	20.00
368.2126	2	2.00	2	10.00	20.00
371.9837	2	2.00	2	10.00	20.00
372.1	1	1.00	1	5.00	20.00
372.1609	2	2.00	2	10.00	20.00
372.3275	2	2.00	2	10.00	20.00
372.447	2	2.00	2	10.00	20.00
372.4986	2	2.00	2	10.00	20.00
372.8637	2	2.00	2	10.00	20.00
373.1313	2	2.00	2	10.00	20.00
373.351	2	2.00	2	10.00	20.00
373.5238	2	2.00	2	10.00	20.00
373.5308	2	2.00	2	10.00	20.00
373.8617	2	2.00	2	10.00	20.00
373.9789	2	2.00	2	10.00	20.00
374.1669	2	2.00	2	10.00	20.00
374.2353	2	2.00	2	10.00	20.00
374.2593	2	2.00	2	10.00	20.00
375.115	1	1.00	1	5.00	20.00
375.4495	2	2.00	2	10.00	20.00
375.7749	2	2.00	2	10.00	20.00
376.0168	2	2.00	2	10.00	20.00
376.1739	2	2.00	2	10.00	20.00
400.1415	1	1.00	1	5.00	20.00
412.6	1	1.00	1	5.00	20.00
462.1	1	1.00	1	5.00	20.00
510.1	1	1.00	1	5.00	20.00
535.6	1	1.00	1	5.00	20.00
537.1	1	1.00	1	5.00	20.00
547.6	1	1.00	1	5.00	20.00
Total	100	100.00	98	490.00	20.41
			(n = 20)		

图 13.8　sale 变量组内、组间以及整体的分布频率

图 13.9 所示是 cost 变量组内、组间以及整体的分布频率的结果。

. xttab cost

cost	Overall Freq.	Overall Percent	Between Freq.	Between Percent	Within Percent
19.07685	2	2.00	2	10.00	20.00
19.1053	2	2.00	2	10.00	20.00
19.10844	2	2.00	2	10.00	20.00
19.15157	2	2.00	2	10.00	20.00
19.19643	2	2.00	2	10.00	20.00
19.23426	2	2.00	2	10.00	20.00
19.31264	2	2.00	2	10.00	20.00
19.3923	2	2.00	2	10.00	20.00
19.44315	2	2.00	2	10.00	20.00
19.45311	2	2.00	2	10.00	20.00
19.55859	2	2.00	2	10.00	20.00
19.60194	4	4.00	4	20.00	20.00
19.63309	2	2.00	2	10.00	20.00
19.64625	2	2.00	2	10.00	20.00
19.65062	2	2.00	2	10.00	20.00
19.69987	2	2.00	2	10.00	20.00
19.71246	2	2.00	2	10.00	20.00
19.72908	2	2.00	2	10.00	20.00
19.80168	2	2.00	2	10.00	20.00
19.86148	2	2.00	2	10.00	20.00
19.90254	2	2.00	2	10.00	20.00
19.92082	2	2.00	2	10.00	20.00
19.92447	2	2.00	2	10.00	20.00
19.94964	2	2.00	2	10.00	20.00
19.96737	2	2.00	2	10.00	20.00
19.99011	2	2.00	2	10.00	20.00
20.01934	2	2.00	2	10.00	20.00
20.06132	2	2.00	2	10.00	20.00
20.08105	2	2.00	2	10.00	20.00
20.13244	2	2.00	2	10.00	20.00
20.16215	2	2.00	2	10.00	20.00
20.16833	2	2.00	2	10.00	20.00
20.20788	2	2.00	2	10.00	20.00
20.33176	2	2.00	2	10.00	20.00
20.34552	2	2.00	2	10.00	20.00
20.35508	2	2.00	2	10.00	20.00
20.42294	2	2.00	2	10.00	20.00
20.4891	2	2.00	2	10.00	20.00
20.54291	2	2.00	2	10.00	20.00
20.5477	2	2.00	2	10.00	20.00
20.67282	2	2.00	2	10.00	20.00
20.73008	2	2.00	2	10.00	20.00
20.78421	2	2.00	2	10.00	20.00
21.07851	2	2.00	2	10.00	20.00
22.23849	2	2.00	2	10.00	20.00
22.26426	2	2.00	2	10.00	20.00
22.45915	2	2.00	2	10.00	20.00
22.689	2	2.00	2	10.00	20.00
22.86058	2	2.00	2	10.00	20.00
Total	100	100.00	100 (n = 20)	500.00	20.00

图 13.9　cost 变量组内、组间以及整体的分布频率

图 13.10 所示是 profit 变量组内、组间以及整体的分布频率的结果。

. xttab profit

profit	Overall Freq.	Overall Percent	Between Freq.	Between Percent	Within Percent
17.13401	2	2.00	2	10.00	20.00
17.36273	2	2.00	2	10.00	20.00
17.38268	2	2.00	2	10.00	20.00
17.6987	2	2.00	2	10.00	20.00
17.85212	2	2.00	2	10.00	20.00
17.86025	2	2.00	2	10.00	20.00
17.95959	2	2.00	2	10.00	20.00
17.98633	2	2.00	2	10.00	20.00
18.06066	2	2.00	2	10.00	20.00
18.07634	2	2.00	2	10.00	20.00
18.08954	2	2.00	2	10.00	20.00
18.09956	2	2.00	2	10.00	20.00
18.12922	2	2.00	2	10.00	20.00
18.15238	2	2.00	2	10.00	20.00
18.18175	2	2.00	2	10.00	20.00
18.29582	2	2.00	2	10.00	20.00
18.35916	2	2.00	2	10.00	20.00
18.37457	2	2.00	2	10.00	20.00
18.48844	2	2.00	2	10.00	20.00
18.51428	2	2.00	2	10.00	20.00
18.51661	2	2.00	2	10.00	20.00
18.51837	2	2.00	2	10.00	20.00
18.53453	2	2.00	2	10.00	20.00
18.54826	2	2.00	2	10.00	20.00
18.55054	2	2.00	2	10.00	20.00
18.57703	2	2.00	2	10.00	20.00
18.61728	2	2.00	2	10.00	20.00
18.70955	2	2.00	2	10.00	20.00
18.71108	2	2.00	2	10.00	20.00
18.74143	2	2.00	2	10.00	20.00
18.76429	2	2.00	2	10.00	20.00
18.79648	2	2.00	2	10.00	20.00
18.81566	2	2.00	2	10.00	20.00
18.8621	2	2.00	2	10.00	20.00
18.87499	2	2.00	2	10.00	20.00
18.93382	2	2.00	2	10.00	20.00
18.97465	2	2.00	2	10.00	20.00
18.98874	2	2.00	2	10.00	20.00
18.99719	2	2.00	2	10.00	20.00
19.05598	2	2.00	2	10.00	20.00
19.07334	2	2.00	2	10.00	20.00
19.11176	2	2.00	2	10.00	20.00
19.13082	2	2.00	2	10.00	20.00
19.13698	2	2.00	2	10.00	20.00
19.16555	2	2.00	2	10.00	20.00
21.5539	2	2.00	2	10.00	20.00
21.6041	2	2.00	2	10.00	20.00
21.66508	2	2.00	2	10.00	20.00
21.68131	2	2.00	2	10.00	20.00
21.99478	2	2.00	2	10.00	20.00
Total	100	100.00	100 (n = 20)	500.00	20.00

图 13.10　profit 变量组内、组间以及整体的分布频率

图 13.11 所示是对每个个体显示 sale 变量的时间序列图的结果。

从图 13.11 可以看出，不同地区的销售收入的时间趋势是不一致的，有的地区变化非常平稳，有的地区先升后降，有的地区先降后升。

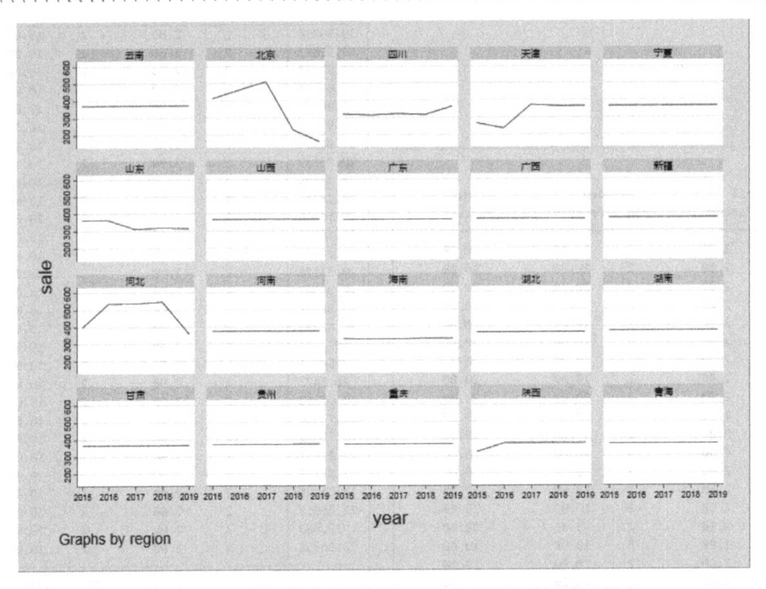

图 13.11　对每个个体显示 sale 变量的时间序列图

图 13.12 所示是对每个个体显示 cost 变量的时间序列图的结果。

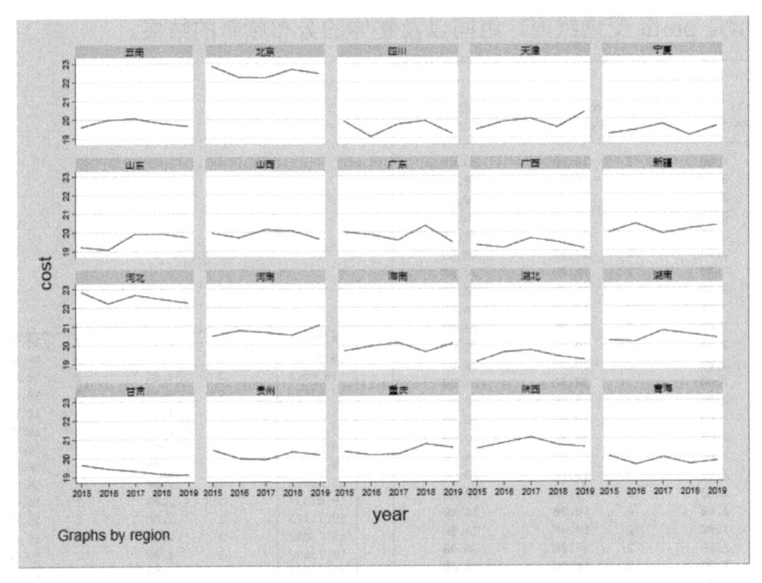

图 13.12　对每个个体显示 cost 变量的时间序列图

从图 13.12 可以看出，不同地区的促销成本的时间趋势是不一致的，有的地区变化非常平稳，有的地区先升后降，有的地区先降后升。

图 13.13 所示是对每个个体显示 profit 变量的时间序列图的结果。

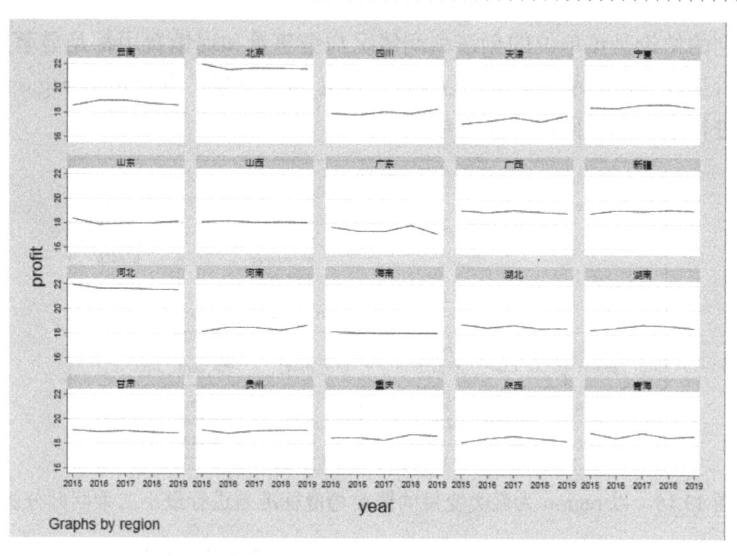

图 13.13 对每个个体显示 profit 变量的时间序列图

从图 13.13 可以看出，不同地区创造利润的时间趋势是不一致的，有的地区变化非常平稳，有的地区先升后降，有的地区先降后升。

图 13.14 所示是以 profit 为因变量，以 sale、cost 为自变量，进行最小二乘回归分析的结果。

```
. reg profit sale cost

      Source |       SS           df       MS      Number of obs   =       100
-------------+----------------------------------   F(2, 97)        =     89.51
       Model |  76.1151966         2  38.0575983   Prob > F        =    0.0000
    Residual |  41.2409563        97  .425164498   R-squared       =    0.6486
-------------+----------------------------------   Adj R-squared   =    0.6413
       Total |  117.356153        99  1.18541569   Root MSE        =    .65205

------------------------------------------------------------------------------
      profit |      Coef.   Std. Err.      t    P>|t|     [95% Conf. Interval]
-------------+----------------------------------------------------------------
        sale |   .0041186   .0014083     2.92   0.004     .0013235    .0069138
        cost |   .8628148   .0755204    11.42   0.000     .7129278    1.012702
       _cons |  -.1217915    1.44389    -0.08   0.933    -2.987513     2.74393
------------------------------------------------------------------------------
```

图 13.14 普通最小二乘回归分析

从上述分析结果中可以得到很多信息，可以看出共有 100 个样本参与了分析，模型的 F 值(2, 97) = 89.51，P 值（Prob > F）= 0.0000，说明模型整体上是很显著的。模型的可决系数（R-squared）为 0.6486，模型修正的可决系数（Adj R-squared）为 0.6413，说明模型的解释能力也是非常好的。

变量 sale 的系数标准误是 0.0014083，t 值为 2.92，P 值为 0.004，系数是非常显著的，95%的置信区间为[0.0013235, 0.0069138]。

变量 cost 的系数标准误是 0.0755204，t 值为 11.42，P 值为 0.000，系数是非常显著的，95%的置信区间为[0.7129278, 1.012702]。

常数项的系数标准误是 1.44389，t 值为-0.08，P 值为 0.933，系数是不显著的，95%的置信区间为[-2.987513,2.74393]。

从上述分析结果可以得到最小二乘模型的回归方程是：

```
profit = 0.0041186*sale + 0.8628148*cost - 0.1217915
```

从上面的分析可以看出最小二乘线性模型的整体显著性、系数显著性以及模型的整体解释能力都很不错。得到的结论是该单位的创造利润情况与销售量和促销费用都是显著呈正向变化的。

图 13.15 所示是以 profit 为因变量，以 sale、cost 为自变量，并使用以 region 为聚类变量的聚类稳健标准差，进行最小二乘回归分析的结果。

```
. reg profit sale cost,vce(cluster region)

Linear regression                               Number of obs     =        100
                                                F(2, 19)          =      61.30
                                                Prob > F          =     0.0000
                                                R-squared         =     0.6486
                                                Root MSE          =     .65205

                                 (Std. Err. adjusted for 20 clusters in region)
------------------------------------------------------------------------------
             |               Robust
      profit |      Coef.   Std. Err.      t    P>|t|     [95% Conf. Interval]
-------------+----------------------------------------------------------------
        sale |   .0041186   .0027939     1.47   0.157    -.0017291    .0099663
        cost |   .8628148   .2199254     3.92   0.001     .4025056    1.323124
       _cons |  -.1217915   3.554249    -0.03   0.973    -7.560919    7.317336
------------------------------------------------------------------------------
```

图 13.15　以 region 为聚类变量的聚类稳健标准差进行最小二乘回归分析

从图 13.15 中可以看出，使用以 region 为聚类变量的聚类稳健标准差进行最小二乘回归分析的结果与普通最小二乘回归分析得到的结果类似，只是 sale 变量系数的显著性有所下降。

以 region 为聚类变量的聚类稳健标准差进行最小二乘回归分析的结果是：

（1）共有 100 个样本参与了分析。

（2）模型的 F 值(2, 19) = 61.30，P 值（Prob > F）= 0.0000，说明模型整体上是很显著的。

（3）模型的可决系数（R-squared）为 0.6486，模型的 Root MSE 为 0.65205，说明模型的解释能力也是非常好的。

（4）变量 sale 的基于稳健标准差计算的系数标准误是 0.0027939，t 值为 1.47，P 值为 0.157，系数是非常不显著的，95%的置信区间为[-0.0017291,0.0099663]。

（5）变量 cost 的基于稳健标准差计算的系数标准误是 0.2199254，t 值为 3.92，P 值为 0.001，系数是非常显著的，95%的置信区间为[0.4025056, 1.323124]。

（6）常数项的基于稳健标准差计算的系数标准误是 3.554249，t 值为-0.03，P 值为 0.973，系数是不显著的，95%的置信区间为[-7.560919,7.317336]。

从上述分析结果中可以看出，以 region 为聚类变量的聚类稳健标准差得到最小二乘模型的回归方程是：

```
profit = 0.0041186*sale + 0.8628148*cost - 0.1217915
```

图 13.16 所示是以 profit 为因变量，以 sale、cost 为自变量，并使用以 region 为聚类变量的聚类稳健标准差，进行固定效应回归分析的结果。

从图 13.16 中可以看到：

（1）共有 20 组样本，每组 5 个，共有 100 个样本参与了固定效应回归分析。

（2）模型的 F 值是 10.92，显著性 P 值为 0.0007，模型是非常显著的。

（3）型组内 R 方是 0.3637（within = 0.3637），说明单位内解释的变化比例是 36.37%。

（4）模型组间 R 方是 0.6619（between = 0.6619），说明单位间解释的变化比例是 66.19%。模型总体 R 方是 0.6397（overall = 0.6397），说明总的解释变化比例是 63.97%。

（5）模型的解释能力还是可以接受的。观察模型中各个变量系数的显著性 P 值，发现也都是比较显著的。

（6）此外，观察图 13.16 中的最后一行，rho=0.97094042，说明复合扰动项的方差主要来自个体效应而不是时间效应的变动，这一点在后面的分析中也可以得到验证。

图 13.17 所示是以 profit 为因变量，以 sale、cost 为自变量，进行固定效应回归分析的结果。

```
. xtreg profit sale cost,fe vce(cluster region)

Fixed-effects (within) regression               Number of obs      =       100
Group variable: region                          Number of groups   =        20

R-sq:                                           Obs per group:
     within  = 0.3637                                         min =          5
     between = 0.6619                                         avg =        5.0
     overall = 0.6397                                         max =          5

                                                F(2,19)            =     10.92
corr(u_i, Xb)  = 0.6171                         Prob > F           =    0.0007

                              (Std. Err. adjusted for 20 clusters in region)
------------------------------------------------------------------------------
             |               Robust
      profit |      Coef.   Std. Err.      t    P>|t|     [95% Conf. Interval]
-------------+----------------------------------------------------------------
        sale |   .0008134    .000416     1.96   0.065    -.0000573     .001684
        cost |   .3855929   .0985734     3.91   0.001     .1792764    .5919094
       _cons |   10.71182   1.971151     5.43   0.000     6.586158    14.83749
-------------+----------------------------------------------------------------
     sigma_u |   .8315285
     sigma_e |  .14385518
         rho |  .97094042   (fraction of variance due to u_i)
------------------------------------------------------------------------------
```

图 13.16　进行固定效应回归分析

```
. xtreg profit sale cost,fe

Fixed-effects (within) regression               Number of obs      =       100
Group variable: region                          Number of groups   =        20

R-sq:                                           Obs per group:
     within  = 0.3637                                         min =          5
     between = 0.6619                                         avg =        5.0
     overall = 0.6397                                         max =          5

                                                F(2,78)            =     22.30
corr(u_i, Xb)  = 0.6171                         Prob > F           =    0.0000

------------------------------------------------------------------------------
      profit |      Coef.   Std. Err.      t    P>|t|     [95% Conf. Interval]
-------------+----------------------------------------------------------------
        sale |   .0008134   .0003772     2.16   0.034     .0000625    .0015643
        cost |   .3855929   .0596712     6.46   0.000     .2667966    .5043892
       _cons |   10.71182   1.221366     8.77   0.000     8.280271    13.14338
-------------+----------------------------------------------------------------
     sigma_u |   .8315285
     sigma_e |  .14385518
         rho |  .97094042   (fraction of variance due to u_i)
------------------------------------------------------------------------------
F test that all u_i=0: F(19, 78) = 100.78                    Prob > F = 0.0000
```

图 13.17　普通固定效应回归分析

本结果相对于使用以 region 为聚类变量的聚类稳健标准差进行固定效应回归分析的结果在变量系数显著性上有所提高。此外，在图 13.17 的最下面一行，可以看到“F test that all u_i=0:F(19,78)=100.78　Prob > F = 0.0000”，显著地拒绝了各个样本没有自己的截距项的原假设，所以我们可以初步认为每个个体拥有与众不同的截距项，也就是说固定效应模型是在一定程度上优于普通最小二乘回归模型的。这一点也在后续的深入分析中得到了验证。

图 13.18 存储的是固定效应回归分析估计结果。选择“数据”|“数据编辑器”|“数据编辑器（浏览）”命令，进入数据查看界面，可以看到如图 13.18 所示的变量_est_fe 的相关数据。

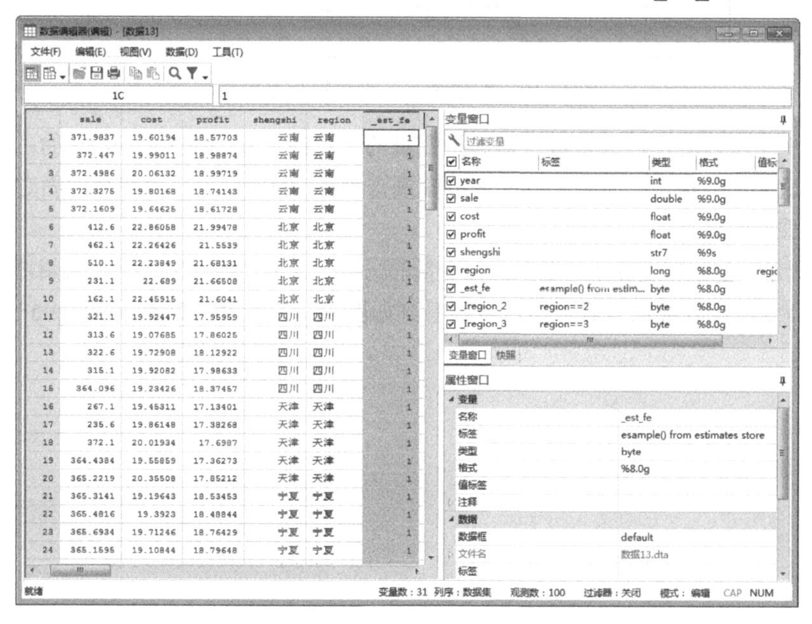

图 13.18　变量_est_fe 的相关数据

图 13.19 所示是构建最小二乘虚拟变量模型来分析固定效应模型是否优于最小二乘回归分析的结果。

```
. xi:xtreg  profit sale cost  i.region,vce(cluster region)
i.region          _Iregion_1-20        (naturally coded; _Iregion_1 omitted)

Random-effects GLS regression                   Number of obs     =        100
Group variable: region                          Number of groups  =         20

R-sq:                                           Obs per group:
     within  = 0.3637                                         min =          5
     between = 1.0000                                         avg =        5.0
     overall = 0.9862                                         max =          5

                                                Wald chi2(2)      =          .
corr(u_i, X)   = 0 (assumed)                    Prob > chi2       =          .

                               (Std. Err. adjusted for 20 clusters in region)
------------------------------------------------------------------------------
             |               Robust
      profit |      Coef.   Std. Err.      z    P>|z|     [95% Conf. Interval]
-------------+----------------------------------------------------------------
        sale |   .0008134   .0004639     1.75   0.080    -.0000958    .0017226
        cost |   .3855929   .1099254     3.51   0.000      .170143    .6010428
  _Iregion_2 |   1.894897   .2960608     6.40   0.000     1.314628    2.475165
  _Iregion_3 |  -.5919913   .0313998   -18.85   0.000    -.6535337   -.5304488
  _Iregion_4 |  -1.267767   .0245196   -51.70   0.000    -1.315825    -1.21971
  _Iregion_5 |    .008769   .0455854     0.19   0.847    -.0805768    .0981148
  _Iregion_6 |  -.5981793   .0296453   -20.18   0.000    -.6562831   -.5400755
  _Iregion_7 |   -.709194   .0092968   -76.28   0.000    -.7274154   -.6909725
  _Iregion_8 |  -1.303425   .0050922  -255.96   0.000    -1.313406   -1.293445
  _Iregion_9 |   .3974586   .0533412     7.45   0.000     .2929117    .5020055
 _Iregion_10 |   .1574903   .0370763     4.25   0.000      .084822    .2301586
 _Iregion_11 |   1.796878   .2916619     6.16   0.000     1.225232    2.368525
 _Iregion_12 |  -.6930642   .0980756    -7.07   0.000    -.8852889   -.5008396
 _Iregion_13 |  -.6776784   .0231878   -29.23   0.000    -.7231258   -.6322311
 _Iregion_14 |    .008769   .0455854     0.19   0.847    -.0805768    .0981148
 _Iregion_15 |  -.4179629   .0634097    -6.59   0.000    -.5422437   -.2936821
 _Iregion_16 |   .3974586   .0533412     7.45   0.000     .2929117    .5020055
 _Iregion_17 |   .1574903   .0370763     4.25   0.000      .084822    .2301586
 _Iregion_18 |  -.4179629   .0634097    -6.59   0.000    -.5422437   -.2936821
 _Iregion_19 |  -.6850094    .098783    -6.93   0.000    -.8786206   -.4913982
 _Iregion_20 |  -5.27e-14   6.24e-14    -0.84   0.398    -1.75e-13    6.96e-14
       _cons |   10.83898   2.160131     5.02   0.000     6.605195    15.07275
-------------+----------------------------------------------------------------
     sigma_u |          0
     sigma_e |  .14385518
         rho |          0   (fraction of variance due to u_i)
------------------------------------------------------------------------------
```

图 13.19 构建最小二乘虚拟变量模型

从图 13.19 中可以看出，大多数个体虚拟变量的显著性 P 值都是小于 0.05 的，所以我们可以非常有把握地认为可以拒绝“所有个体的虚拟变量皆为 0”的原假设，也就是说固定效应模型是优于普通最小二乘回归模型的。

图 13.20 所示是创建年度变量的多个虚拟变量的结果。选择“数据”|“数据编辑器”|“数据编辑器（浏览）”命令，进入数据查看界面，可以看到如图 13.20 所示的变量 year1~year5 的相关数据。

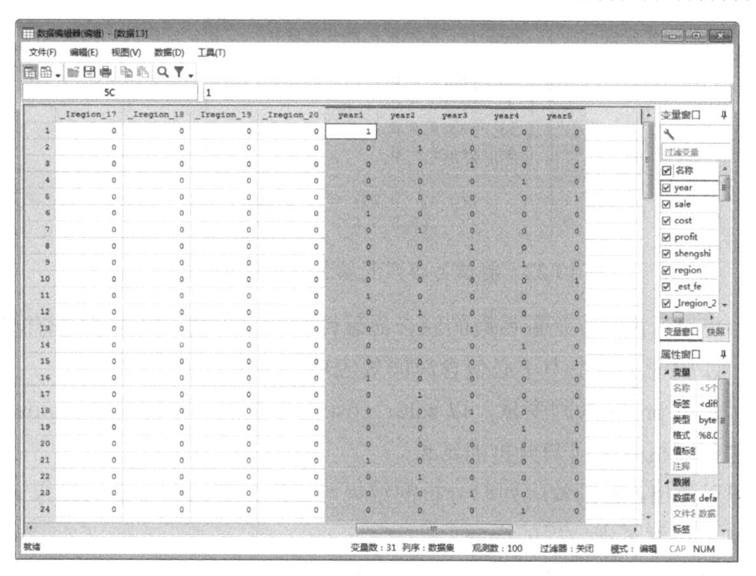

图 13.20　创建年度变量的多个虚拟变量

图 13.21 所示是构建双向固定效应模型的分析结果。

```
. xtreg profit sale cost year2-year5,fe vce(cluster region)

Fixed-effects (within) regression               Number of obs     =        100
Group variable: region                          Number of groups  =         20

R-sq:                                           Obs per group:
     within  = 0.3714                                         min =          5
     between = 0.6628                                         avg =        5.0
     overall = 0.6397                                         max =          5

                                                F(6,19)           =       6.27
corr(u_i, Xb)  = 0.6203                         Prob > F          =     0.0009

                                 (Std. Err. adjusted for 20 clusters in region)
------------------------------------------------------------------------------
             |               Robust
      profit |      Coef.   Std. Err.      t    P>|t|     [95% Conf. Interval]
-------------+----------------------------------------------------------------
        sale |    .000841   .0004133     2.04   0.056     -.000024     .001706
        cost |   .3796774   .1023562     3.71   0.001     .1654433    .5939114
       year2 |  -.0340789   .0548042    -0.62   0.541    -.1487855    .0806276
       year3 |  -.0031438   .0555176    -0.06   0.955    -.1193435    .1130559
       year4 |  -.0203285   .0527426    -0.39   0.704    -.1307201    .0900631
       year5 |   .0028054   .0585636     0.05   0.962    -.1197696    .1253804
       _cons |   10.83195   2.043458     5.30   0.000     6.554943    15.10896
-------------+----------------------------------------------------------------
     sigma_u |   .8343481
     sigma_e |  .14679623
         rho |  .96997415   (fraction of variance due to u_i)
------------------------------------------------------------------------------
```

图 13.21　构建双向固定效应模型

从图 13.21 中可以看出，全部 year 虚拟变量的显著性 P 值都是远大于 0.05 的，所以我们可以初步认为模型中不应包含时间效应。值得说明的是，在构建双向固定效应模型时并没有把 year1 列入进去，这是因为 year1 被视为基期，也就是模型中的常数项。

图 13.22 所示是在上一步回归的基础上，通过测试各虚拟变量系数的联合显著性来检验是否应该在模型中纳入时间效应的检验结果。

```
. test year2 year3 year4 year5

 ( 1)  year2 = 0
 ( 2)  year3 = 0
 ( 3)  year4 = 0
 ( 4)  year5 = 0

       F(  4,    19) =    0.30
            Prob > F =    0.8774
```

图 13.22　测试各虚拟变量系数的联合显著性

从图 13.22 中可以看出，各变量系数的联合显著性是非常差的，接受了没有时间效应的初始假设，所以我们进一步验证了模型中不必包含时间效应项的结论。

图 13.23 所示是以 profit 为因变量，以 sale、cost 为自变量，并使用以 region 为聚类变量的聚类稳健标准差，进行随机效应回归分析的结果。

从图 13.23 可以看出，随机效应回归分析的结果与固定效应回归分析的结果大同小异，只是部分变量的显著性水平得到了进一步的提高。

图 13.24 所示是在上一步回归的基础上，进行假设检验来判断随机效应模型是否优于最小二乘回归模型的结果。

从图 13.24 可以看出，假设检验非常显著地拒绝了不存在个体随机效应的原假设，也就是说，随机效应模型是在一定程度上优于普通最小二乘回归分析模型的。

```
. xtreg profit sale cost,re vce(cluster region)

Random-effects GLS regression                   Number of obs     =        100
Group variable: region                          Number of groups  =         20

R-sq:                                           Obs per group:
     within  = 0.3637                                         min =          5
     between = 0.6615                                         avg =        5.0
     overall = 0.6394                                         max =          5

                                                Wald chi2(2)      =      57.98
corr(u_i, X)   = 0 (assumed)                    Prob > chi2       =     0.0000

                                (Std. Err. adjusted for 20 clusters in region)

             |               Robust
      profit |      Coef.   Std. Err.      z    P>|z|     [95% Conf. Interval]
-------------+----------------------------------------------------------------
        sale |    .000941   .0004111     2.29   0.022     .0001354    .0017467
        cost |   .4552351   .1038987     4.38   0.000     .2515975    .6588728
       _cons |   9.260715   1.969323     4.70   0.000     5.400914    13.12052
-------------+----------------------------------------------------------------
     sigma_u |   .6319691
     sigma_e |  .14385518
         rho |  .95073712   (fraction of variance due to u_i)
```

图 13.23　进行随机效应回归分析

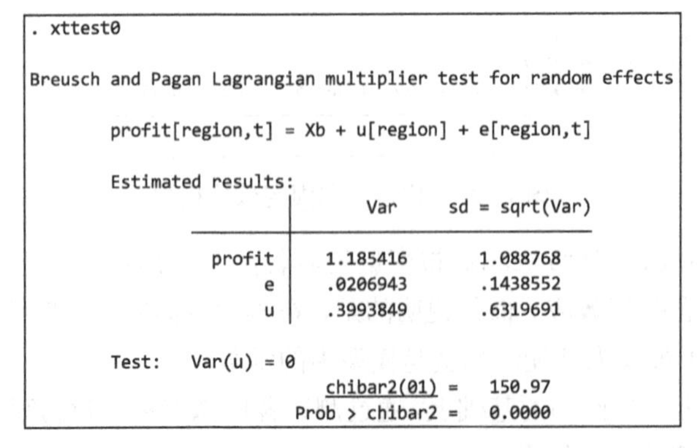

```
. xttest0

Breusch and Pagan Lagrangian multiplier test for random effects

        profit[region,t] = Xb + u[region] + e[region,t]

        Estimated results:
                         |       Var     sd = sqrt(Var)
                ---------+-----------------------------
                  profit |   1.185416       1.088768
                       e |   .0206943       .1438552
                       u |   .3993849       .6319691

        Test:   Var(u) = 0
                             chibar2(01) =   150.97
                          Prob > chibar2 =   0.0000
```

图 13.24　进行假设检验

图 13.25 所示是以 profit 为因变量，以 sale、cost 为自变量，并使用最大似然估计方法进行随机效应回归分析的结果。

```
. xtreg profit sale cost,mle

Fitting constant-only model:
Iteration 0:   log likelihood =  -23.92551
Iteration 1:   log likelihood = -21.382451
Iteration 2:   log likelihood = -21.328259
Iteration 3:   log likelihood = -21.327985

Fitting full model:
Iteration 0:   log likelihood = -32.568989
Iteration 1:   log likelihood = -21.121665
Iteration 2:   log likelihood = -1.3850307
Iteration 3:   log likelihood =  2.3346682
Iteration 4:   log likelihood =  2.6742858
Iteration 5:   log likelihood =  2.6792857
Iteration 6:   log likelihood =  2.6792871

Random-effects ML regression                    Number of obs     =        100
Group variable: region                          Number of groups  =         20

Random effects u_i ~ Gaussian                   Obs per group:
                                                              min =          5
                                                              avg =        5.0
                                                              max =          5

                                                LR chi2(2)        =      48.01
Log likelihood  =  2.6792871                    Prob > chi2       =     0.0000

------------------------------------------------------------------------------
      profit |      Coef.   Std. Err.      z    P>|z|     [95% Conf. Interval]
-------------+----------------------------------------------------------------
        sale |   .0008985    .000374     2.40   0.016     .0001655    .0016315
        cost |   .4326417   .0588544     7.35   0.000     .3172893    .5479942
       _cons |     9.7319   1.218091     7.99   0.000     7.344486    12.11931
-------------+----------------------------------------------------------------
    /sigma_u |   .7812466   .1283765                      .5661303    1.078102
    /sigma_e |   .1426361   .0113685                      .1220075    .1667525
         rho |   .9677416   .0115572                      .9376185    .9846947
------------------------------------------------------------------------------
LR test of sigma_u=0: chibar2(01) = 200.57             Prob >= chibar2 = 0.000
```

图 13.25　使用最大似然估计方法进行随机效应回归分析

从图 13.25 可以看出，使用最大似然估计方法的随机效应回归分析的结果与使用以 region 为聚类变量的聚类稳健标准差的随机效应回归分析的结果大同小异，只是部分变量的显著性水平得到了进一步的提高。

图 13.26 所示是以 profit 为因变量，以 sale、cost 为自变量，并使用组间估计量，进行组间估计量回归分析的结果。

```
. xtreg profit sale cost,be

Between regression (regression on group means)  Number of obs     =        100
Group variable: region                          Number of groups  =         20

R-sq:                                           Obs per group:
     within  = 0.1532                                         min =          5
     between = 0.7013                                         avg =        5.0
     overall = 0.5968                                         max =          5

                                                F(2,17)           =      19.95
sd(u_i + avg(e_i.))=  .6352352                  Prob > F          =     0.0000

------------------------------------------------------------------------------
      profit |      Coef.   Std. Err.      t    P>|t|     [95% Conf. Interval]
-------------+----------------------------------------------------------------
        sale |   .0104226   .0056309     1.85   0.082    -.0014576    .0223027
        cost |   .7736037   .1950806     3.97   0.001     .3620197    1.185188
       _cons |  -.6310407   3.264482    -0.19   0.849    -7.518495    6.256414
------------------------------------------------------------------------------
```

图 13.26　使用组间估计量进行组间估计量回归分析

从图 13.26 可以看出，使用组间估计量进行回归分析的结果较固定效应模型、随机效应模型在模型的解释能力以及变量系数的显著性上都有所降低。

在前面的分析过程中，我们使用各种分析方法对本节涉及的案例进行了详细的分析。读者们看到众多的分析方法时可能会有眼花缭乱的感觉，那么我们最终应该选择哪种分析方法来构建模型呢？答案当然是具体问题具体分析，然而我们也有统计方法和统计经验作为决策参考。例如，在本例中，已经证明了固定效应模型和随机效应模型都要好于普通最小二乘回归模型。而对于组间估计量模型来说，它通常用于数据质量不好的时候，而且会损失较多的信息，所以很多时候我们仅将其作为一种对照的估计方法。那么剩下的问题就是选择固定效应模型还是随机效应模型的问题。在前面分析的基础上，操作命令如下：

- xtreg profit sale cost, re：以 profit 为因变量，以 sale、cost 为自变量，进行随机效应回归分析。
- estimates store re：存储随机效应回归分析的估计结果。
- hausman fe re, constant sigmamore：进行豪斯曼检验，并据此判断应该选择固定效应模型还是随机效应模型。

在命令窗口输入命令并按回车键进行确认，结果如图 13.27~图 13.29 所示。

图 13.27 所示是以 profit 为因变量，以 sale、cost 为自变量，进行随机效应回归分析的结果。

```
. xtreg profit sale cost,re

Random-effects GLS regression                   Number of obs     =        100
Group variable: region                          Number of groups  =         20

R-sq:                                           Obs per group:
     within  = 0.3637                                         min =          5
     between = 0.6615                                         avg =        5.0
     overall = 0.6394                                         max =          5

                                                Wald chi2(2)      =      62.84
corr(u_i, X)   = 0 (assumed)                    Prob > chi2       =     0.0000

------------------------------------------------------------------------------
      profit |      Coef.   Std. Err.      z    P>|z|     [95% Conf. Interval]
-------------+----------------------------------------------------------------
        sale |    .000941   .0003979     2.37   0.018     .0001612    .0017209
        cost |   .4552351    .059261     7.68   0.000     .3390858    .5713845
       _cons |   9.260715   1.220895     7.59   0.000     6.867806    11.65362
-------------+----------------------------------------------------------------
     sigma_u |   .6319691
     sigma_e |  .14385518
         rho |  .95073712   (fraction of variance due to u_i)
------------------------------------------------------------------------------
```

图 13.27　进行随机效应回归分析

对该回归分析结果的详细解读我们在前面已经多次讲述过了，此处不再重复讲解。

图 13.28 存储的是随机效应回归分析的估计结果。选择“数据”|“数据编辑器”|“数据编辑器（浏览）”命令，进入数据查看界面，可以看到如图 13.27 所示的变量_est_re 的相关数据。

图 13.29 所示是进行豪斯曼检验的结果。

豪斯曼检验的原假设是使用随机效应模型。图 13.29 中显示的显著性 P 值（Prob>chi2 =0.0061）远远低于 5%，所以我们拒绝初始假设，认为使用固定效应模型是更为合理的。

综上所述，我们应该构建固定效应模型来描述变量之间的回归关系。

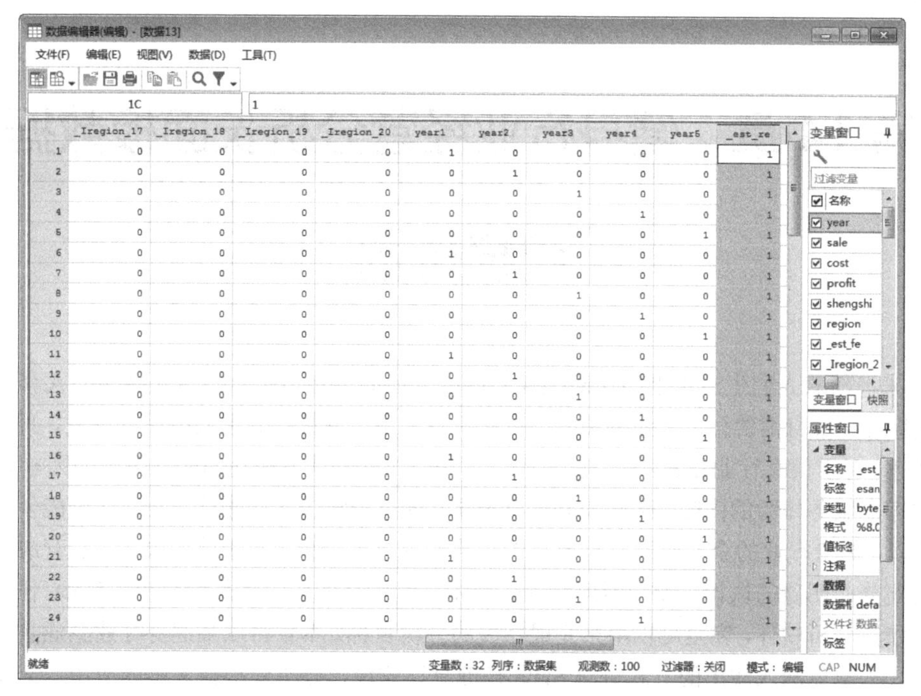

图 13.28　查看数据

```
. hausman fe re,constant sigmamore

                 ---- Coefficients ----
             |      (b)          (B)            (b-B)     sqrt(diag(V_b-V_B))
             |      fe           re          Difference          S.E.
-------------+----------------------------------------------------------------
        sale |   .0008134      .000941       -.0001277         .000038
        cost |   .3855929     .4552351       -.0696422        .0220622
       _cons |   10.71182     9.260715        1.451109        .4296863
------------------------------------------------------------------------------
                          b = consistent under Ho and Ha; obtained from xtreg
           B = inconsistent under Ha, efficient under Ho; obtained from xtreg

    Test:  Ho:  difference in coefficients not systematic

                  chi2(3) = (b-B)'[(V_b-V_B)^(-1)](b-B)
                          =       12.40
                Prob>chi2 =      0.0061
                (V_b-V_B is not positive definite)

.
```

图 13.29　进行豪斯曼检验

13.5　研究结论

本章基于 XX 饮料连锁企业在北京、甘肃、广东、广西、贵州、海南、河北、河南、湖北、湖南、宁夏、青海、山东、山西、陕西、四川、天津、新疆、云南、重庆等省市的各个连锁店 2015-2019 年的相关销售数据，采用直接最小二乘回归分析、固定效应回归分析、随机效应回归分析、组间估计量回归分析等多种短面板数据分析方法研究了创造利润与销售收入、促销费用之间的关系，研究发现该单位的创造利润情况与销售量和促销费用都是显著呈正向变化的。

第 14 章　健身行业经营分析长面板数据建模技术

近年来，随着人们生活水平的逐渐提高和健康意识的逐步增强，有越来越多的人喜爱健身活动，而且愿意为健身消费付出一定的成本。在此大背景下，健身行业也如雨后春笋般，兴起于城市的大小角落。对于健身行业而言，恰当有效的运营是公司能够获得成功的非常关键的因素。或者说，要在注重客户服务体验的同时，合理控制运营成本，通过资源的高效集约运用，尽可能创造更多的价值。所以，健身行业的企业要及时对自身的经营情况进行分析，对于营业收入、运营成本和利润贡献要有充分而明确的认识，要及时对收入、成本、利润之间的关系进行分析。Stata 作为一种功能强大的统计分析软件，完全可以用来完成相关的分析目标。本章将以某健身行业企业具体的经营实践为例，力求以深入浅出的方式讲解 Stata 在健身行业经营分析建模技术中的应用。需要提示和强调的是，本章虽然以健身行业企业为例，但是其中体现的研究方法、研究思路和建模技术也可以有效应用于其他具有类似经营性质的企业，读者可以结合自身研究需要加以参考借鉴。

14.1　建模技术

本章在健身行业经营分析中将引入长面板数据的相关建模技术。

长面板数据是面板数据的一种，其主要特征是时间维度比较大而横截面维度相对较小，或者说，同一期间内被观测的期间较多而被观测的个体数量较少。长面板数据分析相对而言更加关注设定扰动项相关的具体形式，一般使用可行广义最小二乘法进行估计。这又分为两种情形：一种是仅解决组内自相关的可行广义最小二乘估计；另一种是同时处理组内自相关与组间同期相关的可行广义最小二乘估计。

本章将讲述长面板数据相关的建模技术，用以解决健身行业的经营分析问题。

14.2　建模思路

本章使用的案例数据来自 XX 健身连锁企业（虚拟名，如有雷同纯属巧合）在北京、广东、广西、河北、河南、江苏、天津、浙江等省市的各个连锁店 2010-2019 年的相关销售数据（包括营业收入、运营成本以及经营利润等数据），如表 14.1 所示。由于营业收入数据涉及商业机密，因此本章介绍时进行了适当的脱密处理，对于其中的部分数据也进行了必要的调整。

表 14.1 XX 饮料连锁企业各省市连锁店营业收入、运营成本以及经营利润数据（2010－2019 年）

年 份	营业收入/万元	运营成本/万元	经营利润/万元	省 市
2010	886.26	227.65	205.78	北京
2011	891.11	209.42	174.90	北京
……	……	……	……	……
2018	142.57	73.23	69.63	浙江
2019	141.74	72.80	68.85	浙江

本章使用的建模分析方法是 Stata 中长面板数据回归分析系列功能。

14.3 数据准备

下载资源:\video\14.1
下载资源:\sample\数据 14

本节我们准备 XX 健身连锁企业在北京、广东、广西、河北、河南、江苏、天津、浙江等省市的各个连锁店 2010-2019 年的相关销售数据（包括营业收入、运营成本以及经营利润等数据）。这些数据都是完整的，我们将其整理入 Stata 中。

如图 14.1 所示，在 Stata 格式文件中共有 5 个变量，分别是年份、营业收入、运营成本、经营利润以及地区。我们把年份变量定义为 year，把营业收入变量定义为 sale，把运营成本变量定义为 cost，把经营利润变量定义为 profit，把地区变量定义为 shengshi。变量类型及长度采取系统默认方式，然后录入相关数据。

其中，shengshi 为字符串变量，year、sale、cost、profit 四个变量均为数值型变量。

数据视图如图 14.2 所示，包括 XX 健身连锁企业在北京、广东、广西、河北、河南、江苏、天津、浙江等省市的各个连锁店 2010-2019 年的相关销售数据（包括营业收入、运营成本以及经营利润等数据）。

名称	标签	类型	格式	值标签
year		int	%9.0g	
sale		double	%9.0g	
cost		float	%9.0g	
profit		float	%9.0g	
shengshi		str7	%9s	

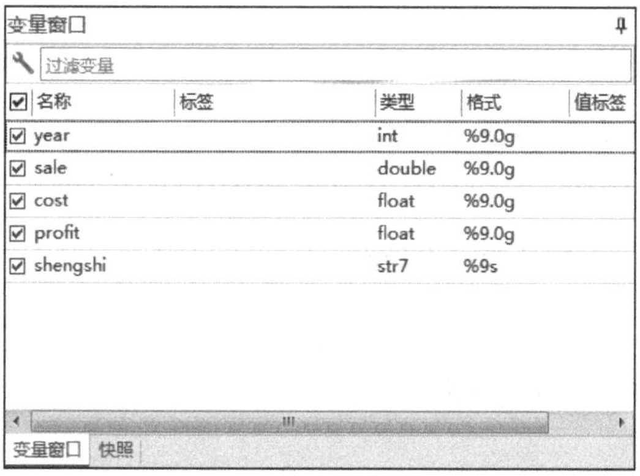

图 14.1 数据 14 的变量视图

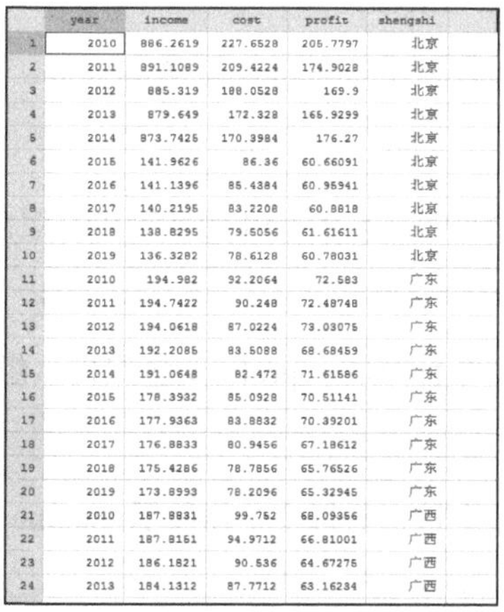

	year	income	cost	profit	shengshi
1	2010	886.2619	227.6528	205.7797	北京
2	2011	891.1089	209.4224	174.9028	北京
3	2012	885.319	188.0528	169.9	北京
4	2013	879.649	172.328	165.9299	北京
5	2014	873.7425	170.3984	176.27	北京
6	2015	141.9626	86.36	60.66091	北京
7	2016	141.1396	85.4384	60.95941	北京
8	2017	140.2195	83.2208	60.8818	北京
9	2018	138.8295	79.5056	61.61611	北京
10	2019	136.3282	78.6128	60.78031	北京
11	2010	194.982	92.2064	72.583	广东
12	2011	194.7422	90.248	72.48748	广东
13	2012	194.0618	87.0224	73.03075	广东
14	2013	192.2085	83.5088	68.68459	广东
15	2014	191.0648	82.472	71.61586	广东
16	2015	178.3932	85.0928	70.51141	广东
17	2016	177.9363	83.8832	70.39201	广东
18	2017	176.8833	80.9456	67.18612	广东
19	2018	175.4286	78.7856	65.76526	广东
20	2019	173.8993	78.2096	65.32945	广东
21	2010	187.8831	99.752	68.09356	广西
22	2011	187.8161	94.9712	66.81001	广西
23	2012	186.1821	90.536	64.67275	广西
24	2013	184.1312	87.7712	63.16234	广西

图 14.2 数据 14 的数据视图

14.4 建模分析

	下载资源:\video\14.2
	下载资源:\sample\数据 14

14.4.1 研究过程

先保存数据，然后开始展开分析，步骤如下：

01 进入 Stata 16.0，打开相关数据文件，弹出主界面。

02 在主界面的“命令窗口”中输入如下命令：

```
list year income cost profit
```

本命令的含义是对 year、income、cost、profit 四个变量所包含的样本数据一一进行展示，以便简单直观地观测出数据的具体特征，为深入分析做好必要准备。

```
encode shengshi,gen(region)
```

因为面板数据要求其中的个体变量取值必须为整数且不允许重复，所以我们需要对各个观测样本进行有序编号。本命令旨在将 shengshi 这一字符串变量转化为数值型变量，以便进行下一步操作。

```
xtset region year
```

本命令的含义是对面板数据进行定义，其中横截面维度变量为我们上一步生成的 region，时间序列变量为 year。

```
xtdes
```

本命令旨在观测面板数据的结构，考察面板数据的特征，为后续分析做好必要准备。

```
xtsum
```

本命令旨在显示面板数据组内、组间以及整体的统计指标。

```
xttab income
```

本命令旨在显示 income 变量组内、组间以及整体的分布频率。

```
xttab cost
```

本命令旨在显示 cost 变量组内、组间以及整体的分布频率。

```
xttab profit
```

本命令旨在显示 profit 变量组内、组间以及整体的分布频率。

```
xtline income
```

本命令旨在对每个个体显示 income 变量的时间序列图。

```
xtline cost
```

本命令旨在对每个个体显示 cost 变量的时间序列图。

```
xtline profit
```

本命令旨在对每个个体显示 profit 变量的时间序列图。

```
tab region,gen(region)
```

本命令旨在创建省市变量的多个虚拟变量。

```
reg profit income cost region2-region8 year,vce(cluster region)
```

本命令的含义是以 profit 为因变量，以 income、cost 以及生成的各个地区虚拟变量为自变量，并使用以 region 为聚类变量的聚类稳健标准差，进行最小二乘回归分析。

```
estimates store ols
```

本命令的含义是存储最小二乘回归分析的估计结果。

```
xtpcse profit income cost region2-region8 year,corr(ar1)
```

本命令的含义是在仅考虑存在组内自相关，并且各组的自回归系数相同的情形下，以 profit 为因变量，以 income、cost 以及生成的各个地区虚拟变量为自变量，进行可行广义最小二乘回归分析。

```
estimates store ar1
```

本命令的含义是存储上一步可行广义最小二乘回归分析的估计结果。

```
xtpcse profit income cost region2-region8 year,corr(psar1)
```

本命令的含义是在仅考虑存在组内自相关，并且各组的自回归系数不相同的情形下，以 profit 为因变量，以 income、cost 以及生成的各个地区虚拟变量为自变量，进行可行广义最小二乘回归分析。

```
estimates store psar1
```

本命令的含义是存储上一步可行广义最小二乘回归分析的估计结果。

```
xtpcse profit income cost region2-region8 year,hetonly
```

本命令的含义是在不考虑存在自相关，仅考虑不同个体扰动项存在异方差的情形下，以 profit 为因变量，以 income、cost 以及生成的各个地区虚拟变量为自变量，进行可行广义最小二乘回归分析。

```
estimates store hetonly
```

本命令的含义是存储上一步可行广义最小二乘回归分析的估计结果。

```
estimates table ols ar1 psar1 hetonly,b se
```

本命令的含义是展示将以上各种方法的系数估计值及标准差列表放到一起进行比较的结果。

```
xtgls profit income cost region2-region8 year,panels(cor) cor(ar1)
```

本命令的含义是在假定不同个体的扰动项相互独立且有不同的方差，并且各组的自回归系数相同的情形下，以 profit 为因变量，以 income、cost 以及生成的各个地区虚拟变量为自变量，进行可行广义最小二乘回归分析。

```
xtgls profit income cost region2-region8 year,panels(cor) cor(psar1)
```

本命令的含义是在假定不同个体的扰动项相互独立且有不同的方差，并且各组的自回归系数不相同的情形下，以 profit 为因变量，以 income、cost 以及生成的各个地区虚拟变量为自变量，进行可行广义最小二乘回归分析。

03 设置完毕后，按回车键，等待输出结果。

14.4.2 结果分析

在 Stata16.0 主界面的结果窗口可以看到如图 14.3~图 14.26 所示的分析结果。

图 14.3 是对 year、income、cost、profit 四个变量数据进行展示的结果。它的目的是通过对变量所包含的样本数据一一进行展示，以便简单直观地观测出数据的具体特征，为深入分析做好必要准备。

```
. list year income cost profit
```

	year	income	cost	profit
1.	2010	886.2619	227.6528	205.7797
2.	2011	891.1089	209.4224	174.9028
3.	2012	885.319	188.0528	169.9
4.	2013	879.649	172.328	165.9299
5.	2014	873.7425	170.3984	176.27
6.	2015	141.9626	86.36	60.66091
7.	2016	141.1396	85.4384	60.95941
8.	2017	140.2195	83.2208	60.8818
9.	2018	138.8295	79.5056	61.61611
10.	2019	136.3282	78.6128	60.78031
11.	2010	194.982	92.2064	72.583
12.	2011	194.7422	90.248	72.48748
13.	2012	194.0618	87.0224	73.03075
14.	2013	192.2085	83.5088	68.68459
15.	2014	191.0648	82.472	71.61586
16.	2015	178.3932	85.0928	70.51141
17.	2016	177.9363	83.8832	70.39201
18.	2017	176.8833	80.9456	67.18612
19.	2018	175.4286	78.7856	65.76526
20.	2019	173.8993	78.2096	65.32945
21.	2010	187.8831	99.752	68.09356
22.	2011	187.8151	94.9712	66.81001
23.	2012	186.1821	90.536	64.67275
24.	2013	184.1312	87.7712	63.16234
25.	2014	181.6753	86.9072	65.04886
26.	2015	215.3745	110.408	66.82792
27.	2016	213.6022	101.2496	64.71454
28.	2017	210.9066	98.2256	64.69663
29.	2018	207.3523	95.0864	62.58922
30.	2019	203.7753	93.704	61.37731
31.	2010	124.5638	82.8176	59.92063
32.	2011	124.2819	82.76	60.11167
33.	2012	123.2289	79.9088	61.19224
34.	2013	121.2687	74.0336	63.30562
35.	2014	118.9878	72.536	59.24005
36.	2015	129.8158	79.6784	67.46074
37.	2016	129.7705	78.2096	65.02498
38.	2017	128.63	75.704	64.41007
39.	2018	127.7034	73.6592	64.8817
40.	2019	126.8577	72.824	67.85476
41.	2010	127.1979	90.7376	59.18632
42.	2011	127.1104	84.3728	58.22515
43.	2012	125.484	81.8384	56.52967
44.	2013	123.0248	77.6624	56.43415
45.	2014	120.219	76.3952	55.42522
46.	2015	145.2901	78.8432	72.19495
47.	2016	144.3246	76.28	70.195
48.	2017	143.5275	74.84	71.35915
49.	2018	142.575	73.2272	69.63382
50.	2019	141.7423	72.7952	68.85175
51.	2010	886.2619	227.6528	205.7797
52.	2011	891.1089	209.4224	174.9028
53.	2012	885.319	188.0528	169.9
54.	2013	879.649	172.328	165.9299
55.	2014	873.7425	170.3984	176.27
56.	2015	141.9626	86.36	60.66091
57.	2016	141.1396	85.4384	60.95941
58.	2017	140.2195	83.2208	60.8818
59.	2018	138.8295	79.5056	61.61611
60.	2019	136.3282	78.6128	60.78031
61.	2010	124.5638	82.8176	59.92063
62.	2011	124.2819	82.76	60.11167
63.	2012	123.2289	79.9088	61.19224
64.	2013	121.2687	74.0336	63.30562
65.	2014	118.9878	72.536	59.24005
66.	2015	129.8158	79.6784	67.46074
67.	2016	129.7705	78.2096	65.02498
68.	2017	128.63	75.704	64.41007
69.	2018	127.7034	73.6592	64.8817
70.	2019	126.8577	72.824	67.85476
71.	2010	127.1979	90.7376	59.18632
72.	2011	127.1104	84.3728	58.22515
73.	2012	125.484	81.8384	56.52967
74.	2013	123.0248	77.6624	56.43415
75.	2014	120.219	76.3952	55.42522
76.	2015	145.2901	78.8432	72.19495
77.	2016	144.3246	76.28	70.195
78.	2017	143.5275	74.84	71.35915
79.	2018	142.575	73.2272	69.63382
80.	2019	141.7423	72.7952	68.85175

图 14.3 展示数据

从如图 14.3 所示的分析结果中可以看出，数据的总体质量还是可以的，没有极端异常值，变量间的量纲差距也是可以接受的，可以进入下一步的分析。

图 14.4 所示是将 shengshi 这一字符串变量转化为数值型变量 region 的结果。选择“数据”|“数据编辑器”|“数据编辑器（浏览）”命令，进入数据查看界面，可以看到如图 14.4 所示的变量 region 的相关数据。

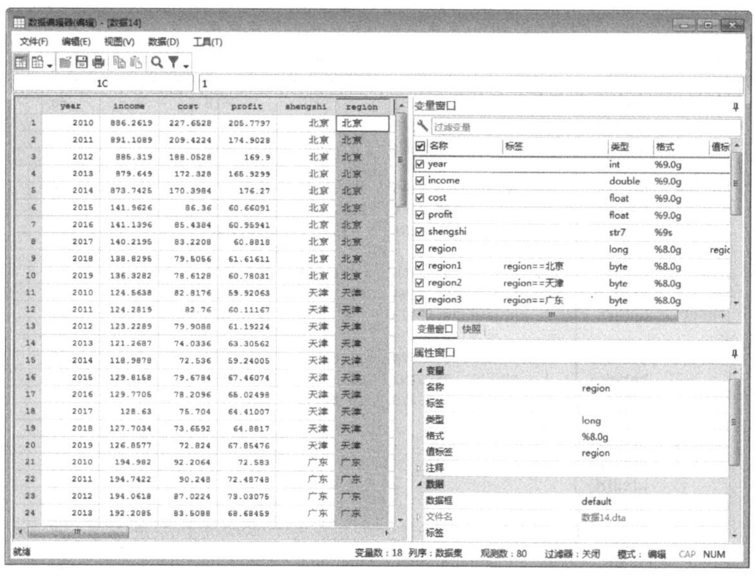

图 14.4　查看数据

图 14.5 所示是对面板数据进行定义的结果，其中横截面维度变量为上一步生成的 region，时间序列变量为 year。

```
. xtset region year
       panel variable:  region (strongly balanced)
        time variable:  year, 2010 to 2019
                delta:  1 unit
```

图 14.5　对面板数据进行定义

从图 14.5 可以看出这是一个平衡的面板数据。

图 14.6 所示是面板数据结构的结果。

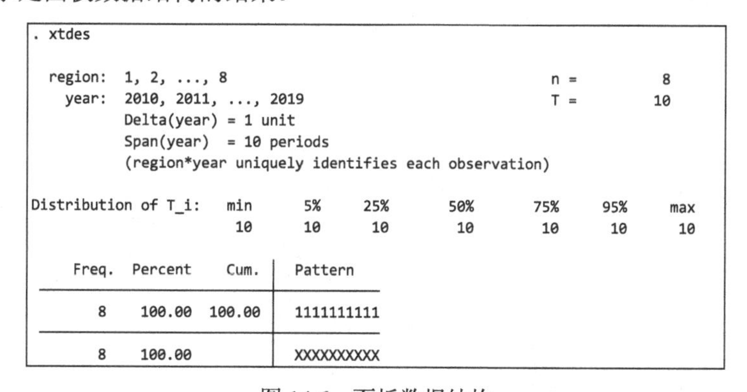

```
. xtdes

  region:  1, 2, ..., 8                                    n =          8
    year:  2010, 2011, ..., 2019                           T =         10
           Delta(year) = 1 unit
           Span(year)  = 10 periods
           (region*year uniquely identifies each observation)

Distribution of T_i:   min      5%      25%       50%       75%     95%     max
                        10      10       10        10        10      10      10

     Freq.  Percent    Cum. |  Pattern
 ---------------------------+------------
        8    100.00  100.00 |  1111111111
 ---------------------------+------------
        8    100.00         |  XXXXXXXXXX
```

图 14.6　面板数据结构

从图 14.6 可以看出该面板数据的横截面维度 region 为 1~8 共 8 个取值，时间序列维度 year 为 2010~2019 共 10 个取值，属于长面板数据，而且观测样本在时间上的分布也非常均匀。

图 14.7 所示是面板数据组内、组间以及整体的统计指标的结果。

```
. xtsum

Variable         |      Mean   Std. Dev.       Min        Max |    Observations
-----------------+--------------------------------------------+----------------
year     overall |    2014.5   2.890403       2010       2019 |     N =      80
         between |                    0     2014.5     2014.5 |     n =       8
         within  |             2.890403       2010       2019 |     T =      10
                 |                                            |
income   overall |  240.6078   245.9146   118.9878   891.1089 |     N =      80
         between |             169.3874   125.5109   511.4561 |     n =       8
         within  |             187.2181    -134.52   620.2607 |     T =      10
                 |                                            |
cost     overall |   96.0152   38.62356     72.536   227.6528 |     N =      80
         between |             26.69294   77.21312   138.0992 |     n =       8
         within  |             29.33323    36.5288   185.5688 |     T =      10
                 |                                            |
profit   overall |   78.5477   38.63674   55.42522   205.7797 |     N =      80
         between |              25.5282   63.34025   119.7681 |     n =       8
         within  |             30.25479   19.44053   164.5593 |     T =      10
                 |                                            |
shengshi overall |         .          .          .          . |     N =       0
         between |                    .          .          . |     n =       0
         within  |                    .          .          . |     T =       .
                 |                                            |
region   overall |       4.5   2.305744          1          8 |     N =      80
         between |              2.44949          1          8 |     n =       8
         within  |                    0        4.5        4.5 |     T =      10
```

图 14.7　面板数据组内、组间以及整体的统计指标

在短面板数据中，同一时间段内的不同观测样本构成一个组。从图 14.7 中可以看出，变量 year 的组间标准差是 0，因为不同组的这一变量取值完全相同，同时变量 region 的组内标准差也为 0，所以分布在同一组的数据属于同一个地区。

图 14.8 所示是 income 变量组内、组间以及整体的分布频率的结果。

```
. xttab income

                  Overall             Between            Within
    income |    Freq.  Percent      Freq.  Percent        Percent
-----------+-----------------------------------------------------
  118.9878 |        2     2.50          2    25.00          10.00
   120.219 |        2     2.50          2    25.00          10.00
  121.2687 |        2     2.50          2    25.00          10.00
  123.0248 |        2     2.50          2    25.00          10.00
  123.2289 |        2     2.50          2    25.00          10.00
  124.2819 |        2     2.50          2    25.00          10.00
  124.5638 |        2     2.50          2    25.00          10.00
   125.484 |        2     2.50          2    25.00          10.00
  126.8577 |        2     2.50          2    25.00          10.00
  127.1104 |        2     2.50          2    25.00          10.00
  127.1979 |        2     2.50          2    25.00          10.00
  127.7034 |        2     2.50          2    25.00          10.00
    128.63 |        2     2.50          2    25.00          10.00
  129.7705 |        2     2.50          2    25.00          10.00
  129.8158 |        2     2.50          2    25.00          10.00
  136.3282 |        2     2.50          2    25.00          10.00
  138.8295 |        2     2.50          2    25.00          10.00
  140.2195 |        2     2.50          2    25.00          10.00
  141.1396 |        2     2.50          2    25.00          10.00
  141.7423 |        2     2.50          2    25.00          10.00
  141.9626 |        2     2.50          2    25.00          10.00
   142.575 |        2     2.50          2    25.00          10.00
  143.5275 |        2     2.50          2    25.00          10.00
  144.3246 |        2     2.50          2    25.00          10.00
  145.2901 |        2     2.50          2    25.00          10.00
  173.8993 |        1     1.25          1    12.50          10.00
  175.4286 |        1     1.25          1    12.50          10.00
  176.8833 |        1     1.25          1    12.50          10.00
  177.9363 |        1     1.25          1    12.50          10.00
  178.3932 |        1     1.25          1    12.50          10.00
  181.6753 |        1     1.25          1    12.50          10.00
  184.1312 |        1     1.25          1    12.50          10.00
  186.1821 |        1     1.25          1    12.50          10.00
  187.8151 |        1     1.25          1    12.50          10.00
  187.8831 |        1     1.25          1    12.50          10.00
  191.0648 |        1     1.25          1    12.50          10.00
  192.2085 |        1     1.25          1    12.50          10.00
  194.0618 |        1     1.25          1    12.50          10.00
  194.7422 |        1     1.25          1    12.50          10.00
   194.982 |        1     1.25          1    12.50          10.00
  203.7753 |        1     1.25          1    12.50          10.00
  207.3523 |        1     1.25          1    12.50          10.00
  210.9066 |        1     1.25          1    12.50          10.00
  213.6022 |        1     1.25          1    12.50          10.00
  215.3745 |        1     1.25          1    12.50          10.00
  873.7425 |        2     2.50          2    25.00          10.00
   879.649 |        2     2.50          2    25.00          10.00
   885.319 |        2     2.50          2    25.00          10.00
  886.2619 |        2     2.50          2    25.00          10.00
  891.1089 |        2     2.50          2    25.00          10.00
-----------+-----------------------------------------------------
     Total |       80   100.00         80  1000.00          10.00
                                      (n = 8)
```

图 14.8　income 变量的分布频率

图 14.9 所示是 cost 变量组内、组间以及整体的分布频率的结果。

图 14.10 所示是 profit 变量组内、组间以及整体的分布频率的结果。

. xttab cost

cost	Overall Freq.	Overall Percent	Between Freq.	Between Percent	Within Percent
72.536	2	2.50	2	25.00	10.00
72.7952	2	2.50	2	25.00	10.00
72.824	2	2.50	2	25.00	10.00
73.2272	2	2.50	2	25.00	10.00
73.6592	2	2.50	2	25.00	10.00
74.0336	2	2.50	2	25.00	10.00
74.84	2	2.50	2	25.00	10.00
75.704	2	2.50	2	25.00	10.00
76.28	2	2.50	2	25.00	10.00
76.3952	2	2.50	2	25.00	10.00
77.6624	2	2.50	2	25.00	10.00
78.2096	3	3.75	3	37.50	10.00
78.6128	2	2.50	2	25.00	10.00
78.7856	1	1.25	1	12.50	10.00
78.8432	2	2.50	2	25.00	10.00
79.5056	2	2.50	2	25.00	10.00
79.6784	2	2.50	2	25.00	10.00
79.9088	2	2.50	2	25.00	10.00
80.9456	1	1.25	1	12.50	10.00
81.8384	2	2.50	2	25.00	10.00
82.472	1	1.25	1	12.50	10.00
82.76	2	2.50	2	25.00	10.00
82.8176	2	2.50	2	25.00	10.00
83.2208	2	2.50	2	25.00	10.00
83.5088	1	1.25	1	12.50	10.00
83.8832	1	1.25	1	12.50	10.00
84.3728	2	2.50	2	25.00	10.00
85.0928	1	1.25	1	12.50	10.00
85.4384	2	2.50	2	25.00	10.00
86.36	2	2.50	2	25.00	10.00
86.9072	1	1.25	1	12.50	10.00
87.0224	1	1.25	1	12.50	10.00
87.7712	1	1.25	1	12.50	10.00
90.248	1	1.25	1	12.50	10.00
90.536	1	1.25	1	12.50	10.00
90.7376	2	2.50	2	25.00	10.00
92.2064	1	1.25	1	12.50	10.00
93.704	1	1.25	1	12.50	10.00
94.9712	1	1.25	1	12.50	10.00
95.0864	1	1.25	1	12.50	10.00
98.2256	1	1.25	1	12.50	10.00
99.752	1	1.25	1	12.50	10.00
101.2496	1	1.25	1	12.50	10.00
110.408	1	1.25	1	12.50	10.00
170.3984	2	2.50	2	25.00	10.00
172.328	2	2.50	2	25.00	10.00
188.0528	2	2.50	2	25.00	10.00
209.4224	2	2.50	2	25.00	10.00
227.6528	2	2.50	2	25.00	10.00
Total	80	100.00	80 (n = 8)	1000.00	10.00

图 14.9 cost 变量的分布频率

. xttab profit

profit	Overall Freq.	Overall Percent	Between Freq.	Between Percent	Within Percent
55.42522	2	2.50	2	25.00	10.00
56.43415	2	2.50	2	25.00	10.00
56.52967	2	2.50	2	25.00	10.00
58.22515	2	2.50	2	25.00	10.00
59.18632	2	2.50	2	25.00	10.00
59.24005	2	2.50	2	25.00	10.00
59.92063	2	2.50	2	25.00	10.00
60.11167	2	2.50	2	25.00	10.00
60.66091	2	2.50	2	25.00	10.00
60.78031	2	2.50	2	25.00	10.00
60.8818	2	2.50	2	25.00	10.00
60.95941	2	2.50	2	25.00	10.00
61.19224	2	2.50	2	25.00	10.00
61.37731	1	1.25	1	12.50	10.00
61.61611	2	2.50	2	25.00	10.00
62.58922	1	1.25	1	12.50	10.00
63.16234	1	1.25	1	12.50	10.00
63.30562	2	2.50	2	25.00	10.00
64.41007	2	2.50	2	25.00	10.00
64.67275	1	1.25	1	12.50	10.00
64.69663	1	1.25	1	12.50	10.00
64.71454	1	1.25	1	12.50	10.00
64.8817	2	2.50	2	25.00	10.00
65.02498	2	2.50	2	25.00	10.00
65.04886	1	1.25	1	12.50	10.00
65.32945	1	1.25	1	12.50	10.00
65.76526	1	1.25	1	12.50	10.00
66.81001	1	1.25	1	12.50	10.00
66.82792	1	1.25	1	12.50	10.00
67.18612	1	1.25	1	12.50	10.00
67.46074	2	2.50	2	25.00	10.00
67.85476	2	2.50	2	25.00	10.00
68.09356	1	1.25	1	12.50	10.00
68.68459	1	1.25	1	12.50	10.00
68.85175	2	2.50	2	25.00	10.00
69.63382	2	2.50	2	25.00	10.00
70.195	2	2.50	2	25.00	10.00
70.39201	1	1.25	1	12.50	10.00
70.51141	1	1.25	1	12.50	10.00
71.35915	2	2.50	2	25.00	10.00
71.61586	1	1.25	1	12.50	10.00
72.19495	2	2.50	2	25.00	10.00
72.48748	1	1.25	1	12.50	10.00
72.583	1	1.25	1	12.50	10.00
73.03075	1	1.25	1	12.50	10.00
165.9299	2	2.50	2	25.00	10.00
169.9	2	2.50	2	25.00	10.00
174.9028	2	2.50	2	25.00	10.00
176.27	2	2.50	2	25.00	10.00
205.7797	2	2.50	2	25.00	10.00
Total	80	100.00	80 (n = 8)	1000.00	10.00

图 14.10 profit 变量的分布频率

图 14.11 所示是对每个个体显示 income 变量的时间序列图的结果。

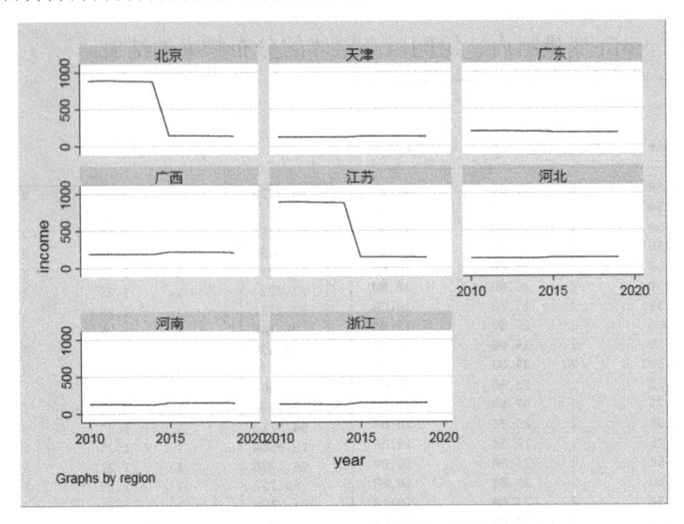

图 14.11　显示 income 变量的时间序列图

从图 14.11 可以看出，该健身企业不同地区的营业收入的时间趋势是不一致的，有的地区（比如天津、广东、河北、浙江等）的变化一直非常平稳，有的地区（比如北京、江苏等）先平稳再下降后平稳。

图 14.12 所示是对每个个体显示 cost 变量的时间序列图的结果。

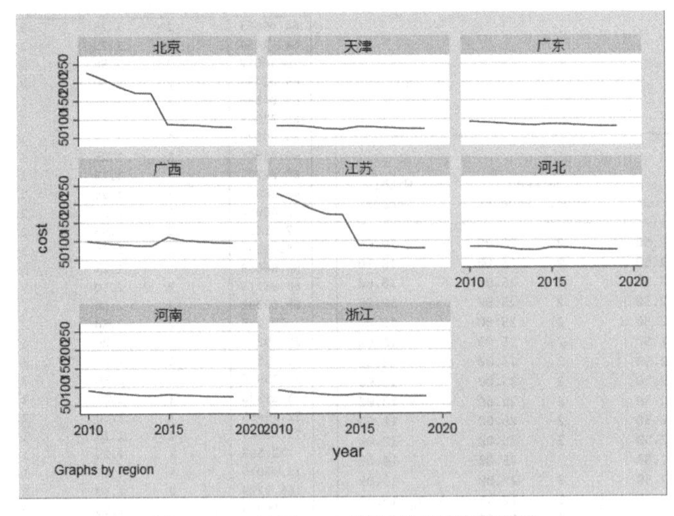

图 14.12　显示 cost 变量的时间序列图

从图 14.12 中可以看出，该健身企业不同地区的运营成本的时间趋势是不一致的，有的地区的变化一直非常平稳，有的地区先平稳再下降后平稳。

图 14.13 所示是对每个个体显示 profit 变量的时间序列图的结果。

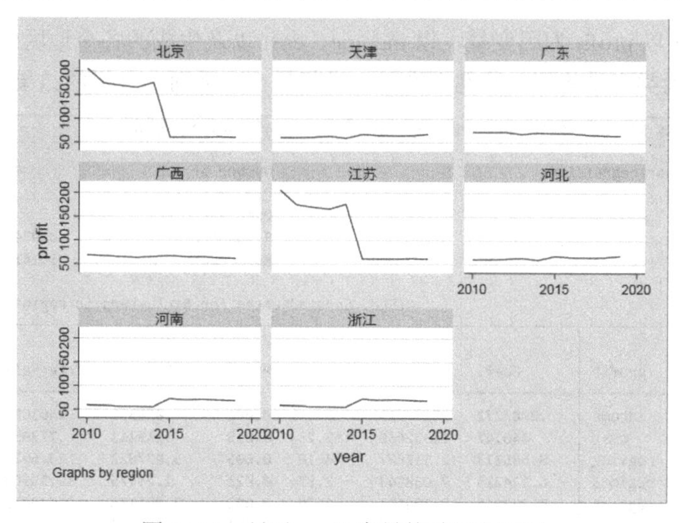

图 14.13　显示 profit 变量的时间序列图

从图 14.13 可以看出，不同地区的经营利润的时间趋势是不一致的，有的地区的变化一直非常平稳，有的地区先平稳再下降后平稳。

图 14.14 所示是创建省市变量的多个虚拟变量的结果。选择“数据”|“数据编辑器”|“数据编辑器（浏览）”命令，进入数据查看界面，可以看到如图 14.14 所示的变量 region1~region8 的相关数据。

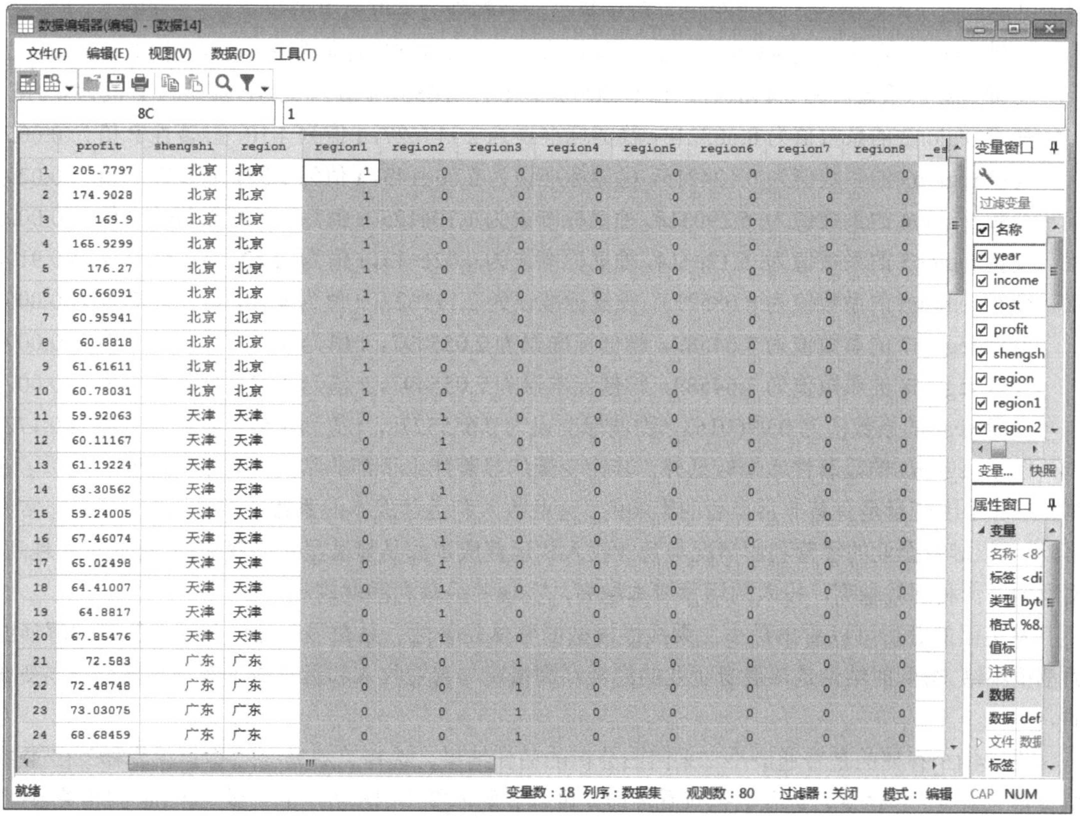

	profit	shengshi	region	region1	region2	region3	region4	region5	region6	region7	region8
1	205.7797	北京	北京	1	0	0	0	0	0	0	0
2	174.9028	北京	北京	1	0	0	0	0	0	0	0
3	169.9	北京	北京	1	0	0	0	0	0	0	0
4	165.9299	北京	北京	1	0	0	0	0	0	0	0
5	176.27	北京	北京	1	0	0	0	0	0	0	0
6	60.66091	北京	北京	1	0	0	0	0	0	0	0
7	60.95941	北京	北京	1	0	0	0	0	0	0	0
8	60.8818	北京	北京	1	0	0	0	0	0	0	0
9	61.61611	北京	北京	1	0	0	0	0	0	0	0
10	60.78031	北京	北京	1	0	0	0	0	0	0	0
11	59.92063	天津	天津	0	1	0	0	0	0	0	0
12	60.11167	天津	天津	0	1	0	0	0	0	0	0
13	61.19224	天津	天津	0	1	0	0	0	0	0	0
14	63.30562	天津	天津	0	1	0	0	0	0	0	0
15	59.24005	天津	天津	0	1	0	0	0	0	0	0
16	67.46074	天津	天津	0	1	0	0	0	0	0	0
17	65.02498	天津	天津	0	1	0	0	0	0	0	0
18	64.41007	天津	天津	0	1	0	0	0	0	0	0
19	64.8817	天津	天津	0	1	0	0	0	0	0	0
20	67.85476	天津	天津	0	1	0	0	0	0	0	0
21	72.583	广东	广东	0	0	1	0	0	0	0	0
22	72.48748	广东	广东	0	0	1	0	0	0	0	0
23	73.03075	广东	广东	0	0	1	0	0	0	0	0
24	68.68459	广东	广东	0	0	1	0	0	0	0	0

图 14.14　创建省市变量的多个虚拟变量

图 14.15 所示是以 profit 为因变量，以 income、cost 以及生成的各个地区虚拟变量为自变量，并使用以 region 为聚类变量的聚类稳健标准差，进行最小二乘回归分析的结果。

```
. reg profit income cost region2-region8 year,vce(cluster region)

Linear regression                               Number of obs     =         80
                                                F(2, 7)           =          .
                                                Prob > F          =          .
                                                R-squared         =     0.9845
                                                Root MSE          =     5.1415

                                 (Std. Err. adjusted for 8 clusters in region)
------------------------------------------------------------------------------
             |               Robust
      profit |      Coef.   Std. Err.      t    P>|t|     [95% Conf. Interval]
-------------+----------------------------------------------------------------
      income |   .0983272   .0177513     5.54   0.001      .056352    .1403024
        cost |    .446147   .1382486     3.23   0.015      .119241     .773053
     region2 |   8.685213   2.117627     4.10   0.005     3.677822     13.6926
     region3 |   6.124215   2.060143     2.97   0.021      1.25275    10.99568
     region4 |  -5.290318   1.104125    -4.79   0.002    -7.901158   -2.679478
     region5 |  -5.12e-14   4.42e-13    -0.12   0.911    -1.10e-12    9.95e-13
     region6 |   8.685213   2.117627     4.10   0.005     3.677822     13.6926
     region7 |    7.64589   2.055497     3.72   0.007     2.785412    12.50637
     region8 |    7.64589   2.055497     3.72   0.007     2.785412    12.50637
        year |   .9960163   .6555278     1.52   0.172    -.5540608    2.546093
       _cons |  -1998.609    1329.11    -1.50   0.176    -5141.456    1144.237
------------------------------------------------------------------------------
```

图 14.15 最小二乘回归分析

从图 14.15 所示的分析结果中可以看出共有 80 个样本（Number of obs = 80）参与了分析。模型的可决系数（R-squared）为 0.9845，说明模型的解释能力是非常好的。

变量 income 的系数值为 0.0983272，稳健标准误为 0.0177513，t 值为 5.54，显著性 P 值为 0.001。

变量 cost 的系数值为 0.446147，稳健标准误为 0.1382486，t 值为 3.23，显著性 P 值为 0.015。

变量 region2 的系数值为 8.685213，稳健标准误为 2.117627，t 值为 4.10，显著性 P 值为 0.005。

变量 region3 的系数值为 6.124215，稳健标准误为 2.060143，t 值为 2.97，显著性 P 值为 0.021。

变量 region4 的系数值为-5.290318，稳健标准误为 1.104125，t 值为-4.79，显著性 P 值为 0.002。

变量 region5 的系数值为-5.12e-14，稳健标准误为 4.42e-13，t 值为-0.12，显著性 P 值为 0.911。

变量 region6 的系数值为 8.685213，稳健标准误为 2.117627，t 值为 4.10，显著性 P 值为 0.005。

变量 region7 的系数值为 7.64589，稳健标准误为 2.055497，t 值为 3.72，显著性 P 值为 0.007。

变量 region8 的系数值为 7.64589，稳健标准误为 2.055497，t 值为 3.72，显著性 P 值为 0.007。

变量 year 的系数值为 0.9960163，稳健标准误为 0.6555278，t 值为 1.52，显著性 P 值为 0.172。

除了 region5 的显著性水平较低外，其他变量的显著性水平都非常高，在很大程度上说明了这些变量对于因变量是有着非常显著的影响的。营业收入和运营成本的系数值都是正的，而且非常显著，说明该健身企业的经营利润情况与营业收入和运营成本都是显著呈正向变化的，营业收入越高，实现的经营利润就越高，投入的运营成本越高，实现的经营利润就越高。

从上面的分析可以看出最小二乘线性模型的整体显著性、系数显著性以及模型的整体解释能力都很不错。得到的结论是该健身企业的经营利润情况与营业收入和运营成本都是显著呈正向变化的。

图 14.16 存储的是普通最小二乘回归分析的估计结果。选择“数据”|“数据编辑器”|“数据编辑器（浏览）”命令，进入数据查看界面，可以看到如图 14.16 所示的变量_est_ols 的相关数据。

	shengshi	region	region1	region2	region3	region4	region5	region6	region7	region8	_est_ols
1	北京	北京	1	0	0	0	0	0	0	0	1
2	北京	北京	1	0	0	0	0	0	0	0	1
3	北京	北京	1	0	0	0	0	0	0	0	1
4	北京	北京	1	0	0	0	0	0	0	0	1
5	北京	北京	1	0	0	0	0	0	0	0	1
6	北京	北京	1	0	0	0	0	0	0	0	1
7	北京	北京	1	0	0	0	0	0	0	0	1
8	北京	北京	1	0	0	0	0	0	0	0	1
9	北京	北京	1	0	0	0	0	0	0	0	1
10	北京	北京	1	0	0	0	0	0	0	0	1
11	天津	天津	0	1	0	0	0	0	0	0	1
12	天津	天津	0	1	0	0	0	0	0	0	1
13	天津	天津	0	1	0	0	0	0	0	0	1
14	天津	天津	0	1	0	0	0	0	0	0	1
15	天津	天津	0	1	0	0	0	0	0	0	1
16	天津	天津	0	1	0	0	0	0	0	0	1
17	天津	天津	0	1	0	0	0	0	0	0	1
18	天津	天津	0	1	0	0	0	0	0	0	1
19	天津	天津	0	1	0	0	0	0	0	0	1
20	天津	天津	0	1	0	0	0	0	0	0	1
21	广东	广东	0	0	1	0	0	0	0	0	1
22	广东	广东	0	0	1	0	0	0	0	0	1
23	广东	广东	0	0	1	0	0	0	0	0	1
24	广东	广东	0	0	1	0	0	0	0	0	1

图 14.16　普通最小二乘回归分析

图 14.17 所示是在仅考虑存在组内自相关，并且各组的自回归系数相同的情形下，以 profit 为因变量，以 income、cost 以及生成的各个地区虚拟变量为自变量，进行可行广义最小二乘回归分析的结果。

```
. xtpcse profit income cost region2-region8 year,corr(ar1)

Prais-Winsten regression, correlated panels corrected standard errors (PCSEs)

Group variable:   region                      Number of obs      =        80
Time variable:    year                        Number of groups   =         8
Panels:           correlated (balanced)       Obs per group:
Autocorrelation:  common AR(1)                               min =        10
                                                             avg =        10
                                                             max =        10
Estimated covariances      =        36        R-squared          =    0.9807
Estimated autocorrelations =         1        Wald chi2(7)       =   1031.38
Estimated coefficients     =        11        Prob > chi2        =    0.0000

------------------------------------------------------------------------------
             |           Panel-corrected
      profit |      Coef.   Std. Err.      z    P>|z|     [95% Conf. Interval]
-------------+----------------------------------------------------------------
      income |   .0946812   .0210961     4.49   0.000     .0533336    .1360288
        cost |   .4911251   .1420553     3.46   0.001     .2127019    .7695482
     region2 |   9.617644   4.082823     2.36   0.018     1.615459    17.61983
     region3 |   6.858969   3.900869     1.76   0.079     -.786593    14.50453
     region4 |  -4.968334   4.151507    -1.20   0.231    -13.10514     3.16847
     region5 |   2.82e-12          .        .       .            .           .
     region6 |   9.617644   4.082823     2.36   0.018     1.615459    17.61983
     region7 |   8.437322   4.398012     1.92   0.055     -.182623    17.05727
     region8 |   8.437322   4.398012     1.92   0.055     -.182623    17.05727
        year |   1.070653   .2211486     4.84   0.000     .6372098    1.504096
       _cons |  -2152.897   453.4799    -4.75   0.000    -3041.701   -1264.093
-------------+----------------------------------------------------------------
         rho |   .2656271
------------------------------------------------------------------------------
```

图 14.17　进行可行广义最小二乘回归分析

从图 14.17 可以看出，在仅考虑存在组内自相关，并且各组的自回归系数相同的情形下，进行可行广义最小二乘回归分析的结果与普通最小二乘回归分析的结果是有一些区别的。

图 14.18 存储的是上一步可行广义最小二乘回归分析的估计结果。选择“数据”|“数据编辑器”|

“数据编辑器（浏览）”命令，进入数据查看界面，可以看到如图 14.18 所示的变量_est_ar1 的相关数据。

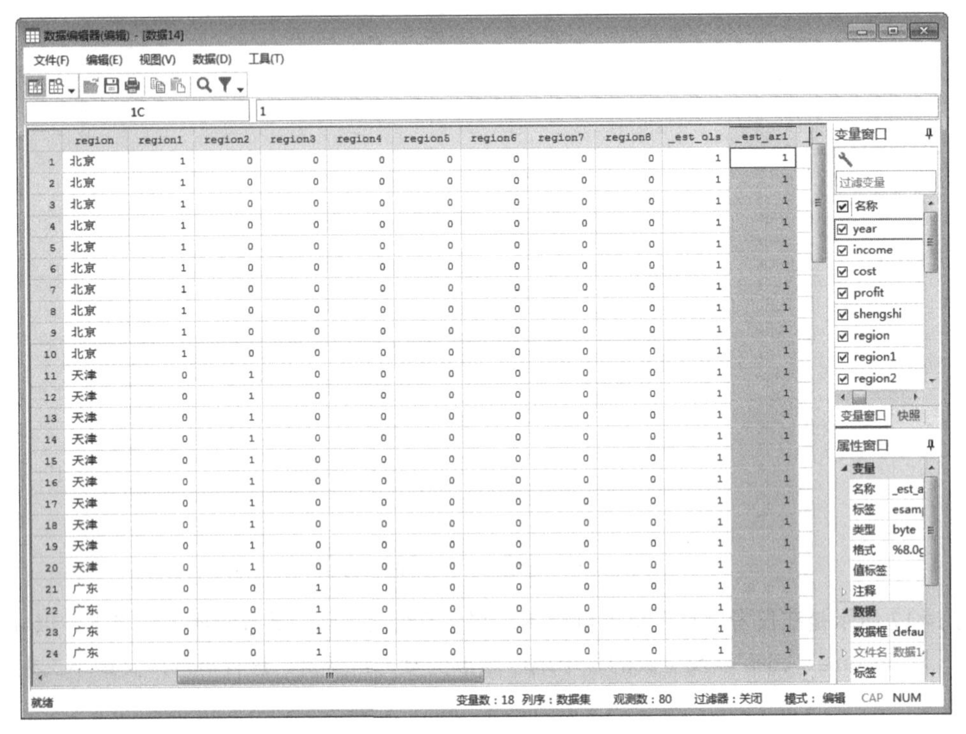

	region	region1	region2	region3	region4	region5	region6	region7	region8	_est_ols	_est_ar1
1	北京	1	0	0	0	0	0	0	0	1	1
2	北京	1	0	0	0	0	0	0	0	1	1
3	北京	1	0	0	0	0	0	0	0	1	1
4	北京	1	0	0	0	0	0	0	0	1	1
5	北京	1	0	0	0	0	0	0	0	1	1
6	北京	1	0	0	0	0	0	0	0	1	1
7	北京	1	0	0	0	0	0	0	0	1	1
8	北京	1	0	0	0	0	0	0	0	1	1
9	北京	1	0	0	0	0	0	0	0	1	1
10	北京	1	0	0	0	0	0	0	0	1	1
11	天津	0	1	0	0	0	0	0	0	1	1
12	天津	0	1	0	0	0	0	0	0	1	1
13	天津	0	1	0	0	0	0	0	0	1	1
14	天津	0	1	0	0	0	0	0	0	1	1
15	天津	0	1	0	0	0	0	0	0	1	1
16	天津	0	1	0	0	0	0	0	0	1	1
17	天津	0	1	0	0	0	0	0	0	1	1
18	天津	0	1	0	0	0	0	0	0	1	1
19	天津	0	1	0	0	0	0	0	0	1	1
20	天津	0	1	0	0	0	0	0	0	1	1
21	广东	0	0	1	0	0	0	0	0	1	1
22	广东	0	0	1	0	0	0	0	0	1	1
23	广东	0	0	1	0	0	0	0	0	1	1
24	广东	0	0	1	0	0	0	0	0	1	1

图 14.18　查看数据

图 14.19 所示是在仅考虑存在组内自相关，并且各组的自回归系数不相同的情形下，以 profit 为因变量，以 income、cost 以及生成的各个地区虚拟变量为自变量，进行可行广义最小二乘回归分析的结果。

```
. xtpcse profit income cost region2-region8 year,corr(psar1)

Prais-Winsten regression, correlated panels corrected standard errors (PCSEs)

Group variable:   region                    Number of obs      =        80
Time variable:    year                      Number of groups   =         8
Panels:           correlated (balanced)     Obs per group:
Autocorrelation:  panel-specific AR(1)                     min =        10
                                                           avg =        10
                                                           max =        10

Estimated covariances      =        36      R-squared          =    0.9954
Estimated autocorrelations =         8      Wald chi2(8)       =   2660.97
Estimated coefficients     =        11      Prob > chi2        =    0.0000

------------------------------------------------------------------------------
             |           Panel-corrected
      profit |      Coef.   Std. Err.      z    P>|z|     [95% Conf. Interval]
-------------+----------------------------------------------------------------
      income |   .0919981   .0163741     5.62   0.000     .0599055    .1240906
        cost |   .4877925   .1100553     4.43   0.000     .2720881    .7034968
     region2 |   8.983586   2.494026     3.60   0.000     4.095385    13.87179
     region3 |   5.837367   3.575331     1.63   0.103    -1.170154    12.84489
     region4 |   -5.41361   4.769586    -1.14   0.256    -14.76183    3.934606
     region5 |   3.82e-12   7.10e-08     0.00   1.000    -1.39e-07    1.39e-07
     region6 |   8.983586   2.494026     3.60   0.000     4.095385    13.87179
     region7 |   7.622904   3.661797     2.08   0.037     .4459139    14.79989
     region8 |   7.622904   3.661797     2.08   0.037     .4459139    14.79989
        year |     1.1783   .2145669     5.49   0.000     .7577564    1.598843
       _cons |  -2368.545    436.897    -5.42   0.000    -3224.848   -1512.243
-------------+----------------------------------------------------------------
        rhos = -.1981806 -.1559061   .859371  .7428074 -.1981806 ... -.1559061
------------------------------------------------------------------------------
```

图 14.19　自回归系数不相同

从图 14.19 可以看出，在仅考虑存在组内自相关，并且各组的自回归系数不相同的情形下，进行可行广义最小二乘回归分析的结果与前面各种回归分析的结果是有一些区别的。

图 14.20 存储的是上一步可行广义最小二乘回归分析的估计结果。选择“数据”|“数据编辑器”|“数据编辑器（浏览）”命令，进入数据查看界面，可以看到如图 14.20 所示的变量_est_psar1 的相关数据。

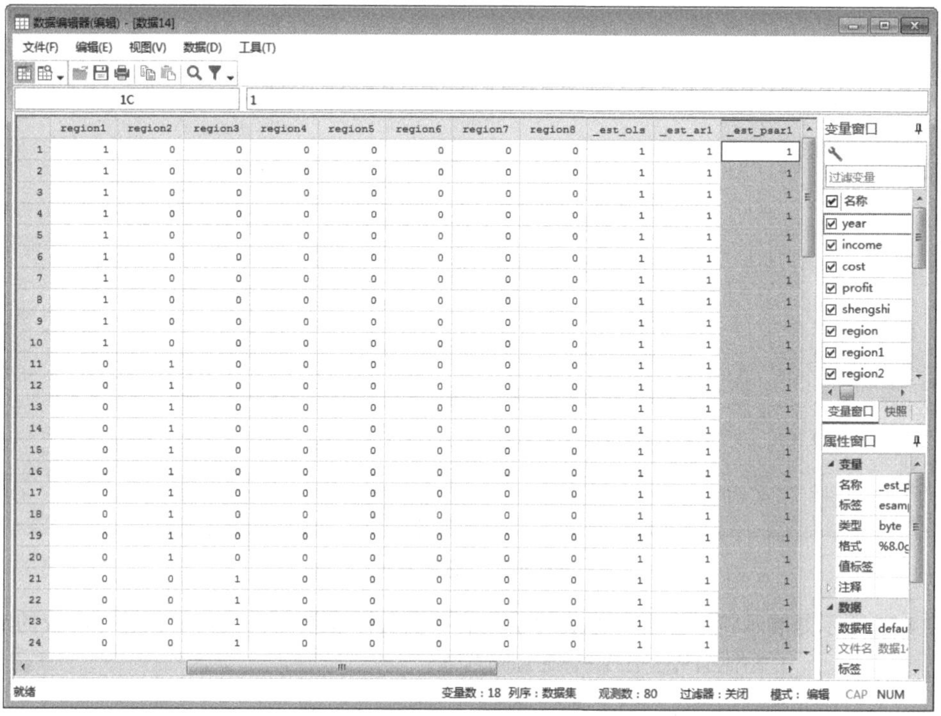

	region1	region2	region3	region4	region5	region6	region7	region8	_est_ols	_est_ar1	_est_psar1
1	1	0	0	0	0	0	0	0	1	1	1
2	1	0	0	0	0	0	0	0	1	1	1
3	1	0	0	0	0	0	0	0	1	1	1
4	1	0	0	0	0	0	0	0	1	1	1
5	1	0	0	0	0	0	0	0	1	1	1
6	1	0	0	0	0	0	0	0	1	1	1
7	1	0	0	0	0	0	0	0	1	1	1
8	1	0	0	0	0	0	0	0	1	1	1
9	1	0	0	0	0	0	0	0	1	1	1
10	1	0	0	0	0	0	0	0	1	1	1
11	0	1	0	0	0	0	0	0	1	1	1
12	0	1	0	0	0	0	0	0	1	1	1
13	0	1	0	0	0	0	0	0	1	1	1
14	0	1	0	0	0	0	0	0	1	1	1
15	0	1	0	0	0	0	0	0	1	1	1
16	0	1	0	0	0	0	0	0	1	1	1
17	0	1	0	0	0	0	0	0	1	1	1
18	0	1	0	0	0	0	0	0	1	1	1
19	0	1	0	0	0	0	0	0	1	1	1
20	0	1	0	0	0	0	0	0	1	1	1
21	0	0	1	0	0	0	0	0	1	1	1
22	0	0	1	0	0	0	0	0	1	1	1
23	0	0	1	0	0	0	0	0	1	1	1
24	0	0	1	0	0	0	0	0	1	1	1

图 14.20　查看数据

图 14.21 所示是在不考虑存在自相关，仅考虑不同个体扰动项存在异方差的情形下，以 profit 为因变量，以 income、cost 以及生成的各个地区虚拟变量为自变量，进行可行广义最小二乘回归分析的结果。

从图 14.21 可以看出，在不考虑存在自相关，仅考虑不同个体扰动项存在异方差的情形下，进行可行广义最小二乘回归分析的结果与前面各种回归分析的结果是有一些区别的。

图 14.22 存储的是上一步可行广义最小二乘回归分析的估计结果。选择“数据”|“数据编辑器”|“数据编辑器（浏览）”命令，进入数据查看界面，可以

```
. xtpcse profit income cost region2-region8 year,hetonly

Linear regression, heteroskedastic panels corrected standard errors

Group variable:   region                       Number of obs      =        80
Time variable:    year                         Number of groups   =         8
Panels:           heteroskedastic (balanced)   Obs per group:
Autocorrelation:  no autocorrelation                          min =        10
                                                              avg =        10
                                                              max =        10
Estimated covariances      =          8        R-squared          =    0.9845
Estimated autocorrelations =          0        Wald chi2(10)      =   3241.67
Estimated coefficients     =         11        Prob > chi2        =    0.0000

------------------------------------------------------------------------------
             |           Het-corrected
      profit |      Coef.   Std. Err.      z    P>|z|     [95% Conf. Interval]
-------------+----------------------------------------------------------------
      income |   .0983272   .0134929     7.29   0.000     .0718815    .1247729
        cost |    .446147   .0920388     4.85   0.000     .2657543    .6265397
     region2 |   8.685213   2.665775     3.26   0.001     3.460391    13.91004
     region3 |   6.124215   2.676821     2.29   0.022     .8777427    11.37069
     region4 |  -5.290318   3.089321    -1.71   0.087    -11.34528    .7646398
     region5 |  -5.12e-14   2.843416    -0.00   1.000    -5.572993    5.572993
     region6 |   8.685213   2.665775     3.26   0.001     3.460391    13.91004
     region7 |    7.64589   3.018199     2.53   0.011     1.730328    13.56145
     region8 |    7.64589   3.018199     2.53   0.011     1.730328    13.56145
        year |   .9960163   .2281912     4.36   0.000     .5487698    1.443263
       _cons |  -1998.609   463.8042    -4.31   0.000    -2907.649    -1089.57
------------------------------------------------------------------------------
```

图 14.21　仅考虑不同个体扰动项存在异方差

看到如图 14.22 所示的变量_est_ hetonly 的相关数据。

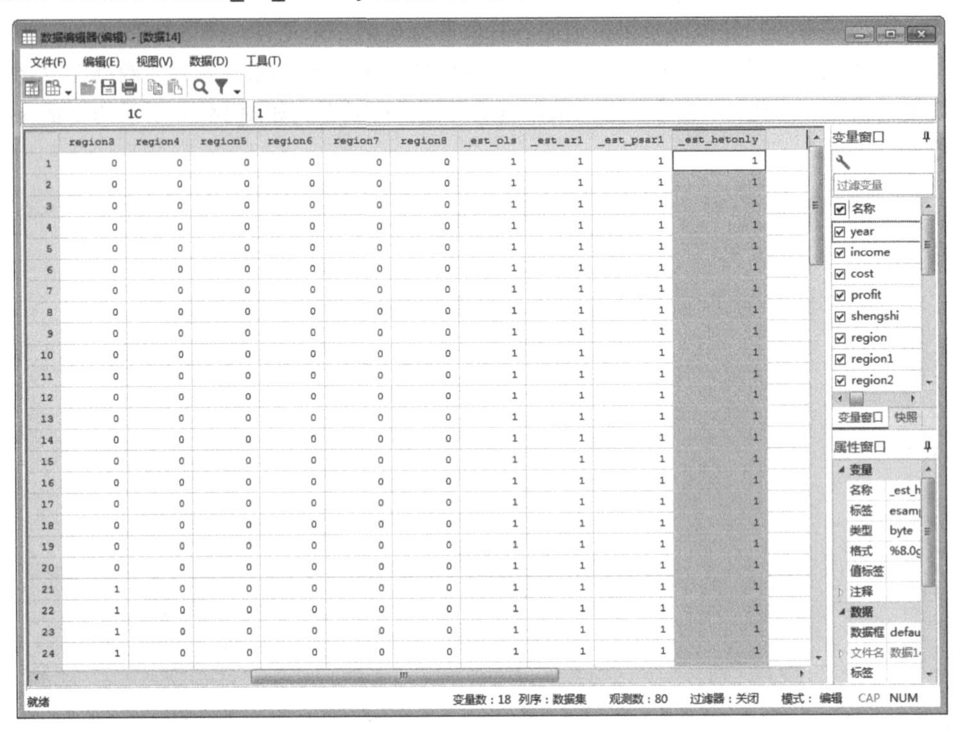

图 14.22　查看数据

图 14.23 所示是展示将以上各种方法的系数估计值及标准差列表放到一起进行比较的结果。

```
. estimates table ols ar1 psar1 hetonly,b se

------------------------------------------------------------------
    Variable |    ols          ar1          psar1        hetonly
-------------+----------------------------------------------------
      income |  .09832719     .09468118     .09199807     .09832719
             |  .01775132     .02109611     .01637407     .01349294
        cost |  .44614702     .49112507     .48779248     .44614702
             |   .1382486     .14205525     .11005526     .09203878
     region2 |  8.6852134     9.6176444     8.9835858     8.6852134
             |  2.1176265     4.0828226     2.4940259     2.6657748
     region3 |  6.1242146     6.8589692     5.8373667     6.1242146
             |   2.060143     3.9008687     3.5753313     2.6768206
     region4 | -5.2903184    -4.9683345    -5.4136103    -5.2903184
             |  1.1041247     4.1515071     4.7695857     3.0893212
     region5 | -5.117e-14     2.817e-12     3.822e-12    -5.117e-14
             |  4.422e-13             .     7.101e-08     2.8434162
     region6 |  8.6852134     9.6176444     8.9835858     8.6852134
             |  2.1176265     4.0828226     2.4940259     2.6657748
     region7 |  7.6458896     8.4373218     7.6229043     7.6458896
             |  2.0554966     4.3980118     3.6617971     3.0181992
     region8 |  7.6458896     8.4373218     7.6229043     7.6458896
             |  2.0554966     4.3980118     3.6617971     3.0181992
        year |  .99601626      1.070653     1.1782997     .99601626
             |  .65552785     .22114855     .21456688     .22819116
       _cons | -1998.6093    -2152.8972    -2368.5454    -1998.6093
             |  1329.1103     453.47986     436.89702     463.80421
------------------------------------------------------------------
                                                      legend: b/se
```

图 14.23　展示比较结果

从图 14.23 可以看出，hetonly 方法的系数估计值和 ols 方法的系数估计值是完全一样的，但是标准差并不一样。其他各种方法之间都存在着一定的差别。

图 14.24 所示是在假定不同个体的扰动项相互独立且有不同的方差，并且各组的自回归系数相

同的情形下，以 profit 为因变量，以 income、cost 以及生成的各个地区虚拟变量为自变量，进行可行广义最小二乘回归分析的结果。

从图 14.24 可以看出，在假定不同个体的扰动项相互独立且有不同的方差，并且各组的自回归系数相同的情形下，进行可行广义最小二乘回归分析的结果与前面各种回归分析的结果是有一些区别的。

图 14.25 所示是在假定不同个体的扰动项相互独立且有不同的方差，并且各组的自回归系数不相同的情形下，以 profit 为因变量，以 income、cost 以及生成的各个地区虚拟变量为自变量，进行可行广义最小二乘回归分析的结果。

```
. xtgls profit income cost region2-region8 year,panels(cor) cor(ar1)

Cross-sectional time-series FGLS regression

Coefficients:  generalized least squares
Panels:        heteroskedastic with cross-sectional correlation
Correlation:   common AR(1) coefficient for all panels  (0.2656)

Estimated covariances      =        36          Number of obs     =        80
Estimated autocorrelations =         1          Number of groups  =         8
Estimated coefficients     =         8          Time periods      =        10
                                                Wald chi2(7)      =   1144.31
                                                Prob > chi2       =    0.0000
```

profit	Coef.	Std. Err.	z	P>|z|	[95% Conf.	Interval]
income	.0931117	.0109954	8.47	0.000	.0715611	.1146623
cost	.4918691	.0587176	8.38	0.000	.3767847	.6069535
region2	0	(omitted)				
region3	6.38729	3.666114	1.74	0.081	-.7981613	13.57274
region4	-5.428557	4.122736	-1.32	0.188	-13.50897	2.651858
region5	0	(omitted)				
region6	9.057983	3.891887	2.33	0.020	1.430025	16.68594
region7	0	(omitted)				
region8	7.889856	4.238158	1.86	0.063	-.416781	16.19649
year	.9692382	.1092732	8.87	0.000	.7550667	1.18341
_cons	-1947.898	222.9992	-8.73	0.000	-2384.968	-1510.827

图 14.24 各组的自回归系数相同

```
. xtgls profit income cost region2-region8 year,panels(cor) cor(psar1)

Cross-sectional time-series FGLS regression

Coefficients:  generalized least squares
Panels:        heteroskedastic with cross-sectional correlation
Correlation:   panel-specific AR(1)

Estimated covariances      =        36          Number of obs     =        80
Estimated autocorrelations =         8          Number of groups  =         8
Estimated coefficients     =         8          Time periods      =        10
                                                Wald chi2(8)      =  47920.27
                                                Prob > chi2       =    0.0000
```

profit	Coef.	Std. Err.	z	P>|z|	[95% Conf.	Interval]
income	.0907621	.0098695	9.20	0.000	.0714183	.1101059
cost	.4745033	.0585979	8.10	0.000	.3596536	.589353
region2	0	(omitted)				
region3	-2042.599	237.9462	-8.58	0.000	-2508.965	-1576.233
region4	-2053.006	238.0031	-8.63	0.000	-2519.483	-1586.528
region5	-2045.068	238.2744	-8.58	0.000	-2512.077	-1578.059
region6	-2037.475	238.5421	-8.54	0.000	-2505.009	-1569.941
region7	0	(omitted)				
region8	-2038.461	238.958	-8.53	0.000	-2506.81	-1570.112
year	1.018983	.1174199	8.68	0.000	.7888438	1.249121
_cons	0	(omitted)				

图 14.25 各组的自回归系数不相同

从图 14.25 可以看出，在假定不同个体的扰动项相互独立且有不同的方差，并且各组的自回归系数不相同的情形下，进行可行广义最小二乘回归分析的结果与前面各种回归分析的结果是有一些区别的。

前面我们讲述的种种面板数据回归分析方法最多允许每个个体拥有自己的截距项，从来不允许每个个体拥有自己的回归方程斜率，那么 Stata 能否做到允许每个个体拥有自己的回归方程斜率，也就是可以变系数呢？以本节中提到的案例为例，操作命令就是：

```
xtrc profit income cost,betas
```

本命令不仅允许每个个体拥有自己的截距项，还允许每个个体拥有自己的回归方程斜率，旨在进行随机系数模型回归分析。

在命令窗口输入命令并按回车键进行确认，结果如图 14.26 所示。

```
. xtrc profit income cost,betas

Random-coefficients regression                  Number of obs      =        80
Group variable: region                          Number of groups   =         8

                                                Obs per group:
                                                              min =        10
                                                              avg =      10.0
                                                              max =        10

                                                Wald chi2(2)       =     51.09
                                                Prob > chi2        =    0.0000

------------------------------------------------------------------------------
      profit |      Coef.   Std. Err.      z    P>|z|     [95% Conf. Interval]
-------------+----------------------------------------------------------------
      income |   .3559052    .132339     2.69   0.007     .0965256    .6152849
        cost |   .1220143   .1381643     0.88   0.377    -.1487827    .3928114
       _cons |   7.481434   10.15913     0.74   0.461    -12.43009    27.39296
------------------------------------------------------------------------------
Test of parameter constancy:    chi2(21) =   891.48      Prob > chi2 = 0.0000

                       Group-specific coefficients
------------------------------------------------------------------------------
             |      Coef.   Std. Err.      z    P>|z|     [95% Conf. Interval]
-------------+----------------------------------------------------------------
Group 1      |
      income |   .0839433   .0108984     7.70   0.000     .0625829    .1053037
        cost |    .477526   .0988498     4.83   0.000     .2837839     .671268
       _cons |   11.94265   8.303105     1.44   0.150    -4.331135    28.21644
-------------+----------------------------------------------------------------
Group 2      |
      income |    .705285   .1109583     6.36   0.000     .4878108    .9227593
        cost |  -.3120282   .1198423    -2.60   0.009    -.5469149   -.0771415
       _cons |  -1.096103   6.406673    -0.17   0.864    -13.65295    11.46075
-------------+----------------------------------------------------------------
Group 3      |
      income |   .0928741   .0273735     3.39   0.001      .039223    .1465252
        cost |   .3985051    .058254     6.84   0.000     .2843293    .5126808
       _cons |   19.02362     9.2609     2.05   0.040     .8725842    37.17465
-------------+----------------------------------------------------------------
Group 4      |
      income |  -.1640452   .0114732   -14.30   0.000    -.1865322   -.1415582
        cost |   .3886711   .0543633     7.15   0.000      .282121    .4952211
       _cons |   59.97747   4.947161    12.12   0.000     50.28122    69.67373
-------------+----------------------------------------------------------------
Group 5      |
      income |   .0839433   .0108984     7.70   0.000     .0625829    .1053037
        cost |    .477526   .0988498     4.83   0.000     .2837839     .671268
       _cons |   11.94265   8.303105     1.44   0.150    -4.331135    28.21644
-------------+----------------------------------------------------------------
Group 6      |
      income |    .705285   .1109583     6.36   0.000     .4878108    .9227593
        cost |  -.3120282   .1198423    -2.60   0.009    -.5469149   -.0771415
       _cons |  -1.096103   6.406673    -0.17   0.864    -13.65295    11.46075
-------------+----------------------------------------------------------------
Group 7      |
      income |   .6699781   .0275948    24.28   0.000     .6158934    .7240629
        cost |  -.0710286    .043372    -1.64   0.101    -.1560362     .013979
       _cons |  -20.42136   4.821279    -4.24   0.000    -29.87089   -10.97182
-------------+----------------------------------------------------------------
Group 8      |
      income |   .6699781   .0275948    24.28   0.000     .6158934    .7240629
        cost |  -.0710286    .043372    -1.64   0.101    -.1560362     .013979
       _cons |  -20.42136   4.821279    -4.24   0.000    -29.87089   -10.97182
------------------------------------------------------------------------------
```

图 14.26 分析结果图

在图 14.26 中，模型中对参数一致性检验的显著性 P 值为 0.0000（Prob > chi2 = 0.0000），显著地拒绝了每个个体都具有相同系数的原假设，我们的变系数模型设置是非常合理的。

可以根据上面的结果写出模型整体的回归方程和每个个体的回归方程。结果的详细解读方式与普通最小二乘回归分析类似，限于篇幅不再赘述。

14.5 研究结论

本章基于 XX 健身连锁企业在北京、广东、广西、河北、河南、江苏、天津、浙江等省市的各个连锁店 2010-2019 年的相关销售数据（包括营业收入、运营成本以及经营利润等数据），采用直接最小二乘回归分析、固定效应回归分析、随机效应回归分析、组间估计量回归分析等多种长面板数据分析方法研究了经营利润与营业收入、运营成本之间的关系，研究发现该单位的经营利润情况与营业收入和运营成本都是显著呈正向变化的。